Conception graphique couverture et maquette intérieure : Aude Cotelli
Mise en page et photogravure : APS Chromostyle
Iconographie : Valérie Dereux et Geoffroy Mauzé (chapitre 3, séquence 4 et chapitre 5, séquence 1)
Relecture typographique : APS Chromostyle
Responsable d'édition : Marie Bourboulou
Édition : Virginie Cartou assistée d'Angéline Plume, Blandine Videau et Alexis Roume

5, allée de la 2e D.B., 75015 Paris
www.magnard.fr
ISBN : 978-2-210-44115-6

empreintes littéraires
Français

1re L/ES/S

Coordination
Florence RANDANNE
Agrégée de Lettres classiques, académie d'Amiens

Alain AUTRET
Professeur agrégé de Lettres modernes
Lycée Jean Racine à Montdidier

Céline BARRAUD
Professeur agrégée de Lettres classiques
Lycée Félix Faure à Beauvais

Emmanuel BROC
Professeur certifié de Lettres modernes
Lycée du Vimeu à Friville-Escarbotin

Florence COGNARD
Agrégée de Lettres classiques, académie d'Amiens

Pascale DELAMARRE
Professeur agrégée de Lettres modernes,
Lycée Jean Rostand à Chantilly

Patricia FIZE
Agrégée de Lettres modernes, académie de Caen

Claude GAPAILLARD
Formateur Lettres, académie de Caen

Alain GASCON
Professeur agrégé de Lettres classiques
Lycée Madeleine Michelis à Amiens

Rémi LASSALLE
Professeur agrégé de Lettres classiques
Lycée Félix Faure à Beauvais

Françoise ROBIN
Agrégée de Lettres modernes, académie d'Amiens

Martine SCHWEBEL
Agrégée d'Arts plastiques, académie d'Amiens

Myriam TSIMBIDY
Maître de conférences IUFM de Rouen

Les auteurs et les éditions Magnard remercient vivement Alice Duroux-Gauchet (lycée Martin Luther-King, Bussy-Saint-Georges) et Martine Loridon (lycée Philibert Delorme, L'Isle d'Abeau) pour leur relecture et leurs suggestions, ainsi que tous les enseignants qui ont participé aux études menées sur ce manuel.

MAGNARD
www.magnard.fr

Programmes de Français en Première générale et de littérature en Première L

Extraits du B.O. spécial n° 9 du 30 septembre 2010

[...]

Contenus

Quatre objets d'étude communs à toutes les séries générales :

Le personnage de roman, du XVIIe siècle à nos jours

L'objectif est de montrer aux élèves comment, à travers la construction des personnages, le roman exprime une vision du monde qui varie selon les époques et les auteurs et dépend d'un contexte littéraire, historique et culturel, en même temps qu'elle le reflète, voire le détermine. Le fait de s'attacher aux personnages permet de partir du mode de lecture qui est le plus courant. On prête une attention particulière à ce que disent les romans, aux modèles humains qu'ils proposent, aux valeurs qu'ils définissent et aux critiques dont ils sont porteurs. Dans cette appréhension de l'univers de la fiction, on n'oubliera pas que la découverte du sens passe non seulement par l'analyse méthodique des différents aspects du récit qui peuvent être mis en évidence (procédés narratifs et descriptifs notamment), mais aussi par une relation personnelle au texte dans laquelle l'émotion, le plaisir ou l'admiration éprouvés par le lecteur jouent un rôle essentiel. Pour permettre aux élèves de prendre conscience des évolutions du genre romanesque et enrichir leur culture, le professeur a soin de leur proposer des textes différents de ceux qui ont été étudiés en seconde.

Corpus : un roman, du XVIIe siècle à nos jours, au choix du professeur. Un ou deux groupements de textes permettant d'élargir et de structurer la culture littéraire des élèves, en les incitant à problématiser leur réflexion en relation avec l'objet d'étude concerné : le professeur veille à proposer dans ces groupements des textes ou des documents appartenant à d'autres époques que celle à laquelle appartient le roman étudié par ailleurs, pour mieux faire ressortir les spécificités du genre romanesque à telle ou telle période et dessiner des évolutions en matière d'histoire des formes et des représentations. En relation avec l'histoire des arts, un choix de textes et de documents permettant de mettre en évidence les relations existant entre la représentation des personnages et des milieux romanesques et celle qu'en donnent les autres arts – la peinture, la gravure, la sculpture, l'opéra par exemple – à la même époque.

Le texte théâtral et sa représentation, du XVIIe siècle à nos jours

L'objectif est de faire découvrir des œuvres théâtrales qui renouvellent les formes classiques étudiées en seconde, mais aussi de sensibiliser les élèves à l'art de la mise en scène, notamment dans sa capacité à enrichir l'interprétation. La réalisation scénique déterminant profondément l'écriture des textes dramatiques et permettant d'en faire jouer pleinement les effets, on s'attache à faire percevoir aux élèves les interactions entre texte et représentation. Prenant appui sur une programmation locale ou sur des captations, l'étude proprement littéraire du texte théâtral sera étayée par l'analyse de mises en scène comparées, et prendra ainsi en compte les données propres de la dramaturgie.

Corpus : une pièce de théâtre du XVIIe siècle à nos jours, au choix du professeur. Un ou deux groupements de textes permettant d'élargir et de structurer la culture littéraire et dramatique des élèves, en les incitant à problématiser leur réflexion en relation avec l'objet d'étude concerné : le professeur veille à proposer dans ces groupements des textes et des documents de divers types (iconographiques, sonores, numériques, photographiques, filmiques...) appartenant ou renvoyant à d'autres époques que celles auxquelles appartiennent les pièces étudiées par ailleurs, pour favoriser la conscience des évolutions du genre dramatique. Ces groupements permettront ainsi de mettre en perspective une histoire des formes théâtrales et des représentations. En relation avec les langues et cultures de l'Antiquité, un choix de textes et de documents permettant de réfléchir aux fonctions et significations du théâtre dans le monde grec et latin et de les relier avec les conditions de la représentation et son déroulement. La naissance et l'évolution de la tragédie et de la comédie, les dimensions religieuse et civique du théâtre sont ainsi l'objet d'une étude prenant en compte le contexte de création et les spécificités concrètes du théâtre (condition des acteurs, nature du spectacle et des effets recherchés, espace de la représentation, fonction des masques, etc.).

Écriture poétique et quête du sens, du Moyen Âge à nos jours

L'objectif est d'approfondir avec les élèves la relation qui lie, en poésie, le travail de l'écriture à une manière singulière d'interroger le monde et de construire le sens, dans un usage de la langue réinventé. On fait ainsi appréhender un trait essentiel de la littérature comme art du langage, faisant appel à l'imagination et à la matérialité sensible de la langue. Sans négliger l'émotion qui peut s'exprimer et se communiquer à travers les textes poétiques, on s'attache également à contextualiser la lecture de la poésie, en donnant aux élèves des éléments de son histoire, dans ses continuités, ses évolutions et ses ruptures, et en leur faisant approcher les mouvements esthétiques et culturels avec lesquels elle entre en résonance. On met ainsi en relief le rôle et la fonction du poète, souvent aux avant-postes de la littérature et de la culture. Enfin, on attire l'attention sur les phénomènes d'intertextualité, pour construire au fil des lectures une connaissance des repères essentiels à la compréhension des mouvements esthétiques dans lesquels s'inscrit la poésie. Pour donner une idée de la diversité des formes et des genres poétiques, le professeur peut ancrer son étude sur quelques grands lieux de la poésie – dire l'amour, dire la mort, dire le monde, chercher le sens, louer ou dénoncer, exprimer son espoir, sa révolte, etc. – qui permettent d'appréhender cette variété de manière plus concrète. [...]

Corpus : un recueil ou une partie substantielle d'un recueil de poèmes, en vers ou en prose, Moyen Âge à nos jours, au choix du professeur. Un ou deux groupements de textes permettant d'élargir et de structurer la culture littéraire des élèves, en les incitant à problématiser leur réflexion en relation avec l'objet d'étude concerné. Le professeur veille ainsi à proposer des textes ou des documents appartenant à d'autres époques que celle du recueil étudié par ailleurs, pouvant aussi relever de genres ou d'arts différents, pour mieux faire ressortir les spécificités de la poésie à telle ou telle période et dessiner des évolutions en matière d'histoire des formes et des représentations. En relation avec l'histoire des arts, un choix de textes et de documents permettant de mettre en évidence les relations entre la poésie et d'autres arts, à une époque donnée ou dans le cadre d'un mouvement esthétique particulier. On privilégiera l'étude de mouvements qui marquent des étapes dans la revendication d'un renouveau esthétique. Les relations entre poésie et musique à la Renaissance, le baroque en poésie, mais aussi dans la peinture, la sculpture et l'architecture, les grands traits de l'esthétique surréaliste, par exemple, peuvent faire l'objet d'un travail qui rende sensibles aux élèves les correspondances entre les arts et la singularité de leurs modes et de leurs formes d'expression.

La question de l'Homme dans les genres de l'argumentation du XVIe à nos jours

L'objectif est de permettre aux élèves d'accéder à la réflexion anthropologique dont sont porteurs les genres de l'argumentation afin de les conduire à réfléchir sur leur propre condition. On contribue ainsi à donner sens et substance à une formation véritablement humaniste. Dans cette perspective, on s'attache à mettre en évidence les liens qui se nouent entre les idées, les formes qui les incarnent et le contexte dans lequel elles naissent. Le fait d'aborder les œuvres et les textes étudiés en s'interrogeant sur la question de l'Homme ouvre à leur étude des entrées concrètes et permet de prendre en compte des aspects divers, d'ordre politique, social, éthique, religieux, scientifique par exemple, mais aussi de les examiner dans leur dimension proprement littéraire, associant expression, représentation et création. Le professeur a soin de donner aux élèves une idée de la diversité des genres de l'argumentation et de leur évolution du XVIe au XXe siècle [...]

Corpus : un texte long ou un ensemble de textes ayant une forte unité, du XVIe siècle à nos jours, au choix du professeur, étudié dans sa composition et son développement aussi bien que dans sa rédaction : essai, discours, pamphlet, recueil de maximes ou de pensées, de fables ou de satires, extraits de correspondances d'écrivains, texte narratif à visée persuasive, etc. Un ou deux groupements de textes permettant d'élargir et de structurer la culture littéraire des élèves et de problématiser leur réflexion en relation avec l'objet d'étude concerné. Le professeur veille ainsi, en fonction du projet, à proposer dans ces groupements des textes ou des documents appartenant à d'autres époques que celle à laquelle appartient le texte long étudié par ailleurs, pour mieux faire ressortir les spécificités de telle ou telle période et dessiner des évolutions en matière d'histoire des idées et des formes. En relation avec les langues et cultures de l'Antiquité, et dans une perspective humaniste de connaissance des sources, un choix de textes et de documents permettant de retrouver dans les œuvres antiques les racines de questions et de représentations touchant à la condition de l'Homme. Le professeur choisit des œuvres ou extraits d'œuvres qui ont fait l'objet de reprises et de variations et constituent un héritage vivant à travers les siècles. Les récits de création ou fondation, les tragédies, les poèmes, mais aussi les tableaux, fresques et sculptures pourront ainsi nourrir une réflexion anthropologique que l'étude des genres de l'argumentation aura permis d'aborder selon des angles différents mais complémentaires.

Deux objets d'étude spécifiques pour l'enseignement de littérature en première L

– L'enseignement spécifique de littérature à destination des élèves de la série L doit permettre un approfondissement et un élargissement des connaissances nécessaires à :
– la construction et à la consolidation de leur culture littéraire ;
– la découverte de problématiques liées à la poursuite d'études dans le champ des humanités ;
– l'exercice des capacités à construire des interprétations, à établir des correspondances, à rédiger et à s'exprimer avec rigueur et clarté. [...]

[...] Pour cet enseignement spécifique, l'étude de deux œuvres au moins et de deux groupements au moins sur une année est obligatoire. Tous les éléments des corpus doivent être pris en compte. Les extraits qui constituent les groupements de texte (cf. infra les corpus) ne font pas obligatoirement l'objet d'une lecture analytique ; certains d'entre eux peuvent être abordés dans le cadre de lectures cursives, selon le projet du professeur. Les textes et documents ouvrant sur l'histoire des arts et sur les langues et cultures de l'Antiquité pourront trouver place au sein des groupements : ils ne constituent pas nécessairement des ensembles séparés.

Vers un espace culturel européen : Renaissance et Humanisme

L'objectif est d'élargir le champ des références culturelles des élèves et de leur faire découvrir, à partir de textes littéraires de divers genres, un mouvement culturel et artistique d'ampleur européenne. On s'attache à leur donner une vue d'ensemble des grands traits de l'humanisme renaissant, de son histoire, des valeurs qu'il promeut et des mutations religieuses, éthiques, scientifiques et esthétiques qui en accompagnent le développement. On amène les élèves à réfléchir sur les sources antiques de la culture européenne et à découvrir les racines communes des représentations et des valeurs qui transcendent la diversité des langues et des États. [...]

Corpus : une œuvre ou de larges extraits d'une œuvre française du XVIe siècle permettant d'aborder tel ou tel aspect essentiel de l'humanisme et susceptible de donner lieu à des prolongements dans d'autres textes des littératures européennes, de la Renaissance à nos jours. Un ou deux groupements de textes comportant des extraits d'œuvres appartenant aux littératures européennes et permettant d'élargir la culture littéraire des élèves, en les incitant à problématiser leur réflexion en relation avec l'objet d'étude concerné. Le professeur veille à proposer des textes appartenant aux littératures des pays d'Europe et, éventuellement, à d'autres époques que celle de l'œuvre étudiée par ailleurs. Il peut par exemple, dans ces groupements, faire percevoir les liens qui existent entre l'humanisme renaissant et les Lumières, ou suivre jusque dans les littératures contemporaines les prolongements de certaines de ses idées et de ses formes. En liaison avec les langues et cultures de l'Antiquité, un choix de textes et de documents qui permette aux élèves de revenir aux sources et de se réapproprier l'héritage antique, afin de donner aux problématiques abordées une profondeur historique. Il appartient au professeur, dans le cadre de son projet et en fonction des questions abordées, de définir les corpus de textes et de documents anciens susceptibles de nourrir et d'éclairer la réflexion. En liaison avec l'histoire des arts, un choix de textes et de documents donnant à comprendre aux élèves comment la peinture, la sculpture et l'architecture de la Renaissance contribuent à la valorisation de l'Homme, à la redéfinition de sa place dans le monde, à la célébration de sa beauté et de ses pouvoirs.

Les réécritures, du XVIIe siècle jusqu'à nos jours

L'objectif est de faire réfléchir les élèves sur la création littéraire en l'abordant sous l'angle des relations de reprise et de variation par rapport aux œuvres, aux formes et aux codes d'une tradition dont elle hérite et dont elle joue. On leur fait ainsi prendre conscience du caractère relatif des notions d'originalité et de singularité stylistique et du fait que l'écriture littéraire suppose des références et des modèles qui sont imités, déformés, transposés en fonction d'intentions, de situations et de contextes culturels nouveaux. [...] Ce travail sera l'occasion d'entrer plus avant dans l'atelier de l'écrivain, mais aussi d'aborder l'œuvre dans son rapport au contexte historique et social qui la détermine. [...]

Corpus : deux œuvres (ou de larges extraits présentant une forte unité) – appartenant éventuellement à des genres différents – permettant la convocation d'une version de référence et sa mise en regard avec sa ou ses réécritures. Un ou deux groupements de textes qui élargissent et structurent la culture littéraire des élèves et les incitent à problématiser leur réflexion. Le professeur veille à proposer dans ces groupements des textes qui permettent aux élèves de percevoir la nature et le sens des écarts, des variations et des transpositions. En liaison avec les langues et cultures de l'Antiquité, un choix de textes et de documents qui éclairent la notion même de réécriture en partant du traitement littéraire d'un mythe ou d'une figure héroïque ou dramatique. En liaison avec l'histoire des arts, un choix de textes et de documents qui fassent comprendre aux élèves comment la peinture et la sculpture, mais également l'opéra, le cinéma et les arts visuels s'approprient, par exemple, un mythe, une figure héroïque, un type de personnage.

L'étude de la langue

– L'étude de la langue se poursuit en classe de première : il s'agit de mettre les connaissances acquises au service de l'expression écrite et orale ainsi que de l'analyse des textes. On cherche à donner aux élèves, par la consolidation et le réinvestissement de ces connaissances, le goût de l'expression juste et la conscience de la liaison entre faits de langue, effets de sens et articulations de la pensée. Au-delà des rappels nécessaires en matière de grammaire de phrase, l'étude de la grammaire de texte et de la grammaire de l'énonciation se poursuit pour construire une conscience plus complète et mieux intégrée de ces différents niveaux d'analyse. Pour cela :

– au niveau de la phrase, les éventuelles lacunes en matière de syntaxe doivent être comblées, pour permettre aux élèves d'appréhender la langue comme système ordonné et descriptible ;

– au niveau du texte, on privilégie les questions qui touchent à l'organisation et à la cohérence de l'énoncé, afin de développer la capacité à prendre en compte et à structurer le sens global d'un texte ou d'un propos ;

– au niveau du discours, la réflexion sur les situations d'énonciation, sur la modalisation et sur la dimension pragmatique est développée, dans le but de favoriser la compréhension de l'implicite, des enjeux et des interactions dans toute forme de communication ;

– le vocabulaire fait l'objet d'un apprentissage continué, notamment en relation avec le travail de l'écriture et de l'oral : on s'intéresse à la formation des mots, à l'évolution de leurs significations et l'on fait acquérir aux élèves un lexique favorisant l'expression d'une pensée abstraite ;

– l'orthographe demeure l'objet d'une attention constante.

Activités et exercices

L'appropriation par les élèves de ces connaissances et de ces capacités suppose que soient mises en place des activités variées favorisant une approche vivante des apprentissages en fonction des besoins des élèves. [...] Au minimum, trois évaluations par trimestre, portant sur les différents exercices de l'EAF et constituant des travaux aboutis, doivent être proposées dans les classes. Il est souhaitable qu'un certain nombre d'activités de lecture, de recherche et d'écriture puissent être réalisées en relation avec le travail mené, au CDI, avec le professeur documentaliste.

Activités

– Pratiquer les diverses formes de la lecture scolaire : lecture cursive, lecture analytique. Lire et analyser des images, fixes et mobiles. Comparer des textes, des documents et des supports. Faire des recherches documentaires et en exploiter les résultats.

– Pratiquer diverses formes d'écriture (fonctionnelle, argumentative, fictionnelle, poétique...). S'exercer à la prise de parole, à l'écoute, à l'expression de son opinion et au débat argumenté. Mémoriser des extraits. Mettre en voix et en espace des textes.

Exercices

– Écriture d'argumentation : entraînement au commentaire littéraire et à la dissertation. – Écriture d'invention. – Écriture de synthèse et de restitution. – Exposé oral. – Entretien oral.

La pratique de l'ensemble des activités, écrites et orales, favorise l'acquisition des compétences nécessaires à la réussite des exercices codifiés, auxquels on entraîne les élèves en vue des épreuves anticipées de français.

L'éducation aux médias

[...] Il est nécessaire de faire acquérir aux élèves une distance et une réflexion critique suffisantes pour que se mette en place une pratique éclairée des ces différents supports, en leur montrant ce qu'ils impliquent du point de vue de l'accès aux connaissances, de la réception des textes et des discours, de l'utilisation et de l'invention des langages, comme du point de vue des comportements et des modes de relations sociales qu'ils engendrent. Le professeur de lettres a un rôle majeur à jouer pour faire acquérir cette compétence aux élèves. Son objectif est de développer leur autonomie afin de les aider à se servir librement et de manière responsable des médias modernes, comme supports de pratiques citoyennes mais aussi créatives. En français, l'accent sera mis sur les questions d'énonciation (comprendre les procédures à l'œuvre dans différents types de textes, de discours et de dispositifs médiatiques, en lien avec leurs conditions de production et de diffusion) et d'interprétation (comprendre comment se construit et se valide une interprétation). [...]

L'Histoire des Arts

Au lycée les professeurs de Lettres doivent apporter leur contribution à l'enseignement de l'histoire des arts [...]. Aussi, pour chacun des objets d'étude du programme [...] les corpus intègrent des choix de textes et de documents définis en relation avec l'histoire des arts ou avec les langues et cultures de l'Antiquité. [...]

[...] L'étude des relations entre la littérature et les autres arts est bien un aspect essentiel de cet enseignement dans son ensemble, qui compte parmi ses finalités le développement d'une conscience esthétique permettant d'apprécier les œuvres, d'analyser l'émotion qu'elles procurent et d'en rendre compte. [...] Les ouvertures vers les autres arts doivent permettre d'enrichir les interprétations, de développer le goût pour les œuvres et de vivifier les apprentissages. Les liens ménagés entre certains objets d'étude et les langues et cultures de l'Antiquité mettent en évidence la relation privilégiée entre le français, les langues anciennes et les œuvres qui nous viennent de l'Antiquité et du Moyen Âge. [...]

Avant-propos

Ce **manuel unique** a été conçu conformément aux orientations des **nouveaux programmes**, qui invitent à la construction progressive d'une culture littéraire ouverte sur le monde et consciente de ses héritages, à la poursuite de la formation du jugement, et à l'approfondissement des compétences de lecture et d'expression en classe de Première.

La lecture

- Il s'agit, au-delà du plaisir de la lecture que l'on cherche toujours à susciter, d'apprendre à construire un sens, à **mettre en perspective des textes** pour comprendre comment des pensées, des thèmes, des styles se font **écho**.
- Nous avons organisé les **groupements de textes** et les **études d'œuvres intégrales** autour d'une **thématique** qui amène à l'étude des genres, des mouvements et des objets littéraires. **Des problématiques** proposent des partis pris d'étude qui favorisent la lecture comparée des textes, dont les sens s'éclairent mutuellement. Ces échos se prolongent au-delà des frontières, des civilisations et des genres avec les **« Textes échos »** et **« Perspectives »**.
- **Des éléments de contextualisation** aident à comprendre des références, voire les grands débats qui ont nourri la genèse des textes, et invitent à réfléchir sur notre réception contemporaine.
- De nombreuses séquences **diachroniques** et d'autres, **synchroniques**, font le point sur un genre à une période donnée, permettent de saisir les évolutions des formes.
- **Les mouvements majeurs de l'histoire littéraire et culturelle, en ouverture de ce manuel**, donnent des repères essentiels à cette mise en perspective.

Une culture patrimoniale

- La réflexion sur les textes s'enrichit de recherches sur les œuvres plastiques, architecturales, cinématographiques et musicales. Les nombreuses activités **« Lecture d'image »** ou **« Histoire des arts »** permettent d'inscrire les œuvres dans un contexte artistique, d'approfondir l'étude d'un thème ou d'un mouvement, ou encore de comprendre les liens qui se tissent d'un art à l'autre.

L'étude de la langue

- La langue est régulièrement étudiée : les **points de grammaire**, les **repérages lexicaux** sont autant de points d'appui pour aider les élèves à construire le sens des textes. De nombreuses questions d'**étymologie** les invitent à poursuivre leurs réflexions dans une **perspective historique** qui aident à saisir l'écriture dans son mouvement.
- **Des fiches « Vocabulaire »** intégrées aux séquences permettent de s'approprier le lexique indispensable pour comprendre une langue qui a pu évoluer, comme la langue de Rabelais ou celle du XVIIe siècle, ou pour s'exprimer avec la précision adaptée à certains genres, par exemple ceux de l'argumentation.
- La partie II, **« Étude de la langue »**, a pour but de **consolider** les acquis du collège. Des fiches font le point sur les **notions essentielles** de langue pour **comprendre** et **commenter** les textes. Ces fiches sont accompagnées d'exercices **progressifs** classés par **objectifs**.

Les outils d'analyse

- La partie III, **« Outils d'analyse »**, propose aux élèves des fiches synthétiques et des glossaires sur les éléments constitutifs des grands genres (récit, poésie, théâtre...), ainsi que des registres et effets du texte. Ces fiches s'accompagnent d'**exercices progressifs**, classés par objectifs.

La préparation aux épreuves anticipées de français

La préparation aux épreuves anticipées de français se fait tout au long du manuel.

- Dans la partie **« Lecture »** où la plupart des textes sont suivis d'une activité d'entraînement aux **épreuves orales** et **écrites** de l'examen.
- À la fin de chaque chapitre où un **« Corpus Bac »** propose des **entraînements** à l'épreuve écrite, **guidés pas à pas**, pour faire acquérir aux élèves une **méthodologie rigoureuse** sur chaque exercice (question sur le corpus, commentaire, dissertation, écriture d'invention).
- Dans la partie IV où des **« Méthodes pour le Bac »** apportent des **conseils pratiques** et **efficaces** pour aborder les différentes épreuves. Les **exercices d'entraînement** variés, de **difficulté progressive** permettent de **personnaliser** l'aide apportée aux élèves.

Les auteurs

Sommaire

Les mouvements majeurs de l'histoire littéraire et culturelle

Série L

CHAPITRE 6 Les réécritures, du XVIIe siècle à nos jours

PARTIE II Étude de la langue

PARTIE III ~ Outils d'analyse

CHAPITRE 1 Le récit

CHAPITRE 2 Le théâtre

CHAPITRE 3 La poésie

CHAPITRE 4 L'argumentation

CHAPITRE 5 L'image

CHAPITRE 6 Les registres et effets du texte

PARTIE IV Méthodes pour le bac

Les mouvements majeurs de l'histoire littéraire et culturelle

▸▸▸ Vincent Van Gogh, *Les Livres jaunes ou Romans parisiens* (1887), huile sur toile (73 cm x 93 cm), détail, collection privée.

L'Antiquité gréco-romaine : un tremplin pour l'imaginaire

L'Antiquité désigne une période qui part de l'Antiquité païenne (VIIe siècle av. J.-C.), qui englobe l'Antiquité chrétienne et qui s'arrête à la chute de l'empire romain (Ve siècle). Sur le plan culturel, ce terme désigne l'héritage artistique et littéraire laissé par les civilisations romaine et grecque. Redécouvert par les humanistes, il constitue le fondement de notre culture et reste une source d'inspiration inépuisable pour les artistes.

De grandes légendes

Tous les arts convoquent les figures héroïques, les mythes et les légendes antiques en les pastichant, les parodiant ou en les transposant. Parmi les héros les plus célèbres, il convient de noter les membres de la famille des Labdacides (Oedipe, Jocaste, Antigone), les figures mythologiques comme les demi-dieux (Héraclès, Prométhée, Persée), les magiciennes (Circé, Médée) et les personnages historiques devenus des légendes comme Alexandre, César, Cléopâtre ou Bérénice.

Trois œuvres incontournables

Les Métamorphoses d'**Ovide** (43 av. J.-C.-17 ap. J.-C.) réunissent plus de deux cents légendes expliquant l'origine du monde, des constellations ou des plantes. Châtiment (Narcisse et Écho), délivrance (Daphné et Apollon), récompense (Philémon et Baucis), la portée de ces récits est variée.

L'*Iliade* et l'*Odyssée* d'**Homère** (800-740 av. J.-C.) sont à la genèse du genre de l'épopée. L'*Iliade* raconte la prise de Troie par les Grecs après dix années de siège, l'*Odyssée* relate le long périple d'Ulysse pour rentrer à Ithaque.

L'*Énéide* (Ier s. av. J.-C.) de **Virgile** (70-19 av. J.-C.) s'inspire de ces légendes comme le célèbre sonnet des *Regrets* de **Joachim du Bellay**, « Heureux qui, comme Ulysse, [...] », *Le Virgile travesti* (1648) de **Paul Scarron**, *Andromaque* (1667) de **Jean Racine**, *Naissance de l'Odyssée* (1930) de **Jean Giono**, *La guerre de Troie n'aura pas lieu* (1935) de **Jean Giraudoux** ou *Ulysse from Bagdad* (2008) d'**Éric-Emmanuel Schmitt**.

Un formidable outil de réflexion poétique...

Le mot « poésie » vient du grec *poiein* qui signifie « faire, créer ». Les réflexions sur la théorie littéraire s'appuient sur les Anciens. **Aristote** (384-322 av. J.-C.) dans sa *Poétique* est le premier à catégoriser les textes en distinguant l'épopée du théâtre, deux modes de narration opposés – l'un raconte, l'autre montre. Il introduit également le concept de *catharsis* désignant au théâtre la purgation des passions par la pitié et la crainte ; le spectateur serait averti des risques provoqués par la démesure des sentiments (*l'hybris*).

Quintilien (Ier s. ap. J.-C.) dans *L'Institution oratoire* (30 ap. J.-C.) propose une synthèse sur la composition du discours : celui-ci doit répondre aux questions « Qui, quoi, où, avec quels moyens, pourquoi, comment, quand ? » et présenter un déroulement cohérent.

... et philosophique

Les *Dialogues* de **Platon** (427-356 av. J.-C.) s'appuient sur une maïeutique (art d'accoucher des pensées) qui conduit à apprendre à penser par soi-même. Ils interrogent sur le problème des origines (la métaphysique), le sens des valeurs (l'éthique), la notion du Beau (l'esthétique), le rôle de la cité (la politique). Ces grands domaines sont toujours au centre de la pensée philosophique occidentale.

L'*Iliade* et l'*Odyssée*

À l'origine transmis oralement par un aède (poète et musicien), ces récits sont composés de chants et débutent toujours par une invocation à la muse. Ces chants célèbrent un héros et s'appuient sur des hyperboles, des amplifications et des images fabuleuses. Les compléments du nom qualifiant les héros comme « Achille aux pieds légers » ou « Athéna aux yeux pers » sont appelés épithètes homériques.

- Sur le site de la BnF, consultez le dossier « Homère, sur les traces d'Ulysse ». Pourquoi peut-on dire que la légende de Troie est construite sur une réalité historique ?
- Sur ce même site, en vous appuyant sur le dossier « le monde imaginé dans ciel & terre », décrivez les diverses représentations de l'Enfer.

Une source de références pour les orateurs…

Deux auteurs phares servent de modèles. **Démosthène** (384-322 av. J.-C.) a poussé les Grecs à se battre contre l'envahisseur macédonien dans ses *Philippiques* (IVe siècle av. J.-C.). Dans ses discours, plein de colère, il invective les Grecs, les prend à parti, et varie ses registres passant du ton familier à la grandiloquence. De nombreux textes polémiques imiteront ces traits comme l'article « Torture » dans le *Dictionnaire philosophique* (1764) de **Voltaire** ou *Napoléon le Petit* (1875) de **Victor Hugo**. Les discours de **Cicéron** (106-43 av. J.-C.) sont considérés comme un modèle d'éloquence. Cicéron pose le principe de la culture comme source de l'art oratoire. Il décrit l'efficacité des figures de style comme les répétitions, les images développées, les apostrophes, les interrogations oratoires, les jeux de mots que l'on retrouvera au cours des siècles dans la grandiloquence de **François René Chateaubriand**, d'**André Malraux** ou du **Général de Gaulle**.

…pour les historiens…

Les *Commentaires sur la guerre des Gaules* (52 av. J.-C.) de **Jules César**, général, homme d'État et écrivain, constituent le modèle du genre historique. Écrits à la 3e personne, ils relatent brièvement les campagnes militaires du général mais servent aussi la réputation de l'homme de guerre en prouvant sa capacité à conduire les armées. *Les Vies parallèles des hommes illustres* (100-110 ap. J.-C.) de **Plutarque** (46-125 ap. J.-C.) sont composées d'une cinquantaine de biographies groupées par paires. **Michel de Montaigne**, **le Cardinal de Retz**, **Jean-Jacques Rousseau** et plus récemment **Pierre Michon** dans ses *Vies Minuscules* (1984) s'appuient sur cette œuvre pour leur réflexion.

…mais aussi pour les critiques et les lecteurs

Nombre de dramaturges, de romanciers et de poètes s'inspirent des œuvres antiques. La capacité des lecteurs à retrouver les textes fondateurs dans des œuvres plus récentes permet d'éclairer leur sens et de montrer leur originalité. **Molière**, par exemple, dans *Amphitryon* (1668) et *L'Avare* (1668) s'inspire de **Plaute** (vers 254-184 av. J.-C.), auteur de comédies et de farces qui mettent en scène des personnages caricaturaux comme le vieux père avare, le fils dépensier et amoureux d'une jeune fille jolie et innocente. **Jean Anouilh** s'inspire quant à lui de la tragédie de **Sophocle** (vers 495-vers 405 av. J.-C.) pour son *Antigone* représentée en 1944.

Question Comment Dalí renouvelle-t-il ce thème de la métamorphose ? Comparez-le, par exemple, au tableau du Caravage, p. 259.

Salvador Dalí, *Métamorphose de Narcisse* (1937), huile sur toile (50, 8 cm x 76, 2 cm), The Tate Gallery, Londres (Royaume-Uni).

La Courtoisie : un art de vivre et d'aimer

Le mot « courtoisie » vient de « cour » qui désigne la résidence d'un souverain. En Occident, entre le XIIe et XIIIe siècle, la courtoisie représente une politesse de conduite, une élégance morale en harmonie avec le statut social de la noblesse de cour. Cet art de vivre, qui s'inscrit en réaction à la rudesse des mœurs de cette époque, prône notamment un idéal de conduite à l'égard des dames qui sont courtisées.

Le mois de mai : la promenade de courtisans. Détail d'une page de manuscrit enluminée tirée du *Livre d'Heures de la Duchesse de Bourgogne, Adélaïde de Savoie* par le Maître d'Adélaïde de Savoie (XVe siècle) et le Maître de Jean Rolin (XVe siècle), musée Condé, Chantilly.

L'idéal courtois

L'idéal courtois concerne la société de cour et les individus qui en sont dignes socialement et moralement : ils appartiennent à la noblesse et se caractérisent par leur bravoure, leur loyauté, leur sens de l'honneur et leur douceur à l'égard des femmes. Ces qualités font qu'ils sont aimés d'une *dame* ou d'une *damoiselle*, termes désignant une femme noble, aimée et « souveraine » de leur cœur. Les sentiments qui lient le chevalier à sa dame sont appelés le *fin'amor*. Cela suppose tout d'abord des sentiments amoureux purs et réciproques. Ce qui de nos jours semble évident ne l'était pas au Moyen Âge : le mariage était organisé par les familles et l'épouse qui était livrée à son mari était totalement dépendante de lui. Aussi le *fin'amor* était-il souvent une relation hors mariage dans laquelle le jeu amoureux était codifié par des étapes. À la rencontre et à l'échange de regards succèdent les promesses, le baiser puis le don de soi. Le déroulement de ce schéma est, bien sûr, modifié par des épreuves qui viennent séparer les deux amants comme la guerre et le danger de mort. C'est en franchissant tous ces obstacles que les deux amants atteignent la perfection morale.

La littérature courtoise

Une partie des œuvres lyriques et romanesques du XIIe au XVe siècle reflète cet idéal. Les romans arthuriens de **Chrétien de Troyes** associent aux aventures des chevaliers l'amour d'une dame : ils se battent en son nom et pour conquérir son cœur. Mais le *fin'amor*, chanté par les troubadours et les trouvères, tend à représenter sur le plan littéraire un amour impossible ; le jeu mondain devient tragique et le poète invoque une femme aimée mais inaccessible. L'amour de Lancelot pour la reine Guenièvre, l'épouse du roi Arthur dans *Le Chevalier à la Charrette* (1186) de **Chrétien de Troyes** et *Le Roman de la Rose* (XIIIe siècle) de **Guillaume de Lorris**, qui est une œuvre allégorique sur l'art d'aimer, s'inscrivent dans cette tradition.

Deux histoires d'amour courtois

- *Le Chevalier à la Charrette* (XIIe siècle) de **Chrétien de Troyes** raconte comment Lancelot, modèle même du *fin'amant*, prêt à tous les sacrifices pour être digne de sa Dame, traverse des épreuves périlleuses pour sauver la reine Guenièvre et comment, pour lui plaire, il fera semblant de combattre.
- Les *Lais* (XIIe siècle) de **Marie de France** sont de petits récits en vers qui rapportent des histoires d'amour courtois. Le *lai du Chèvrefeuille* est l'un des plus célèbres. Tristan donnant rendez-vous à Iseult laisse un message sur une branche de coudrier et un rameau de chèvrefeuille étroitement enlacés : « Belle amie, ainsi est de nous : ni vous sans moi, ni moi sans vous. »

Sur le site de la BnF, consultez l'exposition virtuelle consacrée aux romans de la Table ronde et à la fortune de Tristan.

L'Humanisme

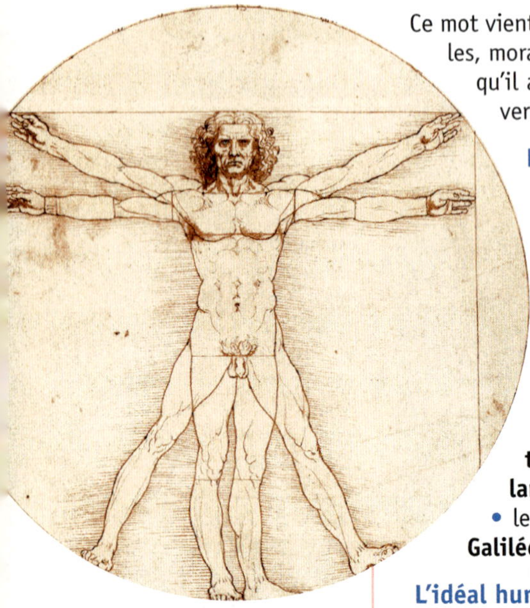

Léonard de Vinci, *L'Homme de Vitruve* (1492), détail, plume, encre et aquarelle sur pointe d'argent, galerie dell'Accademia, Venise (Italie).

Ce mot vient du latin *humanitas* qui désigne « l'ensemble des qualités intellectuelles, morales et physiques qui distinguent l'homme des autres créatures dans ce qu'il a de plus accompli ». Il désigne aussi un courant de pensée qui a traversé l'Europe de la Renaissance (XVIe siècle).

Les origines du mouvement

Les découvertes qui jalonnent la fin du XVe siècle révolutionnent la vision que l'on avait du monde :

- l'invention de l'imprimerie (1450) : les ouvrages reproduits à des centaines d'exemplaires permettent de diffuser les savoirs dans toute l'Europe ;
- la découverte de manuscrits grâce à l'arrivée des érudits grecs qui se sont repliés en Europe après la prise de Constantinople (1453) et qui ont apporté avec eux des œuvres inédites ;
- les explorations de nouveaux continents avec les voyages de **Christophe Colomb** qui découvre en 1492 l'Amérique, de **Fernand de Magellan**, ou encore de **Vasco de Gama** ;
- les découvertes en astronomie : les travaux de **Nicolas Copernic** et de **Galilée** impliquent un nouveau regard sur la place de l'homme dans l'univers.

L'idéal humaniste : l'épanouissement de l'homme

Un monde de paix : Les humanistes rêvent d'un monde pacifié qui seul permettra à l'homme de s'accomplir. Ils imaginent une Europe unie, une « république des Lettres » qui privilégie les intérêts de l'homme à toute cause politique ou religieuse. Ce pacifisme est illustré dans des œuvres comme *L'Utopie* (1516) de **Thomas More**, *L'Éloge de la folie* (1511) d'**Érasme**, les romans de **François Rabelais** ou les *Essais* (1580-1595) de **Michel de Montaigne**.

Un monde de culture : l'harmonie entre les hommes ne peut s'effectuer qu'à partir du moment où ils peuvent communiquer et se comprendre. Aussi tous les humanistes s'intéressent-ils à l'éducation qui doit développer « un esprit sain dans un corps sain ». Elle vise l'équilibre du corps et de l'esprit selon les préceptes d'**Érasme**, elle associe exercices physiques et savoir encyclopédique (étude des langues, lecture des textes originaux, chant, musique...). La lecture des textes authentiques diffusés grâce à l'imprimerie conduit les érudits à étudier l'hébreu et le grec afin de comparer les traductions. La création de lieux d'étude comme le Collège de France (1530) accompagne ces nouvelles méthodes de travail.

Un monde libre : dans une société où tous les hommes sont bien éduqués, chacun a le droit de s'instruire, de lire et de penser librement. **François Rabelais** imagine ainsi l'Abbaye de Thélème dans laquelle règne une seule règle : « Fay ce que vouldras. » (*Gargantua*, 1534, chap. 57), signifiant qu'il faut obéir à sa raison.

Ses implications : le développement de l'esprit critique

L'homme capable de comprendre seul les textes et de penser par lui-même s'interroge sur sa condition et sur le monde qui l'entoure. Ce recul critique se teinte de pessimisme et remet souvent en question les dogmes et la politique officielle.

L'éclatement de la Chrétienté

La traduction de la Bible est à la source des guerres de religion. La parution de l'ouvrage en allemand en 1521 met le texte à la portée de tous mais remet surtout en question l'autorité religieuse. Un moine allemand, **Martin Luther** s'attaque ouvertement à Rome, en dénonçant le luxe et la débauche des évêques et les pouvoirs divins du pape. **Jean Calvin** propose dans la même période une doctrine dans laquelle

Questions
Quelle œuvre illustre ce dessin de **Léonard de Vinci** ? Que pouvez-vous dire de la place désormais accordée à l'homme ?

Sur le site de la BnF, consultez le dossier sur l'utopie et décrivez les cités idéales de la Renaissance.

seule la Bible fait autorité (prêtres, évêques et pape sont donc inutiles). Il est à l'origine de *L'Affaire des placards* (un texte injurieux affiché à la porte de la chambre de François Ier) qui marque le début d'une violente répression. L'œuvre de **François Rabelais** se fait l'écho de ces polémiques.

Découverte de la relativité des valeurs

Une civilisation fondée sur l'épanouissement de l'homme suppose que sa nature soit bonne. Or, il suffit d'observer pour s'apercevoir que tout est relatif. La raison de l'homme n'est qu'apparente car ses valeurs sont relatives « chacun appelle barbarie ce qui n'est pas de son usage » (*Essais*, I, 31). De plus son imagination fausse son jugement : **Michel de Montaigne** illustre cette pensée par l'image d'un philosophe enfermé dans une cage « suspendue au haut des tours de Notre-Dame de Paris » qui ne risque rien mais qui tremble de peur. **Blaise Pascal** au XVIIe siècle reprendra cette image dans ses *Pensées* (1670).

Exposés
- L'éducation chez Rabelais (*Gargantua*, chap. 21 et 23 et *Pantagruel*, chap. 8).
- La vision de la guerre de Rabelais (*Gargantua*, chap. 27).
- L'Humanisme chez Montaigne.

Trois grandes figures humanistes

- **François Rabelais** (1494-1553) ou la joyeuse dérision : C'est à travers la « saga » de géants inoubliables, des jeux verbaux et une vision carnavalesque du monde que Rabelais donne vie à ses idées. Ses quatre romans : *Pantagruel* (1532) *Gargantua* (1534), *Le Tiers livre* (1546) et *Le Quart livre* (1548) traduisent tout l'optimisme de l'humanisme en abordant des sujets d'une grande diversité. L'auteur n'hésite pas à aborder un sujet de controverse en créant des personnages qui lisent eux-mêmes la Bible. À travers des épisodes farcesques, Rabelais se moque des moines paresseux, des papes guerriers, des théologiens ignares et des « Papimanes », les adorateurs du pape. Le sens polémique de *Pantagruel* publié anonymement sous l'anagramme d'*Alcofrybas Nasier*, lui a valu d'être condamné.
- **Michel de Montaigne** (1533-1592), « je suis moi-même la matière de mon livre » : Montaigne est l'homme d'une seule œuvre, les *Essais*, composés de trois livres et publiés de 1580 à 1595 (la dernière version est posthume). Ils s'enrichissent au cours des éditions successives : l'auteur corrige, rajoute des citations et des développements à certains chapitres. L'ouverture d'esprit, la volonté de penser le monde qui l'entoure caractérisent cette démarche qui passe tout au crible du jugement. Seul un authentique dialogue avec soi-même permet de rester maître de sa pensée et de sa vie : « je n'ai pas plus fait mon livre que mon livre m'a fait » (*Essais*, II, 18).
- **Érasme** (1469-1536), surnommé « le prince des humanistes », étudie et enseigne le latin, le grec et l'hébreu dans toute l'Europe et en Angleterre. Il publie *l'Éloge de la Folie* (1509) dans laquelle il adopte le point de vue de la Folie, dame Stultitia, pour dénoncer les travers de son temps. Il réalise également une traduction de la Bible.

Hans Holbein le jeune, *Les Ambassadeurs* (1533), huile sur toile (207 cm x 209 cm), National Gallery, Londres (Royaume-Uni).

Pétrarque et le *Canzonière* (1370)

Ce poète italien est célèbre pour ses 366 poèmes dédiés à Laure de Noves, pour laquelle il éprouve une passion impossible. Réédité plus d'une centaine de fois au XVIe siècle, ce recueil fixe la forme du sonnet qui est imitée notamment en Angleterre et en Espagne. Le pétrarquisme définit un système d'écriture qui, pour décrire les tourments de la passion, joue sur des antithèses, des hyperboles, des métaphores devenues clichés et des références mythologiques.

La Pléiade

Les origines du mouvement

La Pléiade est une constellation d'étoiles mais c'est surtout un groupe de sept poètes dont les plus célèbres sont **Joachim du Bellay** et **Pierre de Ronsard.** Durant leurs études au Collège de Coqueret (équivalent d'une université) dirigé par l'helléniste Jean Dorat, ils découvrent les auteurs latins et grecs de l'Antiquité (**Ovide**, **Virgile**, **Homère**) ainsi que les poètes italiens (**Pétrarque**, **Dante**). Le groupe décide d'imiter ces modèles en abandonnant les vieilles formes poétiques du Moyen Âge et en transformant la langue française. Conscients du caractère novateur et polémique de leurs ambitions, ils portent tout d'abord le nom de « Brigade ».

Le combat : *Défense et Illustration de la langue française* (1549)

En 1539, François Ier a imposé la langue française dans les écrits administratifs par l'édit de Villers-Cotterêts mais le latin reste la langue savante des humanistes, des juristes et des ecclésiastiques. Le manifeste de **Joachim du Bellay** intitulé *Défense et Illustration de la langue française* est un pamphlet qui renouvelle l'art poétique.

Les principes

- **L'enrichissement de la langue** se fait par l'accueil de termes dialectaux, de mots techniques ou d'origine étrangère ainsi que par l'enrichissement du style à l'aide de figures de rhétorique.
- **L'imitation des anciens ou l'innutrition** : il s'agit non pas de copier mais de « se nourrir » des œuvres antiques pour renouveler l'inspiration.
- **Un nouvel art poétique** : l'abandon des formes du Moyen Âge comme le rondeau ou la ballade signe le retour des grands genres de l'Antiquité. La transposition du sonnet pétrarquiste entraîne la création de nouvelles règles métriques.
- **Une autre vision du poète** : ce travail de la langue n'est cependant pas suffisant, la poésie est un art sacré qui demande de l'enthousiasme au sens étymologique du terme (transport divin). Héritier d'Orphée, le poète doit être inspiré par les Muses et animé par une « flamme divine » pour réussir son œuvre.

Deux poètes de la Pléiade

- **Pierre de Ronsard** (1524-1585) s'appuie sur le sonnet pour célébrer la femme aimée. Des *Amours* (1552) dédiés à Cassandre Salviati aux *Sonnets pour Hélène* (1578), la contrainte formelle magnifie le lyrisme du discours amoureux.
- **Joachim du Bellay** (1522-1560) qui a dû séjourner à Rome pendant quatre ans a transformé cette expérience de l'exil en source d'inspiration. Les *Regrets* ainsi que *Les Antiquités de Rome*, publiés en 1558, convoquent le sonnet pour exprimer la nostalgie mais aussi livrer une satire de la cour romaine.

Laura de Noves (1308-1348) couronnant le poète Francesco Petrarca (Pétrarque). Miniature tirée d'un manuscrit du *Canzoniere (Chansonnier)* de Pétrarque datant du XVe siècle, Biblioteca Medicea Laurenziana, Florence (Italie).

Le Baroque

À l'origine, le terme « baroque » vient du portugais « barroco » (1563) qui désigne en joaillerie une perle irrégulière. Très rapidement le sens figuré d'étrange, de bizarre voire de choquant entre en usage. Après la Seconde Guerre mondiale, on parle de mouvement baroque pour désigner la littérature sous les règnes d'Henri IV et de Louis XIII. Cela se caractérise par une exubérance des formes, un art des contrastes et du mouvement et s'oppose traditionnellement au Classicisme.

Jan van Eyck, *Mariage des époux Arnolfini* (1434), huile sur panneau (83, 7 cm x 57 cm), National Gallery, Londres (Royaume-Uni).

Deux aspects du Baroque

Ce mouvement s'inscrit au tournant du XVIe et du XVIIe pendant les guerres de religion. Une même esthétique étant utilisée pour des effets différents, les critiques distinguent deux grands types de baroque.

Lorsqu'il s'agit d'œuvre engagée, on parle d'un baroque de persuasion parce que les textes délivrent un message politique voire religieux. Les auteurs cherchent à convaincre. **Guillaume Du Bartas** dans *La Première Semaine ou la Création du monde* (1578) évoque la création du monde ; **Jean de Sponde** oppose dans ses *Stances à la mort* (1588) le monde éphémère et instable à l'éternité de la mort ; **Agrippa d'Aubigné** dénonce les horreurs de la Saint-Barthélemy dans *Les Tragiques* (1616).

Lorsque l'écriture est avant tout ludique, on parle d'un baroque de déception parce qu'il est centré non plus sur le message mais sur les jeux de langage et la virtuosité du style. Ses principaux représentants cherchent « à troubler pour troubler » comme **Marc-Antoine Girard de Saint-Amant** avec la poésie fantaisiste et imagée de son *Moïse sauvé* (1653), **Tristan l'Hermite**, **Théophile de Viau** ou **Cyrano de Bergerac.**

Question Qu'est-ce qu'une mise en abyme en peinture ?

Les caractéristiques du style baroque : séduire et impressionner

- **Richesse et abondance** : un vocabulaire grandiloquent, des procédés d'amplification (répétition, énumération, périphrase, allégorie, hyperbole...).
- **Variété** : mélange des genres, effet de rupture (antithèse, oxymore...).
- **Virtuosité** : art de la pointe (art de concentrer un maximum d'effet dans un minimum de mots à la fin d'un texte), effet de mise en abyme.
- **Thèmes baroques** : tous les motifs qui illustrent un monde en perpétuelle transformation, l'inconstance des sentiments, l'impossible accord entre l'être et le paraître : la métamorphose, le labyrinthe, la bulle, l'oiseau, le vent, le nuage, l'eau miroitante, le miroir, le masque, le déguisement. L'image du *Théatrum mundi* décrit le monde comme une scène sur laquelle jouent des acteurs. Elle est reprise dans de nombreuses pièces comme *L'Illusion comique* (1636) de **Pierre Corneille**, *Hamlet* (1603) de **William Shakespeare** ou *La Vie est un songe* (1636) de **Pedro Calderón**.

L'Illusion comique de Corneille

Cette pièce mêle pastorale, tragi-comédie et commedia dell'arte pour mettre en scène un effet de mise en abyme : cette tragédie n'est qu'une scène extraite d'un spectacle. Pridamant et le spectateur, victimes de l'illusion théâtrale, découvrent que Clindor est acteur.

Sur le site de la Mazarine, consultez le dossier consacré au salon de Madeleine de Scudéry. Par qui était-il fréquenté ?

La Préciosité : une mode sociale et littéraire

Une littérature de salon

En France, la préciosité est un mouvement féminin qui se développe dans la première moitié du XVIIe en réaction aux mœurs grossières de la cour d'Henri IV. Il se caractérise par des réunions mondaines, régulières et présidées par une maîtresse de maison. On y cultive le « bel esprit » en critiquant des œuvres et en inventant des jeux littéraires. Les salons les plus célèbres sont ceux tenus à l'hôtel de Rambouillet entre 1625 et 1648. La marquise de Rambouillet reçoit dans la « chambre bleue » de son hôtel toute l'élite parisienne. **Richelieu**, **Paul Scarron**, **Madame de Sévigné** et **Madame de La Fayette** font partie de ses invités les plus célèbres. Des auteurs y présentent leur texte – **Pierre Corneille** y lit *Polyeucte* (1643) – et on organise des jeux littéraires et des débats sur la psychologie amoureuse. Les fiançailles de Julie d'Angennes, fille de Mme de Rambouillet, avec le duc de Montausier illustrent parfaitement l'image de la courtoisie véhiculée dans ce salon.

La romancière **Mlle de Scudéry** reçoit tous les samedis, à l'hôtel du Marais, des bourgeoises férues de romans, des anciens de l'hôtel de Rambouillet et des écrivains célèbres comme **Paul Scarron** ou **François de La Rochefoucauld**. C'est chez elle qu'apparaît le terme « précieux », et que l'on invente *La Carte du tendre* qui est une représentation allégorique du pays de l'amour.

La Préciosité, une tendance critiquée

Les Précieuses ridicules (1658-1659), la satire de **Molière**, a rendu célèbre les excès de la préciosité illustrés par Cathos et de Magdelon.

Un art d'aimer et de vivre

L'amour précieux s'inscrit dans la continuité de l'amour courtois et obéit au même code. *L'Astrée* (1607-1627) d'**Honoré d'Urfé**, qui relate les amours complexes de bergers vivant au Ve siècle, est l'ouvrage de référence des précieux. Il inspire des dissertations sur les étapes de la passion amoureuse. Cet art d'aimer donne un rôle central à la femme dont la beauté reflète la perfection morale mais se fait aussi l'écho de revendications féminines. Les précieuses refusent le mariage imposé et veulent choisir leur amant.

Les précieux se maquillent, rajoutent rubans et plumes à leur costume et inventent des mots et des périphrases pour écarter tout ce qui renvoie à une réalité triviale. Les contemporains ont rapidement caricaturé cette mode pleine d'artifices.

Le style précieux

Il se caractérise par :

- des exagérations avec l'emploi de superlatifs comme « furieusement », « effroyablement », « terriblement » ou d'expressions du type « cela est du dernier bourgeois ».
- des métaphores et des périphrases parfois incompréhensibles. Ainsi pour éviter d'employer des mots bas comme « fauteuil » on parle de « commodités de la conversation », quant au miroir il devient le « conseiller de la beauté ».
- des genres brefs comme le portrait, la maxime, le blason (poème qui fait l'éloge de la beauté ou de la laideur en déclinant les parties du corps).
- des romans fleuves multipliant les intrigues amoureuses : héroïne enlevée, lettres interceptées, chevalier déguisé…

Michiel Sweerts, *Portrait d'un jeune homme* (1656), huile sur toile (114 cm x 92 cm), détail, musée de l'Ermitage, Saint Petersbourg (Russie).

Le Classicisme ou le règne de la raison

L'âge classique correspond à la première partie du règne de Louis XIV (1661-1685) et à la période de la monarchie absolue. La langue est fixée, les règles énoncées et surtout codifiées par **Nicolas Boileau** dans son *Art poétique* (1674).

Un idéal esthétique : le triomphe de l'ordre et du goût

Le Classicisme qui prône l'imitation des Anciens se décline en trois principes :
- clarté : « ce qui se conçoit bien s'énonce clairement », **Nicolas Boileau** (*L'Art poétique*).
- vraisemblance : refus des incohérences aussi bien sur le plan de l'action que des caractères.
- bienséance : l'art et la morale sont liés, on ne doit ni choquer ni aller à l'encontre des conceptions politiques et religieuses du public.

Ces trois principes appliqués au théâtre donnent naissance à la règle des trois unités (temps, lieu, action) énoncée ainsi par **Boileau** : « Qu'en un lieu, qu'en un jour, un seul fait accompli/Tienne jusqu'à la fin le théâtre rempli. »
Mais tous ces points sont subordonnés à un plus grand principe énoncé notamment par **Molière** et **Jean de La Fontaine** : plaire et instruire.

De grands auteurs dans tous les genres

Théâtre : **Pierre Corneille** exalte l'héroïsme de ses personnages qui font passer leur devoir avant leur passion (*Le Cid*, 1636). **Molière** cherche à plaire et instruire, il fait rire en dénonçant les travers de son époque avec *Les Précieuses ridicules* (1659), *Tartuffe* (1664), *Don Juan* (1665) et *Le Bourgeois gentilhomme* (1671). **Jean Racine**, quant à lui, emprunte ses sujets à la mythologie grecque ou à l'histoire ancienne. Ses personnages, pris dans un mécanisme tragique implacable, sont dévorés par les passions : *Andromaque* (1667), *Britannicus* (1669) *Phèdre* (1677).

Fable : **Jean de La Fontaine** renouvelle le genre antique de la fable.

Portrait et maxime : Les *Maximes* (1665) du duc de **La Rochefoucauld** reflètent certes sa vision pessimiste de l'humanité mais s'inspirent aussi des jeux littéraires inventés dans les salons précieux. Ses maximes ironiques et brillantes surprennent, voire provoquent : « si nous n'avions pas tant de défauts, nous ne prendrions pas tant de plaisir à en remarquer chez les autres » (maxime 31) ; *Les Caractères* (1688) de **Jean de La Bruyère** sont composés de portraits satiriques qui critiquent la société et inventorient les défauts des hommes : l'hypocrisie (Onuphre), la distraction (Ménalque), etc.

Roman : *La Princesse de Clèves* (1678) de **Madame de La Fayette** exalte une morale du renoncement.

Lettre : La correspondance de **Madame de Sévigné** avec sa fille, Madame de Grignan, forme un ensemble de plus de mille lettres au style naturel et spontané.

Essai philosophique et **sermon** : *Le Discours de la méthode* (1637) de **René Descartes** est un essai qui donne naissance au cartésianisme. Les *Pensées* de **Blaise Pascal** (1670) sont un recueil inachevé recomposé par ses descendants. Cette apologie de la religion chrétienne démontre la puissance argumentative du langage qui associe l'esprit de géométrie (la démonstration raisonnée) à l'esprit de finesse (la force persuasive). Les *Sermons* et surtout *Les Oraisons funèbres* (1689) de **Jacques-Bénigne Bossuet**, évêque et prédicateur, prononcés devant la cour de Louis XIV suscitent l'émotion et l'admiration.

Louis XIV pensionne artistes et écrivains

Louis XIV fonde l'Académie de Danse (1661) et la Comédie française (grand protecteur des comédiens, il soutient Molière). Versailles, temple consacré au culte du roi, est aussi une image idéalisée de son règne qu'il veut à la fois fastueux (les plus grands artistes et architectes ont participé à sa construction) et ordonné (les jardins à la française sont emblématiques de l'organisation parfaite de l'État).

Sur le site de la BnF, consultez le dossier sur le portrait et décrivez les procédés utilisés pour peindre un caractère.

Les philosophes du XVIIIe siècle dans l'escalier de Voltaire, gravure du XIXe siècle d'après un carton de Chenavard.

Les Lumières

Les origines du mouvement

Ce mouvement européen du XVIIIe siècle s'inscrit dans la continuité des réflexions des philosophes du XVIIe. Le cartésianisme est l'une des origines du mouvement européen des Lumières. **René Descartes**, plaçant la raison individuelle au centre de son système de pensée, refuse de reconnaître l'autorité des Anciens et pose les premiers jalons du développement de l'esprit critique.

La métaphore des Lumières désigne la raison et les connaissances scientifiques et culturelles qui viennent éclairer le monde en chassant l'obscurantisme, l'inégalité sociale, l'esclavage et la torture. Ces principes inspirent la Déclaration des Droits de l'Homme et du Citoyen (1789). Les échanges d'idées sont favorisés par de nombreux lieux de rencontres : les salons animés par des femmes comme Mme du Deffand ou Mme d'Épinay, protectrice de **Jean-Jacques Rousseau** ; les cafés, où l'on déguste la « liqueur noire » importée des Antilles (le café), et les clubs où se retrouvent les membres d'une corporation. Les intellectuels européens correspondent également. Ils créent la République des Lettres et permettent au public français de découvrir ainsi des auteurs étrangers comme **William Shakespeare**, **Daniel Defoe**, **Jonathan Swift** ou **Samuel Richardson**.

Une littérature ouverte aux autres cultures

La prospection des marchés orientaux et chinois, les ambassades en Syrie et en Palestine sont à l'origine de l'orientalisme avec son cortège de pierreries, de festins et de harems (**Galland** traduit *Les Mille et une nuits* en 1704, **Montesquieu** écrit les *Lettres persanes* en 1721). La découverte du « paradis polynésien » grâce aux expéditions de Cook puis de Bougainville dans les mers du Sud inspire toute une littérature de voyage : *Description d'un voyage autour du monde* (1771) de **Bougainville** ; *Supplément au voyage de Bougainville* (1773) de **Denis Diderot**.

Les idéaux des Lumières

L'optimisme des philosophes, qui pensent que l'homme est perfectible, est porté par des idéaux repris dans la devise républicaine : liberté, égalité, fraternité auxquels il convient d'ajouter le bonheur.

- **Liberté** : « l'homme est né libre » écrit **Jean-Jacques Rousseau** dans le *Contrat Social* (1762). Tous les philosophes dénoncent le despotisme et l'esclavage que ce soit par des essais théoriques (**Montesquieu**, *De l'esclavage des Nègres*, 1748) ou des œuvres littéraires (les contes philosophiques de Voltaire comme *Micromégas* en 1752 ou *Candide ou l'optimisme* en 1759). Cette liberté s'applique également aux mœurs. Aussi les œuvres d'inspiration libertine se multiplient (**Choderlos Laclos**, *Les Liaisons dangereuses* en 1782 ; **Sade**, *Justine ou les malheurs de la vertu* en 1791).

Égalité : ce mot implique l'abolition des privilèges et dénonce les fondements de la monarchie : « aucun homme n'a reçu de la nature le droit de commander » (article « autorité politique », *Encyclopédie*). **Marivaux** dans *L'Ile des esclaves* (1725), **Jean-Jacques Rousseau** avec le *Discours sur l'origine et les fondements de l'inégalité parmi les hommes* (1749), **Beaumarchais** avec *Le Mariage de Figaro* (1784) posent notamment les premiers jalons de cette notion d'égalité.

Fraternité : ce mot suppose tolérance et respect de l'autre. **Montesquieu** avec les *Lettres persanes* (1721), **Voltaire** dans *Micromégas* (1752) donnent des leçons de relativisme. **Denis Diderot** avec *La Religieuse* (1760) et **Voltaire** avec son *Traité sur la Tolérance* (1763) dénoncent l'intolérance cléricale, la superstition et le fanatisme religieux.

Bonheur : le bonheur de l'homme est au centre des réflexions des philosophes. Certains pensent que seul le progrès peut améliorer la condition humaine comme **Voltaire** dans *Le Mondain* (1736) ; d'autres estiment que c'est la civilisation qui l'a corrompu (**Jean-Jacques Rousseau**, *Discours sur l'origine et les fondements de l'inégalité parmi les hommes*, 1754 ; **Bernardin de Saint-Pierre**, *Paul et Virginie*, 1787).

Les combats

Le développement des échanges commerciaux va de pair avec une politique de colonisation : les mendiants, les opposants politiques et les criminels sont déportés dans des conditions effroyables (**L'Abbé Prévost** imagine ainsi que son héroïne, Manon Lescaut, est déportée en Louisiane). On assiste à une intensification de la traite des Noirs vers le Nouveau Monde (les Amériques). Ce commerce, qualifié de triangulaire puisqu'il relie trois continents (Europe, Afrique et Amérique), enrichit notamment les armateurs Bordelais et Nantais. **Montesquieu** avec *L'Esprit des lois* (1748) pose les fondements de la science politique en tentant de justifier rationnellement les lois qui régissent la république, la monarchie et la dictature. Il combat entre autres, l'intolérance et la torture. **Voltaire**, par le biais du *Dictionnaire philosophique* (1764) critique son époque, fustige l'inquisition, et le fanatisme avec toutes leurs conséquences : torture, intolérance... **D'Alembert** et **Denis Diderot** sont les grands maîtres d'œuvre de l'*Encyclopédie* (1751-1772).

Le siècle de l'éveil à la sensibilité

Le genre autobiographique apparaît avec les *Confessions* (1782-1789) de **Jean-Jacques Rousseau**. L'originalité du projet de ce livre fondateur est annoncée dès les premiers mots : « Je forme une entreprise qui n'eut jamais d'exemple et dont l'exécution n'aura point d'imitateur ».

Le préromantisme

Les tourments passionnés de Saint-Preux dans *Julie ou La Nouvelle Héloïse* (1761), *Les Rêveries du promeneur solitaire* (1776) de **Jean-Jacques Rousseau**, l'histoire tragique *Paul et Virginie* (1787) de **Bernardin de Saint-Pierre** annoncent les romantiques. Les situations pathétiques (amour impossible de Saint-Preux pour Julie, mort de Virginie sous les yeux de Paul qui ne lui survit pas...) sont également mises en scène dans le drame bourgeois. **Denis Diderot** cultive les effets émouvants dans *Le Père de famille* (1717) ou la *Mère coupable* (1792).

Sur le site de la BnF, consultez le dossier sur les Lumières et dites pourquoi les valeurs léguées par ce mouvement sont toujours d'actualité.

L'Encyclopédie : symbole du mouvement des Lumières

L'Encyclopédie (1751-1772) est un outil de connaissance mais aussi une arme politique. Cet ouvrage en dix sept volumes, réunit plus de 250 collaborateurs et se veut une somme synthétique de toutes les connaissances de l'homme. La composition en articles et la pratique du renvoi éveille la raison critique et permet d'insérer des textes critiques et subversifs. Les deux premiers volumes sont condamnés par la censure.

Le Libertinage

Ce mot vient du latin *libertinus* qui signifie « esclave affranchi ». Aux XVIIe et XVIIIe siècles, le libertinage désigne une liberté de pensée en matière de religion ou de mœurs.

Le libertinage religieux désigne toute opinion qui remet en question les dogmes de la religion catholique parce que c'est une façon de saper les fondements de l'autorité divine du roi. Du fait de l'importance des questions religieuses, le XVIIe siècle voit s'affronter protestants et catholiques, jansénistes et jésuites. L'Édit de Nantes reconnaît l'égalité entre les protestants et les catholiques en 1598 mais sa révocation en 1685 entraîne des persécutions : condamnations aux galères, déportations aux « îles d'Amérique » entraînent la fuite des protestants et soulèvent l'indignation de l'Europe. La doctrine janséniste s'appuie sur une interprétation de Saint Augustin selon laquelle tout homme est pêcheur et ne peut être sauvé que par la grâce divine. Aussi l'homme n'est-il redevable de ses péchés que devant Dieu, ce qui sape l'autorité du pape et des évêques. La question janséniste se règle par la violence : l'arrestation des religieuses de Port-Royal, en 1664, puis la destruction de l'abbaye en 1711. Les jésuites, appelés aussi « Compagnie de Jésus », est l'ordre fondé par Ignace de Loyola en 1540. Sa mission vise à convertir les incroyants et éduquer les croyants grâce à la direction de conscience (*Les Provinciales*, 1656-1657, de **Blaise Pascal** en font la satire). La compagnie du Saint-Sacrement réunit les dévots ; créée en 1629, interdite par Mazarin en 1661, elle forme un parti puissant qui désire réformer les mœurs, et condamne le libertinage et le théâtre. Louis XIV doit intervenir pour que l'on enterre secrètement **Molière** en terre sacrée.

Question
Pourquoi les jésuites et le parti dévot font-ils interdire *Tartuffe ou l'imposteur* (1664) de **Molière**, puis *Dom Juan* (1665) ?

Don Juan, un libertin

En 1665, Molière dépeint ce « grand seigneur méchant homme », il en fait un athée, un séducteur ridicule, un maître et un époux indigne. Cependant l'aura du personnage reste intacte, et les dévots font très vite interdire la pièce. Cette figure inspire durablement toute la littérature européenne.

Le libertinage philosophique rejette les croyances communes et se situe dans un courant matérialiste : il ne reconnaît que la matière, l'âme est faite d'atomes, ce n'est plus un Dieu mais la Nature qui organise le monde. Les précurseurs de la libre pensée comme **Fontenelle** avec l'*Entretien sur la pluralité des mondes* (1686) ou **Pierre Bayle** avec son *Dictionnaire historique et critique* (1695-1705) affirment la force de la raison et raillent les préjugés et les superstitions religieuses.

Le libertinage de mœurs aime la provocation et prône la liberté sexuelle. Les sonnets de **Marc-Antoine Girard de Saint-Amant** « Le Paresseux », « Le Fumeur » « La Crevaille » en sont une illustration comme *L'Histoire amoureuses des Gaules* (1666) de **Roger de Bussy-Rabutin** qui décrit les amours de la cour de Louis XIV. Au XVIIIe siècle, ce libertinage prend toute son ampleur avec le dévoilement de la duplicité des stratégies amoureuses dans *Les Liaisons dangereuses* (1782) de **Choderlos de Laclos**.

Scène tirée de l'opéra *Don Giovanni* de Wolfgang Amadeus Mozart, illustration (détail) datant environ de 1914.

Le Romantisme

Construit sur l'adjectif « romantique », ce mot désigne à l'origine les émotions des lecteurs de roman. Il qualifie ensuite un mouvement artistique et littéraire européen du XIXe siècle. Les idéaux du XVIIIe siècle se sont heurtés aux réalités de l'histoire et laissent place à un désenchantement existentiel. Ce mouvement s'oppose aux règles prônées par les classiques, exalte la liberté, l'imagination et considère le « moi » comme une valeur absolue.

Un mouvement

Le chef de file de ce mouvement, qui a compté **Stendhal** et **Honoré de Balzac**, a été pendant un temps **Victor Hugo**. Dans son manifeste la *Préface de Cromwell* (1827), il dénonce le carcan des règles classiques, déclare la supériorité du drame sur la comédie et la tragédie et convoque des références culturelles inédites comme les auteurs du Moyen Âge. Le conflit entre les classiques et les romantiques est à son apogée lors de la représentation houleuse d'*Hernani* appelée « La bataille d'Hernani » (1830). Cet échange d'injures est un évènement littéraire marquant qui a inspiré nombre de caricaturistes parce qu'il concrétise une opposition de générations et d'esthétiques.

Le drame romantique rejette :

– la distinction des genres au nom de la réalité qui fait coexister le beau avec le laid, le grotesque avec le sublime. Le drame devient « un miroir de concentration », une synthèse accueillant le terrible et le bouffon, la tragédie et la comédie.

– les règles de l'unité de lieu et de temps : le drame romantique se déroulant à diverses époques et dans divers lieux pose des problèmes de représentation.

– la règle de la vraisemblance : le drame emprunte beaucoup aux procédés du mélodrame (cachette, hasard, quiproquo, poison) et prône une esthétique de la surprise.

Cette nouvelle esthétique qui s'appuie sur les dramaturges élisabéthains comme **William Shakespeare** implique également une métrique et une syntaxe assouplies et un registre de langue varié.

Les romantiques échevelés à la première représentation de *Hernani* (1830) de Victor Hugo, gravure de Gérard Grandville datant de 1843.

Lorenzaccio, héros romantique

Au XVIe siècle, pour sauver Florence de la tyrannie, Lorenzaccio joue un double jeu : il se fait passer pour un débauché et un lâche afin d'approcher et d'assassiner son cousin Alexandre de Médicis qui règne en tyran. Son action est un échec politique car personne ne croit en la libération de Florence, et un autre tyran succède à Alexandre tandis que Lorenzaccio est assassiné à Venise.

Sur le site de la BnF, consultez le dossier sur Berlioz et expliquez pourquoi il est un artiste romantique.

Question

Recherchez et analysez deux exemples de héros romantiques. Vous justifierez votre choix.

Deux écrivains romantiques

Alphonse de Lamartine (1790-1869) : il rencontre en 1816 Mme Julie Charles dont il tombe amoureux, mais elle meurt quelque temps après. Cet amour impossible lui inspire *Les Méditations poétiques* (1820), poèmes adressés à la disparue qu'il nomme Elvire.

François-René de Chateaubriand (1768-1848) : il est l'initiateur du romantisme, son héros René symbolise pour tout une génération « le mal du siècle ». Mais cette mélancolie est transcendée par l'engagement de l'homme dans son temps : tout en redonnant une grandeur au Christianisme mis à mal par les philosophes des lumières dans *Le Génie du christianisme* (1802), il offre une vision personnelle de l'Histoire dans *Les Mémoires d'outre-tombe* (1850).

L'esprit romantique

L'accomplissement de l'homme s'appuie au XVIIIe sur des valeurs sociales (liberté, égalité, fraternité), au début du XIXe siècle, l'individu ne peut s'affirmer qu'en marge d'une société qui s'est révélée décevante. L'épopée napoléonienne et la révolution de 1830 se sont soldées par un échec, la monarchie de Juillet obsédée par l'argent est loin de concrétiser les idéaux républicains. Cette contestation du monde moderne et bourgeois où règnent l'argent et l'hypocrisie prend la forme d'un désenchantement existentiel résumé par cette formule d'**Alfred de Musset** : « je suis venu trop tard dans un monde trop vieux ». De là découlent les caractéristiques de l'esprit romantique :

– la nostalgie du passé : ce dégoût éprouvé devant la réalité contemporaine conduit à la redécouverte du passé et des littératures nationales, il explique un engouement pour des genres délaissés par les classiques comme les légendes, les contes (**Grimm**), les épopées du Moyen Âge ou des poètes de la Renaissance (**Dante**). C'est aussi le succès du roman historique avec Walter Scott qui publie *Ivanhoé* en 1819, Victor Hugo, *Notre-Dame de Paris* en 1831 et *Quatre-vingt treize* en 1874, quant à **Alexandre Dumas**, c'est en 1844 et sous-forme d'un roman feuilleton diffusé par le journal *Le Siècle* qu'il crée la saga des *Trois mousquetaires*.

– le mal du siècle : ennui, inquiétude, mélancolie, goût de la solitude caractérisent l'âme romantique envahie par le « vague des passions ». Toute une génération s'est identifiée au *René* (1802) de **Chateaubriand** qui inaugure une série de romans autobiographiques dans lesquels les héros incarnent cette angoisse existentielle découlant de l'écart entre la réalité et l'idéal. *Oberman* (1804) de **Étienne Pivert de Senancour**, *Vie de Henry Brulard* (écrite vers 1830 mais publiée qu'en 1890) de **Stendhal** ou encore *Les Confessions d'un enfant du siècle* (1836) et *Lorenzaccio* (1834) d'**Alfred de Musset**.

– le « moi » comme valeur absolue : ce goût de l'introspection inspire des œuvres monuments comme *Les Mémoires d'outre-tombe* (1850) de **Chateaubriand**, les *Contemplations* (1856) de **Victor Hugo**. L'art exprimant la sensibilité et les émotions devient lyrique. La nature est exaltée car elle reflète un état d'âme. L'aspiration au néant de *René* est symbolisée par ce souhait « Levez-vous vite, orages désirés » (**Chateaubriand**). La nature est aussi une image de la passion et de l'infini (le « Lac » de **Lamartine** est le lieu d'une communion entre Dieu et les hommes). L'océan symbolise, par exemple, chez les romantiques l'immensité de Dieu mais aussi la grandeur de l'âme.

– la quête de l'idéal : l'homme romantique rêve de beauté, de liberté et d'absolu. Pour cela il voyage et décrit des paysages exotiques : **Chateaubriand**, *Itinéraire de Paris à Jérusalem* (1811) ; **Lamartine**, *Voyage en Orient* (1835). Mais il s'engage aussi dans les combats de son temps par son œuvre (**Victor Hugo**, *Les Misérables*, 1862) ou sa carrière politique (**Lamartine, Hugo, Chateaubriand**).

Friedrich Caspar David, *Falaises de craie sur Rügen* (XIXe s.), huile sur toile (90, 5 cm x 71 cm), Museum Oskar Reinhart, Winterthur (Suisse).

Le Réalisme et le Naturalisme

À partir de 1848, les romanciers se veulent « les historiens du présent », les observateurs scientifiques de la société et cherchent à créer « l'illusion du vrai ». Deux mouvements en découlent : le Réalisme et le Naturalisme.

Exposé
L'image du théâtre dans les premières pages du *Père Goriot*.

Le Réalisme

Ce mouvement naît avec la parution de la revue *Réalisme* en 1856. Il vise à représenter les mécanismes sociaux.

Le réalisme balzacien

Les grands principes d'**Honoré de Balzac**, le créateur du roman réaliste, s'appuient sur les progrès scientifiques, une observation minutieuse des hommes et une volonté de dévoiler les règles du jeu social. S'inspirant notamment des travaux de Buffon et de Geoffroy de Saint-Hilaire qui exposent les principes de l'évolution des espèces animales, Balzac conçoit le projet titanesque de dénombrer les « espèces » humaines pour dégager les lois du système social. *La Comédie humaine* (1842 à 1850) est née. Ponctuée de descriptions de lieux, de portraits et de leçons de vie (les conseils de Vautrin à Rastignac dans *Le Père Goriot* ou à Lucien de Rubempré dans les *Illusions perdues*), *La Comédie humaine* invente la technique du retour du personnage.

Gustave Courbet, *La Fileuse endormie* (1853), huile sur toile (91 cm x 115 cm), musée Fabre, Montpellier.

Les illusionnistes

Le réalisme de **Stendhal** a une autre portée. Tout en ancrant ses fictions dans le monde contemporain (*Le Rouge et le Noir* a pour sous-titre *Chronique de 1830*), il est affaire de point de vue : « Le roman est un miroir qui se promène sur une grande route. » (*Le Rouge et le Noir*). Cette métaphore du point de vue (une façon d'orienter le miroir) inaugure le réalisme subjectif et donne au narrateur un rôle essentiel. Enfin, **Gustave Flaubert** dans *Madame Bovary* (1857) et *L'Éducation sentimentale* (1869) confère à la forme et à l'écriture un rôle primordial. Tous ces éléments font dire à **Guy de Maupassant** que « les Réalistes de talent devraient plutôt s'appeler des Illusionnistes » (« Préface » de *Pierre et Jean*, 1888).

Le Naturalisme

Ce mouvement, dont le chef de file est **Émile Zola**, accueille à Médan **Joris-Karl Huysmans**, **Guy de Maupassant**, **Alphonse Daudet**, **Jules Vallès**. Des manifestes sont publiés : *Le Roman expérimental* de **Zola** et la « Préface » de *Pierre et Jean* de **Maupassant**. Le Naturalisme rend compte de la réalité de façon scientifique : il s'agit d'observer et d'expérimenter. Ce travail porte surtout sur des personnages déclassés, issus d'un milieu populaire et ravagés par des passions.

Émile Zola, influencé par Taine et Claude Bernard, invente le roman scientifique en étudiant l'influence de l'hérédité, du milieu et de l'Histoire sur l'homme dans le cycle des *Rougon-Macquart, histoire naturelle et sociale d'une famille sous le Second Empire* (1873-1893). Ce roman-laboratoire démontre la fatalité d'une hérédité chargée : la folie et l'alcool détruisent tous les descendants des Macquart.

Sur le site de la BnF, consultez l'exposition virtuelle sur Zola et sur les brouillons d'écrivain. Pourquoi le travail de ce romancier est-il scientifique ?

« L'art pour l'art » selon Théophile Gautier

« L'Art » de **Théophile Gautier**, publié dans *Émaux et Camées* (1852), est un poème-manifeste. Les conseils donnés au poète synthétisent l'esthétique parnassienne :

[…]
« Sculpte, lime, cisèle ;
Que ton rêve flottant
Se scelle
Dans le bloc résistant ! »

Le Parnasse ou « l'art pour l'art »

Le Parnasse désigne à l'origine une montagne de Grèce consacrée autrefois aux Muses puis par métonymie un groupe de poètes édités dans trois volumes collectifs intitulés le *Parnasse contemporain* et publiés en 1866, 1871 et 1876. Ces recueils ont permis la structuration d'un groupe et d'une esthétique qui, en s'opposant aux principes du Romantisme, préparent au renouveau de la poésie. Ce mouvement qui accueille une centaine de poètes dont **Charles Baudelaire**, **Paul Verlaine** et **Stéphane Mallarmé** se situe entre 1850 et 1870. **Théophile Gautier** en déclarant qu' « il n'y a de vraiment beau que ce qui ne sert à rien » dans la préface à *Mademoiselle de Maupin* (1834) puis avec le recueil *Émaux et Camées* (1852) en est le fondateur, tandis que **Charles Leconte de Lisle** en est le chef de file.

La doctrine

Elle s'établit en opposition aux principes du Romantisme : l'art n'est ni l'expression du « moi » ni subordonné à une mission. Trois caractéristiques en découlent :

– Le refus du lyrisme : le poète refuse tout épanchement du moi et donc tout lyrisme. **Charles Leconte de Lisle** dans « Les montreurs » fustige ce public avide de spectacle : « je ne livrerai pas ma vie à tes huées, / je ne danserai pas sur ton tréteau banal/avec tes histrions et tes prostituées » (*Poèmes barbares*, 1872-1878).

– Le retour sur un passé mythique : en récusant toute utilité à l'art, le poète s'écarte aussi de tout engagement politique. Ses sujets de prédilection portent sur des mythes, des civilisations disparues, exotiques et lointaines, ainsi que sur l'histoire des cultures et des religions. L'exactitude historique caractérise tous les recueils. Les *Poèmes antiques* (1852) et les *Poèmes barbares* (1872-1878) de **Charles Leconte de Lisle**, les *Trophées* (1893) de **J.-M. de Heredia** dépeignent des scènes empruntées aux civilisations grecque et hindoue, au Moyen Âge et à la Renaissance, à l'Orient et aux tropiques.

– Le culte de la forme et du Beau : le parnassien cultive la perfection de la forme et choisit des structures contraignantes comme le sonnet et le rondeau. Il travaille la précision du mot, le jeu des sonorités (assonance et allitération) et l'image visuelle qui évoque couleurs, lumière et relief. La poésie est ciselée comme un joyau : brillante et raffinée.

Question : Comment cette strophe illustre-t-elle la poésie parnassienne ?

[…]
« Et, brusquement, d'un coup de sa nageoire en feu,
Il fait, par le cristal morne, immobile et bleu,
Courir un frisson d'or, de nacre et d'émeraude. »

J.-M. de Heredia, « Le récif de corail », *Trophée* (1893)

À la genèse du Symbolisme

Cependant l'art pour l'art produit des œuvres qui ne sont appréciées que des esthètes, et des pairs. Ce qui contribue à isoler l'artiste qui devient marginal. Le refus de publier dans la revue des textes de **Paul Verlaine** et de **Stéphane Mallarmé** en 1880 signe la fin du Parnasse et le début du Symbolisme et de la Décadence.

La Décadence

Charles Baudelaire est le précurseur du mouvement décadent qui réunit toutes les œuvres exprimant, à la fin du XIXe siècle, une sorte de désespérance ironique. Les artistes décadents sont des marginaux qui consacrent leur vie à l'art tout en reniant, non sans provocation, certaines valeurs sociales. En quête d'expériences nouvelles, certains d'entre eux s'adonnent à des plaisirs artificiels et s'intéressent au mysticisme (ce qui est caché et inexprimable comme le divin) et au satanisme. Les décadents sont dits « poètes maudits ».

Les « poètes maudits »

Paul Verlaine dans *Les Poètes maudits* (1888) rédige une notice sur **Tristan Corbière**, **Arthur Rimbaud**, **Stéphane Mallarmé**, **Philippe de Villiers de l'Isle-Adam** et lui-même. L'image du poète victime d'une malédiction s'impose : incompris, asocial, cherchant à fuir le monde grâce à des drogues ou de l'alcool, son génie est méconnu du public jusqu'à sa mort. Ces poncifs sont accentués par la critique : le poète décadent est un dandy excentrique, un névrosé qui sombre dans la marginalité et la folie.

Le style de la Décadence

- **Les mises en scènes de rêves et de cauchemars** : **Lautréamont** dans *Les Chants de Maldoror* (1885) déconstruit le personnage. Le « je » est envahi de sensations et d'hallucinations vertigineuses.
- **Le culte de l'artifice** : dans *À rebours* (1884), **Joris-Karl Huysmans** crée le personnage de des Esseintes, le modèle de l'aristocrate névrosé, dandy, qui s'isole du monde pour vivre dans un espace consacré à l'art et la beauté ; **Stéphane Mallarmé** lui dédie un poème : *Prose pour des Esseintes*.
- **Des mythes obsédants** : comme les Chimères ou Salomé qui est associée à l'imaginaire décadent.
- **Déconstruction et dispersion du langage** : le mot est le lieu d'un travail vertigineux sur le signifié (le sens du mot) et le signifiant (la forme du mot, le signe). Ainsi le cygne prisonnier du lac glacé dans « Le Cygne » de **Stéphane Mallarmé** représente le poète. La blancheur des plumes renvoie à la blancheur de la glace et de la page, tandis que l'impuissance à prendre son envol symbolise l'incapacité de créer, c'est-à-dire à trouver le « signe ». Le support devient lui-même un lieu signifiant.

Le dandy

Un dandy est un homme dont l'élégance est si raffinée qu'elle en devient arrogante. Le dandysme est « le dernier éclat d'héroïsme dans les décadences » selon **Charles Baudelaire** qui, lui, portait un foulard rouge et une veste marron flottant comme une soutane.

Sur le site de la BnF, recherchez le poème de Stéphane Mallarmé « Un Coup de dés jamais n'abolira le hasard » et observez sa disposition typographique.

Questions
Qui est Salomé ? Recherchez des représentations de ce personnage en littérature et en peinture. Pourquoi est-ce une figure emblématique ?

Gustave Moreau, *Salomé dansant devant Hérode* (vers 1876), huile sur toile (92 cm x 61 cm), détail, musée Gustave Moreau, Paris.

Le Symbolisme

En 1886, Jean Moréas publie un article dans *Le Figaro* intitulé « un manifeste littéraire : le Symbolisme ». Véritable réaction face au positivisme qui ne reconnaît que la matière et le concret, le Symbolisme considère que le monde est une « représentation », le reflet d'un idéal. Seuls les symboles peuvent réussir à déchiffrer les signes de cet ailleurs spirituel. Ce mouvement accueille les exclus du Parnasse, c'est-à-dire **Paul Verlaine** et **Stéphane Mallarmé**, ainsi qu'**Arthur Rimbaud**, **Lautréamont**, **Jules Laforgue** et des poètes belges comme **Émile Verhaeren**.

Les origines du mouvement

L'œuvre de **Charles Baudelaire** (1821-1867) défie toutes les classifications d'école, tout en étant à l'origine des trois grands mouvements poétiques de la fin du XIXe siècle. *Les Fleurs du mal* (1857) reconstituent un drame intérieur en six étapes coïncidant avec les sections du recueil : « Spleen et idéal », « Tableaux parisiens », « Le Vin », « Fleurs du mal », « Révolte » « La Mort ». Toutes les esthétiques y sont représentées ou en germe : le poème « Spleen » s'inscrit dans la continuité de l'ennui et du mal de vivre des romantiques, « La Beauté » annonce l'esthétique parnassienne, « Don Juan aux Enfers » les décadents et « Les Correspondances », en décrivant l'universelle analogie, ouvrent sur le Symbolisme. Les *Petits poèmes en prose* ou *Le Spleen de Paris* (1869), écrits parallèlement aux *Fleurs du mal*, se libèrent de la contrainte de la rime et vont influencer **Stéphane Mallarmé** et **Arthur Rimbaud**.

Question
Recherchez pourquoi *Les Fleurs du mal* ont été condamnées en 1857.

Ses caractéristiques

Rôle central du symbole et de l'analogie (rapport de ressemblance) : le langage vise à suggérer des idées abstraites grâce à l'analogie. Sons, couleurs, parfums, musicalité de la langue évoquent et créent des visions qui laissent percevoir intuitivement l'existence d'une réalité supérieure. Ainsi « L'albatros » de **Charles Baudelaire** ou « Le cygne » prisonnier des glaces de **Stéphane Mallarmé** sont une image du poète exilé ou stérile et le naufrage du « Bateau ivre » d'**Arthur Rimbaud** préfigure les dangers de l'aventure poétique. Le statut du poète capable de transcender la réalité est alors transformé.

Le poète devient voyant parce qu'il a accès à un monde inconnu. Pour transcrire ses visions, il doit inventer d'autres formes poétiques.

Le poète est un alchimiste : explorateur du langage et des signes, il est « l'alchimiste d'un verbe » (Rimbaud). Ses expérimentations le conduisent à des formes inédites : le mètre impair, le poème en prose, **le vers libre**.

Trois poètes symbolistes

- **Stéphane Mallarmé** (1842-1898) : influencé par le Parnasse et **Charles Baudelaire**, il cultive l'art du langage qui doit refléter une idéalité pure et renoncer à toute idée de représentation. Son travail acharné aboutit à un hermétisme qui le marginalise.
- **Paul Verlaine** (1844-1896) : il affirme la primauté de la musique, cultive l'impair et « la chanson grise », c'est-à-dire la suggestion et l'impression.
- **Arthur Rimbaud** (1854-1891) : « Le poète se fait voyant par un long, immense et raisonné dérèglement de tous les sens » (*Lettre dite « du Voyant »*, 1871), l'écriture génère des féeries, c'est-à-dire des lieux oniriques comme « Les ponts » dans les *Illuminations* (1886).

Question
Quelles sont les règles prescrites dans « Art poétique » (1884) de Verlaine ?

Le Surréalisme

Ce mot qui a été utilisé pour la première fois par **Guillaume Apollinaire** en 1917 dans le sous-titre donné à sa pièce *Les Mamelles de Tirésias* désigne un mouvement d'avant-garde né après la Première Guerre mondiale. Il s'inscrit dans la continuité du Dadaïsme et prône une rupture radicale avec le conformisme esthétique et politique de l'époque. **Tristan Tzara** est le chef de file de ce mouvement « dadaïste » (1916-1925) qui veut faire table rase de toutes les valeurs (patrie, obéissance, convention...) qui ont conduit aux atrocités de la Première Guerre mondiale. Ce terme est utilisé de nos jours dans un sens plus large pour désigner ce qui est étrange ou bizarre.

La genèse du mouvement surréaliste

Les théories sur l'hypnose et les découvertes Freudiennes sur l'inconscient sont à la genèse de ce mouvement défini par son chef de file, **André Breton**, dans le *Manifeste du Surréalisme* (1924) comme un « automatisme psychique pur par lequel on se propose d'exprimer, soit verbalement, soit par écrit, soit de toute autre manière, le fonctionnement réel de la pensée ». Cette déclaration donne tous les pouvoirs à l'imagination et refuse toutes les codifications littéraires.

Les surréalistes redécouvrent des auteurs marginaux comme **le marquis de Sade** ou **Lautréamont** et des genres réputés populaires (roman feuilleton, récit gothique). Le Surréalisme veut « changer la vie » afin de « ruiner toute idée de famille, de patrie, de religion » (*Second manifeste*) tout en célébrant l'amour fou.

Max Ernst, *Au rendez-vous des amis* (1922/23), huile sur toile (130 cm x 193 cm), Wallraf-Richartz-Museum, Cologne (Allemagne).

Les caractéristiques de l'écriture surréaliste

Le Surréalisme utilise tous les procédés libérant des contraintes et reposant sur l'arbitraire comme l'écriture automatique, les jeux d'association libre, les collages aléatoires de titres ou de fragments découpés dans les journaux, les jeux verbaux.

- **L'image étincelle** : elle est d'autant plus forte et chargée d'émotion que les deux réalités sont plus éloignées. Ce procédé entraîne un renouvellement du jugement esthétique illustré par la définition de **Lautréamont** « beau comme la rencontre fortuite d'un parapluie et d'une machine à coudre sur une table de dissection ».
- **Le poème image** est construit par une série de métaphores surprenantes alliant des réalités éloignées (« Union libre » dans *Clair de Terre*, 1931, d'**André Breton**). Le poème se compose d'une suite d'images.
- **Le mélange des genres** : les surréalistes inventent une nouvelle forme de récit qui s'attache aux faits insolites, étranges tout en s'appuyant sur des procédés empruntés aux romans réalistes (précision des lieux, des dates, formes de journal, insertion de preuves).
- **Le cadavre exquis** est la recette pour faire surgir des images surréalistes. Il faut être au moins deux. Sur un papier que l'on prend soin de plier au fur et à mesure afin que l'autre ne puisse pas lire ce qui a été noté, écrire chacun à son tour un nom, un adjectif, un verbe, un nom, etc. La première phrase obtenue de cette manière a donné le nom de ce jeu : « le cadavre-exquis-boira-le vin nouveau ».

Une œuvre surréaliste : *Nadja*

Nadja (1828) d'**André Breton** est un roman surréaliste par la diversité et la richesse de sa forme : il est à la fois autobiographie, roman d'amour et récit fantastique. Le narrateur pour illustrer son propos insère des reproductions de photographies, d'affiches, d'œuvres d'art, de lettres, de programmes de cinéma, etc. L'héroïne est une voyante qui vit dans un monde surréel dans lequel des événements anodins deviennent des signes.

La Littérature engagée et l'Absurde

Les origines de la Littérature de l'Absurde

Au milieu du XXe siècle, les horreurs de la guerre et du totalitarisme, la sensation d'impuissance et d'irrationalité nourrissent une angoisse existentielle qu'exprime la littérature de l'Absurde. La Seconde Guerre mondiale qui a fait plus de 40 millions de morts en Europe, le génocide, la torture, l'assassinat, l'utilisation de la bombe atomique en 1945 à Hiroshima et Nagasaki témoignent du retour de la barbarie et de l'échec d'une civilisation.

Le théâtre de l'Absurde

Dans les années 1950, apparaît le « théâtre de l'Absurde ». L'irrationnel farcesque, emprunté au théâtre surréaliste et notamment à la pièce d'**Alfred Jarry** *Ubu roi* (1896), démasque les conventions et révèle le tragique de la condition humaine. Les caractéristiques de ce théâtre se déclinent en trois points :

– la disparition de toute illusion réaliste : le personnage n'a plus de consistance, le temps et l'espace se dérèglent.

Madeleine Renaud dans *Oh! les beaux jours*, pièce de Samuel Beckett, mise en scène par Roger Blin au théâtre de l'Odéon à Paris en 1963.

– la déconstruction du langage : les dialogues ne servent plus à communiquer et les mots perdent leur sens **Eugène Ionesco,** *La Cantatrice chauve*, (1950).

– l'expression d'une angoisse : les œuvres révèlent le vide de l'existence, et l'angoisse d'un monde sans dieu. **Samuel Beckett** décrit l'absurdité de la condition humaine dans *En attendant Godot* (1952) et *Oh les beaux jours* (1963). **Eugène Ionesco** rappelle l'inexorable destin de chacun dans *Le Roi se meurt* (1962). *La Nausée* (1938) de **Jean-Paul Sartre** révèle un malaise existentiel. *Le Mythe de Sisyphe* (1942), essai sur l'Absurde d'**Albert Camus**, synthétise cette tragédie de l'impuissance. Cependant ce qui pourrait conduire au désespoir est transcendé par la révolte et l'engagement.

La Littérature engagée

L'engagement des écrivains se cristallise durant la Seconde Guerre mondiale : la Résistance c'est aussi un acte d'écriture. Tous les genres sont convoqués :

– le roman : **Albert Camus** dans *La Peste* (1947) montre que seule l'union fraternelle permet de combattre les fléaux. **André Malraux** milite et publie *La Condition humaine* (1933) et *L'Espoir* (1937) dans lequel il soutient le Front populaire qui s'oppose à Franco.

– le théâtre : est le lieu de débats philosophique et politique. *Antigone* (1944) de **Jean Anouilh**, *Les Mouches* (1943) de **Jean-Paul Sartre**, *Rhinocéros* (1959) d'**Eugène Ionesco** posent, par le biais du mythe ou de l'allégorie, le problème de la liberté face au pouvoir politique.

– la poésie : Les poètes de la résistance célèbrent la France et ses combattants : « La Rose et le Réséda » (1943) de **Louis Aragon** publié dans un journal clandestin ; « Liberté » (1942) de **Paul Eluard** parachuté dans les maquis ; *Feuillets d'Hypnos* (1946) du résistant **René Char** témoignent de leur détermination.

En attendant Godot de Samuel Beckett (1952)

Cette pièce mêle burlesque et tragique tout en décrivant l'attente dérisoire de deux personnages. Vladimir et Estragon, deux clochards aux noms de clown, attendent Godot. La journée s'écoule interrompue par le passage d'un maître maltraitant son esclave, et d'un messager qui annonce que Godot ne viendra que demain. Le lendemain les même personnages apparaissent et le messager vient assurer une nouvelle fois que Godot viendra, mais demain.

Sur le site de la BnF, consultez le dossier consacré à Jean-Paul Sartre. Pourquoi peut-on dire que toute sa vie est un engagement ?

Exposé
Construisez le dossier biographique d'un écrivain engagé : Camus, Malraux, etc.

Le Nouveau Roman

Cette expression désigne un mouvement né dans les années 1950 en France. Il regroupe des romanciers, publiés aux Éditions de Minuit, qui s'inspirent des procédés d'écriture des grands écrivains de la fin du XIXe et du début du XXe siècle (le travail sur l'écriture de Flaubert, la temporalité de **Marcel Proust**, le monologue intérieur chez **William Faulkner**, la déconstruction du langage chez **James Joyce**). Il réunit jusque dans les années 1970 une constellation d'écrivains au style varié : **Michel Butor**, **Nathalie Sarraute**, **Marguerite Duras**, **Samuel Beckett** et **Claude Simon**.

Deux œuvres « manifestes »

Nathalie Sarraute
L'Ère du Soupçon (1956)
Alain Robbe-Grillet
Pour un nouveau roman (1963)

L'Ère du soupçon

Ce mouvement condamne le roman traditionnel qui présente par le biais d'un narrateur omniscient une image rassurante du monde.

Refus du récit traditionnel : le personnage, l'organisation chronologique, l'intrigue sont des notions périmées. Tout ce qui caractérisait le roman du XIXe siècle (l'univers balzacien), c'est-à-dire la peinture des caractères et une histoire se déroulant dans un univers cohérent, univoque et déchiffrable sont remis en question.

Refus de l'illusion référentielle : les portraits psychologiques des personnages se révèlent des leurres de même que l'effet de vérité. Raconter une histoire vraie devient impossible : le langage ne reflète pas la réalité, il la déforme. Les mots deviennent « suspects ».

Michel Butor, écrivain français et figure représentative du Nouveau Roman, le 5 Décembre 1964 à Paris.

L'« aventure d'une écriture »

Le roman devient « l'aventure d'une écriture » et non plus l'écriture d'une aventure (Jean Ricardou). Les romanciers privilégient la construction formelle à l'intrigue qui est souvent ténue. Le roman est un laboratoire dans lequel le récit est éclaté, il se présente comme un puzzle qu'il faut reconstituer. Le procédé emprunté au roman policier est ici complexifié par des descriptions qui « dissèquent » l'univers romanesque (exemple du grossissement fantastique du quartier de tomate dans *Les Gommes* (1953) d'**Alain Robbe-Grillet**).
Le narrateur omniscient, qui donnait traditionnellement un sens au récit, devient un personnage énigmatique. Dans *La Jalousie* (1957) d'**Alain Robbe-Grillet** : un regard à travers des jalousies (des volets mobiles) observe des heures durant pour savoir si A. trompe son mari. Ce n'est pas l'intrigue qui est originale mais la perspective adoptée. L'adultère, qui n'est peut-être qu'imaginé, n'est perçu qu'à travers le point de vue obsessionnel du mari jaloux.

La Modification de Michel Butor

Ce roman raconte la transformation de Léon Delmont qui prend le train à Paris pour rejoindre sa maîtresse à Rome. Au cours du trajet, alors qu'il était décidé à quitter sa femme, il change d'avis. C'est à travers des descriptions minutieuses de détails (le ruissèlement de la pluie sur la vitre, les rainures sur le sol du wagon, le croisement des voies ferrées) que se raconte l'échec d'une vie empêtrée dans les habitudes.

PARTIE I

Lecture

Objets d'étude communs aux séries L/ES/S

Objets d'étude spécifiques à la série L

▸▸▸ Giovanni Boldoni, *Girl reading in a salon* (1876), huile sur toile (73 cm x 57 cm), détail, collection privée.

CHAPITRE 1

Le personnage de roman, du XVIIe siècle à nos jours

« Un roman est un miroir qui se promène sur une grande route. Tantôt il reflète à vos yeux l'azur des cieux, tantôt la fange des bourbiers de la route. »
(Stendhal, *Le Rouge et Le Noir*, 1830)

►►► Charles Demuth, illustration pour *Nana* d'Émile Zola (1915-1916), crayon et aquarelle, détail, Fondation Barnes, Merion, Pennsylvanie (États-Unis).

Hercule transperce de ses flèches empoisonnées le centaure Nessus qui tentait d'enlever Dejanire, fresque (début du Ier s. ap. J.-C.), musée archéologique, Naples (Italie).

C'est le plus souvent autour d'un ou plusieurs personnages que s'organise un roman. Être de fiction, il se définit par son portrait, ses actions, ses paroles et ses sentiments, que le romancier choisit de livrer avec plus ou moins de précision. De cette conception dépend le rapport d'identification au personnage ainsi que son interprétation par le lecteur. Au cours de l'histoire du roman, la conception du personnage a évolué, à l'image des interrogations des auteurs sur l'homme et le monde.

Aux origines du personnage de roman

Les premiers héros

Dans l'Antiquité, on ne parle pas de « roman », le mot et le genre étant à l'origine associés à la langue romane qui se déploie au Moyen Âge et dans laquelle sont écrites les œuvres. Pour autant l'épopée grecque, essentiellement l'*Iliade* et l'*Odyssée* d'**Homère**, fournit le modèle de nombreux héros et contribue à concevoir le personnage avant tout comme un être doté de qualités exceptionnelles.

Le modèle du chevalier

Dans les premiers romans, au Moyen Âge : romans antiques, *Énéas* (vers 1160), *Le Roman de Troie* (vers 1160), romans de chevalerie ou romans courtois, comme ceux de **Chrétien de Troyes**, *Lancelot* (vers 1170) par exemple, les personnages évoluent dans un monde peu réaliste, souvent idéalisé. Or, à la différence des héros antiques, justement, ils évoluent, amorçant ainsi ce que va devenir le personnage.

Des personnages pour rire et réfléchir

Le *Roman de Renart*, composé par des clercs anonymes au XIIe et XIIIe siècles, joue avec les différents codes romanesques de cette époque, antiques et courtois, en les intégrant à un univers plus réaliste. Les personnages ne sont plus des héros idéalisés mais pas encore des miroirs : il s'agit d'un monde animal, qui cependant rappelle clairement le monde humain. Au XVIe siècle, **François Rabelais** dans *Pantagruel* (1532) et *Gargantua* (1534) met en scène des personnages de géants, proposant à travers leurs aventures un regard à la fois satirique et philosophique sur l'homme et la société.

Le XVIIe siècle : les personnages se diversifient

Détournements

Au XVIIe siècle, le genre romanesque se diversifie. On trouve encore une importante veine satirique qui parodie les héros et les valeurs chevaleresques, en les confrontant à la réalité, comme dans *Don Quichotte* (1605) de **Cervantès**. **Paul Scarron** choisit également la parodie dans son *Roman comique* (1651-1655).

Sur le site de la BnF, consultez l'exposition virtuelle consacrée aux Héros. Faites une synthèse de votre lecture sur le thème « le modèle héroïque ».

Le héros

Il est d'abord un personnage doté de qualités exceptionnelles, voire extraordinaires, à l'image des héros de la mythologie, comme Hercule. Les héros arthuriens relèvent de cette définition. Mais l'évolution du personnage romanesque invite à renouveler la définition : le héros est le personnage autour duquel s'organise l'intrigue du roman (→ Ex. : Julien Sorel dans *Le Rouge et le Noir* (1830) de **Stendhal**). Il peut alors être un personnage positif ou négatif, voire un « anti-héros » (→ Ex. : Meursault dans *L'Étranger* (1942) d'**Albert Camus**).

L'analyse des sentiments

Le déclin des valeurs féodales au profit d'un nouvel idéal d'« honnête homme » fondé sur le goût et le raffinement, la place accordée à la vie mondaine et à ses codes, conduisent des auteurs à construire des personnages plus nuancés, dont les sentiments contradictoires sont analysés. C'est la naissance du « roman psychologique » avec *La Princesse de Clèves* (1678) de **Madame de La Fayette.** La passion amoureuse de l'héroïne y est entravée par le devoir et la morale. Mme de Clèves n'est pas sans rappeler certaines figures de la tragédie, genre alors très apprécié. La conception du personnage de roman traduit bien la sensibilité d'une époque, la manière dont une société choisit de regarder et de peindre l'être humain en son sein.

Le XVIIIe siècle : le personnage est un « individu »

Il n'est donc pas surprenant qu'au XVIIIe siècle, alors que l'individu s'impose peu à peu dans sa particularité et non plus seulement en tant que membre d'un ordre social, le personnage de roman ne soit plus représentant d'un type littéraire mais devienne un être au caractère propre et au destin unique. Les aventures de Manon Lescaut dans le roman éponyme de **l'Abbé Prévost** ont pour source principale les désirs contradictoires de la jeune héroïne et la passion déterminée de son amant le chevalier Des Grieux. Le choix de privilégier la subjectivité des personnages se traduit par l'emploi récurrent d'une narration à la première personne, ou encore d'une forme épistolaire qui suggère l'autonomie des personnages. *Les Liaisons dangereuses* (1782) de **Choderlos de Laclos** en sont un exemple.

Le roman épistolaire

Roman par lettres, il ne comporte pas de narrateur, les informations sur les personnages et l'intrigue ne sont transmises que par la correspondance des scripteurs. Cela donne une apparente authenticité au récit en même temps qu'une autonomie aux personnages. Le lecteur a l'impression d'avoir accès à l'intimité des personnages et doit accomplir seul le travail d'analyse. Ce genre connaît son apogée au XVIIIe siècle.

Le XIXe siècle : le personnage « réaliste »

L'observation attentive de la réalité (► Les mouvements littéraires : le XIXe siècle, p. 33)

Le XIXe siècle connaît une histoire mouvementée, au rythme des révolutions et de la succession des régimes, des mutations techniques et sociologiques. Les romanciers cherchent alors à rendre compte de ce monde qui échappe, dont les repères sont brouillés. Leur travail s'appuie sur une observation attentive, presque scientifique, de la réalité tant sociale que psychologique. **Honoré de Balzac** dans *La Comédie humaine* (1830-1850) puis **Émile Zola** dans *Les Rougon-Macquart* (1871-1893) conçoivent chacun tout un univers incluant toutes les classes sociales, et dont la cohérence repose en partie sur le retour des personnages. Le souci de réalisme conduit à représenter les personnages dans les moments même les plus quotidiens de la réalité, comme les scènes de repas, qui sont pour l'auteur et pour le lecteur autant d'indices de la vision proposée.

Giuseppe De Nittis, *Les Courses aux bois de Boulogne* (1881), huile sur toile, Galleria Nazionale d'Arte Moderna, Rome (Italie).

Des personnages complets

Les personnages sont placés au sein de la société dont ils sont chargés de rendre compte ; leurs ambitions, leurs contradictions sont racontées et analysées. Le roman d'apprentissage permet de raconter ces parcours, celui de Julien Sorel (**Stendhal**) ou de Frédéric Moreau (**Gustave Flaubert**). Le lecteur peut ainsi analyser à son tour le fonctionnement de la société et des individus, puisque les portraits des personnages y sont très précis.

Le XXe siècle : la déconstruction du personnage

Le temps des doutes

Le XXe siècle connaît à son tour de nombreux bouleversements qui conduisent à une progressive remise en cause de la conception du personnage romanesque. Tout d'abord la psychanalyse – née à Vienne à la fin du siècle précédent dans le cabinet du docteur Freud – et la notion d'inconscient invitent à analyser autrement l'être humain et rendent plus difficile sa caractérisation, qui semble désormais mouvante. Ainsi **Marcel Proust** choisit-il dans son œuvre *À la Recherche du Temps perdu* (1913-1927) une narration à la première personne ; les personnages, les lieux sont évoqués à travers le filtre d'une subjectivité qui se construit elle-même au fil des pages.

La fin du personnage ?

Les fondements et les valeurs de la société sont à leur tour mis à mal par les traumatismes des deux guerres mondiales. Les parcours et les attitudes des personnages rendent compte des désarrois et des questionnements face au monde, mais les auteurs n'en donnent plus les clés, renonçant à caractériser et analyser leurs personnages. Meursault dans *L'Étranger* (1942) d'**Albert Camus** désarçonne le lecteur en ne livrant jamais vraiment ses sentiments. Les auteurs du Nouveau Roman (► Les mouvements littéraires : le XXe siècle, p. 39), radicalisent encore cette déconstruction du personnage, qui perd parfois jusqu'à son identité. Aucun portrait physique ou moral des personnages d'**Alain Robbe-Grillet** ou de **Nathalie Sarraute** ne sont livrés explicitement au lecteur, qui doit alors construire sa propre image de ces personnages à partir des indices qui lui sont livrés, gestes, paroles. Les auteurs jouent avec le lecteur en refusant d'assumer le rôle de narrateur omniscient, allant même parfois jusqu'à brouiller les pistes de la narration, comme le fait **Michel Butor** dans *La Modification* (1957). Ce « défaut » de caractérisation n'exclut ni l'identification ni l'empathie avec le personnage, mais elles résultent désormais de l'implication et de l'interprétation que voudra bien avoir le lecteur. La folie de Lol V. Stein dans le roman de **Marguerite Duras** n'est pas analysée directement par la narratrice, mais elle touche le lecteur par cet espace même qui lui est laissé pour la comprendre.

L'Ère du soupçon

Titre d'un recueil d'essais, publié en 1956, de **Nathalie Sarraute**. Elle y pose plusieurs des fondements de ce que l'on appelle le Nouveau Roman. Le « soupçon » porte justement sur la notion de personnage, la « foi en lui du romancier et du lecteur ». Les attributs qui lui étaient donnés dans les romans réalistes apparaissent désormais paradoxalement invraisemblables. D'où la nécessaire recherche d'un nouveau type de personnage romanesque.

Des personnages pluriels

L'histoire du personnage romanesque offre aux auteurs contemporains des voies diverses, que chacun peut exploiter en toute liberté. Avec ou sans passé, énigmatiques ou familiers, les personnages sont désormais multiples et changeants, selon ce que veulent leur faire dire – ou non – les romanciers, selon le rapport qu'ils veulent établir entre personnage et lecteur. La conception du personnage romanesque, qu'elle se veuille exhaustive ou lacunaire, reste en tout cas toujours le miroir des interrogations que l'auteur veut transmettre sur l'homme et le monde.

Sur le site de l'INA, consultez les archives consacrées à Georges Perec : comment présente-t-il ses œuvres ? Comment conçoit-il le travail de romancier ?

Exposés

- **La Comédie humaine** : quel est le projet d'Honoré de Balzac ? Comment classe-t-il ses romans ? Recherchez quelques exemples de personnages récurrents.
- **Le personnage de l'enfant** : recherchez des exemples de romans ayant un enfant pour héros. Pourquoi ce type de personnage est-il original et intéressant ?

Séquence 1

La construction du personnage : « l'entrée en scène du héros » du XVIIe au XXe siècle

**Comment le personnage se construit-il au fil du roman ?
Quels sont les différents types de personnages romanesques ?**

CORPUS DE LA SÉQUENCE

LIENS AVEC LA PARTIE LANGUE

- Les valeurs des modes et des temps, p. 520
- L'énonciation et le discours, p. 528

LIENS AVEC LA PARTIE OUTILS D'ANALYSE

- L'organisation et le fonctionnement du récit, p. 548
- La description, p. 550
- Faire rire, p. 578

LIENS AVEC LA PARTIE MÉTHODES POUR LE BAC

- Le commentaire, p. 598
- La dissertation, p. 606
- L'écriture d'invention, p. 616

►►► Gustave Doré, *Les géants capturés* (XIXe siècle), aquarelle (détail), Art Institute of Chicago, Chicago (États-Unis).

▸ Biographies, p. 628

Paul Scarron, *Le Roman Comique* (1651-1655)

⊕ CONTEXTE

Au XVIIe siècle les codes du genre du roman ne sont pas encore très définis et les écrivains aiment à imiter les récits héroïques de l'Antiquité ou du Moyen-Âge. Au début du siècle classique, on aime aussi rire avec les parodies de ces romans épiques. On lit l'*Énéide*, la grande épopée du poète latin du premier siècle av. J.-C., Virgile, et l'on s'amuse dans le même temps de sa réécriture burlesque, le *Virgile Travesti* de Scarron.

Dans son Roman Comique, *Scarron met en scène une troupe de comédiens ambulants dont les vêtements et accessoires, l'âge et les attitudes évoquent des rôles-types de la comédie ou de la tragédie.*

*Voici le début du roman de Scarron, ce que l'on nomme aussi l'*incipit *: la troupe de comédiens arrive dans la ville du Mans ; personnages et acteurs se confondent dans une entrée en scène dynamique et amusante.*

Une troupe de comédiens arrive dans la ville du Mans

Le soleil avait achevé plus de la moitié de sa course et son char, ayant attrapé le penchant du monde, roulait plus vite qu'il ne voulait. Si ses chevaux eussent voulu profiter de la pente du chemin, ils eussent achevé ce qui restait du jour en moins d'un demi-quart d'heure ; mais, au lieu de tirer de toute leur force, ils ne s'amusaient qu'à faire des courbettes, respirant un air marin qui les faisait hennir et les avertissait que la mer était proche, où l'on dit que leur maître se couche toutes les nuits. Pour parler plus humainement et plus intelligiblement, il était entre cinq et six quand une charrette entra dans les halles du Mans. Cette charrette était attelée de quatre bœufs fort maigres, conduits par une jument poulinière dont le poulain allait et venait à l'entour de la charrette comme un petit fou qu'il était. La charrette était pleine de coffres, de malles et de gros paquets de toiles peintes qui faisaient comme une pyramide au haut de laquelle paraissait une demoiselle habillée moitié ville, moitié campagne. Un jeune homme, aussi pauvre d'habits que riche de mine, marchait à côté de la charrette. Il avait un grand emplâtre[1] sur le visage, qui lui couvrait un œil et la moitié de la joue, et portait un grand fusil sur son épaule, dont il avait assassiné plusieurs pies, geais et corneilles, qui lui faisaient comme une bandoulière au bas de laquelle pendaient par les pieds une poule et un oison qui avaient bien la mine d'avoir été pris à la petite guerre[2]. Au lieu de chapeau, il n'avait qu'un bonnet de nuit entortillé de jarretières de différentes couleurs, et cet habillement de tête était une manière de turban qui n'était encore qu'ébauché et auquel on n'avait pas encore donné la dernière main. Son pourpoint était une casaque[3] de grisette ceinte avec une courroie, laquelle lui servait aussi à soutenir une épée qui était si longue qu'on ne s'en pouvait aider adroitement sans fourchette. Il portait des chausses troussées à bas d'attaches[4], comme celles des comédiens quand ils représentent un héros de l'Antiquité, et il avait, au lieu de souliers, des brodequins à l'antique que les boues avaient gâtés jusqu'à la cheville du pied. Un vieillard vêtu plus régulièrement, quoique très mal, marchait à côté de lui. Il portait sur ses épaules une basse de viole[5] et, parce qu'il se courbait un peu en marchant, on l'eût pris de loin pour une grosse tortue qui marchait sur les jambes de derrière. Quelque critique murmurera de la comparaison, à cause du peu de proportion qu'il y a d'une tortue à un homme ; mais j'entends parler des grandes tortues qui se trouvent dans les Indes et, de plus, je m'en sers de ma seule autorité. Retournons à notre caravane.

1. Préparation blanche et épaisse appliquée sur la peau.
2. Avoir été braconnés.
3. Cape ou manteau en étoffe grise employée pour les vêtements des femmes du peuple.
4. Longs bas de soie attachés au haut de chausses (pantalons courts).
5. Instrument à cordes ancêtre du violoncelle.

Franz Dichter,
L'entrée des comédiens dans la ville du Mans
(1714), huile sur toile,
musée de Tessé, Le Mans.

Questions

► L'organisation et le fonctionnement du récit, p. 548
► Faire rire, p. 578

L'entrée dans l'univers du roman

1. De quelle manière Scarron indique-t-il au lecteur, dans la première phrase, le moment où cette histoire commence ? Dans quel registre et quel genre de récit ce procédé semble-t-il le faire entrer ? Quelle phrase contredit très vite cette première hypothèse ?
2. Comparez le « char » évoqué ligne 1 et la « charrette », ligne 8. Que fait apparaître la confrontation ? Dans quel registre ces premières lignes sont-elles écrites ?

L'entrée en scène des personnages

3. Comment sont désignés les personnages de cette histoire la première fois qu'on parle d'eux ? Quel rapport voyez-vous avec le titre du chapitre ? Sur qui l'attention se porte-t-elle tout particulièrement ?
4. Étudiez le portrait du jeune homme en vous attachant à tout ce qu'il révèle de ses faits et gestes avant le début de l'histoire.
5. Relevez les traces de la présence du narrateur : quelles sont les fonctions de ses intrusions dans le récit ? Quels rapports construit-il avec le lecteur ?

Un univers théâtral

6. Relevez tous les indices qui évoquent l'univers du théâtre : quels sont les rôles, le genre d'œuvres que la petite troupe doit pouvoir jouer ?
7. Relevez les effets parodiques et analysez les procédés qui les construisent.

Conjugaison
À quel mode et à quel temps sont conjugués les verbes : « eussent voulu » (l. 2) et « eussent achevé » (l. 3) ? Dans quels cas cette conjugaison est-elle employée ?

► Les valeurs des modes et des temps, p. 520

Synthèse Montrez que l'arrivée de cette petite troupe de comédiens constitue un spectacle mis en scène pour le lecteur avec distance et humour.

BAC S'entraîner à l'écriture d'invention

En tenant compte des indices présents dans le texte, racontez en une page l'installation précaire de la troupe dans les Halles du Mans et leurs préparatifs pour jouer une farce de Molière.

► Amplifier et transposer un texte, p. 616

► Biographies, p. 628

Denis Diderot, *Jacques le Fataliste* (1796)

⊕ CONTEXTE

Écrivain et philosophe, Diderot interroge les codes du roman de l'intérieur de la fiction. Il explore les relations entre l'auteur et ses personnages dans une œuvre où il semble hésiter entre le récit et le dialogue de théâtre. *Jacques le fataliste* est inspiré du roman de Sterne paru en 1760, *Tristram Shandy*, dans lequel l'auteur utilise la digression pour de longs commentaires sur des sujets et des questions éloignés du récit.

Voici le début de l'œuvre.

Comment s'étaient-ils rencontrés ? Par hasard, comme tout le monde. Comment s'appelaient-ils ? Que vous importe ? D'où venaient-ils ? Du lieu le plus prochain. Où allaient-ils ? Est-ce que l'on sait où l'on va ? Que disaient-ils ? Le maître ne disait rien ; et Jacques disait que son capitaine disait que tout ce qui nous arrive de bien et de mal ici-bas était écrit là-haut.

LE MAÎTRE : C'est un grand mot que cela.

JACQUES : Mon capitaine ajoutait que chaque balle qui partait d'un fusil avait son billet[1].

LE MAÎTRE : Et il avait raison…

Après une courte pause, Jacques s'écria : Que le diable emporte le cabaretier et son cabaret !

LE MAÎTRE : Pourquoi donner au diable son prochain ? Cela n'est pas chrétien.

JACQUES : C'est que, tandis que je m'enivre de son mauvais vin, j'oublie de mener nos chevaux à l'abreuvoir. Mon père s'en aperçoit ; il se fâche. [Je] hoche de la tête ; il prend un bâton et m'en frotte un peu durement les épaules. Un régiment passait pour aller au camp devant Fontenoy[2] ; de dépit je m'enrôle. Nous arrivons ; la bataille se donne.

LE MAÎTRE : Et tu reçois la balle à ton adresse.

JACQUES : Vous l'avez deviné ; un coup de feu au genou ; et Dieu sait les bonnes et mauvaises aventures amenées par ce coup de feu. Elles se tiennent ni plus ni moins que les chaînons d'une gourmette. Sans ce coup de feu, par exemple, je crois que je n'aurais été amoureux de ma vie, ni boiteux.

LE MAÎTRE : Tu as donc été amoureux ?

JACQUES : Si je l'ai été !

LE MAÎTRE : Et cela par un coup de feu ?

JACQUES : Par un coup de feu.

LE MAÎTRE : Tu ne m'en as jamais dit un mot.

JACQUES : Je le crois bien.

LE MAÎTRE : Et pourquoi cela ?

JACQUES : C'est que cela ne pouvait être dit ni plus tôt ni plus tard.

LE MAÎTRE : Et le moment d'apprendre ces amours est-il venu ?

JACQUES : Qui le sait ?

LE MAÎTRE : À tout hasard, commence toujours…

1. Sorte de passeport.
2. Village de Belgique où a eu lieu une fameuse bataille en 1745.

3. Perdus.

Jacques commença l'histoire de ses amours. C'était l'après-dînée : il faisait un temps lourd ; son maître s'endormit. La nuit les surprit au milieu des champs ; les voilà fourvoyés[3]. Voilà le maître dans une colère terrible et tombant à grands coups de fouet sur son valet, et le pauvre diable disant à chaque coup : « Celui-là était apparemment encore écrit là-haut... »

Vous voyez, lecteur, que je suis en beau chemin, et qu'il ne tiendrait qu'à moi de vous faire attendre un an, deux ans, trois ans, le récit des amours de Jacques, en le séparant de son maître et en leur faisant courir à chacun tous les hasards qu'il me plairait. Qu'est-ce qui m'empêcherait de marier le maître et de le faire cocu ? d'embarquer Jacques pour les îles ? d'y conduire son maître ? de les ramener tous les deux en France sur le même vaisseau ? Qu'il est facile de faire des contes ! Mais ils en seront quittes l'un et l'autre pour une mauvaise nuit, et vous pour ce délai.

L'aube du jour parut. Les voilà remontés sur leurs bêtes et poursuivant leur chemin. – Et où allaient-ils ? – Voilà la seconde fois que vous me faites cette question, et la seconde fois que je vous réponds : Qu'est-ce que cela vous fait ? Si j'entame le sujet de leur voyage, adieu les amours de Jacques... Ils allèrent quelque temps en silence. Lorsque chacun fut un peu remis de son chagrin, le maître dit à son valet : – Eh bien, Jacques, où en étions-nous de tes amours ?

Questions

► L'organisation et le fonctionnement du récit, p. 548
► Les discours rapportés, p. 532
► Les actes de langage, l'implicite et la modalisation, p. 528

Un couple de personnages

1. Comment les personnages sont-ils identifiés et quelles sont leurs relations ?
2. Reconstituez le passé de Jacques jusqu'au moment où commence le roman : comment s'enchaînent les événements ?
3. Quelle attitude le Maître de Jacques a-t-il envers son valet lorsqu'ils discutent ? lorsqu'ils perdent leur chemin ? Que pouvez-vous en conclure ?

Le brouillage des genres

4. Quels genres et quelles formes de discours sont mis en œuvre pour raconter l'histoire de Jacques et de son maître ? À quelles caractéristiques les repérez-vous ? À quoi servent-ils précisément dans cet *incipit* ?
5. Relevez les éléments du texte révélateurs de la conception que se fait Jacques de la vie et de ses aventures. Établissez le lien avec le titre du roman.

Les pouvoirs du narrateur

6. Quelles relations le narrateur entretient-il avec son lecteur dès les premières lignes ? Quels pouvoirs a-t-il sur ce dernier ? À quelle réaction cela pourrait-il conduire lecteur ?
7. Quels sont les pouvoirs du narrateur sur ses personnages tels qu'il les évoque à la fin du texte ? Dans quel genre de récit semble-t-il vouloir plonger ses personnages ? Quel terme emploie-t-il pour caractériser ce genre ?

Grammaire
Relevez les deux niveaux d'énonciation utilisés ici par Diderot. Qu'est-ce qui permet de les repérer ?

Synthèse En vous référant aux entrées en scène traditionnelles de héros romanesques, montrez que le lecteur de cet incipit peut se trouver très désorienté face à un genre de récit inclassable.

BAC S'entraîner à la dissertation

► Rassembler et organiser ses idées ; construire un paragraphe et insérer des exemples, p. 606

Rédigez un paragraphe où vous développerez l'idée selon laquelle il est difficile pour le lecteur d'avoir l'illusion de la réalité des personnages dans *Jacques le Fataliste*. Vous justifierez ce point de vue en analysant les caractéristiques du début de l'œuvre.

▸ Biographies, p. 628

Choderlos de Laclos, *Les Liaisons dangereuses* (1782)

⊕ CONTEXTE

Le roman épistolaire connaît un véritable essor au cours du XVIIIe siècle : ce genre romanesque répond au critère de vraisemblance, auquel doit répondre le roman, en lui offrant des gages d'authenticité. Il permet au lecteur de découvrir l'intériorité d'un personnage, comme ici celle d'une jeune fille qui fait connaissance avec les règles de la vie mondaine et rêve du mariage auquel elle est destinée depuis l'enfance.

Le roman commence sur cette première lettre.

LETTRE PREMIÈRE

Cécile Volanges à Sophie Carnay

aux ursulines[1] de ...

Tu vois, ma bonne amie, que je tiens parole, et que les bonnets et les pompons ne prennent pas tout mon temps ; il m'en restera toujours pour toi. J'ai pourtant vu plus de parures dans cette seule journée que dans les quatre ans que nous avons passés ensemble ; et je crois que la superbe Tanville [Pensionnaire du même Couvent][2] aura plus de chagrin à ma première visite, où je compte bien la demander, qu'elle n'a cru nous en faire toutes les fois qu'elle est venue nous voir *in fiocchi*[3]. Maman m'a consultée sur tout ; elle me traite beaucoup moins en pensionnaire que par le passé. J'ai une Femme de chambre à moi ; j'ai une chambre et un cabinet dont je dispose, et je t'écris à un Secrétaire très joli, dont on m'a remis la clef, et où je peux renfermer tout ce que je veux. Maman m'a dit que je la verrais tous les jours à son lever ; qu'il suffisait que je fusse coiffée pour dîner[4], parce que nous serions toujours seules, et qu'alors elle me dirait chaque jour l'heure où je devrais l'aller joindre l'après-midi. Le reste du temps est à ma disposition, et j'ai ma harpe, mon dessin et des livres comme au Couvent ; si ce n'est que la Mère Perpétue n'est pas là pour me gronder, et qu'il ne tiendrait qu'à moi d'être toujours à rien faire : mais comme je n'ai pas ma Sophie pour causer et pour rire, j'aime autant m'occuper.

Il n'est pas encore cinq heures ; je ne dois aller retrouver Maman qu'à sept : voilà bien du temps, si j'avais quelque chose à te dire ! Mais on ne m'a encore parlé de rien ; et sans les apprêts que je vois faire, et la quantité d'Ouvrières qui viennent toutes pour moi, je croirais qu'on ne songe pas à me marier, et que c'est un radotage de plus de la bonne Joséphine [Tourière du Couvent][5]. Cependant Maman m'a dit si souvent qu'une Demoiselle devait rester au Couvent jusqu'à ce qu'elle se mariât, que puisqu'elle m'en fait sortir, il faut bien que Joséphine ait raison.

Il vient d'arrêter un carrosse à la porte, et Maman me fait dire de passer chez elle tout de suite. Si c'était le Monsieur ? Je ne suis pas habillée, la main me tremble et le cœur me bat. J'ai demandé à la Femme de chambre, si elle savait qui était chez ma mère : « Vraiment, m'a-t-elle dit, c'est M. C***. » Et elle riait. Oh ! je crois que c'est lui. Je reviendrai sûrement te raconter ce qui se sera passé. Voilà toujours son nom. Il ne faut pas se faire attendre. Adieu, jusqu'à un petit moment.

Comme tu vas te moquer de la pauvre Cécile ! Oh ! j'ai été bien honteuse ! Mais tu y aurais été attrapée comme moi. En entrant chez Maman, j'ai vu un Monsieur en noir, debout près d'elle. Je l'ai salué du mieux que j'ai pu, et suis restée sans pouvoir bouger de ma place. Tu juges combien je l'examinais ! « Madame », a-t-il dit à ma mère, en me saluant, « voilà une charmante Demoiselle, et je sens mieux que jamais le prix de vos bontés. » À ce propos si positif, il m'a pris un tremblement tel, que je ne pouvais me soutenir ; j'ai trouvé un fauteuil, et je m'y suis assise, bien rouge et bien déconcertée. J'y étais à peine, que voilà cet homme à mes genoux. Ta pauvre Cécile alors a perdu la tête ; j'étais, comme a dit maman, tout effarouchée. Je me suis levée en jetant un cri perçant ;

1. Couvent d'une congrégation religieuse chargée d'éduquer les jeunes filles.
2. Ces explications sont données par l'éditeur des lettres.
3. Dans tous ses atours.
4. Repas du midi.
5. Sœur chargée des relations avec l'extérieur du couvent.

… tiens, comme ce jour du tonnerre. Maman est partie d'un éclat de rire, en me disant : « Eh bien ! qu'avez-vous ? Asseyez-vous, et donnez votre pied à Monsieur. » En effet, ma chère amie, le Monsieur était un Cordonnier. Je ne peux te rendre combien j'ai été honteuse : par bonheur il n'y avait que Maman. Je crois que, quand je serai mariée, je ne me servirai plus de ce Cordonnier-là.

Uma Thurman (Cécile Volanges) dans *Les Liaisons dangereuses*, film réalisé par Stephen Frears en 1998.

Conviens que nous voilà bien savantes ! Adieu. Il est près de six heures, et ma Femme de chambre dit qu'il faut que je m'habille. Adieu, ma chère Sophie ; je t'aime comme si j'étais encore au Couvent.

P.S. – Je ne sais par qui envoyer ma Lettre : ainsi j'attendrai que Joséphine vienne.

Paris, ce 3 août 17**

Questions

► Les discours rapportés, p. 532

Une situation initiale à recomposer

1. Relevez dans le premier paragraphe les indices qui nous permettent de comprendre à quelle époque, dans quel groupe social se déroule cette histoire. Quel événement oblige les jeunes filles à échanger des lettres ?
2. Quelles sont les occupations de Cécile Volanges ? Qu'est-ce qui semble lui plaire tout particulièrement dans sa nouvelle vie ? Quel événement semble-t-elle attendre avec impatience ?
3. Quelles relations peut-on lire entre sa mère et elle ? Qu'est-ce qui la surprend ?

Un type de personnage

4. Relevez tous les éléments du texte qui permettent de reconstituer l'éducation reçue au couvent : qu'y apprennent les jeunes filles ? Quelles relations ont-elles avec les sœurs ? entre elles ?
5. Que nous apprend le quiproquo de la scène avec le cordonnier ? Qu'est-ce qui a pu l'amener à se méprendre sur le personnage qu'elle rencontre ? Quelle conclusion Cécile tire-t-elle de la situation ?
6. À quel type de personnage romanesque ou dramatique peut-on assimiler Cécile Volanges au début de ce roman ?

Gommer la fiction

7. Relevez dans les deux premiers paragraphes tous les indices destinés à laisser croire au lecteur qu'il s'agit d'un échange authentique.
8. En étudiant les temps des verbes, les marques d'énonciation, les modalités des phrases, les registres employés, etc., montrez comment la lettre favorise une parole vivante qui contribue à construire le personnage.

Grammaire
« Sans les apprêts… toutes pour moi » (l. 20-21) : remplacez ce groupe prépositionnel par une subordonnée. Quelle est sa fonction ?
Dans quel système sommes-nous ?

Synthèse Montrez que le personnage se construit par son propre discours.

► Rédiger des paragraphes et insérer des citations, p. 598

BAC S'entraîner au commentaire

Rédigez une dizaine de lignes de commentaire du troisième paragraphe pour mettre en évidence les procédés qui rendent la scène du quiproquo avec le cordonnier vivante et comique.

► Biographies, p. 628

Gustave Flaubert, *L'Éducation sentimentale* (1869)

⊕ CONTEXTE

C'est au XIXe siècle que le roman devient le genre littéraire dominant, la forme préférée des lecteurs. Les écrivains y voient la possibilité de construire des œuvres larges et ambitieuses où ils veulent représenter leur temps dans ses multiples dimensions, sociales, historiques, politiques et morales, à l'image du projet de Balzac et des 137 ouvrages qui composent sa *Comédie Humaine*. Flaubert explore dans son roman *l'Éducation sentimentale*, le désenchantement d'une génération, celle du milieu du XXe siècle, qui a cru à l'idéal romantique de révolte et de passion et que le réel déçoit.

Voici la première page, ou incipit, *du roman de Flaubert.*

Le 15 septembre 1840, vers six heures du matin, *la Ville-de-Montereau*, près de partir, fumait à gros tourbillons devant le quai Saint-Bernard.

Des gens arrivaient hors d'haleine ; des barriques, des câbles, des corbeilles de linge gênaient la circulation ; les matelots ne répondaient à personne ; on se heurtait ; les colis montaient entre les deux tambours, et le tapage s'absorbait dans le bruissement de la vapeur, qui, s'échappant par des plaques de tôle, enveloppait tout d'une nuée blanchâtre, tandis que la cloche, à l'avant, tintait sans discontinuer.

Enfin le navire partit ; et les deux berges, peuplées de magasins, de chantiers et d'usines, filèrent comme deux larges rubans que l'on déroule.

Un jeune homme de dix-huit ans, à longs cheveux et qui tenait un album sous son bras, restait auprès du gouvernail, immobile. À travers le brouillard, il contemplait des clochers, des édifices dont il ne savait pas les noms ; puis il embrassa, dans un dernier coup d'œil, l'île Saint-Louis, la Cité, Notre-Dame ; et bientôt, Paris disparaissant, il poussa un grand soupir.

M. Frédéric Moreau, nouvellement reçu bachelier, s'en retournait à Nogent-sur-Seine, où il devait languir pendant deux mois, avant d'aller « faire son droit ». Sa mère, avec la somme indispensable, l'avait envoyé au Havre voir un oncle, dont elle espérait, pour lui, l'héritage ; il en était revenu la veille seulement ; et il se dédommageait de ne pouvoir séjourner dans la capitale, en regagnant sa province par la route la plus longue.

Le tumulte s'apaisait ; tous avaient pris leur place ; quelques-uns, debout, se chauffaient autour de la machine, et la cheminée crachait avec un râle lent et rythmique son panache de fumée noire ; des gouttelettes de rosée coulaient sur les cuivres ; le pont tremblait sous une petite vibration intérieure, et les deux roues, tournant rapidement, battaient l'eau.

La rivière était bordée par des grèves de sable. On rencontrait des trains de bois qui se mettaient à onduler sous le remous des vagues, ou bien, dans un bateau sans voiles, un homme assis pêchait ; puis les brumes errantes se fondirent, le soleil parut, la colline qui suivait à droite le cours de la Seine peu à peu s'abaissa, et il en surgit une autre, plus proche, sur la rive opposée.

[...]

Frédéric pensait à la chambre qu'il occuperait là-bas, au plan d'un drame, à des sujets de tableaux, à des passions futures. Il trouvait que le bonheur mérité par l'excellence de son âme tardait à venir. Il se déclama des vers mélancoliques ; il marchait sur le pont à pas rapides ; il s'avança jusqu'au bout, du côté de la cloche ; et, dans un cercle de passagers et de matelots, il vit un monsieur qui contait des galanteries à une paysanne, tout en lui maniant la croix d'or qu'elle portait sur la poitrine. C'était un gaillard d'une quarantaine d'années, à cheveux crépus. Sa taille robuste emplissait une jaquette de velours noir, deux émeraudes brillaient à sa chemise de batiste, et son large pantalon blanc tombait sur d'étranges bottes rouges, en cuir de Russie, rehaussées de dessins bleus.

Dominique Ingres,
Portrait de jeune homme (XIXe s.),
huile sur toile,
musée Bonnat, Bayonne.

Questions

► La description, p. 550

Une histoire inscrite dans le réel

1. À quels indices voit-on dans les trois premiers paragraphes que le récit est inscrit dans un univers qui ressemble à la réalité du lecteur du XIXe siècle ?
2. Décrivez la construction syntaxique du second paragraphe : quel effet la ponctuation produit-elle ? Quelles sensations évoquent les verbes choisis ? Quelle fonction dans la narration remplit ce court paragraphe ?
3. Relevez le champ lexical qui caractérise l'évocation de la rivière dans le septième paragraphe. Montrez comment les sonorités et le rythme soulignent ce mouvement. Quel effet provoque l'utilisation du passé simple dans les deux lignes qui concluent ce paragraphe ?

Identité et portrait du personnage principal

4. Relevez toutes les informations qui permettent de composer une fiche d'identité au personnage : son âge, son origine sociale, son statut à ce moment de l'histoire, des éléments proches de son passé et les projets qui le concernent.
5. Relevez tous les détails qui permettent d'imaginer son aspect physique : que nous apprennent ses gestes et déplacements ?
6. Complétez son portrait psychologique tel qu'il apparaît à la fin du texte.

Le narrateur et son personnage

7. Comment le personnage est-il nommé au début des trois paragraphes qui lui sont consacrés ? Quelle progression peut-on lire entre ces termes ? Selon quelle focalisation dominante le personnage est-il construit ? Relevez les variations de focalisation que l'on peut cependant repérer : quels effets provoquent ces variations ?
8. Quel regard le narrateur porte-t-il sur son personnage ? À quel type de personnage romanesque peut-on rattacher Frédéric Moreau ?

Grammaire
Confrontez les valeurs de l'imparfait dans les paragraphes 2 et 4. Comment ce temps participe-t-il à la mise en place du récit ?

► Les valeurs des modes et des temps, p. 520

Synthèse Analysez en quelques lignes comment s'élabore le personnage qu'aperçoit Frédéric Moreau dans les dernières lignes du texte.

BAC S'entraîner au commentaire

► Rédiger des paragraphes et insérer des citations, p. 598

Rédigez une page de commentaire dans lequel vous analyserez comment la description contribue à élaborer le cadre du début du récit.

▸ Biographies, p. 628

Alain-Fournier, *Le Grand Meaulnes* (1913)

CONTEXTE

Alain Fournier a disparu dans les combats de la Grande Guerre, près de Verdun en 1914 alors qu'il n'avait écrit qu'un unique roman, *Le Grand Meaulnes*. Dans ce roman d'apprentissage, il évoque la difficulté de son personnage principal à vivre le réel, à devenir adulte. À travers l'évocation du temps heureux de l'adolescence faite par le narrateur, on perçoit un univers paisible qui disparaîtra avec la Première Guerre mondiale.

Le narrateur, François Seurel, vit avec ses parents instituteurs. Un dimanche de 189..., ils reçoivent la visite d'une femme et de son fils, Augustin Meaulnes.

Ils étaient venus tous les deux, en voiture, de La Ferté-d'Angillon, à quatorze kilomètres de Sainte-Agathe. Veuve – et fort riche, à ce qu'elle nous fit comprendre –, elle avait perdu le cadet de ses deux enfants, Antoine, qui était mort un soir au retour de l'école, pour s'être baigné avec son frère dans un étang malsain. Elle avait décidé de mettre l'aîné, Augustin, en pension chez nous pour qu'il pût suivre le Cours Supérieur[1].

[...] Ce qu'elle contait de son fils avec admiration était fort surprenant : il aimait à lui faire plaisir, et parfois il suivait le bord de la rivière, jambes nues, pendant des kilomètres, pour lui rapporter des œufs de poules d'eau, de canards sauvages, perdus dans les ajoncs... Il tendait aussi des nasses... L'autre nuit, il avait découvert dans le bois une faisane prise au collet...

Moi qui n'osais plus rentrer à la maison quand j'avais un accroc à ma blouse, je regardais Millie[2] avec étonnement.

Mais ma mère n'écoutait plus. Elle fit même signe à la dame de se taire ; et, déposant avec précaution son « nid »[3] sur la table, elle se leva silencieusement comme pour aller surprendre quelqu'un...

Au-dessus de nous, en effet, dans un réduit où s'entassaient les pièces d'artifice noircies du dernier Quatorze Juillet, un pas inconnu, assuré, allait et venait, ébranlant le plafond, traversait les immenses greniers ténébreux du premier étage, et se perdait enfin vers les chambres d'adjoints abandonnées où l'on mettait sécher le tilleul et mûrir les pommes.

– Déjà, tout à l'heure, j'avais entendu ce bruit dans les chambres du bas, dit Millie à mi-voix, et je croyais que c'était toi, François, qui étais rentré...

Personne ne répondit. Nous étions debout tous les trois, le cœur battant, lorsque la porte des greniers qui donnait sur l'escalier de la cuisine s'ouvrit ; quelqu'un descendit les marches, traversa la cuisine, et se présenta dans l'entrée obscure de la salle à manger.

– C'est toi, Augustin ? dit la dame.

C'était un grand garçon de dix-sept ans environ. Je ne vis d'abord de lui, dans la nuit tombante, que son chapeau de feutre paysan coiffé en arrière et sa blouse noire sanglée d'une ceinture comme en portent les écoliers. Je pus distinguer aussi qu'il souriait...

Il m'aperçut, et, avant que personne eût pu lui demander aucune explication :

– Viens-tu dans la cour ? dit-il.

J'hésitai une seconde. Puis, comme Millie ne me retenait pas, je pris ma casquette et j'allai vers lui. Nous sortîmes par la porte de la cuisine et nous allâmes au préau, que l'obscurité envahissait déjà. À la lueur de la fin du jour, je regardais, en marchant, sa face anguleuse au nez droit, à la lèvre duvetée.

– Tiens, dit-il, j'ai trouvé ça dans ton grenier. Tu n'y avais donc jamais regardé ?

Il tenait à la main une petite roue en bois noirci ; un cordon de fusées déchiquetées courait tout autour ; ç'avait dû être le soleil ou la lune au feu d'artifice du Quatorze Juillet.

– Il y en a deux qui ne sont pas parties [...]

1. Classe où l'on préparait le brevet d'instituteur.
2. Surnom que donne le narrateur à sa mère.
3. « Nid » désigne un chapeau orné de plumes que la mère du narrateur recoud.

François (Jean-Baptiste Maunier) et Augustin (Nicolas Duvauchelle) dans l'adaptation du *Grand Meaulnes* réalisé par Jean-Daniel Verhaeghe en 2006.

Questions

► La description, p. 550
► Les discours rapportés, p. 532

L'apparition du personnage principal

1. Distinguez les trois grandes étapes qui permettent d'élaborer progressivement le portrait d'Augustin : que découvre-t-on du personnage à chacune des étapes ? À travers quelles informations, quelles perceptions ?
2. Sous quelle forme les propos de sa mère sont-ils rapportés ? Quel est l'effet produit par ce choix ?
3. Par quels procédés son arrivée dans la cuisine est-elle dramatisée (l. 14 à 32) ?

Les relations entre les personnages

4. Qu'est-ce qui oppose François et Augustin ?
5. Relevez les passages qui montrent nettement les réactions du narrateur face au comportement de Meaulnes : que révèlent-elles ?

Des hypothèse de lecture

6. Que vont faire les deux garçons dans la suite du récit ? Que peut-on deviner du rôle que Meaulnes va jouer auprès du narrateur ?
7. Dans quel cadre le début du récit s'inscrit-il ? Relevez les occupations des personnages, la description de la maison, de la cour. Quelle société évoque ce roman écrit au tout début du XXe siècle ?

Grammaire
Quel est le temps dominant dans les cinq premières lignes ? Quelle valeur ce temps prend-il ici, au début du récit ?
► Les valeurs des modes et des temps, p. 520

Synthèse À partir de cet extrait, montrez comment le romancier dessine un horizon d'attente, provoque l'intérêt du lecteur en introduisant un personnage.

BAC S'entraîner à l'écriture d'invention

En réponse à la mère d'Augustin, la mère du narrateur fait le portrait de son propre fils : rédigez cette suite de dialogue, qui devra s'achever par un passage au discours indirect libre.

► Amplifier et transposer un texte, p. 616

TEXTE 6

► Biographies, p. 628

CONTEXTE

Michel Butor appartient avec Nathalie Sarraute et Alain Robbe-Grillet, entre autres, à un mouvement littéraire appelé Nouveau Roman qui se démarque des codes habituels du roman. Les repères du temps et de l'espace peuvent être brouillés, les personnages acquièrent de nouveaux statuts et le tout échappe aux repères habituels d'une narration fondée sur l'action et des personnages convenus.

► Le Nouveau Roman, p. 39

Michel Butor, *La Modification* (1957)

Walker Evans, *Passagers du métro, New-York : homme avec un chapeau et un pardessus* (1941), négatif souple, The Metropolitan Museum of Art, New-York (États-Unis).

Vous avez mis le pied gauche sur la rainure de cuivre, et de votre épaule droite vous essayez en vain de pousser un peu plus le panneau coulissant.

Vous vous introduisez par l'étroite ouverture en vous frottant contre ses bords, puis, votre valise couverte de granuleux cuir sombre couleur d'épaisse bouteille, votre valise assez petite d'homme habitué aux longs voyages, vous l'arrachez par sa poignée collante, avec vos doigts qui se sont échauffés, si peu lourde qu'elle soit, de l'avoir portée jusqu'ici, vous la soulevez et vous sentez vos muscles et vos tendons se dessiner non seulement dans vos phalanges, dans votre paume, votre poignet et votre bras, mais dans votre épaule aussi, dans toute la moitié du dos et dans vos vertèbres depuis votre cou jusqu'aux reins.

Non, ce n'est pas seulement l'heure, à peine matinale, qui est responsable de cette faiblesse inhabituelle, c'est déjà l'âge qui cherche à vous convaincre de sa domination sur votre corps, et pourtant, vous venez seulement d'atteindre les quarante-cinq ans.

Vos yeux sont mal ouverts, comme voilés de fumée légère, vos paupières sensibles et mal lubrifiées, vos tempes crispées, à la peau tendue et comme raidie en plis minces, vos cheveux qui se clairsèment et grisonnent, insensiblement pour autrui mais non pour vous, pour Henriette et pour Cécile, ni même pour les enfants désormais, sont un peu hérissés et tout votre corps à l'intérieur de vos habits qui le gênent, le serrent et lui pèsent, est comme baigné, dans son réveil imparfait, d'une eau agitée et gazeuse pleine d'animalcules en suspension.

Si vous êtes entré dans ce compartiment, c'est que le coin couloir face à la marche à votre gauche est libre, cette place même que vous auriez fait demander par Marnal comme à l'habitude s'il avait été encore temps de retenir, mais non que vous auriez demandé vous-même par téléphone car il ne fallait, pas que quelqu'un sût chez Scabelli que c'était vers Rome que vous vous échappiez pour ces quelques jours.

► L'organisation et le fonctionnement du récit, p. 548
► Les valeurs des modes et des temps, p. 520

Questions

1. À qui s'adresse le narrateur et quelle personne utilise-t-il ? À quel temps s'exprime-t-il ? Quel est l'effet produit par tous ces choix ?
2. Qui est ce « vous » interpellé ? Où est-il et où va-t-il ?
3. Relevez dans les deux premiers paragraphes toutes les sensations évoquées : Qu'ont-elles de commun ? Quelles informations peut-on y lire sur le personnage ? Comment le récit explique-t-il cela dans le troisième paragraphe ?
4. Comparez la place accordée à l'action et celle qui est accordée à la description. Qu'est-ce qui peut paraître déroutant dans cette manière de commencer une histoire ?

Grammaire
Comment les propositions de la première phrase s'agencent-elles ? Quel est l'effet produit ?

Synthèse Comment le portrait du personnage principal se construit-il dans l'ensemble du texte ?

« Figures de Don Quichotte : Le Chevalier à la triste figure »

1. Représentations de Don Quichotte

Certains tiennent le roman de Cervantès pour le modèle, le prototype, du roman moderne. Son personnage principal, Don Quichotte, est devenu au fil des siècles et des cultures un mythe que de très nombreux artistes ont représenté.

Octave Uzanne, *Le Livre*, illustration pour l'édition A. Quantin de 1885, gravure.

Gustave Doré, *La lecture de Don Quichotte*, illustration pour l'édition de 1869, gravure sur bois.

2. Un début de récit comique et parodique

Don Quichotte, lecteur fasciné des romans de chevalerie, rêve de devenir à son tour chevalier errant. Et le voilà transformé en personnage, non pas preux chevalier des anciens récits mais héros de roman comique et parodique.

Enfin, notre hidalgo s'acharna tellement à sa lecture, que ses nuits se passaient en lisant du soir au matin, et ses jours, du matin au soir. Si bien qu'à force de dormir peu et de lire beaucoup, il se dessécha le cerveau, de manière qu'il vint à perdre l'esprit. Son imagination se remplit de tout ce qu'il avait lu dans les livres, enchantements, querelles, défis, batailles, blessures, galanteries, amours, tempêtes et extravagances impossibles. [...] Il lui parut convenable et nécessaire, aussi bien pour l'éclat de sa gloire que pour le service de son pays, de se faire chevalier errant, de s'en aller par le monde, avec son cheval et ses armes.

Traduction de Louis Viardot, 1605

Questions

1. Décrivez ces deux représentations de Don Quichotte dans sa bibliothèque : montrez que ces deux portraits s'opposent nettement (représentation du héros, technique, arrière plan, registre choisi,...).
2. Quel dessin vous semble le plus fidèle à l'extrait de Cervantès ? Pourquoi ?

Synthèse Le personnage de Don Quichotte devenu mythique est poussé par ses lectures à devenir chevalier errant. Relevez les caractéristiques des livres qu'il lit et dites à quel genre ils appartiennent.

▸ Biographies, p. 628

Madame de La Fayette, *La Princesse de Clèves* (1678)

Pour commencer…

1. Confrontez ces trois couvertures : précisez ce que chacune d'elle met en valeur du personnage, de l'univers du roman.

© Flammarion

© Flammarion

© Le Livre de Poche

Contexte de l'œuvre

Un auteur anonyme

Si l'on sait depuis longtemps que l'auteur de ce roman est Marie-Madeleine Pioche de La Vergne, comtesse de la Fayette, jamais de son temps elle n'a accepté de le reconnaître.

2. Établissez une fiche biographique de l'auteur en organisant le propos selon les axes suivants : une Précieuse, une Mondaine et un Écrivain. Vous mettrez en lumière quels ont été les personnages avec qui Madame de La Fayette a été en relation pendant sa vie et qui ont compté dans l'écriture de son œuvre. Vous conclurez en expliquant pourquoi Madame de Lafayette n'a pas voulu que soit écrit son nom sur la première page de son œuvre.

De la nouvelle historique au roman

Ancré dans un contexte historique précis et documenté, le règne d'Henri II de Valois (1519-1559) emblématique de la période de la Renaissance, ce court roman s'inscrit dans la tradition des **nouvelles historiques** qui veulent restituer les grands événements politiques et la vie à la cour. Mais au cœur de ces larges fresques fidèlement retracées apparaissent des intrigues et des personnages de fiction, une histoire d'amour imaginée de toutes pièces, qui transforment la nouvelle en **roman psychologique**. On peut alors y lire aussi un point de vue sur le monde qui est celui du XVIIe siècle. Le règne de Louis XIV est à son apogée quand paraît *La Princesse de Clèves*, et la monarchie absolue de droit divin, nouvel ordre social politique économique et idéologique, a canalisé les exaltations généreuses, les grandes valeurs du siècle précédent, la conquête héroïque d'un humanisme et d'une affirmation de soi.

Une fiction : un récit, des personnages, des scènes romanesques

La structure du roman, sa dynamique

3. Reproduisez le tableau ci-dessous dont vous compléterez les rubriques au fil de votre lecture.

Tomes	Événements	Péripéties	Durée	Nombre de pages
Tome 2	…	…	…	…

4. Relevez dans ce tableau les éléments de la progression du récit pour montrer la concordance entre les éléments du cadre historique (événements) et ceux de l'intrigue amoureuse (péripéties). Quelles relations y a-t-il entre les événements et les péripéties ? Qu'est-ce qui est au centre du récit ? Comment interpréter l'accent porté sur ce texte ?

Un personnage : la princesse de Clèves

5. Utilisez la synthèse de cette séquence (p. 66) pour analyser la construction du personnage de la princesse de Clèves, selon les catégories suivantes : son portrait, ses actions et son importance hiérarchique.

Parcours de lecture : lectures analytiques ou cursives

Scènes romanesques et paroles des personnages : lettres et dialogues

Texte 1 : *Incipit* et mise en place du récit (tome 1)
« La magnificence et la galanterie [...] de se trouver. »
Texte 2 : Scène de première rencontre entre Monsieur de Clèves et Mademoiselle de Chartres (tome 1)
« Le lendemain qu'elle fut arrivée [...] Il alla chez Madame, sœur du roi. »
Texte 3 : Scène de première rencontre entre Monsieur de Nemours et Madame de Clèves (tome 1)
« Elle passa tout le jour des fiançailles [...] il ne put admirer que Madame de Clèves. »
Texte 4 : Le portrait dérobé (tome 2)
« La reine dauphine [...] et n'attendit point sa réponse. »
Texte 5 : Lettre de rupture (tome 2)
« Je vous ai trop aimé [...] dont vous êtes si surpris. »
Texte 6 : Scène d'aveu surpris entre Monsieur de Clèves et Madame de Clèves (tome 3)
« Eh bien monsieur, lui répondit-elle [...] de jalousie qu'à son mari. »
Texte 7 : Scène de contemplation (tome 4)
« Les palissades étaient fort hautes [...] plein de sévérité et de colère. »
Texte 8 : Dénouement : Madame de Clèves se retire du monde (tome 4)
« Cette vue si longue et si prochaine de la mort [...] de renoncer à la cour. »

Réception, interprétation : la question de la vraisemblance

Cette notion correspond à la question de la vérité en histoire. Aristote la définit ainsi « Le rôle du poète est de dire non pas ce qui a eu lieu réellement, mais ce qui pourrait avoir lieu dans l'ordre du vraisemblable et du nécessaire ». Les contemporains de Madame de Lafayette se sont opposés sur la vraisemblance de l'aveu que fait la princesse de Clèves à son mari de l'amour qu'elle éprouve pour Monsieur de Nemours.

6. Imaginez les arguments fondés sur le roman qu'ont pu échanger des lecteurs du XVIIe siècle engagés dans cette polémique.
7. Comment peut-on interpréter le retrait du monde de Madame de Clèves à la fin du roman ? Quelles conceptions de l'amour et de la vie en société peut-on y lire ?
8. Les questions de la vraisemblance de l'aveu de Madame de Clèves et de la signification du dénouement peuvent-elles encore avoir du sens pour le lecteur d'aujourd'hui ?
9. Madame de Lafayette avait prévu de donner à son roman le titre de *Le Prince de Clèves*. Expliquez dans un développement d'une page comment l'interprétation du roman aurait pu en être reconfigurée si l'histoire avait été racontée selon la perspective de ce personnage.

BAC Entraînement

• Commentaire

▶ Rédiger des paragraphes et insérer des citations, p. 598

Rédigez une partie du commentaire de l'extrait suivant (Tome 4) : « Je sais bien qu'il n'y a rien de plus difficile que ce que j'entreprends [...] j'y consens et je vous en prie. »

• Dissertation

▶ Construire un paragraphe et insérer des exemples, p. 606

Chaque personnage de roman offre au lecteur sa vision du monde, un regard porté sur les relations entre les êtres humains. Quelle image de la société de son temps le personnage de la princesse de Clèves délivre-t-il ?
Développez l'introduction et une première partie de ce devoir.

• Écriture d'invention

▶ Construire une argumentation, p. 620

Un lycéen raconte dans une lettre à un ami qu'il a choisi pour l'épreuve écrite du baccalauréat de français le commentaire de la rencontre entre Madame de Clèves et Monsieur de Nemours. Il explique que, touché par le roman, il a pu aisément « entrer dans le détail du texte ».

▸ Biographies, p. 628

Albert Camus, *L'Étranger* (1942)

Pour commencer…

Bruce Willis dans *Sin City* réalisé par Frank Miller et Robert Rodriguez en 2005.

1. Étudiez la composition de cette image et expliquez pourquoi elle pourrait illustrer le roman de Camus. Vous serez particulièrement attentif à l'angle de vue, aux lignes de force et aux effets de lumières.

Contexte de l'œuvre

Un auteur entre philosophie et littérature

Albert Camus est né en Algérie en 1913 et il a vécu une enfance pauvre à Alger. Après des études de philosophie, il fait ses premières armes dans le journalisme.

2. Poursuivez cette biographie de l'auteur en une quinzaine de lignes en soulignant l'importance de l'engagement dans sa vie et les thèmes qu'il a traités dans une œuvre littéraire variée.

Le roman

Écrit en 1940, publié en pleine guerre en 1942, *L'Étranger* est le premier roman d'Albert Camus. L'écrivain « incarne » dans ses romans, à travers ses personnages, une réflexion sur le sens de la vie des hommes, entre réalité et raison, entre hymne à la vie et certitude de la mort. Refusant le poids de cette mort annoncée, refusant de céder à l'oppression de l'Histoire, il fait de la révolte la condition d'un nouvel humanisme.

Une fiction : un récit, des personnages, des scènes romanesques

La structure du roman, sa dynamique

3. Reproduisez le tableau ci-dessous dont vous compléterez les rubriques au fil de votre lecture.

PREMIÈRE PARTIE				
Chapitres	Premiers et derniers mots du chapitre	Événements évoqués	Durée de l'action	Nombre de pages
Chapitre 1				

Première partie

4. Combien de temps la première partie dure-t-elle approximativement ?
Qu'est-ce qui rythme la succession des chapitres ? À quel genre littéraire cette écriture fait-elle penser ?
5. Quels chapitres sont les plus développés ? Quels événements sont ainsi soulignés ?
6. Dans les chapitres 4 et 5 la vie de Meursault semble pouvoir changer : de quelle façon ? Comment réagit-il face à ces occasions ?

Deuxième partie

7. Quel est l'événement pivot entre les deux parties du roman ? Quel titre pouvez-vous donner à chacune de ces parties ?
8. Combien de temps dure la 2e partie ? Selon quelle logique les chapitres se succèdent-ils ?
9. Comment comprenez-vous la dernière phrase du roman ?

Un personnage : Meursault

10. Utilisez la synthèse de cette séquence (p. 66) pour analyser la construction du personnage selon son **portrait**, ses **actions et** son **importance hiérarchique**.

Parcours de lecture : lectures analytiques ou cursives

Texte 1 : *Incipit* (I, 1)
« Aujourd'hui maman est morte [...] j'ai dit oui pour n'avoir plus à parler. »
Texte 2 : L'enterrement (I, 1)
« Le ciel était déjà plein de soleil [...] il ne les essuyait pas. »
Texte 3 : Samedi (I, 2)
« j'ai eu de la peine à me lever parce que j'étais fatigué [...] de toute façon on est toujours un peu fautif. »
Texte 4 : Pause de midi (I, 3)
« Je suis sorti un peu tard à midi [...] des pommes de terre bouillies. »
Texte 5 : Le meurtre (I, VI)
« J'ai pensé que je n'avais qu'un demi-tour [...] sur la porte du malheur. »
Texte 6 : La défense (II, 1)
« Il s'est assis sur le lit [...] j'y ai renoncé par paresse. »
Texte 7 : Exhortation (II, 1)
« Brusquement il s'est levé [...] Il est retombé sur son fauteuil. »
Texte 8 : Fin du procès (II, 4)
« À la fin je me souviens seulement [...] je n'ai pu répondre à son sourire »

Réception, interprétation

Camus a écrit dans la préface à l'édition américaine de son ouvrage : « J'ai résumé *L'Étranger* il y a longtemps, par une phrase dont je reconnais qu'elle est très paradoxale : " Dans notre société tout homme qui ne pleure pas à l'enterrement de sa mère risque d'être condamné à mort. " Je voulais dire seulement que le héros du livre est condamné parce qu'il ne joue pas le jeu [...], [c'est] l'histoire d'un homme qui, sans aucune attitude héroïque, accepte de mourir pour la vérité. »

11. Quels épisodes, éléments, détails du récit justifient le point de vue de Camus sur son œuvre ?

BAC Entraînement

• Commentaire

Rédigez une partie de commentaire de l'extrait suivant :
Partie I, chapitre 2 : « Ma chambre donne sur la rue principale [...] C'était vraiment dimanche. »
Vous pourrez montrer comment le personnage de « l'étranger » se montre attentif au monde qu'il observe et qui lui donne à réfléchir.

▸ **Rédiger des paragraphes et insérer des citations, p. 598**

• Dissertation

Dans *L'Envers et L'Endroit*, un recueil d'Essais écrits entre 1935 et 1936 – dont celui titré « Amour de Vivre » d'où est extrait cette phrase –, Camus a écrit : « J'ai toujours envie d'écrire des romans où mes héros diraient : Qu'est-ce que je deviendrais sans mes heures de bureau ? »
Rédigez une partie de dissertation dans laquelle vous vous demanderez si le personnage de Meursault aurait pu dire ou penser cette phrase dans la première partie de *L'Étranger*.

• Écriture d'invention

Choisissez un extrait de *L'Étranger*. Inventez la page qui lui serait consacrée dans cette séquence avec la rubrique « Contexte », les quelques phrases d'introduction, les questions et une synthèse.

▸ **Rédiger des paragraphes et insérer des citations, p. 598**

Russie

Fédor Dostoïevski, *L'Adolescent* (1875)

► **Fédor Dostoïevski (1821-1881)** est un romancier de la littérature russe dont l'œuvre continue à exercer aujourd'hui une influence sur la littérature. Ses romans les plus connus, *Crime et Châtiment* (1860), *L'Idiot* (1868) ou *Les Frères Karamazov* (1880), interrogent les rapports de l'homme au bien, au mal, à Dieu dans de larges tableaux de la société de son temps et au travers de personnages devenus des figures universelles.

Cet extrait se situe au début de l'œuvre.

Je suis un lycéen qui a fini ses études, mais, aujourd'hui, j'ai déjà vingt ans passés. Mon nom est Dolgorouki, et, juridiquement, mon père est Makar Ivanov Dolgorouki*, ancien domestique des seigneurs Versilov. Sous cet angle-là, je suis légitime, même si, au plus haut point, je suis un fils illégitime et si mon origine ne peut pas faire l'objet du moindre doute. L'affaire s'est passée ainsi : voici vingt-deux ans, le propriétaire terrien Versilov (mon père, c'est lui), âgé de vingt-cinq ans, a fait une visite dans son domaine de la province de Toula. [...] Il est curieux que cet homme qui m'a tellement frappé depuis la petite enfance, qui a eu une influence si capitale sur tout le caractère de mon âme, et qui, même, peut-être, a pour longtemps encore contaminé de sa personne tout mon avenir, que cet homme, donc, et aujourd'hui encore, reste toujours pour moi, pour une quantité de choses énorme, une énigme totale. Mais, au fond – ça, plus tard. On ne peut pas raconter comme ça. Cet homme-là, déjà sans ça, il remplira tout mon cahier.

À ce moment-là, il venait juste de devenir veuf, c'est-à-dire la vingt-cinquième année de sa vie. Il avait été marié à une personne du grand monde, mais pas si riche que ça, une Fanariotova, et avait eu d'elle un fils et une fille. [...]

Il était arrivé au village à l'époque « Dieu sait pourquoi », du moins, c'est ainsi qu'il me l'a dit plus tard. Ses jeunes enfants n'étaient pas avec lui, comme d'habitude, mais chez des parents ; c'est toujours ainsi qu'il s'est comporté toute sa vie avec ses enfants, légitimes et illégitimes. Des domestiques, dans ce domaine, il y en avait une quantité ; et, parmi eux, le jardinier Makar Ivanov Dolgorouki. Je place ça ici, pour m'en défaire une fois pour toutes : rarement quelqu'un a pu pester autant que moi contre son nom de famille, et, ce, tout au long de ma vie. C'est un fait bête, bien sûr, mais c'est un fait. Parce que chaque fois que j'entrais, par exemple, à l'école, ou que je rencontrais des gens, auxquels, vu mon âge, je devais obéir, bref, le moindre petit instituteur, surveillant, inspecteur, le moindre pope – tous, n'importe –, qui demandait mon nom de famille et entendait que j'étais un Dolgorouki, trouvait, je ne sais pas pourquoi, absolument indispensable d'ajouter :

– Prince Dolgorouki[1] ?

Et, chaque fois, moi, j'étais oblige d'expliquer à tous ces oisifs :

– Non, Dolgorouki *tout court*.

Tome 1 trad. par André Markowicz, © Actes Sud, 1998

* Le nom de Dolgorouki est celui d'une des familles les plus nobles et les plus anciennes de l'histoire russe.

Questions

1. Quels éléments participent ici à la présentation du personnage principal ? Notez les informations données dans les premières lignes. Quelle précision le narrateur donne-t-il rapidement ?
2. Confrontez les deux figures des « pères » (nom, origine sociale, métier ou occupations, attitude face au narrateur...). Comment ces données peuvent-elles expliquer l'attitude, les réactions du personnage ?
3. Quels indices pourraient laisser penser au lecteur qu'il lit le début d'une autobiographie ? Quels indices l'en dissuadent ? Par quels effets d'écriture le romancier crée-t-il l'illusion de la parole d'un jeune homme au début de sa vie d'adulte ? Par quels procédés lit-on les hésitations du narrateur quant à l'ordre, à l'organisation de sa narration ?
4. Pourquoi le narrateur écrit-il : « Je place ça ici, pour m'en défaire une fois pour toute [...] » avant d'évoquer la question que son nom provoque immanquablement ? Quelle conclusion le lecteur tire-t-il de ce « fait ». Qu'est-ce qui permet de qualifier cet extrait de début de roman d'apprentissage ?

Prolongement

Comparez ce début de roman au début du *Grand Meaulnes* : quelles sont les ressemblances et les différences quant au choix de l'énonciation, au cadre du récit, aux personnages présentés ? Attachez-vous plus particulièrement au choix du personnage narrateur dans chacun des extraits et dites sur quels traits de caractère on peut les opposer.

LECTURE D'IMAGES

Analysez ces deux photographies, l'une représente le poète Arthur Rimbaud, l'autre Alain-Fournier. Quel portrait psychologique peut-on dégager de chacun de ces jeunes écrivains ?
Quel portrait pourrait le mieux représenter le héros de *L'Adolescent* de Fédor Dostoïevski ?

Arthur Rimbaud (1854-1891), poète français, à l'âge de 17 ans, photographié par Étienne Carjat à Charleville, en 1871.

Alain-Fournier (1886-1914), écrivain français, photographié en 1905.

LA CONSTRUCTION DU PERSONNAGE

Dans le roman moderne, le personnage se construit selon diverses modalités.

1 UN ÉLÉMENT DU RÉCIT DÉFINI SELON DES CATÉGORIES DE LA FICTION

Le portrait

– Le nom et les autres dénominations du personnage apportent des informations sur son milieu, son temps. Par ses connotations il enrichit aussi les représentations.

→ **Ex. :** La banalité bourgeoise du patronyme « Moreau ».

– La description physique constitue souvent un passage incontournable du roman.

– L'habit peut le rattacher à un groupe social, développer un élément symbolique de son rôle.

→ **Ex. :** L'accoutrement des comédiens du *Roman Comique* dit à la fois les rôles qu'ils jouent et leur extrême pauvreté.

– La psychologie est la grande affaire du roman : tout concourt à la construire pour faire exister le personnage et révéler son point de vue sur le monde.

→ **Ex. :** La princesse de Clèves éprouve les souffrances de l'amour, des sentiments qui la conduiront à s'éloigner de la cour.

– La biographie restitue au personnage une histoire qui le situe dans l'espace et le temps.

Les actions

Les personnages jouent des rôles dans le roman qu'on peut souvent rattacher à des types.

→ **Ex. :** la jeune fille innocente qu'est Cécile Volanges au début des *Liaisons Dangereuses*.

Leur histoire s'inscrit dans des thèmes moteurs du récit : la quête du pouvoir, de l'argent, la rédemption etc. et dans les relations qu'ils entretiennent avec les autres personnages.

→ **Ex. :** La quête d'idéal du *Grand Meaulnes* influencera la vie du personnage narrateur, François Seurel.

L'importance hiérarchique

Le « héros » du roman se reconnaît à l'importance de ses apparitions, de ses actions, à leur caractère exceptionnel. Souvent désigné explicitement comme le personnage principal, il apparaît sous les traits codifiés d'un personnage-type.

→ **Ex. :** Frédéric Moreau apparaît dès l'*incipit* de *l'Éducation Sentimentale* comme le personnage type du roman d'apprentissage.

2 LES RELATIONS ENTRE LE NARRATEUR ET LE PERSONNAGE

Le narrateur absent du récit

Dans le récit à la troisième personne, le lecteur doit se construire une représentation du personnage au fil d'indices qu'il recompose.

Le narrateur, personnage du récit

Il raconte l'histoire de l'intérieur. Quand il en est le personnage principal, il confère à l'histoire un caractère d'authenticité.

→ **Ex. :** Dostoïevski compose à la première personne le roman d'apprentissage d'un jeune-homme de vingt ans dans *L'Adolescent*.

Le narrateur, commentateur

Le narrateur omniscient assume son rôle de « voix du récit » et commente les faits, pensées de ses personnages, leur existence voire l'esthétique romanesque dont ils témoignent :

→ **Ex. :** c'est le cas de *Jacques le fataliste* où Diderot dévoile les codes de la fabrication de ses personnages.

Le narrateur à la recherche du personnage

C'est en raccourci un des aspects du Nouveau roman que de s'interroger sur les catégories des personnages et leurs relations avec le narrateur.

→ **Ex. :** Le lecteur de la *Modification* de Michel Butor transformé en personnage grimpe dans le train Paris-Rome.

Séquence 2

Le portrait dans les romans du XVIIe au XXe siècle

Comment s'organise un portrait ? Que nous dit-il des personnages ? Quelles sont les fonctions du portrait ?

CORPUS DE LA SÉQUENCE

LIENS AVEC LA PARTIE LANGUE

- Les valeurs des modes et des temps, p. 520
- Les progressions thématiques, p. 526
- Les actes de langage, l'implicite et la modalisation, p. 528
- Les figures de style, p. 534

LIENS AVEC LA PARTIE OUTILS D'ANALYSE

- L'organisation et le fonctionnement du récit, p. 548
- Les rythmes du récit, p. 549
- La description, p. 550
- Les registres et effets du texte, p. 578

LIENS AVEC LA PARTIE MÉTHODES POUR LE BAC

- Le commentaire, p. 598
- La dissertation, p. 602
- L'écriture d'invention, p. 616

▸▸▸ Frederick Carl Frieseke, *Woman with a mirror* (XXe s.), huile sur panneau, détail, museum of Fine Arts, Houston (États-Unis).

► Biographies, p. 628

Mme de La Fayette, *La Princesse de Clèves* (1678)

⊕ CONTEXTE

Le XVIIe siècle a vu s'épanouir une mode qui s'est retrouvée dans les romans : celle des portraits. Chaque noble influent se voyait ainsi décrit physiquement, puis moralement. Le texte était indifféremment rédigé en prose ou en vers et constituait un éloge marqué de la personne. Les qualités étaient successivement énumérées. Ces portraits étaient réunis dans des recueils, comme *La Galerie des peintures*, sous la plume de Mlle de Montpensier.

► La Préciosité, p. 26
► Le Classicisme, p. 27

Dans les premières pages de ce roman, l'auteur décrit la cour sous Henri II, où règnent magnificence et galanterie, mais où dominent également les passions amoureuses et l'hypocrisie. Le personnage principal, Mlle de Chartres, la future Princesse de Clèves, n'a pas encore été décrite. Elle apparaît ici sous les yeux de la cour qui la découvre, comme le lecteur, pour la première fois.

Il parut alors une beauté à la cour, qui attira les yeux de tout le monde, et l'on doit croire que c'était une beauté parfaite, puisqu'elle donna de l'admiration dans un lieu où l'on était si accoutumé à voir de belles personnes. Elle était de la même maison que le vidame[1] de Chartres et une des plus grandes héritières de France. Son père était mort jeune, et l'avait laissée sous la conduite de Mme de Chartres, sa femme, dont le bien, la vertu et le mérite étaient extraordinaires. Après avoir perdu son mari, elle avait passé plusieurs années sans revenir à la cour. Pendant cette absence, elle avait donné ses soins à l'éducation de sa fille ; mais elle ne travailla pas seulement à cultiver son esprit et sa beauté, elle songea aussi à lui donner de la vertu et à la lui rendre aimable. La plupart des mères s'imaginent qu'il suffit de ne parler jamais de galanterie devant les jeunes personnes pour les en éloigner. Mme de Chartres avait une opinion opposée ; elle faisait souvent à sa fille des peintures de l'amour ; elle lui montrait ce qu'il a d'agréable pour la persuader plus aisément sur ce qu'elle lui en apprenait de dangereux ; elle lui contait le peu de sincérité des hommes, leurs tromperies et leur infidélité, les malheurs domestiques où plongent les engagements ; et elle lui faisait voir, d'un autre côté, quelle tranquillité suivait la vie d'une honnête femme, et combien la vertu donnait d'éclat et d'élévation à une personne qui avait de la beauté et de la naissance ; mais elle lui faisait voir aussi combien il était difficile de conserver cette vertu, que par une extrême défiance de soi-même, et par un grand soin de s'attacher à ce qui seul peut faire le bonheur d'une femme, qui est d'aimer son mari et d'en être aimée.

Cette héritière était alors un des grands partis qu'il y eût en France, et quoiqu'elle fût dans une extrême jeunesse, l'on avait déjà proposé plusieurs mariages. Mme de Chartres, qui était extrêmement glorieuse, ne trouvait presque rien digne de sa fille ; la voyant dans sa seizième année, elle voulut la mener à la cour. Lorsqu'elle arriva, le vidame alla au-devant d'elle ; il fut surpris de la grande beauté de Mlle de Chartres, et il en fut surpris avec raison. La blancheur de son teint et ses cheveux blonds lui donnaient un éclat que l'on n'a jamais vu qu'à elle ; tous ses traits étaient réguliers, et son visage et sa personne étaient pleins de grâce et de charmes.

1. Titre de noblesse.

Jacob Ferdinand Voet, *Portrait de femme* (XVIIe siècle), huile sur toile, détail, musée du Petit Palais, Paris.

Questions

► Les rythmes du récit, p. 549
► La description, p. 550
► Les progressions thématiques, p. 526
► Les discours rapportés, p. 532

Un portrait esquissé

1. Comment le personnage principal est-il successivement nommé ? Quel est l'effet produit par une telle présentation ?
2. De quelles données objectives le lecteur dispose-t-il pour connaître l'identité du personnage principal ? Sur quelles constituantes le narrateur s'attarde-t-il ?
3. En vous appuyant sur le champ lexical du corps, précisez les caractéristiques physiques de Mlle de Chartres. Quels éléments prouvent que Mlle de Chartres est l'héroïne de ce roman classique ?
4. Relevez les marques de jugement qui accompagnent ce portrait. Quelles tournures grammaticales contribuent à rendre Mlle de Chartres extraordinaire ?

L'importance du portrait moral

5. Établissez la chronologie des événements racontés en vous appuyant sur les temps verbaux. Pourquoi le passé prend-il une place si importante dans la constitution de ce portrait ?
6. Quels sont les traits de caractère de Mlle de Chartres ? Comment sont-ils mis en évidence ? Que suggère le narrateur en évitant de mentionner les actions de celle-ci ?
7. Relevez les différentes paroles rapportées dans ce passage et précisez l'identité du locuteur. Quel comportement cherche-t-il à inculquer à Mlle de Chartres ?
8. Pourquoi peut-on dire que le discours tenu à Mlle de Chartres est habile ?
9. Comment ce portrait invite-t-il le lecteur à construire la suite du récit ?

Vocabulaire
En vous aidant d'un dictionnaire, trouvez les différents sens du mot « admiration ». Comment ce passage rend-il compte de l'« admiration » au sens premier de la cour pour Mlle de Chartres ?

Synthèse Vous montrerez comment le narrateur fait du personnage de Mlle de Chartres un personnage exemplaire.

BAC S'entraîner à l'écriture d'invention

En respectant la structure du texte de Mme de La Fayette, composez le portrait élogieux d'un personnage de roman, placé dans un contexte moderne. Vous ferez notamment attention à la place de la description physique dans votre écrit.

► Amplifier et transposer un texte, p. 616

▸ Biographies, p. 628

⊕ CONTEXTE

Scarron est l'inventeur d'un style particulier : le burlesque, que l'on peut définir comme l'emploi d'un style bas et vulgaire pour traiter un sujet noble. Dans *Le Roman comique*, Scarron se moque des conventions du genre romanesque, et plus particulièrement des romans héroïques présentant des personnages aux destinées extraordinaires.

Paul Scarron, *Le Roman comique* (1651-1657)

Le Roman comique *propose une vision réaliste des troupes de comédiens ambulants du XVIIe siècle. Lors d'un mariage, un des acteurs de la troupe nommé le Destin rencontre Madame Bouvillon qui tente une première fois de le séduire. Forcée de rester seule à l'hôtellerie où logent les comédiens et leur compagnon Ragotin, elle entreprend des avances plus poussées.*

[Madame Bouvillon] approcha du Destin son gros visage fort enflammé et ses petits yeux fort étincelants, et lui donna bien à penser de quelle façon il se tirerait à son honneur de la bataille que vraisemblablement elle lui allait présenter. La grosse sensuelle ôta son mouchoir de col[1] et étala aux yeux du Destin, qui n'y prenait pas grand plaisir, dix livres[2] de tétons pour le moins, c'est-à-dire la troisième partie de son sein, le reste étant distribué à poids égal sous ses deux aisselles. Sa mauvaise intention la faisant rougir (car elles rougissent aussi, les dévergondées), sa gorge n'avait pas moins de rouge que son visage et l'un et l'autre ensemble auraient été pris de loin pour un tapabor[3] d'écarlate. Le Destin rougissait aussi, mais de pudeur, au lieu que la Bouvillon, qui n'en avait plus[4], rougissait je vous laisse à penser de quoi. Elle s'écria qu'elle avait quelque petite bête dans le dos et, se remuant en son harnais comme quand on y sent quelque démangeaison, elle pria Le Destin d'y fourrer la main. Le pauvre garçon le fit en tremblant et cependant la Bouvillon, lui tâtant les flancs au défaut du[5] pourpoint[6], lui demanda s'il n'était point chatouilleux. Il fallait combattre ou se rendre, quand Ragotin se fit ouïr de l'autre côté de la porte, frappant des pieds et des mains comme s'il l'eût voulu rompre et criant au Destin qu'il ouvrît promptement. Le Destin tira sa main du dos suant de la Bouvillon pour aller ouvrir à Ragotin qui faisait toujours un bruit de diable et, voulant passer entre elle et la table assez adroitement pour ne pas la toucher, il rencontra du pied quelque chose qui le fit broncher[7] et se choqua la tête contre un banc, assez rudement pour en être quelque temps étourdi. La Bouvillon cependant, ayant repris son mouchoir à la hâte, alla ouvrir à l'impétueux Ragotin qui, en même temps, poussant la porte de l'autre côté de toute sa force, la fit donner si rudement contre le visage de la pauvre dame qu'elle en eut le nez écaché[8] et de plus une bosse au front grosse comme le poing. Elle cria qu'elle était morte.

1. Pièce de tissu qui recouvrait les épaules ou le cou des femmes. – 2. Unité de mesure, valant ½ kilogramme. – 3. Sorte de bonnet avec deux rabats. – 4. Qui n'avait plus de pudeur. – 5. À la place de. – 6. Sorte de veste portée par les hommes. – 7. Faire un faux pas (pour un cheval). 8. Écrasé.

Frans Hals, *La Bohémienne* (vers 1626), huile sur bois, détail, musée du Louvre, Paris.

Questions

► La description, p. 550
► Faire rire, p. 578
► Les figures d'opposition, d'exagération et d'atténuation, p. 535

Un portrait caricatural

1. Comment Madame Bouvillon est-elle désignée dans ce texte ? Vous montrerez que le narrateur, par ces désignations, émet un jugement sur le personnage.
2. Quelle image le narrateur utilise-t-il pour désigner le vêtement porté par Madame Bouvillon ? Quelle analogie est faite ici ? Commentez l'effet produit.
3. Sur quelles parties du corps de Madame Bouvillon se concentre le narrateur ?
4. Dans quelle mesure peut-on parler de réalisme dans la description ? Quels éléments contribuent à l'exagération ?
5. Quelles sont les caractéristiques morales de Madame Bouvillon explicitement données par le narrateur ? Comment sont-elles reliées à la description physique du personnage ?
6. Qu'est-ce qui fait de Madame Bouvillon un personnage typique ?

Une scène de séduction humoristique

7. Observez le début de chaque phrase : quels sont les personnages successivement évoqués ? Quelle conséquence pouvez-vous en tirer sur l'organisation du portrait de Madame Bouvillon ?
8. Quels sont les différents gestes effectués par Madame Bouvillon pour séduire Le Destin ? Pourquoi cette stratégie de séduction ne peut-elle pas réussir ?
9. Relisez plus particulièrement la fin de l'extrait (l. 15 à 26). Pourquoi Madame Bouvillon peut-elle être assimilée à un personnage de farce ?
10. Quelle image est employée dès la première phrase pour évoquer cette scène de séduction ? Retrouvez dans le reste du texte le champ lexical correspondant. À quelle figure Madame Bouvillon est-elle alors associée ?

Vocabulaire

En vous aidant d'un dictionnaire, trouvez des mots fondés sur la même étymologie que le nom de Madame Bouvillon. Quelles connotations suggèrent les mots trouvés, s'ils se rapportent à une personne ? Pourquoi peut-on dire que ce nom résume parfaitement le personnage ?

Synthèse Comment le portrait fait de Madame Bouvillon contribue-t-il à rendre ce personnage grotesque, ridicule ?

BAC S'entraîner à l'écriture d'invention

Racontez la même scène que celle proposée ci-dessus en adoptant le point de vue de Madame Bouvillon. Vous conserverez le récit à la troisième personne et vous insérerez un portrait du Destin (à la place de celui de Madame Bouvillon). Vous veillerez à supprimer toute marque de jugement du narrateur sur Madame Bouvillon.

► Amplifier et transposer un texte, p. 616

► Biographies, p. 628

Stendhal, *Le Rouge et le Noir* (1830)

⊕ CONTEXTE

Les romans de Stendhal préfigurent le mouvement du réalisme. Ceux-ci agissent comme des « miroir[s] qui se promène[nt] sur une grande route », selon la formule de l'auteur. Les personnages sont représentatifs de l'époque et le cadre historique et social influence considérablement leur construction. Néanmoins, fidèle à sa conception du Beau en peinture, Stendhal refuse l'abondance des détails et préfère rendre compte d'une « physionomie » en privilégiant l'essentiel.

► Le Réalisme, p. 33

Dans le passage précédent, correspondant au début du roman, le narrateur vient de présenter la ville de Verrières, théâtre des événements qui seront racontés par la suite. Il adopte le regard d'un voyageur qui découvre la ville, les différents bâtiments et les habitants.

Si, en entrant à Verrières, le voyageur demande à qui appartient cette belle fabrique de clous qui assourdit les gens qui montent la grande rue, on lui répond avec un accent traînard : *Eh ! elle est à M. le maire.*

Pour peu que le voyageur s'arrête quelques instants dans cette grande rue de Verrières, qui va en montant depuis la rive du Doubs jusque vers le sommet de la colline, il y a cent à parier contre un qu'il verra paraître un grand homme à l'air affairé et important.

À son aspect tous les chapeaux se lèvent rapidement. Ses cheveux sont grisonnants, et il est vêtu de gris. Il est chevalier de plusieurs ordres, il a un grand front, un nez aquilin[1], et au total sa figure ne manque pas d'une certaine régularité : on trouve même, au premier aspect, qu'elle réunit à la dignité du maire de village cette sorte d'agrément qui peut encore se rencontrer avec quarante-huit ou cinquante ans. Mais bientôt le voyageur parisien est choqué d'un certain air de contentement de soi et de suffisance mêlé à je ne sais quoi de borné et de peu inventif. On sent enfin que le talent de cet homme-là se borne à se faire payer bien exactement ce qu'on lui doit, et à payer lui-même le plus tard possible quand il doit.

Tel est le maire de Verrières, M. de Rênal. Après avoir traversé la rue d'un pas grave, il entre à la mairie et disparaît aux yeux du voyageur. Mais, cent pas plus haut, si celui-ci continue sa promenade, il aperçoit une maison d'assez belle apparence, et, à travers une grille de fer attenante à la maison, des jardins magnifiques. Au-delà, c'est une ligne d'horizon formée par les collines de la Bourgogne, et qui semble faite à souhait pour le plaisir des yeux. Cette vue fait oublier au voyageur l'atmosphère empestée des petits intérêts d'argent dont il commence à être asphyxié.

On lui apprend que cette maison appartient à M. de Rênal. C'est aux bénéfices qu'il a faits sur sa grande fabrique de clous, que le maire de Verrières doit cette belle habitation en pierres de taille qu'il achève en ce moment. Sa famille, dit-on, est espagnole, antique, et, à ce qu'on prétend, établie dans le pays bien avant la conquête de Louis XIV[2].

Depuis 1815 il rougit d'être industriel : 1815 l'a fait maire de Verrières[3]. Les murs en terrasse qui soutiennent les diverses parties de ce magnifique jardin qui, d'étage en étage, descend jusqu'au Doubs, sont aussi la récompense de la science de M. de Rênal dans le commerce du fer.

1. Nez fin et recourbé. – 2. De 1701 à 1714, la France est opposée à une partie de l'Europe afin d'obtenir le royaume d'Espagne, dont le trône est laissé vacant. – 3. L'année 1815 marque la chute définitive de Napoléon Bonaparte, le retour de la monarchie constitutionnelle et confirme l'ascension de la bourgeoise.

Alexandre Hyacinthe Dunouy, *Vue de la manufacture de Jouy-en-Josas* (1824), huile sur toile, musée Lambinet, Versailles.

Questions

► L'organisation et le fonctionnement du récit, p. 548
► Faire rire, p. 578
► Les progressions thématiques, p. 526

Une présentation progressive

1. Quel est le thème central de chaque paragraphe ? Qu'en déduisez-vous de l'organisation du portrait de M. de Rênal ? De quelles informations objectives le lecteur dispose-t-il ?
2. Selon quel point de vue le narrateur présente-t-il le personnage ? Quelle influence ce point de vue a-t-il sur le déroulement du portrait effectué ?
3. Étudiez plus particulièrement la description de la demeure de M. de Rênal et sa position dans la ville : comment ces informations complètent-elles le portrait du personnage ?
4. Relevez les termes qui désignent les habitants de Verrières. Comment ces différentes dénominations permettent-elles de souligner l'importance de M. de Rênal ? Quels sont les différents pouvoirs détenus par celui-ci ? Comment se marque le respect des habitants ?

La satire du riche provincial

5. Quelle est l'identité du voyageur mis en scène dans cet extrait ? Pour quelle raison le narrateur a-t-il recours à une telle fiction pour présenter la ville de Verrières et le personnage de M. de Rênal ?
6. Comment les sentiments éprouvés par le voyageur en face de M. de Rênal évoluent-ils ? Quel terme crée une rupture ? Quelle tournure stylistique met en évidence les défauts de M. de Rênal ?
7. Quel jugement le voyageur porte-t-il sur la ville ? Relevez une phrase significative. Pourquoi peut-on dire que M. de Rênal en porte la responsabilité ?
8. Comment le caractère borné et étroit du personnage peut-il se lire dans la description qui est faite des lieux ? Appuyez votre réponse sur l'étude des repères spatiaux.

Grammaire
Quelle nuance est apportée par la proposition introduite par « pour peu que », ligne 4 ? Les actions racontées dans cette phrase ont-elles lieu ? Remplacez cette expression par une autre conjonction de subordination.

Synthèse Vous expliquerez comment le narrateur propose une représentation contrastée de M. de Rênal, qui varie selon les points de vue adoptés.

BAC S'entraîner à la dissertation

Stendhal a écrit que le roman est « un miroir qu'on promène le long d'un chemin ». Attendez-vous, dans un roman, que les portraits des personnages soient fidèles à la réalité ? Proposez une réponse personnelle en prenant soin d'illustrer votre idée d'un exemple pris parmi les textes de la séquence. Vous confronterez ensuite votre point de vue à celui de vos camarades.

► Analyser le sujet et exploiter le corpus, p. 602

▸ Biographies, p. 628

Honoré de Balzac, *Eugénie Grandet* (1833)

⊕ CONTEXTE

Le dandysme correspond à une attitude de vie qui apparaît au début du XIXe siècle en France, mais qui naît en Angleterre au siècle précédent, avec Brummel et Byron, des aristocrates fortunés. Le dandy est un jeune élégant. Il a plusieurs gantiers, plusieurs coiffeurs : il accorde de l'importance au paraître et cherche à montrer sa supériorité dans un siècle bouleversé politiquement.

Charles Grandet, un élégant parisien, cousin d'Eugénie, arrive à Saumur à l'occasion de la fête d'anniversaire de la jeune fille.

Eugénie, à qui le type d'une perfection semblable, soit dans la mise, soit dans la personne, était entièrement inconnu, crut voir en son cousin une créature descendue de quelque région séraphique[1]. Elle respirait avec délices les parfums exhalés par cette chevelure si brillante, si gracieusement bouclée. Elle aurait voulu pouvoir toucher la peau blanche de ces jolis gants fins. Elle enviait les petites mains de Charles, son teint, la fraîcheur et la délicatesse de ses traits. Enfin, si toutefois cette image peut résumer les impressions que le jeune élégant produisit sur une ignorante fille sans cesse occupée à rapetasser des bas, à ravauder[2] la garde-robe de son père, et dont la vie s'était écoulée sous ces crasseux lambris[3] sans voir dans cette rue silencieuse plus d'un passant par heure, la vue de son cousin fit sourdre[4] en son cœur les émotions de fine volupté que causent à un jeune homme les fantastiques figures de femmes dessinées par Westall dans les Keepsake[5] anglais et gravées par les Finden[6] d'un burin si habile qu'on a peur, en soufflant sur le vélin[7], de faire envoler ces apparitions célestes. Charles tira de sa poche un mouchoir brodé par la grande dame qui voyageait en Écosse. En voyant ce joli ouvrage fait avec amour pendant les heures perdues pour l'amour, Eugénie regarda son cousin pour savoir s'il allait bien réellement s'en servir. Les manières de Charles, ses gestes, la façon dont il prenait son lorgnon[8], son impertinence affectée, son mépris pour le coffret qui venait de faire tant de plaisir à la riche héritière et qu'il trouvait évidemment ou sans valeur ou ridicule ; enfin, tout ce qui choquait les Cruchot et les des Grassins[9] lui plaisait si fort qu'avant de s'endormir elle dût rêver longtemps à ce phénix[10] des cousins.

1. Angélique.
2. Raccommoder.
3. Revêtement des murs et du plafond.
4. Fit jaillir.
5. Albums en vers ou en prose, illustrés, importés d'Angleterre.
6. Westall : dessinateur anglais ; Finden : graveurs anglais réputés.
7. Papier assez fin.
8. Sorte de lunettes.
9. Invités des Grandet.
10. Oiseau fabuleux.

Questions

La naissance de l'amour

1. Quel est le point de vue adopté dans l'ensemble de l'extrait ?
2. Quel jugement Eugénie porte-t-elle sur son cousin ? Quelles sont les comparaisons employées ? Justifiez le choix de celles-ci.
3. Quelle image le narrateur utilise-t-il pour rendre compte de l'émotion d'Eugénie devant son cousin ? En vous appuyant sur les éléments qui composent le portrait physique de Charles, montrez que le personnage s'apparente à un dandy.
4. Comment le narrateur nous montre-t-il l'ampleur des impressions causées par Charles ? Vous examinerez notamment les tournures superlatives et le rythme des phrases.

Le jugement du narrateur

5. Relevez les différentes interventions du narrateur. Quelles connaissances apporte-t-il sur les personnages ?
6. Quelles raisons le narrateur avance-t-il pour expliquer les sentiments d'Eugénie face à son cousin ?
7. Quel portrait moral de Charles peut-on déduire des interventions du narrateur ?

▸ La description, p. 550
▸ Les figures d'opposition, d'exagération et d'atténuation, p. 535

Synthèse Vous montrerez que le portrait de Charles est un portrait fait de contrastes.

► Biographies, p. 628

Gustave Flaubert, *Madame Bovary* (1857)

⊕ CONTEXTE

Le roman de Flaubert est jugé scandaleux à son époque : il met en scène une jeune femme, déçue de son mariage et de sa vie provinciale, qui tente de briser son ennui par l'adultère. Le romancier essuie un procès pour « offenses à la morale publique et à la religion ». Cette action en justice, procès « de tous les romans » selon l'auteur, se solde par un acquittement et un succès retentissant pour cette œuvre.

Emma Bovary, accompagnée de Rodolphe, son futur amant, assiste aux Comices agricoles, manifestation rurale qui rassemble agriculteurs et propriétaires de terres et attribue des prix. Catherine Leroux, une vieille femme, est récompensée pour avoir passé de nombreuses années dans la même ferme.

Alors on vit s'avancer sur l'estrade une petite vieille femme de maintien craintif, et qui paraissait se ratatiner dans ses pauvres vêtements. Elle avait aux pieds de grosses galoches de bois, et, le long des hanches, un grand tablier bleu. Son visage maigre, entouré d'un béguin[1] sans bordure, était plus plissé de rides qu'une pomme de reinette flétrie, et des manches de sa camisole[2] rouge dépassaient deux longues mains, à articulations noueuses. La poussière des granges, la potasse[3] des lessives et le suint[4] des laines les avaient si bien encroûtées, éraillées, durcies, qu'elles semblaient sales, quoiqu'elles fussent rincées d'eau claire ; et, à force d'avoir servi, elles restaient entrouvertes, comme pour présenter d'elles-mêmes l'humble témoignage de tant de souffrances subies. Quelque chose d'une rigidité monacale relevait l'expression de sa figure. Rien de triste ou d'attendri n'amollissait ce regard pâle. Dans la fréquentation des animaux, elle avait pris leur mutisme et leur placidité. C'était la première fois qu'elle se voyait au milieu d'une compagnie si nombreuse ; et, intérieurement effarouchée par les drapeaux, par les tambours, par les messieurs en habit noir et par la croix d'honneur du Conseiller, elle demeurait tout immobile, ne sachant s'il fallait s'avancer ou s'enfuir, ni pourquoi la foule la poussait et pourquoi les examinateurs lui souriaient. Ainsi se tenait, devant ces bourgeois épanouis, ce demi-siècle de servitude.

1. Coiffe. – 2. Veste courte. – 3. Hydroxyde de potassium, servant de base pour les lessives. – 4. Graisse qui couvre la laine des moutons.

Questions

► La description, p. 550
► Émouvoir, p. 579
► Les figures de style, p. 534

Un portrait réaliste

1. Quel verbe introduit le portrait de Catherine Leroux dans le roman ? Quel point de vue est alors adopté ?
2. Comment progresse cette description ? Appuyez-vous en particulier sur l'étude des champs lexicaux.
3. Relevez les termes qui désignent les vêtements du personnage. Après avoir observé les caractéristiques de ceux-ci et leur rapport avec le corps du personnage, précisez quelle est l'impression produite par Catherine Leroux.

Un personnage symbolique

4. Sur quelle composante du portrait le narrateur s'attarde-t-il ? Que symbolise cet élément à ses yeux ? Vous justifierez votre réponse en relevant des figures de style.
5. Relevez les différentes dénominations du personnage : quelle expression montre que le personnage est un symbole ? Comment comprenez-vous l'appellation relevée ? Quel sentiment le narrateur cherche-t-il à éveiller chez le lecteur ?
6. Comment Flaubert marque-t-il l'opposition entre Catherine Leroux et les participants aux Comices ?

Vocabulaire
À quel nom commun renvoie l'adjectif « monacal » ? À quelle figure religieuse la vieille femme peut-elle être assimilée ? Étudiez en particulier la position de la vieille femme.

Synthèse Vous expliquerez comment évolue le portrait du personnage. Vous vous attacherez en particulier à l'organisation de celui-ci et au changement de regard porté sur Catherine Leroux.

▸ Biographies, p. 628

⊕ CONTEXTE

Dans *À la Recherche du temps perdu*, le narrateur s'interroge sur la correspondance entre les mots et la réalité. Par exemple les noms de villes, comme Parme et Florence, lui inspirent de douces rêveries que la réalité vient contredire. C'est la vérité cachée des choses, contenue dans leurs noms, que l'auteur entend faire vivre par le style. Bergotte, au moment de sa mort, ne dira pas autre chose, regrettant de ne pas avoir trouvé le beau style, de ne pas avoir rendu sa phrase « précieuse ».

Marcel Proust, *À l'ombre des jeunes filles en fleurs* (1919)

Le narrateur-personnage est invité à un repas mondain chez les Swann, où il ne s'attend pas à faire la connaissance d'un écrivain dont il admire les livres, Bergotte.

Il y avait pourtant seize personnes, parmi lesquelles j'ignorais absolument que se trouvât Bergotte. Mme Swann qui venait de me « nommer » comme elle disait à plusieurs d'entre elles, tout à coup, à la suite de mon nom, de la même façon qu'elle venait de le dire (et comme si nous étions seulement deux invités du déjeuner qui devaient être chacun également contents de connaître l'autre), prononça le nom du doux Chantre[1] aux cheveux blancs. Ce nom de Bergotte me fit tressauter comme le bruit d'un revolver qu'on aurait déchargé sur moi, mais instinctivement pour faire bonne contenance je saluai ; devant moi, comme ces prestidigitateurs qu'on aperçoit intacts et en redingote dans la poussière d'un coup de feu d'où s'envole une colombe, mon salut m'était rendu par un homme jeune, rude, petit, râblé[2] et myope, à nez rouge en forme de coquille de colimaçon et à barbiche noire. J'étais mortellement triste, car ce qui venait d'être réduit en poudre, ce n'était pas seulement le langoureux vieillard dont il ne restait plus rien, c'était aussi la beauté d'une œuvre immense que j'avais pu loger dans l'organisme défaillant et sacré que j'avais, comme un temple, construit expressément pour elle, mais à laquelle aucune place n'était réservée dans le corps trapu, rempli de vaisseaux, d'os, de ganglions, du petit homme à nez camus[3] et à barbiche noire qui était devant moi. Tout le Bergotte que j'avais lentement et délicatement élaboré moi-même, goutte à goutte, comme une stalactite, avec la transparente beauté de ses livres, ce Bergotte-là se trouvait d'un seul coup ne plus pouvoir être d'aucun usage, du moment qu'il fallait conserver le nez en colimaçon et utiliser la barbiche noire ; comme n'est plus bonne à rien la solution que nous avions trouvée pour un problème dont nous avions lu incomplètement la donnée et sans tenir compte que le total devait faire un certain chiffre. Le nez et la barbiche étaient des éléments aussi inéluctables et d'autant plus gênants que, me forçant à réédifier entièrement le personnage de

Photographie de l'écrivain français Anatole France (1844-1924) en 1904 dans son cabinet de travail, collection privée.

1. Poète.
2. Trapu.
3. Aplati.

Bergotte, ils semblaient encore impliquer, produire, sécréter incessamment un certain genre d'esprit actif et satisfait de soi, ce qui n'était pas de jeu, car cet esprit-là n'avait rien à voir avec la sorte d'intelligence répandue dans ces livres, si bien connus de moi et que pénétrait une douce et divine sagesse. En partant d'eux, je ne serais jamais arrivé à ce nez en colimaçon ; mais en partant de ce nez qui n'avait pas l'air de s'en inquiéter, faisait cavalier seul et « fantaisie », j'allais dans une tout autre direction que l'œuvre de Bergotte, j'aboutirais, semblait-il, à quelque mentalité d'ingénieur pressé, de la sorte de ceux qui quand on les salue croient comme il faut de dire : « Merci et vous » avant qu'on leur ait demandé de leurs nouvelles et si on leur déclare qu'on a été enchanté de faire leur connaissance, répondent par une abréviation qu'ils se figurent bien portée, intelligente et moderne en ce qu'elle évite de perdre en de vaines formules un temps précieux : « Également ».

Questions

► Faire rire, p. 578
► La modalisation, p. 528
► Les figures de rapprochement, p. 534

Le portrait d'un personnage idéalisé

1. Comment le narrateur réagit-il au nom de Bergotte ? Quelle image emploie-t-il pour traduire son état d'esprit ? Pour quelle raison le narrateur a-t-il ce sentiment ?
2. Qui est le « doux Chantre aux cheveux blancs » (l. 6) ? Que symbolisent les cheveux blancs, pour le narrateur ? Quelles expressions permettent de justifier vos affirmations ?
3. Comment le narrateur explique-t-il l'image fausse qu'il a eue de Bergotte ? Quelle comparaison emploie-t-il pour évoquer cette construction du personnage ?

Une réalité décevante

4. Par quelle analogie le narrateur rend-il compte de sa surprise devant le personnage de Bergotte ? Observez la place de cette image dans la phrase et sa longueur : quel est l'effet produit ?
5. Sur quels éléments du physique de Bergotte le narrateur se concentre-t-il ? Étudiez en particulier les reprises lexicales. Quelles images sont employées ? Quel effet produit un tel portrait sur le lecteur ?
6. Quelles hypothèses le narrateur formule-t-il sur le caractère de Bergotte ? Appuyez-vous sur l'étude des modalisateurs et sur les analogies effectuées.

Vocabulaire
Cherchez l'origine de l'expression « faire cavalier seul » (l. 47). Quel est le sujet de cette expression ? Montrez que celle-ci participe à la déconstruction du portrait de Bergotte de façon humoristique.

Synthèse Vous montrerez que le narrateur propose un double portrait de Bergotte.

BAC S'entraîner au commentaire

Étudiez plus particulièrement les lignes 10 à 48 (« mon salut [...] l'œuvre de Bergotte ») : vous montrerez que le portrait effectué prête à sourire. Vous vous aiderez des réponses aux questions précédentes pour composer un plan. Vous rédigerez un argument, en prenant soin d'insérer des citations commentées.

► Rédiger des paragraphes et insérer des citations, p. 598

► Biographies, p. 628

Marguerite Duras, *Un barrage contre le Pacifique* (1950)

CONTEXTE
Influencée par les techniques cinématographiques, Duras a écrit de nombreux textes, romans ou scénarios, portés à l'écran : *Hiroshima mon amour* en 1959, *India Song* en 1972... Deux films suivront la parution d'*Un barrage contre le Pacifique*, en 1958 et en 2008.

► Le Nouveau Roman, p. 39

En Indochine, une mère veuve et ses deux enfants, Joseph et Suzanne, vivent misérablement en tentant de cultiver leur concession continuellement envahie par la marée. Dans le passage suivant, ils rencontrent Monsieur Jo, un riche planteur.

Ils l'avaient déjà vu à côté d'Agosti[1]. Il était seul à sa table. C'était un homme qui paraissait avoir vingt-cinq ans, habillé d'un costume de tussor[2] grège[3]. Sur la table il avait posé un feutre[4] du même grège. Quand il but une gorgée de pernod[5] ils virent à son doigt un magnifique diamant, que la mère se mit à regarder en silence, interdite.

– Merde, quelle bagnole, dit Joseph. Il ajouta : Pour le reste, c'est un singe.

Le diamant était énorme, le costume en tussor, très bien coupé. Jamais Joseph n'avait porté de tussor. Le chapeau mou sortait d'un film : un chapeau qu'on se posait négligemment sur la tête avant de monter dans sa quarante chevaux et d'aller à Longchamp jouer la moitié de sa fortune parce qu'on a le cafard à cause d'une femme. C'était vrai, la figure n'était pas belle. Les épaules étaient étroites, les bras courts, il devait avoir une taille au-dessous de la moyenne. Les mains petites étaient soignées, plutôt maigres, assez belles. Et la présence du diamant leur conférait une valeur royale, un peu déliquescente[6]. Il était seul, planteur, et jeune. Il regardait Suzanne. La mère vit qu'il la regardait. La mère à son tour regarda sa fille. À la lumière électrique ses taches de rousseur se voyaient moins qu'au grand jour. C'était sûrement une belle fille, elle avait des yeux luisants, arrogants, elle était jeune, à la pointe de l'adolescence, et pas timide.

– Pourquoi tu fais une tête d'enterrement ? dit la mère. Tu ne peux pas avoir une fois l'air aimable ?

Suzanne sourit au planteur du Nord.

1. Nom d'un personnage secondaire du roman.
2. Tissu de soie.
3. Entre gris et beige.
4. Chapeau.
5. Liqueur à l'absinthe.
6. Décadente.

Questions

► La description, p. 550
► Les actes de langage, l'implicite et la modalisation, p. 528

L'esquisse d'un portrait

1. Quelles sont les constituantes du portrait ? Comment s'organise la description ? Quels passages pourraient constituer, au cinéma, des gros plans ?
2. Quels éléments du physique du personnage sont successivement décrits ? Quelle est leur caractéristique commune ? Quelle partie du corps concentre l'attention du narrateur ? Pour quelle raison ?
3. Sur quel objet se focalise le narrateur ? Que révèle-t-il du personnage ? Comment les autres objets appartenant au personnage permettent-ils de compléter son portrait ?

Une vision subjective

4. Qui voit le personnage ? Justifiez votre réponse.
5. Quel jugement Joseph, la mère et Suzanne portent-ils sur M. Jo ?
6. Comment le narrateur marque-t-il la singularité de ce personnage ?
7. Que signifie l'échange de regards aux lignes 14 à 15 (« Il regardait [...] sa fille ») ? Quel lien pouvez-vous établir avec la phrase de la ligne 14 : « il était seul, planteur, et jeune » ? Quelles sont les attentes du lecteur sur la suite du roman ?

Synthèse Vous montrerez qu'un drame social se noue grâce au portrait effectué.

TEXTE 8

► Biographies, p. 628

Alain Robbe-Grillet, *La Jalousie* (1957)

Vilhelm Hammershoi, *Hvile* (1905), huile sur toile, détail, musée d'Orsay, Paris.

CONTEXTE
Alain Robbe-Grillet a fondé, avec Michel Butor et Nathalie Sarraute, le mouvement du Nouveau Roman. Luttant contre les artifices du siècle précédent et les techniques narratives héritées du Réalisme, Robbe-Grillet a cherché à déconstruire la narration traditionnelle. Ses romans doivent être lus comme des énigmes, que le lecteur doit décoder. Ainsi, *La Jalousie* distille des informations qui, mises bout à bout, permettent de bâtir l'histoire et comprendre les personnages.

► Le Réalisme, p. 33
► Le Nouveau Roman, p. 39

Le roman met en scène trois personnages : une femme appelée A…, son ami Franck, et un personnage qui n'est jamais nommé, jamais décrit, mais semble vivre les événements et les observer attentivement. Les mêmes scènes sont narrées à plusieurs reprises, précisées, comme pour cette description de A…, que le lecteur a déjà lue.

A… est assise à la table, la petite table à écrire qui se trouve contre la cloison de droite, celle du couloir. Elle se penche en avant sur quelque travail minutieux et long : remaillage d'un bas très fin, polissage des ongles, dessin au crayon d'une taille réduite. Mais A… ne dessine jamais ; pour reprendre une maille filée, elle se serait placée plus près du jour ; si elle avait besoin d'une table pour se faire les ongles, elle n'aurait pas choisi cette table-là.

Malgré l'apparente immobilité de la tête et des épaules, des vibrations saccadées agitent la masse noire de ses cheveux. De temps à autre elle redresse le buste et semble prendre du recul pour mieux juger de son ouvrage. D'un geste lent, elle rejette en arrière une mèche, plus courte, qui s'est détachée de cette coiffure trop mouvante, et la gêne. La main s'attarde à remettre en ordre les ondulations, où les doigts effilés se plient et se déplient, l'un après l'autre, avec rapidité quoique sans brusquerie, le mouvement se communiquant de l'un à l'autre d'une manière continue, comme s'ils étaient entraînés par le même mécanisme.

Penchée de nouveau, elle a maintenant repris sa tâche interrompue. La chevelure lustrée luit de reflets roux, dans le creux des boucles. De légers tremblements, vite amortis, la parcourent d'une épaule vers l'autre, sans qu'il soit possible de voir remuer, de la moindre pulsation, le reste du corps.

Questions

► La description, p. 550

Un portrait fragmentaire

1. Quelles sont les caractéristiques physiques du personnage féminin ? En vous fondant sur les reprises lexicales, étudiez la progression du portrait.
2. Relevez le champ lexical du corps et observez la place de ces mots dans les phrases : quelle tournure grammaticale contribue à déconstruire ce portrait ? Quelles expressions contribuent à donner au corps une autonomie mystérieuse ?

Les interprétations du narrateur

3. Quelle est l'attitude de la femme décrite ? Où se trouve le narrateur par rapport à elle ? Pourquoi le narrateur est-il un observateur attentif ?
4. Relevez les modalisations dans l'extrait : sur quoi portent les hésitations du narrateur ? Quelles hypothèses formule-t-il ? Trouvent-elles leur réponse ? Justifiez.
5. Quelle peut être l'action effectuée par A… ? Mettez en relation les éléments du décor et l'attitude de A…
6. Selon vous, quelle peut être la nature des relations entre le narrateur et la femme observée ? Pourquoi la scène est-elle muette ? Comment comprenez-vous le titre du roman ?

Grammaire
Quelles sont les différentes valeurs du présent, majoritairement employé dans ce texte ?

► Les valeurs des modes et des temps, p. 520

Synthèse Vous expliquerez comment ce portrait s'effectue à travers la conscience du narrateur.

De la fonction magique, ou commémorative, pour assurer la survie du modèle, à une finalité essentiellement plastique qui s'affirme à la fin du XIXe siècle, la notion de portrait et ses limites ont toujours été source de discussion dans les arts plastiques. Pour qu'il y ait portrait, il doit y avoir nécessairement intention de l'artiste et possibilité de consentement de la part du modèle.

Au XVe siècle : la naissance d'un genre

Au XVe siècle, le portrait devient un genre à part entière. Le modèle, issu de la cour ou de la bourgeoisie, apparaît progressivement dans toute sa singularité.

Jan Van Eyck (vers 1390-1441), *Marguerite Van Eyck* (1439), huile sur panneau de chêne (41,2 cm x 34,6 cm), musée des Beaux-Arts, Bruges (Belgique).

Antonio del Pollaiolo (1431-1496), *Portrait de jeune femme* (1465), huile sur panneau de peuplier (52,5 cm x 36,5 cm), Staatliche museen, Berlin (Allemagne).

Comparer deux portraits

Qui a peint chaque portrait ? De quel pays chacun d'eux est-il originaire ? Faites des recherches sur l'art du portrait au XVe siècle dans ces deux pays. Appuyez vos recherches en comparant ces deux portraits.

Aux XVIe et XVIIe siècles : le portrait de cour

Œuvres de commandes, les portraits deviennent des instruments pour glorifier. L'ensemble des représentations mettent en valeur les qualités du modèle (portrait équestre, portrait en pied, etc.), les poses se diversifient. Van Dyck ou Rubens sont les grands représentants de ce genre.

Décrire un portrait équestre

Le portrait équestre est une image du pouvoir. De quelle manière Rubens l'a-t-il représenté dans ce tableau ? Analysez la posture du duc et du cheval, l'angle de vue adopté par l'artiste, les couleurs, les lumières, les dimensions.

Peter Paul Rubens (1577-1640), *Portrait équestre du duc de Lerma* (1603), huile sur toile (283 cm x 200 cm), musée du Prado, Madrid (Espagne).

Au XVIIIe : l'âge d'or du portrait

Peu à peu, les commandes se multiplient. Le portait n'est plus le privilège des « grands » et prend un caractère plus intime : les artistes peignent leur famille, leurs amis, etc. Le peintre s'intéresse plus à la personnalité du modèle, à la force des expressions du visage et à ce qu'elles traduisent : c'est ce qu'on appelle le portrait « psychologique ».

Décrire un portrait « psychologique »

Comparez ce portrait avec ceux de Van Eyck et de Del Pollaiolo : quelles différences observez-vous ? Quelle évolution observez-vous ?

Élise Georgia Leys Schielderup (1856-1933), *Portrait de Mlle Guimard* (copie d'après Fragonard), huile sur toile (45 cm x 39 cm), détail, musée Ernest Hébert, Paris.

Du XIXe au XXe siècle : crise du portrait et renouveau des techniques

L'arrivée de la photographie bouleverse l'art de la figuration. Les artistes remettent en question les règles et les conventions de l'art traditionnel. Ils revendiquent une liberté dans leur rapport au modèle, ce qui entraîne des changements dans la manière de peindre, la couleur, la composition, la représentation du réel. En se libérant des contraintes de ressemblance, les peintres s'adonnent à de nouvelles expériences : Matisse simplifie la ligne et les couleurs, la figuration disparaît presque totalement des tableaux de Picasso. Le portrait devient un prétexte pour développer des réflexions sur la peinture elle-même.

« Le fauvisme* est venu du fait que nous nous placions tout à fait loin des couleurs d'imitation* et qu'avec les couleurs pures* nous obtenions des réactions plus fortes », explique Matisse.

Henri Matisse (1869-1954), *Portrait de Madame Matisse à la raie verte* (1905), huile sur toile (42,5 cm x 32,5 cm), Statens Museum, Copenhague (Danemark).

Étudier le renouvellement des techniques

En vous appuyant sur les œuvres de Matisse et de Picasso, expliquez comment les artistes du XXe siècle remettent en question l'art traditionnel.

Pour ce tableau de la période du cubisme* analytique, Picasso fragmente la forme jusqu'à sa fusion avec l'espace du tableau.

Pablo Picasso (1881-1973) *Portrait de David-Henry Kahnweiler* (1910), huile sur toile (100,6 cm x 72,8 cm), Art Institue, Chicago (États-Unis).

L'artiste du XXe siècle s'approprie les nouveaux outils non artistiques ou populaires comme la photographie, la vidéo, le numérique. Du collage d'images il passe à l'assemblage d'objets. Dans ce contexte, les portraits interrogent la société de consommation et la profusion des images.

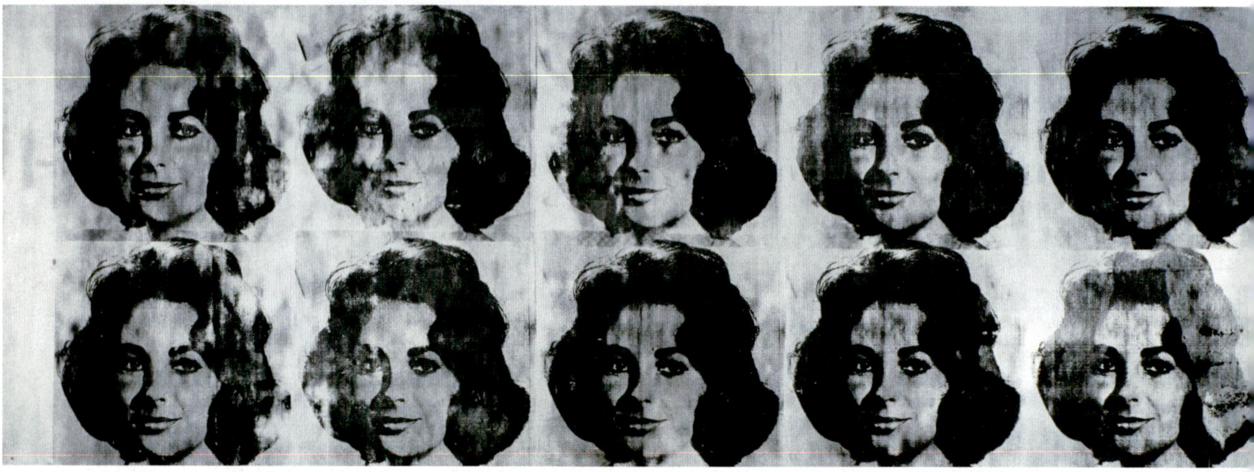

Andy Warhol (1928-1987), *Ten Lizes* (1963), huile et laque sur toile (procédé sérigraphique*), (201 cm x 564,5 cm), musée national d'Art moderne, Paris.

S'approprier de nouveaux outils

Expliquez pourquoi cette œuvre de Warhol se réfère au cinéma, indépendamment du fait que l'actrice Liz Taylor en est le sujet.

Synthèse

Rédigez deux ou trois paragraphes qui montreront comment le rapport entre le portrait et le modèle oscille entre ressemblance et questionnement sur la peinture.

Le vocabulaire des arts plastiques

Fauvisme : mouvement artistique du XXe siècle qui réduit les hommes et les objets à des formes géométriques simples.

Couleurs d'imitation : couleurs qui reproduisent celles de la réalité.

Couleur pures : couleurs du spectre (arc-en-ciel) : rouge, violet, bleu, vert, jaune, orange.

Cubisme : mouvement pictural du XXe siècle qui regroupe des peintres utilisant des touches de couleurs violentes, éclatantes et juxtaposées pour représenter le monde.

Sérigraphie : procédé qui consiste à reporter mécaniquement une image sur une toile en la réduisant à ses traits essentiels. Warhol réalise ses sérigraphies à partir de clichés photographiques.

DÉCRIRE LE CARACTÈRE

1 ANTONYMES

Voici une liste de mots présentant des traits de caractère opposés. Associez chaque mot à son contraire.
1. dévergondage – 2. morosité – 3. orgueil – 4. gaieté – 5. modestie – 6. pudeur

2 DE L'ADJECTIF AU NOM

Trouvez le nom correspondant à ces adjectifs en vous aidant, si besoin, d'un dictionnaire. Employez le nom formé dans une phrase qui révèlera la qualité ou le défaut d'une personne.
1. fier – 2. enjoué – 3. adroit – 4. humble – 5. présomptueux – 6. allègre – 7. obséquieux – 8. candide

3 SYNONYMES

Dans les citations suivantes, trouvez le sens du mot en gras en lui associant le synonyme adéquat.
orgueilleux – enjoué – vaniteux – aimable

1. « L'hôtesse **affable** tient une bouteille à la main, présente des verres et les remplit, sans oublier le sien ; on lui dit des choses obligeantes ; elle y répond avec politesse et gaieté. » (Denis Diderot)

2. « Durant ce court dialogue, Fabrice était **superbe** au milieu de ces gendarmes, c'était bien la mine la plus fière et la plus noble. » (Stendhal)

3. « De **sémillant**, poli, gai, riant et verbiageur qu'il était d'abord, il devient posé, rude, sombre, hagard, taciturne. » (Patrick Raynal)

4. « Le fils, avec bien moins d'esprit et une ambition démesurée nourrie par la plus folle vanité, avait un esprit méchant, guindé, **pédant**, précieux, qui voulait primer partout, qui courait également après les sentences qui toutefois ne coulaient pas de source [...]. » (Saint-Simon)

4 EXPRESSIONS RENVOYANT À UN ANIMAL

a. **Retrouvez les expressions imagées, renvoyant à des animaux, correspondant aux traits de caractère suivants. Un indice est donné entre parenthèses.**
Ex. : *On dit de quelqu'un de* ***clairvoyant*** *qu'il a* ***« des yeux de lynx »****.*
1. une personne étourdie (oiseau) – 2. une personne entêtée (famille des équidés) – 3. une personne fine et astucieuse (insecte) – 4. une personne indiscrète, qui fouille dans les affaires d'autrui (petit mammifère au museau allongé)

b. **Choisissez, dans la séquence, un personnage apparaissant dans un texte que vous avez étudié et rédigez une phrase descriptive à partir de l'une des expressions.**

5 EXPRESSIONS RENVOYANT À UN OBJET

Les expressions suivantes renvoient à des traits de caractère. Lesquels ? Expliquez l'image.
1. un foudre de guerre – 2. un moulin à paroles – 3. avoir l'esprit de l'escalier – 4. être collet monté – 5. un panier percé

6 EXPRESSIONS RENVOYANT AU CORPS

On désigne souvent des traits de caractère par des images liées au corps. Retrouvez les images qui s'associent aux caractéristiques suivantes et employez-les dans une phrase qui éclairera leur sens.
Ex. : *Quelqu'un* ***d'audacieux*** *n'a pas* ***« froid aux yeux »****.*
1. l'ambitieux – 2. le paresseux – 3. la personne généreuse – 4. le gourmand – 5. quelqu'un de bien équilibré, de réaliste

7 NIVEAUX DE LANGUE

Dans les groupes d'adjectifs suivants, distinguez ceux appartenant au niveau de langue familier, courant et soutenu.
1. grognon, triste, renfrogné – 2. amène, agréable, sympa – 3. soupe au lait, irascible, colérique – 4. craintif, trouillard, timoré

8 MOTS DE LA MÊME FAMILLE

Des mots de la même famille ont parfois un sens différent : expliquez chacun des mots suivants et employez-les dans une phrase qui en éclairera le sens.
1. doux / doucereux – 2. droit / droiture – 3. loyal / légal – 4. probe / probant

EXPRESSION ÉCRITE

Sujet 1
Composez votre propre portrait moral en prenant soin d'utiliser exclusivement des images (comparaisons ou expressions figurées). Vous pouvez vous inspirer du vocabulaire et des expressions des exercices 4, 5, et 6.

Sujet 2
Dans un texte qui pourrait figurer dans un roman, brossez le portrait d'un personnage en prenant soin de souligner uniquement ses défauts ou ses qualités. À la suite de chaque trait de caractère nommé, vous raconterez une action du personnage qui éclaire cette caractéristique.

LE PORTRAIT DANS LES ROMANS DU XVIIe SIÈCLE AU XXe SIÈCLE

► L'organisation et le fonctionnement du récit, p. 548
► La description, p. 550

Le portrait constitue un passage obligé du roman : le lecteur s'attend à trouver différents indices qui lui permettent de se représenter les personnages.

1 LA CONSTITUTION DES PORTRAITS

Le portrait constitue le plus souvent une pause dans le récit. Il fonctionne en général selon un schéma fixé depuis le XVIIe siècle : d'abord un **portrait physique**, avec l'aspect général, la taille, le teint, le visage (yeux, cheveux, et parfois dents), puis un **portrait moral.** Selon le point de vue adopté, le portrait est plus ou moins complet : dans un **point de vue omniscient**, il vise l'**exhaustivité.** Le portrait du personnage peut également être déduit de ses actions.
→ **Ex. :** Dans *Le Roman comique* de Paul Scarron, le caractère concupiscent de la Bouvillon se lit dans sa tentative de séduction.

2 LE NARRATEUR ET SON PERSONNAGE

• Le portrait est rarement objectif et dépend du statut du narrateur. L'auteur peut avoir l'intention de faire **l'éloge**, de **blâmer**, **faire rêver** le lecteur ou le **faire rire**, etc. Si le narrateur est un personnage, un **jugement** est alors exprimé et le lecteur est amené à le partager ou non.
→ **Ex. :** Dans *À l'ombre des jeunes filles en fleurs* de Marcel Proust, le narrateur-personnage est déçu par l'apparence physique de Bergotte.

• Le personnage peut être intégré dans un univers plus **réaliste**, plus commun, où il est vu avec ses défauts, ou dans un univers destiné à **faire rêver.**
→ **Ex. :** Dans *La Princesse de Clèves* de Madame de La Fayette, Mlle de Chartres est présentée comme un personnage exemplaire arrivant à la cour.

• Si le point de vue adopté est celui d'un **personnage**, le jugement de celui-ci peut être **différent** de celui du narrateur.
→ **Ex. :** Dans *Eugénie Grandet* d'Honoré de Balzac, Eugénie est en admiration devant son cousin, mais le narrateur souligne l'erreur de la jeune fille.

• Le personnage peut avoir une **dimension symbolique** : par le choix de certains détails, le narrateur lui donne un sens particulier.
→ **Ex. :** Dans *Un barrage contre le Pacifique* de Marguerite Duras, la richesse de M. Jo, soulignée par le narrateur, en fait une proie.

3 LES FONCTIONS DU PORTRAIT

Donner des informations

Le portrait est un passage dans lequel le lecteur obtient des informations qui complètent le champ de la narration. → **Ex. :** Dans *La Jalousie* d'Alain Robbe-Grillet, grâce au portrait de A..., le lecteur comprend le jeu des relations entre les personnages.

Imiter le réel

Par le portrait, le personnage est rendu **présent.** Le portrait l'inscrit dans l'imaginaire du lecteur en accentuant **l'illusion référentielle.** Le lecteur est amené à croire à l'existence du personnage. Le portrait se veut **imitation du réel** *(mimesis)*. → **Ex. :** Dans *Le Rouge et le Noir* de Stendhal, M. de Rênal est montré dans un contexte précis : une ville provinciale au XIXe siècle.

Construire une destinée / créer un horizon d'attente

Tout portrait fait sens dans l'économie générale du roman : il **rappelle** ou **annonce** les actions à venir du personnage. → **Ex. :** Le portrait de Mlle de Chartres nous fait comprendre son refus de la passion.

Séquence 3

De la rencontre amoureuse à la séparation dans les romans du XVIIe au XXe siècle

Comment l'identité des personnages romanesques se construit-elle à partir des scènes de rencontre amoureuse et de séparation ? Comment les actions et les sentiments des personnages révèlent-ils la vision du monde du romancier et les valeurs de la société de son époque ?

CORPUS DE LA SÉQUENCE

PERSPECTIVES

LIENS AVEC LA PARTIE LANGUE

- Les valeurs des modes et des temps, p. 520
- L'énonciation et le discours, p. 528

LIENS AVEC LA PARTIE OUTILS D'ANALYSE

- Le récit, p. 548
- L'image, p. 572
- Les registres et effets du texte, p. 578

LIENS AVEC LA PARTIE MÉTHODES POUR LE BAC

- Le commentaire, p. 598
- La dissertation, p. 602
- L'écriture d'invention, p. 616
- L'épreuve orale, p. 624

►►► Antonio Alciati Ambrogio, *Le Rendez-vous* (1918), huile sur toile, détail, Museo del Paesaggio, Verbania (Italie).

► Biographies, p. 628

Madame de La Fayette, *La Princesse de Clèves* (1678)

CONTEXTE

La Princesse de Clèves est un roman historique. Mme de La Fayette place l'histoire de son héroïne dans le faste de la cour des Valois, pendant la Renaissance. Lieu d'élégance, de raffinement, de fêtes, la cour apparaît aussi comme un endroit propice aux intrigues amoureuses et aux rivalités politiques. La princesse y découvre la passion. Mais sa rigueur morale et son sens du devoir font d'elle une héroïne qui renonce à l'amour. Le roman témoigne de la méfiance des écrivains classiques pour la passion.

► Le Classicisme, p. 27

De la rencontre…

L'action se passe à la cour du roi Henri II, vers 1558. Mme de Clèves, qui vient tout juste de se marier, rencontre ici pour la première fois le duc de Nemours dont la réputation de séducteur est bien établie à la cour.

Elle passa tout le jour des fiançailles[1] chez elle à se parer, pour se trouver le soir au bal et au festin royal qui se faisait au Louvre. Lorsqu'elle arriva, l'on admira sa beauté et sa parure ; le bal commença et, comme elle dansait avec M. de Guise[2], il se fit un assez grand bruit vers la porte de la salle, comme de quelqu'un qui entrait et à qui on faisait place. Mme de Clèves acheva de danser et, pendant qu'elle cherchait des yeux quelqu'un qu'elle avait dessein de prendre, le roi lui cria de prendre celui qui arrivait. Elle se tourna et vit un homme qu'elle crut d'abord ne pouvoir être que M. de Nemours, qui passait par-dessus quelques sièges pour arriver où l'on dansait. Ce prince était fait d'une sorte qu'il était difficile de n'être pas surprise de le voir quand on ne l'avait jamais vu, surtout ce soir-là, où le soin qu'il avait pris de se parer augmentait encore l'air brillant qui était dans sa personne ; mais il était difficile aussi de voir Mme de Clèves pour la première fois sans avoir un grand étonnement.

M. de Nemours fut tellement surpris de sa beauté que, lorsqu'il fut proche d'elle, et qu'elle lui fit la révérence, il ne put s'empêcher de donner des marques de son admiration. Quand ils commencèrent à danser, il s'éleva dans la salle un murmure de louanges. Le roi et les reines[3] se souvinrent qu'ils ne s'étaient jamais vus, et trouvèrent quelque chose de singulier de les voir danser ensemble sans se connaître. Ils les appelèrent quand ils eurent fini sans leur donner le loisir de parler à personne et leur demandèrent s'ils n'avaient pas bien envie de savoir qui ils étaient, et s'ils ne s'en doutaient pas.

– Pour moi, madame, dit M. de Nemours, je n'ai pas d'incertitude ; mais comme Mme de Clèves n'a pas les mêmes raisons pour deviner qui je suis que celles que j'ai pour la reconnaître, je voudrais bien que Votre Majesté eût la bonté de lui apprendre mon nom.

– Je crois, dit Mme la Dauphine, qu'elle le sait aussi bien que vous savez le sien.

– Je vous assure, madame, reprit Mme de Clèves, qui paraissait un peu embarrassée, que je ne devine pas si bien que vous pensez.

– Vous devinez fort bien, répondit Mme la Dauphine ; et il y a même quelque chose d'obligeant[4] pour M. de Nemours à ne vouloir pas avouer que vous le connaissez sans l'avoir jamais vu.

1. Fiançailles d'une princesse royale, occasion de festivités importantes. – 2. Un de ses anciens soupirants. – 3. Le roi Henri II, son épouse et la reine dauphine, future reine de France. – 4. Agréable, plaisant.

Jean-François Poron (le duc de Nemours) et Marina Vlady (Mme de Clèves) dans *La Princesse de Clèves*, film de Jean Delannoy réalisé en 1960.

Questions

► L'organisation et le fonctionnement du récit, p. 548
► L'implicite, p. 528

La mise en scène d'un coup de foudre amoureux

1. Comment est mise en valeur l'arrivée du duc de Nemours au bal ? Quel est l'effet recherché sur le lecteur ?
2. Relevez le champ lexical du regard : quels regards se croisent ? Quels regards se posent sur les héros au cours de cette rencontre ?
3. « Pour moi [...] je n'ai pas d'incertitude. » (l. 22) : que révèle cette réplique des sentiments du duc de Nemours pour Mme de Clèves ?

Amour et jeu social

4. Relisez le premier paragraphe : étudiez l'importance du lieu et des circonstances de la rencontre.
5. Relisez le deuxième paragraphe : expliquez le rôle du roi et des reines dans cette rencontre.
6. Relisez la première réplique de la reine Dauphine (l. 26) : pourquoi met-elle Mme de Clèves dans l'embarras ?
7. La deuxième réplique de la reine Dauphine (l. 30 à 32) repose sur un implicite : que cherche-t-elle à montrer ?

Grammaire
« Ce prince était fait d'une sorte [...] un grand étonnement. » (l. 9 à 13) : étudiez la syntaxe de cette phrase. Comment met-elle en parallèle les sentiments des deux personnages ?

Synthèse Cette rencontre se déroule dans un cadre particulier : vous montrerez, en vous appuyant sur les réponses aux questions précédentes, que le déroulement de la rencontre est influencé par le lieu, le moment choisi, les personnages qui en sont témoins.

BAC S'entraîner à l'écriture d'invention

► Transposer un texte, p. 616

Récrivez le premier paragraphe du texte en changeant de point de vue. Vous adopterez exclusivement le point de vue de M. de Nemours.

TEXTE 2

Madame de La Fayette, *La Princesse de Clèves* (1678)

... à la séparation

M. de Clèves est mort, de douleur et de dépit, se croyant, à tort, trompé par son épouse. Mme de Clèves reçoit ici pour une dernière fois M. de Nemours qu'elle aime et dont elle est aimée. Elle exprime les raisons qui lui font refuser de l'épouser.

Par vanité ou par goût, toutes les femmes souhaitent de vous attacher[1]. Il y en a peu à qui vous ne plaisiez ; mon expérience me ferait croire qu'il n'y en a point à qui vous ne puissiez plaire. Je vous croirais toujours amoureux et aimé et je ne me tromperais pas souvent. Dans cet état néanmoins, je n'aurais d'autre parti à prendre que celui de la souffrance ; je ne sais même pas si j'oserais me plaindre. On fait des reproches à un amant ; mais en fait-on à un mari, quand on n'a (qu') à lui reprocher de n'avoir plus d'amour ? Quand je pourrais m'accoutumer à cette sorte de malheur, pourrais-je m'accoutumer à celui de voir toujours M. de Clèves vous accuser de sa mort, me reprocher de vous avoir aimé, de vous avoir épousé et me faire sentir la différence de son attachement au vôtre ? Il est impossible, continua-t-elle, de passer par-dessus des raisons si fortes : il faut que je demeure dans l'état où je suis et dans les résolutions que j'ai prises de n'en sortir jamais.

– Hé ! croyez-vous le pouvoir, madame ? s'écria M. de Nemours. Pensez-vous que vos résolutions tiennent contre un homme qui vous adore et qui est assez heureux pour vous plaire ? Il est plus difficile que vous ne pensez, madame, de résister à ce qui nous plaît et à ce qui nous aime. Vous l'avez fait par une vertu austère, qui n'a presque point d'exemple ; mais cette vertu ne s'oppose plus à vos sentiments et j'espère que vous les suivrez malgré vous.

– Je sais bien qu'il n'y a rien de plus difficile que ce que j'entreprends, répliqua Mme de Clèves ; je me défie de mes forces au milieu de mes raisons. Ce que je crois devoir à la mémoire de M. de Clèves serait faible s'il n'était soutenu par l'intérêt de mon repos ; et les raisons de mon repos ont besoin d'être soutenues de celles de mon devoir. Mais, quoique je me défie

La Princesse de Clèves au chevet du lit de mort de son mari, illustration pour *La Princesse de Clèves* de Madame de La Fayette, édition de 1931.

1. M. de Nemours a une réputation de séducteur à la cour.

de moi-même, je crois que je ne vaincrai jamais mes scrupules et je n'espère pas aussi de surmonter l'inclination[2] que j'ai pour vous. Elle me rendra malheureuse et je me priverai de votre vue, quelque violence qu'il m'en coûte. Je vous conjure, par tout le pouvoir que j'ai sur vous, de ne chercher aucune occasion de me voir. Je suis dans un état qui me fait des crimes de tout ce qui pourrait être permis dans un autre temps, et la seule bienséance interdit tout commerce[3] entre nous.

M. de Nemours se jeta à ses pieds, et s'abandonna à tous les divers mouvements dont il était agité. Il lui fit voir, et par ses paroles, et par ses pleurs, la plus vive et la plus tendre passion dont un cœur ait jamais été touché. Celui de Mme de Clèves n'était pas insensible et, regardant ce prince avec des yeux un peu grossis par les larmes :

– Pourquoi faut-il, s'écria-t-elle, faut-il que je vous puisse accuser de la mort de M. de Clèves[4] ? Que n'ai-je commencé à vous connaître depuis que je suis libre, ou pourquoi ne vous ai-je pas connu devant[5] que d'être engagée ? Pourquoi la destinée nous sépare-t-elle par un obstacle si invincible ?

2. Goût vif, penchant.
3. Toute relation (sens ancien).
4. M. de Clèves est tombé malade après avoir fait suivre M. de Nemours et avoir cru comprendre, à tort, qu'il avait passé la nuit avec Mme de Clèves : il a reproché son infidélité à son épouse sur son lit de mort.
5. Avant (forme ancienne).

Questions

► Émouvoir, p. 579
► Les valeurs des temps, p. 520

Un dialogue argumenté

1. Relisez la première réplique de Mme de Clèves (l. 1 à 12) : quels arguments oppose-t-elle à l'idée d'épouser M. de Nemours ?
2. Quel temps domine dans cette première réplique ? Quel est sa valeur ? Que cherche à montrer Mme de Clèves ?
3. Quel argument principal lui oppose M. de Nemours ? Relevez l'expression qui formule le mieux cet argument et commentez les termes qui lui donnent une valeur généralisante.

Une scène pathétique

4. Relevez des éléments pouvant évoquer une scène de théâtre. Quel est l'effet produit ?
5. Comment s'exprime ici la souffrance des personnages ? Vous étudierez leurs attitudes et leurs propos. Relisez la dernière réplique de la princesse : quel « obstacle » met-elle en avant ?

De la rencontre à la séparation : la naissance d'une héroïne sublime

6. « Je sais bien qu'il n'y a rien de plus difficile que ce que j'entreprends […] » : dans la réplique qui suit (l. 26 à 39), comment la princesse fait-elle ressortir la difficulté de son choix ?
7. Comparez et opposez le personnage de la princesse dans les deux extraits étudiés. Quelle valeur affirme-t-elle dans ce deuxième extrait ? Relevez, dans sa troisième réplique, la phrase qui définit son idéal de vie.

Synthèse En vous appuyant sur les deux textes de l'œuvre, vous montrerez que l'héroïne se construit par ses choix et par ses renoncements.

BAC S'entraîner à la dissertation

► Analyser le sujet et exploiter le corpus, p. 602

Préférez-vous les romans dont le héros est un personnage positif ?
En vous appuyant notamment sur l'exemple de *La Princesse de Clèves*, vous développerez la première partie de cette dissertation, en montrant pour quelles raisons on peut préférer un héros qui soit un personnage positif.

► Biographies, p. 628

L'Abbé Prévost, *Manon Lescaut* (1731)

CONTEXTE

L'Histoire du chevalier Des Grieux et de Manon Lescaut n'était à l'origine qu'une histoire insérée dans une œuvre plus vaste, *Les Mémoires d'un homme de qualité*. Dans le tome VII de ces *Mémoires* fictives, le narrateur, « l'homme de qualité », rencontre le chevalier Des Grieux qui lui raconte sa passion fatale pour une simple courtisane. Le succès immédiat du roman s'explique sans doute aussi parce qu'il témoigne de la société de la Régence et de la vie dissolue des aristocrates.

De la rencontre...

Le chevalier Des Grieux, jeune homme de bonne famille destiné à la prêtrise, raconte rétrospectivement au narrateur principal dans quelles circonstances il a rencontré Manon Lescaut, et la passion malheureuse qui les a unis.

La veille même de celui que je devais quitter cette ville[1], étant à me promener avec mon ami, qui s'appelait Tiberge, nous vîmes arriver le coche[2] d'Arras, et nous le suivîmes jusqu'à l'hôtellerie où ces voitures descendent. Nous n'avions pas d'autre motif que la curiosité. Il en sortit quelques femmes, qui se retirèrent aussitôt. Mais il en resta une, fort jeune, qui s'arrêta seule dans la cour, pendant qu'un homme d'un âge avancé, qui paraissait lui servir de conducteur, s'empressait pour faire tirer son équipage des paniers. Elle me parut si charmante que moi, qui n'avais jamais pensé à la différence des sexes, ni regardé une fille avec un peu d'attention, moi, dis-je, dont tout le monde admirait la sagesse et la retenue, je me trouvai enflammé tout d'un coup jusqu'au transport[3]. J'avais le défaut d'être excessivement timide et facile à déconcerter ; mais loin d'être arrêté alors par cette faiblesse, je m'avançai vers la maîtresse de mon cœur. Quoiqu'elle fût encore moins âgée que moi, elle reçut mes politesses[4] sans paraître embarrassée. Je lui demandai ce qui l'amenait à Amiens et si elle y avait quelques personnes de connaissance. Elle me répondit ingénument qu'elle y était envoyée par ses parents pour être religieuse. L'amour me rendait déjà si éclairé, depuis un moment qu'il était dans mon cœur, que je regardai ce dessein comme un coup mortel pour mes désirs. Je lui parlai d'une manière qui lui fit comprendre mes sentiment, car elle était bien plus expérimentée que moi. C'était malgré elle qu'on l'envoyait au couvent, pour arrêter sans doute son penchant au plaisir, qui s'était déjà déclaré et qui a causé, dans la suite, tous ses malheurs et les miens.

1. Des Grieux doit se rendre au séminaire.
2. La diligence.
3. Mouvement passionné.
4. Recevoir des marques d'estime.

Maurice Leloir, *Manon Lescaut* (1892), huile sur toile, détail, Dahesh Museum of Art, New York (États-Unis).

... à la séparation

Manon Lescaut est une maîtresse tendre mais frivole. Cependant, l'amour de Des Grieux finit par la toucher : il décide de la suivre jusqu'en Amérique où elle est déportée avec d'autres courtisanes pour peupler la Louisiane. Les deux amants pourraient enfin toucher au bonheur, mais ils se trouvent à nouveau contraints de fuir pour échapper à la justice. Manon est épuisée par cette marche forcée.

Pardonnez, si j'achève en peu de mots un récit qui me tue[5]. Je vous raconte un malheur qui n'eut jamais d'exemple. Toute ma vie est destinée à le pleurer. Mais, quoique je le porte sans cesse dans ma mémoire, mon âme semble reculer d'horreur, chaque fois que j'entreprends de l'exprimer.

Nous avions passé tranquillement une partie de la nuit. Je croyais ma chère maîtresse endormie et je n'osais pousser le moindre souffle, dans la crainte de troubler son sommeil. Je m'aperçus dès le point du jour, en touchant ses mains, qu'elle les avait froides et tremblantes. Je les approchai de mon sein, pour les échauffer. Elle sentit ce mouvement, et, faisant un effort pour saisir les miennes, elle me dit, d'une voix faible, qu'elle se croyait à sa dernière heure. Je ne pris d'abord ce discours que pour un langage ordinaire dans l'infortune[6], et je n'y répondis que par les tendres consolations de l'amour. Mais, ses soupirs fréquents, son silence à mes interrogations, le serrement de ses mains, dans lesquelles elle continuait de tenir les miennes me firent connaître que la fin de ses malheurs approchait. N'exigez point de moi que je vous décrive mes sentiments, ni que je vous rapporte ses dernières expressions. Je la perdis ; je reçus d'elle des marques d'amour, au moment même qu'elle expirait. C'est tout ce que j'ai la force de vous apprendre de ce fatal et déplorable événement.

Mon âme ne suivit pas la sienne. Le Ciel ne me trouva point, sans doute, assez rigoureusement puni. Il a voulu que j'aie traîné, depuis, une vie languissante et misérable. Je renonce volontairement à la mener jamais plus heureuse.

5. Des Grieux s'adresse au narrateur des *Mémoires*.
6. Le malheur.

Questions

► Les rythmes du récit, p. 549
► Émouvoir, p. 579

Une analyse rétrospective d'un passé tourmenté

1. Relevez dans les deux textes toutes les marques du discours direct qui permettent de repérer la situation d'énonciation.
2. Quelles réflexions, surtout dans le premier texte, sont celles du narrateur vieilli et éclairé par son expérience ? Quel regard porte-t-il sur son passé ?

La mise en scène émouvante d'une passion impossible

3. Dans le premier texte, relevez toutes les différences entre les deux jeunes gens soulignées par le narrateur lui-même. Que veut-il montrer ?
4. Quel est le registre littéraire dominant dans le deuxième texte ? Relevez et commentez les indices qui le montrent.

De la rencontre à la séparation : une passion destructrice

5. Relisez le dernier paragraphe du deuxième texte : quel registre littéraire domine ici ? Expliquez l'importance de ce registre pour la construction du personnage.
6. Montrez, en repérant des indices précis dans les deux textes, que le narrateur fait ressortir l'évolution de Manon.

Vocabulaire
Cherchez l'étymologie du mot « fortune » : comment se trouve ainsi mise en valeur l'idée de fatalité ?

Synthèse En un court paragraphe, expliquez l'intérêt de faire raconter rétrospectivement cette passion malheureuse par Des Grieux lui-même.

► Rédiger des paragraphes et insérer des citations, p. 598

BAC S'entraîner au commentaire

Vous développerez la première partie du commentaire du texte de rencontre : vous montrerez que le héros n'est pas maître de son histoire.

► Biographies, p. 628

Gustave Flaubert, *L'Éducation sentimentale* (1869)

⊕ CONTEXTE

L'Éducation sentimentale est un roman d'apprentissage. Gustave Flaubert s'est inspiré de matériaux autobiographiques pour retracer l'itinéraire de son héros, jeune homme plein d'illusions et d'espoirs de réussite, qui se heurte à la réalité décevante d'une société bourgeoise dans laquelle il peine à faire sa place. Cependant, le narrateur se joue avec ironie de son personnage et de sa médiocrité bien réelle, sous ses idéaux de jeunesse. L'écriture réaliste permet aussi de détruire les illusions sentimentales du héros.

► Le Réalisme, p. 33

De la rencontre....

Frédéric Moreau, jeune étudiant en droit, emprunte ici un bateau qui remonte la Seine pour rentrer chez lui en Normandie. Il rencontre à cette occasion Mme Arnoux, épouse d'un négociant, qui va devenir le grand amour de sa vie.

Ce fut comme une apparition :

Elle était assise, au milieu du banc, toute seule ; ou du moins il ne distingua personne, dans l'éblouissement que lui envoyèrent ses yeux. En même temps qu'il passait, elle leva la tête ; il fléchit involontairement les épaules ; et, quand il se fut mis plus loin, du même côté, il la regarda.

Elle avait un large chapeau de paille, avec des rubans roses qui palpitaient au vent derrière elle. Ses bandeaux[1] noirs, contournant la pointe de ses grands sourcils, descendaient très bas et semblaient presser amoureusement l'ovale de sa figure. Sa robe de mousseline claire, tachetée de petits pois, se répandait à plis nombreux. Elle était en train de broder quelque chose ; et son nez droit, son menton, toute sa personne se découpait sur le fond de l'air bleu.

Comme elle gardait la même attitude, il fit plusieurs tours de droite et de gauche pour dissimuler sa manœuvre ; puis il se planta tout près de son ombrelle, posée contre le banc, et il affectait d'observer une chaloupe sur la rivière.

Jamais il n'avait vu cette splendeur de sa peau brune, la séduction de sa taille, ni cette finesse des doigts que la lumière traversait. Il considérait son panier à ouvrage avec ébahissement, comme une chose extraordinaire. Quels étaient son nom, sa demeure, sa vie, son passé ? Il souhaitait connaître les meubles de sa chambre, toutes les robes qu'elle avait portées, les gens qu'elle fréquentait ; et le désir de la possession physique même disparaissait sous une envie plus profonde, dans une curiosité douloureuse qui n'avait pas de limites.

Une négresse, coiffée d'un foulard, se présenta en tenant par la main une petite fille, déjà grande. L'enfant, dont les yeux roulaient des larmes, venaient de s'éveiller ; elle la prit sur ses genoux. « Mademoiselle n'était pas sage, quoiqu'elle eût sept ans bientôt ; sa mère ne l'aimerait plus ; on lui pardonnait trop ses caprices. » Et Frédéric se réjouissait d'entendre ces choses, comme s'il eût fait une découverte, une acquisition.

Il la supposait d'origine andalouse, créole peut-être ; elle avait ramené des îles cette négresse avec elle.

Cependant, un long châle à bandes violettes était placé derrière son dos, sur le bordage[2] de cuivre. Elle avait dû, bien des fois, au milieu de la mer, durant les soirs humides, en envelopper sa taille, s'en couvrir les pieds, dormir dedans ! Mais, entraîné par les franges, il glissait peu à peu, il allait tomber dans l'eau ; Frédéric fit un bond et le rattrapa. Elle lui dit :

– Je vous remercie, monsieur.

Leurs yeux se rencontrèrent.

1. Coiffure qui sépare les cheveux au milieu du front, les ramenant sur les côtés du visage.
2. Pièce de la coque d'un bateau.

Questions

► L'organisation et le fonctionnement du récit, p. 548
► La description, p. 550

Une rencontre : un coup de foudre

1. Quel est le point de vue privilégié dans le texte ? Justifiez votre réponse en relevant des indices précis.
2. Étudiez, grâce à un repérage précis, l'évolution progressive des sentiments de Frédéric, à mesure qu'il observe Mme Arnoux. Comment se manifeste sa fascination ?
3. Que découvrons-nous de la personnalité de Frédéric au travers de ce récit de rencontre ?
4. Commentez la dernière phrase du texte. De quelle manière est-elle mise en valeur ?

La mise en scène d'un idéal féminin

5. Commentez la première phrase du texte : choix du lexique, longueur et rythme. À quel autre type de texte littéraire vous fait-elle penser ?
6. Dans le deuxième paragraphe, quels termes reprennent et développent le mot « apparition » ? Que cherche à montrer le narrateur ?
7. Examinez le portrait physique de Mme Arnoux : comment est-il composé ? Quels termes contribuent à la mettre en valeur ?
8. Relevez les éléments qui contribuent au charme exotique de Mme Arnoux. Pourquoi Frédéric y est-il particulièrement sensible ?

Grammaire
« Quels étaient son nom, sa demeure, sa vie, son passé ? » Qui pose cette question ? À qui ? Comment appelle-t-on ce type de discours ?

Synthèse En vous appuyant notamment sur le choix du point de vue, sur les circonstances et le déroulement de la rencontre, vous montrerez ce qui fait l'originalité de ce récit.

BAC S'entraîner à la dissertation

Dans quelle mesure le personnage de roman donne-t-il au lecteur un accès privilégié à la connaissance du cœur humain ?
Vous développerez une première partie tendant à illustrer la manière dont l'écriture romanesque permet au lecteur d'entrer dans la conscience des personnages et de connaître leurs sentiments les plus intimes.

► Construire un paragraphe et insérer des exemples, p. 606

LECTURE D'IMAGE

1. Observez le cadrage, les différents plans du tableau, la lumière et les couleurs : comment les personnages sont-ils mis en valeur ?
2. Quel angle de vue est adopté par le peintre ? Quel est l'effet créé ?
3. Comment l'artiste réussit-il ici à donner l'impression de mouvement ?
4. Pourquoi cette toile peut-elle être mise en parallèle avec l'« apparition » de Mme Arnoux dans le texte de Gustave Flaubert ?

Synthèse Vous montrerez en un court paragraphe comment le travail de l'artiste peintre consiste ici à capter le charme d'un instant, comme l'écrivain, mais par des moyens différents.

► L'organisation de l'image, p. 572
► Les visées et intentions de l'image, p. 573

Claude Monet, *La Femme à l'ombrelle* (1875), huile sur toile (100 cm x 81 cm), National Gallery of Art, Washington (États-Unis).

Gustave Flaubert,
L'Éducation sentimentale (1869)

.... à la séparation

Frédéric Moreau retrouve ici pour une ultime rencontre Mme Arnoux qu'il avait perdue de vue depuis des années, après avoir réussi à entrer dans son intimité et se faire aimer, sans jamais cependant devenir son amant. Ils font une dernière promenade ensemble.

Ils sortirent.

La lueur des boutiques éclairait, par intervalles, son profil pâle ; puis l'ombre l'enveloppait de nouveau ; et, au milieu des voitures, de la foule et du bruit, ils allaient sans se distraire d'eux-mêmes, sans rien entendre, comme ceux qui marchent ensemble dans la campagne, sur un lit de feuilles mortes.

Ils se racontèrent leurs anciens jours, les dîners du temps de *l'Art industriel*[1], les manies d'Arnoux, sa façon de tirer les pointes de son faux col, d'écraser du cosmétique sur ses moustaches, d'autres choses plus intimes et plus profondes. Quel ravissement il avait eu la première fois en l'entendant chanter ! Comme elle était belle, le jour de sa fête, à Saint-Cloud ! Il lui rappela le petit jardin d'Auteuil, des soirs au théâtre, une rencontre sur le boulevard, d'anciens domestiques, sa négresse.

Elle s'étonnait de sa mémoire. Cependant, elle lui dit :

– Quelquefois, vos paroles me reviennent comme un écho lointain, comme le son d'une cloche apporté par le vent ; et il me semble que vous êtes là, quand je lis des passages d'amour dans les livres.

– Tout ce qu'on y blâme d'exagéré, vous me l'avez fait ressentir, dit Frédéric. Je comprends les Werther que ne dégoûtent pas les tartines de Charlotte[2].

– Pauvre cher ami !

Elle soupira ; et, après un long silence :

– N'importe, nous nous serons bien aimés.

– Sans nous appartenir, pourtant !

– Cela vaut peut-être mieux, reprit-elle.

– Non ! non ! Quel bonheur nous aurions eu !

– Oh ! je le crois, avec un amour comme le vôtre !

Et il devait être bien fort pour durer après une séparation si longue !

Frédéric lui demanda comment elle l'avait découvert.

– C'était un soir que vous m'avez baisé le poignet entre le gant et la manchette. Je me suis dit : « Mais il m'aime… il m'aime ! » J'avais peur de m'en assurer, cependant. Votre réserve était si charmante, que j'en jouissais comme d'un hommage involontaire et continu.

Il ne regretta rien. Ses souffrances d'autrefois étaient payées.

Quand ils rentrèrent, Mme Arnoux ôta son chapeau. La lampe, posée sur une console, éclaira ses cheveux blancs. Ce fut comme un heurt en pleine poitrine.

1. Le magasin dont M. Arnoux était propriétaire.
2. Allusion à un roman de Goethe, *Les souffrances du jeune Werther*, exemple même du Romantisme allemand. Werther s'éprend de Charlotte dès leur première rencontre quand il la voit distribuer tendrement du pain à ses frères et sœurs.

Charles Angrand, *Couple dans la rue* (1887), huile sur toile, musée d'Orsay, Paris.

Questions

► Émouvoir, p. 579

Une communion romantique des personnages

1. Quelle remarque pouvez-vous faire sur la première phrase du texte ? Dans le paragraphe qui suit, comment est mise en valeur l'harmonie entre les personnages ?
2. Commentez les énumérations présentes dans le deuxième paragraphe : quel est le sentiment dominant des deux personnages ?

Un récit subverti par l'ironie

3. « Quelquefois, vos paroles me reviennent comme un écho lointain [...] dans des livres. » (l. 14 à 16) : quelles remarques pouvez-vous faire sur l'image et la référence faite par Mme Arnoux ?
4. Relevez des éléments particulièrement plats et banals dans les souvenirs des personnages. Quel est l'objectif visé par le narrateur ?
5. Analysez le bref échange à partir de « Pauvre cher ami ! [...] comme le vôtre ! » (l. 19 à 25) : que pouvez-vous dire des propos entre les personnages ?

De la rencontre à la séparation : l'échec et le renoncement des personnages

6. Relisez le deuxième paragraphe du texte et relevez les indices sur le lieu et le moment : quelle ambiance est créée par le narrateur ?
7. « Ses souffrances d'autrefois étaient payées. » (l. 32) : commentez le choix des termes. Que reste-t-il à Frédéric de tous ses sentiments ?
8. Quel est l'effet créé par les deux dernières phrases du texte ? Que cherche à montrer le narrateur au sujet de ses deux personnages ?

Grammaire
Étudiez le jeu des temps dans les trois premiers paragraphes. Que met-il en valeur ?

► Les valeurs des modes et des temps, p. 520

Synthèse Vous rédigerez un paragraphe centré sur l'évolution du personnage de Frédéric de la scène de rencontre à celle de séparation. Vous montrerez comment les illusions sentimentales du jeune homme se sont défaites, au fil du temps.

BAC S'entraîner au commentaire

Vous développerez une partie de commentaire montrant la désunion manifeste des personnages. Vous étudierez particulièrement les moyens mis en œuvre par le narrateur pour souligner cet échec, malgré la joie des personnages à se retrouver.

► Rédiger des paragraphes et insérer des citations, p. 598

▸ Biographies, p. 628

Albert Cohen, *Belle du Seigneur* (1968)

CONTEXTE

Chef d'œuvre de la littérature sentimentale, ce roman d'Albert Cohen dresse un tableau sans indulgence d'une passion absolue : de ses débuts placés sous le signe d'un romantisme échevelé, jusqu'à sa fin calamiteuse, les amants s'étant engoncés dans la jalousie stérile et la médiocrité d'une vie oisive. Mais c'est aussi une satire impitoyable des milieux internationaux à Genève. Enfin, le style de Cohen explore tous les possibles : du lyrisme au grotesque, du sublime au familier, privilégiant souvent la forme du monologue intérieur des personnages.

De la rencontre…

Solal, brillant et riche diplomate, haut responsable de la Société des Nations[1], s'est introduit dans la chambre d'Ariane Deume, épouse d'un modeste fonctionnaire, qu'il a rencontrée lors d'une soirée. Grimé en vieux juif errant, il lui fait une déclaration.

Il lui sourit, et elle eut un tremblement, baissa les yeux. Atroce, ce sourire sans dents. Atroces, ces mots d'amour hors de cette bouche vide. Il fit un pas en avant, et elle sentit le danger proche. Ne pas le contrarier, dire tout ce qu'il voudra, et qu'il parte, mon Dieu, qu'il parte.

– Devant toi, me voici, dit-il, me voici, un vieillard mais de toi attendant le miracle. Me voici, faible et pauvre, blanc de barbe, et deux dents seulement, mais nul ne t'aimera et ne te connaîtra comme je t'aime et te connais, ne t'honorera d'un tel amour. Deux dents seulement, je te les offre avec mon amour, veux-tu de cet amour ?

– Oui, dit-elle, et elle humecta ses lèvres sèches, essaya un sourire.

– Gloire à Dieu, dit-il, gloire en vérité, car voici celle qui rachète toutes les femmes, voici la première lumière !

Ridiculement, il plia le genou devant elle, puis il se leva et il alla vers elle et leur premier baiser, alla avec son noir sourire de vieillesse, les mains tendues vers celle qui rachetait toutes les femmes, la première humaine, qui soudain recula, recula avec un cri rauque, cri d'épouvante et de haine, heurta la table de chevet, saisit le verre vide, le lança contre la vieille face. Il porta la main à sa paupière, essuya le sang, considéra[2] le sang sur sa main, et soudain il eut un rire, et il frappa du pied.

– Tourne-toi, idiote ! dit-il.

Elle obéit, se tourna, resta immobile avec la peur de recevoir une balle dans la nuque, cependant qu'il ouvrait les rideaux, se penchait à la fenêtre, portait deux doigts à ses lèvres, sifflait. Puis il se débarrassa du vieux manteau et de la toque de fourrure, ôta la fausse barbe, détacha le sparadrap noir qui recouvrait les dents, ramassa la cravache derrière les rideaux.

– Retourne-toi, ordonna-t-il.

Dans le haut cavalier aux noirs cheveux désordonnés, au visage net et lisse, sombre diamant, elle reconnut celui que son mari lui avait, en chuchotant, montré de loin, à la réception brésilienne.

– Oui, Solal et du plus mauvais goût, sourit-il à belles dents. Bottes ! montra-t-il, et de joie il cravacha sa botte droite. Et il y a un cheval qui m'attend dehors ! Il y avait même deux chevaux ! Le second était pour toi, idiote, et nous aurions chevauché à jamais l'un près de l'autre, jeunes et pleins de dents, j'en ai trente-deux, et impeccables, tu peux vérifier et les compter, ou même je t'aurais emportée en croupe, glorieusement vers le bonheur qui te manque ! Mais je n'ai plus envie maintenant, et ton nez est soudain trop grand, et de plus il luit comme un phare, et c'est tant mieux, et je vais partir ! Mais d'abord, femelle, écoute ! Femelle, je te traiterai en femelle, et c'est bassement que je te séduirai, comme tu le mérites et comme tu le veux. À notre prochaine rencontre, et ce sera bientôt, en deux heures je te séduirai par les moyens qui leur plaisent à toutes, les sales, les sales moyens, et tu tomberas en grand imbécile amour, et ainsi vengerai-je les vieux et les laids, et tous les naïfs qui ne savent pas vous séduire, et tu partiras avec moi, extasiée et les yeux frits !

1. Organisation internationale créée en 1919 et qui avait pour but de veiller au désarmement et à la paix entre nations.
2. Regarda avec attention.

Marc Chagall, *Les Amoureux* (1913-1914), huile sur toile, The Metropolitan Museum of Art, New York (États-Unis).

Questions

► Faire rire, p. 578
► Émouvoir, p. 579

Un récit de rencontre singulier

1. Quels sont les sentiments éprouvés par Ariane au cours de cette rencontre ? Observez plus particulièrement le premier paragraphe du texte : comment le narrateur nous les fait-il partager ?
2. Étudiez les répliques de Solal, déguisé et implorant l'amour d'Ariane : quels indices sont révélateurs de la comédie qu'il joue ? Qualifiez le registre du texte ?
3. Cherchez dans le discours de Solal les éléments qui expliquent les raisons pour lesquelles il a choisi de paraître ainsi déguisé.

La mise en scène du seigneur

4. Comment l'apparition de Solal est-elle mise en valeur dans le texte ?
5. Relevez et commentez les éléments de description physique : quel est l'objectif recherché par le narrateur ?
6. Relevez les termes employés par Solal pour s'adresser à Ariane dans sa dernière réplique : quels sentiments manifeste-t-il ?
7. **LECTURE D'IMAGE** : Comparez la rencontre entre Ariane et Solal à la représentation du couple d'amoureux mis en scène par Chagall.

Grammaire
Analysez la syntaxe, les types de phrase et le lexique utilisés par Solal. Que nous révèlent-ils de sa personnalité ?

► Les actes de langage, p. 528

Synthèse Expliquez en un court paragraphe pourquoi ce récit de rencontre est dérangeant. Vous vous appuierez pour cela sur les circonstances de la rencontre, les sentiments éprouvés par les deux personnages, le discours de Solal à Ariane.

BAC S'entraîner à l'écriture d'invention

La scène de rencontre est un topos, un lieu commun du roman. Albert Cohen écrit à un de ses amis pour lui expliquer sa vision personnelle de cette scène si classique. Vous écrirez le début de cette lettre : Albert Cohen exposera deux des choix qu'il a faits pour renouveler la scène dans son roman, *Belle du Seigneur*.

► Construire une argumentation, p. 620

TEXTE 8

Albert Cohen, *Belle du Seigneur* (1968)

… à la séparation

La septième partie est l'épilogue de la passion amoureuse qui a uni Solal et Ariane. Pendant deux ans, ils ont vécu une passion totale, absolue, qui a fini par les consumer l'un et l'autre. Sans avenir possible, ils sont exclus de toute vie sociale, Ariane ayant quitté son mari et Solal perdu son emploi à la Société des Nations. Cette descente aux Enfers va aboutir à leur double suicide à l'éther.

Elle aspira de l'éther, sourit au doux froid qui entrait. Ô le petit salon du premier soir, son petit salon qu'elle avait voulu lui montrer tout de suite, après le Ritz[1]. Debout, devant la fenêtre ouverte, ils avaient respiré la nuit d'étoiles, avaient écouté les remuements des feuilles dans les arbres, murmures de leur amour. Toujours, elle lui avait dit. Ensuite, le choral[2] qu'elle avait joué pour lui. Ensuite, le sofa, les baisers, premiers vrais baisers de sa vie. Ta femme, elle lui disait à chaque arrêt et reprise de souffle. Infatigables, ils s'annonçaient qu'ils s'aimaient, puis riaient de bonheur, puis unissaient leurs bouches, puis se détachaient pour infiniment s'annoncer la merveilleuse nouvelle. Et maintenant, maintenant.

Elle aspira de l'éther, sourit. Ô les débuts, leur temps de Genève, les préparatifs, son bonheur d'être belle pour lui, les attentes, les arrivées à neuf heures, et elle était toujours sur le seuil à l'attendre, impatiente et en santé de jeunesse, à l'attendre sur le seuil et sous les roses, dans sa robe romaine qu'il aimait, blanche aux larges manches serrées aux poignets, ô l'enthousiasme de se revoir, les soirées, les heures à se regarder, à se parler, à se raconter à l'autre, tant de baisers reçus et donnés, oui, les seuls vrais de sa vie, et après l'avoir quittée tard dans la nuit, quittée avec tant de baisers, baisers profonds, baisers interminables, il revenait parfois, une heure plus tard ou des minutes plus tard, ô splendeur de le revoir, ô fervent retour, je ne peux pas sans toi, il lui disait, je ne peux pas, et d'amour il pliait genou devant elle qui d'amour pliait genou devant lui, et c'était des baisers, elle et lui religieux, des baisers encore et encore, baisers véritables, baisers d'amour, grands baisers battant l'aile, je ne peux pas sans toi, il lui disait entre des baisers, et il restait, le merveilleux qui ne pouvait pas, ne pouvait pas sans elle, restait des heures jusqu'à l'aurore et aux chants des oiseaux, et c'était l'amour. Et maintenant ils ne se désiraient plus, ils s'ennuyaient ensemble, elle le savait bien.

Elle aspira de l'éther, sourit. Lorsqu'il partait en mission, les télégrammes qu'il lui envoyait en code si les mots étaient trop ardents, ô bonheur de déchiffrer, et elle ses longs télégrammes en réponse, télégrammes de centaines de mots, toujours des télégrammes pour qu'il sût tout de suite combien elle l'aimait, ô les préparatifs en vue du retour sacré, les commandes chez le couturier, les heures à parfaire sa beauté, et elle chantait l'air de la Pentecôte, chantait la venue d'un roi divin. Et maintenant ils s'ennuyaient ensemble, ils ne se désiraient plus, ne se désiraient plus vraiment, ils se forçaient, essayaient de se désirer, elle le savait bien, le savait depuis longtemps.

1. Hôtel de luxe parisien.
2. Chant liturgique.

Edvard Munch, *La Séparation* (1896), huile sur toile, Kommunes Kunstsamlinger, Oslo (Norvège).

Questions

► Les rythmes du récit, p. 549
► Émouvoir, p. 579

Les sentiments d'Ariane

1. Le narrateur nous fait entrer dans la conscience d'Ariane : quel procédé utilise-t-il pour faire revivre ses pensées ?
2. Quel sentiment domine chez Ariane ? Identifiez le registre littéraire du texte et relevez-en certains des procédés caractéristiques.
3. Relevez le champ lexical de la religion : quelle valeur Ariane donne-t-elle à l'amour ?

Le bonheur perdu

4. Comment s'organise la progression des souvenirs dans la conscience d'Ariane ?
5. Repérez certains des éléments constitutifs de ce bonheur perdu.

De la rencontre à la séparation : la fin de l'amour

6. Commentez la composition du texte : observez la construction de chaque paragraphe. Comment est mis en évidence l'échec de l'amour ?
7. Relevez certains des indices qui marquent l'épuisement du sentiment amoureux. Quelle issue reste-t-il à Ariane ? Comment est-elle annoncée ?
8. **LECTURE D'IMAGE** : Comparez les moyens utilisés par Cohen et Munch pour montrer la désunion des amants.

Synthèse Commentez dans un court paragraphe l'évolution du personnage d'Ariane et de ses sentiments tels qu'on les découvre dans ces deux extraits.

BAC S'entraîner à l'épreuve orale

Relisez les deux extraits d'Albert Cohen. Imaginez deux questions que l'on pourrait vous poser à l'oral sur ce texte. L'une pourra porter par exemple sur les registres ici mis en œuvre, l'autre sur le personnage d'Ariane. Proposez un plan rapide pour l'une de ces questions.

► Préparer l'exposé, p. 624

Francisco Goya, *Portraits de la duchesse d'Albe*

Francisco de Goya, *La duchesse d'Albe* (1797), huile sur toile (339 cm x 500 cm), collection Hispanic Society of America, New York (États-Unis).

◄ Maria del Pilar Teresa Catayena de Silva Alvarez de Tolède était la 13e duchesse d'Albe, première dame d'Espagne après la Reine. La duchesse possédait en son temps la beauté, la richesse, la noblesse et la popularité. Mais elle est entrée dans l'histoire grâce à la liaison qu'on lui a prêtée avec Goya. La preuve la plus substantielle de cette liaison est ce portrait peint par Goya où on la voit dans ses habits de veuve, image d'une femme aussi fatale que séduisante. Cette toile est souvent mise en opposition avec une gravure qui appartient à la série des « Caprices » et où la déception du peintre, après leur rupture, apparaît clairement.

La duchesse d'Albe est soulevée dans les airs par trois toreros, supposés être ses amants. Eau forte de Francisco Goya, in *Les Caprices*, planche 61 « Volaverunt » (1799), bibliothèque nationale, Madrid (Espagne).

Questions

1. Comparez les deux représentations du personnage féminin : quels éléments vous permettent de reconnaître la duchesse d'Albe dans la gravure ?
2. Observez le tableau : comment la duchesse est-elle mise en valeur par le peintre ?
3. Observez la gravure : quel regard l'artiste pose-t-il cette fois sur la duchesse ? Quels éléments contribuent à créer ici une ambiance surnaturelle et maléfique ?
4. Observez dans le tableau la posture de la duchesse : quel aspect de la personnalité de la duchesse l'artiste s'efforce-t-il de mettre en valeur ? Que devient cet aspect dans la gravure ?

Synthèse Vous montrerez que la connaissance de la biographie de Goya éclaire la compréhension de son œuvre et que l'évolution de la représentation du modèle révèle celle des sentiments de l'artiste.

► *Le Roman de Troie* est un des premiers romans français, qu'on appelle « romans antiques » parce que l'intention de leurs auteurs, des clercs, est de mettre en *romanz*, c'est-à-dire en langue vulgaire, des œuvres de l'antiquité latine qui n'étaient jusque-là connues que des lettrés. Les écrivains ont une volonté affichée de faire œuvre historique, comme ici, avec le récit de la guerre des Grecs contre Troie. Mais ces œuvres sont surtout novatrices par la place toute particulière qu'elles accordent à l'amour.

Benoît de Sainte-Maure, *Le Roman de Troie* (vers 1160)

Hélène et Pâris, cratère à figures rouges (vers IVe siècle av. J.-C.), Tarente (Italie).

Pâris, fils de Priam roi de Troie, est arrivé en Grèce à la tête d'une expédition venue demander réparation pour des offenses commises contre les Troyens. Il débarque dans l'île de Cythère et se fait remarquer de tous par sa beauté et sa prestance quand il participe aux cérémonies qui ont lieu dans le temple de Vénus.

Renommée[1] se répand très vite. Elle fit savoir par tout le pays que Pâris était resté au port dans l'île avec ses nefs. Hélène[2] l'apprit, elle qui était la plus belle dame au monde : personne n'en vit d'aussi aimable[3]. Aussitôt, plus rien d'autre ne compte pour elle que d'aller à la fête. Elle explique alors à son entourage qu'elle a peu auparavant fait un vœu qu'elle doit précisément accomplir ce jour-là : elle veut faire une offrande à l'autel et consulter ensuite l'oracle divin. Elle fit donc tout préparer pour son déplacement et chevaucha en grande hâte. C'est dans la plus vive allégresse qu'elle se rendit au temple avec sa suite.

Quand Pâris apprit qu'Hélène était venue au temple, il éprouva un profond désir de voir cette femme qu'il ne connaissait pas. Il avait en effet entendu dire que c'était vraiment la plus belle créature du monde. Il fit tant d'allées et venues, il se débrouilla si bien qu'il la vit et qu'elle le vit. Tous deux longuement se regardèrent. Hélène avait demandé autour d'elle qui était Pâris et qui était son père. Son extraordinaire beauté la fascinait : il lui plut et elle l'aima de tout son cœur. Pâris était sage et habile, il était avisé[4], aimable et plein de savoir. Il eut tôt fait de remarquer l'attitude d'Hélène à son égard. Lui, de son côté, ne se montra pas trop réservé, mais fit en sorte de lui dévoiler ses sentiments. Les regards et les quelques paroles qu'ils échangèrent rapidement, cela suffit pour qu'Amour les blessât l'un et l'autre avant qu'ils ne se séparent. Amour, qui exalte la beauté de leurs corps, de leurs traits, de leur allure, les a embrasés de ses feux. Souvent il les fait changer de couleur. Ils étaient si beaux que je ne peux m'étonner de ce qu'Amour ait voulu les réunir. Où aurait-il trouvé deux êtres si bien faits l'un pour l'autre ? Les deux jeunes gens eurent le temps de se dire ce qu'ils voulaient avant que le beau Pâris et tous les Troyens n'aient pris congé d'Hélène. Puis ils retournèrent tout droit à leurs nefs. Mais elle, elle savait alors parfaitement qu'ils reviendraient bientôt la voir…

Traduction d'E. Baumgartner et F. Vieillard,

1. La rumeur, ici, personnifiée.
2. Épouse du roi de Sparte, Ménélas.
3. Digne d'être aimée.
4. Sage.

Questions

1. Relevez et commentez dans le premier paragraphe du texte les éléments qui préparent la rencontre sentimentale entre les deux personnages.
2. Pourquoi peut-on dire que cette rencontre est un coup de foudre ?
3. Pourquoi peut-on dire que les deux personnages sont prédestinés l'un à l'autre ?
4. Ce récit de rencontre peut être lu comme la source de certains des textes de la séquence. Lesquels et pourquoi ?

Angleterre

Charlotte Brontë, *Jane Eyre* (1847)

► **Charlotte Brontë (1816-1855)** est une romancière britannique, fille d'un modeste pasteur protestant. Ses deux sœurs, Émilie et Anne, ont eu très tôt comme elle le goût de la culture et de l'écriture, mais la gloire de Charlotte a éclipsé celle de ces sœurs. Dans *Jane Eyre* inspiré par des éléments autobiographiques, l'écrivain met en scène une héroïne orpheline et pauvre : contrainte de devenir gouvernante, elle va faire le dur apprentissage de la réalité sociale. Au travers de son histoire, le roman propose des aperçus sur la société victorienne.

Jane Eyre a accepté un poste de gouvernante au manoir de Thornfield. Elle rencontre sans le savoir, pour la première fois, le mystérieux propriétaire de ce manoir, M. Rochester, un soir au cours d'une promenade nocturne. Il vient d'avoir un accident à cheval. C'est le début insolite d'une relation sentimentale passionnée et impossible.

– Puis-je faire quelque chose ? demandai-je encore.

– Vous n'avez qu'à vous tenir à l'écart, me répondit-il tout en se dressant, d'abord sur les genoux, puis sur ses jambes.

J'obéis ; alors commença tout un tohu-bohu, à grand renfort de tractions, de battements de pieds, de claquements de sabots, accompagné d'abois et de hennissements qui me tinrent efficacement à quelques mètres de distance ; mais je ne voulais pas me laisser chasser définitivement avant de voir la tournure prise par les événements. Bien m'en prit, après tout ; le cheval était sur ses pattes, le chien réduit au silence par le cri : « Assis, Pilote ! » À présent, le voyageur se baissait et se palpait le pied et la jambe pour voir s'ils étaient en bon état ; apparemment il y avait quelque chose qui n'allait pas, car il gagna en clopinant l'échalier que je venais de quitter et s'y assit.

J'étais d'humeur serviable, ou du moins empressée, je crois, car à ce moment je m'approchai de lui à nouveau.

– Si vous vous êtes fait mal et que vous ayez besoin d'aide, Monsieur, je peux aller chercher quelqu'un soit au manoir de Thornfield, soit à Hay.

– Merci, je vais m'arranger ; je ne me suis rien cassé… ce n'est qu'une entorse.

Et derechef[1] il se leva et mit son pied à l'épreuve, mais le résultat lui arracha un « Aïe ! » involontaire.

Il restait encore un soupçon de jour et la lune commençait à briller ; je le vis donc distinctement. Il avait le corps enveloppé d'une cape de voyage, garnie d'un col de fourrure et fermée par une agrafe d'acier ; je ne vis donc pas les détails du corps, mais je discernai des aspects d'ensemble tels qu'une taille moyenne et une largeur de poitrine considérable. Il avait le teint brun, le visage sévère et le front lourd ; ses yeux et ses sourcils contractés exprimaient pour le moment la colère et la contrariété ; ce n'était plus un jeune homme, mais il n'avait pas encore atteint l'âge mûr, il devait avoir dans les trente-cinq ans. Il ne m'inspirait aucune crainte et fort peu de timidité. S'il s'était agi d'un beau jeune gentilhomme aux airs héroïques, je n'aurais pas osé rester ainsi à le questionner contre son gré et à lui offrir mes services sans y être invitée. Je n'avais pour ainsi dire jamais vu de beau jeune homme ; jamais de ma vie je n'avais adressé la parole à un tel personnage. J'éprouvais en théorie de la vénération et de la déférence[2] pour la beauté, l'élégance, la bravoure, le charme ; mais si j'avais rencontré ces qualités incarnées dans un corps masculin, j'aurais compris d'instinct qu'elles n'étaient ni ne pouvaient être en sympathie avec aucun trait de ma propre nature et je les eusse évitées comme on évite le feu, la foudre ou tout autre objet lumineux mais de nature hostile.

Si seulement cet inconnu avait souri et m'avait parlé avec bonne humeur quand je lui avais adressé la parole ; s'il avait repoussé mon offre d'aide avec gaieté et

1. Aussitôt.
2. Adoration et respect.

gratitude, j'aurais passé mon chemin sans me sentir le moins du monde appelée à répéter mes questions, mais le froncement de sourcils et la rudesse du voyageur me mirent à mon aise ; je restai à mon poste quand il me fit signe de m'éloigner et je lui déclarai :

– Je ne puis songer à vous quitter, Monsieur, à cette heure tardive, dans ce chemin solitaire, avant d'avoir constaté que vous êtes en état d'enfourcher votre monture.

Il me regarda quand je dis ces mots ; jusqu'alors c'est à peine s'il avait tourné les yeux de mon côté.

Traduction S. Monod, © Pocket, 1999

Caspar David Friedrich, *Homme et femme contemplant la lune* (vers 1818-1824), huile sur toile, National Gallery, Berlin (Allemagne).

Questions

1. Pourquoi le déroulement et les circonstances de la rencontre sont-ils singuliers ?

2. Comment le lecteur découvre-t-il le personnage de M. Rochester ? Relevez et commentez certains des éléments du portrait.

3. Quel est l'intérêt particulier du choix du récit à la 1re personne ?

4. « S'il s'était agi d'un beau jeune homme […] sans y être invitée. » (l. 28 à 30) : commentez la construction de la phrase et les temps verbaux. Qui fait cette réflexion ? Que s'agit-il de montrer ? Relevez une phrase comparable qui témoigne des mêmes sentiments.

5. Quel portrait de la jeune fille s'ébauche progressivement, au fil du texte ?

Prolongements

- Cherchez des informations sur les œuvres majeures écrites par les sœurs Brontë.
- L'œuvre des trois sœurs, comme toute la littérature anglaise d'époque, est fortement marquée par l'influence du « roman gothique » : cherchez une définition et des exemples de ce genre littéraire.

EXPRIMER DES SENTIMENTS

1 AMOUR ... EN ACTION

Rédigez un texte avec un des verbes de chacune de ces trois listes. Vous respecterez le niveau de langue et la situation que les verbes impliquent.

– courtiser, badiner, marivauder, flirter, draguer, conter fleurette, faire la cour, harceler, soupirer après

– s'amouracher, s'éprendre, se toquer, tomber amoureux, s'enticher, en pincer

– avoir le coup de foudre, craquer, flasher, tomber sous le charme

2 EXPRESSION DES SENTIMENTS

Expliquez chaque expression dans une phrase.

l'amour parfait – le grand amour – l'amour platonique – l'amour illégitime – l'amour matériel

3 DES REGARDS AUX SENTIMENTS

a. **Retrouvez le sentiment qui se cache derrière chaque verbe.**

lorgner – contempler – scruter – toiser – dévisager – aviser – mirer

b. **Rédigez un court texte dans lequel vous emploierez obligatoirement quatre de ces verbes.**

4 AMOUR ET CULTURE

Trouvez l'origine de chaque mot, puis employez-le dans une phrase afin d'en expliquer le sens.

bovarysme – narcissisme – sadisme – masochisme

5 SYNONYMES DE L'AMOUR

L'amour peut se décliner sous toutes formes de nuances. Définissez les mots suivants à l'aide d'une phrase.

la prédilection – le désir – la sympathie – le penchant – l'adoration – l'engouement – l'idolâtrie

6 AMOUR ET SEXISME

Voici des expressions qui parlent à leur manière de la femme. Analysez ce qu'elles peuvent sous-entendre.

un garçon manqué – le sexe faible – le beau sexe – le deuxième sexe – la ménagère

7 AMOUR ET CLICHÉS

Relevez les clichés propres à cette déclaration d'amour de Rodolphe à Mme Bovary.

Je ne sais quelle force encore m'a poussé vers vous ! Car on ne lutte pas contre le ciel, on ne résiste point au sourire des anges ! On se laisse entraîner par ce qui est beau, charmant, adorable ! [...] – Mais, si je ne suis pas venu, continua-t-il, si je n'ai pu vous voir, ah ! du moins j'ai bien contemplé ce qui vous entoure. La nuit, toutes les nuits, je me relevais, j'arrivais jusqu'ici, je regardais votre maison, le toit qui brillait sous la lune, les arbres du jardin qui se balançaient à votre fenêtre, et une petite lampe, une lueur, qui brillait à travers les carreaux, dans l'ombre. Ah ! vous ne saviez guère qu'il y avait là, si près et si loin, un pauvre misérable...

Gustave Flaubert, *Madame Bovary* (1857)

8 MANIFESTATIONS PHYSIQUES

a. **Quel(s) sentiment(s) peut éprouver quelqu'un qui :**

– soupire/lève les yeux au ciel/ se montre nonchalant ?

– se tient droit/ sautille/ sifflote ?

– rougit/ regarde à terre/ rentre la tête dans les épaules ?

b. **Rédigez un paragraphe où vous décrirez un personnage dans une situation en rapport avec un des sentiments que vous aurez trouvés. Vous insisterez sur les manifestations physiques qui accompagnent ce sentiment.**

9 MANIFESTATIONS PHYSIQUES ET PSYCHOLOGIQUES

a. **Charles Bovary vient soigner à la ferme des Bertaux le père d'Emma : relevez dans cet extrait tout ce qui souligne l'intérêt de Charles pour celle-ci.**

b. **Récrivez cet extrait en modifiant ces éléments pour donner l'impression que Charles est agacé ou ennuyé par la jeune fille.**

Quant à Charles, il ne chercha point à se demander pourquoi il venait aux Bertaux avec plaisir. Y eût-il songé, qu'il aurait sans doute attribué son zèle à la gravité du cas, ou peut-être au profit qu'il en espérait. Était-ce pour cela, cependant, que ses visites à la ferme faisaient, parmi les pauvres occupations de sa vie, une exception charmante. Ces jours-là il se levait de bonne heure, partait au galop, poussait sa bête, puis il descendait pour s'essuyer les pieds sur l'herbe et passait ses gants noirs avant d'entrer. Il aimait à se voir arriver dans la cour, à sentir contre son épaule la barrière qui tournait, et le coq qui chantait sur le mur.

Gustave Flaubert, *Madame Bovary* (1857)

EXPRESSION ÉCRITE

Sujet 1

En reprenant des clichés, rédigez une lettre qui sera une déclaration d'amour.

Sujet 2

Composez quatre phrases évoquant une rencontre et les sentiments éprouvés par les deux partenaires, au travers des regards qu'ils échangent.

Séquence 4

Les scènes de repas dans les romans du XVIe au XXe siècle : une mise en scène des personnages

Pourquoi les auteurs choisissent-ils d'insérer des scènes de repas dans leur roman ? Quel en est l'intérêt pour le lecteur ? Que nous apprennent les scènes de repas sur les personnages et la société ?

CORPUS DE LA SÉQUENCE

PERSPECTIVE EUROPÉENNE

LIENS AVEC LA PARTIE LANGUE

- Les valeurs des modes et des temps, p. 520
- Les progressions thématiques, p. 526
- L'énonciation et le discours, p. 528

LIENS AVEC LA PARTIE OUTILS D'ANALYSE

- L'organisation et le fonctionnement du récit p. 548
- La description, p. 550
- L'image, p. 572
- Faire rire, p. 578

LIENS AVEC LA PARTIE MÉTHODES POUR LE BAC

- Le commentaire, p. 598
- L'écriture d'invention, p. 612

▸▸ Claude Monet, *Le Déjeuner* (1868), huile sur toile (2,315 m x 1,510 m), détail, Städelsches Kunstinstitut, Francfort-sur-le-main (Allemagne).

TEXTE 1

► Biographies, p. 628

CONTEXTE

Le personnage de Gargantua vient du folklore médiéval, mais Rabelais enrichit la figure du géant avec l'idéologie humaniste. On redécouvre à l'époque la culture antique et l'on redonne à l'homme une place centrale dans l'univers ; montrer l'homme tel qu'il est s'avère une préoccupation de Rabelais.

► L'Humanisme, p. 22

François Rabelais, *Gargantua* (1534)

Rabelais écrit dans l'incipit de Gargantua *: « Mieux est de ris(rire) que de larmes écrire,/ Pour ce que rire est le propre de l'homme. » L'histoire est prétexte à de nombreuses situations burlesques. Au début du roman, le futur héros est encore dans le ventre de sa mère, qui se laisse aller à quelques excès....*

Comment Gargamelle étant enceinte de Gargantua mangea profusion de tripes.

Voici en quelle occasion et de quelle manière Gargamelle accoucha, et, si vous n'y croyez pas, que le fondement vous échappe !

Le fondement lui échappait, par un après-midi, le troisième jour de février, parce qu'elle avait mangé trop de gaudebillaux. Les gaudebillaux sont de grasses tripes de coiraux. Les coiraux, des bœufs engraissés à la crèche et dans les prés guimaux. Les prés guimaux, ce sont ceux qui donnent de l'herbe deux fois par an. Ces bœufs gras, ils en avaient fait tuer trois cent soixante-sept mille quatorze pour qu'on les sale à mardi gras, afin d'avoir au printemps du bœuf de saison en abondance, de façon à pouvoir faire au début des repas un bénédicité[1] de salaisons et mieux se mettre à boire.

Les tripes furent copieuses, comme vous vous en doutez, et si savoureuses que chacun s'en léchait les doigts. Mais le hic, c'est qu'il n'était pas possible de les mettre longtemps de côté car elles se seraient avariées, ce qui paraissait inadmissible. Il fut donc décidé qu'on les engloutirait sans rien en laisser perdre. C'est à cette fin que furent conviés tous les villageois de Cinais, de Seuilly, de La Roche-Clermault, de Vaugaudry, sans oublier ceux du Coudray-Montpensier, du Gué de Vède et les autres, tous bons buveurs, bons compagnons et fameux joueurs de quilles.

Le bonhomme Grandgousier y prenait un grand plaisir et commandait qu'on y aille à pleines écuelles. Toutefois, il disait à sa femme d'en manger moins, vu qu'elle approchait du terme et que cette tripaille n'était pas une nourriture très recommandable : « Il a, disait-il, une grande envie de manger de la merde, celui qui en mange le sac. » En dépit de ces remontrances, elle en mangea seize muids[2], deux baquets et six pots. Oh ! Quelle belle matière fécale devait fermenter en elle !

Gargantua illustré par Gustave Doré, édition de 1860.

1. Prière qu'on dit au début d'un repas.
2. Ancienne mesure de capacité dont la valeur variait selon les lieux : à Paris, 268 litres pour le vin.

3. Flûte à bec.
4. Saint fantaisiste inventé par Rabelais.
5. Livre de prières. Le clerc suggère ici que lire ses prières lui donne soif.
6. Supérieur de Cordeliers (moines).

Après le repas, tous allèrent pêle-mêle à la Saulaie, et là, sur l'herbe drue, ils dansèrent au son des joyeux flageolets[3] et des douces cornemuses, de si bon cœur que c'était un passe-temps céleste que de les voir ainsi se divertir.

Puis, ils décidèrent de faire quatre heures au même endroit, et flacons de circuler, jambons de trotter, gobelets de voler, brocs de tinter !

« Tire !
– Donne !
– Tourne !
– Baptise-le !
– Verse m'en sans eau ! Comme ça, mon ami !
– Siffle-moi ce verre proprement !
– Produis-moi du clairet, que le verre en pleure.
– Trêve de soif !
– Ah ! Mauvaise fièvre, ne passeras-tu pas ?
– Ma foi, ma commère, je n'arrive pas à me mettre en train.
– Vous ne vous sentez pas bien, ma mie ?
– Sûr !
– Par le ventre de Saint Quenet[4], parlons boisson.
– Je ne bois qu'à mes heures, comme la mule du pape.
– Je ne bois qu'à mon livre d'heures[5], en bon père supérieur[6]. »

Traduction Philippe Aubrée et Monique Clostre,

Questions

► Faire rire, p. 578

Une présentation comique des personnages

1. À qui le narrateur s'adresse-t-il au début du chapitre (l. 1 à 2) ? Quel est l'effet recherché ?
2. Comment Rabelais a-t-il forgé les noms de Gargamelle, Grandgousier et Gargantua ? Quelle image de ses personnages cherche-t-il à donner ?
3. Relevez dans l'ensemble du texte les éléments qui montrent leur relation à la nourriture, puis brossez leur portrait moral.
4. Repérez les différents procédés comiques dans les discours rapportés (l. 32 à 35 et 45 à 59). Caractérisez de façon plus précise ces personnages.
5. Étudiez l'expression du but dans la phrase suivante : « Ces bœufs gras, ils en avaient fait tuer […] mieux se mettre à boire » (l. 6 à 9). Que pensez-vous de la façon dont raisonnent ces personnages ?

Montrer l'homme tel qu'il est

6. Dans cette page, quelles réalités Rabelais montre-t-il ? Dans quel but ? À l'époque où Rabelais écrit, est-il courant de représenter le corps et ses fonctions ? Justifiez le choix de l'humaniste.
7. Le mode de vie décrit est-il conforme à l'idéal humaniste ? Justifiez votre réponse.
8. Relevez le champ lexical de la religion. Qu'en déduisez-vous de l'attitude des personnages à l'égard de l'Église ?

Grammaire
Repérez comment sont construites les quatre premières phrases du second paragraphe ? Quel est l'effet produit ?
► Les progressions thématiques, p. 526

Texte écho

San Antonio, *La Rate au court-bouillon* (1965)

CONTEXTE

Dans le contexte de la guerre froide, après le deuxième conflit mondial, des maisons d'édition, comme *Fleuve Noir*, créée en 1949, ont promu une littérature populaire de romans policiers ou d'espionnage. Journaliste à ses débuts, Frédéric Dard (1921-2000), dit San Antonio, écrit les enquêtes du commissaire San Antonio. Les *San-Antonio* se distinguent des autres polars noirs par leur humour et leur inventivité langagière : « J'ai fait ma carrière avec 300 mots, a dit Frédéric Dard, tous les autres, je les ai inventés. » Ces romans revendiquent leur filiation avec Rabelais et Céline pour l'invention verbale et la création de personnages hauts en couleurs.

Le commissaire San-Antonio, en vacances, accompagne la fille d'un milliardaire américain Gloria Victis (OSS 116), sur l'île de Kontipok dans les Galapagos. L'armateur Okapis y offre une réception aux grands de ce monde pour l'inauguration de sa luxueuse villa. Ce premier dîner rassemble tous les invités, dont l'inspecteur Bérurier, dans un déguisement qui le rend méconnaissable ou presque.

Le repas se déroule sans incident. Les mets sont de qualité et Okapis possède une des meilleures caves qu'il m'ait été donné de rencontrer sur mon chemin. Comme nous atteignons le fromage, une voix domine le gentil ronron des conversations de bonne venue pour héler le garçon :

– Hé, le loufiat ! File-moi encore un gorgeon de Saint-Émilion, c'est ma fête !

Tout le monde se tourne vers le mal poli. Vous l'aurez sans doute déjà deviné, car vous êtes beaucoup moins bêtes que vous en avez l'air, c'est M. Mahousse, l'adjoint du professeur E. Prouvette, qui vient de s'exprimer. Il a la trogne congestionnée, le convive. Et cette fois y a pas d'erreur : le Gravos ne peut plus celer[1] son incognito. Trop de vin rouge : son standing en contre-plaqué est parti en brioche. Béru ! C'est bien lui ! Mon Béru, le vrai !

Je vois le professeur qui lui virgule des signes désespérés depuis sa place. Mais Sa Majesté n'en a cure. Beurré à bloc, qu'il est, le Mastar !

S'apercevant que l'attention de toute la tablée est fixée sur lui, il cligne de l'œil à la ronde et déclare :

– Mande pardon, mes rois, mes reines, mais si qu'on se détendait pas en vacances, à part les vouatères, où qu'on pourrait le faire ?

Le sommelier lui ayant rempli son godet, il se le téléphone en priorité et clape de la menteuse[2].

– Béru, soupiré-je, Béru…

– Que dites-vous ? demande Gloria.

– Rien, fais-je, béru est une expression qui signifie horrible butor. Il s'agit d'une contraction du nom de Bérurier, le célèbre cancre français, l'homme qui a mis au point le jaune d'œuf sur la cravate, la barbe mal rasée, les chaussettes trouées et les imperfections de l'imparfait du subjonctif. Depuis, il existe maintenant chez nous le verbe bérurier, lequel appartient au premier groupe, puisqu'il se termine en « er ». On dit qu'un enfant « bérue » quand il renverse son potage sur son pantalon ou qu'il s'oublie au lit. […]

Pendant quelques minutes, le secteur bérurien reste calme car Sa Majesté tortore le fromage. Son éclat a été oublié. Mais voici qu'on amène un soufflé aux bananes. […]

Et c'est délicieux, j'ai demandé la recette au cuisinier d'Okapis, un Irlandais nommé O'Liver et comme il a bien voulu me la communiquer, je vous l'offre, mesdames, à titre gracieux. Pour quatre personnes, vous prenez un régime de bananes, vous jetez le régime mais vous gardez les bananes, vous les épluchez et faites bouillir la peau dans de l'alcool de menthe. Ensuite de quoi vous pilez les fruits avec du poivre de Cayenne et un roman de Claude Farrère[3] (si vous pouvez trouver une édition originale, ça n'en est que meilleur.) Lorsque vous avez obtenu une pulpe fluide, vous filtrez afin d'évacuer les points d'exclamation et les fautes d'impression, puis vous mettez dans un moule de forte dimension.

1. « Cacher » en langage soutenu.
2. « Langue » en argot.
3. Auteur de romans exotiques, d'une qualité médiocre.

Questions

► Faire rire, p. 578

L'apparition d'un personnage hors du commun

1. Quel est le temps dominant dans ce texte ? Comment les paroles de Bérurier sont-elles rapportées ? Expliquez ces choix du narrateur.
2. Dans quel niveau de langue Bérurier s'exprime-t-il ? Relevez quelques exemples.
3. Quels sont les principaux éléments de son portrait ? De quel type de portrait s'agit-il ? Quel est l'effet recherché ?
4. « Le Gravos ne peut plus celer son incognito. » (l. 9) : commentez la langue utilisée par le narrateur et donc la relation qu'il entretient vis-à-vis de son personnage.
5. De quel type de repas s'agit-il ? Quel est l'intérêt pour le narrateur de faire apparaître le personnage de Bérurier dans ces circonstances ?

L'inspiration rabelaisienne

6. Relisez le passage situé des lignes 22 à 28. Quel effet produit cette explication sur le lecteur ? Justifiez votre réponse.
7. Quels sont les points communs et les différences entre Bérurier et les héros de Rabelais ? Vous vous intéresserez en particulier au rapport de Bérurier à la nourriture.
8. Comparez le statut du narrateur dans les deux textes ; quel mode de narration préférez-vous ? Pourquoi ?
9. Que révèle la recette du soufflé aux bananes sur le personnage du commissaire ? Quels procédés comiques identifiez-vous ? Les retrouve-t-on chez Rabelais ? Justifiez votre réponse.

Vocabulaire
Relevez les mots ou expressions en argot et expliquez leur origine ou leur formation.

Synthèse Frédéric Dard (San-Antonio) s'est toujours réclamé de Rabelais ; en vous appuyant sur vos réponses aux questions, expliquez pourquoi on peut reconnaître une influence rabelaisienne chez San Antonio.

BAC S'entraîner à l'écriture d'invention

► Repérez les différents écrits d'invention, p. 612

Sur le modèle de l'étymologie fantaisiste du nom Bérurier (l. 22 à 28), construisez un paragraphe dans lequel vous expliquerez le sens d'un nom de famille (le vôtre, par exemple).

LECTURE D'IMAGE

1. Observez attentivement le cadre du tableau : dans quelle situation l'artiste a-t-il voulu placer l'observateur ?
2. Comment le tableau est-il composé ? Observez l'attitude et l'allure des personnages. Quelles sont les similitudes avec la scène racontée ?
3. Quel personnage pourrait représenter le commissaire San-Antonio ? Justifiez votre réponse.

P.-J. Crook, *Déjeuner* (2003), acrylique sur toile, (127 cm x 177,8 cm) collection privée.

TEXTE 2

► Biographies, p. 628

Gustave Flaubert, *Madame Bovary* (1857)

⊕ CONTEXTE

Gustave Flaubert dénonce avec vigueur et réalisme la bêtise d'une époque bourgeoise qu'il déteste. Ses romans, *Madame Bovary* (1857), *L'Éducation sentimentale* (1869) mettent en scène une galerie de personnages médiocres et velléitaires.

► Le Réalisme, p. 33

Emma, jeune fille romanesque, a épousé un médiocre officier de santé et elle s'ennuie. Un événement vient rompre la monotonie de son existence : les deux époux sont invités à un bal, chez le marquis d'Andervilliers.

À sept heures, on servit le dîner. Les hommes, plus nombreux, s'assirent à la première table dans le vestibule, et les dames à la seconde, dans la salle à manger, avec le marquis et la marquise.

Emma se sentit, en entrant, enveloppée par un air chaud, mélange du parfum des fleurs et du beau linge, du fumet des viandes et de l'odeur des truffes. Les bougies des candélabres allongeaient des flammes sur les cloches d'argent ; les cristaux à facettes, couverts d'une buée mate, se renvoyaient des rayons pâles ; des bouquets étaient en ligne sur toute la longueur de la table, et, dans les assiettes à large bordure, les serviettes, arrangées en manière de bonnet d'évêque, tenaient entre le bâillement de leurs deux plis chacune un petit pain de forme ovale. Les pattes rouges des homards dépassaient les plats ; de gros fruits dans des corbeilles à jour, s'étageaient sur la mousse ; les cailles avaient leurs plumes, des fumées montaient ; et, en bas de soie, en culotte courte, en cravate blanche, en jabot, grave comme un juge, le maître d'hôtel, passant entre les épaules des convives les plats tout découpés, faisait d'un coup de sa cuiller sauter pour vous le morceau qu'on choisissait. Sur le grand poêle de porcelaine à baguettes de cuivre, une statue de femme drapée jusqu'au menton regardait immobile la salle pleine de monde.

Mme Bovary remarqua que plusieurs dames n'avaient pas mis leurs gants dans leur verre.

Cependant, au haut bout de la table, seul parmi toutes ces femmes, courbé sur son assiette remplie et la serviette nouée dans le dos comme un enfant, un vieillard mangeait, laissant tomber de sa bouche des gouttes de sauce. Il avait les yeux éraillés et portait une petite queue enroulée d'un ruban noir. C'était le beau-père du marquis, le vieux duc de Laverdière, l'ancien favori du comte d'Artois, dans le temps des parties de chasse au Vaudreuil, chez le marquis de Conflans, et qui avait été, disait-on, l'amant de la reine Marie-Antoinette entre MM. De Coigny et de Lauzun. Il avait mené une vie bruyante de débauches, pleine de duels, de paris, de femmes enlevées, avait dévoré sa fortune et effrayé toute sa famille. Un domestique, derrière sa chaise, lui nommait tout haut, dans l'oreille, les plats qu'il désignait du doigt en bégayant ; et sans cesse les yeux d'Emma revenaient d'eux-mêmes sur ce vieil homme à lèvres pendantes, comme sur quelque chose d'extraordinaire et d'auguste. Il avait vécu à la Cour et couché dans le lit des reines.

On versa du vin de Champagne à la glace. Emma frissonna de toute sa peau en sentant ce froid dans sa bouche. Elle n'avait jamais vu de grenades ni mangé d'ananas. Le sucre en poudre même lui parut plus blanc et plus fin qu'ailleurs.

Les dames, ensuite, montèrent dans leurs chambres s'apprêter pour le bal.

Questions

► La description, p. 550
► La modalisation, p. 528

Une description qui révèle le personnage

1. À partir de l'entrée d'Emma, comment la description s'organise-t-elle ? Selon quel point de vue ? Justifiez votre réponse en relevant les verbes de perception.
2. Quels sont les éléments qui retiennent l'attention d'Emma dès son arrivée dans la salle à manger ? Observez l'ordre dans lequel ces éléments apparaissent : quels sens sont concernés ? Que peut-on en déduire sur la personnalité d'Emma ?
3. « Les bougies des candélabres […] des fumées montaient. » (l. 5 à 12) : observez les jeux de lumière et de reflet ; caractérisez la vision d'Emma. Quelle impression le narrateur cherche-t-il à donner ? Quel autre paragraphe à la fin du texte complète cette description ?
4. Dans la description de la table et des mets, relevez les verbes de mouvement pour compléter ce que vous avez compris des impressions d'Emma.
5. « À sept heures […] leurs gants dans leur verre. » (l. 1 à 19) : sur quels détails la description des convives et des serviteurs s'attarde-t-elle ? Que voit Emma des usages de table des aristocrates ?

Visions d'un personnage romanesque

6. « Cependant, au haut bout de la table […] couché dans le lit des reines. » (l. 20 à 32) : selon quel point de vue la narration est-elle menée ?
7. Quel est l'intérêt de montrer le duc à table ? À quoi Emma s'attache-t-elle ? Citez et commentez les adjectifs qui peuvent surprendre le lecteur.
8. Repérez les interventions du narrateur et définissez la tonalité de ses remarques.

Grammaire
Quel type de progression thématique repérez-vous dans la description de la table ? Quel est l'effet produit ?
► Les progressions thématiques, p. 526

Synthèse Cet extrait nous présente essentiellement le décor de la soirée et ce que voit Emma : comment le lecteur recueille-t-il des informations sur l'héroïne ?

BAC S'entraîner à l'écriture d'invention

Récrivez les trois derniers paragraphes en adoptant le point de vue exclusif d'Emma (focalisation interne/monologue intérieur).

► Transposer un texte, p. 616

LECTURE D'IMAGE

Analysez la composition du tableau, le choix des couleurs et les effets de lumière. Expliquez dans quelle mesure l'observateur est invité à porter le même regard qu'Emma Bovary sur la salle à manger.

► L'organisation de l'image, p. 572
► Les visées et intention de l'image, p. 573

Adolf Menzel, *Le Souper au bal* (1878), huile sur toile (71 cm x 90 cm), Alte Nationalgalerie, Berlin (Allemagne).

▸ Biographies, p. 628

Émile Zola, *L'Assommoir* (1877)

⊕ CONTEXTE

Zola raconte l'histoire de la famille des Rougon-Macquart dans vingt romans. Il lui donne pour caractéristique « le débordement des appétits ». Dans *L'Assommoir*, l'appétit est bien un des thèmes majeurs que l'on trouve décliné, chez Gervaise en désir constant de nourriture, chez Lantier (son amant) en goinfreries de sucreries, et chez Copeau (son mari) en consommation effrénée d'alcool.

▸ Le Naturalisme, p. 33

Nous sommes en 1868, au centre du roman. L'anniversaire de Gervaise Macquart, épouse Copeau, blanchisseuse de son état, est l'occasion d'une fête « orgiaque ». Nous assistons à la dégustation gargantuesque d'une oie farcie monumentale…

Par exemple, il y eut là un fameux coup de fourchette ; c'est-à-dire que personne de la société ne se souvenait de s'être jamais collé une pareille indigestion sur la conscience. Gervaise, énorme, tassée sur les coudes, mangeait de gros morceaux de blanc, ne parlant pas, de peur de perdre une bouchée ; et elle était seulement un peu honteuse devant Goujet, ennuyée de se montrer ainsi, gloutonne comme une chatte. Goujet, d'ailleurs, s'emplissait trop lui-même, à la voir toute rose de nourriture. Puis, dans sa gourmandise, elle restait si gentille et si bonne ! Elle ne parlait pas, mais elle se dérangeait à chaque instant, pour soigner le père Bru[1] et lui passer quelque chose de délicat sur son assiette. C'était même touchant de regarder cette gourmande s'enlever un bout d'aile de la bouche, pour le donner au vieux, qui ne semblait pas connaisseur et qui avalait tout, la tête basse, abêti de tant bâfrer, lui dont le gésier avait perdu le goût du pain. Les Lorilleux[2] passaient leur rage sur le rôti ; ils en prenaient pour trois jours, ils auraient englouti le plat, la table et la boutique, afin de ruiner la Banban[3] du coup. Toutes les dames avaient voulu de la carcasse ; la carcasse, c'est le morceau des dames. Mme Lerat, Mme Boche, Mme Putois grattaient des os, tandis que maman Coupeau, qui adorait le cou, en arrachait la viande avec ses deux dernières dents. Virginie, elle, aimait la peau, quand elle était rissolée, et chaque convive lui passait sa peau, par galanterie ; si bien que Poisson jetait à sa femme des regards sévères, en lui ordonnant de s'arrêter, parce qu'elle en avait assez comme ça : une fois déjà, pour avoir trop mangé d'oie rôtie, elle était restée quinze jours au lit, le ventre enflé. Mais Coupeau se fâcha et servit un haut de cuisse à Virginie, criant que, tonnerre de Dieu ! si elle ne le décrottait pas, elle n'était pas une femme. Est-ce que l'oie avait jamais fait du mal à quelqu'un ? Au contraire, l'oie guérissait les maladies de rate. On croquait ça sans pain, comme un dessert. Lui, en aurait bouffé toute la nuit, sans être incommodé ; et, pour crâner, il s'enfonçait un pilon entier dans la bouche. Cependant, Clémence achevait son croupion, le suçait avec un gloussement des lèvres, en se tordant de rire sur sa chaise, à cause de Boche qui lui disait tout bas des indécences. Ah ! nom de Dieu ! oui, on s'en flanqua une bosse ! Quand on y est, on y est, n'est-ce pas ? et si on ne se paie qu'un gueuleton par-ci, par-là, on serait joliment godiche de ne pas s'en fourrer jusqu'aux oreilles. Vrai, on voyait les bedons se gonfler à mesure. Les dames étaient grosses. Ils pétaient dans leur peau, les sacrés goinfres ! La bouche ouverte, le menton barbouillé de graisse, ils avaient des faces pareilles à des derrières, et si rouges, qu'on aurait dit des derrières de gens riches, crevant de prospérité.

Et le vin donc, mes enfants, ça coulait autour de la table comme l'eau coule à la Seine. Un vrai ruisseau, lorsqu'il a plu et que la terre a soif.

1. Un pauvre vieux que Gervaise a invité à sa fête.
2. Beau-frère et belle-sœur de Gervaise : ils sont envieux de sa « réussite ».
3. Surnom donné à Gervaise qui boite un peu.

Questions

► La description, p. 550
► Les discours rapportés, p. 532

Le portrait de Gervaise et de ses invités

1. Relevez ce qui ne se fait pas à table ordinairement et que les convives s'empressent de faire. Qu'en déduisez-vous sur l'éducation des amis de Gervaise ?
2. Qu'est-ce qui distingue un repas de fête d'un repas ordinaire dans ce milieu d'ouvriers ?
3. Que traduisent l'apparence et l'attitude à table de Gervaise ?
4. Comment le narrateur s'y prend-il pour caractériser chacun des personnages ?
5. Quel mot peut résumer l'attitude de tous les convives ? De quoi sont-ils tous incapables ?

Une description réaliste ?

6. Quels sont les points de vue adoptés ? Quel rôle joue le choix du vocabulaire dans ces différents points de vue ?
7. Repérez les propos au discours indirect libre : quels effets permettent-ils au romancier ?
8. Précisez la façon dont Zola s'éloigne d'une description objective. Vous justifierez votre réponse en vous appuyant sur les champs lexicaux, le rythme des phrases, les comparaisons et les exagérations. Comment les personnages apparaissent-ils à la fin du texte ?
9. Quel est l'intérêt de décrire ces personnages à table ?

Vocabulaire
Relevez les verbes et les expressions verbales synonymes de « manger ». Classez-les par niveau de langue. Que pouvez-vous en conclure ?

Synthèse Quelle image Zola donne-t-il des convives dans cette scène de repas ? À quelles réflexions invite-t-il le lecteur à propos de ses personnages et du milieu auquel ils appartiennent ?

► Rédiger des paragraphes et insérer des citations, p. 598

BAC S'entraîner au commentaire

Vous rédigerez un paragraphe de commentaire consacré à l'art du portrait chez Zola.

Histoire des arts

1. Ce tableau représente des canotiers (rameurs sur des canots) déjeunant en plein air en 1887 : à quel mouvement artistique ce sujet peut-il faire penser ? À quel écrivain ce thème est-il familier ?
2. Cherchez des tableaux montrant des canotiers à cette époque : sont-ils peints dans le même style que celui de Friant ? Justifiez votre réponse.
3. Quels contrastes observez-vous avec la description du repas de Gervaise faite par Zola ?

Émile Friant, *Les Canotiers de la Meurthe* (1887), huile sur toile (110,4 cm x 166,3 cm), musée de l'École, Nancy.

TEXTE 4

▸ Biographies, p. 628

Marcel Proust, *Sodome et Gomorrhe* (1922)

⊕ CONTEXTE

L'œuvre romanesque de Marcel Proust, intitulée *À la recherche du temps perdu*, raconte des moments de la vie du narrateur-personnage, Marcel, qui, après avoir observé le monde, a voulu l'écrire. Le narrateur observe sa famille, des artistes, des aristocrates, des bourgeois, des domestiques qui font parfois l'objet d'une satire. À son époque, une distance sépare deux mondes : le Faubourg St-Germain, aristocratique et conservateur que le narrateur parvient à côtoyer, et la bourgeoisie représentée dans ses romans par le « petit noyau » des Verdurin.

En villégiature en Normandie, les Verdurin reçoivent : autour de la table ont pris place, entre autres, le narrateur, le professeur de médecine Cottard et son épouse, le sculpteur Viradobetski (appelé familièrement Ski) et Saniette, archiviste, tous des habitués du clan Verdurin. Nous en sommes au fromage et le dessert est annoncé.

« En voilà un dont on peut dire que ça ne lui a pas réussi de quitter notre petit noyau. Je vous montrerai tout à l'heure des fleurs qu'il a peintes pour moi ; vous verrez quelle différence avec ce qu'il fait aujourd'hui et que je n'aime pas du tout, mais pas du tout ! Mais comment ! je lui avais fait faire un portrait de Cottard, sans compter tout ce qu'il a fait d'après moi.

– Et il avait fait au professeur des cheveux mauves, dit Mme Cottard, oubliant qu'alors son mari n'était même pas agrégé[1]. Je ne sais, Monsieur, si vous trouvez que mon mari a des cheveux mauves.

– Ça ne fait rien, dit Mme Verdurin en levant le menton d'un air de dédain pour Mme Cottard et d'admiration pour celui dont elle parlait, c'était d'un fier coloriste, d'un beau peintre. Tandis que, ajouta-t-elle en s'adressant de nouveau à moi, je ne sais pas si vous appelez cela de la peinture, toutes ces grandes diablesses de compositions, ces grandes machines qu'il expose depuis qu'il ne vient plus chez moi. Moi, j'appelle cela du barbouillé, c'est d'un poncif[2], et puis ça manque de relief, de personnalité. Il y a de tout le monde là-dedans.

– Il restitue la grâce du XVIIIe, mais moderne, dit précipitamment Saniette, tonifié et remis en selle par mon amabilité. Mais j'aime mieux Helleu[3].

– Il n'y a aucun rapport avec Helleu, dit Mme Verdurin.

– Si, c'est du XVIIIe siècle fébrile. C'est un Watteau[4] à vapeur, et il se mit à rire.

– Oh ! connu, archiconnu, il y a des années qu'on me le ressert, dit M. Verdurin à qui, en effet, Ski l'avait raconté autrefois, mais comme fait par lui-même. Ce n'est pas de chance que, pour une fois que vous prononcez intelligiblement quelque chose d'assez drôle, ce ne soit pas de vous.

– Ça me fait de la peine, reprit Mme Verdurin, parce que c'était quelqu'un de doué, il a gâché un joli tempérament de peintre. Ah ! s'il était resté ici ! Mais il serait devenu le premier paysagiste de notre temps. Et c'est une femme qui l'a conduit si bas ! Ça ne m'étonne pas d'ailleurs, car l'homme était agréable, mais vulgaire. Au fond c'était un médiocre. Je vous dirai que je l'ai senti tout de suite. Dans le fond, il ne m'a jamais intéressée. Je l'aimais bien, c'était tout. D'abord, il était d'un sale !

Paul Chabas, *Coin de table* (1904), huile sur toile, musée des Beaux-Arts, Tourcoing.

1. Personne admise, après un concours, à enseigner, soit dans un lycée, soit dans une université (médecine ici).
2. Cliché.
3. Peintre français (1859-1927), Helleu est aussi un des modèles d'Elstir, célèbre pour ses portraits mondains.
4. Antoine Watteau, peintre français (1684-1721), est célèbre pour ses « Fêtes Galantes » qui mettent en scène les personnages d'une société raffinée.

s'exacerbait ; elle désirait autant tuer qu'elle désirait mourir. Parce qu'elle était femme, elle se cramponnait aux détails : elle remarquait la grâce vulgaire du petit doigt de la main droite d'Angelica levé vers le haut quand elle tenait son verre ; elle remarquait un grain de beauté rougeâtre sur la peau du cou, elle remarquait la tentative retenue à moitié d'enlever avec la main un petit morceau de nourriture resté entre les dents très blanches.

Questions

1. Distinguez les différents points de vue narratifs. Quelle impression font-ils sur le lecteur ? Quelle place occupe-t-il dans ce dîner ?
2. Quelle était la crainte des villageois ? Comment les convives réagissent-ils à l'arrivée de la timbale de macaronis ? Que pouvez-vous en déduire sur la société de Donnafugata ?
3. Qui apprécie particulièrement le repas ? Précisez votre réponse en citant en particulier des verbes révélateurs de l'attitude des personnages face aux plats.
4. Qu'est-ce qui sépare radicalement les aristocrates des roturiers de Donnafugata ? Pouvez-vous en déduire la vision que le narrateur a du rapport entre les classes sociales ? Justifiez votre réponse.
5. Cette page permet de préciser la personnalité des quatre personnages principaux : qu'apprenez-vous sur le prince, Tancredi, Angelica et Concetta ?
6. En vous appuyant sur les relations entre les personnages, montrez que cette scène de repas dessine un horizon d'attente pour le lecteur.

Prolongements

Quels textes du corpus peuvent être rapprochés de celui-ci ? Justifiez votre réponse.

Histoire des arts

Observez l'image tirée du film *Le Guépard* de Luchino Visconti. De quelle manière le metteur en scène illustre-t-il la différence d'éducation entre les deux jeunes gens ?

Alain Delon (Tancredi) et Claudia Cardinale (Angelica) dans *Le Guépard*, film tiré du roman de Giuseppe Tomasi di Lampedusa, réalisé par Luchino Visconti en 1963.

1. Un thème qui traverse les époques et les mouvements

Les scènes de repas, au contraire d'autres thèmes, couvrent toutes les périodes de l'histoire des arts. Elles peuvent être rattachées à différents genres : peinture mythologique ou religieuse, peinture de genre, portrait de groupe et même nature morte.
Au-delà de la deuxième partie du XIXe siècle, la représentation du repas, tout comme les autres thèmes, participe aux remises en question de l'art traditionnel. *Le Déjeuner sur l'herbe* (1862-1863) d'Édouard Manet fait scandale en mettant en scène une femme nue au milieu d'hommes habillés, tandis que celui de Claude Monet (1865-1866) exalte le jeu subtil entre ombre et lumière.
Au XXe siècle enfin, les artistes mettent en œuvre d'autres techniques comme les assemblages, la photographie et le cinéma.

Peinture mythologique ou religieuse

Dans l'Antiquité, en Égypte

◄ Cette stèle, emmurée dans la chapelle du tombeau de la princesse Néfertiabet, à Giza (Gizeh), fait partie des représentations de repas funéraires dans l'Égypte antique. Leur fonction, d'ordre magique, était d'assurer l'alimentation du défunt dans sa vie de l'au-delà.

La princesse Néfertiabet représentée devant une table d'offrandes, stèle en calcaire peint trouvée dans la nécropole de Giza (Gizeh), IVe dynastie, 2590 - 2565 av. J.-C., musée du Louvre, Paris.

À l'ère chrétienne, en Europe

La peinture est, jusqu'à la fin du XVe siècle, essentiellement religieuse et représente les scènes de la Bible ou de la vie des saints. Certaines œuvres sont destinées à figurer sur les murs des réfectoires de couvents. Ces peintures de scènes de repas, dont le convive principal est Jésus, devaient inciter les moines au recueillement et à la méditation. La Cène, dernier repas de Jésus avec ses disciples avant sa crucifixion, est un thème récurrent dans ces lieux.

Peinture de genre ou scène de la vie quotidienne

À partir du XVIe siècle, les scènes de genre dépassent souvent la simple représentation de la vie quotidienne pour recouvrir un sens symbolique.

Pieter Bruegel l'Ancien, *Noces de paysans* (1568), huile sur panneau (114 cm x 164 cm), Kunsthistorisches Museum, Vienne.

▲ Pieter Bruegel l'Ancien (vers 1525-1569) fut l'un des premiers à s'intéresser à la vie paysanne.

Observer la représentation de la vie quotidienne

Comment la vie paysanne est-elle représentée ? Montrez la trivialité de la fête.

Quelle est la portée symbolique des scènes de repas ?

Louis XV commande ce tableau pour orner un salon où se retrouvaient les chasseurs pour prendre une collation. Jean-François de Troy (1679-1752) décide de montrer, au-delà du repas d'huîtres, la découverte d'une nouvelle boisson, le champagne. ►

Jean-François de Troy, *Le Déjeuner d'huîtres* (1735), huile sur toile (180 cm x 126 cm), musée Condé, Chantilly.

Décrire le faste

Relevez tout ce qui permet de comprendre que ce repas est offert à des personnes importantes.

Les tableaux pièges

Au XXe siècle le thème du repas n'échappe pas aux remises en question de l'art traditionnel. Le repas devient happening* et les reliefs sont fixés sur le plateau de la table qui est ensuite redressé pour être présenté comme un tableau. Ce sont les tableaux pièges de Daniel Spoerri (1930).

Ce tableau-piège est le résultat d'une exposition organisée à Paris en 1963. Dans la galerie convertie en restaurant, les plats préparés par Spoerri, sont servis par des critiques d'art. Une fois rassasiés, les convives ont confectionné leurs propres tableaux-pièges en collant les restes de leur repas. ►

Daniel Spoerri, *Le repas hongrois ou le restaurant de la galerie J. Paris, tableau-piège* (1963), musée national d'Art moderne – Centre Georges Pompidou, Paris.

Le vocabulaire des arts plastiques

Happening : événement provoqué par un artiste sous forme d'action. L'artiste peut agir seul, en groupe, ou faire intervenir des spectateurs.

2. Entre profane et sacré : *Les Noces de Cana* (1562-1563)

Le contexte

En 1562, les bénédictins du couvent de San Giorgio Maggiore, à Venise, passent une commande à Véronèse.
Le contrat précise que l'œuvre doit être monumentale, afin d'occuper le mur du fond du nouveau réfectoire construit par Palladio.

L'œuvre

Dans le récit biblique, Jésus, invité à une noce dans la ville de Cana en Galilée, accomplit son premier miracle.
À la fin du banquet, alors que le vin vient à manquer, il demande aux serviteurs de remplir d'eau les jarres de pierre, puis de servir le maître de maison. Celui-ci constate que l'eau s'est changée en vin.
Véronèse transpose la scène biblique dans une Venise qui lui est contemporaine. Les personnages de l'épisode côtoient des vénitiens dans une somptueuse mise en scène. Cent trente personnages sont représentés.

La portée de l'œuvre

Malgré les réticences de l'inquisition, dues aux libertés prises par Véronèse, comme celle de situer la scène à Venise au XVIe siècle, l'œuvre eut un succès tel que d'autres communautés religieuses réclameront de semblables représentations.

Repérer les éléments de « mise en scène » du tableau

Expliquez comment l'espace, le décor, la distribution des personnages, ainsi que le format du tableau, permettent de nous placer comme spectateur d'une somptueuse mise en scène de théâtre.

Repérer les anachronismes

Environ 1530 années séparent la peinture de Véronèse de l'épisode de la Bible. Repérez les nombreux anachronismes dans le décor, les costumes et les accessoires. En vous appuyant sur ces indices, proposez une courte argumentation qui présentera votre point de vue : est-ce une intention délibérée de Véronèse ou une ignorance du contexte historique de sa part ?

Retrouver les symboles

Retrouvez les symboles du mariage, de la splendeur et de la richesse de Venise. Relevez les symboles religieux.

Les mariés sont relégués sur le côté.

Une légende du XVIIIe siècle raconte que l'artiste se serait lui-même représenté en blanc, avec une viole de gambe aux côtés de Titien et de Bassano participant au concert.

▸ Quelle est la portée symbolique des scènes de repas ?

Véronèse, *Les Noces de Cana* (1562-1563), huile sur toile (666 cm x 990 cm), musée du Louvre, Paris.

Jésus, isolé au centre du tableau, se distingue par son auréole. Il ne participe pas aux agapes.

L'étonnement devant l'eau transformée en vin.

Synthèse En vous appuyant sur plusieurs œuvres présentées aux pages précédentes, rédigez trois paragraphes qui expliqueront la portée symbolique des scènes de repas.

DONNER VIE AU PERSONNAGE

1 DE L'ÉTYMOLOGIE AU SENS DES MOTS

Recherchez l'étymologie et le sens des mots suivants, puis expliquez dans quelle situation vous les emploieriez.
protagoniste – personnage – héros éponyme – héros

2 DES NOMS PROPRES ÉVOCATEURS

Voici des personnages de roman que vous avez pu croiser, pour la plupart, dans les extraits du chapitre. Précisez, pour chacun d'eux, ce que le nom évoque ou vous permet de deviner sur le personnage.
La Princesse de Clèves – La Bouvillon – Candide – Vautrin – Charles Bovary – Nana – Madame Verdurin – Bérurier

3 DES CHAMPS LEXICAUX POUR CRÉER DES EFFETS

Quel effet procure la description de Madame Grandet ? À quoi est-elle comparée ? Modifiez les éléments de la comparaison pour faire apparaître un personnage sensuel et attirant.

Madame Grandet était une femme sèche et maigre, jaune comme un coing, gauche, lente ; une de ces femmes qui semblent faites pour être tyrannisées. Elle avait de gros os, un gros nez, un gros front, de gros yeux, et offrait, au premier aspect, une vague ressemblance avec ces fruits cotonneux qui n'ont plus ni saveur ni suc.

Honoré de Balzac, *Eugénie Grandet* (1834)

4 DES VERBES POUR CARACTÉRISER L'ATTITUDE D'UN PERSONNAGE

Dans chaque phrase, remplacez le verbe « être » par un verbe plus précis, qui définira l'attitude du personnage indiquée entre parenthèses.

1. Monsieur de Rênal était dans l'embrasure de la porte, devant Julien. *(Sa carrure est impressionnante.)*
2. Par cette chaleur, Bouvard était sur un banc. *(Il est avachi et transpire, écrasé par la chaleur.)*
3. Fantine était au fond de la pièce. *(Elle a peur.)*
4. Emma était sur le banc au fond du jardin. *(Elle est étendue mollement et rêvasse.)*
5. Tant que l'inconnu ne s'éloigna pas de l'arbre, Stéphanie fut sur la branche. *(Elle est morte de peur.)*
6. Soucieuse du succès de son repas, Gervaise était devant les fourneaux. *(Elle ne s'accorde pas un moment de répit.)*

5 DES PROCÉDÉS STYLISTIQUES POUR CRÉER UN EFFET COMIQUE

A Parmi les procédés qui permettent de jouer avec les mots et de créer un effet comique grâce aux propos des personnages, Frédéric Dard utilise les suivants :

- **Le néologisme**

Ex. : J'ai **tangoté** avec la reine vioque de Brabance.

- **Le calembour**

Ex. : « Y aura pas à **terre-j'y-versais.** » pour « Il n'y aura pas à **tergiverser.** »

- **La contrepèterie**

Ex. : Rabelais transforme « les folles de la messe » en « les molles de la fesse ».

- **Les déformations** d'expressions françaises ou anglaises.

Ex. : « œuf corse » pour « of course »

Cherchez la définition des procédés que vous ne connaissez pas et proposez des exemples pour chacun.

B Caractérisez ces personnages de Balzac en fonction de leurs propos.

1. « Vous voilà chez vous, mon neveu. »
2. « Quoi que c'est que ça, les marins de la garde ? C'est-y salé ? Ça va-t-il sur l'eau ? »
3. « Monsieur le conte, aimez-vous ma fille autant que j'aimais sa mère ? »

EXPRESSION ÉCRITE

Sujet 1

Imaginez un personnage ; choisissez-lui une identité, un nom, un statut social, des particularités physiques et morales, un potentiel romanesque dans une faille ou un défaut. Rédigez les trente premières lignes d'un roman où vous le ferez apparaître. Ne cherchez pas à être exhaustif ; choisissez plutôt quelques détails caractéristiques.

Sujet 2

Choisissez le personnage d'un roman que vous connaissez bien et faites-en une description, tel que vous le voyez, marchant dans une rue ou entrant dans un lieu. Vous vous appuierez sur des éléments précis (détails du portrait physique, comportement, propos tenus en certaines occasions). Vous aurez recours à un champ lexical qui appuiera l'impression que vous voulez en donner. Variez les verbes d'état et d'opinion pour éviter la répétition du verbe « être ».

Séquence 5

Visages de la folie dans les romans du XVIIIe au XXe siècle

Comment la folie est-elle représentée dans les romans ? Pourquoi les romanciers choisissent-ils de l'incarner ?

CORPUS DE LA SÉQUENCE

PERSPECTIVE THÉÂTRALE

LIENS AVEC LA PARTIE LANGUE

- Les valeurs des modes et des temps, p. 520
- Les figures de style, p. 534

LIENS AVEC LA PARTIE OUTILS D'ANALYSE

- Le récit, p. 548
- Le théâtre, p. 556
- L'image, p. 572
- Les registres et effets du texte, p. 578

LIENS AVEC LA PARTIE MÉTHODES POUR LE BAC

- Le commentaire, p. 598
- La dissertation, p. 606
- L'écriture d'invention, p. 612

▸▸ Victor Hugo, *Le Fou* (XIXe siècle), Dessin, Maison de Victor Hugo, Paris.

▸ Biographies, p. 628

Choderlos de Laclos,
Les Liaisons dangereuses (1782)

⊕ CONTEXTE

Le libertinage, celui d'une certaine aristocratie aux mœurs dépravées, préoccupe la société du XVIIIe siècle. Pour en interroger la portée morale, philosophique ou politique, des auteurs ont écrit des romans qu'on dit libertins. Dans son roman épistolaire, qui donne la parole à tous les personnages et qui multiplie les points de vue et les vérités propres à chacun, Choderlos de Laclos invite le lecteur à condamner ce libertinage aristocratique.

▸ Le Libertinage, p. 30

Le Vicomte de Valmont s'est lancé un défi : séduire un modèle d'épouse vertueuse, la présidente de Tourvel. Cette dernière a fini par s'abandonner à Valmont qui annonce sa victoire dans une lettre à la Marquise de Merteuil, héroïne libertine et complice de Valmont dans cette entreprise. Sur l'ordre de celle-ci, le vicomte rompt avec Madame de Tourvel. Dans sa dernière lettre, la présidente sombre dans la folie.

LETTRE CLXI

La présidente de Tourvel A...[1]

(Dictée par elle et écrite par sa femme de chambre.)

Être cruel et malfaisant, ne te lasseras-tu point de me persécuter ? Ne te suffit-il pas de m'avoir tourmentée, dégradée, avilie, veux-tu me ravir jusqu'à la paix du tombeau ? Quoi ! dans ce séjour de ténèbres où l'ignominie m'a forcée de m'ensevelir, les peines sont-elles sans relâche, l'espérance est-elle méconnue ? Je n'implore point une grâce que je ne mérite point : pour souffrir sans me plaindre, il me suffira que mes souffrances n'excèdent pas mes forces. Mais ne rends pas mes tourments insupportables. En me laissant mes douleurs, ôte-moi le cruel souvenir des biens que j'ai perdus. Quand tu me les as ravis, n'en retrace plus à mes yeux la désolante image. J'étais innocente et tranquille : c'est pour t'avoir vu que j'ai perdu le repos ; c'est en t'écoutant que je suis devenue criminelle. Auteur de mes fautes, quel droit as-tu de les punir ?

Où sont les amis qui me chérissaient, où sont-ils ? mon infortune[2] les épouvante. Aucun n'ose m'approcher. Je suis opprimée, et ils me laissent sans secours ! Je meurs, et personne ne pleure sur moi. Toute consolation m'est refusée. La pitié s'arrête sur les bords de l'abîme où le criminel se plonge. Les remords le déchirent, et ses cris ne sont pas entendus !

Et toi, que j'ai outragé[3] ; toi, dont l'estime ajoute à mon supplice ; toi, qui seul enfin aurais le droit de te venger, que fais-tu loin de moi ? Viens punir une femme infidèle. Que je souffre enfin des tourments mérités. Déjà je me serais soumise à ta vengeance ; mais le courage m'a manqué pour t'apprendre ta honte. Ce n'était point dissimulation, c'était respect. Que cette lettre au moins t'apprenne mon repentir. Le ciel a pris ta cause ; il te venge d'une injure que tu as ignorée. C'est lui qui a lié ma langue et retenu mes paroles ; il a craint que tu ne me remisses une faute qu'il voulait punir. Il m'a soustraite à ton indulgence, qui aurait blessé sa justice.

Impitoyable dans sa vengeance, il m'a livrée à celui-là même qui m'a perdue. C'est à la fois, pour lui et par lui, que je souffre. Je veux le fuir, en vain, il me suit ; il est là, il m'obsède sans cesse. Mais qu'il est différent de lui-même ! Ses yeux n'expriment plus que la haine et le mépris. Sa bouche ne profère que l'insulte et le reproche. Ses bras ne m'entourent que pour me déchirer. Qui me sauvera de sa barbare fureur ?

Mais quoi ! c'est lui... Je ne me trompe pas ; c'est lui que je revois. Ô mon aimable ami ! reçois-moi dans tes bras ; cache-moi dans ton sein : oui, c'est toi, c'est bien toi ! Quelle illusion funeste m'avait fait te méconnaître ? combien j'ai souffert dans ton absence ! Ne nous séparons plus, ne nous séparons jamais. Laisse-moi respirer. Sens mon cœur, comme il palpite ! Ah ! ce n'est plus de crainte, c'est la douce émotion de l'amour. Pourquoi te refuser à mes tendres caresses ? Tourne vers moi tes doux regards ! Quels sont ces liens que tu cherches à rompre ? pour quoi prépares-tu cet appareil de mort ? qui peut altérer ainsi tes traits ? que fais-tu ? Laisse-moi : je frémis ! Dieu ! c'est ce monstre encore ! Mes amies, ne m'aban-

1. Le destinataire de la lettre n'est pas précisé : le texte révèle que la présidente s'adresse à plusieurs destinataires.
2. Détresse, malheur.
3. Offenser gravement.

4. Ronger.
5. Répandre, laisser couler goutte à goutte.

donnez pas. Vous qui m'invitiez à le fuir, aidez-moi à le combattre ; et vous qui, plus indulgente, me promettiez de diminuer mes peines, venez donc auprès de moi. Où êtes-vous toutes deux ? S'il ne m'est plus permis de vous revoir, répondez au moins à cette lettre ; que je sache que vous m'aimez encore.

Laisse-moi donc, cruel ! quelle nouvelle fureur t'anime ? Crains-tu qu'un sentiment doux ne pénètre jusqu'à mon âme ? Tu redoubles mes tourments ; tu me forces de te haïr. Oh ! que la haine est douloureuse ! comme elle corrode[4] le cœur qui la distille[5] ! Pourquoi me persécutez-vous ? que pouvez-vous encore avoir à me dire ? ne m'avez-vous pas mise dans l'impossibilité de vous écouter, comme de vous répondre ? N'attendez plus rien de moi. Adieu, Monsieur.

*Paris, ce 5 décembre 17**.*

Michelle Pfeiffer (la Présidente de Tourvel) et John Malkovitch (le vicomte de Valmont) dans *Les Liaisons dangereuses* réalisé par Stephen Frears en 1998.

Questions

► Émouvoir, p. 579

Un portrait contrasté de Valmont

1. Quels portraits cette lettre propose-t-elle du vicomte de Valmont ?
2. Quels sentiments contradictoires la présidente éprouve-t-elle pour le vicomte ?
3. Quels jugements le lecteur est-il invité à porter sur le vicomte ?

La folie de Madame de Tourvel

4. Montrez que Madame de Tourvel s'adresse à plusieurs destinataires sans donner les indices nécessaires à une rapide identification de ces derniers. Quel état psychologique cela suggère-t-il ?
5. Repérez les types de phrase et étudiez leur rythme : comment rendent-ils compte de l'état psychologique de Madame de Tourvel ?
6. Analysez le champ lexical de la souffrance : son importance, sa place, son caractère hyperbolique. Mettez votre analyse en relation avec la ligne 6. Quel destin cela laisse-t-il présager pour l'héroïne ?
7. Montrez que la lettre progresse vers une séparation inéluctable de Madame de Tourvel et du monde.

Vocabulaire
Recherchez l'étymologie et le sens du mot « tourment ». Relevez ses occurrences dans la lettre et expliquez-les.

▸ Biographies, p. 628

⊕ CONTEXTE

Dans ses tragédies, Racine présente une conception tragique de la passion amoureuse, synonyme de souffrance et de mort. Dans *Phèdre*, l'héroïne éponyme ne peut résister à sa passion qu'elle juge coupable et qui menace sa raison et finalement sa vie. *Phèdre* est exemplaire du trouble psychologique qu'un amour coupable et tyrannique peut provoquer chez une femme. Choderlos de Laclos s'en est souvenu dans son roman.

Jean Racine, *Phèdre* (1677)

Dans cette tragédie, Phèdre, dernière épouse de Thésée – que l'on croit mort – s'est soudainement et violemment éprise de son beau-fils Hippolyte. Dans l'Acte II, scène 5 elle ne peut contenir sa passion et lui avoue ses sentiments.

PHÈDRE

Ah ! cruel, tu m'as trop entendue[1].
Je t'en ai dit assez pour te tirer d'erreur[2].
Eh bien, connais donc Phèdre et toute sa fureur.
J'aime. Ne pense pas qu'au moment que je t'aime,
Innocente à mes yeux, je m'approuve moi-même,
Ni que du fol amour qui trouble ma raison
Ma lâche complaisance ait nourri le poison.
Objet infortuné des vengeances célestes,
Je m'abhorre[3] encor plus que tu ne me détestes.
Les dieux m'en sont témoins, ces dieux qui dans mon flanc
Ont allumé le feu fatal à tout mon sang,
Ces dieux qui se sont fait une gloire cruelle
De séduire le cœur d'une faible mortelle.
Toi-même en ton esprit rappelle le passé.
C'est peu de t'avoir fui, cruel, je t'ai chassé.
J'ai voulu te paraître odieuse, inhumaine.
Pour mieux te résister, j'ai recherché ta haine.
De quoi m'ont profité mes inutiles soins ?
Tu me haïssais plus, je ne t'aimais pas moins.
Tes malheurs te prêtaient encor de nouveaux charmes.
J'ai langui, j'ai séché, dans les feux, dans les larmes.
Il suffit de tes yeux pour t'en persuader,
Si tes yeux un moment pouvaient me regarder.
Que dis-je ? Cet aveu que je te viens de faire,
Cet aveu si honteux, le crois-tu volontaire ?
Tremblante pour un fils que je n'osais trahir,
Je te venais prier de ne le point haïr.
Faibles projets d'un cœur trop plein de ce qu'il aime !
Hélas ! je ne t'ai pu parler que de toi-même.
Venge-toi, punis-moi d'un odieux amour.
Digne fils du héros qui t'a donné le jour,
Délivre l'univers d'un monstre qui t'irrite.
La veuve de Thésée ose aimer Hippolyte !
Crois-moi, ce monstre affreux ne doit point t'échapper.
Voilà mon cœur. C'est là que ta main doit frapper.
Impatient déjà d'expier son offense
Au-devant de ton bras je le sens qui s'avance.
Frappe. Ou si tu le crois indigne de tes coups,
Si ta haine m'envie un supplice si doux,
Ou si d'un sang trop vil ta main serait trempée,
Au défaut de ton bras prête-moi ton épée.
Donne.

1. Comprise.
2. Détromper.
3. Se détester.

Questions

► Les principaux genres théâtraux, p. 557
► Les registres et effets du texte, p. 578

Des passions tyranniques

1. Montrez que Madame de Tourvel (p. 126) et Phèdre définissent leur amour en des termes contradictoires.
2. Par quels principaux procédés le combat contre la passion amoureuse s'exprime-t-il dans les deux textes ?
3. Laquelle des deux héroïnes vous semble la plus soumise à sa passion ? Justifiez votre réponse.
4. Quel rôle chacune des héroïnes attribue-t-elle à celui qu'elle aime, à Dieu ou aux dieux ?

Perdre la raison

5. Comparez l'expression de Phèdre à celle de Madame de Tourvel : lexique, types de phrase, modes et temps. Qu'en concluez-vous sur le trouble de chacune d'elles ?
6. Montrez qu'en dépit des souffrances que provoque leur passion, les héroïnes désirent s'y abandonner.
7. Quelle héroïne vous semble la plus proche de sombrer dans la folie ? de perdre la vie ? Justifiez votre réponse en comparant la détermination de Phèdre aux hésitations de Madame de Tourvel.
8. **LECTURE D'IMAGE** : Comment Dominique Blanc, qui incarne le personnage de Phèdre au théâtre, cherche-t-elle à montrer le visage de la folie ?

Une héroïne et un personnage

9. Identifiez les registres dominants des deux textes et montrez qu'ils soulignent une différence entre le personnage du roman et l'héroïne de la tragédie.
10. Le lecteur peut-il se sentir plus proche de Madame de Tourvel que de Phèdre ? Justifiez votre réponse.
11. Montrez que si Phèdre a pu inspirer le personnage de Madame de Tourvel à Choderlos de Laclos, il lui permet aussi de souligner ce qui les sépare.

Synthèse Vous montrerez que la lettre de Madame de Tourvel fait écho à la tirade de Phèdre. Vous vous demanderez si l'on peut comparer la passion amoureuse des deux héroïnes et ses conséquences sur leur raison et sur leur vie.

► Rédigez des paragraphes et insérer des citations, p. 598

BAC S'entraîner au commentaire

Rédigez une partie d'un commentaire montrant que Madame de Tourvel se sent abandonnée et mise à l'écart du monde.

Dominique Blanc (Phèdre) dans la pièce mise en scène par Patrice Chéreau au théâtre de l'Odéon à Paris en 2003.

► Biographies, p. 628

Honoré de Balzac, *Adieu* (1830)

CONTEXTE

Les guerres napoléoniennes sont régulièrement présentes dans l'œuvre de Balzac. Si elles semblent parfois un simple arrière-plan historique sur lequel se dessine le destin des personnages, elles lui sont aussi étroitement liées et révèlent l'influence de l'Histoire, celle décidée par les hommes, sur l'histoire des individus.

Fuyant la Russie lors de la retraite de l'armée napoléonienne, en 1812, la comtesse Stéphanie de Vandières a dit « adieu » pour jamais au colonel Philippe de Sucy. Séparée de son amant, isolée, soumise à la brutalité de certains soldats, elle perd la raison. Sept ans plus tard, lors d'une chasse avec son ami le marquis d'Albon, Philippe aperçoit dans une propriété, Les Bons-Hommes, celle qu'il croyait morte ; elle est soignée par son oncle, le docteur Fanjat. Le colonel espère, par sa présence, contribuer à la guérison de Stéphanie.

Tout à coup un jeune chevreau accourut en trois bonds vers le banc, flaira Stéphanie, que ce bruit réveilla ; elle se mit légèrement sur ses pieds, sans que ce mouvement effrayât le capricieux animal ; mais quand elle eut aperçu Philippe, elle se sauva, suivie de son compagnon quadrupède, jusqu'à une haie de sureaux[1] ; puis, elle jeta ce petit cri d'oiseau effarouché que déjà le colonel avait entendu près de la grille où la comtesse était apparue à monsieur d'Albon pour la première fois. Enfin, elle grimpa sur un faux ébénier, se nicha dans la houppe[2] verte de cet arbre, et se mit à regarder *l'étranger* avec l'attention du plus curieux de tous les rossignols de la forêt.

– Adieu, adieu, adieu ! dit-elle sans que l'âme communiquât une seule inflexion sensible à ce mot.

C'était l'impassibilité de l'oiseau sifflant son air.

– Elle ne me reconnaît pas, s'écria le colonel au désespoir. Stéphanie ! c'est Philippe, ton Philippe, Philippe.

Et le pauvre militaire s'avança vers l'ébénier ; mais quand il fut à trois pas de l'arbre, la comtesse le regarda, comme pour le défier, quoiqu'une sorte d'expression craintive passât dans son œil ; puis, d'un seul bond, elle se sauva de l'ébénier sur un acacia, et, de là, sur un sapin du Nord, où elle se balança de branche en branche avec une légèreté inouïe.

– Ne la poursuivez pas, dit monsieur Fanjat au colonel. Vous mettriez entre elle et vous une aversion qui pourrait devenir insurmontable ; je vous aiderai à vous en faire connaître et à l'apprivoiser. Venez sur ce

Telemaco Signorini, *La Salle des agitées à San Bonifacio* (1865), huile sur toile, Galleria d'Arte Moderna di Ca'Pesaro, Venise (Italie).

1. Arbrisseaux.
2. La houppe est un assemblage de brins de fil ou de laine. Ici, synonyme de touffe, assemblage de plantes ou de branches.

3. Unité de mesure. À trois mètres environ.

banc. Si vous ne faites point attention à cette pauvre folle, alors vous ne tarderez pas à la voir s'approcher insensiblement pour vous examiner.

– *Elle* ! ne pas me reconnaître, et me fuir, répéta le colonel en s'asseyant le dos contre un arbre dont le feuillage ombrageait un banc rustique ; et sa tête se pencha sur sa poitrine. Le docteur garda le silence. Bientôt la comtesse descendit doucement du haut de son sapin, en voltigeant comme un feu follet, en se laissant aller parfois aux ondulations que le vent imprimait aux arbres. Elle s'arrêtait à chaque branche pour épier l'étranger ; mais, en le voyant immobile, elle finit par sauter sur l'herbe, se mit debout, et vint à lui d'un pas lent, à travers la prairie. Quand elle se fut posée contre un arbre qui se trouvait à dix pieds[3] environ du banc, monsieur Fanjat dit à voix basse au colonel :

– Prenez adroitement, dans ma poche droite, quelques morceaux de sucre, et montrez-les-lui, elle viendra ; je renoncerai volontiers, en votre faveur, au plaisir de lui donner des friandises. À l'aide du sucre, qu'elle aime avec passion, vous l'habituerez à s'approcher de vous et à vous reconnaître.

– Quand elle était femme, répondit tristement Philippe, elle n'avait aucun goût pour les mets sucrés.

Lorsque le colonel agita vers Stéphanie le morceau de sucre qu'il tenait entre le pouce et l'index de la main droite, elle poussa de nouveau son cri sauvage, et s'élança vivement sur Philippe ; puis elle s'arrêta, combattue par la peur instinctive qu'il lui causait ; elle regardait le sucre et détournait la tête alternativement, comme ces malheureux chiens à qui leurs maîtres défendent de toucher à un mets avant qu'on ait dit une des dernières lettres de l'alphabet qu'on récite lentement. Enfin la passion bestiale triompha de la peur ; Stéphanie se précipita sur Philippe, avança timidement sa jolie main brune pour saisir sa proie, toucha les doigts de son amant, attrapa le sucre et disparut dans un bouquet de bois.

Questions

► L'organisation et le fonctionnement du récit, p. 548

La folie : un retour à l'état sauvage

1. Quel est le principal comparant des figures de rapprochement ? Quel est l'effet produit ?
2. Relevez le champ lexical de la grâce. Quelle image donne-t-il de Stéphanie ?
3. Montrez que le comportement du chevreau et l'agilité de Stéphanie dans les arbres sont peu vraisemblables. Que cherche à suggérer le narrateur ?

Le colonel : un danger pour Stéphanie ?

4. Quelle différence repérez-vous dans les relations que la comtesse établit avec Philippe et le chevreau ? Que suggère cette différence ?
5. Étudiez l'évolution du comportement de Stéphanie tout au long de la scène ? Qu'en concluez-vous de son rapport avec les hommes ?

Grammaire
Montrez la variété des constructions des figures de rapprochement présentes dans le texte.
► Les figures de rapprochements, p. 534

Synthèse Quel regard ce texte porte-t-il sur la folie de Stéphanie ? Quelle critique du monde et des hommes ce regard suggère-t-il ?

BAC S'entraîner à l'écriture d'invention

En une quinzaine de lignes, brossez le portrait d'un personnage devenu fou dans un cadre et dans une situation que vous choisirez. Vous utiliserez des comparaisons et des métaphores qui donnent une image attachante et inquiétante du personnage.

► Repérer les différents écrits d'invention, p. 612

► Biographies, p. 628

François Mauriac, *Thérèse Desqueyroux* (1927)

CONTEXTE

Dans la grande bourgeoisie provinciale française du début du XXe siècle, les sentiments, l'affection, l'effusion sont souvent sacrifiés au profit des conventions, de la morale, de l'honneur des familles. Des êtres sensibles, avides d'amour et d'authenticité, étouffent dans ce milieu qu'a souvent décrit François Mauriac.

Thérèse a tenté d'empoisonner son mari, Bernard Desqueyroux, grand bourgeois du Bordelais. Elle est innocentée lors d'un procès arrangé, afin d'éviter un scandale, et rejoint son mari. Celui-ci lui signifie qu'elle devra se conformer aux décisions arrêtées en famille : elle demeurera dans sa chambre et ne verra plus son enfant.

En ces jours les plus courts de l'année, la pluie épaisse unifie le temps, confond les heures ; un crépuscule rejoint l'autre dans le silence immuable. Mais Thérèse était sans désir de sommeil et ses songes en devenaient plus précis ; avec méthode, elle cherchait, dans son passé, des visages oubliés, des bouches qu'elle avait chéries de loin, des corps indistincts que des rencontres fortuites, des hasards nocturnes avaient rapprochés de son corps innocent. Elle composait un bonheur, elle inventait une joie, elle créait de toutes pièces un impossible amour.

« Elle ne quitte plus son lit, elle laisse son confit et son pain – disait, à quelque temps de là, Balionte à Balion[1]. Mais je te jure qu'elle vide bien toute sa bouteille. Autant qu'on lui en donnerait, à cette garce, autant qu'elle en boirait. Et après ça, elle brûle les draps avec sa cigarette. Elle finira par nous mettre le feu. Elle fume tant qu'elle a ses doigts et ses ongles jaunes, comme si elle les avait trempés dans de l'arnica : si ce n'est pas malheureux ! des draps qui ont été tissés sur la propriété... Attends un peu que je te les change souvent ! »

Elle disait encore qu'elle ne refusait pas de balayer la chambre ni de faire le lit. Mais c'était cette feignantasse[2] qui ne voulait pas sortir des draps. Et ce n'était pas la peine que Balionte, avec ses jambes enflées, montât des brocs d'eau chaude : elle les retrouvait, le soir, à la porte de la chambre où elle les avait posés le matin.

La pensée de Thérèse se détachait du corps inconnu qu'elle avait suscité pour sa joie, elle se lassait de son bonheur, éprouvait la satiété de l'imaginaire plaisir – inventait une autre évasion. On s'agenouillait autour de son grabat[3]. Un enfant d'Argelouse[4] (un de ceux qui fuyaient à son approche) était apporté mourant dans la chambre de Thérèse ; elle posait sur lui sa main toute jaunie de nicotine, et il se relevait guéri. Elle inventait d'autres rêves plus humbles : elle arrangeait une maison au bord de la mer, voyait en esprit le jardin, la terrasse, disposait les pièces, choisissait un à un chaque meuble, cherchait la place pour ceux qu'elle possédait à Saint-Clair, se disputait avec elle-même pour le choix des étoffes. Puis le décor se défaisait, devenait moins précis, et il ne restait qu'une charmille[5], un banc devant la mer. Thérèse, assise, reposait sa tête contre une épaule, se levait à l'appel de la cloche pour le repas, entrait dans la charmille noire et quelqu'un marchait à ses côtés qui soudain l'entourait des deux bras, l'attirait. Un baiser, songe-t-elle, doit arrêter le temps ; elle imagine qu'il existe dans l'amour des secondes infinies. Elle l'imagine ; elle ne le saura jamais. Elle voit la maison blanche encore, le puits ; une pompe grince ; des héliotropes[6] arrosés parfument la cour ; le dîner sera un repos avant ce bonheur du soir et de la nuit qu'il doit être impossible de regarder en face, tant il dépasse la puissance de notre cœur : ainsi l'amour dont Thérèse a été plus sevrée qu'aucune créature, elle en est possédée, pénétrée. À peine entend-elle les criailleries de Balionte. Que crie la vieille ? Que M. Bernard rentrera du Midi, un jour ou l'autre, sans avertir : « et que dira-t-il quand il verra cette chambre ? Un vrai parc à cochons ! Il faut que Madame se lève de gré ou de force ». Assise sur

1. Couple de domestiques de la famille.
2. Forme populaire et péjorative de fainéant et proche ici de feignasse.
3. Lit rudimentaire, lit de malade.
4. Nom de la propriété familiale.
5. Allée de charmes ou tonnelle de verdure.
6. Plantes odorantes et qui tournent leurs fleurs vers le soleil.

Ophélia, *chantant* :

Et ne reviendra-t-il pas ?
Et ne reviendra-t-il pas ?
Non ! Non ! il est mort.
Va à ton lit de mort.
Il ne reviendra jamais.

Sa barbe était blanche comme neige,
Toute blonde était sa tête.
Il est parti ! il est parti !
Et nous perdons nos cris.
Dieu ait pitié de son âme !

Et de toutes les âmes chrétiennes ! Je prie Dieu. Dieu soit avec vous ! *(Sort Ophélia.)*

Laertes : Voyez-vous ceci, ô Dieu ?

Traduction François-Victor Hugo

Questions

► La représentation du texte théâtral, p. 556
► Émouvoir, p. 579

1. Pourquoi peut-on dire que les paroles d'Ophélia sont incohérentes ?
2. Montrez que le véritable dialogue est absent de la scène. Dans quel but ?
3. Quelle vision paradoxale ce texte nous donne-t-il d'Ophélia et de sa folie ?
4. Quels sentiments Laertes éprouve-t-il pour sa sœur ?
5. Quels rôles peut-on attribuer aux quatre dernières répliques de Laertes ?
6. De quelle manière la représentation théâtrale participe-t-elle à l'expression de la folie d'Ophélia ?

LECTURE D'IMAGE

1. Sur quel passage du texte s'est appuyé l'artiste pour peindre ce portrait ? Justifiez votre réponse.
2. Quelle image ce portrait donne-t-il du personnage ?
3. Étudiez les jeux d'ombre et de lumière. Comment les justifiez-vous ?
4. Comment le peintre s'est-il efforcé d'exprimer la folie d'Ophélia ?
5. Quel effet la représentation picturale du personnage peut-il avoir sur l'appréhension du personnage de la pièce de théâtre ? Est-ce comparable à sa représentation, son incarnation par une actrice ? Justifiez votre réponse.

► L'organisation de l'image, p. 572
► Les visées et intentions de l'image, p. 573

Ernest Hébert, *Ophélie* (1876), huile sur bois (43,7 cm x 22,6 cm), musée Ernest Hébert, Paris.

Histoire des arts

Écoutez « l'air de la folie » dans l'opéra de Donizetti *Lucia di Lammermoor* (1839) et regardez le film de François Truffaut, *L'Histoire d'Adèle H.* (1975). Établissez des rapprochements entre ces œuvres et les textes du corpus.

LE PERSONNAGE ROMANESQUE

Le roman s'attache à représenter la réalité : un milieu, une époque, les mœurs d'un groupe social, des individualités. On retrouve donc naturellement les personnages à travers des scènes de la vie courante.

1 METTRE EN SCÈNE LES PERSONNAGES

La notion de topos

Les scènes de repas, de rencontre et de séparation constituent des *topoï* romanesques (passages obligés, lieux communs). Certains romans du Moyen Âge, qui s'inspiraient déjà de l'Antiquité, les ont exploitées. Elles ont été reprises et adaptées en fonction des époques, des techniques narratives et des mouvements littéraires.

→ **Ex. :** Dans *Le Roman de Troie* de Benoît de Sainte-Maure, la scène de rencontre s'organise autour d'un coup de foudre entre Hélène et Pâris.

La fonction narrative

Les scènes de rencontre constituent un temps fort du roman ; elles sont déterminantes pour l'action à venir. Les circonstances et le déroulement de la rencontre sont autant d'indices de son développement et de son issue finale.

→ **Ex. :** Dans *L'Éducation sentimentale* de Gustave Flaubert, le regard ébloui que Frédéric porte sur Madame Arnoux est sans réciproque et annonce déjà l'impossibilité de leur amour.

Les scènes de séparation marquent le plus souvent la fin de l'action.

Les scènes de repas constituent une pause dans la narration, dans la mesure où le romancier dévoile les pensées des personnages et décrit des comportements, des attitudes révélateurs d'un état psychologique ou propres à un groupe social. Ces scènes apparaissent donc comme des photographies d'une catégorie sociale à une époque donnée. (▸ **Dossier Histoire des arts, p. 120**)

→ **Ex. :** Dans *Moderato cantabile,* Marguerite Duras souligne le convenu des relations bourgeoises et les difficultés pour une femme d'y échapper.

La fonction symbolique

Les scènes de repas et de rencontres sont le moyen pour le narrateur de symboliser le devenir d'un personnage ou d'un groupe social, en donnant des signes à décrypter.

→ **Ex. :** Dans *À la Recherche du Temps perdu* de Marcel Proust, le dîner à La Raspelière révèle un monde nouveau qui émerge, celui d'une riche bourgeoisie.

Elles symbolisent aussi l'expression d'une vision du monde, spécifique à un auteur, à une époque.

→ **Ex. :** Dans *La Princesse de Clèves,* le cadre de la rencontre révèle un monde marqué par l'importance du paraître et l'élégance.

2 CARACTÉRISER LES PERSONNAGES

Le personnage type

Dans le roman, le personnage représente les hommes et les femmes d'une époque, au point que parfois il incarne un type d'individu. Ainsi, la jeune femme qui perd la raison est incarnée par des héroïnes romanesques et accède au statut de personnage type. Vous en avez des exemples dans la séquence 5 de ce chapitre.

La fonction critique

La caractérisation des personnages met en lumière les rapports entre les individus, le rapport au monde. Le romancier utilise par exemple un personnage incarnant la folie pour rappeler les dangers et la complexité de la relation amoureuse. Il invite le lecteur à réfléchir sur les rapports humains et à porter un regard critique sur la société.

→ **Ex. :** Dans *Thérèse Desqueyroux* de François Mauriac, le roman souligne combien le personnage se sent privé d'amour et se réfugie dans des rêveries ou des délires qui suggèrent qu'elle perd la raison.

1 LECTURES CROISÉES

La Princesse de Clèves (1678) de Madame de La Fayette
La Femme de trente ans (1842) d'Honoré de Balzac
Le Ravissement de Lol V. Stein (1964) de Marguerite Duras

Lisez les trois œuvres proposées. Vous pouvez travailler par groupes ; chaque groupe choisira son axe d'étude et le présentera à l'oral.

AXE D'ÉTUDE 1

Étudiez le statut de la femme mariée à travers les réactions des trois héroïnes. Percevez-vous une évolution ? Justifiez votre réponse.

AXE D'ÉTUDE 2

Ces trois romans rendent-ils la société et ses valeurs responsables du malheur des héroïnes ? Justifiez votre réponse.

AXE D'ÉTUDE 3

Comparez les principaux choix narratifs de chacun des auteurs. Quel est celui que vous préférez ? Justifiez votre réponse.

2 D'AUTRES LECTURES

Joseph Andrews (1742)
de Henry Fielding

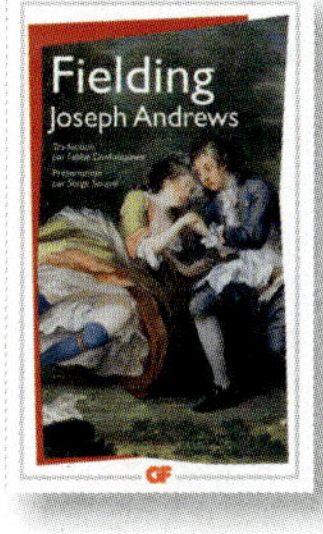

Joseph s'apprête à vivre des aventures dignes d'un héros picaresque. Alors que sa vertueuse sœur résiste aux avances de son maître, il doit subir les assauts d'une *Lady* dont il est devenu le laquais. *Joseph Andrews* est caractéristique des romans anglais du XVIIIe siècle.

Joseph Andrews (1977)

Adaptation cinématographique du roman de Henry Fielding, réalisée par Tony Richardson.

Le Guépard (1958)
de Giuseppe Tomasi di Lampedusa

Fin du XIXe siècle ; alors que l'aristocratie sicilienne voit son pouvoir décliner, le prince de Salina et son neveu Tancredi se retrouvent confrontés au débarquement des troupes de Garibaldi. *Le Guépard* est un des chefs-d'œuvre de la littérature italienne.

Le Guépard (1963)

Adaptation cinématographique du roman de Giuseppe Tomasi di Lampedusa, réalisée par Luchino Visconti.

La Carte et le territoire (2010)
de Michel Houellebecq

Jed Martin est un artiste et n'a qu'une seule certitude : l'œuvre d'art ne représente pas la réalité du monde ; la carte est bien plus intéressante que le territoire qu'elle décrit. À travers les tribulations de Jed, Houellebecq nous livre ses réflexions sur l'art, le rapport à la famille ainsi que sa vision de la France dans un futur proche. Il y ajoute également le portait d'un écrivain qui lui ressemble furieusement.

TEXTE A

Émile Zola, *Thérèse Raquin* (1867)

Thérèse Raquin s'est laissé marier à son cousin Camille. Mais elle fait la connaissance de Laurent, un ami de son mari, qui devient son amant.

Laurent cessa de ramer et laissa descendre le canot au fil du courant.

En face, se dressait le grand massif rougeâtre des îles. Les deux rives, d'un brun sombre taché de gris, étaient comme deux larges bandes qui allaient se rejoindre à l'horizon. L'eau et le ciel semblaient coupés dans la même étoffe blanchâtre. Rien n'est plus douloureusement calme qu'un crépuscule d'automne.

Les rayons pâlissent dans l'air frissonnant, les arbres vieillis jettent leurs feuilles. La campagne, brûlée par les rayons ardents de l'été, sent la mort venir avec les premiers vents froids. Et il y a, dans les cieux, des souffles plaintifs de désespérance. La nuit descend de haut, apportant des linceuls dans son ombre.

Les promeneurs se taisaient. Assis au fond de la barque qui coulait avec l'eau, ils regardaient les dernières lueurs quitter les hautes branches. Ils approchaient des îles. Les grandes masses rougeâtres devenaient sombres ; tout le paysage se simplifiait dans le crépuscule ; la Seine, le ciel, les îles, les coteaux n'étaient plus que des taches brunes et grises qui s'effaçaient au milieu d'un brouillard laiteux.

Camille, qui avait fini par se coucher à plat ventre, la tête au-dessus de l'eau, trempa ses mains dans la rivière.

– Fichtre ! que c'est froid ! s'écria-t-il. Il ne ferait pas bon de piquer une tête dans ce bouillon-là.

Laurent ne répondit pas. Depuis un instant il regardait les deux rives avec inquiétude ; il avançait ses grosses mains sur ses genoux, en serrant les lèvres. Thérèse, roide, immobile, la tête un peu renversée, attendait.

La barque allait s'engager dans un petit bras, sombre et étroit, s'enfonçant entre deux îles. On entendait, derrière l'une des îles, les chants adoucis d'une équipe de canotiers qui devaient remonter la Seine. Au loin, en amont, la rivière était libre.

Alors Laurent se leva et prit Camille à bras-le-corps. Le commis éclata de rire.

– Ah ! non, tu me chatouilles, dit-il, pas de ces plaisanteries-là... Voyons, finis : tu vas me faire tomber.

Laurent serra plus fort, donna une secousse. Camille se tourna et vit la figure effrayante de son ami, toute convulsionnée. Il ne comprit pas ; une épouvante vague le saisit. Il voulut crier, et sentit une main rude qui le serrait à la gorge. Avec l'instinct d'une bête qui se défend, il se dressa sur les genoux, se cramponnant au bord de la barque. Il lutta ainsi pendant quelques secondes.

– Thérèse ! Thérèse ! appela-t-il d'une voix étouffée et sifflante.

La jeune femme regardait, se tenant des deux mains à un banc du canot qui craquait et dansait sur la rivière. Elle ne pouvait fermer les yeux ; une effrayante contraction les tenait grands ouverts, fixés sur le spectacle horrible de la lutte. Elle était rigide, muette.

– Thérèse ! Thérèse ! appela de nouveau le malheureux qui râlait.

À ce dernier appel, Thérèse éclata en sanglots. Ses nerfs se détendaient. La crise qu'elle redoutait la jeta toute frémissante au fond de la barque. Elle y resta pliée, pâmée, morte.

TEXTE B

André Malraux, *La Condition humaine* (1933)

Tchen, un jeune Chinois engagé dans l'action terroriste, doit assassiner un trafiquant.

Première partie

21 mars 1927

Minuit et demi.

Tchen tenterait-il de lever la moustiquaire ? Frapperait-il au travers ? L'angoisse lui tordait l'estomac ; il connaissait sa propre fermeté, mais n'était capable en cet instant que d'y songer avec hébétude*, fasciné par ce tas de mousseline blanche qui tombait du plafond sur un corps moins visible qu'une ombre, et d'où sortait seulement ce pied à demi incliné par le sommeil, vivant quand même – de la chair d'homme. La seule lumière venait du building voisin : un grand rectangle d'électricité pâle, coupé par les barreaux de la fenêtre dont l'un rayait le lit juste au-dessous du pied comme pour en accentuer le volume et la vie. Quatre ou cinq klaxons grincèrent à la fois. Découvert ? Combattre, combattre des ennemis qui se défendent, des ennemis éveillés !

La vague de vacarme retomba : quelque embarras de voitures (il y avait encore des embarras de voitures, là-bas, dans le monde des hommes...). Il se retrouva en face de la tache molle de la mousseline et du rectangle de lumière, immobiles dans cette nuit où le temps n'existait plus.

Il se répétait que cet homme devait mourir. Bêtement : car il savait qu'il le tuerait. Pris ou non, exécuté ou non, peu importait. Rien n'existait que ce pied, cet homme qu'il devait frapper sans qu'il se défendît – car, s'il se défendait, il appellerait.

Les paupières battantes, Tchen découvrait en lui, jusqu'à la nausée, non le combattant qu'il attendait, mais un sacrificateur. Et pas seulement aux dieux qu'il avait choisis : sous son sacrifice à la révolution grouillait un monde de profondeurs auprès de quoi cette nuit écrasée d'angoisse n'était que clarté. « Assassiner n'est pas seulement tuer... » Dans ses poches, ses mains hésitantes tenaient, la droite un rasoir fermé, la gauche un court poignard. Il les enfonçait le plus possible, comme si la nuit n'eût pas suffi à cacher ses gestes. Le rasoir était plus sûr, mais Tchen sentait qu'il ne pourrait jamais s'en servir ; le poignard lui répugnait moins. Il lâcha le rasoir dont le dos pénétrait dans ses doigts crispés ; le poignard était nu dans sa poche, sans gaine. Il le fit passer dans sa main droite, la gauche retombant sur la laine de son chandail et y restant collée. Il éleva légèrement le bras droit, stupéfait du silence qui continuait à l'entourer, comme si son geste eût dû déclencher quelque chute. Mais non, il ne se passait rien : c'était toujours à lui d'agir.

* Stupeur, état d'une personne abasourdie, qui perd ses moyens.

TEXTE C

Albert Camus, *L'Étranger* (1942)

Meursault, le narrateur, est employé de bureau à Alger.

Dès qu'il m'a vu, il s'est soulevé un peu et a mis la main dans sa poche. Moi, naturellement, j'ai serré le revolver de Raymond dans mon veston. Alors de nouveau, il s'est laissé aller en arrière, mais sans retirer la main de sa poche. J'étais assez loin de lui, à une dizaine de mètres. Je devinais son regard par instants, entre ses paupières mi-closes. Mais le plus souvent, son image dansait devant mes yeux, dans l'air enflammé. Le bruit des vagues était encore plus paresseux, plus étale qu'à midi. C'était le même soleil, la même lumière sur le même sable qui se prolongeait ici. Il y avait déjà deux heures que la journée n'avançait plus, deux heures qu'elle avait jeté l'ancre dans un océan de métal bouillant. À l'horizon, un petit vapeur est passé et j'en ai deviné la tache noire au bord de mon regard, parce que je n'avais pas cessé de regarder l'Arabe.

J'ai pensé que je n'avais qu'un demi-tour à faire et ce serait fini. Mais toute une plage vibrante de soleil se pressait derrière moi. J'ai fait quelques pas vers la source. L'Arabe n'a pas bougé. Malgré tout, il était encore assez loin. Peut-être à cause des ombres sur son visage, il avait l'air de rire. J'ai attendu. La brûlure du soleil gagnait mes joues et j'ai senti des gouttes de sueur s'amasser dans mes sourcils. C'était le même soleil que le jour où j'avais enterré maman et, comme alors, le front surtout me faisait mal et toutes ses veines battaient ensemble sous la peau. À cause de cette brûlure que je ne pouvais plus supporter, j'ai fait un mouvement en avant. Je savais que c'était stupide, que je ne me débarrasserais pas du soleil en me déplaçant d'un pas. Mais j'ai fait un pas, un seul pas en avant. Et cette fois, sans se soulever, l'Arabe a tiré son couteau qu'il m'a présenté dans le soleil. La lumière a giclé sur l'acier et c'était comme une longue lame étincelante qui m'atteignait au front. Au même instant, la sueur amassée dans mes sourcils a coulé d'un coup sur les paupières et les a recouvertes d'un voile tiède et épais. Mes yeux étaient aveuglés derrière ce rideau de larmes et de sel. Je ne sentais plus que les cymbales du soleil sur mon front et, indistinctement, le glaive éclatant jailli du couteau toujours en face de moi. Cette épée brûlante rongeait mes cils et fouillait mes yeux douloureux. C'est alors que tout a vacillé. La mer a charrié un souffle épais et ardent. Il m'a semblé que le ciel s'ouvrait sur toute son étendue pour laisser pleuvoir du feu. Tout mon être s'est tendu et j'ai crispé ma main sur le revolver. La gâchette a cédé, j'ai touché le ventre poli de la crosse et c'est là, dans le bruit à la fois sec et assourdissant, que tout a commencé. J'ai secoué la sueur et le soleil. J'ai compris que j'avais détruit l'équilibre du jour, le silence exceptionnel d'une plage où j'avais été heureux. Alors, j'ai tiré encore quatre fois sur un corps inerte où les balles s'enfonçaient sans qu'il y parût. Et c'était comme quatre coups brefs que je frappais sur la porte du malheur.

▶ ▶ ▶ Sujet Bac

I. Après avoir lu les textes du corpus, répondez à la question suivante (4 points)

Vous montrerez comment la description de la nature intervient dans les trois extraits.

II. Traitez ensuite l'un des sujets suivants (16 points)

• Commentaire

Vous commenterez le texte d'André Malraux (**Texte B**).

• Dissertation

Pour apprécier un roman, un lecteur a-t-il besoin de s'identifier au personnage principal et de partager ses sentiments ?

• Écriture d'invention

Lors de son procès, Thérèse doit raconter au juge la scène que vous venez de lire (**Texte A**) mais elle veut le convaincre, lui et les jurés, de l'entière responsabilité de Laurent dans le crime commis.

Quelques conseils

▶ Grille d'auto-évaluation pour la question sur le corpus, p. 593

Pour répondre à la question

1. Demandez-vous ce qu'ont en commun ces trois textes : genre, thème, objet d'étude, etc.
2. Lisez les trois textes et relevez toutes les apparitions de la nature (→ **Ex. :** « le grand massif rougeâtre des îles » dans le **texte A**).
3. Interrogez-vous sur la façon dont la nature apparaît : y a-t-il des points communs qui vous permettraient de regrouper certains textes ?

▶ Grille d'auto-évaluation pour le commentaire, p. 601

Si vous choisissez le commentaire...

1. Situez le texte à commenter dans le roman et dégagez l'enjeu du passage en vous demandant quelles informations sont délivrées sur le personnage.
2. Étudiez l'énonciation : quels points de vue repérez-vous ?
   (▶ L'organisation et le fonctionnement du récit, p. 548)
3. Rassemblez vos connaissances sur le roman au XXe siècle.
   (▶ Les mouvements majeurs de l'histoire littéraire : XXe siècle, p. 37)

▶ Grille d'auto-évaluation pour la dissertation, p. 611

Si vous choisissez la dissertation...

1. Commencez par noter le genre littéraire concerné : ici, le roman.
2. Pour répondre à cette question et nourrir votre réflexion, vous vous appuierez sur les textes du corpus, les œuvres romanesques que vous avez étudiées en classe et vos lectures personnelles.
3. Soulignez les mots importants du sujet ; associez-les à des synonymes pour mieux définir le problème qui vous est posé. Interrogez-vous, par exemple, sur les termes « s'identifier », « partager les sentiments » et « personnage principal ».
   (▶ Analyser le sujet et exploiter le corpus, p. 602)
4. La phrase du sujet est une interrogation totale (réponse attendue : « oui » ou « non »). Une antithèse implicite se dégage du sujet : le lecteur n'a pas forcément besoin de s'identifier au personnage principal ni de partager ses sentiments. Il faudra prendre position et apporter des arguments.

▶ Grille d'auto-évaluation pour l'écriture d'invention, p. 623

Si vous choisissez l'écriture d'invention...

1. Vous allez écrire un texte argumentatif :
   - déterminez les contraintes d'écriture imposées par le sujet : qui parle ? À qui ? Quand ? Quoi ? Dans quel but ou avec quelles intentions ? Quels temps allez-vous utiliser ?
     (▶ L'organisation et le fonctionnement du récit, p. 548)
   - adaptez le style : quels effets voulez-vous créer ?
2. L'argumentation recourt à plusieurs procédés : Thérèse peut faire appel aux sentiments, s'appuyer sur un raisonnement mais aussi mentir, etc.
3. La vision de Thérèse est différente de celle de Laurent. La description des lieux, des sentiments qu'elle ressent, les paroles qu'elle prononce doivent s'opposer au texte A.
   Relisez le texte A et votre production pour vous assurer qu'ils sont bien en opposition.

CHAPITRE 2

Le texte théâtral et sa représentation, du XVIIe siècle à nos jours

« Contentons-nous de dire que le théâtre, comme la vie, est un songe, sans trop nous soucier du mensonge. » (Jean-Louis Barrault, *Nouvelles réflexions sur le théâtre*, 1959)

▸▸▸ Gustav Klimt, *Salle de l'Altes Burgtheater* (XIXe s.), huile sur toile, détail, Wien Museum Karlsplatz, Vienne (Autriche).

Le théâtre est un genre littéraire particulier car s'il est un texte, il est aussi un spectacle. Depuis son origine, dans l'Antiquité, ces deux aspects sont liés : le texte porte les indices de la représentation future, ce qui détermine tout à la fois son écriture et son analyse. C'est aussi pourquoi les conditions de création et de réception (types de publics, lieux de spectacle) sont déterminantes dans l'histoire du théâtre.

La *catharsis*

Aristote, philosophe grec, définit la tragédie dans *La Poétique*. Selon lui, elle suscite, par procuration, crainte et pitié chez le spectateur qui est alors capable de maîtriser ces pulsions. Au XVIIe siècle, cette notion est reprise et infléchie. La « purgation » concerne toutes les passions, ajoutant une dimension morale. La représentation de passions condamnables est ainsi justifiée (→ **Ex. :** celles de Phèdre chez **Racine**).

L'Antiquité : la naissance du théâtre

Une cérémonie citoyenne

Le théâtre est apparu en Grèce, à la fin du VIe siècle av. J.-C., dans le cadre des fêtes religieuses qui rythment la vie de la cité. À Athènes, des concours de tragédies et de comédies étaient organisés, auxquels assistaient tous les citoyens. Les sujets empruntaient à la mythologie ou à l'histoire, et invitaient les spectateurs à la réflexion sur la condition humaine, la vie de la cité, réflexion mise en perspective par la présence d'un chœur, composé de danseurs. Le caractère vivant et collectif du spectacle était donc très important.

Scène de comédie, mosaïque (IIIe s. ap. J.-C.), musée archéologique, Lesbos (Grèce).

Des auteurs inépuisables

Les textes de trois grands auteurs tragiques grecs ont été conservés et ont influencé toute l'histoire du théâtre : **Eschyle**, **Sophocle**, **Euripide**. **Aristophane** a, quant à lui, laissé des comédies (Ve siècle av. J.-C.). La distinction des genres est donc elle aussi ancienne, reposant sur les différences entre la condition sociale des personnages, les sujets abordés, les émotions suscitées. À Rome, **Sénèque** (Ier siècle ap. J.-C.) compose à son tour des tragédies, **Plaute** (IIe siècle ap. J.-C.) des comédies, dont certaines servent de modèles à Molière.

Le Moyen Âge : farces et mystères

Au cours du Moyen Âge, le théâtre se développe sous la forme de farces ou de théâtre religieux, miracles et mystères, s'écartant donc des modèles antiques. Les représentations ont essentiellement lieu dans la rue, à l'exception de quelques spectacles religieux donnés au sein même des églises.

Le xvie siècle : la renaissance du théâtre

À la Renaissance, la redécouverte des auteurs antiques va conduire à la naissance des premières tragédies et comédies en langue française, grâce à des auteurs comme **Jodelle** ou **Garnier**. À cette époque encore, aucun lieu n'est dévolu exclusivement aux représentations ; mais certaines ont lieu dans des jeux de paume (ancêtre du tennis), revenant à proposer des spectacles dans des espaces clos. Ce renouveau des genres théâtraux conduit d'autres couches de la population à s'y intéresser, et notamment les plus élevées : des représentations sont données à la cour. L'histoire du genre est bien aussi celle de ses lieux et de ses publics.

Le xviie siècle : l'âge d'or du théâtre

Une vie théâtrale intense

Cette évolution se confirme au cours du xviie siècle. Richelieu, ministre de Louis XIII, comme ses successeurs, comprend les bénéfices que le pouvoir peut retirer en protégeant et en encadrant la création théâtrale. Les troupes, qui se multiplient, vont pour certaines s'installer dans des théâtres (théâtre du Marais, Hôtel de Bourgogne, Palais Royal), ce qui va permettre une plus grande diversité des publics. Ce sont pour ces troupes, parfois même pour tel comédien renommé, que les auteurs composent. Les pièces sont ainsi toujours jouées avant d'être publiées. Et les auteurs sont très attentifs aux goûts et aux attentes du public, comme en témoigne l'évolution des genres théâtraux au xviie siècle.

De la dramaturgie baroque…

Dans la première moitié du xviie, période baroque, les pièces sont riches en rebondissements et invraisemblances : la tragi-comédie emporte l'adhésion. **Pierre Corneille** compose alors ses premières pièces, dont *Médée* (1635), tragédie, et *L'Illusion comique* (1636), comédie. *Le Cid* (1637) est l'occasion d'une querelle célèbre qui marque un tournant dans l'écriture théâtrale.

… à la dramaturgie classique

Les exigences d'un public plus lettré, celles des théoriciens comme l'abbé d'Aubignac, conduisent les auteurs à respecter des règles de composition (unité de temps, de lieu, d'action), au nom de la vraisemblance d'une part, de la bienséance d'autre part. Sont ainsi élaborées les règles de la dramaturgie classique (► Les mouvements littéraires : le xviie siècle, p. 27), inspirées pour une part de la *Poétique* d'Aristote, philosophe grec du ive siècle av. J.-C.

Au service de la représentation

Le théâtre n'en reste pas moins vivant et toujours soucieux de séduire son public. **Molière**, comédien et chef de troupe, multiplie ses sources d'inspiration, des auteurs antiques aux auteurs espagnols comme Lope de Vega, en passant par la commedia dell'arte, qu'il connaît bien pour partager un temps son théâtre avec la troupe italienne. **Jean Racine** compose ses tragédies pour de grandes comédiennes, comme la Champmeslé, avec laquelle il répète. Ainsi, comédie ou tragédie, la création d'une pièce au xviie siècle est le fruit d'influences et d'exigences multiples qu'il ne faut pas oublier de prendre en compte encore aujourd'hui.

La commedia dell'arte

Genre comique né en Italie au xvie siècle. Les comédiens représentent des types comiques, tel Arlequin, et improvisent à partir de canevas. Ce théâtre relève de la création collective. Son influence sur la comédie française est importante aux xviie et xviiie siècles. Des troupes italiennes s'installent dans les théâtres parisiens avec succès. Molière partage son théâtre avec l'une d'elles et s'en inspire, comme Marivaux au xviiie.

Huile sur toile (vers 1670), œuvre anonyme de l'École Française, Comédie-Française, Paris.

Farceurs français et italiens avec de gauche à droite : le comédien et dramaturge Molière dans le costume d'Arnolphe, Jodelet, Poisson, Tarlupin, le capitaine Matamore, Arlequin, Guillot Gorju, Guillaume Gros, le Docteur Grazian Balourd, Gaultier Garguille, Polichinelle, Pantalon, Philippin, Scaramouche, Briguelle et Trivelin.

Le xviiie siècle : une apparente légèreté

Le théâtre au XVIIIe siècle se déploie avec une grande liberté. Le siècle précédent en a fait une pratique reconnue et répandue. Les querelles enflammées sur les règles ou la moralité du théâtre sont écartées, et chaque auteur suit sa propre inspiration. **Voltaire** s'essaie à la tragédie, sur le modèle de **Racine**, mais ne rencontre pas le succès escompté : les goûts du public ont changé. **Marivaux** analyse avec subtilité les jeux amoureux, sans négliger l'évolution des mœurs de son temps, en esquissant des réflexions sur les rapports de force au sein de la société. **Beaumarchais**, dans le dernier quart du siècle, et à la veille de la Révolution française, porte plus franchement ces questions sur la scène dans le *Mariage de Figaro* (1785).

Le xixe : rupture et renouveau

Le drame romantique

Les auteurs du XIXe siècle ont voulu marquer une rupture nette avec le théâtre classique, donnant naissance au drame romantique. (► Les mouvements littéraires : le XIXe siècle, p. 31).

Là encore l'évolution du genre théâtral est en résonance avec son temps : c'est la même quête de liberté que celle qui a bouleversé la société française. Les distinctions entre les genres sont rejetées, les règles transgressées. Ce renouveau ne se fait pas sans heurts, comme en témoigne la bataille lors de la représentation d'*Hernani* (1830) de **Victor Hugo**. Mais la voie est ouverte, sur laquelle s'engagent des auteurs comme **Alfred de Musset**, ou **Edmond Rostand**.

Les autres genres

Parallèlement pour satisfaire un public toujours plus nombreux se développent des genres comme le grand guignol ou le vaudeville.

Les xxe et xxie siècles : modernités

L'évolution du genre théâtral au XXe siècle porte la marque des multiples bouleversements de ce siècle. Bouleversements techniques d'abord, qui offrent progressivement de nouveaux moyens au spectacle. Bouleversements politiques et sociologiques, fruits notamment des deux guerres mondiales.

Explorations théâtrales

Dans la première moitié du siècle, des auteurs comme **Jean Giraudoux** ou **Paul Claudel** combinent des influences multiples, antiques, étrangères, notamment orientales. De nouvelles réflexions sur la nature du théâtre, sa réception sont engagées, en France par **Antonin Artaud**, en Allemagne par **Bertold Brecht**.

Un théâtre « philosophique »

Après la Seconde Guerre mondiale plusieurs auteurs remettent radicalement en question les codes de l'écriture théâtrale, tant dans la conception des personnages et de l'intrigue, que dans l'écriture du dialogue. La condition humaine, la fonction du langage sont ainsi interrogées. On parle alors de théâtre de l'absurde (► Les mouvements littéraires : le XXe siècle, p. 38), dont **Samuel Beckett**, **Jean Anouilh**, ou **Eugène Ionesco** sont considérés comme les principaux représentants. Les interrogations de cette époque peuvent donner lieu à un théâtre plus politique avec **Jean-Paul Sartre** et **Albert Camus**.

XXIe siècle : le théâtre en liberté

La création théâtrale n'obéit plus qu'à la subjectivité du créateur, riche de toute une histoire des textes et de leurs représentations. **Olivier Py**, homme de théâtre et écrivain, n'a de cesse de s'inscrire dans des héritages multiples, tout en proposant un théâtre nouveau, en résonance avec son siècle, le nôtre.

Le metteur en scène

Cette notion date de la fin du XIXe s. Le metteur en scène, d'agenceur des aspects matériels, devient un autre « créateur » de la pièce. Les grands metteurs en scène sont souvent aussi comédiens, comme Jean Vilar, voire des auteurs, comme Olivier Py. La création peut prendre une dimension collective comme au Théâtre du Soleil. Cette fonction révèle l'importance de la représentation, chaque mise en scène étant une nouvelle interprétation du texte.

Sur le site de la BnF, consultez l'exposition virtuelle consacrée à Jean-Paul Sartre, partie théâtre. En observant les images de mise en scène, analysez les choix de mise en scène (costumes, décor). Observez aussi les différentes affiches.

Exposé

- **Le drame romantique** : quelles en sont les caractéristiques ? quels en sont les auteurs ? quelle conception du spectacle propose-t-il ?

Séquence 1

Le « théâtre dans le théâtre » du XVIIe à nos jours

Qu'est-ce que l'illusion théâtrale ? Quels sont les rapports entre illusion et réalité au théâtre ? Quels sont les rôles de l'auteur, du metteur en scène et des comédiens dans la création de cette illusion ?

CORPUS DE LA SÉQUENCE

PERSPECTIVES CRITIQUES

LIENS AVEC LA PARTIE LANGUE

- Les valeurs des modes et des temps, p. 520
- Les actes de langage, l'implicite et la modalisation, p. 528
- Les figures de style, p. 534

LIENS AVEC LA PARTIE OUTILS D'ANALYSE

- Le vocabulaire du théâtre, p. 554
- La représentation du texte théâtral, p. 556
- Les principaux genres théâtraux, p. 557

LIENS AVEC LA PARTIE MÉTHODES POUR LE BAC

- Le commentaire, p. 598
- La dissertation, p. 602
- L'écriture d'invention, p. 612
- L'épreuve orale, p. 624

►► Édouard Vuillard, *Le Théâtre de Guignol* (XXe s.), huile sur toile, détail, Comédie des Champs Élysées, Paris.

▸ Biographies, p. 628

⊕ CONTEXTE

L'esthétique baroque privilégie l'illusion et l'artifice, considérés comme révélateurs de la réalité. C'est de ce principe que s'inspire Corneille pour imaginer le dispositif qui fonde *L'Illusion comique*, à un moment où le baroque est encore un courant vigoureux en France et en Europe. Cette comédie exploite en effet le procédé du théâtre dans le théâtre, dévoilant ainsi les richesses de l'art théâtral.

▸ Le Baroque, p. 25

Pierre Corneille, *L'Illusion comique* (1636)

Un père (Pridamant), bouleversé par la disparition de son fils (Clindor), vient consulter un magicien (Alcandre). Devant les yeux du père se déroule la vie d'aventures du fils et une histoire d'amour tragique dans laquelle Clindor perd la vie. La magie se dévoile : en fait, c'est une troupe de théâtre, dont fait partie Clindor, qui a joué dans le décor d'une grotte.

ACTE V, SCÈNE 5

[...]

Ici on relève la toile, et tous les comédiens paraissent avec leur portier, qui comptent de l'argent sur une table, et en prennent chacun leur part.

PRIDAMANT :
Que vois-je ? chez les morts compte-t-on de l'argent ?
ALCANDRE :
Voyez si pas un d'eux s'y montre négligent.
PRIDAMANT :
Je vois Clindor ! ah Dieux ! quelle étrange surprise !
Je vois ses assassins, je vois sa femme et Lyse !
Quel charme en un moment étouffe leurs discords,
Pour assembler ainsi les vivants et les morts ?
ALCANDRE :
Ainsi tous les acteurs d'une troupe comique,
Leur poème récité, partagent leur pratique :
L'un tue, et l'autre meurt, l'autre vous fait pitié ;
Mais la scène préside à leur inimitié.
Leurs vers font leurs combats, leur mort suit leurs paroles
Et, sans prendre intérêt en pas un de leurs rôles,
Le traître et le trahi, le mort et le vivant,
Se trouvent à la fin amis comme devant.
Votre fils et son train ont bien su, par leur fuite,
D'un père et d'un prévôt éviter la poursuite,
Mais tombant dans les mains de la nécessité,
Ils ont pris le théâtre en cette extrémité.
PRIDAMANT :
Mon fils comédien !
ALCANDRE :
D'un art si difficile
Tous les quatre, au besoin, ont fait un doux asile
Et depuis sa prison, ce que vous avez vu,
Son adultère amour, son trépas imprévu,
N'est que la triste fin d'une pièce tragique
Qu'il expose aujourd'hui sur la scène publique,
Par où ses compagnons en ce noble métier
Ravissent à Paris un peuple tout entier.
Le gain leur en demeure et ce grand équipage,
Dont je vous ai fait voir le superbe étalage,
Est bien à votre fils, mais non pour s'en parer
Qu'alors que sur la scène il se fait admirer.

PRIDAMANT :
J'ai pris sa mort pour vraie et ce n'était que feinte :
Mais je trouve partout mêmes sujets de plainte.
Est-ce là cette gloire et ce haut rang d'honneur
Où le devait monter l'excès de son bonheur ?
ALCANDRE :
Cessez de vous en plaindre. À présent le théâtre
Est en un point si haut que chacun l'idolâtre,
Et ce que votre temps voyait avec mépris
Est aujourd'hui l'amour de tous les bons esprits,
L'entretien de Paris, le souhait des provinces,
Le divertissement le plus doux de nos princes,
Les délices du peuple, et le plaisir des grands :
Il tient le premier rang parmi leurs passe-temps
Et ceux dont nous voyons la sagesse profonde
Par ses illustres soins conserver tout le monde,
Trouvent dans les douceurs d'un spectacle si beau
De quoi se délasser d'un si pesant fardeau.
Même notre grand Roi, ce foudre de la guerre,
Dont le nom se fait craindre aux deux bouts de la terre,
Le front ceint de lauriers, daigne bien quelquefois
Prêter l'œil et l'oreille au Théâtre-françois [...]
PRIDAMANT :
Je n'ose plus m'en plaindre et voit trop combien
Le métier qu'il a pris est meilleur que le mien.
[...]

Matamore (François Frapier) dans *L'Illusion comique*, pièce mise en scène par Jean-Marie Villégier au théâtre de l'Athénée-Louis Jouvet à Paris en 1997.

LECTURE D'IMAGE

Expliquez le parti pris de la mise en scène de J.-M. Villégier :
1. Pourquoi un arbre en fleurs dans un décor enneigé et des draps tendus sur des cordes ?
2. Pourquoi Matamore sort-il d'un sac ?

Questions

► La représentation du texte théâtral, p. 556

La magie du théâtre

1. Quelles sont les trois étapes du retour au réel de Pridamant ? Quelle forme Corneille donne-t-il à ses phrases ? Que traduit le rythme de ces vers ?
2. Comment Pridamant reconnaît-il, malgré lui, la magie du théâtre ?
3. Comment Corneille montre-t-il la réalité de la troupe ?

Un plaidoyer pour le théâtre

4. Pour répondre à Pridamant, Alcandre valorise le théâtre : quelles réticences du père de Clindor écarte-t-il ?
5. Quels sont les arguments d'Alcandre ?

« Le théâtre dans le théâtre » : un thème baroque

6. Combien de niveaux de spectacle se trouvent sur scène ? Explicitez-les.
7. Quelle impression provoque le fait de voir les comédiens dans la grotte enchantée alors que la tragédie qu'ils interprétaient est terminée ?
8. Confrontez le sujet du discours de Pridamant au fait qu'il est un personnage dans une pièce : quel est l'effet produit ?
9. Quelle place et quel rôle sont accordés à l'illusion dans la vision du monde ici proposée ?

Vocabulaire
Quel est le sens du mot « charme » dans le texte ? Justifiez votre réponse en vous appuyant sur l'étymologie latine.

Synthèse Utilisez vos réponses aux questions 6 à 9 pour expliquer pourquoi ce texte relève de l'esthétique baroque.

Dossier

Pierre Corneille, *L'Illusion comique* (1636)

1

L'Illusion comique, pièce mise en scène par Louis Jouvet à la Comédie-Française à Paris en 1937.

2

L'Illusion comique, pièce mise en scène par Georges Wilson au Théâtre national populaire à Paris en 1966.

3

L'Illusion comique, pièce mise en scène par Jean-Marie Villegier au théâtre de l'Athénée à Paris en 1997.

4

L'Illusion comique, pièce mise en scène par Marion Bierry au théâtre de Poche Montparnasse à Paris en 2006.

Questions

1. Pour chaque mise en scène, expliquez comment le décor et la posture des personnages rappellent au spectateur qu'il est bien au théâtre.
2. Observez et commentez les lignes de force qui structurent ces décors : que suggèrent-elles ?
3. Commentez les choix de costumes en expliquant les partis pris.

Synthèse Comment chacune de ces mises en scène traduit-elle l'illusion théâtrale ? Laquelle est la plus efficace selon vous ? Pourquoi ?

TEXTE 2

► Biographies, p. 628

CONTEXTE

À l'origine, l'impromptu est un jeu de société, une comédie qui se présente comme une improvisation des comédiens sur un thème donné. Le genre a été involontairement codifié par Molière dans *l'Impromptu de Versailles* qu'il joue le 19 octobre 1663 à Versailles. Dans cet impromptu, il existe une pièce-cadre qui est la pièce jouée devant les spectateurs par des comédiens (ici Molière, Brécourt et La Grange) qui jouent une autre pièce enchâssée à l'intérieur de la première : c'est aussi ce qu'on appelle le « théâtre dans le théâtre ».

Molière, *L'Impromptu de Versailles* (1663)

* Imprévu.

Dans la salle de la Comédie, les comédiens répètent une unique fois une comédie improvisée qu'ils vont représenter devant le roi Louis XIV. Que racontera cette pièce ? Les comédiens ne le savent pas et Molière, pas très bien non plus. Il fait répéter ses comédiens et en profite pour railler ses concurrents, les comédiens de l'Hôtel de Bourgogne.

Acte I, scène 4

Molière : « Voici un homme qui nous jugera. Chevalier !

Brécourt : « Quoi ? »

Molière : Bon. Voilà l'autre qui prend le ton de marquis ! Vous ai-je pas dit que vous faites un rôle où l'on doit parler naturellement ?

Brécourt : Il est vrai.

Molière : Allons donc. « Chevalier !

Brécourt : « Quoi ?

Molière : « Juge-nous un peu sur une gageure que nous avons faite.

Brécourt : « Et quelle ?

Molière : « Nous disputons qui est le marquis de *la Critique* de Molière : il gage que c'est moi, et moi je gage que c'est lui.

Brécourt : « Et moi, je juge que ce n'est ni l'un ni l'autre. Vous êtes fous tous deux, de vouloir vous appliquer ces sortes de choses ; et voilà de quoi j'ouïs l'autre jour se plaindre Molière, parlant à des personnes qui le chargeaient de même chose que vous. Il disait que rien ne lui donnait du déplaisir comme d'être accusé de regarder quelqu'un dans les portraits qu'il fait ; que son dessein est de peindre les mœurs sans vouloir toucher aux personnes, et que tous les personnages qu'il représente sont des personnages en l'air, et des fantômes proprement, qu'il habille à sa fantaisie, pour réjouir les spectateurs ; qu'il serait bien fâché d'y avoir jamais marqué qui que ce soit ; et que si quelque chose était capable de le dégoûter de faire des comédies, c'était les ressemblances qu'on y voulait toujours trouver, et dont ses ennemis tâchaient malicieusement d'appuyer la pensée, pour lui rendre de mauvais offices auprès de certaines personnes à qui il n'a jamais pensé. Et en effet je trouve qu'il a raison ; car pourquoi vouloir, je vous prie, appliquer tous ses gestes et toutes ses paroles, et chercher à lui faire des affaires en disant hautement : « Il joue un tel », lorsque ce sont des choses qui peuvent convenir à cent personnes ? Comme l'affaire de la comédie est de représenter en général tous les défauts des hommes, et principalement des hommes de notre siècle, il est impossible à Molière de faire aucun caractère qui ne rencontre quelqu'un dans le monde ; et s'il faut qu'on l'accuse d'avoir songé à toutes les personnes où l'on peut trouver les défauts qu'il peint, il faut sans doute qu'il ne fasse plus de comédies.

Molière : « Ma foi, Chevalier, tu veux justifier Molière, et épargner notre ami que voilà.

La Grange : « Point du tout. C'est toi qu'il épargne, et nous trouverons d'autres juges.

Molière : « Soit. Mais, dis-moi, Chevalier, crois-tu pas que ton Molière est épuisé maintenant, et qu'il ne trouvera plus de matière pour… ?

Brécourt: « Plus de matière ? Eh ! mon pauvre Marquis, nous lui en fournirons toujours assez, et nous ne prenons guère le chemin de nous rendre sages pour tout ce qu'il fait et tout ce qu'il dit. »

Molière : Attendez, il faut marquer davantage tout cet endroit. Écoutez-le moi dire un peu. […]

L'Impromptu de Versailles, pièce mise en scène par Jean-Luc Boutte à la Comédie-Française à Paris en 1993.

Questions

► Le vocabulaire du théâtre, p. 554
► Les principaux genres théâtraux, p. 557
► Les figures de style, p. 534

Le théâtre dans le théâtre

1. Quels sont les noms des personnages de cet extrait ? Qui sont-ils ? Qu'en déduisez-vous ?
2. Si la pièce était jouée de nos jours avec des comédiens qui ne seraient pas contemporains de Molière, quelle dimension essentielle disparaîtrait à la représentation ?
3. Quel effet produit le personnage de Molière en parlant de Molière ? Nommez et commentez la figure de style « Il gage que c'est moi, et moi je gage que c'est lui » (l. 10-11).

L'illusion au théâtre : la fabrique d'une comédie

4. Quel est le thème de la pièce enchâssée dans la pièce-cadre ? Quelle est celle qui paraît le plus vrai ? Qu'en déduisez-vous ?
5. D'après les propos de Brécourt, comment l'inspiration vient-elle à Molière ?
6. Que vise la comédie ? Relevez une formule qui vous semble particulièrement significative.
7. Définissez ce qu'est la double énonciation au théâtre et expliquez comment Molière en joue particulièrement dans ce texte.

Grammaire
Observez l'interrogation négative présente aux lignes 3 et 34. Quelle peut être ici sa valeur ? Que dirions-nous de nos jours ?

Synthèse Montrez, en vous appuyant sur cet extrait, que cette pièce est une réponse de Molière à ses détracteurs.

BAC S'entraîner à l'écriture d'invention

Rédigez un dialogue théâtral en utilisant le principe de la pièce-cadre et de la pièce enchâssée. Dans la pièce-cadre, deux comédiens se disputent sur la façon de jouer les personnages qu'ils interprètent dans la pièce enchâssée qui sera un court extrait d'une œuvre de votre choix.

► Repérer les différents écrits d'invention, p. 612

▸ Biographies, p. 628

Jean Giraudoux, *L'Impromptu de Paris* (1937)

⊕ CONTEXTE

Jean Giraudoux, écrivain et diplômate, participe au renouveau du théâtre des années 1920-1930 engagé par des comédiens et metteurs en scène comme André Antoine, Lugné-Poe, Charles Dullin et Louis Jouvet. Pour eux, « le spectacle est la seule forme d'éducation morale ou artistique d'une nation. […] Il est le seul moyen par lequel le public le plus humble et le moins lettré peut-être mis en contact personnel avec les grands œuvres. » (Jean Giraudoux, *Discours sur le théâtre*,1931)

Cette courte pièce expose les idées de Giraudoux sur le théâtre. La troupe de Jouvet répète un après-midi de 1937. Un député (Robineau) fait irruption sur scène : ayant à décider de l'emploi d'une subvention, il demande à Jouvet et ses comédiens de lui « expliquer le théâtre » en un quart d'heure…

SCÈNE 3

BOVERIO : Voulez-vous me dire ce que serait le comédien, Monsieur, s'il avait un autre honneur que celui de la langue et du style ? Lui qui doit prononcer les mots les plus stupides et les plus gros, où serait son métier, s'il n'avait à dire aussi les plus nobles ? Où trouver la récompense et la raison de ces mimiques, de ces toux, de ces bégaiements sous lesquels il cacha cent soirs l'indigence d'un texte, sinon dans le rôle qui lui rend les modulations, les amplitudes, les silences du vrai langage, et où il n'a plus qu'à être la statue à peine animée de la parole ! Quel soufflet banal chez nous que les poumons d'un acteur, s'ils n'aspirent et n'expirent pas selon le rythme de Racine !

ROBINEAU : J'entends bien. Mais ne croyez-vous pas que les critiques croient protéger ainsi un droit essentiel : le droit qu'a le public de comprendre ?

CASTEL : Quand il ne comprend pas, qu'ils expliquent ! Ce pourrait être là leur mission.

JOUVET : De comprendre ? Le mot comprendre n'existe pas au théâtre. Tu le comprends, le mot comprendre, toi, Renoir ? Barrot, va donc voir où est passée Raymone. Elle avait des amygdales comme des figues.

RENOIR : C'est avec ce mot « comprendre », Monsieur Robineau, que les demi-lettrés ont gâté le public. N'allez entendre que ce que vous comprenez, lui répètent-ils depuis un demi-siècle. Allez à *la Tosca* : quand douze carabiniers tirent à l'escopette sur son amant, vous avez toute chance de comprendre qu'on le fusille. Allez aux *Avariés*, vous y comprendrez que la veille de vos noces il y a intérêt à ne pas enterrer votre vie de garçon entre des bras mercenaires, fussent-ils de velours. Le bonheur est que le vrai public ne comprend pas, il ressent. On peut donc tout lui montrer sans compromission et sans réticence. Ceux qui veulent comprendre au théâtre sont ceux qui ne comprennent pas le théâtre.

RAYMONE : Et dans la vie aussi. Depuis que je n'essaie plus de comprendre, cela va beaucoup mieux.

ROBINEAU : Le moyen de croire qu'un public puisse se plaire à une pièce qu'il ne comprend pas ! *(À Castel.)* Je vous prends à témoin, Monsieur, vous qui jouez les rôles de bon sens dans cette troupe.

BOGAR : Ce que Jouvet veut dire, Monsieur, c'est que le théâtre n'est pas un théorème, mais un spectacle, pas une leçon, mais un filtre. C'est qu'il a moins à entrer dans votre esprit que dans votre imagination et dans votre sens, et c'est pour cela, à mon avis, que le talent de l'écriture lui est indispensable, car c'est le style qui renvoie sur l'âme des spectateurs mille reflets, mille irisations qu'ils n'ont pas plus besoin de comprendre que la tache de soleil envoyée par la glace. […]

JOUVET : […] Et quand je vois aux fauteuils un spectateur qui roule les yeux, qui tend l'oreille, qui, congestionné, se demande : qu'a-t-il bien voulu dire ? qui essaie de trouver un sens à chacun de nos gestes, de nos intonations, de nos lumières, de nos airs de scène, j'ai envie de venir à la rampe et de lui crier : Ne vous donnez donc pas ce mal, cher monsieur. Vous n'avez qu'à attendre, vous le saurez demain !

ROBINEAU : Demain ?

JOUVET : Vous dormirez et le saurez. Voilà ce que les critiques devraient justement vous dire : Demain, ou bien vous vous réveillerez plus lourd, vous aurez des nausées à l'idée du travail, vous serez précis, méticuleux, non purifié, non ressuscité, non embaumé, c'est que la pièce était mauvaise. Ou bien vous aurez en vous une poche d'air, vous sourirez aux anges, un horloger s'occupera à remonter dans votre cerveau les saisons et les heures, l'indignation et la douceur : c'est que la pièce était bonne. Parfois, de l'autobus, j'aperçois dans la rue un vieux monsieur rondelet au bras d'une jeune fille, dont la démarche est légère, la marche aimantée, le visage radieux mais tourné vers eux-mêmes ; je suis sûr qu'ils ont vu la veille une bonne pièce. Ils ne l'ont peut-être pas comprise. Mais à part la pièce, ils comprennent tout aujourd'hui, le beau temps, la vie, les feuilles des platanes, les oreilles des chevaux... Une pièce bien écrite, évidemment. Le style a passé sur les âmes froissées par la semaine comme le fer sur le linge ; elles sont toutes lisses... [...]

Questions

► Le vocabulaire du théâtre, p. 554
► La représentation du texte théâtral, p. 556
► Les principaux genres théâtraux, p. 557

Quand le théâtre parle du théâtre

1. Quels sont les personnages de cette scène ? Sont-ils des personnages réels ? Documentez-vous sur Louis Jouvet.
2. D'après Boverio, qu'est-ce qui est le plus important au théâtre ? Dégagez les qualités d'un bon acteur pour lui.
3. Quelle erreur commettent les critiques ? Quelles facultés du spectateur doivent être avant tout sollicitées par une représentation théâtrale ? Appuyez-vous sur des citations précises. Partagez-vous cet avis ? Justifiez votre réponse.
4. « Le mot comprendre n'existe pas au théâtre. » (l. 14) : comment Robineau et Bogar expliquent-ils et justifient-ils cette affirmation de Jouvet ? Expliquez notamment le mot « filtre » employé par Bogar (l. 32).

Une définition du théâtre

5. Quelle est la condition nécessaire à la réussite d'un spectacle théâtral ? Quelles images Bogar et Jouvet emploient-ils successivement pour mettre en valeur cette condition ?
6. Quelle est finalement la fonction du théâtre énoncée par Jouvet ? À quelle fonction traditionnelle et ancienne du théâtre se rattache-t-elle ?
7. Quelle fonction très ancienne du théâtre Jouvet énonce-t-il dans sa dernière réplique ?

Synthèse Quelle définition du théâtre Giraudoux donne-t-il, par l'entremise des comédiens de la troupe de Jouvet ?

BAC S'entraîner à la dissertation

► Analyser le sujet et exploiter le corpus, p. 602

En vous appuyant sur cet extrait et sur les œuvres que vous connaissez, vous rédigerez un paragraphe pour justifier ou infirmer cette remarque de Pierre Renoir : « Ceux qui veulent comprendre au théâtre sont ceux qui ne comprennent pas le théâtre. »

TEXTE 4

▶ Biographies, p. 628

CONTEXTE

Jean Anouilh a écrit une cinquantaine de pièces de théâtre. À dix-huit ans, il assiste à une représentation d'une pièce de Giraudoux *(Siegfried)* mise en scène par Louis Jouvet, ce qui décide de sa vocation. Le dramaturge a conçu un classement dans lequel il a regroupé ses œuvres ; *La Répétition ou l'amour puni* fait partie des « pièces brillantes ».

Jean Anouilh, *La Répétition ou l'amour puni* (1951)

Le Comte (dit Tigre) a reçu en héritage un château dans lequel il doit élever des orphelins. Il confie cette tâche à Lucile, une jeune-fille qui l'attire beaucoup. À l'occasion d'une fête, ils vont représenter La Double Inconstance *de Marivaux. Ils répètent avant la représentation.*

ACTE II

[...]

LE COMTE : « Je n'y gagne rien car il ne vous plaît point. »

LUCILE : « Ne vous mêlez pas de deviner... »

LE COMTE, *la coupe soudain* : C'est cela pardi ! C'est tout simple. Vous m'avez menti, vous aimez quelqu'un. Quelque petit jeune homme qui s'occupe aussi de puériculture et à qui vous écrivez quatre grandes pages tous les soirs dans votre chambre.

LUCILE : Je crois que vous ne dites plus le texte.

LE COMTE : Je vous pose une question. Répondez-moi, tout de suite. Ils vont entrer.

LUCILE, *le regarde et dit gravement* : Non. Je n'aime personne et je n'ai encore jamais aimé.

Les autres entrent.

LA COMTESSE : Alors cette dernière scène ?

LE COMTE : Elle va fort bien. Nous trouvons que nous avons beaucoup de talent, tous les deux.

LA COMTESSE : Nous qui en avons moins, il faudrait peut-être que nous répétions aussi.

LE COMTE : Voulez-vous que nous reprenions toute la pièce ? M. Damiens dit qu'il est encore incertain.

LA COMTESSE : M. Damiens a l'habitude du public. Du temps qu'il était aux Assises, il a toujours arraché les larmes à qui il voulait. Il s'en tirera sûrement mieux que nous tous.

MONSIEUR DAMIENS : Voire ! J'étais bien jeune, madame, à l'époque, j'avais le trémolo moins honteux. Et puis j'avais de grandes manches. Et le texte était de mon cru.

LA COMTESSE : Ne vous faites pas plus modeste que vous n'êtes, monsieur Damiens, par cabotinage, pour vous faire entendre encore une fois. Je n'ai pas de craintes pour vous. D'ailleurs nous n'avons plus le temps de revoir toute la pièce avant le dîner. Nous la verrons ce soir.

LE COMTE : Dans ce cas reprenons le début du deuxième acte. Nous passerons les tirades de Sylvia. Ma chère Hortensia, c'est pour vous qu'on répète. Je vous trouve un peu méchante dans votre scène avec Sylvia. C'est cousu de fil blanc. Soyez charmante, vous le pouvez. Il faut la duper cette fille-là, ne l'oubliez pas.

HORTENSIA, *se pique soudain* : Si vous pensez que je ne peux tenir le rôle, mon petit Tigre...

LE COMTE : Hortensia, il vous va comme un gant ! Je ne vous demande qu'une nuance... Ces comédiens sont des gens impossibles, décidément. Dès qu'ils ont ouvert la bouche, le son de leur propre voix les enchante comme la flûte d'un charmeur de serpents. Ils s'engourdissent de plaisir en s'entendant et ils croient, dur comme fer, que nous partageons leur extase. Le naturel, le vrai, celui du théâtre, est la chose la moins naturelle du monde, ma chère. N'allez pas croire qu'il suffit de retrouver le ton de la vie. D'abord dans la vie le texte est toujours si mauvais ! Nous vivons dans un monde qui a complètement perdu l'usage du point-virgule, nous parlons tous par phrases inachevées, avec trois petits points sous-entendus, parce que nous ne trouvons jamais le mot juste. Et puis le naturel de la conversation, que les comédiens prétendent retrouver : ces balbutiements, ces hoquets, ces hésitations, ces bavures, ce n'est vraiment pas la peine de réunir cinq ou six cents personnes dans une salle et de leur demander de l'argent, pour leur en donner le spectacle. Ils adorent cela, je le sais, ils s'y reconnaissent. Il n'empêche qu'il faut écrire et jouer la comédie mieux qu'eux. C'est très joli la vie, mais cela n'a pas de forme. L'art a pour objet de lui en donner une précisément et de faire par tous les artifices possibles – plus vrai que le vrai. Mais je vous ennuie. Je commence à me prendre au sérieux, moi aussi. Attaquons le deux. À vous, Sylvia. […]

La Répétition ou l'Amour puni (1951) de Jean Anouilh, pièce mise en scène par Jean-Louis Barrault au théâtre Marigny à Paris en 1950.

Questions

► La représentation du texte théâtral, p. 556
► Les actes du langage, l'implicite et la modalisation, p. 528

Le théâtre dans le théâtre

1. Cette pièce pourrait être jouée de nos jours sans que son propos en soit altéré : pourquoi ? Quelles différences y a-t-il avec celle de Molière (p. 156) ?
2. Dans la pièce de Marivaux, les personnages parlent de leurs sentiments amoureux : le comte s'adresse-t-il à Sylvia, l'héroïne de Marivaux, ou à Lucile ? Quel est l'effet produit ?
3. À quel autre moment dans la scène les sentiments des comédiens deviennent le sujet de l'échange ?
4. **LECTURE D'IMAGE** : comment le dispositif du « théâtre dans le théâtre » est-il ici suggéré ?

Le travail du comédien

5. D'après Monsieur Damiens, quelle est l'une des principales qualités d'un bon comédien ?
6. De quel défaut principal le Comte accuse-t-il les comédiens ? Pensez-vous que cela soit justifié ?
7. Comment un bon comédien doit-il jouer son personnage pour le Comte ?
8. Quel obstacle subsiste malgré tout ?

La question du spectateur

9. Quel reproche le Comte adresse-t-il aux spectateurs ?
10. « Le naturel, le vrai, celui du théâtre, est la chose la moins naturelle du monde. » (l. 38-39) : quelle est la figure de style ici employée ? Quelle fonction du théâtre met-elle en valeur ? Quelle autre phrase, plus loin dans la réplique, énonce la même idée ?

Grammaire
Quel est l'usage du point-virgule ? Quelle différence y a-t-il avec la virgule ?

Synthèse Qu'est-ce qu'une bonne pièce de théâtre pour Jean Anouilh ?

BAC S'entraîner à la dissertation

En vous appuyant sur cet extrait et sur d'autres pièces que vous avez étudiées ou vues, proposez un plan détaillé qui pourrait répondre à cette question : pensez-vous qu'au théâtre « le vrai soit la chose la moins naturelle du monde », comme le déclare Anouilh par le biais du Comte ?

► Analyser le sujet et exploiter le corpus, p. 602

Jean-Luc Lagarce, *Nous, les héros* (1997)

CONTEXTE

Jean-Luc Lagarce (1957-1995) est actuellement l'auteur contemporain le plus joué en France. Le monde du théâtre, des tournées et des coulisses est au centre de sa réflexion.

La scène se passe dans un théâtre, dans ce qu'il en reste, dans les coulisses d'un théâtre, dans ce qui sert de théâtre dans cette ville-là, une salle du comité des Fêtes, La Grande Brasserie, le Café des Voyageurs, *juste un entrepôt, une cour ou un recoin de cour. Cela se passe au centre de l'Europe. Ils [les comédiens] sortent de scène.*

[...]

MADAME TSCHISSIK : Provinciaux ! Provinciaux et rien d'autre ! Et prussiens encore, provinciaux prussiens, et sans goût et sans amour et sans intelligence !

Ils rient lorsque je parle, je m'entendais parler et je les entendais rire, je m'apprêtais à mourir et je les entendais pouffer, imbéciles peuplades pleines de crétinerie absolue ! Quelqu'un dans mon dos – est-ce qu'on croit que je n'imagine pas ? – quelqu'un dans mon dos les fait rire, rire et pouffer, lorsque je parle et m'apprête à mourir, peut-on imaginer que je ne m'en rende pas compte ?

Celle-là (*Joséphine*), celle-là les fait rire dans mon dos quand je parle, je suis certaine qu'il s'agit d'elle, je suis à l'avant-scène, je m'apprête à mourir et elle les fait rire, rire et pouffer dans mon dos.

JOSÉPHINE : Moi ? Je ne fais rien. Je ne bouge pas, j'écoute, je ne bouge pas, on veut toujours que ce soit moi, chaque fois c'est la même chose, mais je ne bouge plus jamais, je fais ce qu'on m'a dit, je reste immobile, paralysée. Ce ne peut être moi.

MADAME TSCHISSIK : Sans bouger, elle les fait rire quand je parle. Sans même le vouloir, elle les fait rire.

LA MÈRE : Elle est comique.

MADAME TSCHISSIK : Elle n'est pas comique. Elle est risible. Involontairement. J'ai déjà vu des acteurs comiques, je sais ce que c'est, je n'ignore pas ce que c'est, mon mari, là – lui, là, mon mari – mon mari est lui-même un acteur comique.

MONSIEUR TSCHISSIK : Tout à fait. Ce n'est pas du tout comparable à ce que fait votre fille.

MADAME TSCHISSIK : Je sais ce que peut être le comique. Je ne suis pas concernée quant à moi mais je sais ce que c'est.

Celle-là n'est pas comique, le comique est affaire de volonté, de volonté et de décision, c'est un métier, une manière comme une autre, je suis prête à l'admettre, une manière comme une autre d'exercer notre art.

Non, celle-là est risible sans volonté, sans énergie, elle n'y est pour rien, c'est contre sa propre volonté et voudrait-elle ne pas l'être qu'elle le serait tout de même, malgré elle, envers et contre tout ! Et parce qu'elle est involontairement hilarante et ridicule, car c'est bien encore de ridicule qu'il est question, parce qu'elle est ridicule et risible – la pauvre malheureuse, elle ne saurait savoir combien, « à quel point », combien elle est risible, combien tout en elle encourage à l'hilarité, et qui plus est chez les masses provinciales, prussiennes et imbéciles et sans goût et sans amour pour l'art – parce qu'elle est involontairement risible, ces animaux, car animaux et rien d'autre, ces animaux sans esprit, sans désir de littérature et de beauté, ces animaux, lorsque je parle et m'apprête à mourir, ces animaux rient de la voir, juste immobile, derrière moi, paralysée comme elle dit, expression irrésistible du risible involontaire de l'humanité !

Monsieur Tschissik : C'est sa seule présence, peut-être, en fond de théâtre, c'est sa seule présence qui nuit à la scène et encourage très certainement au rire, et la placer dans un autre coin, peut-être, je ne sais pas...

Ils la regardent tous, longuement et en effet, involontairement, il faut bien l'admettre, elle est risible. [...]

Questions

► Le vocabulaire du théâtre, p. 554
► La représentation du texte théâtral, p. 556

Le théâtre dans le théâtre

1. Qui est en scène ? Qu'incarnent les personnages ? De quoi parlent-ils ?
2. À quel événement de la pièce enchâssée Madame Tschissik fait-elle allusion dans sa première réplique ? Pour quelle raison est-elle en colère contre Joséphine ? Quels termes manifestent son mépris à l'égard de sa partenaire ?
3. Comment Joséphine se justifie-t-elle ? Comment fait-elle comprendre qu'elle joue un « personnage » ?
4. La didascalie finale caractérise le personnage de Joséphine : quelle information donne-t-elle ? Pourquoi contribue-t-elle à créer une confusion entre le personnage de Joséphine et celui qu'elle incarne dans la pièce enchâssée ?

Réalité et illusion du vrai

5. Selon Madame Tschissik, qu'est-ce qui distingue l'acteur *risible* de l'acteur *comique* ? Qu'est-ce qui différencie un *acteur* d'un *personnage* ?
6. Quels reproches Madame Tchissik adresse-t-elle aux spectateurs ? Que devraient-ils attendre du théâtre selon elle ?
7. À la lecture de cette scène, Madame et Monsieur Tschissik suscitent-ils le rire du spectateur ? Justifiez votre réponse.

Grammaire
Quelle est la valeur du présent dans la première réplique de Madame Tschissik ? Quels sont les effets recherchés ?
► Les valeurs des modes et des temps, p. 520

Synthèse Quelles sont les qualités de l'acteur idéal ?

BAC S'entraîner au commentaire

► Rédigez des paragraphes et insérez des citations, p. 598

Reprenez vos réponses aux questions pour rédiger un commentaire qui s'organisera en deux paragraphes correspondant aux deux axes de lecture proposés.

LECTURE D'IMAGE

1. Qui est Pierrot ? À quelle tradition théâtrale appartient-il ?
2. Pensez-vous que, comme Joséphine dans le texte de Lagarce, on puisse reprocher à Pierrot d'être « risible » ? Répondez en observant sa posture physique et l'expression de son visage.
3. Quels autres sentiments, même opposés, peut-il susciter chez le spectateur ?

Antoine Watteau, *Pierrot* (1718-1719), huile sur toile (184 cm x 149 cm), musée du Louvre, Paris.

⊕ CONTEXTE

Olivier Py (né en 1965) est dramaturge, metteur en scène (théâtre, opéra), comédien, chanteur et réalisateur de films. Il est directeur du théâtre de l'Odéon à Paris depuis 2006. Il écrit dans un style baroque et revendique l'héritage de Paul Claudel, Jean Giraudoux, Jean Genet et Jean-Luc Lagarce, auquel *Les Illusions comiques* sont en partie dédiées.

Olivier Py, *Les Illusions comiques* (2006)

Dans une suite de scènes comiques, Olivier Py (moi-même dans la pièce) vante la puissance du théâtre alors que ses camarades, ses acteurs, lui disent que le théâtre doit faire du théâtre et rien de plus. Michel Fau, en Tante Geneviève, donne une leçon de théâtre.

ACTE I

[...]

MONSIEUR FAU : Et pendant qu'il parle avec Dieu des mystères de l'incarnation je donne un cours de théâtre à tante Geneviève. Je fais le professeur et je fais tante Geneviève. C'est vertigineux.

TANTE GENEVIÈVE : Bonjour, professeur. Ce qui m'intéresse, moi, ce n'est pas l'incarnation mais l'interprétation. Stanislavski a dit que...

MONSIEUR FAU : Stanislavski a été inventé pour jouer le théâtre bourgeois. C'est-à-dire pour interpréter un monde qui est lui-même un théâtre. Il nous faut, tante Geneviève, dénouer le songe bourgeois. Là est la révolution intime que nous cherchons.

TANTE GENEVIÈVE : Mais comment faire ?

MONSIEUR FAU : Le théâtre commence quand deux masques sont superposés. On ne joue pas un personnage, on joue un personnage qui joue un personnage. L'interprétation est impossible, l'incarnation seule est mystère digne d'intérêt. Nous ne sommes que des personnages de fiction. Il faut mettre fin à la dictature de l'authenticité.

TANTE GENEVIÈVE : Mais moi, moi, je suis tante Geneviève.

MONSIEUR FAU : Non. Non, seulement un personnage, la tante Geneviève de tous, celle qui de Dunkerque à Carcassonne tient sa pochette comme ça quand elle va à l'opéra. Rien d'authentique, elle a appris à jouer tante Geneviève en regardant sa mère qui elle-même l'a appris au cinéma avec Michèle Morgan. Sa désapprobation devant l'art contemporain sonne faux, son admiration pour les géraniums est feinte, tout est écrit, même son intimité la plus intime elle la joue faux. Il n'y a pas de vérité, pas de sincérité, pas d'identité, il n'y a que du jeu ! C'est ça que, moi, j'ai apporté à l'humanité ébahie, sur la scène où je pense avec mes pieds ! Tante Geneviève est un personnage qui joue un personnage que tout le monde pourrait jouer, moi par exemple, je pourrais moi-même jouer tante Geneviève.

TANTE GENEVIÈVE : Non, pas dans mon intime intimité de femme !

MONSIEUR FAU : Regards à droite et à gauche quand elle fait pipi entre deux voitures, joué, rejoué, convention.

TANTE GENEVIÈVE : Je n'existe pas. Je n'existe plus !

MONSIEUR FAU : L'être ne se contente pas d'un personnage. Derrière le masque, un autre masque, et ainsi de suite jusqu'à... [...]

TANTE GENEVIÈVE : Revenons aux personnages.

MONSIEUR FAU : Donc, il n'y a que des identités de papier, des rôles que l'on se donne, que l'on nous donne et avec lesquels il faut s'arranger, sans masque c'est la stupeur, la fureur, l'hébétude, nous ne passerons à la tragédie qu'à la deuxième leçon. Cette première leçon est consacrée au théâtre de boulevard*.

TANTE GENEVIÈVE : C'est facile.

MONSIEUR FAU : Non, c'est le plus difficile. Le masque est là, mais doit bâiller, l'acteur de boulevard est une tante Geneviève qui sait qu'elle en est une et qui fait bâiller son masque. Elle sait que ce qu'elle dit est inepte, que sa vie est inepte et elle dénoue le songe bourgeois en montrant qu'elle n'est pas dupe de l'imbécillité de ce qu'elle dit.

* Théâtre populaire et divertissant teinté d'érotisme et pimenté de surprises (coups de théâtre) qui connut sa période de grande vitalité du XIXe siècle jusqu'à la Seconde Guerre mondiale.

Par exemple elle dit : « Si potiche je fus, je ne serai pas cruche. » Pour ce faire elle laisse légèrement tomber l'intonation, cesse d'interpréter les derniers mots de la phrase, et passe à autre chose, qui ne sera toujours que vacuité. Il n'y a que des masques ; terreur, donc rire.

TANTE GENEVIÈVE : Donc elle joue faux.

MONSIEUR FAU : Ma vieille voisine a perdu ses clefs... Elle est enfermée à l'intérieur. On pourrait la faire crier comme ça *(il crie)* : Mais la vérité c'est qu'elle n'atteint pas le rôle ! Elle crie faux. « Au secours, je suis enfermée, à l'aide ! » Le footballeur qui remonte le stade, victorieux après son but, il est l'image qu'il se fait de la victoire. *(Il mime.)* La petite fille qui est contente parce qu'elle a gagné un canard bleu. *(Il mime.)* On dit que j'en fais trop, c'est l'humanité qui surjoue ! [...] Tous jouent et nous, nous devons trouver le personnage non pas qu'ils sont mais qu'ils jouent ! Le théâtre ne commence que quand un personnage joue un personnage. [...]

Questions

► La représentation du texte théâtral, p. 556
► Les principaux genres théâtraux, p. 557

Un impromptu

1. Pourquoi peut-on dire que cette page est une scène d'impromptu ? (Cf. définition, p. 156)
2. Pourquoi Olivier Py a-t-il choisi le genre de l'impromptu ?

La question de l'acteur

3. D'après Michel Fau, les acteurs sont-ils les seuls à jouer des personnages ? Expliquez la distinction entre l'acteur et le personnage.
4. Comment cet extrait réactualise-t-il la thématique baroque du jeu et de l'illusion ?
5. Comment comprenez-vous la réplique de Tante Geneviève : « Donc, elle joue faux. » (l. 45)
6. Que suggère M. Fau en disant que l'acteur, sur scène, « pense avec les pieds » ? Rapprochez cette idée du texte de Denis Diderot (p. 166).

Une définition du théâtre

7. M. Fau dit : « Tous jouent, et nous, nous devons trouver le personnage non pas qu'ils sont, mais qu'ils jouent. » (l. 51 à 53) Quelle est donc la fonction du théâtre ?
8. À partir de l'exemple donné par M. Fau, expliquez ce qu'il veut dire par : « le masque doit bâiller pour jouer le théâtre de boulevard. » Quelle idée le spectateur ne doit-il jamais perdre de vue quand il est au théâtre ?

Synthèse Comment ce texte renouvelle-t-il le genre de l'impromptu ? Appuyez-vous sur la comparaison avec le texte de Molière (p. 156).

BAC S'entraîner à l'épreuve orale

Justifiez par votre lecture de cet extrait l'affirmation d'Olivier Py : « le théâtre doit faire du théâtre et rien de plus. »

► Préparer l'exposé, p. 624

LECTURE D'IMAGE

Pourquoi peut-on dire ici que pour ces deux comédiens de boulevard, « le masque bâille » comme dit Monsieur Fau (l. 37) ?

Jean Poiret et Michel Serrault dans *La Cage aux folles*, pièce mise en scène par Pierre Mondy au théâtre du Palais Royal à Paris en 1973.

LE « THÉÂTRE DANS LE THÉÂTRE »

1 ILLUSION THÉÂTRALE ET RÉALITÉ

La mise en abyme

Le théâtre dans le théâtre consiste à représenter sur scène des comédiens au travail. Souvent une pièce est **enchâssée** dans la **pièce-cadre**, c'est le cas dans *L'Illusion comique* de Corneille, *La Répétition ou l'amour puni* d'Anouilh. Le théâtre, sous tous ses aspects, est le sujet principal du dialogue. Les artistes montrent ainsi les ficelles de leur art dans une **mise en abyme**.

→ Ex. : Dans *L'Illusion comique* de Corneille, le recours à la magie par Alcandre instaure un troisième niveau qui permet de distinguer nettement la « réalité », à laquelle appartient Pridamant, et la pièce de théâtre, dans laquelle joue Clindor.

Le dramaturge, directement, ou par l'intermédiaire d'un metteur en scène, expose ses idées sur le théâtre, les comédiens et les spectateurs.

Du faux pour faire « vrai »

Il ne s'agit pas de représenter telles quelles la « vraie vie » ni les personnes ; tout est transformé, retravaillé. Les dramaturges montrent l'**envers de la scène**, parlent de l'illusion théâtrale dont l'**artifice assumé** fait naître la vérité qui aidera à comprendre la vie. Le théâtre est un filtre de la vie, pas la vie elle-même : « Une pièce de théâtre doit **peindre les mœurs, les défauts des hommes**, sans toucher aux personnes afin de les corriger. » (Molière)

Que ce soit au XVIIe siècle ou à notre époque, les dramaturges montrent que l'**illusion théâtrale permet d'accéder à la vérité de nos existences.**

→ Ex. : Vérité des caractères chez Molière, vérité du sens de la vie chez Giraudoux, vérité de la complexité de l'être humain chez Py.

2 UN PORTRAIT DU COMÉDIEN

Le théâtre dans le théâtre est l'occasion pour un dramaturge de proposer des réflexions sur le **processus de création** d'un spectacle.

Les échanges portent d'abord sur le travail des comédiens, la manière dont le comédien doit incarner son personnage.

Il n'est pas question de représenter des personnes réelles, mais d'**incarner des caractères**, des comportements.

→ Ex. : Pour Anouilh, le comédien ne doit pas singer le « naturel » de la vie, mais se mettre au service d'un texte exigeant.

3 L'ÉCOLE DU SPECTATEUR OU L'APPRENTISSAGE DE LA DISTANCIATION

La question de la réception

Le théâtre dans le théâtre permet au dramaturge d'aborder la question des attentes et des réactions des spectateurs. Le spectateur ne doit pas chercher la ressemblance avec tel ou tel modèle ; il doit **renoncer à l'identification**.

Des sensations avant tout

Les **sensations** doivent l'emporter sur la raison.

→ Ex. : Dans *L'Impromptu de Paris*, Louis Jouvet explique que le théâtre agit ainsi comme une *catharsis* qui soulage le spectateur et le rend heureux.

Séquence 2

Maîtres et valets dans la comédie du XVIIIe siècle

Quelles représentations la comédie du XVIIIe siècle donne-t-elle des maîtres et des valets et de leur relation ?

CORPUS DE LA SÉQUENCE

PERSPECTIVES

LIENS AVEC LA PARTIE LANGUE

- Les valeurs des modes et des temps, p. 520
- Les figures de style, p. 534

LIENS AVEC LA PARTIE OUTILS D'ANALYSE

- Le vocabulaire du théâtre, p. 554
- La représentation du texte théâtral, p. 556
- La versification, p. 561
- Les registres et effets du texte, p. 578

LIENS AVEC LA PARTIE MÉTHODE POUR LE BAC

- Le commentaire, p. 598
- La dissertation, p. 606
- L'épreuve orale, p. 624

►►► Éric Guérin (Arlequin) et Fabrice Michel (Lélio) dans *La Fausse suivante* (1724) de Marivaux, pièce mise en scène par Lambert Wilson au théâtre des Bouffes du Nord à Paris en 2010.

TEXTE 1

▸ Biographies, p. 628

⊕ CONTEXTE

Dans les dernières années du règne de Louis XIV, le mauvais état des finances du royaume permet à certains, et notamment aux financiers comme Turcaret, de s'enrichir. Bien qu'issus du tiers état, ils tentent de se hisser jusqu'à la noblesse. Les valets, qui appartiennent au même ordre, entendent tirer profit de ces situations nouvelles et rêvent d'ascension sociale. Tout en visant d'abord les financiers, cette comédie de mœurs et d'intrigue d'Alain-René Lesage témoigne de ce dérèglement social.

Alain-René Lesage, *Turcaret* (1708)

Turcaret, héros éponyme, est un financier fortuné qui veut adopter le mode de vie de l'aristocratie en courtisant une baronne. Dans ces deux scènes, une suivante et un valet, dont Turcaret pense s'être fait des complices, affirment eux aussi leurs ambitions.

Acte III, scène 11

FRONTIN : Cela ne commence pas mal.

LISETTE : Non pour madame la baronne ; mais pour nous ?

FRONTIN : Voilà toujours soixante pistoles que nous pouvons garder : je les gagnerai bien sur l'équipage ; serre-les : ce sont les premiers fondements de notre communauté [1].

LISETTE : Oui ; mais il faut promptement bâtir sur ces fondements-là ; car je fais des réflexions morales, je t'en avertis.

FRONTIN : Peut-on les savoir ?

LISETTE : Je m'ennuie d'être soubrette.

FRONTIN : Comment, diable ! tu deviens ambitieuse ?

LISETTE : Oui, mon enfant. Il faut que l'air qu'on respire dans une maison fréquentée par un financier soit contraire à la modestie ; car depuis le peu de temps que j'y suis, il me vient des idées de grandeur que je n'ai jamais eues. Hâte-toi d'amasser du bien ; autrement, quelque engagement que nous ayons ensemble, le premier riche faquin[2] qui viendra pour m'épouser...

FRONTIN : Mais donne-moi donc le temps de m'enrichir.

LISETTE : Je te donne trois ans ; c'est assez pour un homme d'esprit.

FRONTIN : Je ne te demande pas davantage. C'est assez, ma princesse ; je vais ne rien épargner pour vous mériter ; et si je manque d'y réussir, ce ne sera pas faute d'attention.

Acte III, scène 12

LISETTE, *seule* : Je ne saurais m'empêcher d'aimer ce Frontin, c'est mon chevalier à moi ; et au train que je lui vois prendre, j'ai un secret pressentiment qu'avec ce garçon-là je deviendrai quelque jour femme de qualité.

1. Frontin est chargé d'acquérir au nom de Turcaret un carrosse et va s'octroyer une belle « commission ». – 2. Personnage méprisable et malhonnête.

Audrey Fleurot (Lisette), Jean Paul Muel (Monsieur Turcaret) et Jean-Pierre Malo (Frontin) dans *Turcaret* (1708) d'Alain-René Lesage, pièce mise en scène par Gérard Desarthe au MC 93 à Bobigny en 2002.

Questions

► Faire rire, p. 578
► Émouvoir, p. 579

De nouvelles ambitions

1. Quelles sont les différentes ambitions exprimées par les personnages ? Justifiez votre réponse en relevant les deux champs lexicaux dominants.
2. Par quels procédés cette scène suggère-t-elle que les personnages sont à l'aube d'une nouvelle vie ?
3. Quel rôle les maîtres jouent-ils dans l'ambition des valets ? Justifiez votre réponse.

De nouveaux valets

4. Montrez que les valets manient le langage avec dextérité.
5. Comment les personnages se désignent-ils mutuellement ? Quelles relations entretiennent-ils ?
6. Quelle place la scène accorde-t-elle aux sentiments des personnages ? Qu'en concluez-vous ?

Une scène de comédie

7. Pourquoi cette scène a-t-elle un rôle dans l'action principale de la comédie ?
8. Étudiez les caractères de chaque personnage. Montrez qu'ils contribuent à rendre la scène comique.
9. Analysez le comique de mots présent dans ce dialogue.

Vocabulaire
«… je ne vais rien épargner pour vous mériter. » Recherchez les différents emplois du verbe « épargner » et montrez que Frontin fait ici de l'esprit.

Synthèse D'après ce dialogue, quelle conception les valets se font-ils des maîtres ?

BAC S'entraîner au commentaire

► Rédigez des paragraphes et insérer des citations, p. 598

Rédigez une partie de commentaire explorant le comique de ces scènes : vous vous efforcerez de montrer que c'est en s'amusant que les personnages amusent le public.

▸ Biographies, p. 628

CONTEXTE

Les comédies de Marivaux se caractérisent par des intrigues complexes dont l'amour est le ressort dramatique le plus apparent. Elles invitent aussi à réfléchir à l'évolution des mentalités et des relations entre personnes de conditions différentes. Elles reflètent les changements qui caractérisent les rapports des maîtres aux valets dans *L'Île des esclaves*, l'importance et l'influence de l'amour et de la naissance dans le mariage avec *Le Jeu de l'amour et du hasard* ou encore la possibilité de voir s'allier des hommes et des femmes éloignés par la naissance ou la fortune dans *Les Fausses confidences*.

Marivaux, *Le Jeu de l'amour et du hasard* (1730)

Dans cette comédie, Lisette et Arlequin, des domestiques, prennent la place de leurs maîtres, sans que chacun sache que l'autre en a fait de même. Sous ce déguisement, ils s'éprennent l'un de l'autre, mais tous deux pensent alors aimer un être d'une condition supérieure. Dans cet extrait, les deux personnages sont amenés à se révéler leur véritable condition.

ACTE III, SCÈNE 6

[...]

LISETTE : Encore une fois, Monsieur, je me connais.

ARLEQUIN : Hé ! je me connais bien aussi ; et je n'ai pas là une fameuse connaissance, ni vous non plus, quand vous l'aurez faite ; mais, c'est là le diable que de me connaître, vous ne vous attendez pas au fond du sac.

LISETTE, *à part* : Tant d'abaissement n'est pas naturel. (*Haut.*) D'où vient me dites-vous cela ?

ARLEQUIN : Et voilà où gît le lièvre.

LISETTE : Mais encore ? Vous m'inquiétez : est-ce que vous n'êtes pas...

ARLEQUIN : Aïe ! aïe ! vous m'ôtez ma couverture.

LISETTE : Sachons de quoi il s'agit.

ARLEQUIN, *à part* : Préparons un peu cette affaire-là... (*Haut.*) Madame, votre amour est-il d'une constitution bien robuste ? Soutient-il bien la fatigue que je vais lui donner ? Un mauvais gîte lui fait-il peur ? Je vais le loger petitement.

LISETTE : Ah ! tirez-moi d'inquiétude ! En un mot, qui êtes-vous ?

ARLEQUIN : Je suis... N'avez-vous jamais vu de fausse monnaie ? Savez-vous ce que c'est qu'un louis d'or faux ? Eh bien, je ressemble assez à cela.

LISETTE : Achevez donc : quel est votre nom ?

ARLEQUIN : Mon nom ! (*À part.*) Lui dirai-je que je m'appelle Arlequin ? Non ; cela rime trop avec coquin.

LISETTE : Eh bien ?

ARLEQUIN : Ah dame ! il y a un peu à tirer ici. Haïssez-vous la qualité de soldat ?

LISETTE : Qu'appelez-vous un soldat ?

ARLEQUIN : Oui, par exemple, un soldat d'antichambre.

LISETTE : Un soldat d'antichambre ! Ce n'est donc point Dorante à qui je parle enfin ?

ARLEQUIN : C'est lui qui est mon capitaine.

LISETTE : Faquin !

ARLEQUIN, *à part* : Je n'ai pu éviter la rime.

LISETTE : Mais, voyez ce magot ; tenez !

ARLEQUIN : La jolie culbute que je fais là !

LISETTE : Il y a une heure que je lui demande grâce, et que je m'épuise en humilités pour cet animal-là !

ARLEQUIN : Hélas ! Madame, si vous préfériez l'amour à la gloire, je vous ferais bien autant de profit qu'un monsieur.

LISETTE, *riant* : Ah ! ah ! ah ! Je ne saurais pourtant m'empêcher d'en rire ; avec sa gloire ! et il n'y a plus que ce parti-là à prendre... Va, va, ma gloire te pardonne ; elle est de bonne composition.

ARLEQUIN : Tout de bon, charitable dame ? Ah ! que mon amour vous promet de reconnaissance !

LISETTE : Touche-là, Arlequin ; je suis prise pour dupe. Le soldat d'antichambre de Monsieur vaut bien la coiffeuse de Madame.

ARLEQUIN : La coiffeuse de Madame !

LISETTE : C'est mon capitaine, ou l'équivalent.

ARLEQUIN : Masque !

LISETTE : Prends ta revanche.

ARLEQUIN : Mais voyez cette magotte, avec qui, depuis une heure, j'entre en confusion de ma misère !

LISETTE : Venons au fait. M'aimes-tu ?

ARLEQUIN : Pardi ! oui : en changeant de nom tu n'as pas changé de visage, et tu sais bien que nous nous sommes promis fidélité en dépit de toutes les fautes d'orthographe.

LISETTE : Va, le mal n'est pas grand, consolons-nous ; ne faisons semblant de rien, et n'apprêtons point à rire. Il y a apparence que ton maître est encore dans l'erreur à l'égard de ma maîtresse ; ne l'avertis de rien ; laissons les choses comme elles sont. Je crois que le voici qui entre. Monsieur, je suis votre servante.

ARLEQUIN : Et moi votre valet, Madame. (*Riant.*) Ah ! ah ! ah !

Dominique Gubser (Lisette) et François Nadin (Arlequin), *Le Jeu de l'amour et du hasard* (1730) de Marivaux, pièce mise en scène par Jean Liermier au théâtre de Carouge-Atelier à Genève en 2008.

Questions

► Le vocabulaire du théâtre, p. 554

► Faire rire, p. 578

► Les figures de rapprochement et de substitution, p. 534

Une scène vivante et inscrite dans l'action

1. Distinguez les différentes étapes de la scène.
2. Comparez les hésitations d'Arlequin à la résolution de Lisette au moment des aveux. Montrez que le rythme de la scène s'accélère.
3. Quels sont les rôles et les effets des didascalies ?
4. Montrez que les spectateurs en savent davantage sur les personnages que les personnages eux-mêmes. Quels sont les effets produits par cette situation ?
5. Comment la dernière réplique de Lisette relance-t-elle l'action ? Qu'en concluez-vous ?

Un éloge de la simplicité

6. Par quels nombreux procédés la scène souligne-t-elle l'embarras d'Arlequin ? Quel est le principal effet produit ?
7. Comment le texte montre-t-il que la situation de Lisette est plus simple que celle d'Arlequin ?
8. Quels sont les effets produits par la découverte de la vérité ? Qu'en concluez-vous sur les intentions de l'auteur ?
9. Quelle importance peut-on accorder aux derniers mots de chacun des personnages ?

Vocabulaire
Recherchez les différents sens de « servante » et de « valet ». Montrez que dans les dernières répliques, les personnages jouent avec le sens de ces mots.

Synthèse Montrez que cette scène met en évidence les qualités humaines des valets.

BAC S'entraîner à l'épreuve orale

Faites une lecture expressive de la scène en veillant à ce que les tons successifs rendent compte des émotions des personnages.

► L'épreuve orale, p. 624

Marivaux, *Le Jeu de l'amour et du hasard* (1730)

1

Michel Duchaussoy (Arlequin) et Paule Noëlle (Lisette) dans *Le Jeu de l'amour et du hasard*, pièce mise en scène par Maurice Escande à la Comédie-Française en 1965.

2

Alain Salomon (Arlequin) et Zobeida (Lisette) dans *Le Jeu de l'amour et du hasard*, pièce mise en scène par Alfredo Arias au théâtre de la Commune à Aubervilliers en 1987.

3

◄ Florian Haas (Arlequin) et Hélène Stadnick (Lisette) dans *Le Jeu de l'amour et du hasard*, pièce mise en scène par Gilles Bouillon au théâtre Nouvel Olympia à Tours en 2008.

Questions

1. Décrivez les comédiens, les costumes, le décor et les accessoires dans chacune de ces mises en scène. Qu'en concluez-vous sur les fonctions de la représentation ?
2. Quels rapports les différents metteurs en scène, costumiers et décorateurs entretiennent-ils avec le texte ?
3. Montrez que chacune des mises en scène suggère une intention différente et une lecture très personnelle de l'œuvre de Marivaux.
4. Montrez que la représentation donnée à la Comédie-Française se distingue des trois autres ? Que révèle cette opposition quant à l'évolution du travail du metteur en scène, des décorateurs ou des costumiers ?
5. Comment justifiez-vous et interprétez-vous les choix d'Alfredo Arias ?
6. Quelles représentations ces mises en scène donnent-elles des valets ? Quels jugements vous inspirent-elles ? Justifiez vos réponses.

Synthèse

En vous appuyant sur l'extrait de Marivaux (p. 174) et les quatre mises en scène proposées, vous vous demanderez ce que peut signifier la fidélité au texte pour un metteur en scène.

4

Anne Bouvier (Lisette) et Kévin Lenannier (Arlequin) dans *Le Jeu de l'amour et du hasard*, pièce mise en scène par Philippe Calvario au théâtre 95 à Cergy-Pontoise en 2009.

TEXTE 3

▸ Biographies, p. 628

Marivaux,
Les Fausses confidences (1737)

⊕ CONTEXTE

Si l'amour constitue l'intrigue principale des *Fausses confidences*, cette comédie témoigne aussi de l'évolution des mœurs de la société en ce début de XVIIIe siècle. Des revers de fortune, souvent liés à la banqueroute du système de Law (financier qui créa une banque et préconisa l'usage du papier-monnaie), ont amené de nombreux jeunes gens de la noblesse ou de la bourgeoisie à travailler ou à entrer au service de familles aisées. Certains d'entre eux ont dû abandonner leur rang au point de devenir sinon des valets, du moins des domestiques. Dorante est l'un de ces jeunes gens.

Araminte est une jeune et riche veuve. Dorante l'aime mais, ruiné, il ne peut prétendre l'épouser. Dubois, ancien valet de Dorante maintenant au service d'Araminte, décide de lui venir en aide : il le fait entrer comme intendant de la maison d'Araminte. Dorante espère ainsi éveiller l'amour dans le cœur d'Araminte et la conduire à surmonter les conventions de son milieu. Dans cette scène, si Araminte n'avoue pas maintenant qu'elle partage les sentiments de Dorante, ils sont perdus l'un pour l'autre.

ACTE III, SCÈNE 12

[...]

DORANTE, *ému* : Un de vos fermiers est venu tantôt, Madame.

ARAMINTE, *émue* : Un de mes fermiers !... cela se peut.

DORANTE : Oui, Madame... il est venu.

ARAMINTE, *toujours émue* : Je n'en doute pas.

DORANTE, *ému* : Et j'ai de l'argent à vous remettre.

ARAMINTE : Ah ! de l'argent !... nous verrons.

DORANTE : Quand il vous plaira, Madame, de le recevoir.

ARAMINTE : Oui... je le recevrai... vous me le donnerez. *(À part.)* Je ne sais ce que je lui réponds.

DORANTE : Ne serait-il pas temps de vous l'apporter ce soir ou demain, Madame ?

ARAMINTE : Demain, dites-vous ? Comment vous garder jusque-là, après ce qui est arrivé ?

DORANTE, *plaintivement* : De tout le temps de ma vie que je vais passer loin de vous, je n'aurais plus que ce seul jour qui m'en serait précieux.

ARAMINTE : Il n'y a pas moyen, Dorante, il faut se quitter. On sait que vous m'aimez, et l'on croirait que je n'en suis pas fâchée.

DORANTE : Hélas ! Madame, que je vais être à plaindre !

ARAMINTE : Ah ! allez, Dorante, chacun a ses chagrins.

DORANTE : J'ai tout perdu ! J'avais un portrait et je ne l'ai plus.

ARAMINTE : À quoi vous sert de l'avoir ? Vous savez peindre.

DORANTE : Je ne pourrai de longtemps m'en dédommager ; d'ailleurs, celui-ci m'aurait été bien cher ! Il a été entre vos mains, Madame.

ARAMINTE : Mais vous n'êtes pas raisonnable.

DORANTE : Ah ! Madame, je vais être éloigné de vous ; vous serez assez vengée ; n'ajoutez rien à ma douleur.

ARAMINTE : Vous donner mon portrait ! Songez-vous que ce serait avouer que je vous aime ?

DORANTE : Que vous m'aimez, Madame ! Quelle idée ! qui pourrait se l'imaginer ?

ARAMINTE, *d'un ton vif et naïf* : Et voilà pourtant ce qui m'arrive.

DORANTE, se *jetant à ses genoux* : Je me meurs !

ARAMINTE : Je ne sais plus où je suis : modérez votre joie ; levez-vous, Dorante.

DORANTE, *se lève, et dit tendrement* : Je ne la mérite pas ; cette joie me transporte, je ne la mérite pas, Madame ; vous allez me l'ôter ; mais n'importe, il faut que vous soyez instruite.

ARAMINTE, *étonnée* : Comment ! Que voulez-vous dire ?

DORANTE : Dans tout ce qui se passe chez vous, il n'y a rien de vrai que ma passion, qui est infinie, et que le portrait que j'ai fait. Tous les incidents qui sont arrivés partent de l'industrie d'un domestique qui savait mon amour, qui m'en plaint, qui, par le charme de l'espérance, du plaisir de vous voir, m'a, pour ainsi dire, forcé de consentir à son stratagème : il voulait me faire valoir auprès de vous. Voilà, Madame, ce que mon respect, mon amour et mon caractère ne me permettent pas de vous cacher. J'aime encore mieux regretter votre tendresse que de la devoir à l'artifice qui me l'a acquise. J'aime mieux votre haine que le remords d'avoir trompé ce que j'adore.

ARAMINTE, *le regardant quelque temps sans parler* : Si j'apprenais cela d'un autre que de vous, je vous haïrais sans doute ; mais l'aveu que vous m'en faites vous-même, dans un moment comme celui-ci, change tout. Ce trait de sincérité me charme, me paraît incroyable, et vous êtes le plus honnête homme du monde. Après tout, puisque vous m'aimez véritablement, ce que vous avez fait pour gagner mon cœur n'est point blâmable ; il est permis à un amant de chercher les moyens de plaire, et on doit lui pardonner, lorsqu'il a réussi.

DORANTE : Quoi ! la charmante Araminte daigne me justifier !

ARAMINTE : Voici le Comte avec ma mère ; ne dites mot, et laissez-moi parler.

Frédéric Constant (Dorante) et Cécile Sanz de Alba (Araminte) dans *Les Fausses confidences*, pièce mise en scène par Jean-Louis Thamin au théâtre Silvia Monfort à Paris en 2005.

Questions

► Le vocabulaire du théâtre, p. 554
► La représentation du texte théâtral, p. 556
► Émouvoir, p. 579

Un jeu de cache-cache

1. Montrez qu'au début de la scène chacun des personnages reste dans son rôle de maîtresse et de domestique. Pour quelles raisons ? Justifiez votre réponse.
2. Comparez les didascalies et les paroles des personnages dans les premières répliques. Qu'en déduisez-vous ?
3. Par quels procédés Marivaux parvient-il à placer les personnages, les lecteurs ou les spectateurs dans l'incertitude quant à l'heureux dénouement ?
4. Comparez l'avant-dernière réplique d'Araminte aux précédentes : que remarquez-vous ?

La force des sentiments

5. Par quels procédés les sentiments de Dorante sont-ils exprimés ?
6. L'aveu d'Araminte vous paraît-il inéluctable ou vous surprend-il ? Justifiez votre réponse en étudiant le ton d'Araminte dans les répliques qui précèdent et qui suivent l'aveu.
7. Quelles valeurs paraissent unir Araminte et Dorante ? Montrez qu'elles sont au-dessus des conventions et des conditions.

Grammaire
Étudiez la valeur des phrases exclamatives.

Synthèse Montrez que cette scène qui invite à exploiter toutes les ressources de la représentation peut être ambiguë et suggérer autant la sincérité que l'hypocrisie de Dorante.

BAC S'entraîner à la dissertation

Proposez un plan détaillé pour répondre à cette question : le critique Albert Thibaudet fait remarquer en opposant Molière à Marivaux que chez ce dernier : « au lieu de rire de ce que sont les personnages, on rit de ce qu'ils disent. On ne rit plus contre eux, on rit avec eux et par eux ». Pensez-vous que les extraits de cette séquence et les œuvres que vous avez lues illustrent cette réflexion ?

► Rassembler et organiser ses idées ; Construire un paragraphe et insérer des exemples, p. 606

Jean-Jacques Rousseau, *Les Confessions*, III (1782-1789)

▸ Biographies, p. 628

⊕ CONTEXTE

Si *Les Confessions* représentent l'invention du genre autobiographique dans la littérature française et nous font découvrir l'homme que fut Rousseau, elles reflètent aussi la société de son temps. Rousseau évolue dans des mondes bien différents et dans des situations qui le sont tout autant ; il permet au lecteur de les découvrir avec lui et d'enrichir sa connaissance de la société du XVIIIe siècle. Il montre par exemple ce qui peut rapprocher et distinguer les maîtres et les valets.

Dans le livre III des Confessions, *Jean-Jacques Rousseau est proche de sa dix-septième année. Après de nombreuses péripéties, il entre comme domestique chez le comte de Gouvon. Le jeune Rousseau, sensible aux charmes de Mademoiselle de Breil, petite-fille du comte, cherche à s'en faire remarquer et y parvient.*

Que n'aurais-je point fait pour qu'elle daignât m'ordonner quelque chose, me regarder, me dire un seul mot ! Mais point : j'avais la mortification d'être nul pour elle ; elle ne s'apercevait pas même que j'étais là. Cependant, son frère, qui m'adressait quelquefois la parole à table, m'ayant dit je ne sais quoi de peu obligeant, je lui fis une réponse si fine et si bien tournée, qu'elle y fit attention, et jeta les yeux sur moi. Ce coup d'œil, qui fut court, ne laissa pas de me transporter. Le lendemain, l'occasion se présenta d'en obtenir un second, et j'en profitai. On donnait ce jour-là un grand dîner, où, pour la première fois, je vis avec beaucoup d'étonnement le maître d'hôtel servir l'épée au côté et le chapeau sur la tête. Par hasard on vint à parler de la devise de la maison de Solar, qui était sur la tapisserie avec les armoiries : *Tel fiert qui ne tue pas*. Comme les Piémontais ne sont pas pour l'ordinaire consommés dans la langue française, quelqu'un trouva dans cette devise une faute d'orthographe, et dit qu'au mot *fiert* il ne fallait point de *t*.

Le vieux comte de Gouvon allait répondre ; mais ayant jeté les yeux sur moi, il vit que je souriais sans oser rien dire : il m'ordonna de parler. Alors je dis que je ne croyais pas que le *t* fût de trop, que *fiert* était un vieux mot français qui ne venait pas du mot *ferus*, fier, menaçant, mais du verbe *ferit*, il frappe, il blesse ; qu'ainsi la devise ne me paraissait pas dire : Tel menace, mais *tel frappe qui ne tue pas*.

Tout le monde me regardait et se regardait sans rien dire. On ne vit de la vie un pareil étonnement. Mais ce qui me flatta davantage fut de voir clairement sur le visage de Mlle de Breil un air de satisfaction. Cette personne si dédaigneuse daigna me jeter un second regard qui valait tout au moins le premier ; puis, tournant les yeux vers son grand-papa, elle semblait attendre avec une sorte d'impatience la louange qu'il me devait, et qu'il me donna en effet si pleine et entière et d'un air si content, que toute la table s'empressa de faire chorus. Ce moment fut court, mais délicieux à tous égards. Ce fut un de ces moments trop rares qui replacent les choses dans leur ordre naturel, et vengent le mérite avili des outrages de la fortune.

Jean-Antoine Watteau, *Une demande embarrassante* (1716), huile sur toile (65 cm x 84,5 cm), musée de l'Hermitage, Saint-Petersbourg (Russie).

Questions

Une revanche

1. Montrez que la dernière phrase de l'extrait souligne, pour Rousseau, l'important enjeu du récit de cet épisode.
2. Comment le récit progresse-t-il vers la valorisation de Jean-Jacques ?
3. C'est par sa connaissance de la langue française que Rousseau triomphe et obtient « un air de satisfaction » de Mlle de Breil. Qu'en concluez-vous sur la place du savoir dans la société du XVIIIe siècle ?

Dorante et Rousseau

4. Qu'est-ce qui rapproche et distingue les situations de Dorante et de Rousseau ?
5. Comment les extraits des *Fausses confidences* (p. 178) et des *Confessions* soulignent-ils la sensibilité de Dorante et de Rousseau ?
6. Rousseau pourrait-il séduire Araminte, et Dorante Mlle de Breil ? Qu'en concluez-vous ?

De Marivaux à Rousseau

7. Montrez que la comédie de Marivaux reflète la réalité de son temps.
8. Pourquoi le récit de Rousseau pourrait être le sujet d'une comédie ?
9. Quelles réflexions ces deux œuvres suggèrent-elles sur le rapport entre réalité et fiction ?

► Les figures d'opposition, d'exagération et d'atténuation, p. 535

Vocabulaire
Vérifiez dans un dictionnaire l'étymologie de « fiert » proposée par Rousseau. Recherchez une devise ou un proverbe en ancien français dont vous expliquerez le sens en vous appuyant sur l'étymologie.
Ex. : Honni soit qui mal y pense.

Synthèse Comparez cet extrait à celui des *Fausses confidences* (p. 178). Qu'en concluez-vous sur l'état et la situation des domestiques dans la société du XVIIIe siècle ainsi que sur les relations que les maîtres entretiennent avec eux ?

TEXTE 4

▸ Biographies, p. 628

⊕ CONTEXTE

Le Barbier de Séville met en scène des personnages qu'on retrouve dans *Le Mariage de Figaro* (1784) et *La Mère coupable* (1792). Si l'originalité de la trilogie tient à ce procédé qui donne aux personnages une temporalité proche de celle du roman, elle tient aussi à l'invention du personnage de Figaro, qui marquera l'histoire littéraire : il est ici barbier et non pas laquais, il a tenté la carrière des lettres et il a été garçon apothicaire. À travers lui, Beaumarchais fait entendre sa critique de l'aristocratie du XVIIIe siècle.

Beaumarchais, *Le Barbier de Séville* (1775)

Le Comte Almaviva, grand d'Espagne, s'éprend de Rosine, orpheline d'origine noble. Il est prêt à tout pour arracher celle qu'il aime à Bartholo, son vieux tuteur qui souhaite l'épouser. Déguisé en bachelier, jeune gentilhomme aspirant à devenir écuyer, le Comte, qui se fait appeler Lindor, parvient à séduire Rosine avec la complicité de son ancien valet Figaro. À la suite d'un malentendu, cette dernière se croit trahie par le Comte : elle s'apprête à épouser Bartholo à qui elle a tout révélé et qui va tenter de contrarier les projets du Comte.

ACTE IV, SCÈNE 6

Figaro allume toutes les bougies qui sont sur la table.

LE COMTE : La voici. – Ma belle Rosine !...

ROSINE, *d'un ton très composé* : Je commençais, Monsieur, à craindre que vous ne vinssiez pas.

LE COMTE : Charmante inquiétude !... Mademoiselle, il ne me convient point d'abuser des circonstances pour vous proposer de partager le sort d'un infortuné ; mais, quelque asile que vous choisissiez, je jure sur mon honneur...

ROSINE : Monsieur, si le don de ma main n'avait pas dû suivre à l'instant celui de mon cœur, vous ne seriez pas ici. Que la nécessité justifie à vos yeux ce que cette entrevue a d'irrégulier !

LE COMTE : Vous, Rosine ! la compagne d'un malheureux ! sans fortune, sans naissance !...

ROSINE : La naissance, la fortune ! Laissons-là les jeux du hasard, et si vous m'assurez que vos intentions sont pures...

LE COMTE, *à ses pieds* : Ah ! Rosine ! je vous adore !...

ROSINE, *indignée* : Arrêtez, malheureux !... vous osez profaner... ! tu m'adores !... Va ! tu n'es plus dangereux pour moi ; j'attendais ce mot pour te détester. Mais avant de t'abandonner au remords qui t'attend, *(En pleurant.)* apprends que je t'aimais ; apprends que je faisais mon bonheur de partager ton mauvais sort. Misérable Lindor ! j'allais tout quitter pour te suivre. Mais le lâche abus que tu as fait de mes bontés, et l'indignité de cet affreux comte Almaviva, à qui tu me vendais, ont fait rentrer dans mes mains ce témoignage de ma faiblesse. Connais-tu cette lettre ?

LE COMTE, *vivement* : Que votre tuteur vous a remise ?

ROSINE, *fièrement* : Oui, je lui en ai l'obligation.

LE COMTE : Dieux, que je suis heureux ! Il la tient de moi. Dans mon embarras, hier, je m'en servis pour arracher sa confiance, et je n'ai pu trouver l'instant de vous en informer. Ah, Rosine, il est donc vrai que vous m'aimez véritablement !...

FIGARO : Monseigneur, vous cherchiez une femme qui vous aimât pour vous-même...

ROSINE : Monseigneur, que dit-il ?

LE COMTE, *jetant son large manteau, paraît en habit magnifique* : Ô la plus aimée des femmes ! il n'est plus temps de vous abuser : l'heureux homme que vous voyez à vos pieds n'est point Lindor ; je suis le Comte Almaviva, qui meurt d'amour et vous cherche en vain depuis six mois.

ROSINE, *tombe dans les bras du comte* : Ah !...

LE COMTE, *effrayé* : Figaro ?

FIGARO : Point d'inquiétude, Monseigneur ; la douce émotion de la joie n'a jamais de suites fâcheuses ; la voilà, la voilà qui reprend ses sens ; morbleu, qu'elle est belle !

ROSINE : Ah, Lindor !... Ah ! Monsieur ! que je suis coupable ! j'allais me donner cette nuit même à mon tuteur.

LE COMTE : Vous, Rosine !

ROSINE : Ne voyez que ma punition ! J'aurais passé ma vie à vous détester. Ah, Lindor ! le plus affreux supplice n'est-il pas de haïr, quand on sent qu'on est faite pour aimer ?

FIGARO *regarde à la fenêtre* : Monseigneur, le retour est fermé ; l'échelle est enlevée.

LE COMTE : Enlevée !

ROSINE, *troublée* : Oui, c'est moi... c'est le Docteur. Voilà le fruit de ma crédulité. Il m'a trompée. J'ai tout avoué, tout trahi : il sait que vous êtes ici, et va venir avec main-forte.

FIGARO *regarde encore* : Monseigneur ! on ouvre la porte de la rue.

ROSINE, *courant dans les bras du Comte, avec frayeur* : Ah, Lindor !...

LE COMTE, *avec fermeté* : Rosine, vous m'aimez ! Je ne crains personne ; et vous serez ma femme. J'aurai donc le plaisir de punir à mon gré l'odieux vieillard !...

ROSINE : Non, non, grâce pour lui, cher Lindor ! Mon cœur est si plein, que la vengeance ne peut y trouver place.

Céline Melloul (Rosine), Daniel San Pedro (Figaro) et Benjamin Boyer (le comte Almaviva) dans *Le Barbier de Séville*, pièce mise en scène par Ladislas Chollat au théâtre Vingtième à Paris en 2006.

Questions

► La représentation du texte théâtral, p. 556
► Faire rire, p. 578
► Émouvoir, p. 579

Le triomphe de l'amour

1. Quelle vie Rosine était-elle prête à accepter avant de se croire trahie ?
2. Quels sont les traits du caractère de Rosine qui transparaissent dans cette scène ? Montrez que Rosine incarne des valeurs nobles.
3. Quelle place le Comte accorde-t-il à l'amour dans cette scène ? Le place-t-il au-dessus de sa situation de Grand d'Espagne ?

Une scène critique

4. Quel est le rôle attribué à Figaro dans cette scène ? Qu'en concluez-vous ?
5. Montrez que les péripéties et rebondissements ont une fonction dans l'action. Comment l'intention parodique de l'auteur est-elle suggérée ?
6. Étudiez les répliques du Comte dès qu'il dévoile son identité : comment Beaumarchais nous invite-t-il à sourire du personnage et de son ambition d'être aimé pour lui-même ? Répondez en vous appuyant sur les didascalies concernant le comte.
7. Montrez que cette scène pourrait être représentée dans des intentions différentes, voire opposées.

Grammaire
Relevez les deux verbes au subjonctif dans les premières répliques. Justifiez leur emploi et commentez celui employé par Rosine.
► Les valeurs des modes et des temps, p. 520

Synthèse Montrez que si les personnages placent les sentiments au-dessus de la naissance et de la fortune, l'écriture de la scène n'invite pas nécessairement à adhérer à cette idée.

► Biographies, p. 628

Victor Hugo, *Ruy Blas* (1838)

► Chez Victor Hugo, le héros allie laideur et beauté, bassesse et élévation. Si le corps est laid, l'âme est belle et si la condition est basse, le cœur est noble. Ainsi, le genre théâtral qu'il invente, le drame romantique, allie le poétique et le prosaïque, le comique et le tragique, la bassesse et le sublime. Faire d'un valet le héros d'un drame romantique, ce n'est plus opposer la condition du valet à celle du maître, c'est affirmer que les sentiments les plus élevés et les actes les plus nobles s'incarnent dans le peuple autant que dans l'aristocratie.

Ruy Blas, jeune homme pauvre, devient le laquais de Don Salluste, grand d'Espagne, qui veut se venger de la reine parce qu'elle a exigé du roi qu'il soit exilé. Amoureux de la reine, Ruy Blas accepte de se faire passer pour Don César, cousin de Don Salluste. Le piège pour déshonorer la reine est tendu. Dans cette dernière scène du drame, alors que la reine est perdue, Ruy Blas, qui a su se faire aimer par sa noblesse d'âme et de cœur, comprend qu'il a été l'instrument de la vengeance de Don Salluste. Il se rebelle, avoue son état et tue son maître pour sauver la reine.

ACTE V, SCÈNE 4

Ruy Blas fait quelques pas en chancelant vers la reine immobile et glacée, puis il tombe à deux genoux, l'œil fixé à terre, comme s'il n'osait lever les yeux jusqu'à elle. […]

LA REINE

Que voulez-vous ?

RUY BLAS, *joignant les mains.*

Que vous me pardonniez madame !

LA REINE

Jamais.

RUY BLAS

Jamais !

Il se lève et marche lentement vers la table.

Bien sûr ?

LA REINE

Non. Jamais !

RUY BLAS,

Il prend la fiole posée sur la table, la porte à ses lèvres et la vide d'un trait.

Triste flamme,
Éteins-toi !

LA REINE, *se levant et courant vers lui.*

Que fait-il ?

RUY BLAS, *posant la fiole.*

Rien. Mes maux sont finis.
Rien. Vous me maudissez, et moi je vous bénis.
Voilà tout.

LA REINE, *éperdue.*

Don César !

RUY BLAS

Quand je pense, pauvre ange,
Que vous m'avez aimé !

LA REINE

Quel est ce philtre étrange ?
Qu'avez-vous fait ? Dis-moi ! réponds-moi ! parle-moi !
César ! je te pardonne et t'aime et je te croi !

RUY BLAS

Je m'appelle Ruy Blas.

LA REINE, *l'entourant de ses bras.*

Ruy Blas, je vous pardonne !

Mais qu'avez-vous fait là ? Parle, je te l'ordonne !
Ce n'est pas du poison, cette affreuse liqueur ?
Dis ?

RUY BLAS

Si ! c'est du poison. Mais j'ai la joie au cœur.
Tenant la reine embrassée et levant les yeux au ciel.
Permettez, ô mon Dieu ! justice souveraine !
Que ce pauvre laquais bénisse cette reine,
Car elle a consolé mon cœur crucifié,
Vivant, par son amour, mourant, par sa pitié !

LA REINE

Du poison ! Dieu ! c'est moi qui l'ai tué ! Je t'aime !
Si j'avais pardonné ?...

RUY BLAS, *défaillant.*

J'aurais agi de même.
Sa voix s'éteint. La reine le soutient dans ses bras.
Je ne pouvais plus vivre. Adieu !
Montrant la porte.
Fuyez d'ici !
– Tout restera secret. – Je meurs.
Il tombe.

LA REINE, *se jetant sur son corps.*

Ruy Blas !

RUY BLAS, *qui allait mourir, se réveille à son nom prononcé par la reine.*

Merci !

Dona Maria de Neubourg, reine d'Espagne (Marie Menges) et Ruy Blas (Mathieu Cruciani) dans *Ruy Blas*, pièce mise en scène par William Mesguich à la Scène Watteau à Nogent-sur-Marne en 2006.

► La versification, p. 561

Questions

1. Quel est le principal trait de caractère de Ruy Blas mis en évidence par ses répliques, les didascalies et le champ lexical dominant ?

2. Comment le dialogue et les didascalies expriment-ils le rapprochement entre les deux personnages ? Quels sont les effets produits ?

3. Par quels procédés le personnage de Ruy Blas est-il valorisé ? Dans quel but ?

4. Montrez que cette scène rappelle les dénouements des tragédies. Justifiez votre réponse.

5. Étudiez la versification : la dislocation de l'alexandrin dans les répliques et les enjambements. Quels sont les effets produits ?

Prolongement

◄ *Ruy Blas*, film réalisé par Pierre Billon en 1948, scénario et dialogues de Jean Cocteau. Avec Jean Marais, Danielle Darrieux et Marcel Herrand.

Ruy Blas, adaptation par Jean-Claude Carrière, réalisée pour la télévision par Jacques Weber en 2002. Avec Carole Bouquet, Gérard Depardieu, Mathieu Gallais et Jacques Weber. ►

Visionnez les passages correspondant à la scène 4 de l'acte V et comparez les interprétations des acteurs.

▸ Biographies, p. 628

Jean Genet, *Les Bonnes* (1947)

Odile Grosset Grange (Claire) et Lisa Pajon (Solange) dans *Les Bonnes*, pièce mise en scène par Alain Timar au théâtre des Halles dans le cadre du festival d'Avignon – off en 2006.

▸ Jean Genet s'engagera dans ses œuvres et dans sa vie en faveur des opprimés du monde entier. Dans *Les Bonnes*, Genet dénonce la condition des domestiques du XXe siècle qui sont eux aussi opprimés par les classes bourgeoises ou enrichies. Il démontre que les rapports entre les maîtres et les valets sont un rapport de domination, de violence et d'humiliation. Les bonnes se trouvent réduites à leur fonction et à leur condition sociale et perdent leur identité propre.

Deux domestiques, deux sœurs qui projettent d'assassiner leur maîtresse, jouent à simuler des rôles : Claire est « Madame » et Solange est Claire « la bonne ». Elles représentent leur propre vision de la maîtresse et de la domestique et de leur relation.

[…]

CLAIRE : Disposez mes toilettes. La robe blanche pailletée. L'éventail, les émeraudes.

SOLANGE : Tous les bijoux de Madame ?

CLAIRE : Sortez-les. Je veux choisir. (*Avec beaucoup d'hypocrisie.*) Et naturellement les souliers vernis. Ceux que vous convoitez depuis des années.

Solange prend dans l'armoire quelques écrins qu'elle ouvre et dispose sur le lit.

Pour votre noce sans doute. Avouez qu'il vous a séduite ! Que vous êtes grosse ! Avouez-le !

Solange s'accroupit sur le tapis et, crachant dessus, cire les escarpins vernis.

Je vous ai dit, Claire, d'éviter les crachats. Qu'ils dorment en vous, ma fille, qu'ils y croupissent. Ah ! ah ! vous êtes hideuse, ma belle. Penchez-vous davantage et vous regardez dans mes souliers. *(Elle tend son pied que Solange examine.)* Pensez-vous qu'il me soit agréable de me savoir le pied enveloppé par les voiles de votre salive ? Par la brume de vos marécages ?

SOLANGE, *à genoux et très humble* : Je désire que Madame soit belle.

CLAIRE, *elle s'arrange dans la glace* : Vous me détestez, n'est-ce pas ? Vous m'écrasez sous vos prévenances, sous votre humilité, sous les glaïeuls et le réséda. *(Elle se lève et d'un ton plus bas.)* On s'encombre inutilement. Il y a trop de fleurs. C'est mortel. *(Elle se mire encore.)* Je serai belle. Plus que vous ne le serez jamais. Car ce n'est pas avec ce corps et cette face que vous séduirez Mario. Ce jeune laitier ridicule vous méprise, et s'il vous a fait un gosse…

SOLANGE : Oh ! mais, jamais je n'ai…

Questions

1. Observez les modes des verbes, le vocabulaire péjoratif du dialogue, ainsi que les didascalies. Qu'en concluez-vous sur les rapports entre les deux personnages ?

2. Montrez que la représentation de la maîtresse et de la bonne est caricaturale. Justifiez et expliquez l'intérêt de cette caricature pour les deux bonnes.

3. Cette scène est un exemple de mise en abyme, ou de « théâtre dans le théâtre ». Quelle peut être sa fonction ?

4. Le motif du reflet, présent dans le miroir et les souliers, vous semble-t-il important dans la fonction critique de cette scène ? Justifiez votre réponse.

Prolongement

Lisez *Hilda* de Marie N'Diaye et comparez les personnages de cette œuvre à Solange et Claire. Qu'en concluez-vous des intentions de l'auteur ?

DÉFINIR ET EMPLOYER LE VOCABULAIRE DU THÉÂTRE

1 ÉTYMOLOGIE

a. Théâtre vient du grec *théatron* qui désigne l'enceinte destinée aux spectateurs. Rédigez un bref paragraphe exploitant cette étymologie comme argument pour démontrer que « Le théâtre n'est fait que pour être vu. » (Molière)

b. On désigne aussi le genre théâtral comme le genre dramatique. Justifiez cette appellation en vous appuyant sur la racine grecque *drama* signifiant « action ».

2 CHAMP SÉMANTIQUE

a. **Définissez le substantif « théâtre » dans les phrases suivantes :**

1. Les théâtres de province sont souvent des théâtres à l'italienne.
2. Ils se sont rendus sur le théâtre des opérations.
3. Le théâtre de Brecht est-il encore joué ?
4. Quel coup de théâtre !

b. **Définissez l'adjectif « dramatique » dans les phrases suivantes :**

1. Vous êtes dramatique.
2. Les auteurs dramatiques le sont parfois vraiment.
3. L'échec de la pièce est dramatique pour cette jeune compagnie.
4. Ce poème dramatique a-t-il pu être joué ?

c. **Choisissez cinq mots parmi les suivants et employez-les dans des phrases qui renverront d'abord à la vie quotidienne, puis au théâtre.**
péripéties – dénouement – comédie – entracte – coulisses – scène – action – drame – acteur – théâtral – brigadier – décor – jeu – interprétation – baignoire – accessoires – matinée – catastrophe – servante – planches – allemande – machine

3 CHAMPS LEXICAUX

a. **Présentez une comédie que vous avez lue en utilisant les termes suivants :** acte – scène – entracte – exposition – nœud – action – péripéties – dénouement

b. **Employez les termes suivants dans des phrases qui en éclaireront le sens.**
dialogue – réplique – tirade – stichomythie – monologue – aparté – récit – didascalies – indications scéniques

c. **Définissez les termes en gras.**

La représentation théâtrale ne repose pas seulement sur le **langage verbal**, elle mobilise ce qu'on peut nommer un **langage paraverbal** comme les inflexions de voix ou le débit des acteurs ou encore, leurs gémissements, leurs soupirs mais aussi les bruits et plus encore les bruitages. N'oublions pas un **langage non verbal** constitué par le lieu, l'espace où se joue la pièce qui pourront donner un sens particulier à une pièce comme le feront les décors, les accessoires, les costumes. Que dire enfin de l'importance de la gestuelle ou du physique des acteurs !

d'après Alain Couprie, *Le Théâtre* (1995) © Armand Colin

d. **Classez ces termes selon qu'ils appartiennent au texte ou à sa représentation (ou les deux). Justifiez votre réponse.**
metteur en scène – personnage – acteur – dramaturgie – interprétation – scène – plateau – déclamation – jeu – auteur – comédien – imitation – rôle – jouer – lieu – décor – durée – descendre – répétition – espace – interprète

4 SYNONYMES

Recherchez des synonymes des termes suivants et employez-les dans des phrases de votre composition.
auteur – acteur – pièce

5 CULTURE GÉNÉRALE

a. **Recherchez ce qui distingue ces différentes comédies.**
commedia dell'arte – comédie classique – comédie héroïque – comédie larmoyante – comédie romantique – farce – vaudeville – comédie-ballet – comédies de caractère – comédies de mœurs – comédies d'intrigue

b. **Recherchez ce qui distingue ces différents comiques.**
comique de situation – comique de caractère – comique de mots ou de langage – comique de gestes – comique de l'absurde

6 RAPPEL CLASSIQUE !

a. **Recherchez l'auteur des alexandrins suivants et l'œuvre dont ils sont tirés.**

« Qu'en un lieu, qu'en un jour, un seul fait accompli
Tienne jusqu'à la fin le théâtre rempli. »

b. **Reformulez ces vers pour les rendre plus explicites.**

EXPRESSION ÉCRITE

Sujet 1

En exploitant le vocabulaire de l'exercice 3-c, écrivez un article commentant deux photographies du dossier « Mise en scène » (p. 176)

Sujet 2

Écrivez un bref dialogue de théâtre entre trois personnages en recourant aux répliques, stichomythies, apartés et didascalies. Inspirez-vous des extraits de la séquence.

MAÎTRES ET VALETS DANS LA COMÉDIE DU XVIIIe SIÈCLE

Le valet est un personnage « type » du théâtre : des comédies de l'Antiquité à celles de Molière avec le personnage de Sganarelle, les relations qu'il entretient avec son maître sont mises en scène. Au XVIIIe siècle, la comédie présente de nouveaux personnages : les relations maître-valet se complexifient et les distances s'amenuisent parfois. (► Histoire du théâtre, p. 148)

1 DES INTRIGUES DIFFÉRENTES

Les comédies du XVIIIe siècle soulignent des intérêts différents entre maîtres et valets. L'intrigue amoureuse concerne essentiellement le maître : la pièce repose sur les difficultés qu'il rencontre pour séduire une jeune femme. Le valet est alors un **adjuvant** de son maître.

→ Ex. : Dans *Les Fausses confidences* de Marivaux, Dorante se fait passer pour un valet, auprès d'Araminte qu'il aime.

Le valet, quant à lui, affirme de nouvelles ambitions et envisage de s'élever au-dessus de sa condition. Sa quête est avant tout sociale. L'intrigue qui le concerne rivalise avec celle du maître.

→ Ex. : Dans *Turcaret* d'Alain-René Lesage, les valets Frontin et Lisette préparent leur avenir. Lisette envisage la possibilité de changer de condition par le mariage.

2 LES RÔLES ÉCHANGÉS, SOURCES DE QUIPROQUOS

La spécificité du genre théâtral, qui allie **texte** et **représentation**, favorise les échanges de rôles entre maîtres et valets. Les personnages sont alors pris pour ce qu'ils ne sont pas. Le **quiproquo**, sur lequel reposent les comédies, fait rire les spectateurs.

Le déguisement des personnages

Au théâtre, l'échange des costumes permet de montrer les différences sociales. Le costume est alors un accessoire essentiel qui accentue le **quiproquo**.

→ Ex. : Dans *Le Barbier de Séville* de Beaumarchais, Rosine se méprend sur l'identité du comte en partie à cause des vêtements qu'il porte.

La complicité avec le spectateur

Le spectateur n'est pas dupe de cet échange de rôles. Les mots employés par les valets, imitant les maîtres, deviennent comiques pour le spectateur qui connaît leur identité. Les **apartés**, entendus seulement du spectateur, révèlent la véritable nature des êtres.

→ Ex. : Dans *Le Jeu de l'amour et du hasard* de Marivaux, les apartés de Lisette livrent ses véritables pensées et trahissent sa condition, ce qui suscite le rire.

3 LES VALETS ACTEURS DU DÉNOUEMENT

Le valet est souvent le personnage qui permet de précipiter le dénouement. Par une erreur de langage, un lapsus, il permet de reconnaître l'échange des rôles.

→ Ex. : Dans *Le Barbier de Séville* de Beaumarchais, Figaro crée la surprise de Rosine en appelant le comte « Monseigneur » et permet ainsi de résoudre le conflit.

Le dénouement est alors heureux. Les convenances sociales, bouleversées dans la pièce, sont rétablies : le maître redevient maître, tandis que le valet retourne à sa condition, entouré de la gratitude de son maître.

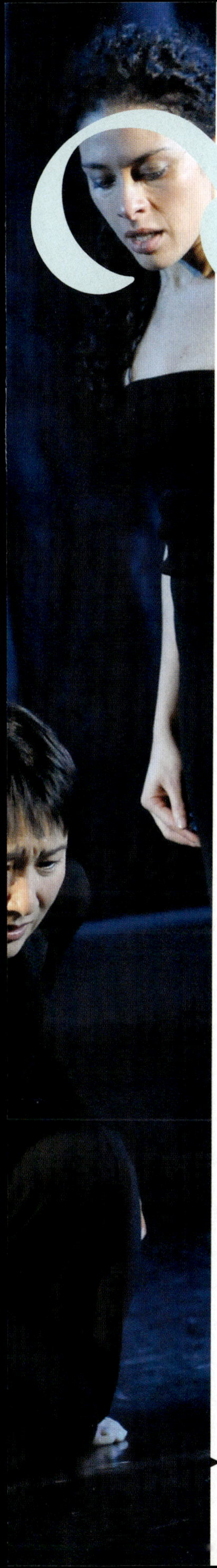

Séquence 3

L'aveu sur scène du XVIIe au XXe siècle

Quelles formes prend l'aveu au théâtre ? Quels en sont les fonctions et les enjeux dans l'intrigue et dans la représentation ?

CORPUS DE LA SÉQUENCE

LIENS AVEC LA PARTIE LANGUE

▸ Les valeurs des modes et des temps, p. 520
▸ Les actes de langage, l'implicite et la modalisation, p. 528

LIENS AVEC LA PARTIE OUTILS D'ANALYSE

▸ Le théâtre, p. 554
▸ La versification, p. 561
▸ Les registres et effets du texte, p. 578

LIENS AVEC LA PARTIE MÉTHODES POUR LE BAC

▸ Le commentaire, p. 598
▸ L'écriture d'invention, p. 612

▸▸ Yumi Fujimori (Œnone) et Selma Kouchy (Phèdre) dans *Phèdre* (1677) de Jean Racine, pièce mise en scène de Gilbert Ponte au théâtre Douze – Maurice Ravel à Paris en 2010.

TEXTE 1

▸ Biographies, p. 628

⊕ CONTEXTE

Lors de sa création, la pièce s'est appelée *Phèdre et Hippolyte*. Racine s'est inspiré très étroitement d'une tragédie du grec Euripide (Ve siècle av. J.-C.), *Hippolyte*, et d'une autre du latin Sénèque (Ier siècle ap. J.-C.), *Phèdre*. Dans la tragédie classique, le rôle du confident ou de la confidente a été créé pour éviter la trop grande monotonie scénique du monologue.

▸ Le Classicisme, p. 27

Jean Racine, *Phèdre* (1677)

Depuis six mois, le roi Thésée a quitté Athènes, laissant les siens sans nouvelles. Son fils Hippolyte (né de ses amours avec une Amazone) veut partir à sa recherche. Phèdre, dernière épouse de Thésée et belle-mère d'Hippolyte, souffre d'un mal mystérieux dont Œnone, la nourrice de la reine, s'efforce d'arracher le secret.

ACTE I, SCÈNE 3

[...]
ŒNONE : Quoi ? de quelques remords êtes-vous déchirée ?
Quel crime a pu produire un trouble si pressant ?
Vos mains n'ont point trempé dans le sang innocent ?
PHÈDRE : Grâces au ciel, mes mains ne sont pas criminelles.
Plût aux Dieux que mon cœur fût innocent comme elles !
ŒNONE : Et quel affreux projet avez-vous enfanté
Dont votre cœur encor doive être épouvanté ?
PHÈDRE : Je t'en ai dit assez. Épargne-moi le reste.
Je meurs, pour ne point faire un aveu si funeste.
ŒNONE : Mourez donc, et gardez un silence inhumain ;
Mais pour fermer vos yeux cherchez une autre main.
Quoiqu'il vous reste à peine une faible lumière,
Mon âme chez les morts descendra la première.
Mille chemins ouverts y conduisent toujours,
Et ma juste douleur choisira les plus courts.
Cruelle, quand ma foi vous a-t-elle déçue ?
Songez-vous qu'en naissant mes bras vous ont reçue ?
Mon pays, mes enfants, pour vous j'ai tout quitté.
Réserviez-vous ce prix à ma fidélité ?
PHÈDRE : Quel fruit espères-tu de tant de violence ?
Tu frémiras d'horreur si je romps le silence.
ŒNONE : Et que me direz-vous qui ne cède, grands Dieux !
À l'horreur de vous voir expirer à mes yeux ?
PHÈDRE : Quand tu sauras mon crime, et le sort qui m'accable,
Je n'en mourrai pas moins, j'en mourrai plus coupable.
ŒNONE : Madame, au nom des pleurs que pour vous j'ai versés,
Par vos faibles genoux que je tiens embrassés,
Délivrez mon esprit de ce funeste doute.
PHÈDRE : Tu le veux. Lève-toi.
ŒNONE : Parlez, je vous écoute.
PHÈDRE : Ciel ! que lui vais-je dire, et par où commencer ?
ŒNONE : Par de vaines frayeurs cessez de m'offenser.
PHÈDRE : Ô haine de Vénus ! Ô fatale colère !
Dans quels égarements l'amour jeta ma mère !
ŒNONE : Oublions-les, Madame ; et qu'à tout l'avenir
Un silence éternel cache ce souvenir.
PHÈDRE : Ariane, ma sœur, de quel amour blessée,
Vous mourûtes aux bords où vous fûtes laissée !

ŒNONE : Que faites-vous, Madame ? et quel mortel ennui
Contre tout votre sang vous anime aujourd'hui ?
PHÈDRE : Puisque Vénus le veut, de ce sang déplorable
Je péris la dernière et la plus misérable.
ŒNONE : Aimez-vous ?
PHÈDRE : De l'amour j'ai toutes les fureurs.
ŒNONE : Pour qui ?
PHÈDRE : Tu vas ouïr le comble des horreurs.
J'aime… À ce nom fatal, je tremble, je frissonne,
J'aime…
ŒNONE : Qui ?
PHÈDRE : Tu connais ce fils de l'Amazone,
Ce prince si longtemps par moi-même opprimé ?
ŒNONE : Hippolyte ? Grands Dieux !
PHÈDRE : C'est toi qui l'as nommé.
ŒNONE : Juste ciel ! Tout mon sang dans mes veines se glace.
[…]

Dominique Blanc (Phèdre), dans *Phèdre* (1677) de Jean Racine, pièce mise en scène par Patrice Chéreau au théâtre de l'Europe aux Ateliers Berthier à Paris en 2003.

Questions

► Les principaux genres théâtraux, p. 557
► La versification, p. 561

La place de l'aveu

1. Repérez à quel moment de la pièce a lieu l'aveu de Phèdre à Œnone. Quelles conséquences cela a-t-il pour la suite ?

La forme de l'aveu

2. Quels sont les indices donnés par Phèdre à Œnone pour préparer son aveu ?
3. Quelle est la stratégie d'Œnone pour provoquer l'aveu de Phèdre ?
4. Quelle est la stratégie de Phèdre pour retarder l'aveu ?
5. Pourquoi demande-t-elle à la nourrice de se relever au vers 29 ?
6. Le dialogue vous paraît-il la forme appropriée à l'aveu ? Pourquoi ?
7. Pourquoi l'alexandrin est-il scindé à plusieurs reprises ? Quels sont les effets recherchés ?

L'objet de l'aveu

8. À quoi Phèdre associe-t-elle l'amour ? Relevez-en le champ lexical.
9. Quelles sont les origines familiales de Phèdre et de sa sœur Ariane ? Pourquoi évoque-t-elle la haine de Vénus ? Justifiez cette évocation en fonction du genre de la pièce.

Vocabulaire
Quel sens le mot « cœur » avait-il au XVIIe siècle ?

Synthèse À la lecture de cet extrait, expliquez ce qu'est un aveu et pourquoi il est difficile à formuler.

TEXTE 2

▸ Biographies, p. 628

Beaumarchais, *Le Mariage de Figaro* (1784)

⊕ CONTEXTE

Le Mariage de Figaro se situe au centre d'une trilogie entre *Le Barbier de Séville* (1775) et *La Mère coupable* (1792). Ces pièces racontent les aventures pleines de rebondissements de Figaro, barbier de son état, qui revendique la liberté de choisir sa vie. Pour Napoléon Bonaparte : « *Le Mariage de Figaro*, c'est déjà la Révolution en action. » Mais c'est aussi une pièce où on avoue beaucoup qu'on s'aime !

Figaro doit être marié à Suzanne, première femme de chambre de la Comtesse. Mais le Comte, maître de Figaro, attiré par la servante, envisage de restaurer un droit féodal, le droit de cuissage qui lui permettrait de goûter aux charmes de la mariée avant le mari. Suzanne, la Comtesse et Figaro montent un plan pour tromper le Comte : Chérubin, jeune page du Comte, déguisé en fille, prendra la place de Suzanne au rendez-vous. Mais ce dernier, amoureux de la Comtesse, lui a dérobé un ruban qui est découvert pendant la séance d'essayage.

ACTE II, SCÈNE 6
SUZANNE, LA COMTESSE, CHÉRUBIN

[...]

SUZANNE, *Chérubin se met à genoux. Elle le coiffe* : Madame, il est charmant !

LA COMTESSE : Arrange son collet d'un air un peu plus féminin.

SUZANNE *l'arrange*. Là... Mais voyez-donc ce morveux, comme il est joli en fille ! j'en suis jalouse, moi ! *(Elle lui prend le menton.)* Voulez-vous bien n'être pas joli comme ça ?

LA COMTESSE : Qu'elle est folle ! Il faut relever la manche, afin que l'amadis[1] prenne mieux... *(Elle le retrousse.)* Qu'est-ce qu'il a donc au bras ? Un ruban !

SUZANNE : Et un ruban à vous. Je suis bien aise que madame l'ait vu. Je lui avais dit que je le dirais, déjà ! Oh ! si Monseigneur n'était pas venu, j'aurais bien repris le ruban ; car je suis presque aussi forte que lui.

LA COMTESSE : Il y a du sang ! *(Elle détache le ruban.)*

CHÉRUBIN, *honteux* : Ce matin, comptant partir, j'arrangeais la gourmette[2] de mon cheval ; il a donné de la tête, et la bossette[3] m'a effleuré le bras.

LA COMTESSE : on n'a jamais mis un ruban...

SUZANNE : Et surtout un ruban volé. – Voyons donc ce que la bossette... la courbette[4]... la cornette[5] du cheval... Je n'entends rien à tous ces noms-là. – Ah ! qu'il a le bras blanc ! c'est comme une femme ! plus blanc que le mien ! Regardez donc, madame ! *(Elle les compare.)*

LA COMTESSE, *d'un ton glacé* : Occupez-vous plutôt de m'avoir du taffetas gommé[6], dans ma toilette. *(Suzanne lui pousse la tête en riant ; il tombe sur les deux mains. Elle entre dans le cabinet au bord du théâtre.)*

ACTE II, SCÈNE 7
CHÉRUBIN, *à genoux*, LA COMTESSE, *assise*

LA COMTESSE, *reste un moment sans parler, les yeux sur son ruban. Chérubin la dévore de ses regards* : Pour mon ruban, monsieur... comme c'est celui dont la couleur m'agrée le plus... j'étais fort en colère de l'avoir perdu.

ACTE II, SCÈNE 8
CHÉRUBIN, *à genoux*, LA COMTESSE, *assise*, SUZANNE

SUZANNE, *revenant* : Et la ligature à son bras ? *(Elle remet à la comtesse du taffetas gommé et des ciseaux.)*

LA COMTESSE : En allant lui chercher tes hardes[7], prends le ruban d'un autre bonnet. *(Suzanne sort par la porte du fond, en emportant le manteau du page.)*

1. Manche de robe qui se boutonne au poignet.
2. Chaînette fixée au mors du cheval qui passe sous la mâchoire inférieure.
3. Ornement en relief de chaque côté d'un mors de cheval.
4. Allusion moqueuse de Suzanne au mouvement de tête du cheval.
5. Autre mot sans rapport avec le harnachement du cheval.
6. Sorte de sparadrap.
7. Vêtements.

ACTE II, SCÈNE 9

CHÉRUBIN, *à genoux*, LA COMTESSE, *assise*

CHÉRUBIN, *les yeux baissés* : Celui qui m'est ôté m'aurait guéri en moins de rien.

LA COMTESSE : Par quelle vertu ? *(Lui montrant le taffetas.)* Ceci vaut mieux.

CHÉRUBIN, *hésitant* : Quand un ruban… a serré la tête… ou touché la peau d'une personne…

LA COMTESSE, *coupant la phrase* : … étrangère, il devient bon pour les blessures ? J'ignorais cette propriété. Pour l'éprouver, je garde celui-ci qui vous a serré le bras. À la première égratignure… de mes femmes, j'en ferai l'essai.

CHÉRUBIN, *pénétré* : Vous le gardez, et moi je pars !

LA COMTESSE : Non pour toujours.

CHÉRUBIN : Je suis si malheureux !

LA COMTESSE, *émue* : Il pleure à présent ! C'est ce vilain Figaro avec son pronostic !

CHÉRUBIN, *exalté* : Ah ! je voudrais toucher au terme qu'il m'a prédit ! Sûr de mourir à l'instant, peut-être ma bouche oserait…

LA COMTESSE *l'interrompt et lui essuie les yeux avec son mouchoir* : Taisez-vous, taisez-vous, enfant ! Il n'y a pas un brin de raison dans tout ce que vous dites. *(On frappe à la porte, elle élève la voix.)* Qui frappe ainsi chez moi ?

Questions

► La représentation du texte théâtral, p. 556
► Les actes de langage, l'implicite et la modalisation, p. 528

Grammaire
« Je lui avais dit que je le dirais » (l. 8-9). Analysez et justifiez la forme « dirais ».

Le rôle de l'accessoire

1. Quel est le rôle de l'accessoire présent dans les scènes 6 à 9 ? Comment fait-il progresser l'action entre les trois personnages présents sur scène ?

La mise en scène d'un aveu indirect

2. Dans les scènes 6 à 9, quels signes permettent d'exprimer l'aveu de Chérubin à la Comtesse ? Appuyez-vous sur les didascalies et le langage.
3. Comment l'émotion de la Comtesse est-elle rendue perceptible ?
4. Comment comprenez-vous les propos de la Comtesse : « … étrangère, il devient bon pour les blessures… » (l. 33) ? Qu'en déduisez-vous sur ses sentiments à l'égard du page ?
5. Quel est le rôle de Suzanne dans ces scènes ? Est-elle un obstacle ou une aide à l'aveu ?
6. Pourquoi l'aveu ne peut-il pas être intégralement et clairement formulé ?

Synthèse Montrez que la Comtesse et Chérubin ne démentent en aucune façon leur intérêt l'un pour l'autre.

BAC S'entraîner à l'écriture d'invention

Écrivez une vingtaine de répliques d'un dialogue théâtral dans lequel l'un des protagonistes veut avouer quelque chose à l'autre qui ne veut pas l'entendre. Vous préciserez au moyen de didascalies le ton et l'attitude des personnages, qui seront autant d'informations sur leurs sentiments ou leurs émotions.

► Repérer les différents écrits d'invention, p. 612

TEXTE 4

▸ Biographies, p. 628

⊕ CONTEXTE

Dans la première moitié du XXe siècle, des dramaturges ont remis à l'honneur les grandes figures mythiques de la Grèce antique, afin de questionner un présent lourd de menaces engendré par la montée du fascisme. Les personnages, au moyen de l'aveu, montrent les doutes qui accompagnent toute action politique.

Jean Anouilh, *Antigone* (1944)

Étéocle et Polynice, fils d'Œdipe et frères d'Antigone, sont morts dans une lutte fratricide devant Thèbes. Créon, leur oncle, qui a pris le pouvoir, ordonne que soient rendus à Étéocle, le « prince loyal », les honneurs funèbres, tandis que Polynice, le rebelle, serait laissé sans sépulture. Antigone refuse la loi de Créon et décide d'enterrer son frère. Créon condamne à mort l'intransigeante qui veut adresser un dernier message à l'homme qu'elle aime, Hémon, fils de Créon. Elle demande à son garde de transmettre une lettre à Hémon après sa mort, en échange d'un anneau d'or. Cette lettre est un aveu.

QUINZIÈME PARTIE

ANTIGONE, *seule avec son garde*

[...]

LE GARDE : Vous comprenez, si on me fouille, moi, c'est le conseil de guerre. Cela vous est égal à vous ? *(Il regarde encore la bague.)* Ce que je peux, si vous voulez, c'est écrire sur mon carnet ce que vous auriez voulu dire. Après, j'arracherai la page. De mon écriture, ce n'est pas pareil.

ANTIGONE, *a les yeux fermés, elle murmure avec un pauvre rictus* : Ton écriture... *(Elle a un petit frisson.)* C'est trop laid, tout cela, tout est trop laid.

LE GARDE, *vexé, fait mine de rendre la bague* : Vous savez, si vous ne voulez pas, moi...

ANTIGONE : Si. Garde la bague et écris. Mais fais vite... J'ai peur que nous n'ayons plus le temps... Écris : « Mon chéri... »

LE GARDE, *qui a pris son carnet et suce sa mine* : C'est pour votre bon ami ?

ANTIGONE : Mon chéri, j'ai voulu mourir et tu ne vas peut-être plus m'aimer...

LE GARDE, *répète lentement de sa grosse voix en écrivant* : « Mon chéri, j'ai voulu mourir et tu ne vas peut-être plus m'aimer... »

ANTIGONE : Et Créon avait raison, c'est terrible, maintenant, à côté de cet homme, je ne sais plus pourquoi je meurs. J'ai peur...

LE GARDE, *qui peine sur sa dictée* : « Créon avait raison, c'est terrible... »

ANTIGONE : Oh ! Hémon, notre petit garçon. Je le comprends seulement maintenant combien c'était simple de vivre...

LE GARDE, *s'arrête* : Eh ! dites, vous allez trop vite. Comment voulez-vous que j'écrive ? Il faut le temps tout de même...

ANTIGONE : Où en étais-tu ?

LE GARDE, *se relit* : « C'est terrible maintenant à côté de cet homme... »

ANTIGONE : Je ne sais plus pourquoi je meurs.

LE GARDE, *écrit, suçant sa mine* : « Je ne sais plus pourquoi je meurs... » On ne sait jamais pourquoi on meurt.

ANTIGONE, *continue* : J'ai peur... *(Elle s'arrête. Elle se dresse soudain.)* Non. Raye tout cela. Il vaut mieux que jamais personne ne sache. C'est comme s'ils devaient me voir nue et me toucher quand je serai morte. Mets seulement : « Pardon. »

LE GARDE : Alors, je raye la fin et je mets pardon à la place ?

ANTIGONE : Oui. Pardon, mon chéri. Sans la petite Antigone, vous auriez tous été bien tranquilles. Je t'aime...

LE GARDE : « Sans la petite Antigone, vous auriez tous été bien tranquilles. Je t'aime... » c'est tout ?

Antigone : Oui, c'est tout.
Le garde : C'est une drôle de lettre.
Antigone : Oui, c'est une drôle de lettre.
Le garde : Et c'est à qui qu'elle est adressée ?

À ce moment, la porte s'ouvre. Les autres gardes paraissent. [...]

Questions

► Émouvoir, p. 579
► Les actes de langage, l'implicite et la modalisation, p. 528

La proférattion de l'aveu

1. Quel est l'objet de l'aveu d'Antigone dans cette scène ?
2. Comment en arrive-t-elle à dire ce qu'elle taisait et à comprendre ce qu'elle ne comprenait pas ?
3. Pourquoi change-t-elle finalement le texte de la lettre ?
4. Pourquoi cette scène est-elle particulièrement émouvante ? Quels procédés sont utilisés pour bouleverser le spectateur ?

Le dialogue en question

5. Sous quel jour apparaît Antigone dans cette scène ?
6. À qui s'adresse-t-elle ?
7. Comment Anouilh suggère-t-il quelques traits de la personnalité du garde ? Quelle incidence cela a-t-il sur la possibilité d'un dialogue ?
8. Son dialogue avec le garde, tout au long de cette scène, est-il un véritable échange ? Observez entre autres les niveaux de langue.

Vocabulaire
Relevez et analysez les expressions de l'hypothèse.

Synthèse Montrez que cet aveu est l'expression d'un désespoir, d'une solitude profonde.

BAC S'entraîner au commentaire

► Rédiger des paragraphes et insérer des citations, p. 598

Reprenez vos réponses aux questions 5 à 8 pour montrer dans un paragraphe l'absence de dialogue entre Antigone et son garde. Vous illustrerez votre propos avec des éléments précis du texte.

Histoire des arts

Quelle époque évoquent les costumes ? Quel est l'effet recherché ? Voyez-vous des similitudes entre ce parti pris de mise en scène et l'écriture d'Anouilh ?

Monelle Valentin (Antigone) et Edmond Beauchamp (le garde) dans *Antigone* (1944) de Jean Anouilh, pièce mise en scène par André Barsacq au théâtre de l'Atelier à Paris en 1944.

Bernard-Marie Koltès, *Roberto Zucco* (1990)

CONTEXTE

Dans cette pièce, Bernard-Marie Koltès (1948-1989), auteur dramatique français, s'inspire d'un fait divers tragique perpétré par le criminel Roberto Zucco, personnage énigmatique et universel. Nous y retrouvons une illustration de la violence des rapports humains et surtout familiaux, ainsi que la difficulté d'avouer qui on est.

Roberto Zucco vient de tuer son père ; le soir même de son arrestation, il s'évade. Commence alors une cavale jalonnée de meurtres, à commencer par celui de sa mère, et de rencontres, dont celle de la Gamine qui va le forcer à avouer ce qu'il ne veut pas dire.

SCÈNE 3

Au bout d'un moment, la Gamine sort de dessous la table, s'approche de la fenêtre, l'entrouvre, fait entrer Zucco.

LA GAMINE : Enlève tes chaussures. Comment t'appelles-tu ?
ZUCCO : Appelle-moi comme tu veux. Et toi ?
LA GAMINE : Moi, je n'ai plus de nom. On m'appelle tout le temps de noms de petites bêtes, poussin, pinson, moineau, alouette, étourneau, colombe, rossignol. Je préférerais que l'on m'appelle rat, serpent à sonnettes ou porcelet. Qu'est-ce que tu fais dans la vie ?
ZUCCO : Dans la vie ?
LA GAMINE : Oui, dans la vie : ton métier, ton occupation, comment tu gagnes de l'argent, et toutes ces choses que tout le monde fait ?
ZUCCO : Je ne fais pas ce que fait tout le monde.
LA GAMINE : Alors justement, dis-moi ce que tu fais.
ZUCCO : Je suis agent secret. Tu sais ce que c'est, un agent secret ?
LA GAMINE : Je sais ce que c'est qu'un secret.
ZUCCO : Un agent secret, en plus d'être secret, il voyage, il parcourt le monde, il a des armes.
LA GAMINE : Tu as une arme ?
ZUCCO : Bien sûr que oui.
LA GAMINE : Montre-moi.
ZUCCO : Non.
LA GAMINE : Alors tu n'as pas d'arme.
ZUCCO : Regarde.
Il sort un poignard.
LA GAMINE : Ce n'est pas une arme, ça.
ZUCCO : Avec ça, tu peux tuer aussi bien qu'avec n'importe quelle autre arme.
LA GAMINE : En dehors de tuer, qu'est-ce qu'il fait d'autre, un agent secret ?
ZUCCO : Il voyage. Il va en Afrique. Tu connais l'Afrique ?
LA GAMINE : Très bien.
ZUCCO : Je connais des coins, en Afrique, des montagnes tellement hautes qu'il y neige tout le temps. Personne ne sait qu'il neige en Afrique. Moi, c'est ce que je préfère au monde : la neige en Afrique qui tombe sur des lacs gelés.
LA GAMINE : Je voudrais aller voir la neige en Afrique. Je voudrais faire du patin à glace sur les lacs gelés.
ZUCCO : Il y a aussi des rhinocéros blancs qui traversent le lac, sous la neige.
LA GAMINE : Comment tu t'appelles ? Dis-moi ton nom.
ZUCCO : Jamais je ne dirai mon nom.
LA GAMINE : Pourquoi ? Je veux savoir ton nom.
ZUCCO : C'est un secret.
LA GAMINE : Je sais garder les secrets. Dis-moi ton nom.
ZUCCO : Je l'ai oublié.

LA GAMINE : Menteur.
ZUCCO : Andreas.
LA GAMINE : Non.
ZUCCO : Angelo.
LA GAMINE : Ne te moque pas de moi ou je crie. Ce n'est aucun de ces noms-là.
ZUCCO : Et comment le sais-tu, puisque tu ne le sais pas ?
LA GAMINE : Impossible. Je le reconnaîtrai tout de suite.
ZUCCO : Je ne peux pas te le dire.
LA GAMINE : Même si tu ne peux pas le dire, dis-le-moi quand même.
ZUCCO : Impossible. Il pourrait m'arriver malheur.
LA GAMINE : Cela ne fait rien. Dis-le-moi quand même.
ZUCCO : Si je te le disais, je mourrais.
LA GAMINE : Même si tu dois mourir, dis-le-moi quand même.
ZUCCO : Roberto.
LA GAMINE : Roberto quoi ?
ZUCCO : Contente-toi de cela.
LA GAMINE : Roberto quoi ? Si tu ne me le dis pas, je crie, et mon frère, qui est très en colère, te tuera.
ZUCCO : Tu m'as dit que tu savais ce que c'était qu'un secret. Est-ce que tu le sais vraiment ?
LA GAMINE : C'est la seule chose que je sais parfaitement. Dis-moi ton nom, dis-moi ton nom.
ZUCCO : Zucco.
LA GAMINE : Roberto Zucco. Je n'oublierai jamais ce nom. Cache-toi sous la table ; voilà du monde.

Chloé Rejon et Xavier Gallais dans *Roberto Zucco* (1990) de Bernard-Marie Koltès, pièce mise en scène par Philippe Calvario au théâtre des Bouffes du Nord à Paris en 2004.

Questions

► Le vocabulaire du théâtre, p. 554
► Les actes de langage, l'implicite et la modalisation, p. 528

Grammaire
Relevez et caractérisez dans ce texte toutes les expressions de l'ordre.

Un dialogue pour forcer l'aveu

1. Quel type de dialogue repérez-vous à plusieurs reprises ? Que suppose-t-il ?
2. Qui conduit le dialogue ? Relevez les indices qui le prouvent. Quelle stratégie est employée ici ? Par qui ? Au final, s'agit-il d'un vrai dialogue ? Justifiez votre réponse.
3. Quel est l'objet de l'aveu ? Quelles pourront en être les conséquences ?

Zucco : une personnalité complexe

4. Quelle personnalité Zucco cherche-t-il à se construire ? Comment est-elle influencée par le dialogue qui se déroule avec la Gamine ?
5. Que pensez-vous de l'Afrique évoquée par Zucco, puis par la Gamine ? De quel univers est-elle le reflet ?
6. Comment Zucco essaie-t-il de se dérober dans la dernière partie de l'extrait ? Observez le jeu des temps.

Synthèse En vous appuyant sur cet extrait, montrez que la forme théâtrale convient particulièrement à la révélation d'un aveu.

▸ **Sophocle (ve siècle av. J.-C.)** est l'un des trois grands auteurs de tragédies de l'Antiquité grecque. Dans ses pièces, la conduite et le destin des héros dépendent de la volonté des Dieux. On retiendra quelques titres : *Antigone*, *Œdipe roi*, *Électre*, *Œdipe à Colone*. Pour Aristote, *Œdipe* est le modèle de la tragédie. Éprouvant terreur et pitié pour le héros qui ignore d'abord sa culpabilité, puis qui devra en prendre conscience, nous pouvons, grâce à ce spectacle, purger nos mauvaises passions (la *catharsis*).

Grèce

Sophocle, *Œdipe Roi* (ve siècle av. J.-C.)

Un oracle a prédit qu'Œdipe tuerait son père, Laïos, roi de Thèbes, et épouserait sa mère, la reine Jocaste. Ses parents l'abandonnent mais un berger le recueille et l'emmène à Corinthe où il grandit. L'oracle ayant été révélé au jeune homme, il fuit ses parents adoptifs, tue sur la route un vieillard, terrasse le Sphinx qui terrorisait Thèbes, et devient en récompense roi de la ville en épousant la veuve de l'ancien roi Laïos. Des années se passent, quatre enfants naissent du couple incestueux. Un jour, la peste s'abat sur Thèbes et un nouvel oracle réclame que l'assassin du roi Laïos soit chassé. Œdipe fait appel au devin Tirésias afin qu'il dénonce le meurtrier.

[…]

TIRÉSIAS : Hélas ! hélas ! qu'il est terrible de savoir, quand le savoir ne sert de rien à celui qui le possède ! Je ne l'ignorais pas ; mais je l'ai oublié. Je ne fusse pas venu sans cela.

ŒDIPE : Qu'est-ce là ? et pourquoi pareil désarroi à la pensée d'être venu ?

TIRÉSIAS : Va, laisse-moi rentrer chez moi : nous aurons, si tu m'écoutes, moins de peine à porter, moi mon sort, toi le tien.

ŒDIPE : Que dis-tu ? Il n'est ni normal ni conforme à l'amour que tu dois à Thèbes, ta mère, de lui refuser un oracle.

TIRÉSIAS : Ah ! c'est que je te vois toi-même ne pas dire ici ce qu'il faut ; et, comme je crains de commettre la même erreur à mon tour…

ŒDIPE : Non, par les dieux ! si tu sais, ne te détourne pas de nous. Nous sommes tous ici, à tes pieds, suppliants.

TIRÉSIAS : C'est que tous, tous, vous ignorez… Mais non, n'attends pas de moi que je révèle mon malheur – pour ne pas dire : le tien.

ŒDIPE : Comment ? tu sais et tu ne veux rien dire ! Ne comprends-tu pas que tu nous trahis et perds ton pays ?

TIRÉSIAS : Je ne veux affliger ni toi ni moi. Pourquoi me pourchasser vainement de la sorte ? De moi, tu ne sauras rien.

ŒDIPE : Ainsi, ô le plus méchant des méchants – car vraiment tu mettrais en fureur un roc – ainsi, tu ne veux rien dire, tu prétends te montrer insensible, entêté à ce point ?

TIRÉSIAS : Tu me reproches mon furieux entêtement, alors que tu ne sais pas voir celui qui loge chez toi, et c'est moi qu'ensuite tu blâmes !

ŒDIPE : Et qui ne serait en fureur à entendre de ta bouche des mots qui sont autant d'affronts pour cette ville ?

TIRÉSIAS : Les malheurs viendront bien seuls : peu importe que je me taise et cherche à te les cacher !

ŒDIPE : Mais alors, s'ils doivent venir, faut-il pas que tu me les dises ?

TIRÉSIAS : Je n'en dirai pas plus. Après quoi, à ta guise ! laisse ton dépit déployer sa fureur la plus farouche.

ŒDIPE : Eh bien soit ! Dans la fureur où je suis, je ne cèlerai rien de ce que j'entrevois. Sache donc qu'à mes yeux c'est toi qui as tramé le crime, c'est toi qui l'as commis – à cela près seulement que ton bras n'a pas frappé. Mais, si tu avais des yeux, je dirais que même cela, c'est toi, c'est toi seul qui l'as fait.

TIRÉSIAS : Vraiment ? Eh bien, je te somme, moi, de t'en tenir à l'ordre que tu as proclamé toi-même, et donc de ne plus parler de ce jour à qui que ce soit, ni à moi, ni à ces gens ; car, sache-le, c'est toi, c'est toi, le criminel qui souille ce pays !

ŒDIPE : Quoi ? tu as l'impudence de lâcher pareil mot ! Mais comment crois-tu donc te dérober ensuite ?

TIRÉSIAS : Je demeure hors de tes atteintes : en moi vit la force du vrai.

ŒDIPE : Et qui t'aurait appris le vrai ? Ce n'est certes pas ton art.

TIRÉSIAS : C'est toi, puisque tu m'as poussé à parler malgré moi. […]

Traduction de Paul Mazon,

Questions

1. Faites des recherches sur le personnage de Tirésias : qu'est-ce qu'un devin ? un oracle ? De quelle infirmité souffre Tirésias ? Qu'en déduisez-vous de paradoxal concernant ce passage ?
2. Qui est coupable ? Qui est forcé d'avouer ? Quel est le rapport de forces entre les personnages ? À partir de vos réponses, brossez un portrait d'Œdipe.
3. Comment Tirésias essaie-t-il de prévenir Œdipe ? Quels sont les indices qu'il sème dans son discours ? De quel procédé use-t-il ?
4. Pourquoi Tirésias associe-t-il son sort à celui d'Œdipe ? Qu'ont-ils en commun ?

Prolongement

Histoire des arts

1. Observez ces deux images : quel épisode du mythe illustrent-elles ?
2. Comparez ces deux représentations d'Œdipe et le Sphinx : quelles ressemblances et quelles différences remarquez-vous ? Faites une description précise.
3. Cherchez à quel mouvement littéraire se rattache Gustave Moreau. Comment sa représentation d'Œdipe et du Sphinx illustre-t-elle ce mouvement ?

Gustave Moreau, *Œdipe et le Sphinx* (1864), huile sur toile (206 cm x 105 cm), The Metropolitan Museum of Art, New-York (États-Unis).

Œdipe et le Sphinx, coupe attique du Ve siècle av. J.-C., musée du Vatican, Rome (Italie).

LA SCÈNE D'AVEU AU THÉÂTRE, UN MOMENT CLÉ POUR L'INTRIGUE

Depuis l'Antiquité, les scènes d'aveu se succèdent sur scène : les dramaturges usent régulièrement de ce topos *qui montre que la parole au théâtre devient action.*

1 LES FONCTIONS DRAMATIQUES DE L'AVEU

Si la scène d'aveu est **au début**, elle enclenche l'intrigue jusqu'au dénouement. Elle constitue le **nœud de l'intrigue**.

→ Ex. : Dans *Phèdre* de Racine, l'aveu de Phèdre est fondamental : son amour révélé conduira à sa mort et à celle d'Hippolyte.

Mais une scène d'aveu peut se dérouler **en cours** de pièce, comme un **rebondissement** ; elle est alors un moteur essentiel de l'intrigue. Située **vers la fin** de la pièce, elle en marque l'aboutissement : elle apporte la **résolution des conflits**.

2 LA SITUATION DE COMMUNICATION

L'aveu suppose la présence de deux personnages sur scène. Il est l'expression de ce qui devait rester caché et qu'il est parfois difficile de formuler à haute voix.

Avouer avec des mots

Dans les pièces classiques du XVIIe siècle, le personnage du **confident** recueille l'aveu du protagoniste. Il est à l'écoute, mais il peut aussi encourager la parole. Le dialogue est en réalité un faux dialogue : le personnage avoue à lui-même en même temps qu'il avoue à l'autre. Par la suite, les dramaturges emploient d'autres moyens pour faire naître l'aveu.

→ Ex. : Dans *Antigone* de Jean Anouilh, la dictée de la lettre ultime d'Antigone à Hémon est un autre moyen d'entamer l'aveu.

Les autres révélations

Le théâtre, art visuel, peut employer d'autres moyens pour mettre en scène l'aveu. Il peut se passer de mots : le personnage peut se trahir par ses gestes, marqués dans les **didascalies**. Les **accessoires** jouent aussi un rôle.

→ Ex. : Dans *Le Mariage de Figaro* de Beaumarchais, le ruban dérobé à la Comtesse est à lui seul un aveu de l'amour que Chérubin porte à celle-ci.

Un contexte propice

La scène d'aveu suppose la solitude, l'isolement des personnages. L'entrée de personnages, correspondant à une nouvelle scène, vient interrompre la confidence.

→ Ex. : Dans *Roberto Zucco* de Bernard-Marie Koltès, l'arrivée de nouveaux personnages empêche la gamine de poser d'autres questions.

3 LES EFFETS SUR LE SPECTATEUR

La scène de l'aveu est un intense moment d'émotion. L'amour, objet fréquent de l'aveu, entraîne le personnage, à faire des confidences **lyriques**.

→ Ex. : Les aveux de Camille et Perdican dans *On ne badine pas avec l'amour* d'Alfred de Musset sont marqués par un souffle lyrique qui touche le spectateur.

Mais l'aveu engage également le destin **tragique** du personnage. En tant que tel, il doit susciter crainte et pitié chez le spectateur.

→ Ex. : L'amour que Phèdre porte pour son beau-fils, dans la pièce de Jean Racine, n'est pas acceptable, et doit susciter l'horreur du spectateur.

Séquence 4

Œuvre intégrale

Eugène Ionesco, *Rhinocéros* (1959)

Quels sont les enjeux de la pièce du point de vue politique et moral ? Quelles questions pose-t-elle au niveau de la représentation théâtrale ?

CORPUS DE LA SÉQUENCE

LIENS AVEC LA PARTIE LANGUE
- L'énonciation et le discours, p. 528
- Les figures de style, p. 534

LIENS AVEC LA PARTIE OUTILS D'ANALYSE
- Les principaux genres théâtraux, p. 557
- Les formes de l'argumentation, p. 566
- Les registres et effets du texte, p. 578

LIENS AVEC LA PARTIE MÉTHODES POUR LE BAC
- Le commentaire, p. 594
- La dissertation, p. 606
- L'écriture d'invention, p. 612

▶▶▶ Helmut Middendorf, *Rhinocéros* (1979-1980), acrylique sur coton, détail, collection Birddermann.

TEXTE 1

► Biographies, p. 628

⊕ CONTEXTE

Le titre d'une pièce est souvent celui du personnage principal. Ici, le mot « rhinocéros » (sans déterminant) prend la place de l'homme. Ce gros animal semble évoquer les monstres mythiques du théâtre antique comme le Minotaure ou le Sphinx mais d'une manière ridicule.

► L'Absurde, p. 38

Eugène Ionesco, *Rhinocéros* (1959)

Une place dans une petite ville de province du sud. Une épicerie, un café avec terrasse. Bérenger, tête nue, les cheveux mal peignés, pas rasé, les vêtements chiffonnés, fatigué, somnolent, arrive en retard à son rendez-vous avec son ami Jean qui, lui, est soigneusement vêtu : costume marron, cravate rouge, faux-col amidonné, chapeau marron, souliers jaunes bien cirés. La conversation s'engage pendant que vaquent à leurs occupations épicier, épicière…

Début de l'acte I

[…]

JEAN : Tournez-vous. Allez, tournez-vous. Vous vous êtes appuyé contre un mur… *(Béranger étend mollement sa main vers Jean.)* Non, je n'ai pas de brosse sur moi. Cela gonflerait les poches. *(Toujours mollement, Béranger donne des tapes sur ses épaules pour en faire sortir la poussière blanche ; Jean écarte la tête.)* Oh ! là là… Où donc avez-vous pris cela ?

BÉRENGER : Je ne m'en souviens pas.

JEAN : C'est lamentable, lamentable ! J'ai honte d'être votre ami.

BÉRENGER : Vous êtes bien sévère…

JEAN : On le serait à moins !

BÉRENGER : Écoutez, Jean. Je n'ai guère de distractions, on s'ennuie dans cette ville, je ne suis pas fait pour le travail que j'ai… tous les jours, au bureau, pendant huit heures, trois semaines seulement de vacances en été ! Le samedi soir, je suis plutôt fatigué, alors, vous me comprenez, pour me détendre…

JEAN : Mon cher, tout le monde travaille et moi aussi, moi aussi comme tout le monde, je fais tous les jours mes huit heures de bureau, moi aussi, je n'ai que vingt et un jours de congé par an, et pourtant, pourtant vous me voyez. De la volonté, que diable !…

BÉRENGER : Oh ! de la volonté, tout le monde n'a pas la vôtre. Moi je ne m'y fais pas. Non, je ne m'y fais pas, à la vie.

JEAN : Tout le monde doit s'y faire. Seriez-vous une nature supérieure ?

BÉRENGER : Je ne prétends pas…

JEAN, *interrompant* : Je vous vaux bien ; et même, sans fausse modestie, je vaux mieux que vous. L'homme supérieur est celui qui remplit son devoir.

BÉRENGER : Quel devoir ?

JEAN : Son devoir… son devoir d'employé par exemple…

BÉRENGER : Ah oui, son devoir d'employé…

JEAN : Où donc ont eu lieu vos libations cette nuit ? Si vous vous en souvenez !

BÉRENGER : Nous avons fêté l'anniversaire d'Auguste, notre ami Auguste…

JEAN : Notre ami Auguste ? On ne m'a pas invité, moi, pour l'anniversaire de notre ami Auguste…

À ce moment, on entend le bruit très éloigné, mais se rapprochant très vite, d'un souffle de fauve et de sa course précipitée, ainsi qu'un long barrissement.

BÉRENGER : Je n'ai pas pu refuser. Cela n'aurait pas été gentil…

JEAN : Y suis-je allé, moi ?

BÉRENGER : C'est peut-être, justement, parce que vous n'avez pas été invité !…

LA SERVEUSE, *sortant du café* : Bonjour, Messieurs, que désirez-vous boire ?

Les bruits sont devenus très forts.

JEAN, *à Béranger et criant presque pour se faire entendre, au-dessus des bruits qu'il ne perçoit pas consciemment :* Non, il est vrai, je n'étais pas invité. On ne m'a pas fait cet honneur… Toutefois, je puis vous assurer que même si j'avais été invité, je ne serais pas venu, car… *(Les bruits sont devenus énormes.)* Que se passe-t-il ? *(Les bruits du galop d'un animal puissant et lourd sont tout proches, très accélérés ; on entend son halètement.)* Mais qu'est-ce que c'est ?

LA SERVEUSE : Mais qu'est-ce que c'est ?

Béranger, toujours indolent, sans avoir l'air d'entendre quoi que ce soit, répond tranquillement à Jean au sujet de l'invitation ; il remue les lèvres ; on n'entend pas ce qu'il dit ; Jean se lève d'un bond, fait tomber sa chaise en se levant, regarde du côté de la coulisse gauche, en montrant du doigt, tandis que Béranger, toujours un peu vaseux, reste assis.

JEAN : Oh ! Un rhinocéros ! […]

William Sabatier (Jean) et Jean-Louis Barrault (Bérenger) dans *Rhinocéros*, pièce mise en scène par Jean-Louis Barrault au théâtre de l'Odéon à Paris en 1960.

Questions

► Les registres et les effets du texte, p. 578
► Les actes de langage, l'implicite et la modalisation, p. 528

Une scène d'exposition, deux portraits

1. Quel portrait se dégage des propos de Bérenger sur lui-même ?
2. Quel portrait se dégage des propos de Jean sur lui-même ?
3. Comment les particularités des personnages deviennent-elles encore plus évidentes dans la confrontation des propos ?

L'irruption du rhinocéros

4. Comment Ionesco suggère-t-il la présence des rhinocéros ? Pour quelles raisons ?
5. Que pensez-vous de la réaction de Bérenger ? Qu'en déduisez-vous pour la suite de l'intrigue ?
6. De quelle manière les personnages vont-ils prendre conscience de la présence du rhinocéros ? Qu'est-ce que cela traduit ?

Texte et représentation

7. En tenant compte de la longue didascalie finale, sur quel ton Jean peut-il proférer sa dernière réplique ? Justifiez votre proposition.

Vocabulaire
Quelle est l'étymologie du mot « libation » ? Quel est son sens moderne ? Que garde-t-il du sens ancien ? Quelle tonalité prend ce mot dans la bouche de Jean ?

Synthèse Que retrouvez-vous ici d'une scène d'exposition ?

BAC S'entraîner au commentaire

Vous proposerez le plan détaillé d'un commentaire depuis « Mon cher, tout le monde travaille » (l. 14) jusqu'à la fin de l'extrait.

► Lire le texte et dégager un projet de lecture, p. 594

TEXTE 2

► Biographies, p. 628

⊕ CONTEXTE

Dès ses débuts, Ionesco a privilégié deux procédés qui semblent prendre source dans son amour pour le théâtre de Guignol de son enfance. Le premier est l'outrance, tout est permis au théâtre ! Le second met l'accent sur l'aspect visuel et auditif : l'importance des bruitages et du maquillage dans *Rhinocéros*.

► L'Absurde, p. 38

Eugène Ionesco, *Rhinocéros* (1959)

Le premier rhinocéros est passé. La vie continue. Jean fait la morale à Bérenger et lui donne des conseils pour se cultiver. Le rhinocéros semble oublié quand les bruits se font de nouveau entendre. La Ménagère apparaît, en larmes, tenant dans ses bras son chat mort qui vient d'être écrasé par l'animal.

FIN DE L'ACTE I

[...]

DAISY : C'est la deuxième fois qu'il en passe ?

LE PATRON : Je crois que c'était le même.

JEAN : Non, ce n'était pas le même rhinocéros. Celui de tout à l'heure avait deux cornes sur le nez, c'était un rhinocéros d'Asie ; celui-ci n'en avait qu'une, c'était un rhinocéros d'Afrique !

La Servante sort avec un verre de cognac, le porte à la Dame.

LE VIEUX MONSIEUR : Voilà du cognac pour vous remonter.

LA MÉNAGÈRE, *en larmes* : Noon...

BÉRENGER, *soudain énervé, à Jean* : Vous dites des sottises !... Comment avez-vous pu distinguer les cornes ! Le fauve est passé à une telle vitesse, à peine avons-nous pu l'apercevoir...

DAISY, *à la Ménagère* : Mais si, ça vous fera du bien !

LE VIEUX MONSIEUR, *à Bérenger* : En effet, il allait vite.

LE PATRON, *à la Ménagère* : Goûtez-y, il est bon.

BÉRENGER, *à Jean* : Vous n'avez pas eu le temps de compter ses cornes...

L'ÉPICIÈRE, *à la Serveuse, de sa fenêtre* : Faites-la boire.

BÉRENGER, *à Jean* : En plus, il était enveloppé d'un nuage de poussière...

DAISY, *à la Ménagère* : Buvez, Madame.

LE VIEUX MONSIEUR, *à la même* : Un petit coup, ma chère petite Dame... courage...

La Serveuse fait boire la Ménagère, en portant le verre à ses lèvres ; celle-ci fait mine de refuser, et boit quand même.

LA SERVEUSE : Voilà !

L'ÉPICIÈRE, *de sa fenêtre, et* DAISY : Voilà !

JEAN, *à Bérenger* : Moi, je ne suis pas dans le brouillard. Je calcule vite, j'ai l'esprit clair !

LE VIEUX MONSIEUR, *à la Ménagère* : Ça va mieux ?

BÉRENGER, *à Jean* : Il fonçait tête baissée, voyons.

LE PATRON, *à la Ménagère* : N'est-ce pas qu'il est bon !

JEAN, *à Bérenger* : Justement, on voyait mieux.

LA MÉNAGÈRE, *après avoir bu* : Mon chat !

BÉRENGER, *irrité, à Jean* : Sottises ! Sottises !

L'ÉPICIÈRE, *de sa fenêtre, à la Ménagère* : J'ai un autre chat, pour vous.

JEAN, *à Bérenger* : Moi ? vous osez prétendre que je dis des sottises ?

LA MÉNAGÈRE, *à l'Épicière* : Je n'en veux pas d'autre !

Elle sanglote, en berçant son chat.

BÉRENGER, *à Jean* : Oui, parfaitement, des sottises.

LE PATRON, *à la Ménagère* : Faites-vous une raison !

JEAN, *à Bérenger* : Je ne dis jamais de sottises, moi !

LE VIEUX MONSIEUR, *à la Ménagère* : Soyez philosophe !

BÉRENGER, *à Jean* : Et vous n'êtes qu'un prétentieux ! *(Élevant la voix :)* Un pédant…

LE PATRON, *à Jean et à Bérenger* : Messieurs, Messieurs !

BÉRENGER, *à Jean, continuant* : … Un pédant, qui n'est pas sûr de ses connaissances, car, d'abord, c'est le rhinocéros d'Asie qui a une corne sur le nez, le rhinocéros d'Afrique, lui, en a deux…

Les autres personnages délaissent la Ménagère et vont entourer Jean et Béranger qui discutent très fort. […]

Questions

► Les formes de l'argumentation, p. 566
► Les figures de style, p. 534

Vocabulaire
Qu'est-ce qu'un « prétentieux », un « pédant » ? Quelles nuances séparent ces deux mots ? Justifiez l'ordre suivi par Bérenger : d'abord « prétentieux », puis « pédant ».

Une dispute décalée

1. Quelles réactions suscite cette deuxième intervention d'un rhinocéros chez les personnages, et plus particulièrement chez Bérenger et Jean ?
2. Pourquoi ces réactions sont-elles inquiétantes ?
3. Quelle est le sujet de la dispute entre les deux amis ? Quels types d'arguments emploient-ils ? Complétez ainsi le portrait que vous avez esquissé à partir du texte 1 (p. 206).

Une composition complexe

4. Qui parle à qui ? Faites un schéma pour vous aider. Montrez comment le comique naît de l'interaction des répliques qui ne sont pas adressées forcément au personnage qui répond. Donnez quelques exemples.
5. Relevez tout ce qui donne une tonalité musicale à ce passage. Quel est l'effet produit ?
6. Qu'est-ce qui est d'abord au centre des préoccupations des personnages ? Quel travers de l'homme Ionesco met-il en relief ?

Synthèse Après avoir lu ce premier acte, définissez le personnage de Bérenger.

BAC S'entraîner à l'écriture d'invention

► Repérer les différents écrits d'invention, p. 612

Écrivez une scène où quatre personnages dialoguent en même temps, en abordant deux sujets différents, deux à deux, et croisez leurs répliques.

Histoire des arts

histoire des arts

En vous appuyant sur les détails de cette gravure, expliquez pourquoi Ionesco a choisi la « rhinocérite » pour symboliser la montée du nazisme.

Albrecht Dürer, *Rhinocéros* (1515), gravure, Graphische Sammlung Albertina, Vienne (Autriche).

▸ Biographies, p. 628

Eugène Ionesco, *Rhinocéros* (1959)

⊕ CONTEXTE

« À proprement parler ma pièce n'est même pas une satire : elle est la description, assez objective, d'un processus de fanatisation, de la naissance d'un totalitarisme qui grandit, se propage, conquiert, transforme un monde, et le transforme totalement bien sûr, puisqu'il est totalitarisme. La pièce doit suivre et marquer les différentes étapes de ce phénomène. » (Eugène Ionesco à propos de *Rhinocéros*, in *Notes et contre-notes*, 1966)

▸ L'Absurde, p. 38

Bérenger et son ami Jean se sont fâchés à la fin de l'acte I sur le nombre de rhinocéros vus : un ou deux ? Avec une corne ou deux ? Après être arrivé en retard au bureau, Bérenger assiste à une scène étonnante : Mme Bœuf reconnaît son mari dans le rhinocéros qui a détruit l'escalier et part à califourchon sur son dos (acte II, tableau 1). Bérenger se rend chez son ami, qui vient de tomber malade, pour se réconcilier avec lui.

Acte II, Tableau 2

Bérenger : Laissez-moi appeler le médecin, tout de même, je vous en prie.

Jean : Je vous l'interdis absolument. Je n'aime pas les gens têtus *(Jean entre dans la chambre. Béranger recule un peu effrayé, car Jean est encore plus vert, et il parle avec beaucoup de peine. Sa voix est méconnaissable.)* Et alors, s'il est devenu rhinocéros de plein gré ou contre sa volonté, ça vaut peut-être mieux pour lui.

Bérenger : Que dites-vous là, cher ami ? Comment pouvez-vous penser…

Jean : Vous voyez le mal partout. Puisque ça lui fait plaisir de devenir rhinocéros, puisque ça lui fait plaisir ? Il n'y a rien d'extraordinaire à cela.

Bérenger : Évidemment, il n'y a rien d'extraordinaire à cela. Pourtant, je doute que ça lui fasse tellement plaisir.

Jean : Et pourquoi donc ?

Bérenger : Il m'est difficile de dire pourquoi. Ça se comprend.

Jean : Je vous dis que ce n'est pas si mal que ça ! Après tout, les rhinocéros sont des créatures comme nous, qui ont droit à la vie au même titre que nous !

Bérenger : À condition qu'elles ne détruisent pas la nôtre. Vous rendez-vous compte de la différence de mentalité ?

Jean, *allant et venant dans la pièce, entrant dans la salle de bains, et sortant* : Pensez-vous que la nôtre soit préférable ?

Bérenger : Tout de même, nous avons notre morale à nous, que je juge incompatible avec celle de ces animaux.

Jean : La morale ! Parlons-en de la morale, j'en ai assez de la morale, elle est belle la morale ! Il faut dépasser la morale.

Bérenger : Que mettriez-vous à la place ?

Jean, *même jeu* : La nature !

Bérenger : La nature ?

Jean : La nature a ses lois. La morale est antinaturelle.

Bérenger : Si je comprends, vous voulez remplacer la loi morale par la loi de la jungle !

Jean : J'y vivrai, j'y vivrai.

Bérenger : Cela se dit, mais dans le fond, personne…

Jean, *l'interrompant, et allant et venant* : Il faut reconstituer les fondements de notre vie. Il faut retourner à l'intégrité primordiale.

Bérenger : Je ne suis pas du tout d'accord avec vous.

Jean, *soufflant bruyamment* : Je veux respirer.

Bérenger : Réfléchissez, voyons, vous vous rendez bien compte que nous avons une philosophie que ces animaux n'ont pas, un système de valeurs irremplaçable. Des siècles de civilisation humaine l'ont bâti !..

Jean, *toujours dans la salle de bains* : Démolissons tout cela, on s'en portera mieux.

BÉRENGER: Je ne vous prends pas au sérieux. Vous plaisantez, vous faites de la poésie.

JEAN : Brrr…

Il barrit presque.

BÉRENGER : Je ne savais pas que vous étiez poète.

JEAN, *il sort de la salle de bains* : Brrr…

Il barrit de nouveau.

BÉRENGER : Je vous connais trop bien pour croire que c'est là votre pensée profonde. Car, vous le savez aussi bien que moi, l'homme…

JEAN, *l'interrompant* : L'homme … Ne prononcez plus ce mot !

BÉRENGER : Je veux dire l'être humain, l'humanisme…

JEAN : L'humanisme est périmé ! Vous êtes un vieux sentimental ridicule.

Il entre dans la salle de bains.

[…]

Affiche de la pièce *Rhinocéros*, mise en scène par Jean-Guy Legault au théâtre du Nouveau Monde au Canada en 2007.

Questions

► Les formes de l'argumentation, p. 566
► L'énonciation et le discours, p. 528

La transformation de Jean

1. Commentez la réplique de Jean : « Je n'aime pas les gens têtus » (l. 2). Pourquoi est-elle la preuve de la transformation du personnage ?
2. Jean argumente-t-il ? Que fait-il à plusieurs reprises ? Expliquez comment cette attitude rend plus cohérente sa transformation.
3. Quels types de phrase reviennent fréquemment dans les répliques de Jean ? Que cela traduit-il de son état psychologique ?
4. Jean s'est-il totalement métamorphosé ? Quels points communs y-a-t-il entre le Jean du début et celui-ci ?

Une réflexion sur le totalitarisme

5. Quels arguments Bérenger oppose-t-il aux propos de Jean ?
6. Quelle définition de la morale pouvons-nous tirer des propos de Jean ? Que signifie « l'humanisme est périmé » (l. 54) ?
7. Quelles différences fondamentales voyez-vous entre la « pensée » (l. 35 à 37) défendue par Bérenger, et le « plaisir » (l. 7 à 8) prôné par Jean ? Pourquoi sont-ils antagonistes ?

Vocabulaire
Expliquez l'adjectif « primordial ». Reconstituez la famille étymologique de ce mot.

Synthèse Ionesco a écrit dans la revue *Arts* (1961) : « Certains critiques me reprochent d'avoir dénoncé le mal mais de ne pas avoir dit ce qu'était le bien. On m'a reproché de ne pas avoir fait dire à Bérenger au nom de quelle idéologie il résistait. » Pensez-vous que cette page soit l'illustration de la pensée du dramaturge ? Justifiez votre réponse.

BAC S'entraîner à l'écriture d'invention

Écrivez un dialogue entre deux contradicteurs sur un sujet de société, en employant tous les types d'arguments que vous nommerez dans la marge de votre copie.

► Construire une argumentation, p. 620

▸ Biographies, p. 628

Eugène Ionesco, *Rhinocéros* (1959)

⊕ CONTEXTE

Dans les années 50 naît un théâtre dit d'avant-garde, influencé par l'existentialisme (et ses thèses sur l'Absurde de la condition humaine), Alfred Jarry *(Ubu-Roi)*, les surréalistes, et Antonin Artaud *(Le Théâtre et son double)*. Ionesco prendra ses distances avec cette notion d'avant-garde en déclarant : « Finalement, je suis pour le Classicisme : c'est cela l'avant-garde. Découverte d'archétypes oubliés, immuables, renouvelés dans l'expression : tout vrai créateur est classique. » (Entretiens in *Notes et contre-notes,* 1966)

▸ L'Absurde, p. 38

Jean s'est transformé en rhinocéros et attaque Bérenger qui parvient à s'enfuir. Les rhinocéros apparaissent partout, même dans la fosse d'orchestre. Le troisième acte se déroule dans la chambre de Bérenger, qui est souffrant et qui craint de se métamorphoser, lui aussi. Dudard, son sous-chef de bureau, vient prendre de ses nouvelles...

Début de l'Acte III

[...]

DUDARD : Ils ne vous attaquent pas. Si on les laisse tranquilles, ils vous ignorent. Dans le fond, ils ne sont pas méchants. Il y a même chez eux une certaine innocence naturelle, oui ; de la candeur. D'ailleurs, j'ai parcouru moi-même, à pied, toute l'avenue pour venir chez vous. Vous voyez, je suis sain et sauf, je n'ai eu aucun ennui.

BÉRENGER : Rien qu'à les voir, moi ça me bouleverse. C'est nerveux. Ça ne me met pas en colère, non, on ne doit pas se mettre en colère, je m'en préserve, mais cela me fait quelque chose là *(il montre son cœur)*, cela me serre le cœur.

DUDARD : Jusqu'à un certain point, vous avez raison d'être impressionné. Vous l'êtes trop, cependant. Vous manquez d'humour, c'est votre défaut, vous manquez d'humour. Il faut prendre les choses à la légère, avec détachement.

BÉRENGER : Je me sens solidaire de tout ce qui arrive. Je prends part, je ne peux pas rester indifférent.

DUDARD : Ne jugez pas les autres, si vous ne voulez pas être jugé. Et puis si on se faisait des soucis pour tout ce qui passe, on ne pourrait plus vivre.

BÉRENGER : Si cela s'était passé ailleurs, dans un autre pays, et qu'on eût appris cela par les journaux, on pourrait discuter paisiblement de la chose, étudier la question sur toutes ses faces, en tirer objectivement des conclusions. On organiserait des débats académiques, on ferait venir des savants, des écrivains, des hommes de loi, des femmes savantes, des artistes. Des hommes de la rue aussi, ce serait intéressant, passionnant, instructif. Mais quand vous êtes pris vous-même dans l'événement, quand vous êtes mis tout à coup devant la réalité brutale des faits, on ne peut pas ne pas se sentir concerné directement, on est trop violemment surpris pour garder tout son sang-froid. Moi, je suis surpris, je suis surpris, je suis surpris ! Je n'en reviens pas.

DUDARD : Moi aussi, j'ai été surpris, comme vous. Ou plutôt je l'étais. Je commence déjà à m'habituer.

BÉRENGER : Vous avez un système nerveux mieux équilibré que le mien. Je vous en félicite. Mais vous ne trouvez pas que c'est malheureux...

DUDARD, *l'interrompant* : Je ne dis certainement pas que c'est un bien. Et ne croyez pas que je prenne parti à fond pour les rhinocéros...

Nouveaux bruits de rhinocéros passant, cette fois, sous l'encadrement de la fenêtre à l'avant-scène.

BÉRENGER, *sursautant* : Les voilà encore ! Les voilà encore ! Ah ! non, rien à faire, moi je ne peux pas m'y habituer. J'ai tort peut-être. Ils me préoccupent tellement malgré moi que cela m'empêche de dormir. J'ai des insomnies. Je somnole toute la journée quand je suis à bout de fatigue.

DUDARD : Prenez des somnifères. [...]

Serge Maggiani (Bérenger) et Valerie Dashwood (Daisy) dans *Rhinocéros* (1959) d'Eugène Ionesco, pièce mise en scène par Emmanuel Demarcy-Mota au Théâtre de la Ville à Paris en 2004.

Questions

► Les registres et effets du texte, p. 578

Deux attitudes différentes : une conscience endormie

1. Quelles différences voyez-vous entre les positions de Dudard et de Bérenger par rapport aux rhinocéros ?
2. Comment les mécanismes de la lâcheté sont-ils mis à jour dans cet extrait ? Sur quels types d'argument Dudard s'appuie-t-il ?
3. À quoi renonce Dudard ?
4. Qu'évoque le patronyme de Dudard ?

Deux attitudes différentes : le refus de se résigner

5. Quelle différence voyez-vous entre le Bérenger des textes 1 (p. 206) et 2 (p. 208) et celui-ci ?
6. « Si cela s'était passé ailleurs... » (l. 16) : que démontre le raisonnement tenu par Bérenger ? Quel danger est ainsi mis en relief ? Quelle vision de l'humanité cela traduit-il ?
7. Pourquoi Bérenger ne supporte-t-il pas les rhinocéros ? De quel type est sa réaction ? Est-elle susceptible d'aider à combattre les rhinocéros ?

Vocabulaire
Observez les trois adjectifs « intéressant », « passionnant », « instructif » (l. 20 et 21). Montrez qu'on a ici une gradation et expliquez-la.

Synthèse À ce stade de la pièce, avant le dénouement, listez les raisons pour lesquelles Bérenger s'oppose à la « rhinocérite ».

BAC S'entraîner au commentaire

► Lire le texte et dégager un projet de lecture, p. 594

En vous appuyant sur vos réponses aux questions, proposez un plan de commentaire pour cet extrait.

▸ Biographies, p. 628

Eugène Ionesco,
Rhinocéros (1959)

CONTEXTE

Dans « Expérience du théâtre » in *Notes et contre-notes* (1966), Ionesco explique comment théâtraliser la parole : « En la portant à son paroxysme, pour donner au théâtre sa vraie mesure, qui est dans la démesure ; le verbe lui-même doit-être tendu jusqu'aux limites ultimes, le langage doit presque exploser, ou se détruire, dans son impossibilité de contenir les significations. »

▸ L'Absurde, p. 38

Bérenger est scandalisé d'apprendre par Dudard que son chef M. Papillon est également devenu rhinocéros. Même le logicien s'est transformé ! Daisy ne comprend pas l'agitation de Bérenger. Rien ne peut plus empêcher que la jeune femme rejoigne le troupeau des mastodontes qu'elle trouve « beaux comme des dieux ». Elle s'en va. Bérenger reste le seul homme, environné de têtes de rhinocéros accrochées au mur qui deviennent de plus en plus belles. Devant sa glace, il se demande que faire …

Fin de l'acte III

[…]

BÉRENGER […] : […] Je suis tout à fait seul maintenant. *(Il va fermer la porte à clé, soigneusement, mais avec colère.)* On ne m'aura pas, moi. *(Il ferme soigneusement les fenêtres.)* Vous ne m'aurez pas, moi. *(Il s'adresse à toutes les têtes de rhinocéros.)* Je ne vous suivrai pas, je ne vous comprends pas ! Je reste ce que je suis. Je suis un être humain. Un être humain. *(Il va s'asseoir dans le fauteuil.)* La situation est absolument intenable. C'est ma faute, si elle est partie. J'étais tout pour elle. Qu'est-ce qu'elle va devenir ? Encore quelqu'un sur la conscience. J'imagine le pire, le pire est possible. Pauvre enfant abandonnée dans cet univers de monstres ! Personne ne peut m'aider à la retrouver, personne, car il n'y a plus personne. *(Nouveaux barrissements, courses éperdues, nuages de poussière.)* Je ne veux pas les entendre. Je vais mettre du coton dans les oreilles. *(Il se met du coton dans les oreilles et se parle à lui-même dans la glace.)* Il n'y a pas d'autre solution que de les convaincre, les convaincre, de quoi ? Et les mutations sont-elles réversibles ? Hein, sont-elles réversibles ? Ce serait un travail d'Hercule, au-dessus de mes forces. D'abord, pour les convaincre, il faut leur parler. Pour leur parler, il faut que j'apprenne leur langue. Ou qu'ils apprennent la mienne ? Mais quelle langue est-ce que je parle ? Quelle est ma langue ? Est-ce du français, ça ? Ce doit bien être du français ? Mais qu'est-ce que du français ? On peut appeler ça du français, si on veut, personne ne peut le contester, je suis seul à le parler. Qu'est-ce que je dis ? Est-ce que je me comprends, est-ce que je me comprends ? *(Il va vers le milieu de la chambre.)* Et si, comme me l'avait dit Daisy, si c'est eux qui ont raison ? *(Il retourne vers la glace.)* Un homme n'est pas laid, un homme n'est pas laid. *(Il se regarde en passant la main sur sa figure.)* Quelle drôle de chose ! À quoi je ressemble alors ? À quoi ? *(Il se précipite vers un placard, en sort des photos qu'il regarde.)* Des photos ! Qui sont-ils tous ces gens-là ? M. Papillon, ou Daisy plutôt ? Et celui-là, est-ce Botard ou Dudard, ou Jean, ou moi, peut-être ! *(Il se précipite de nouveau vers le placard d'où il sort deux ou trois tableaux.)* Oui, je me reconnais ; c'est moi, c'est moi ! *(Il va raccrocher les tableaux sur le mur du fond, à côté des têtes de rhinocéros.)* C'est moi, c'est moi. *(Lorsqu'il accroche les tableaux, on s'aperçoit que ceux-ci représentent un vieillard, une grosse femme, un autre homme. La laideur de ces portraits contraste avec les têtes de rhinocéros qui sont devenues très belles. Béranger s'écarte pour contempler les tableaux.)* Je ne suis pas beau, je ne suis pas beau. *(Il décroche les tableaux, les jette par terre avec fureur, il va vers la glace.)* Ce sont eux qui sont beaux. J'ai eu tort ! Oh ! comme je voudrais être comme eux. Je n'ai pas de corne, hélas ! Que c'est laid, un front plat. Il m'en faudrait une ou deux, pour rehausser mes traits tombants. Ça viendra peut-être, et je n'aurai plus honte, je pourrai aller tous les retrouver. Mais ça ne pousse pas ! *(Il regarde les paumes de ses mains.)* Mes mains sont moites.

Deviendront-elles rugueuses ? *(Il enlève son veston, défait sa chemise, contemple sa poitrine dans la glace.)* J'ai la peau flasque. Ah, ce corps trop blanc et poilu ! Comme je voudrais avoir une peau dure et cette magnifique couleur d'un vert sombre, une nudité décente, sans poils, comme la leur ! *(Il écoute les barrissements.)* Leurs chants ont du charme, un peu âpre, mais un charme certain ! Si je pouvais faire comme eux. *(Il essaie de les imiter.)* Ahh, ahh, brr ! Non, ce n'est pas ça ! Essayons encore, plus fort ! Ahh, ahh, brr ! non, non, ce n'est pas ça, que c'est faible, comme cela manque de vigueur ! Je n'arrive pas à barrir. Je hurle seulement. Ahh, ahh, brr ! Les hurlements ne sont pas des barrissements ! Comme j'ai mauvaise conscience, j'aurais dû les suivre à temps. Trop tard maintenant ! Hélas, je suis un monstre, je suis un monstre. Hélas, jamais, je ne deviendrai rhinocéros, jamais, jamais ! Je ne peux plus changer. Je voudrais bien, je voudrais tellement, mais je ne peux pas. Je ne peux plus me voir. J'ai trop honte ! *(Il tourne le dos à la glace.)* Comme je suis laid ! Malheur à celui qui veut conserver son originalité ! *(Il a un brusque sursaut.)* Eh bien tant pis ! Je me défendrai contre tout le monde ! Ma carabine, ma carabine ! *(Il se retourne face au mur du fond où sont fixées les têtes de rhinocéros, tout en criant :)* Contre tout le monde, je me défendrai ! Je suis le dernier homme, je le resterai jusqu'au bout ! Je ne capitule pas !

RIDEAU

Questions

► Les principaux genres théâtraux, p. 557
► Les registres et effets du texte, p. 578
► Les figures de style, p. 534

Vocabulaire
Bérenger parle d'un travail d'Hercule (l. 13). Qui est Hercule ? Quels sont les Travaux qu'il a accomplis ? Bérenger peut-il être comparé, au final, à Hercule ? Justifiez votre réponse.

Une ultime prise de conscience

1. Du constat de sa solitude (l. 1) à celui de sa monstruosité (l. 46), par quels stades passe Bérenger ? Qu'en déduisez-vous sur la pression exercée par les rhinocéros ?
2. Qu'est-ce qui fascine un moment Bérenger, et qu'on peut rapprocher des idées du nazisme ?
3. Observez les types de phrase et leur longueur : montrez qu'elles soulignent la confusion des pensées de Bérenger.
4. Quel effet les didascalies visent-elles ?
5. Comment s'opère le renversement final ? Quelle est la raison de la résistance ultime de Bérenger ? Quelle est la signification des derniers mots de la pièce ? Ionesco oppose-t-il une idéologie à celle des rhinocéros ?

Du comique au tragique

6. Quels sont les effets comiques dans ce monologue ? Les effets pathétiques ?
7. À qui s'adresse Bérenger ? Montrez que, par sa construction, ce monologue rappelle ceux de la tragédie classique.
8. « Hélas, je suis un monstre… Je ne peux plus me voir. » (l. 46 à 48) : observez la construction des phrases et le vocabulaire. Montrez que l'on retrouve l'expression des héros de tragédie au paroxysme de la douleur ou de l'accablement.

Synthèse Quel est le rôle et la fonction des nombreuses didascalies dans la pièce ?

► Rassembler et organiser ses idées ; Construire un paragraphe et insérer des exemples, p. 606

BAC S'entraîner à la dissertation

Proposez un plan détaillé pour répondre à la question suivante : Pensez-vous, comme Ionesco lui-même, que *Rhinocéros* soit une farce tragique, « une farce terrible, une fable fantastique. » (*Arts*, 1961) ?

RHINOCÉROS, UNE ALLÉGORIE DU MAL ?

1 RHINOCÉROS, UNE PIÈCE CLASSIQUE ?

Les éléments classiques

La langue utilisée par Ionesco est simple, voire banale. Le dramaturge tourne en dérision le langage stéréotypé des intellectuels (le logicien, par exemple) qui tourne à vide.
La pièce présente des personnages dont le caractère est très typé (et qui n'évoluent qu'à peine pour certains) : le faible, l'arrogant, la jeune fille amoureuse, le jaloux, le pédant, etc.
La construction est également classique : un acte d'exposition, une évolution de la crise vers un dénouement. L'unité d'action est scrupuleusement respectée : il n'y a pas de péripéties.

Les innovations

Le théâtre d'avant-garde est d'abord antiréaliste : ici la transformation irrationnelle d'hommes en rhinocéros. L'événement n'est pas daté et joue avec les anachronismes.

2 UNE RÉFLEXION SUR LE TOTALITARISME

L'embrigadement

Est représentée sur scène la force entraînante des totalitarismes (nazisme, stalinisme…) qui embrigadent les foules jusqu'à l'acceptation fanatique, et contre laquelle Ionesco nous met en garde. Il montre comment on peut aisément passer de la normalité à la différence, et vice-versa, dynamitant ainsi les certitudes étroites de la masse populaire.

Un théâtre qui n'est pas engagé

Il n'y a pas cependant d'allusion aux moyens coercitifs de ces régimes : les rhinocéros ne répriment personne. Seules leur force et leur beauté fascinent. Ionesco nous met en garde mais ne délivre pas de message : le théâtre de Ionesco n'est pas un théâtre engagé.

3 UNE FARCE TRAGIQUE

Comique et tragique

Comique et tragique se mêlent dans la pièce. Le rhinocéros épouvante et détruit l'humanité, mais il fait rire aussi (Mme Bœuf partant à califourchon sur le dos de son animal de mari), comme les personnages : Bérenger, d'abord hébété puis conscient du danger, nous fait osciller du rire à l'émotion, comme Jean de la terreur au rire, pendant que les rhinocéros se contentent de courir et de manger. La prise de conscience de Bérenger n'oppose pas une contre-idéologie à celle que les rhinocéros imposent peu à peu.

L'échec des valeurs humanistes

L'amitié (Bérenger-Jean) et l'amour (Bérenger-Daisy) ne résistent pas au troupeau des rhinocéros. Mais cet humanisme bafoué n'est qu'un humanisme qui se nourrit de mots et qui finit, à force de tolérance, par tout accepter, même l'inacceptable.

1 LECTURES CROISÉES

Hamlet (1601) de William Shakespeare
Le Jeu de l'amour et du hasard (1730) de Marivaux
Les Bonnes (1947) de Jean Genet

Lisez les trois œuvres proposées. Vous pouvez travailler par groupes ; chaque groupe choisira son axe d'étude et le présentera à l'oral.

AXE D'ÉTUDE 1

Que sait le spectateur à propos de l'identité des personnages au début de chaque pièce ? Quelles sont les incidences sur sa perception des intrigues ?

AXE D'ÉTUDE 2

Quels types de personnages sont mis en scène dans ces pièces ? Comparez leurs statuts sociaux. Existe-t-il une évolution historique du personnage ?

AXE D'ÉTUDE 3

Comment ces trois pièces mettent-elles en scène les effets de la passion amoureuse ?

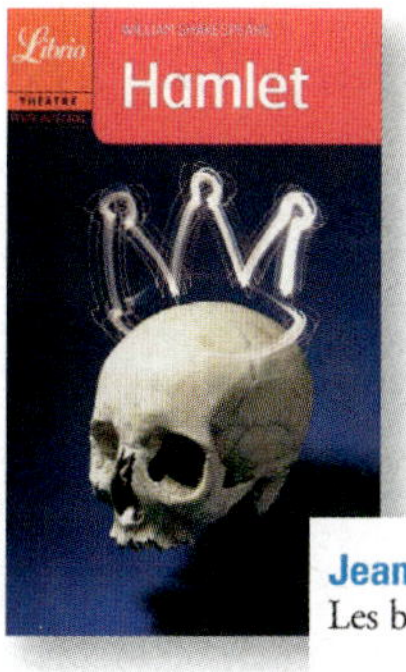

© Éd. J'ai Lu

© Éd. J'ai Lu

© Éd. Gallimard

2 D'AUTRES LECTURES

Amphitryon (1668) de Molière

© Le Livre de Poche

Amphitryon, un général thébain, charge son valet d'aller prévenir sa femme de son retour victorieux de la guerre. Mais les dieux ne l'entendent pas ainsi. Jupiter usurpe l'identité du général pour séduire sa femme. Quand le vrai Amphitryon rentre enfin, sa femme, peu démonstrative, affirme qu'ils ont passé la nuit précédente ensemble.

L'Île des esclaves (1725) de Marivaux

© Éd. Flammarion

Un maître (Iphicrate) et son esclave (Arlequin) font naufrage sur une île. Un inconnu leur explique qu'ils se trouvent sur l'île des esclaves où les maîtres deviennent des valets et les valets des maîtres. Mais un changement si brutal de condition pose quelques questions…

Ruy Blas (1838) de Victor Hugo

© Le Livre de Poche

Don Salluste, disgracié parce qu'il a fait un enfant illégitime à une suivante de la reine, doit quitter la cour. Obsédé par un désir de vengeance, il demande à son neveu César de l'aider. Ce dernier refusant, Salluste va faire appel à son valet Ruy Blas, amoureux de la reine. Il le fait passer pour César et lui demande de devenir l'amant de la souveraine. Le piège se referme…

La Folie des Grandeurs (1971) de Gérard Oury

Ce film est une adaptation burlesque (et qui finit bien) de la pièce *Ruy Blas* de Victor Hugo.

Le Révizor (1836) de Nicolas Gogol

© Éd. Flammarion

Les notables d'une petite ville russe sont avertis de la venue d'un « révizor », un inspecteur envoyé par le gouvernement. On croit le reconnaître dans un jeune homme arrivé depuis peu à l'auberge. Ce dernier va profiter de la situation.

TEXTE A

Victor Hugo, *Ruy Blas* (1838)

La disgrâce de Don Salluste est prononcée et il doit quitter la cour. Pour se venger, il imagine un stratagème pour compromettre la reine : faire passer son valet pour un noble, le faire aimer de la reine et faire éclater le scandale au grand jour. Devenu Premier ministre par la faveur de la souveraine, Ruy Blas comprend, mais un peu tard, les noires visées de son maître ; il révèle sa véritable identité à la reine qui refuse de lui pardonner. Il s'empoisonne…

ACTE V, SCÈNE 4
LA REINE, RUY BLAS

[…]

LA REINE :
Quel est ce philtre étrange ?
Qu'avez-vous fait ? Dis-moi ! réponds-moi ! parle-moi !
César ! je te pardonne et t'aime et je te crois !

RUY BLAS :
Je m'appelle Ruy Blas.

LA REINE, *l'entourant de ses bras* :
Ruy Blas, je vous pardonne !
Mais qu'avez-vous fait là ? Parle, je te l'ordonne !
Ce n'est pas du poison, cette affreuse liqueur ?
Dis ?

RUY BLAS :
Si ! C'est du poison. Mais j'ai la joie au cœur.
Tenant la reine embrassée et levant les yeux au ciel.
Permettez, ô mon Dieu ! justice souveraine !
Que ce pauvre laquais bénisse cette reine,
Car elle a consolé mon cœur crucifié,
Vivant, par son amour, mourant, par sa pitié !

LA REINE :
Du poison ! Dieu ! c'est moi qui l'ai tué ! Je t'aime !
Si j'avais pardonné ?…

RUY BLAS, *défaillant* :
J'aurais agi de même.
Sa voix s'éteint. La reine le soutient dans ses bras.
Je ne pouvais plus vivre. Adieu !
Montrant la porte.
Fuyez d'ici !
Tout restera secret. – Je meurs.
Il tombe.

LA REINE, *se jetant sur son corps* :
Ruy Blas !

RUY BLAS, *qui allait mourir, se réveille à son nom prononcé par la reine* :
Merci !

RIDEAU.

TEXTE B

Albert Camus, *Caligula* (1944)

Caligula, empereur romain dément et sanguinaire, est assassiné par une conjuration formée par les chefs de la noblesse et du sénat. Hélicon est son fidèle confident. Cet extrait est le dénouement.

ACTE IV, SCÈNE 14

CALIGULA, *il tourne sur lui-même, hagard, va vers le miroir* : [...] Des bruits d'armes ! C'est l'innocence qui prépare son triomphe. Que ne suis-je à leur place ! J'ai peur. Quel dégoût, après avoir méprisé les autres, de se sentir la même lâcheté dans l'âme. Mais cela ne fait rien. La peur non plus ne dure pas. Je vais retrouver ce grand vide où le cœur s'apaise.

Il recule un peu, revient vers le miroir. Il semble plus calme. Il recommence à parler, mais d'une voix plus basse et plus concentrée.

Tout a l'air si compliqué. Tout est si simple pourtant. Si j'avais eu la lune, si l'amour suffisait, tout serait changé. Mais où étancher cette soif ? Quel cœur, quel dieu aurait pour moi la profondeur d'un lac ? *(S'agenouillant et pleurant.)* Rien dans ce monde, ni dans l'autre, qui soit à ma mesure. Je sais pourtant, et tu le sais aussi *(il tend les mains vers le miroir en pleurant)*, qu'il suffirait que l'impossible soit. L'impossible ! Je l'ai cherché aux limites du monde, aux confins de moi-même. J'ai tendu mes mains *(criant)*, je tends mes mains et c'est toi que je rencontre, toujours toi en face de moi, et je suis pour toi plein de haine. Je n'ai pas pris la voie qu'il fallait, je n'aboutis à rien. Ma liberté n'est pas la bonne. Hélicon ! Hélicon ! Rien ! rien encore. Oh ! cette nuit est lourde ! Hélicon ne viendra pas : nous serons coupables à jamais ! Cette nuit est lourde comme la douleur humaine.

Des bruits d'armes et des chuchotements s'entendent en coulisse.

HÉLICON, *surgissant au fond* : Garde-toi, Caiüs ! Garde-toi !

Une main invisible poignarde Hélicon. Caligula se relève, prend un siège bas dans la main et approche du miroir en soufflant. Il s'observe, simule un bond en avant et, devant le mouvement symétrique de son double dans la glace, lance son siège à toute volée en hurlant :

CALIGULA : À l'histoire, Caligula, à l'histoire.

Le miroir se brise et, dans le même moment, par toutes les issues, entrent les conjurés en armes. Caligula leur fait face, avec un rire fou. Le vieux patricien le frappe dans le dos, Cherea en pleine figure. Le rire de Caligula se transforme en hoquets. Tous frappent. Dans un dernier hoquet, Caligula, riant et râlant, hurle :

Je suis encore vivant !

RIDEAU

TEXTE C

Eugène Ionesco, *Le roi se meurt* (1962)

Le roi Béranger Ier vient d'apprendre de sa première femme, Marguerite, et de son médecin, qu'il va mourir. Il n'arrive pas à accepter cette idée.

[...]

Le roi : Le peuple est-il au courant ? L'avez-vous averti ? Je veux que tout le monde sache que le Roi va mourir. *(Il se précipite vers la fenêtre, l'ouvre dans un grand effort car il boite un peu plus.)* Braves gens, je vais mourir. Écoutez-moi, votre Roi va mourir.

Marguerite, *au Médecin* : Il ne faut pas qu'on entende. Empêchez-le de crier.

Le roi : Ne touchez pas au Roi. Je veux que tout le monde sache que je vais mourir.

Il crie.

Le Médecin : C'est un scandale.

Le roi : Peuple, je dois mourir.

Marguerite : Ce n'est plus un roi, c'est un porc qu'on égorge.

Marie[1] : Ce n'est qu'un roi, ce n'est qu'un homme.

Le Médecin : Majesté, songez à la mort de Louis XVI, à celle de Philippe II, à celle de Charles Quint qui a dormi vingt ans dans son cercueil. Le devoir de Votre Majesté est de mourir dignement.

Le roi : Mourir dignement ? *(À la fenêtre.)* Au secours ! Votre Roi va mourir.

Marie : Pauvre Roi, mon pauvre Roi.

Juliette[2] : Cela ne sert à rien de crier.

On entend un faible écho dans le lointain. : « Le Roi va mourir »

Le roi : Vous entendez ?

Marie : Moi j'entends, j'entends.

Le roi : On me répond, on va peut-être me sauver.

Juliette : Il n'y a personne.

On entend l'écho : « Au secours ! »

Le Médecin : Ce n'est rien d'autre que l'écho qui répond avec retardement.

Marguerite : Le retardement habituel dans ce royaume où tout fonctionne si mal.

Le roi, *quittant la fenêtre* : Ce n'est pas possible. *(Revenant à la fenêtre.)* J'ai peur. Ce n'est pas possible.

Marguerite : Il s'imagine qu'il est le premier à mourir.

Marie : Tout le monde est le premier à mourir.

[...]

1. Marie est la seconde épouse du roi. – 2. Une femme de ménage et infirmière.

►►► Sujet Bac

I. Après avoir lu les textes du corpus, répondez à la question suivante (4 points)

Après avoir justifié le rapprochement de ces trois textes, vous expliquerez ce qui les différencie.

II. Vous traiterez ensuite, au choix, l'un des sujets suivants (16 points)

• Commentaire

Vous ferez le commentaire du texte d'Albert Camus extrait de *Caligula* (Texte B).

• Dissertation

La représentation de la mort au théâtre doit-elle nécessairement avoir une dimension pathétique ? Vous répondrez à cette question en vous appuyant sur les textes du corpus, les œuvres que vous avez étudiées en classe et vos lectures personnelles.

• Écriture d'invention

Imaginez le dialogue entre deux spectateurs ayant assisté à une de ces scènes. Ils ne sont d'accord ni sur le jeu des acteurs, ni sur la mise en scène.

Quelques conseils

► Grille d'auto-évaluation pour la question sur le corpus, p. 593

Pour répondre à la question

1. Interrogez-vous sur le registre de ces extraits pour comprendre s'ils visent à provoquer les mêmes effets chez le spectateur. (► Les registres et effets du texte, p. 578)
2. Il y a plusieurs personnages dans ces scènes : observez qui prend la parole. Interrogez-vous aussi sur la nature des propos, sur l'attitude et la fonction de celui qui assiste à la mort du héros.
3. Étudiez les réactions du héros à l'approche de sa propre mort.
4. Observez la répartition du dialogue et des didascalies.

► Grille d'auto-évaluation pour le commentaire, p. 601

Si vous choisissez le commentaire...

1. Soyez attentif à la place de cet extrait dans la pièce pour comprendre sa fonction et ce que le spectateur peut en attendre.
2. Interrogez-vous sur le rôle des didascalies, des accessoires et des autres personnages (Hélicon, les conjurés) qui surgissent sur scène.
3. Dégagez les spécificités du monologue de Caligula qui occupe la plus grande partie de l'extrait. Interrogez-vous sur le type des phrases ; observez la ponctuation.

► Grille d'auto-évaluation pour la dissertation, p. 611

Si vous choisissez la dissertation...

1. Faites la liste des textes théâtraux sur lesquels vous pouvez vous appuyer.
2. Soulignez les mots importants du sujet : **mort** (le thème), **pathétique** (le registre, à préciser) et **doit nécessairement**, qui sous-entend qu'elle puisse être autre que pathétique.
3. La question posée est une interrogation totale. Une antithèse implicite se dégage : la mort peut-être représentée dans un autre registre que pathétique. Comique ? Tragique ? Cherchez d'abord des exemples qui vous permettront de trouver des arguments (► Rassembler et organiser ses idées ; construire un paragraphe et insérer des exemples, p. 606).

► Grille d'auto-évaluation pour l'écriture d'invention, p. 623

Si vous choisissez l'écriture d'invention...

1. Demandez-vous dans un premier temps comment la scène que vous avez choisie peut être jouée : quel effet le dramaturge a-t-il voulu précisément produire ? Faut-il chercher à émouvoir les spectateurs ?
2. Interrogez-vous sur les rapports entre les différents protagonistes, sur les sentiments (attachement, pitié, indifférence, etc.) qui doivent ressortir de leurs attitudes. Appuyez-vous aussi pour cela sur les didascalies.
3. Après cette analyse, vous devrez imaginer un second point de vue opposé, ou au moins très différent, puisqu'on vous demande un dialogue entre deux spectateurs qui ne sont pas d'accord. Vous chercherez à chaque fois des arguments.
   Vos deux spectateurs ont-ils été émus, indifférents, ont-ils ri à bon ou à mauvais escient ?
4. Pensez à évoquer le décor, les accessoires, la lumière, la musique éventuellement.

CHAPITRE 3

Écriture poétique et quête du sens, du Moyen Âge à nos jours

« Fondés en poésie, nous avons des droits sur les paroles qui forment et défont l'univers. » (Guillaume Apollinaire, *Alcools*, 1913)

►►► Giorgio de Chirico, *Le Poète et le peintre* (1975), huile sur toile (100 cm x 81,5 cm), détail, Fondazione G. de Chirico, Rome (Italie).

Le troubadour

C'est un poète lyrique du Moyen Âge (surtout XIIe et XIIIe s.). Le premier troubadour connu, Guilhem IX, marque une rupture à la fois linguistique, en délaissant le latin au profit de l'occitan, et idéologique, en proposant une poésie amoureuse d'inspiration profane. Les troubadours expriment la *fin'amor* (amour sublimé), associant idéalisation de la femme et expression du désir, et combinent avec inventivité des images imposées.

La poésie est avant tout la création d'un langage différent du langage quotidien, privilégiant l'expression de la subjectivité à l'exigence de transparence. L'origine du mot, *poiein* en grec qui signifie « créer, inventer », nous rappelle le perpétuel renouvellement de l'écriture poétique, ce que confirme l'histoire de son évolution, une quête perpétuelle d'un autre langage, qui est aussi quête de sens.

Aux origines de la poésie : l'Antiquité

La poésie est d'abord orale, elle chante les aventures des dieux et des héros et repose sur des systèmes de rappels sonores pour faciliter la mémorisation. Cette tradition se perpétue dans l'*Iliade et l'Odyssée* d'**Homère** (VIIe siècle av. J.-C.), composés en vers. À l'aube de notre ère, le poète latin **Ovide** compose les *Métamorphoses*, qui serviront de source d'inspiration à de très nombreux auteurs des XVIe et XVIIe siècles. Entre-temps est apparue une poésie plus lyrique, avec notamment l'œuvre de **Sappho**, poétesse grecque du VIe siècle av. J.-C. Citons également le poète grec **Pindare** (Ve siècle av. J.-C.) ou le poète latin **Horace** (Ier siècle av. J.-C.), qui tous deux composent des odes élogieuses ou satiriques. La poésie antique offre une grande diversité de formes et de tonalités.

Simone Martini, *Joueur de flûte et d'instrument à corde* (XIVe s.), détail d'une fresque sur la vie de saint Martin, basilique inférieure de Saint-François, chapelle Saint-Martin, Assise (Italie).

Le Moyen Âge : du trouvère au poète

Les trouvères du Moyen Âge perpétuent la tradition orale de la poésie. Des formes écrites se développent néanmoins. Au XIIe siècle est rédigée *La Chanson de Roland*, composée en « laisses », suite de décasyllabes assonancés (répétition d'une même sonorité en fin de vers). Chanson, ballade, rondeau sont les autres formes qui naissent et se déploient au Moyen Âge. Le lyrisme prend une place importante, bien qu'il relève moins de l'expression d'une intimité que de la mise en œuvre d'images et de codes communs. Ce lyrisme est surtout consacré à l'éloge de la femme aimée : on parle alors de poésie courtoise, dont **Charles d'Orléans** (XVe siècle) est l'un des représentants. **François Villon** (XVe siècle) livre dans ses poèmes un regard plus personnel sur le monde.

Le XVIe siècle : le renouvellement de l'écriture poétique

Les poètes de la Pléiade

À la Renaissance, le genre poétique connaît un essor important, sous l'impulsion des poètes de la Pléiade (▸ Les mouvements littéraires : le XVIe siècle, p. 24), comme **Joachim Du Bellay** et **Pierre de Ronsard**. Redécouvrant la poésie antique, ils veulent lui succéder dignement en proposant une poésie en langue française. Cette ambition est encouragée par François Ier qui se veut protecteur des arts et des lettres. Les poètes de la Pléiade adoptent également la forme du sonnet, héritée des Italiens. Cette forme fixe occupe une place capitale dans l'histoire de l'écriture poétique. Au sein de ces formes renouvelées, les poètes abordent des thèmes variés, preuves de l'épanouissement du genre. Si Ronsard est sacré « Prince des poètes » pour sa poésie amoureuse, il rédige aussi *La Franciade*, à la gloire de la France. Du Bellay dans *Les Regrets* (1558) offre une poésie à la fois intime, sur son exil à Rome, et satirique, sur la vie de cour.

Une autre poésie, miroir des déchirements de son temps

La violence des guerres de religion donne naissance à une poésie plus sombre qui évoque les déchirements de la France.

Les Tragiques (1616) d'**Agrippa d'Aubigné** offrent une œuvre engagée – d'Aubigné était aux côtés des protestants – et une vision souvent apocalyptique et imagée qui annonce l'esthétique baroque.

Le XVIIe siècle : de l'onde baroque à la ligne classique

Le Baroque

À la jonction des XVIe et XVIIe siècles se déploie le mouvement baroque (▸ Les mouvements littéraires : le XVIIe siècle, p. 25). L'instabilité du monde est évoquée aussi bien par le thème de la mort que celui de l'eau, à travers des images frappantes et contrastées. L'œuvre de **Chassignet**, par exemple, est représentative de ces interrogations et de cette esthétique.

Le Classicisme

À ce goût du mouvement et de l'irrégularité succède une exigence de clarté et de mesure, que les règles de la doctrine classique doivent permettre d'atteindre (▸ Les mouvements littéraires : le XVIIe siècle, p. 27). **François de Malherbe**, dans la première moitié du siècle, puis **Nicolas Boileau**, dans son *Art poétique* (1675), prônent une création poétique sous le signe de la « technique » et de la raison. **Jean de La Fontaine** dans ses *Fables* (1668-1693) met sa maîtrise de l'écriture poétique et son art du récit au service d'un regard souvent satirique sur l'homme et la société de son temps.

Le sonnet

Poème de forme fixe, il est élaboré en Italie au XIIIe s. Pétrarque dans *Il Canzoniere* (XIVe s.) exprime son amour pour Laure dans une série de sonnets. Ce recueil suscite l'admiration des poètes français du XVIe s. qui adoptent cette forme. Le sonnet réapparaît depuis tout au long de l'histoire de l'écriture poétique, même pour être moqué par **Molière** dans *Le Misanthrope* (1666), éclaté par Arthur Rimbaud, inversé par Tristan Corbière, ou « dénaturé » par Blaise Cendrars.

Le XVIIIe siècle : la poésie en repli

Après l'effervescence du « Grand Siècle », la création poétique connaît au XVIIIe un certain effacement, au profit d'autres genres littéraires. La critique et la réflexion philosophiques l'emportent sur l'expression lyrique.

Le XIXe siècle : les révolutions de l'écriture poétique

Au XIXe siècle, la création poétique n'a de cesse de se renouveler. Les écoles se succèdent au rythme des ruptures et des innovations.

Les ruptures du Romantisme

En réaction au triomphe de la science et de la raison, le Romantisme (▸ Les mouvements littéraires : le XIXe siècle, p. 31) s'attache à l'individu et à sa subjectivité, trouvant dans la poésie une forme d'expression privilégiée. Le monde est décrit à travers les sentiments et les questionnements du poète, qui chante ses « méditations » (**Alphonse de Lamartine**). Ce triomphe de la subjectivité s'accompagne de la quête d'une libération vis-à-vis des règles de l'esthétique classique, qu'opère clairement **Victor Hugo** dans *Les Contemplations* (1856).

Caspar David Friedrich, *Voyageur devant la mer de nuages* (1818), huile sur toile, Hamburger Kunsthalle, Hambourg (Allemagne).

Baudelaire : la naissance de la modernité poétique

Cependant les excès du romantisme d'une part, les transformations politiques et scientifiques de la société d'autre part conduisent à une nouvelle remise en question de l'écriture poétique. Les auteurs ne vont plus, dès lors, cesser de rechercher une « langue » poétique capable de rendre compte de la complexité de leur intériorité et des mystères du monde : c'est la naissance de la modernité poétique. **Charles Baudelaire** dans *Les Fleurs du mal* (1857), tout en conservant des formes classiques tel le sonnet, invente des images nouvelles, fondées souvent sur des associations inattendues. Avec *Le Spleen de Paris* (1861), il donne ses lettres de noblesse au poème en prose.

La multiplication des quêtes et des innovations

L'écriture versifiée apparaît en effet contraignante, ne permettant plus aux poètes de rendre compte de leur quête de sens et de liberté. Du vers impair chanté par **Paul Verlaine** au vers libre qui s'impose à la fin de siècle, les expériences se multiplient.

« Crise de vers »

Ce texte de **Mallarmé** est publié dans *Divagations* (1897). Le poète y explique la nécessaire distinction entre les usages de la parole : celui quotidien, « brut et immédiat », et celui de la poésie, « essentiel ». Sa quête est celle d'un langage poétique créant une nouvelle réalité, séparée de la réalité référentielle. Si l'on reproche parfois à Mallarmé l'hermétisme de sa poésie, ses aspirations n'en ont pas moins ouvert des perspectives capitales.

Les nombreux mouvements poétiques de cette deuxième moitié du XIXe siècle, Parnasse (▸ **Les mouvements littéraires : le XIXe siècle, p. 34**), Symbolisme (▸ **Les mouvements littéraires : le XIXe siècle, p. 36**), témoignent de la richesse de la réflexion et de la création. L'œuvre d'**Arthur Rimbaud**, brève et fulgurante, condense ces expérimentations tout en ouvrant des voies explorées encore aujourd'hui.

Le XXe siècle : la poésie en liberté

Exploration des formes...

Le XXe siècle bénéficie de ces révolutions, et la création poétique s'épanouit désormais en toute liberté. Toute contrainte formelle a disparu, ou plutôt le poète est maître de celles qu'il s'impose, tel **Guillaume Apollinaire** et ses *Calligrammes* (1925), ou **Blaise Cendrars** dans ses *Sonnets dénaturés* (1923). Les poètes exploitent toutes les ressources du langage, jouant avec les sens et les sonorités des mots, comme le font, entre autres, **Jacques Prévert** ou **Jean Tardieu**.

... et des imaginaires

L'exploration du réel n'a plus de limites, comme en témoignent les surréalistes (▸ Les mouvements littéraires : le XXe siècle, p. 37), **André Breton**, **Robert Desnos**, qui se penchent sur leurs rêves, leur inconscient. Pour autant les poètes ne négligent pas d'éclairer le réel, que ce soit pour en dénoncer les injustices, dans la poésie engagée, ou pour en dévoiler les beautés, comme le fait **Francis Ponge**. Quel que soit le sujet abordé, les poètes jouent avec les images, dont la polysémie permet de traduire un monde complexe, qui éblouit et angoisse à la fois.

André Breton, *Cadavre exquis* (1940), encres, crayons de couleur, crayon, reproduction photo déchirée et collée sur papier (29,8 cm x 22, 9 cm), musée national d'Art moderne – Centre Georges Pompidou, Paris.

De nombreux poètes ont écrit sur la peinture, ou ont travaillé avec des peintres : Charles Baudelaire sur Eugène Delacroix, Stéphane Mallarmé sur Edouard Manet, René Char et Georges Braque. Recherchez un texte et une reproduction de tableau illustrant ces liens entre poésie et peinture.

Exposés

- **Orphée** : quelle est l'histoire de ce personnage mythologique ? Pourquoi est-il associé à la poésie ? Quelle définition de la poésie ce mythe suggère-t-il ?
- **La poésie engagée** : recherchez des exemples de poètes qui mettent leur écriture au service de leur engagement au cours des XIXe et XXe siècles. Établissez la nature de leur engagement, en précisant le contexte, et la forme de leurs écrits.

Séquence 1

Remettre le monde en question : la quête poétique du Moyen Âge au xxe siècle

Comment les poètes décrivent-ils et jugent-ils le monde qui les entoure ? Comment remettent-ils en question ce monde ? Comment rendent-ils compte de la place de la poésie ?

CORPUS DE LA SÉQUENCE

LIENS AVEC LA PARTIE LANGUE

- Les valeurs des modes et des temps, p. 520
- L'énonciation et le discours, p. 528
- Les figures de style, p. 534

LIENS AVEC LA PARTIE OUTILS D'ANALYSE

- La versification, p. 561
- Les formes et les genres poétiques, p. 563
- Les formes de l'argumentation, p. 566
- L'organisation de l'image, p. 572
- Les registres et effets du texte, p. 579

LIENS AVEC LA PARTIE MÉTHODES POUR LE BAC

- La question sur le corpus, p. 588
- Le commentaire, p. 598
- La dissertation, p. 606
- L'écriture d'invention, p. 616

▶▶▶ Andrea Mantegna, *Oculus du plafond de la chambre des époux* (1474), fresque (détail), palais Ducal, Mantoue, (Italie).

▸ Biographies, p. 628

⊕ CONTEXTE

La poésie de François Villon est marquée par les épisodes noirs de sa vie. Meurtrier, voleur, il est condamné à mener une vie d'errance et à rejoindre des bandes organisées, les coquillards. Dans ses œuvres, le poète jette un regard sans complaisance sur le monde qui l'entoure ; il livre des portraits satiriques de ses contemporains, bourgeois, moines et notables, et prend le parti des exclus.

François Villon, *L'Épitaphe Villon* (1489)

À la suite d'une rixe, François Villon blesse un notable parisien. Il est arrêté, jugé, et condamné à la pendaison. Le poète fera appel de cette décision, mais en vain. L'Épitaphe Villon, *aussi appelée « Ballade des pendus », aurait été écrite en prison, alors que le poète attendait une réponse.*

Frères humains qui après nous vivez,
N'ayez les cœurs contre nous endurcis,
Car si pitié de nous pauvres avez,
Dieu en aura plus tôt de vous merci[s][1].
Vous nous voyez ci[2] attachés, cinq, six :
Quant de[3] la chair que trop avons nourrie,
Elle est piéça[4] dévorée et pourrie,
Et nous, les os, devenons cendre et poudre.
De notre mal personne ne s'en rie ;
Mais priez Dieu que tous nous veuille absoudre[5] !

Si frères vous clamons, pas n'en devez
Avoir dédain, quoique fûmes occis
Par justice. Toutefois, vous savez
Que tous hommes n'ont pas bon sens rassis ;
Excusez-nous, puisque sommes transis,
Envers le fils de la Vierge Marie,
Que sa grâce ne soit pour nous tarie,
Nous préservant de l'infernale foudre.
Nous sommes morts, âme ne nous harie ;
Mais priez Dieu que tous nous veuille absoudre !

La pluie nous a débués[6] et lavés,
Et le soleil désséchés et noircis ;
Pies, corbeaux, nous ont les yeux cavés[7],
Et arraché la barbe et les sourcils.
Jamais nul temps nous ne sommes assis ;
Puis çà, puis là, comme le vent varie,
À son plaisir sans cesser nous charrie[8],
Plus becquetés d'oiseaux que dés à coudre.
Ne soyez donc de notre confrérie ;
Mais priez Dieu que tous nous veuille absoudre !

Prince Jésus, qui sur tout a maîtrie[9],
Garde qu'Enfer n'ait de nous seigneurie[10] :
À lui n'ayons que faire ni que soudre[11].
Hommes, ici n'a point de moquerie ;
Mais priez Dieu que tous nous veuille absoudre !

1. Pitié. – 2. Ici. – 3. Quant à. – 4. Depuis longtemps. – 5. Délivrer, pardonner. – 6. Trempés. – 7. Troués. – 8. Balance. – 9. Pouvoir. – 10. Fais que l'Enfer n'ait pas de prise sur nous. – 11. Nous ne voulons pas avoir affaire à lui.

Voici la traduction de la 2e strophe en français moderne.

[…] Si nous vous appelons frères, vous ne devez pas
En avoir honte, bien que nous ayons été tués
Par décision de justice. Toutefois, vous savez
Que les hommes ne sont pas tous pleins de bon sens ;
Intercédez pour nous, puisque nous sommes morts,
Auprès du fils de la Vierge Marie,
Afin qu'il ne nous prive pas de sa grâce
Et nous évite les foudres de l'enfer.
Nous sommes morts, personne ne nous tourmente plus ;
Mais priez Dieu qu'il veuille tous nous absoudre ! […]

Traduction C. Pinganaud, © Éditions Arléas, 2007

« La Ballade des pendus » (XVe s.), miniature (détail) illustrant le poème de Francois Villon.

Questions

► Les formes et les genres poétiques, p. 563
► Les formes de l'argumentation, p. 566

Un appel à la miséricorde devant une société injuste

1. Qui sont les destinataires du poème ? Relevez leurs dénominations et commentez les choix du poète. Quelle évolution constatez-vous ?
2. Comment le poète se désigne-t-il ? Pourquoi cela donne-t-il plus de force à son discours ?
3. Observez les modes des verbes : pourquoi peut-on parler de prière ? Commentez le choix de la forme poétique et trouvez des répétitions de sonorités qui accentuent cette plainte.
4. Quels sont les arguments avancés pour obtenir la pitié des destinataires ? Aidez-vous des liens logiques. Le poète nie-t-il avoir commis une faute ? Justifiez votre réponse.

La fiction de la mort

5. Relevez les expressions qui renvoient au corps. Pourquoi peut-on parler de réalisme ? Quels sentiments le poète cherche-t-il à susciter chez le lecteur ?
6. Quelles phrases montrent que le poète est déjà mort ? Appuyez-vous en particulier sur l'étude des temps verbaux. Quelle figure de style utilise-t-il dans l'ensemble du poème ?
7. Quelles représentations de la nature le poète nous donne-t-il ? Que symbolise-t-elle ?

Grammaire

Au vers 9, quel est le mode du verbe « rie » ? Quelle est sa valeur ? Quel mot doit-on ajouter en français moderne pour exprimer cette idée ?

► Les valeurs des modes et des temps, p. 520

Synthèse Comment le poète rend-il sa situation pathétique ?

BAC S'entraîner à la dissertation

Le recours à des images réalistes vous paraît-il efficace pour argumenter ? Trouvez un argument qui montre l'efficacité d'un tel choix et un autre qui montre les limites de cette stratégie argumentative. Rédigez ces deux arguments et développez, après chacun d'eux, un exemple.

► Rassembler et organiser ses idées ; Construire un paragraphe et insérer des exemples, p. 606

CONTEXTE

Les *Carmina Burana* sont l'œuvre des Goliards, aux XIIe et XIIIe siècles. Intellectuels errants, ils vivent de mendicité et sont parfois obligés de devenir conteurs. Leurs poèmes s'attachent aux thématiques du jeu, du vin et de l'amour, mais ils sont aussi subversifs : ils font la satire des milieux nobles et cléricaux.

Carmina Burana (XIIe-XIIIe siècle)

Les Carmina Burana *constituent une anthologie de poèmes rédigés principalement en latin et retrouvés dans l'abbaye de Benediktbeuern, en Bavière. Ce poème, le seizième des deux cent trente-huit chants conservés, appartient au cycle des poèmes satiriques et moraux consacrés, avec cinq autres, à la Fortune.*

Les yeux humides, je me plains des coups de la Fortune
qui, se rebellant, me refuse son tribut[1].
Il est bien vrai, comme on le dit, que sa suivante l'Occasion[2]
a le front couvert de cheveux, mais le reste de la tête généralement chauve.

Sur le trône de la Fortune j'étais assis, haut placé,
florissant et épanoui dans la plénitude de la prospérité ;
mais quel que soit l'éclat dont, riche et heureux, j'ai alors brillé,
maintenant je suis tombé de mon faîte[3] et me vois privé de toute gloire.

La roue de la Fortune tourne[4] : ma situation se dégrade quand je descends,
tandis qu'un autre est soulevé vers la hauteur ; dangereusement juché,
le roi siège au sommet – qu'il prenne garde à la chute !
Car même la Reine Hécube[5], à ce qu'on raconte, s'est trouvée au bas de la roue.

Traduction Étienne Wolff, © Imprimerie Nationale Éditions, Paris, 1995

1. Offrande.
2. La déesse *Occasion* était représentée comme une femme nue, chauve par-derrière, avec une tresse par-devant.
3. Sommet.
4. Représentation traditionnelle à l'époque médiévale : la roue symbolise les aléas de l'existence.
5. Reine de Troie devenue esclave après la prise de la ville par les Grecs.

Voici la première strophe en latin.

Fortunae plango vulnera
Stillantibus ocellis,
Quod sua mihi munera
Subtrahit rebellis.
Verum est, quod legitur,
Fronte capillata,
Sed plerumque sequitur
Occasio calvata.

Vocabulaire

Dans la première strophe, quels termes s'opposent ? Observez le texte en latin et retrouvez-les. Quels mots français sont formés sur la même racine ?

Questions

► Émouvoir, p. 579
► Les valeurs des modes et des temps, p. 520

Un monde soumis à la Fortune

1. Quel sens attribuez-vous au mot « Fortune » ? Pourquoi comporte-t-il une majuscule ?
2. Observez le premier vers de chaque strophe : que remarquez-vous ? Quel plan le poème suit-il ?
3. Quelles sont les images employées pour montrer le changement de fortune ? Quels sont les autres moyens (liens logiques, figures de style) employés par l'auteur pour rendre compte de la même idée ?
4. Comment se manifeste la toute-puissance de la Fortune ? Quelle impression se dégage de l'ensemble du poème ?

Une expérience commune

5. Relevez les temps verbaux dans chaque strophe et précisez leur valeur : quelle évolution constatez-vous ?
6. Quels exemples le poète donne-t-il de la fragilité de la condition humaine ? Pourquoi sont-ils particulièrement frappants ?

Synthèse Quelle image le poète donne-t-il de la condition humaine ?

► Biographies, p. 628

Agrippa d'Aubigné, *Les Tragiques*, VII (1616)

CONTEXTE

Les *Tragiques* d'Agrippa d'Aubigné constituent une œuvre engagée dans les guerres de religion qui parcourent le XVIe siècle. Proche d'Henri de Navarre, Agrippa d'Aubigné entreprend ici un véritable acte de foi : il retrace les persécutions des protestants et annonce les châtiments futurs en adoptant une langue proche de celle des Écritures.

Dans l'ultime partie des Tragiques, *le poète met en scène le jugement dernier : Dieu, revenu sur terre, condamne les pécheurs.*

Jugement

[…] Or voici les lions de torches acculés,
Les ours à nez percés[1], les loups emmuselés.
Tout s'élève contre eux : les beautés de Nature
Que leur rage troubla de venin et d'ordure
Se confrontent en mire[2] et se lèvent contre eux :
« Pourquoi, dira le feu, avez-vous de mes feux
Qui n'étaient ordonnés qu'à l'usage de vie
Fait des bourreaux, valets de votre tyrannie ? »
L'air encore une fois contre eux se troublera,
Justice au Juge saint, trouble, demandera,
Disant : « Pourquoi, tyrans et furieuses bêtes,
M'empoisonnâtes-vous de charognes, de pestes,
Des corps de vos meurtris ? » – « Pourquoi, diront les eaux,
Changeâtes-vous en sang l'argent de nos ruisseaux ? »
Les monts qui ont ridé le front à vos supplices :
« Pourquoi nous avez-vous rendus vos précipices[3] ?
« Pourquoi nous avez-vous, diront les arbres, faits
D'arbres délicieux exécrables gibets[4] ? » […]

1. Les ours ont des « nez percés » pour les mener en laisse. – 2. Dans ce poème, la Nature se contemple, transformée. – 3. D'où l'on précipite les victimes. – 4. Instruments servant à la pendaison.

Questions

► Caractériser une vision du monde, p. 581

Les hommes mis en accusation

1. Relevez les paroles au discours direct et identifiez les locuteurs. Quelle est la figure de style employée ? Pourquoi le poète met-il en scène de tels personnages ?
2. Quels termes désignent les destinataires de ces paroles ? Quels jugements s'attachent à ces mots ?
3. Comment ces destinataires sont-ils désignés dans le reste du poème ? Quelles caractéristiques communes ont-ils ? Qui sont-ils en réalité ?
4. Dans les paroles rapportées, quelles similitudes constatez-vous ? Quels procédés stylistiques contribuent à la violence de cette accusation ?

Une vision apocalyptique

5. Étudiez les temps employés dans ce poème : quels sont les différents moments évoqués ? Quelle évolution le monde connaît-il ?
6. Quelles transformations la nature a-t-elle subies ? Comment le poète les souligne-t-il (figures de style, sonorités, rythmes) ?

Vocabulaire
Que signifie le mot « mire » ? À l'aide d'un dictionnaire étymologique, retrouvez sa racine latine. Quels autres termes sont formés sur celle-ci ?

► Les discours rapportés, p. 532

Synthèse Vous montrerez que cette évocation de l'avenir est une critique du présent.

► Rédiger des paragraphes et insérer des citations, p. 598

BAC S'entraîner au commentaire

Qu'est-ce qui rend cette mise en scène particulièrement saisissante ? Vous choisirez un argument que vous développerez et illustrerez de citations issues du poème.

TEXTE 4

▸ Biographies, p. 628

Victor Hugo, *Les Châtiments* (1853)

⊕ CONTEXTE

Victor Hugo est un poète engagé dans son temps : durant la IIe République (1848-1851), il participe activement aux débats de l'Assemblée constituante. À partir du coup d'État de Napoléon III (2 décembre 1851), Victor Hugo est exilé et emploie ses talents d'orateur dans des poèmes opposés à l'empereur, des pamphlets comme *Napoléon le Petit*, ou *Les Châtiments*. Pour Hugo, le poète est aussi prophète.

▸ Le Romantisme, p. 31

Le recueil poétique des Châtiments *a été composé durant l'exil de Victor Hugo à Jersey, après le coup d'État de Napoléon III. Dans cette œuvre dénonçant la mainmise de l'empereur sur l'État français, la dernière partie intitulée « Lux » (la lumière) répond à la première, « Nox » (la nuit).*

Lux

Bannis ! bannis ! bannis ! c'est là la destinée.
Ce qu'apporta le flux sera dans la journée
Repris par le reflux,
Les jours mauvais fuiront sans qu'on sache leur nombre,
Et les peuples joyeux et se penchant sur l'ombre
Diront : cela n'est plus !

Les temps heureux luiront, non pour la seule France,
Mais pour tous. On verra, dans cette délivrance,
Funeste au seul passé,
Toute l'humanité chanter, de fleurs couverte,
Comme un maître qui rentre en sa maison déserte
Dont on l'avait chassé.

Les tyrans s'éteindront comme des météores.
Et, comme s'il naissait de la nuit deux aurores
Dans le même ciel bleu,
Nous vous verrons sortir de ce gouffre où nous sommes,
Mêlant vos deux rayons, fraternité des hommes,
Paternité de Dieu !

Oui, je vous le déclare, oui, je vous le répète,
Car le clairon[1] redit ce que dit la trompette,
Tout sera paix et jour !
Liberté ! plus de serf et plus de prolétaire[2] !
Ô sourire d'en haut ! ô du ciel pour la terre
Majestueux amour !

L'arbre saint du Progrès, autrefois chimérique[3],
Croîtra, couvrant l'Europe et couvrant l'Amérique,
Sur le passé détruit,
Et, laissant l'Éther[4] pour luire à travers ses branches,
Le jour, apparaîtra plein de colombes blanches,
Plein d'étoiles, la nuit.

Et nous qui serons morts, morts dans l'exil peut-être,
Martyrs saignants, pendant que les hommes, sans maître,
Vivront, plus fiers, plus beaux,
Sous ce grand arbre, amour des cieux qu'il avoisine,
Nous nous réveillerons pour baiser sa racine
Au fond de nos tombeaux !

1. Sorte de trompette, utilisée à l'armée.
2. Personne du peuple, exerçant un métier manuel et peu payé.
3. Illusoire.
4. Mot poétique pour désigner le ciel.

Victor Hugo dans la mer, devant un coucher de soleil, caricature d'André Gill pour le journal satirique *La Lune*, n° 63, le 19 mai 1867.

Questions

► La versification, p. 561
► Émouvoir, p. 579
► Les valeurs des modes et des temps, p. 520

L'engagement du poète

1. Quelle situation politique est dénoncée par Victor Hugo ? Appuyez-vous sur les champs lexicaux opposés qui parcourent le texte.
2. Étudiez la situation d'énonciation : qui sont les destinataires de ce poème ? Comment sont-ils désignés ? Comment Victor Hugo s'inclut-il progressivement dans le groupe formé par ces personnes ?
3. Quelle progression observe-t-on de la première à la dernière strophe ? Dans quelle mesure la vision proposée dans la dernière strophe vous paraît-elle pessimiste ?

Le poète prophète

4. Quel est le temps majoritairement employé dans ce poème ? Quelle valeur revêt-il ? Quelles expressions contribuent au même effet ?
5. Quels procédés grammaticaux, stylistiques ou liés à la versification contribuent à montrer la rapidité du changement prédit par le poète ?
6. Relevez les termes renvoyant à la religion : quel lien s'établit entre pensée politique et pensée religieuse ? Appuyez votre réponse en relevant les figures de style employées.
7. Observez le thème de la nature parcourant ce poème : quelles sont les images ayant une portée symbolique ? Expliquez-les.

Vocabulaire
Quelle est l'étymologie du mot « serf » (v. 22) ? Quel est son sens ? À quel siècle fait-il référence ? Pourquoi est-il employé ici par Victor Hugo ?

Synthèse Comment Victor Hugo manifeste-t-il sa confiance en l'avenir ?

BAC S'entraîner à l'écriture d'invention

► Amplifier et transposer un texte, p. 616

À partir du poème de Victor Hugo, composez le discours que celui-ci aurait pu tenir devant d'autres exilés, afin de leur redonner espoir. Vous conserverez les tournures et les phrases qui vous paraissent les plus adaptées à ce genre. Vous serez attentif, en particulier, à la situation d'énonciation, différente de celle du poème.

TEXTE 5

▸ Biographies, p. 628

Charles Baudelaire, *Les Fleurs du mal* (1861)

⊕ CONTEXTE

Charles Baudelaire s'inspire des romantiques : il utilise, comme eux, des figures d'analogie pour rendre compte du monde et des correspondances qui le composent. Le poète révèle cet ordre mystérieux. Pourtant, méprisé des hommes, parfois incompris, il se heurte à la réalité, à la mélancolie (le « spleen »). Baudelaire annonce les « poètes maudits » : Corbière, Rimbaud, Mallarmé et Verlaine.

Ce poème a été ajouté dans la seconde édition des Fleurs du mal, *en 1861, et occupe la deuxième place, après « Bénédiction » qui met en scène la figure du Poète. « L'albatros » constitue donc un prolongement.*

L'albatros

Souvent, pour s'amuser, les hommes d'équipage
Prennent des albatros, vastes oiseaux des mers,
Qui suivent, indolents compagnons de voyage,
Le navire glissant sur les gouffres amers.

À peine les ont-ils déposés sur les planches,
Que ces rois de l'azur, maladroits et honteux,
Laissent piteusement leurs grandes ailes blanches
Comme des avirons traîner à côté d'eux.

Ce voyageur ailé, comme il est gauche et veule[1] !
Lui, naguère si beau, qu'il est comique et laid !
L'un agace son bec avec un brûle-gueule[2],
L'autre mime, en boitant, l'infirme qui volait !

Le Poète est semblable au prince des nuées[3]
Qui hante la tempête et se rit de l'archer ;
Exilé sur le sol au milieu des huées,
Ses ailes de géant l'empêchent de marcher.

National Geographic magazine, le 1er août 1938.

1. Faible.
2. Sorte de pipe.
3. Nuages.

Questions

▸ La versification, p. 561
▸ Les valeurs des modes et des temps, p. 520

Une image contrastée de l'albatros

1. Relevez les lieux dans lesquels l'albatros évolue. Que symbolisent-ils ? Quelle progression observe-t-on dans le poème ?
2. Rassemblez les termes désignant l'albatros et établissez des rapprochements. Commentez leur place dans les vers.
3. Aux vers 7 et 8, commentez l'image employée pour désigner le corps de l'albatros. Comment la versification choisie permet-elle de mettre en lumière la maladresse de l'oiseau ?
4. Relevez les marques de jugement des hommes sur l'albatros. Comment le poète montre-t-il qu'ils sont unanimes ?

L'image du poète

5. Quelles figures de style opèrent un rapprochement entre l'albatros et le poète ?
6. Quel est le temps employé dans la dernière strophe ? Quelle est sa valeur ? Quels autres indices guident votre réponse ?
7. Comment les choix lexicaux opérés dans la dernière strophe valorisent-ils l'albatros ? Quels sentiments Baudelaire veut-il susciter chez son lecteur ?
8. Selon Baudelaire, quel rapport le poète entretient-il avec le monde qui l'entoure ?

Vocabulaire
À l'aide d'un dictionnaire, donnez les différents sens du mot « archer ». Expliquez pourquoi ce terme peut convenir à l'oiseau et au poète.

Synthèse D'après ce poème, quels sont les traits communs entre l'albatros et le poète ?

► Biographies, p. 628

⊕ CONTEXTE

Membre du groupe surréaliste avant d'en être exclu par André Breton, Robert Desnos est également un grand Résistant. Durant la Seconde Guerre mondiale, il s'engage aux côtés d'autres poètes comme Paul Eluard. Sa poésie cherche avant tout à faire surgir dans le langage quotidien des images surprenantes, souvent liées au rêve.

► Le Surréalisme, p. 37

Robert Desnos, *L'Honneur des poètes* (1943)

Ce poème a été publié clandestinement, sous le pseudonyme de Pierre Andier.

Ce cœur qui haïssait la guerre

Ce cœur qui haïssait la guerre voilà qu'il bat pour le combat et la bataille !
Ce cœur qui ne battait qu'au rythme des marées, à celui des saisons, à celui des [heures du jour et de la nuit,
Voilà qu'il se gonfle et qu'il envoie dans les veines un sang brûlant de salpêtre* et de haine
Et qu'il mène un tel bruit dans la cervelle que les oreilles en sifflent
Et qu'il n'est pas possible que ce bruit ne se répande pas dans la ville et la campagne
Comme le son d'une cloche appelant à l'émeute et au combat.
Écoutez, je l'entends qui me revient renvoyé par les échos.
Mais non, c'est le bruit d'autres cœurs, de millions d'autres cœurs battant comme [le mien à travers la France.
Ils battent au même rythme pour la même besogne tous ces cœurs,
Leur bruit est celui de la mer à l'assaut des falaises
Et tout ce sang porte dans des millions de cervelles un même mot d'ordre :
Révolte contre Hitler et mort à ses partisans !
Pourtant ce cœur haïssait la guerre et battait au rythme des saisons,
Mais un seul mot : Liberté a suffi à réveiller les vieilles colères
Et des millions de Français se préparent dans l'ombre à la besogne que l'aube [proche leur imposera.
Car ces cœurs qui haïssaient la guerre battaient pour la liberté au rythme même [des saisons et des marées, du jour et de la nuit.

Extrait de *Destinée arbitraire*,© Éditions Gallimard

* Poudre utilisée autrefois comme explosif.

Questions

► La versification, p. 561
► Émouvoir, p. 579
► Les figures de rapprochement et de substitution, p. 534

Le paradoxe de la guerre

1. Par quelle structure récurrente le poète montre-t-il un changement dans sa vie ? Appuyez-vous sur les temps verbaux employés.
2. Quelle image le poète donne-t-il de sa vie avant la guerre ? Quels effets rythmiques emploie-t-il pour appuyer son discours ?
3. Relevez les termes qui appartiennent au champ lexical du corps : pourquoi le poète fait-il preuve d'une telle précision « médicale » ?

Un appel à la Résistance

4. Contre quelle idéologie le poète invite-t-il à lutter ? Quelle valeur lui oppose-t-il ? Comment le poète souligne-t-il cette opposition ?
5. Quelle sensation est mise en valeur dans ce poème ? Relevez les termes correspondants et commentez les images qui lui sont attachées.
6. Au vers 8, quelle est la fonction de l'expression « d'autres cœurs » ? Pourquoi occupe-t-elle cette place dans le vers ?

Synthèse Pourquoi peut-on parler ici d'un texte engagé en faveur de la liberté ?

BAC S'entraîner à la dissertation

Pour quelles raisons la poésie est-elle un genre efficace pour appeler à la Résistance ? Trouvez deux arguments différents pour répondre à cette question, et illustrez l'un d'entre eux en utilisant comme exemple le texte de Desnos.

▸ Biographies, p. 628

David Diop, *Coups de pilon* (1956)

⊕ CONTEXTE

À la suite de l'Antillais Aimé Césaire et du Sénégalais Léopold Sédar Senghor qu'il eut comme professeur, David Diop reprend le concept de « négritude ». Le mot apparaît en 1935, chez Césaire, et renvoie à une prise de conscience de l'identité noire, dans le monde colonial. C'est aussi la revendication d'une appartenance à une culture autre et une condamnation du racisme.

Le renégat

Mon frère aux dents qui brillent sous le compliment hypocrite
Mon frère aux lunettes d'or
Sur tes yeux rendus bleus par la parole du Maître
Mon pauvre frère au smoking à revers de soie
Piaillant[1] et susurrant[2] et plastronnant[3] dans les salons de la condescendance[4]
Tu nous fais pitié
Le soleil de ton pays n'est plus qu'une ombre
Sur ton front serein de civilisé
Et la case de ta grand-mère
Fait rougir un visage blanchi par les années d'humiliation et de Mea Culpa[5]
Mais lorsque repu de mots sonores et vides
Comme la caisse qui surmonte tes épaules
Tu fouleras la terre amère et rouge d'Afrique
Ces mots angoissés rythmeront alors ta marche inquiète :
Je me sens seul si seul ici !

1. Poussant de petits cris. – 2. Murmurant. – 3. Se redressant pour se montrer sous son meilleur jour. – 4. Attitude polie, teintée de mépris. – 5. Mots latins qui signifient « par ma faute ». Lors du rituel de la confession catholique, aveu d'une faute.

Buste en bois (début XXe s.) provenant d'Afrique de l'Ouest, collection privée.

Questions

▸ La versification, p. 561
▸ Les actes du langage, l'implicite et la modalisation, p. 528

Les reproches du poète

1. À qui s'adresse le poète ? Quel lien a-t-il avec ce destinataire ?
2. Quel portrait physique peut être dressé du destinataire ? Quel rôle ont les objets dans la construction du personnage ? Commentez leur place dans les vers.
3. Comment le poète laisse-t-il percer ses reproches ? Appuyez-vous, en particulier, sur l'étude des sonorités.

L'opposition de deux mondes

4. Relevez les repères spatiaux : quels univers le poète oppose-t-il ? Quel jugement porte-t-il sur ceux-ci ?
5. Quels sont les autres personnages mentionnés ? Expliquez le rôle de chacun d'eux dans la vie du destinataire.
6. Le locuteur et le destinataire appartiennent-ils au même monde ? Justifiez votre réponse.

Texte écho

Jacques Prévert, *Paroles* (1945)

► Biographies, p. 628

Pater Noster

Notre Père qui êtes aux cieux
Restez-y
Et nous nous resterons sur la terre
Qui est quelquefois si jolie
Avec ses mystères de New York[1]
Et puis ses mystères de Paris[2]
Qui valent bien celui de la Trinité[3]
Avec son petit canal de l'Ourcq[4]
Sa grande muraille de Chine
Sa rivière de Morlaix[5]
Ses bêtises de Cambrai[6]
Avec son Océan Pacifique
Et ses deux bassins aux Tuileries
Avec ses bons enfants et ses mauvais sujets
Avec toutes les merveilles du monde
Qui sont là
Simplement sur la terre
Offertes à tout le monde
Éparpillées
Émerveillées elles-mêmes d'être de telles merveilles
Et qui n'osent se l'avouer
Comme une jolie fille nue qui n'ose se montrer
Avec les épouvantables malheurs du monde
Qui sont légion
Avec leurs légionnaires
Avec leurs tortionnaires
Avec les maîtres de ce monde
Les maîtres avec leurs prêtres leurs traîtres et leurs reîtres[7]
Avec les saisons
Avec les années
Avec les jolies filles et avec les vieux cons
Avec la paille de la misère pourrissant dans l'acier des canons[8].

1. Allusion à une série de films de Louis Gasnier. – 2. Allusion au roman, *Les Mystères de Paris*, d'Eugène Sue. – 3. Dans la religion chrétienne, union des trois personnes divines. – 4. Canal du bassin parisien. – 5. Ville du Finistère, parcourue par le Dossen. – 6. Bonbons à la menthe, spécialité de Cambrai. – 7. Mercenaire et, par extension, toute personne grossière et brutale. – 8. La paille servait à nettoyer les canons.

Questions

► La versification, p. 561
► Les figures d'opposition, d'exagération et d'atténuation, p. 535

Une image paradoxale du monde

1. Qu'est-ce qui justifie le rapprochement des lieux évoqués ? Appuyez-vous sur les sonorités.
2. Quel effet le poète cherche-t-il à créer par l'énumération des lieux ?
3. Quelles caractéristiques des hommes le poète met-il en évidence ? Repérez les procédés poétiques qui accentuent la dénonciation du poète.
4. Quelle comparaison le poète emploie-t-il pour désigner le monde ? Expliquez-la.

La distance ironique

5. À qui s'adresse le poète ? Pourquoi sa demande est-elle surprenante ?
6. Quels jeux de mots relevez-vous dans le poème ?

Diop et Prévert : deux poètes engagés

7. Par quels procédés stylistiques Diop et Prévert mettent-ils en lumière les contradictions du monde ?
8. Pourquoi peut-on dire que la situation d'énonciation choisie dans les deux poèmes est particulièrement efficace pour dénoncer les errements des hommes ?

Synthèse Vous montrerez que les poèmes de Diop et de Prévert constituent tous deux des parodies de prière.

► Confronter les textes du corpus pour organiser sa réponse, p. 588

BAC S'entraîner à la question sur le corpus

Quels reproches Diop et Prévert adressent-ils à leurs contemporains ?

LA QUÊTE POÉTIQUE DU MOYEN ÂGE AU XXᵉ SIÈCLE : UNE REMISE EN QUESTION DU MONDE

Être fait de chair, le poète est un homme qui vit dans la société et qui porte sur elle un regard particulier. Dans ses poèmes, il décrit le monde qui l'entoure, mais il peut porter un regard critique et dénonciateur. La poésie devient alors une arme pour mettre en évidence les incohérences et les abus.

1 LE POÈTE, UN PORTE-PAROLE

Le poète n'est pas un être refermé sur lui-même, détaché des autres : il a conscience des imperfections du monde, et il les aborde dans ses œuvres. Il peut développer les thèmes de l'injustice, des guerres de religion, de l'exil, de la guerre ou du colonialisme. Sa situation personnelle peut le pousser à écrire ; il peut aussi se faire le porte-parole de tout un groupe.

→ **Ex. :** Dans les *Carmina Burana*, le poète déplore les coups de la Fortune que tout homme peut subir.

2 L'ENGAGEMENT DU POÈTE

À la fois observateur et juge, le poète est amené à s'engager et à dénoncer ce qui se passe dans le monde.

→ **Ex. :** Dans « Ce Cœur qui haïssait la guerre » de Robert Desnos, le poète appelle ses contemporains à la Résistance, durant la Deuxième Guerre mondiale.

Il peut alors avoir recours à différents moyens :

La prière

Certains poèmes prennent une forme insistante, incantatoire, particulièrement efficace : elle permet d'interpeller celui que l'on veut faire réagir, afin de **susciter une prise de conscience**.

→ **Ex. :** Jacques Prévert, dans « Pater Noster », compose une prière surprenante afin de mettre en évidence les paradoxes du monde.

Les procédés oratoires

Le poète donne plus de force à son discours en employant des procédés rhétoriques. Il peut par exemple employer des images saisissantes en faisant parler la Nature. Toutes les figures stylistiques qui peuvent marquer les esprits sont convoquées.

→ **Ex. :** Dans « Le renégat », David Diop emploie la même expression en début de vers afin de marquer le destinataire de son discours.

Susciter une émotion

Afin de rendre son discours plus efficace, le poète peut chercher à susciter la compassion de son lecteur : son texte est alors **pathétique**. Il peut créer aussi une complicité avec le lecteur par des jeux de mots.

→ **Ex. :** François Villon, dans *L'Épitaphe Villon*, essaie de faire fléchir ses contemporains en leur présentant une vision macabre de sa situation.

3 LE POÈTE « PROPHÈTE »

S'il dénonce les injustices de son temps, le poète est aussi prophète : c'est ce qui peut faire sa supériorité et sa spécificité.

→ **Ex. :** Charles Baudelaire, par l'image de l'albatros, nous montre que le poète, bien que raillé par ses contemporains, voit plus loin qu'eux.

Le poète peut annoncer un avenir sombre ; il en fait alors une peinture saisissante.

→ **Ex. :** Agrippa d'Aubigné, dans *Les Tragiques*, évoque le jugement dernier, dans un monde renversé.

Mais le poète est aussi celui qui peut donner espoir aux peuples.

→ **Ex. :** Dans « Lux », Victor Hugo, malgré son exil, veut croire à la liberté des peuples.

Séquence 2

L'eau, miroir du monde et de l'homme dans la poésie, du XVIIe au XXe siècle

Comment le thème de l'eau permet-il de créer un nouveau monde poétique ? Comment ce thème rend-il compte de la condition humaine ?

CORPUS DE LA SÉQUENCE

LIENS AVEC LA PARTIE LANGUE

- Les progressions thématiques, p. 526
- Les discours rapportés, p. 532
- Les figures de style, p. 534

LIENS AVEC LA PARTIE OUTILS D'ANALYSE

- La versification, p. 561
- Les formes et les genres poétiques, p. 563
- L'organisation de l'image, p. 572
- Émouvoir, p. 579

LIENS AVEC LA PARTIE MÉTHODES

- Le commentaire, p. 598
- La dissertation, p. 606
- L'écriture d'invention, p. 616

▶▶ Henri Lebasque, *Jeune femme dans un canot* (vers 1920), huile sur toile (475 cm x 475 cm), détail, collection particulière.

▸ Biographies, p. 628

Jean Desmarets de Saint-Sorlin, *Les Promenades de Richelieu* (1653)

⊕ CONTEXTE

En 1631, le cardinal de Richelieu, ministre influent de Louis XIII, commence les travaux de son château, situé près de Chinon, au bord d'une rivière, le Mâble. Il fait ériger une ville nouvelle à proximité. Près de 2000 ouvriers travaillent à la réalisation de ce domaine. Le château sera presque achevé en 1642, peu avant la mort de Richelieu. Il ne subsiste actuellement que quelques vestiges.

La poésie baroque

La poésie baroque prend des formes assez diverses : des sonnets, de longs poèmes en alexandrins, des odes. Néanmoins, elle privilégie certains thèmes : l'inconstance se traduit dans le paysage avec le thème de l'eau, des nuages ou des bulles, tandis que l'illusion se manifeste par celui des jeux de lumière et du déguisement, comme vous le découvrirez dans les poèmes suivants.

Desmarets de Saint-Sorlin, dramaturge et poète, fut un partisan incontesté du cardinal de Richelieu. Dans ce poème dédié à la famille du Cardinal, Desmarets célèbre le château de celui qui fut son protecteur.

[...]
Lorsque sur ce château la Lune se fait voir ;
En éclaire une part, et peint l'autre de noir,
Je pense voir deux temps que confond la Nature.
Le jour est d'un côté, d'autre la nuit obscure.
Quel miracle ! qu'ensemble ici règnent sans bruit,
Et partagent la place et le jour et la nuit ?
Allons voir aux jardins en plus ample étendue
L'ombre de ce grand corps sur la terre épandue.
Déjà du grand Palais si clair, si bien dressé,
J'en vois sortir un autre obscur et renversé,
Noircissant le parterre ; et ses superbes dômes
Sur la terre couchés comme de longs fantômes,
L'ombre aux corps attachée, inégale en son cours,
Suit l'astre également, et s'en cache toujours.
Allons voir ces canaux : quel doux calme en cette onde ?
Ici je vois sous terre une Lune seconde,
Ici le palais même, et si clair, et si beau,
À chef précipité[1] se renverse dans l'eau.
Ô ! tromperie aimable, ô ! jeu de la Nature !
Est-ce une vérité ? n'est-ce qu'une peinture ?
Ensemble en trois façons ce palais se fait voir,
En soi-même, en son ombre, et dans ce grand miroir,
Où tout est à l'envers, où tout change d'office,
Où les combles[2] pointus portent tout l'édifice.
Les astres pétillants y sont encor plus bas,
Et semblent dans un lac prendre leurs doux ébats.
Leurs feux y sont riants, se plongeant sans rien craindre,
Et défiant les eaux de les pouvoir éteindre.
Quoi ? de la ville encor les pavillons égaux
Se montrent renversés dans ces larges canaux ;
Et du double clocher les deux pointes égales
Semblent vouloir percer les prisons infernales. [...]

Orthographe modernisée par Céline Barraud, auteur du manuel

1. La tête la première. – 2. Espace situé sous les toits.

Famille des Perelle, Vue du château de Richelieu, du côté du parc (planche n° 112), estampe extrait d'un recueil de gravures édité sous le règne de Louis XIV.

Questions

► La versification, p. 561

► Les progressions thématiques, p. 526

► Les figures de rapprochement et de substitution, p. 534

Grammaire

Dans la phrase située aux vers 5 et 6, quels sont les sujets des verbes ? Quelle construction les met en évidence ? Commentez leur place dans le vers.

Jeux de reflets

1. À quel moment a lieu cette vision du château ? Pourquoi a-t-il été choisi par le poète ?
2. Quel est le temps employé dans ce poème ? Quelle valeur a-t-il ? Quel effet vise-t-il à susciter chez le lecteur ?
3. Combien de visions différentes du lieu sont délivrées ? Relevez une phrase qui les résume. Quelle formule assure le passage d'une vision à l'autre ? Établissez le mouvement du regard.

Une vision merveilleuse

4. Par quels procédés se marque l'émerveillement du poète ?
5. Qu'est-ce qui est désigné par l'expression « ce grand corps » (v. 8) ? Quelle est la figure de style employée ? Observez les types de verbes employés et leur voix : comment ceux-ci concourent-ils au même effet ?
6. À partir du vers 21, quelles images le thème de l'eau fait-il naître ? Commentez l'effet produit.

Synthèse Quelles sont les fonctions de l'eau dans le poème de Desmarets ?

BAC S'entraîner à l'écriture d'invention

► Amplifier et transposer un texte, p. 616

En vous inspirant du poème de Desmarets, vous décrirez, dans un texte poétique rédigé en prose, un paysage vu sous la lune. Vous veillerez à la composition de cette description. Vous accentuerez le côté merveilleux de celle-ci.

► Biographies, p. 628

Pierre de Marbeuf, *Recueil de vers* (1628)

⊕ CONTEXTE

Les mythes racontent que l'épouse d'Ouranos, Gaia (la Terre), aurait armé un de ses fils, Cronos, d'une faucille, avec laquelle il aurait tranché les organes sexuels de son père. En tombant dans la mer, ils auraient engendré Aphrodite déesse de l'Amour : c'est cette naissance dans la mer que des peintres comme Botticelli, au XVe siècle, ont représentée.

Et la mer et l'amour…

Et la mer et l'amour ont l'amer pour partage,
Et la mer est amère, et l'amour est amer,
L'on s'abîme en l'amour aussi bien qu'en la mer,
Car la mer et l'amour ne sont point sans orage.

Celui qui craint les eaux, qu'il demeure au rivage,
Celui qui craint les maux qu'on souffre pour aimer,
Qu'il ne se laisse pas à l'amour enflammer,
Et tous deux ils seront sans hasard de naufrage.

La mère de l'amour eut la mer pour berceau,
Le feu sort de l'amour, sa mère sort de l'eau,
Mais l'eau contre ce feu ne peut fournir des armes.

Si l'eau pouvait éteindre un brasier amoureux,
Ton amour qui me brûle est si fort douloureux,
Que j'eusse éteint son feu de la mer de mes larmes.

Orthographe modernisée par Céline Barraud, auteur du manuel

Questions

Un monde vertigineux

► La versification, p. 561

1. Quels éléments naturels sont évoqués dans ce poème ? Comment le poète les relie-t-il ? Observez en particulier leur place dans les vers.
2. Quels sont les dangers représentés par ces éléments ? Quelle hiérarchie le poète instaure-t-il ?

Un poème élégiaque

► Les figures de rapprochement et de substitution, p. 534

3. Étudiez l'énonciation dans le poème. Dans quelle strophe s'opère un changement ?
4. Quels sentiments le poète éprouve-t-il ? Fondez-vous sur le lexique employé. Comment sont-ils soulignés dans les vers ?
5. Dans le dernier vers, quelle est la figure de style employée ? Quels mots le rythme du vers met-il en valeur ? Quelle place l'homme occupe-t-il dans le monde évoqué ?

Le vertige des mots

6. Quel jeu de mots parcourt l'ensemble du poème ? Quel est l'effet visé ?
7. Étudiez les rythmes et figures de style : comment le poète a-t-il cherché à imiter le mouvement de la mer ?

Grammaire
Étudiez les pronoms personnels et les déterminants possessifs afin de montrer comment le poète traduit son impuissance face à l'amour.

Synthèse Comment le décor naturel laisse-t-il place à l'évocation des sentiments du poète ?

BAC S'entraîner à la dissertation

Pourquoi la poésie est-elle un moyen particulièrement efficace pour exprimer ses sentiments ? Trouvez un argument que vous rédigerez, et illustrez-le d'un exemple.

La poésie élégiaque
L'élégie est une forme poétique héritée de l'Antiquité, dans laquelle le poète développe une longue plainte amoureuse. Par extension, le mot « élégiaque » qualifie tout poème qui manifeste la mélancolie et la tristesse du poète.

► Biographies, p. 628

Jean-Baptiste Chassignet, *Mépris de la vie et consolation contre la mort* (1594)

CONTEXTE
La thématique de l'eau qui s'écoule en un mouvement perpétuel rappelle les préceptes d'Héraclite, philosophe grec du VIe siècle ava. J.-C. Celui-ci considérait que l'homme est toujours en mouvement, en devenir, comme toutes choses en ce monde : *panta rhei*, « tout s'écoule ».

Assieds-toi sur le bord d'une ondante rivière,
Tu la verras fluer d'un perpétuel cours,
Et flots sur flots roulant en mille et mille tours
Décharger par les prés son humide carrière.

Mais tu ne verras rien de cette onde première
Qui naguère coulait, l'eau change tous les jours,
Tous les jours elle passe, et la nommons toujours
Même fleuve, et même eau, d'une même manière.

Ainsi l'homme varie, et ne sera demain
Telle comme aujourd'hui du pauvre corps humain
La force que le temps abrévie[1], et consomme :

Le nom sans varier nous suit jusqu'au trépas[2],
Et combien qu'aujourd'hui celui ne sois-je pas
Qui vivais hier passé, toujours même on me nomme.

Orthographe modernisée par Céline Barraud, auteur du manuel

1. Abrège.
2. Mort.

Brueghel Jan I, *L'Eau* (1621), huile sur toile (détail), musée du Louvre, Paris.

Questions

► Les formes et les genres poétiques, p. 563

Vocabulaire
Cherchez le sens du mot « carrière » dans un dictionnaire et expliquez la signification de l'expression « son humide carrière ». Quelle évolution a connu le mot ?

L'« ondante rivière »

1. Quelle caractéristique de l'eau ce poème met-il en évidence ? Relevez les champs lexicaux qui justifient votre réponse.
2. Par quels procédés stylistiques le poète invite-t-il à voir le « perpétuel cours » de la rivière ? Vous commenterez la place des mots dans les vers et leurs sonorités.

La condition humaine

3. Quel lien le poète établit-il entre les deux quatrains et les deux tercets ? Fondez votre réponse sur l'étude des liens logiques et du lexique.
4. Étudiez la situation d'énonciation : quelle évolution constatez-vous dans le poème ? Quel semble être l'objectif de celui-ci ? Comment le poète montre-t-il que cette expérience est commune à tous les hommes ?
5. Observez les repères temporels et définissez les moments évoqués dans les deux quatrains et les deux tercets. Quelles correspondances le poète établit-il entre l'eau et l'homme ?
6. Pourquoi peut-on parler d'une « consolation contre la mort » ?

Synthèse Comment le thème de l'eau permet-il de faire prendre conscience de la condition humaine ?

BAC S'entraîner à la dissertation

► Rassembler et organiser ses idées ; Construire un paragraphe et insérer des exemples, p. 606

« Rien n'est plus constant que l'inconstance », écrivait Honoré d'Urfé dans son roman, *L'Astrée*, au XVIIe siècle. Après avoir analysé cette citation, vous expliquerez comment le poème de Chassignet illustre cette opinion.

⊕ CONTEXTE

Les *Métamorphoses* d'Ovide présentent les caractéristiques de l'épopée latine : œuvre gigantesque de 15 chants, composée en hexamètres dactyliques (le vers de l'épopée), elle raconte l'histoire du monde, depuis les premiers âges de l'univers jusqu'à l'apothéose de César. Le merveilleux y domine, et le lecteur y retrouve des personnages de la littérature épique. Néanmoins, Ovide, aussi auteur de nombreuses élégies, lie ces métamorphoses au thème de l'amour, comme le montre ce passage.

► L'Antiquité, p. 19

Ovide, *Métamorphoses, III*, (Ier s. ap. J.-C.)

Dans cet extrait des Métamorphoses, *Ovide raconte le mythe de Narcisse, séduit par son propre reflet dans l'eau. Il meurt noyé, avant d'être métamorphosé en fleur.*

[…]
Il était une source limpide, source d'argent aux eaux miroitantes,
Que ni pâtres ni chevrettes paissant dans la montagne
Ni aucun autre bétail n'avaient approchée ; que nul oiseau,
Nulle bête sauvage, nulle branche tombée d'un arbre n'avait troublée.
Autour d'elle, de l'herbe, nourrie par l'humidité toute proche,
Et un bosquet pour empêcher les rayons du soleil d'attiédir ce point d'eau.
Le jeune homme, épuisé de chaleur et d'ardeur à la chasse,
Fut séduit par la source, son cadre, et s'y pencha ;
Tandis qu'il essayait d'étancher sa soif, une autre soif grandit en lui.
Pendant qu'il boit, fasciné par le reflet de sa propre beauté,
Il s'éprend de cet être sans corps, confond le corps avec son ombre.
Ébloui, paralysé devant ce visage si semblable au sien, il reste
Pétrifié, une statue sculptée dans le marbre de Paros[1].
Rivé au sol, il contemple son double, ses yeux, son éclat,
Et ses cheveux dignes de ceux de Bacchus[2], ou encore d'Apollon,
Et ses pommettes juvéniles, son cou d'ivoire, le dessin parfait
De sa bouche, cette blancheur de neige et ce rouge mêlés,
Et il admire tout ce qui en lui est admirable.
Inconsciemment, il se désire, est à la fois sujet et objet de sa quête,
Le chasseur et la proie, l'incendiaire et le feu.
Que de baisers sans réponse a-t-il donnés à la source trompeuse !
Que de fois a-t-il plongé les bras au milieu des eaux
Pour y saisir le reflet de son cou sans parvenir à l'atteindre !
Que voit-il ? Il ne sait ; mais ce qu'il voit le brûle,
Et l'erreur qui abuse ses yeux les excite pareillement.
Naïf, pourquoi chercher en vain à saisir une image fugace ?
Ce que tu cherches n'existe pas ; ce que tu aimes, tourne-toi, tu le perds.
L'ombre que tu distingues est celle d'un pur reflet.
Elle est sans consistance, est apparue avec toi et demeure de même ;
Elle s'éloignera avec toi – s'il t'est possible de t'éloigner.
Ni les exigences de la faim ni celles du sommeil ne peuvent
Le tirer de là ; couché dans l'herbe épaisse, il fixe d'un regard
Insatiable[3] ce leurre[4], et son regard le tue […].

Traduction de D. Robert,

1. Marbre d'une extrême finesse que l'on trouve dans l'île grecque de Paros.
2. Dieu latin de la vigne.
3. Qui ne peut être rassasié.
4. Image trompeuse.

Narcisse admirant son reflet dans l'eau, fresque (Ier s. ap. J.-C.), Pompéi (Italie).

Questions

► Émouvoir, p. 579

Ovide et la métamorphose de Narcisse

1. Comment le narrateur met-il en place un cadre propice à la métamorphose ?
2. Comment Narcisse est-il décrit ? Quel est le point de vue adopté ?
3. À quoi Narcisse, fasciné, est-il comparé ? Commentez le choix de cette image.
4. Quel passage marque un changement dans l'énonciation ? Quel est l'effet produit sur le lecteur ?
5. Quels rôles joue l'eau dans cette métamorphose ?

D'Ovide à Valéry : la réécriture d'un mythe

6. Quelle différence constatez-vous dans les situations d'énonciation choisies par les poètes ?
7. Comment Narcisse est-il mis en scène dans les deux textes ?
8. Quelles sont les fonctions du mythe, d'après ces textes ?

Vocabulaire
Expliquer l'origine étymologique de l'adjectif « fugace » et proposez des mots de la même famille. Vous pouvez vous aider d'un dictionnaire.

Synthèse Que symbolise l'eau dans ces deux poèmes ?

BAC S'entraîner au commentaire

Étudiez la réplique de Narcisse dans le poème de Valéry : comment le personnage justifie-t-il son amour ? Vous composerez un plan détaillé pour répondre à cette question.

DÉCRIRE LE MOUVEMENT

1 ÉTYMOLOGIE

Expliquez le sens des mots en gras, issus du latin *moveo, ere, movi, motum*, « mouvoir ». Employez-les dans une phrase.

1. Antoine s'évanouit d'horreur, et il tombe devant sa cabane sur les éclats de bois, où brûle doucement la torche qui a glissé de sa main. Cette **commotion** lui fait entrouvrir les yeux.

Gustave Flaubert, *La Tentation de Saint-Antoine*, IV (1874)

2. Maman Coupeau et Gervaise, un tablier blanc noué devant elles, emplissaient la pièce de leur hâte à éplucher du persil, à courir après le poivre et le sel, à tourner la viande avec la **mouvette** de bois.

Émile Zola, *L'Assommoir* (1877)

3. On voyait surtout des mobilisés, gens pacifiques, rentiers tranquilles, pliant sous le poids du fusil ; des petits **moblots** alertes, faciles à l'épouvante et prompts à l'enthousiasme, prêts à l'attaque comme à la fuite. ».

Guy de Maupassant, *Boule de suif* (1880)

2 EXPRESSIONS IMAGÉES

De nombreuses expressions ont recours aux images liées à l'eau. Associez chaque expression à sa définition. Employez ces expressions dans une phrase.

Expressions

1. au creux de la vague – 2. avoir le vent en poupe – 3. aller à vau-l'eau – 4. contre vents et marées – 5. une tempête dans un verre d'eau – 6. une goutte d'eau dans l'océan

Définitions

a. s'en aller en se détériorant – b. beaucoup d'agitation pour rien – c. un événement sans grande conséquence – d. être dans une situation difficile – e. malgré tous les obstacles – f. être en route vers le succès

3 LANGUE POÉTIQUE

Classez les mots suivant en fonction de leur intensité (du plus violent au plus faible). Complétez ensuite chaque extrait de poème avec l'un de ces termes.

brise – grain – rafale – zéphyr

1. « […] La côte s'abaissait, et les bois de santal
Exhalaient sur la mer leurs ... parfumées. […] »

José Maria de Heredia, « Les Conquérants de l'or », II, *Les Trophées* (1893)

2. « […] Bois, écho, frais ..., dieux champêtres et doux,
Le génie et les vers se plaisent parmi vous. […] »

André Chénier, « Au chevalier de Pange », IV, *Élégies* (publication posthume, 1819)

3. « Le vent devint ..., et jusqu'au ciel très noir
La mer terrible, enflant ses houles couleur d'encre,
Défonça les sabords, rompit les mâts et l'ancre, […] »

José Maria de Heredia, « Les Conquérants de l'or », II, *Les Trophées* (1893)

4. « […] Ah ! la mer et l'amour ! – On sait – c'est variable…
Aujourd'hui : zéphyrs et houris !
Et demain… c'est un ... : Vente la peau du diable ! […] »

Tristan Corbière, *Les Amours jaunes* (1873)

4 SENS EN CONTEXTE

Dans ces extraits du *Voyage autour du monde* de Bougainville (1771), précisez le sens des mots soulignés, en fonction du contexte.

1. Depuis deux heures après midi les vents varièrent du ouest-sud-ouest au ouest-nord-ouest, grand frais ; nous louvoyâmes jusqu'au coucher du soleil, toutes voiles hautes, afin de doubler les Douze Apôtres.

2. Les vents ne tardèrent pas à revenir à ouest et ouest sud-ouest, et nous ne pûmes jamais, avec la bonne marée, gagner l'île Rupert. La régate marchait très mal, dérivait outre mesure.

3. Déjà nous n'avions plus que trois brasses et demie d'eau sous la poupe, et nous n'étions qu'à trois longueurs de navire de la côte, lorsqu'il en vint une petite brise ; nous fîmes aussitôt servir nos voiles et la frégate s'abattit.

5 DOUBLE SENS

Chaque mot suivant a un double sens : employez chacun d'eux dans deux phrases qui mettront en évidence leurs significations.

mobile – risée – lame – cours – élan – train

EXPRESSION ÉCRITE

Sujet 1

Dans un texte en prose, décrivez un cours d'eau, son parcours, à un moment que vous préciserez (jour, nuit, saison, ...). Insérez des procédés stylistiques qui contribuent à rendre ce texte poétique.

Sujet 2

Observez attentivement *Le Radeau de la Méduse* p. 576 et rédigez en un paragraphe d'une dizaine de lignes une description des éléments naturels, telle que pourrait la faire l'un des naufragés.

L'EAU DANS LA POÉSIE : DE LA REPRÉSENTATION AU SYMBOLE

De tous les éléments naturels, celui qui semble le plus propre à susciter une certaine rêverie est celui de l'eau. Loin d'être un simple topos *(lieu commun) en poésie, il traduit une certaine conception du monde, commune aux auteurs baroques du* XVII*e siècle (*▸ **Le Baroque, p. 25***), qui se retrouve dans la poésie moderne.*

1 UNE COMPOSANTE DU PAYSAGE

Dans le poème, le thème de l'eau est souvent abordé à l'occasion de la description d'un paysage ou d'un lieu. L'eau est alors une simple composante naturelle ou domptée par l'homme (dans le cas de l'image de la fontaine ou des canaux), un élément d'un cadre plus vaste. La poésie baroque s'attache plus particulièrement à présenter des eaux en mouvement ou susceptibles de créer des jeux de reflets qui multiplient les visions du monde.

→ **Ex. :** Dans le poème de Desmarets de Saint-Sorlin, les canaux permettent de donner une image renversée du château de Richelieu.

2 L'EAU SYMBOLIQUE

La poésie est le lieu où se condensent les images. Le sens doit être trouvé au-delà des mots. Le thème de l'eau est ainsi exploité en poésie dans un sens symbolique.

▸ Parler de soi

En décrivant un lieu, le poète peut y transcrire ses propres émotions, ses sentiments : c'est le paysage état d'âme des romantiques (▸ **Le Romantisme, p. 31**). L'eau reflète les sentiments du poète. Elle est la représentation concrète de ce qui est caché.

→ **Ex. :** Paul Verlaine rend compte de son apaisement par le choix de l'eau dormante, l'étang.

▸ Déplorer la fragilité de l'homme

L'eau, en perpétuel mouvement, est l'image privilégiée par les poètes pour se plaindre de la fuite du temps et de l'instabilité du monde. Les deux thèmes sont souvent mêlés au sein des poèmes.

→ **Ex. :** Jean-Baptiste Chassignet compare la rivière à l'homme et montre son inconstance.

▸ Réfléchir sur son rapport au monde

Les mythes liés au thème de l'eau questionnent l'homme et sa relation au monde.

→ **Ex. :** Les questions de Narcisse dans *Cantate du Narcisse* de Paul Valéry nous invitent à nous demander si le Beau n'est pas frappé d'infamie.

3 LES JEUX POÉTIQUES

Le thème de l'eau permet au poète de jouer avec le langage et les formes poétiques. La mer, lieu de naissance de Vénus, déesse de l'Amour, est une source de jeux littéraires pour les poètes.

→ **Ex. :** Chez Pierre de Marbeuf, l'eau, image de l'amour malheureux, est un prétexte pour composer un poème suscitant le vertige par ses sonorités.

La disposition en strophes permet aussi au poète de rendre compte du mouvement de l'eau : le poème, dans sa forme, représente le thème évoqué.

→ **Ex. :** Alphonse de Lamartine utilise des vers de longueurs inégales pour mimer les vaguelettes du lac.

Séquence 3

La quête amoureuse de la Pléiade au Surréalisme

Comment l'amour est-il à la fois une constante dans l'inspiration et une source de renouvellement poétique ?
Quelles sont les caractéristiques et les enjeux du lyrisme amoureux, de la Pléiade au Surréalisme ?

CORPUS DE LA SÉQUENCE

LIENS AVEC LA PARTIE LANGUE

- Les actes de langage, l'implicite et la modalisation, p. 528
- Les figures de style, p. 534

LIENS AVEC LA PARTIE OUTILS D'ANALYSE

- La poésie, p. 561
- Émouvoir, p. 579

LIENS AVEC LA PARTIE MÉTHODES POUR LE BAC

- Le commentaire, p. 598
- La dissertation, p. 606
- L'écriture d'invention, p. 612
- L'épreuve orale, p. 624

►► Gustav Klimt, *Le Baiser* (1907-1908), huile sur toile (180 cm x 180 cm), détail, Osterreichische Galerie Belvedere, Vienne (Allemagne).

► Biographies, p. 628

Joachim Du Bellay,
L'Olive (1550)

CONTEXTE
Au moment de la publication du recueil *L'Olive*, Joachim Du Bellay est devenu le porte-parole de La Pléiade, groupe de poètes ambitieux qui veulent rénover la langue et la littérature française. Ce recueil de sonnets a été inspiré à Du Bellay par une maîtresse sans doute plus imaginaire que réelle. Le poète imite surtout le grand poète de la Renaissance italienne, Pétrarque (1304-1374) qui a consacré à son amante idéale, Laure, un recueil de sonnets, le *Canzoniere*.

► La Pléiade, p. 24

Du Bellay développe ici un thème courant à l'époque, « La Belle Matineuse » : le soleil se lève mais son apparition est éclipsée par la beauté de la femme aimée.

Déjà la nuit en son parc…

Déjà la nuit en son parc amassait
Un grand troupeau d'étoiles vagabondes,
Et pour entrer aux cavernes profondes,
Fuyant le jour, ses noirs chevaux chassait.

Déjà le ciel aux Indes[1] rougissait,
Et l'aube encor' des ses tresses tant blondes,
Faisant grêler[2] mille perlettes rondes,
De ses trésors les prés enrichissait :

Quand d'occident, comme une étoile vive,
Je vis sortir dessus ta verte rive,
Ô fleuve mien[3] ! une Nymphe[4] en riant.

Alors voyant cette nouvelle Aurore,
Le jour honteux d'un double teint colore
Et l'Angevin et l'Indique orient[5].

Orthographe modernisée
par Pascale Delamarre, auteur du manuel

1. À l'orient.
2. Tomber en grêle.
3. La Loire, qui coule dans la région natale du poète, l'Anjou.
4. Divinité féminine dans la mythologie grecque et latine.
5. L'orient qui vient d'Anjou et celui qui vient d'Inde.

Questions

► Les formes et les genres poétiques, p. 563
► Les figures de rapprochement et de substitution, p. 534

La composition du poème

1. Identifiez les éléments caractéristiques du sonnet. Pourquoi les deux premières strophes forment-elles une unité ?
2. Étudiez le schéma de rimes dans les deux dernières strophes : quels termes sont associés à la femme aimée ? Que remarquez-vous ?

Le décor

3. Relevez et commentez les éléments constitutifs du décor dans le premier quatrain.
4. Dans le second quatrain, étudiez la progression dans la composition du paysage.

Le regard ébloui sur la femme aimée

5. Dans le premier tercet, comment l'apparition est-elle mise en valeur ? Répondez en vous appuyant sur la syntaxe et les figures de style.
6. Étudiez l'image du dernier tercet : à quoi la femme est-elle associée ? Comment sa beauté est-elle ici rehaussée ? Commentez la rivalité indiquée par les deux derniers vers.

Vocabulaire
Expliquez le sens de l'adjectif « vive » dans le poème, en vous aidant de son étymologie. Montrez qu'il contribue à la célébration de la femme aimée.

Synthèse Montrez comment l'expression du sentiment amoureux est étroitement liée à la description de la nature.

BAC S'entraîner au commentaire

Pour répondre au sujet suivant : « Vous montrerez comment la forme du sonnet est au service de la mise en scène de la femme aimée », rédigez un paragraphe où vous étudierez plus particulièrement comment les tercets introduisent une rupture thématique pour la célébration de la femme aimée.

► Rédiger des paragraphes et insérer des citations, p. 598

▸ Biographies, p. 628

Pierre de Ronsard, *Amours de Cassandre* (1552)

⊕ CONTEXTE

L'Histoire littéraire veut que les *Amours de Cassandre* aient été inspirés à Ronsard par sa rencontre fugitive avec la très jeune Cassandre Salviati, fille du banquier Salviati. Mais quelle qu'ait été la réalité de cette histoire sentimentale éphémère, elle est surtout prétexte pour le jeune poète à s'essayer avec succès à la poésie amoureuse, marquée par l'influence de Pétrarque.

▸ La Pléiade, p. 24

Dans ce sonnet, le poète évoque sa rencontre en 1545 avec Cassandre : c'est le début d'une histoire d'amour malheureuse.

Comme un chevreuil

Comme un chevreuil, quand le printemps détruit
Du froid hiver la poignante gelée,
Pour mieux brouter la feuille emmiellée,
Hors de son bois avec l'Aube s'enfuit,

Et seul, et sûr, loin de chiens et de bruit,
Or'[1], sur un mont, or' dans une vallée,
Or' près d'une onde à l'écart recelée,
Libre, folâtre, où son pied le conduit,

De rets ne d'arc[2] sa liberté n'a crainte
Sinon alors que sa vie est atteinte
D'un trait meurtrier empourpré de son sang.

Ainsi j'allais sans espoir[3] de dommage,
Le jour qu'un œil sur l'avril de mon âge
Tira d'un coup mille traits en mon flanc.

1. Tantôt. – 2. Ni des pièges ni de l'arc. – 3. Crainte.

Questions

▸ La versification, p. 561
▸ Les formes et les genres poétiques, p. 563
▸ Les figures de rapprochement et de substitution, p. 534

Un récit empreint de pittoresque

1. Relevez et commentez dans les deux quatrains les nombreuses indications concrètes sur les lieux, les temps, les actions.
2. Commentez l'opposition produite par le premier tercet : quel est l'effet recherché ?

La mise en scène du coup de foudre amoureux

3. Comment est construit ce poème : sur quelle image est-il fondé ? Quels éléments justifient ce rapprochement ?
4. Relisez les vers 13 et 14 et mettez-les en parallèle avec le vers 11 : quel sentiment le poète exprime-t-il ici ?
5. Caractérisez la vision de l'amour exprimée dans ce poème.

Vocabulaire
Vérifiez le sens propre du mot « traits » employé au vers 14. Quel sens figuré a-t-il ici ?

Synthèse Vous montrerez comment le poète évoque ici le début d'un amour malheureux.

BAC S'entraîner à l'écriture d'invention

En vous inspirant de Ronsard, rédigez un court texte en prose ou en vers, fondé sur une analogie. Comme lui, vous veillerez à la cohérence entre comparant et comparé et vous ne révèlerez le comparé que dans les dernières phrases de votre texte.

▸ Repérer les différents écrits d'invention, p. 612

TEXTE 3 • LA POÉSIE ROMANTIQUE (XIXe SIÈCLE)

► Biographies, p. 628

CONTEXTE

La publication des *Méditations* de Lamartine en 1820 marque le début de la révolution romantique : libération des formes et des thèmes. Les romantiques placent au cœur de la poésie l'expression du Moi, donnant ainsi un nouvel élan au lyrisme amoureux. La poésie d'Alfred de Musset s'inscrit pleinement dans cette visée : sa liaison éphémère et orageuse avec George Sand a contribué à faire mûrir son génie poétique.

► Le Romantisme, p. 31

Alfred de Musset, *Poésies nouvelles* (1850)

Alfred de Musset revient ici en compagnie d'amis dans la forêt de Fontainebleau lieu associé au début de ses amours avec George Sand.

Souvenir

[...]
Les voilà ces coteaux, ces bruyères fleuries,
Et ces pas argentins[1] sur le sable muet,
Ces sentiers amoureux, remplis de causeries,
Où son bras m'enlaçait.

Les voilà ces sapins à la sombre verdure,
Cette gorge profonde aux nonchalants détours[2],
Ces sauvages amis, dont l'antique murmure
A bercé mes beaux jours.

Les voilà ces buissons, où toute ma jeunesse
Comme un essaim[3] d'oiseaux chante au bruit de mes pas.
Lieux charmants, beau désert où passa ma maîtresse,
Ne m'attendiez-vous pas ?

Ah ! laissez les couler, elles me sont bien chères,
Ces larmes que soulève un cœur encor blessé !
Ne les essuyez pas, laissez sur mes paupières
Ce voile du passé ! [...]

Théodore Rousseau, *Dans la forêt de Fontainebleau* (XIXe s.), huile sur bois (40,5 cm x 30 cm), détail, Kunsthalle, Hambourg (Allemagne).

1. Référence au bruit des pas, clair comme de l'argent. – 2. Allusion précise à la gorge de Franchart, vallée étroite et encaissée au cours sinueux. – 3. Au sens figuré : grande quantité, multitude.

► La versification, p. 561
► Les formes et les genres poétiques, p. 563
► Les figures d'opposition, d'exagération et d'atténuation, p. 535

Questions

1. Étudiez la forme du poème : les strophes, les mètres employés, le schéma de rimes. Quel est l'effet recherché par l'alternance de mètres ?
2. Commentez la reprise de « les voilà » au début des trois premières strophes : comment nomme-t-on ce procédé ? Quel sentiment domine à ce moment chez le poète ?
3. Dans les strophes un et trois, relevez et commentez les expressions qui associent étroitement la nature et l'amour perdu.
4. Relisez les strophes deux et trois : que représente la forêt pour le poète ?
5. À qui s'adresse le poète dans la dernière strophe ? Quels sentiments contrastés exprime-t-il ici ?

Grammaire
À quelle catégorie grammaticale appartient le mot « ces » ? Quelle valeur précise a-t-il dans ce poème ?

Synthèse Montrez comment le poète recherche ici un amour perdu.

► Biographies, p. 628

CONTEXTE
Les Contemplations sont un recueil lyrique, « Les mémoires d'une âme », publié en 1856. Ce recueil réunit des poèmes écrits sur une vaste période et regroupés en deux parties « Autrefois » et « Aujourd'hui » : le poète oppose ainsi un passé (jeunesse, joie, souvenir) à un présent empreint de tristesse et de deuil depuis la mort de sa fille, Léopoldine. Mais le recueil est aussi traversé par le souffle mystique de la foi.

Victor Hugo, *Les Contemplations* (1856)

Ce poème, daté par Victor Hugo des années 1830, évoque un souvenir de jeunesse : le bonheur d'une rencontre amoureuse éphémère.

Elle était déchaussée

Elle était déchaussée, elle était décoiffée,
Assise, les pieds nus, parmi les joncs penchant ;
Moi qui passais par là, je crus voir une fée,
Et je lui dis : Veux-tu t'en venir dans les champs ?

Elle me regarda de ce regard suprême
Qui reste à la beauté quand nous en triomphons,
Et je lui dis : Veux-tu, c'est le mois où l'on s'aime,
Veux-tu nous en aller sous les arbres profonds ?

Elle essuya ses pieds à l'herbe de la rive ;
Elle me regarda pour la seconde fois,
Et la belle folâtre alors devint pensive.
Oh ! comme les oiseaux chantaient au fond des bois !

Comme l'eau caressait doucement le rivage !
Je vis venir à moi, dans les grands roseaux verts,
La belle fille heureuse, effarée et sauvage,
Ses cheveux dans ses yeux, et riant au travers.

Mont-l'Am, juin 183…

Questions

► Émouvoir, p. 579

Un récit de rencontre bucolique

1. Relevez et commentez les éléments qui forment le cadre bucolique de la rencontre.
2. Relevez le lexique du regard mis en œuvre dans le texte. Quel est l'effet recherché par le poète ?
3. Commentez l'invitation adressée à la jeune fille aux vers 7 et 8 : que pensez-vous de la façon dont s'exprime le poète ?

Un lyrisme simple et familier

4. Faites les observations qui s'imposent sur la forme versifiée.
5. Observez les répétitions sur lesquelles repose le poème, les jeux de sonorité. De quel autre genre s'approche-t-on ici ?
6. Comment est mise en valeur la beauté naturelle de la jeune fille ?
7. Le poète se remémore ce souvenir avec émotion : relevez et commentez les indices qui soulignent cette émotion.

Vocabulaire
Expliquez la composition de « folâtre » (v. 11) : quel sens lui donnez-vous dans le poème ?

Synthèse Ce poème appartient au premier livre du recueil, « L'Aurore » : ce titre vous paraît-il ici justifié ? Expliquez.

BAC S'entraîner à la dissertation

Pour défendre la poésie lyrique, Victor Hugo écrit, dans la Préface des *Contemplations* : « Est-ce donc la vie d'un homme ? Oui, et la vie des autres hommes aussi […]. Ah ! insensé qui crois que je ne suis pas toi. »
Pour étayer ce point de vue, vous rédigerez une partie de dissertation où vous expliquerez comment la poésie lyrique peut prendre une dimension universelle. Vous vous appuierez sur les textes de la séquence ou d'autres que vous connaissez.

► Rassembler et organiser ses idées ; Construire un paragraphe et insérer des exemples, p. 606

COMPRENDRE ET MANIPULER LE VOCABULAIRE LYRIQUE ET ROMANTIQUE

1 POLYSÉMIE

1. Quel est le sens de l'adjectif « lyrique » dans chaque expression ? Répondez en rédigeant une phrase explicative.
un chanteur lyrique – une révolte lyrique – un thème lyrique – un film lyrique

2. Expliquez chaque expression en rédigeant un court paragraphe.
un paysage romantique – une jeune fille romantique – un jeune homme romantique – un auteur romantique – un drame romantique

2 EXPRESSION LYRIQUE

Associez chaque définition au terme qui lui convient.
pétrarquisme, individualisme, dolorisme, préromantisme, élégie, vie affective

1. Doctrine qui veut que la valeur notamment morale de la douleur soit utile.
2. Poème lyrique exprimant une plainte douloureuse.
3. Période littéraire antérieure au romantisme.
4. Les sentiments, les plaisirs et les douleurs.
5. Théorie qui considère l'individu et ses droits comme supérieurs à ceux de la société.
6. Forme d'expression de la lyrique amoureuse au XVIe siècle directement liée à l'influence italienne.

3 LA MÉLANCOLIE

Voici des termes voisins de « mélancolie ». Employez chacun d'eux dans une phrase qui permettra de préciser leur sens.
hypocondrie – dépression – nostalgie – spleen – chagrin – neurasthénie – blues

4 MOTS DU ROMANTISME

Voici une liste de mots ou de groupes de mots. Lesquels peut-on associer avec le Romantisme ? Justifiez votre choix. Complétez ensuite la liste avec quatre mots de votre choix.
amour déçu – moi – solitude – courage – passion – ordre – ennui – délire – suicide – tempête – exotisme – fuite du temps – enthousiasme – brume – soleil – bonne santé

5 PORTRAIT CHINOIS DU ROMANTISME

Complétez chaque phrase en indiquant l'élément qui vous semble convenir aux romantiques.

1. Si c'était un arbre, ce serait...
2. Si c'était une fleur, ce serait...
3. Si c'était un animal, ce serait...
4. Si c'était un paysage, ce serait...
5. Si c'était une tenue vestimentaire, ce serait...
6. Si c'était une couleur, ce serait...
7. Si c'était un âge de la vie, ce serait...

6 ROMANTISME ET CLICHÉS

Amusez-vous comme Flaubert : relevez tous les clichés.

C'était derrière la balustrade d'un balcon, un jeune homme en court manteau qui serrait dans ses bras une jeune fille en robe blanche, portant une aumônière à sa ceinture ; ou bien les portraits anonymes des ladies anglaises à boucles blondes, qui, sous leur chapeau de paille vous regardent avec leurs grands yeux clairs. On en voyait d'étalées dans des voitures, glissant au milieu des parcs, où un lévrier sautait devant l'attelage que conduisaient au trot deux petits postillons en culotte blanche.

D'autres, rêvant sur des sofas près d'un billet décacheté, contemplaient la lune, par la fenêtre entrouverte, à demi drapée d'un rideau noir. Les naïves, une larme sur la joue, becquetaient une tourterelle à travers les barreaux d'une cage gothique, ou, souriant la tête sur l'épaule, effeuillaient une marguerite de leurs doigts pointus, retroussés comme des souliers à la poulaine.

Gustave Flaubert, *Madame Bovary* (1857)

EXPRESSION ÉCRITE

Sujet 1

Complétez cet extrait des *Mémoires d'outre-tombe*, en décrivant les pensées et les sentiments du personnage narrateur.

Je fus tiré de mes réflexions par le gazouillement d'une grive perchée sur la plus haute branche d'un bouleau. À l'instant, ce son magique fit reparaître à mes yeux le domaine paternel ; j'oubliai les catastrophes dont je venais d'être le témoin, et, transporté subitement dans le passé, je revis ces campagnes où j'entendis si souvent siffler la grive. Quand je l'écoutais alors, j'étais triste de même qu'aujourd'hui [...].

François-René de Chateaubriand,
Mémoires d'outre-tombe (1848)

Sujet 2

Notez quelques clichés romantiques que vous avez repérés en lisant des textes en prose ou en vers, puis décrivez une scène de rencontre dans laquelle abonderont les clichés du Romantisme.

▸ Biographies, p. 628

Paul Eluard, *Capitale de la douleur* (1926)

⊕ CONTEXTE

Le Surréalisme, vision nouvelle de l'homme, du monde et de l'art, est né dans l'immédiat après-guerre. Il se caractérise par une révolte contre l'ordre de la raison et la réhabilitation du rêve, de l'inconscient. Son influence marque le premier recueil, publié par Paul Eluard en 1926, *Capitale de la douleur*, inspiré par sa passion pour son épouse, Gala. En écrivant ce poème, Eluard renoue avec la tradition littéraire du blason, genre poétique à la mode au XVIe siècle.

▸ Le Surréalisme, p. 37

La courbe de tes yeux…

La courbe de tes yeux fait le tour de mon cœur,
Un rond de danse et de douceur,
Auréole du temps, berceau nocturne et sûr,
Et si je ne sais plus tout ce que j'ai vécu
C'est que tes yeux ne m'ont pas toujours vu.

Feuilles de jour et mousse de rosée,
Roseaux du vent, sourires parfumés,
Ailes couvrant le monde de lumière,
Bateaux chargés du ciel et de la mer,
Chasseurs des bruits et sources des couleurs

Parfums éclos d'une couvée d'aurores
Qui gît toujours sur la paille des astres,
Comme le jour dépend de l'innocence
Le monde entier dépend de tes yeux purs
Et tout mon sang coule dans leurs regards.

Questions

Une célébration moderne de la femme aimée

▸ La versification, p. 561
▸ Les figures de rapprochement et de substitution, p. 534

1. Faites les observations qui s'imposent sur la versification du poème : montrez sa modernité.
2. Comparez le premier et le dernier vers du poème : que remarquez-vous ?
3. Comment le motif du rond ou du cercle est-il décliné dans ce poème ? Quelle figure de style est ici utilisée ?
4. Quelles qualités sont associées à la femme aimée, notamment aux vers 2, 3 et 13 ?

L'expression de l'amour fou

5. Relevez et commentez les vers qui expriment plus particulièrement le pouvoir de la femme aimée sur le poète même.
6. Quelle relation le poète établit-il entre la femme et le monde ? Appuyez-vous sur la deuxième strophe.
7. Relevez les images dominantes dans la troisième strophe : quelle dimension le poète accorde-t-il à la femme aimée ?

Grammaire
Examinez la syntaxe dans ce poème : combien de phrases le poète utilise-t-il ? Sur quel procédé ces phrases sont-elles construites ?

Synthèse Dans un court paragraphe, et en vous appuyant sur certains des éléments des réponses aux questions 4, 6 et 7, vous montrerez que la quête amoureuse prend ici une forme originale.

BAC S'entraîner à l'épreuve orale

« Il est temps d'instaurer la religion de l'amour. » écrit Louis Aragon dans *Le Paysan de Paris* en 1926. Vous montrerez comment ce poème d'Eluard s'inscrit dans cette nouvelle conception de l'amour.

▸ Préparer l'exposé, p. 624

Texte écho

► Biographies, p. 628

Maurice Scève, « Le front » (1536)

Le blason
Le blason est un poème à la mode au XVIe siècle. Il célèbre une partie du corps féminin, pour adresser un hommage à la femme. Mais c'est avant tout un exercice de style. Plus tard, le genre nourrira l'inspiration de Charles Baudelaire, Paul Eluard, André Breton, ou Georges Brassens.

Ce poème a été composé à l'occasion d'un concours de poésie : Maurice Scève (1501-1564) remportera la palme de ce concours.

Front large et haut, front patent[1] et ouvert,
Plat et uni, des beaux cheveux couvert :
Front qui est clair et serein firmament
Du petit monde, et par son mouvement
Est gouverné le demeurant[2] du corps,
Et à son vueil sont les membres concors[3],
Lequel je vois être troublé par nues[4]
Multipliant ses rides très-menues,
Et du côté qui se présente à l'œil
Semble que là se lève le Soleil.
Front élevé sur cette sphère ronde,
Où tout engin[5] et tout savoir abonde.
Front reveré, front qui le corps surmonte
Comme celui qui ne craint rien, fors[6] honte.
Front apparent afin qu'on pût mieux lire
Les lois qu'amour voulut en lui écrire.
Ô front, tu es une table d'attente,
Où ma vie est, et ma mort très-patente.

Orthographe modernisée par Pascale Delamarre, auteur du manuel

Lucas Cranach le jeune, *Vénus et Cupidon* (1540), huile sur toile (détail), Alte Pinakothek, Munich (Allemagne).

1. Découvert (sens ancien). – 2. Le reste. – 3. À sa volonté les membres sont d'accord. – 4. Nuage. 5. Esprit inventif (sens ancien). – 6. Sinon.

Questions

► La versification, p. 561
► Les formes et les genres poétiques, p. 563

L'organisation du poème

1. Quel est l'objet de la célébration du poète ? Pourquoi ce choix ?
2. Quels procédés d'écriture structurent le poème ? En quoi participent-ils de l'éloge ?
3. En observant les vers et les rimes, montrez que la forme poétique contribue aussi à l'éloge.

La célébration de la femme

4. Quelles sont les qualités de la femme ? Comment sont-elles mises en valeur ?
5. Quels rapports existent entre la femme et l'univers ?

Le genre du blason de Scève à Eluard

6. Quels éléments communs retrouvez-vous dans ces deux poèmes ?
7. Quel est le destinataire de chaque poème ? Quelles sont les marques de sa présence ? Qu'en concluez-vous sur l'intention des deux textes ?

Vocabulaire
Retrouvez l'origine étymologique du mot « engin » (v. 12). Quels mots sont formés sur la même racine, en français moderne ?

Synthèse Montrez qu'Eluard parvient à renouveler le genre du blason, tout en s'inspirant d'une tradition littéraire.

► Biographies, p. 628

⊕ CONTEXTE

Le Surréalisme est un mouvement de révolte et d'émancipation du langage et de l'art. Autodidacte et poète inspiré, Robert Desnos a été longtemps considéré par les surréalistes comme un « prophète ». Mais il vient de rompre avec eux quand il écrit ces textes qui marquent sans doute un retour vers le lyrisme des poètes romantiques.

► Le Romantisme, p. 31
► Le Surréalisme, p. 37

Robert Desnos, *Corps et Biens* (1930)

Non, l'amour n'est pas mort

Non, l'amour n'est pas mort en ce cœur et ces yeux et cette bouche qui proclamait ses funérailles commencées.
Écoutez, j'en ai assez du pittoresque et des couleurs et du charme.
J'aime l'amour, sa tendresse et sa cruauté.
Mon amour n'a qu'un seul nom, qu'une seule forme.
Tout passe. Des bouches se collent à cette bouche.
Mon amour n'a qu'un nom, qu'une forme.
Et si quelque jour tu t'en souviens
Ô toi, forme et nom de mon amour,
Un jour sur la mer entre l'Amérique et l'Europe,
À l'heure où le rayon final du soleil se réverbère sur la surface ondulée des vagues, ou bien une nuit d'orage sous un arbre dans la campagne, ou dans une rapide automobile,
Un matin de printemps boulevard Malesherbes,
Un jour de pluie,
À l'aube avant de te coucher,
Dis-toi, je l'ordonne à ton fantôme familier, que je fus seul à t'aimer davantage et qu'il est dommage que tu ne l'aies pas connu.
Dis-toi qu'il ne faut pas regretter les choses : Ronsard avant moi et Baudelaire ont chanté le regret des vieilles et des mortes qui méprisèrent le plus pur amour.
Toi, quand tu seras morte,
Tu seras belle et toujours désirable.
Je serai mort déjà, enclos tout entier en ton corps immortel, en ton image étonnante présente à jamais parmi les merveilles perpétuelles de la vie et de l'éternité, mais si je vis
Ta voix et son accent, ton regard et ses rayons,
L'odeur de toi et celle de tes cheveux et beaucoup d'autres choses encore vivront en moi,
En moi qui ne suis ni Ronsard ni Baudelaire,
Moi qui suis Robert Desnos et qui, pour t'avoir connue et aimée,
Les vaux bien.
Moi qui suis Robert Desnos, pour t'aimer
Et qui ne veux pas attacher d'autre réputation à ma mémoire sur la terre méprisable.

Marc Chagall,
Les Amants en bleu
(1914), huile sur toile
(60 cm x 47,5 cm),
collection privée.

Questions

► Émouvoir, p. 579
► Les actes de langage, l'implicite et la modalisation, p. 528

L'éloge de la femme aimée et de l'amour

1. Montrez par un relevé d'indices que ce poème est lyrique.
2. Observez le premier vers du poème : sur quelle contradiction est-il construit ?
3. Relevez et commentez les expressions qui qualifient la femme aimée.
4. Relevez et commentez les expressions qui marquent la célébration de l'amour.
5. Faites les observations qui s'imposent sur la forme versifiée. Montrez qu'elle contribue au renouvellement poétique.

Le renouvellement de la tradition lyrique

6. Quel topos (lieu commun) de la littérature romantique reprend Desnos des vers 7 à 13 ?
7. Comment Desnos s'inscrit-il dans une tradition poétique aux vers 15 et 21 ? Y adhère-t-il cependant totalement ? Justifiez votre réponse.
8. Dans les quatre derniers vers, commentez le rôle respectif du poète et de l'amour. Comparez cette leçon à celle du sonnet de Ronsard « Quand vous serez bien vieille », auquel le poète fait ici référence ; Ronsard y invite la belle indifférente à aimer celui qui doit perpétuer le souvenir de sa beauté.

Vocabulaire
Quelle est l'étymologie du verbe « connaître » ? Quels sens prend-il dans le poème ?

Synthèse Comment l'amour est-il montré comme une exigence et une priorité absolues ? Répondez en vous appuyant notamment sur les réponses aux questions 3, 4 et 7.

BAC S'entraîner à la dissertation

► Rassembler et organiser ses idées ; Construire un paragraphe et insérer des exemples, p. 606

En vous appuyant sur les textes de la séquence, vous commenterez la thèse défendue par Victor Hugo dans la Préface des *Orientales* : « Que le poète aille donc où il veut, en faisant ce qui lui plaît ; c'est sa loi... Qu'il écrive en prose ou en vers, qu'il sculpte en marbre ou coule du bronze... C'est à merveille... Le poète est libre. »
Vous rédigerez la première partie de la dissertation, où vous montrerez que le poète a besoin d'une liberté totale d'invention pour être lui-même.

André Breton, *Clair de terre* (1923)

► Biographies, p. 628

⊕ CONTEXTE

Publié un an avant le *Manifeste du Surréalisme*, ce poème d'André Breton, théoricien et porte-parole du groupe surréaliste, témoigne avec insolence de sa rupture par rapport aux conventions et de la place centrale accordée à l'amour et à l'érotisme. Il illustre parfaitement la définition du Surréalisme telle que l'a proposée André Breton dans son *Manifeste* : « Dictée de la pensée, en l'absence de tout contrôle exercé par la raison, en dehors de toute préoccupation esthétique ou morale. »

► Le Surréalisme, p. 37

L'union libre

Ma femme à la chevelure de feu de bois
Aux pensées d'éclairs de chaleur
À la taille de sablier
Ma femme à la taille de loutre entre les dents du tigre
Ma femme à la bouche de cocarde et de bouquet d'étoiles de dernière grandeur
Aux dents d'empreintes de souris blanche sur la terre blanche
À la langue d'ambre et de verre frottés
Ma femme à la langue d'hostie poignardée
À la langue de poupée qui ouvre et ferme les yeux
À la langue de pierre incroyable
Ma femme aux cils de bâtons d'écriture d'enfant
Aux sourcils de bord de nid d'hirondelle
Ma femme aux tempes d'ardoise de toit de serre
Et de buée aux vitres
Ma femme aux épaules de champagne
Et de fontaine à tête de dauphins sous la glace
Ma femme aux poignets d'allumettes
Ma femme aux doigts de hasard et d'as de cœur
Aux doigts de foin coupé
Ma femme aux aisselles de martre et de fênes[1]
De nuit de la Saint-Jean
De troène et de nid de scalares[2]
Aux bras d'écume de mer et d'écluse
Et de mélange du blé et du moulin
Ma femme aux jambes de fusée
Aux mouvements d'horlogerie et de désespoir
Ma femme aux mollets de moelle de sureau
Ma femme aux pieds d'initiales
Aux pieds de trousseaux de clés aux pieds de calfats[3] qui boivent
Ma femme au cou d'orge imperlé
Ma femme à la gorge de Val d'Or
De rendez-vous dans le lit même du torrent
Aux seins de nuit
Ma femme aux seins de taupinière marine
Ma femme aux seins de creuset du rubis
Aux seins de spectre de la rose sous la rosée
Ma femme au ventre de dépliement d'éventail des jours
Au ventre de griffe géante
Ma femme au dos d'oiseau qui fuit vertical
Au dos de vif-argent
Au dos de lumière
À la nuque de pierre roulée et de craie mouillée
Et de chute d'un verre dans lequel on vient de boire
Ma femme aux hanches de nacelle
Aux hanches de lustre[4] et de pennes de flèche

1. Fruit du hêtre.
2. Poissons.
3. Ouvriers chargés d'assurer sur un bateau l'étanchéité de la coque.
4. Éclat.

Et de tiges de plumes de paon blanc
De balance insensible
Ma femme aux fesses de grès et d'amiante
Ma femme aux fesses de dos de cygne
Ma femme aux fesses de printemps
Au sexe de glaïeul
Ma femme au sexe de placer[5] et d'ornithorynque
Me femme au sexe d'algue et de bonbons anciens
Ma femme au sexe de miroir
Ma femme aux yeux pleins de larmes
Aux yeux de panoplie violette et d'aiguille aimantée
Ma femme aux yeux de savane
Ma femme aux yeux d'eau pour boire en prison
Ma femme aux yeux de bois toujours sous la hache
Aux yeux de niveau d'eau de niveau d'air de terre et de feu

Salvador Dali, design du costume de « La femme du futur » (1953), aquarelle, collage, crayon et encre sur papier, collection privée.

5. Mot emprunté à l'espagnol par lequel on désigne les gisements d'or.

Questions

► Émouvoir, p. 579
► Les figures de rapprochement et de substitution, p. 534

Une célébration du corps de la femme aimée

1. Commentez la forme diversifiée, l'organisation et la progression du poème : quelles images contradictoires de la femme aimée se juxtaposent ici ?
2. Commentez certaines des images choisies par Breton en vous rappelant la définition proposée par le *Manifeste du Surréalisme* : « la plus forte est celle qui présente le degré d'arbitraire le plus élevé. »
3. Relevez et commentez les indices qui mettent le corps de la femme aimée en rapport avec tous les éléments de la nature.

Un hymne à l'amour, à la beauté et au plaisir

4. Comment la beauté du corps féminin est-elle magnifiée ?
5. Commentez le titre du poème et mettez-le en rapport avec son contenu.
6. Expliquez la place importante accordée à la sensualité et à l'érotisme au-delà de toute censure morale.

Vocabulaire
Cherchez l'étymologie du mot « glaïeul » (v. 51). Quelle valeur ce sens étymologique donne-t-il à la description du corps de la bien-aimée ?

Synthèse Comment la quête de l'amour s'exprime-t-elle ici avec la plus grande liberté, tant sur le plan formel, que dans le contenu ?

BAC S'entraîner à l'écriture d'invention

► Construire une argumentation, p. 620

Rédigez la préface d'une courte anthologie de poèmes dans laquelle vous montrerez l'intérêt particulier du genre du blason poétique (variété du genre, renouvellement dans le temps, richesse des procédés mis en œuvre pour célébrer la beauté de la femme aimée). Vous vous appuierez entre autre sur les textes de Paul Eluard (p. 270), Maurice Scève (p. 271) et André Breton (p. 274).

Dossier

Une volonté de surprendre

À l'instar du mouvement littéraire, les artistes surréalistes favorisent les associations inattendues, l'intrusion du rêve et de la fantaisie, de l'érotisme et de la provocation. Ils laissent place à la pensée inconsciente et au hasard comme processus créatif. Ils revendiquent ainsi comme une profession de foi cette expression de Lautréamont : « Beau comme la rencontre fortuite d'un parapluie et d'une machine à coudre sur une table de dissection. » (*Les Chants de Maldoror*, 1869)

Les objets surréalistes

Résultats d'associations insolites, les objets surréalistes sont les héritiers des *ready-made* de Marcel Duchamp (1887-1968). Celui-ci définit le *ready made* comme un « objet usuel promu à la dignité d'objet d'art par le simple choix de l'artiste ». *(Dictionnaire abrégé du surréalisme)*. Il s'agit d'une pièce que l'artiste trouve *« already-made »* (déjà terminée) sans avoir à façonner la matière première.
L'objet surréaliste hérite de cet emprunt ou cette empreinte d'objets manufacturés, mais il est assemblé afin de créer un choc visuel.

Victor Brauner (1903-1966),
Loup-table (1939-1947),
bois et éléments de renard naturalisé
(54 cm x 57 cm x 28,5 cm),
musée national d'Art moderne, Paris.

Alberto Giacometti (1901-1966),
Table (1933), plâtre
(148,5 cm x 103 cm x 43 cm),
musée national d'Art moderne, Paris.

Comparer des sculptures surréalistes

1. Comment le choc visuel est-il créé dans ces deux sculptures ?
2. Commentez les titres des œuvres par rapport aux objets.
3. Que ressentez-vous face à chacune de ces sculptures ?
Pour répondre, vous vous appuierez sur le choix des éléments et leur disposition.

Les images surréalistes

Les images surréalistes échappent aux contraintes de la raison, même si la technique reste souvent traditionnelle. Il s'agit de provoquer une collision entre deux réalités.

René Magritte, *Le Modèle rouge* (1935), huile sur toile marouflé sur carton (56 cm x 46 cm), musée nationale d'Art moderne, Paris.

Décrypter un tableau surréaliste

1. Quelle relation le titre entretient-il avec ce qui est représenté (opposition, paradoxe, énigme…) ?
2. Quelle impression le spectateur éprouve-t-il devant l'association des éléments représentés ? Pourquoi ?

Toujours dans l'esprit de cette collision entre deux réalités, Max Ernst a développé la réalisation de **« romans-collages »**, titre qui fait allusion au genre du roman-photo. Il prélève le matériau dans des revues populaires illustrées ou des catalogues du XIXe siècle, comme le montrent les documents ci-dessous.

Adolphe d'Ennery, *Martyre !* (XIXe s.), illustré par Émile Ronjat.

◄ À gauche se trouve la gravure originale.

À droite le collage de ► Max Ernst à partir de celle-ci.

Comparer une gravure et un collage surréaliste

1. En comparant ces deux images, montrez comment Max Ernst introduit l'étrangeté.
2. L'organisation de l'image est-elle modifiée ? Quels éléments a-t-il conservés ? Pourquoi, à votre avis ?

Max Ernst (1891-1976), collage extrait de « La cour du dragon », *Une semaine de bonté* (1933).

Les expositions surréalistes

En 1938, l'*Exposition internationale du Surréalisme* se tient à la Galerie des Beaux-Arts, à Paris. Cette exposition réunit plus de soixante artistes de différents pays, présentant près de trois cents peintures, objets, collages, photographies.

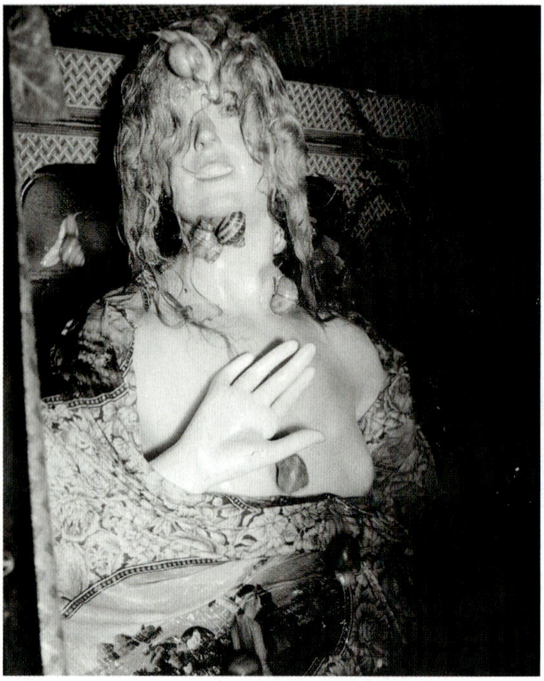

Salvador Dali, *Le Taxi pluvieux* (détail), photographie de Denise Bellon, Paris, 1938.

« Dans la cour de l'exposition, Dalí avait mis un mannequin et une petite douche dans un vieux taxi. Le premier jour, il pleuvait doucement sur ce mannequin qui représentait une dame allant à l'Opéra. Quinze jours après, la dame était couverte d'escargots ; tout était vaseux comme une muqueuse. Elle était devenue le portrait de Dorian Gray.* » (André Breton)

Germana Ferrari, *Entretiens morphologiques*, Notebook n° 1, 1936-1944, Londres, Sistan Limited, 1987

*Allusion au roman fantastique d'Oscar Wilde.

Vue de la grande salle de la Galerie des Beaux-Arts ► lors de l'exposition de 1938. La scénographie a été réalisée par Marcel Duchamp qui a suspendu 1200 sacs de charbon au plafond, et jonché le sol de feuilles mortes. Au milieu de la salle se trouve un braséro rougeoyant.

À travers ces expositions-événements, les surréalistes sont les précurseurs de certaines formes d'art qui seront développées tout au long du XXe siècle, comme la performance* et l'installation*.

Photographie de Denise Bellon, Paris, 1938.

Le vocabulaire des arts plastiques

Performance : événement réalisé par un ou plusieurs artistes. Cet art éphémère mélange plusieurs domaines : danse, image, son, objets, projection.

Installation : plusieurs éléments sont installés, disposés, organisés par un artiste dans un espace tridimensionnel pour former une œuvre. Cette œuvre peut-être éphémère (ne durer que le temps de l'exposition), *in situ* (jouer avec l'espace d'exposition), et devient environnement lorsqu'elle joue sur l'intégration, la sollicitation du spectateur.

Le cinéma surréaliste

Pour les surréalistes, le cinéma est d'abord une plongée dans l'expérience des salles obscures, le pouvoir magique et le magnétisme provoqués par la réception des films.

« Il y a une manière d'aller au cinéma comme d'autres vont à l'église et je pense que sous un certain angle, tout à fait indépendamment de ce qui s'y donne, c'est là que se célèbre le seul mystère absolument moderne. »

André Breton, « Comme dans un bois » in *L'Âge du cinéma*, numéro spécial – août / novembre 1951

En 1929, Luis Buñuel et Salvador Dali, écrivent un court métrage en six jours : *Un Chien andalou*.
Libérée des conventions narratives, façonnée par l'érotisme et la subversion, la cohérence de ce court métrage est donnée par l'apparition récurrente des personnages, et de motifs comme la main envahie par les fourmis.
En 1930, ils renouvellent leur collaboration avec *L'Âge d'or*. Ce film rencontra une hostilité tellement violente à sa sortie en salle qu'il fut interdit en décembre 1930 et les copies saisies. Ce n'est qu'en 1981 que le public pourra enfin visionner *L'Âge d'or*.

Comprendre le cinéma surréaliste

Décrivez le photogramme ci-dessus et expliquez ce qui justifie la remarque de Luis Buñuel : « Dans *L'Âge d'or*, oui. Il y a un parti pris d'attaque de ce que l'on pourrait appeler les idéaux de la bourgeoisie : famille, patrie et religion. » (*Mon dernier soupir*, 1986)

Photogramme du film *L'Âge d'or* réalisé par Luis Buñuel en 1931.

Synthèse

Louis Aragon définit le Surréalisme en ces termes : « le vice appelé Surréalisme est l'emploi déréglé et passionnel du stupéfiant "image". » (*Le Paysan de Paris*, 1926)
En vous appuyant sur les œuvres représentées dans ce dossier, expliquez le sens de cette phrase.

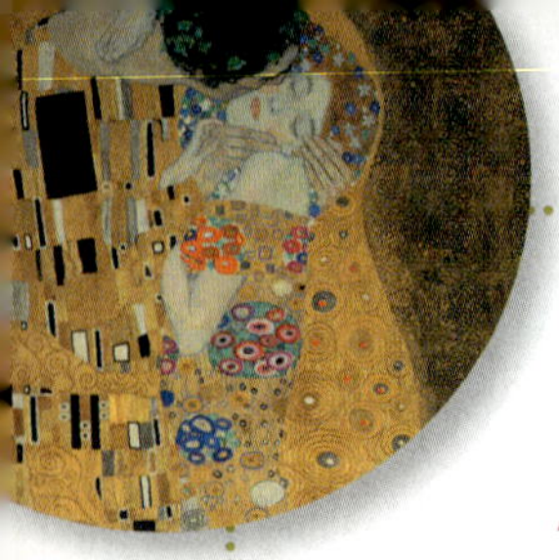

LA QUÊTE AMOUREUSE DE LA PLÉIADE AU SURRÉALISME

► La versification, p. 561
► Les formes et les genres poétiques, p. 563

1 LA QUÊTE AMOUREUSE AU XVIe SIÈCLE CHEZ LES POÈTES DE LA PLÉIADE

Lyrisme et imitation

Le lyrisme amoureux s'épanouit chez les poètes de la Pléiade à travers la forme du sonnet, à l'imitation du grand poète italien Pétrarque (➜ Ex. : sonnet de Du Bellay, p. 265). La composition en est codifiée : unité thématique des quatrains, chute du dernier tercet ou du dernier vers. Mais il s'agit là d'un exercice de style, où l'art de s'exprimer compte plus que le sentiment réel.

Lyrisme et topoï

L'expression du sentiment amoureux passe par des thèmes obligés : émoi de la nature à l'apparition de la belle, le premier regard qui blesse à jamais, la beauté sans pareille et l'insensibilité de la femme aimée.

➜ Ex. : Du Bellay utilise le thème de « La Belle Matineuse ».

2 LA QUÊTE AMOUREUSE AU XIXe SIÈCLE CHEZ LES ROMANTIQUES

Une inspiration plus personnelle

Chez les écrivains romantiques, l'expression du sentiment amoureux s'inscrit dans une volonté plus large de libérer l'expression du moi. Le récit du vécu personnel est très souvent empreint de mélancolie (➜ Ex. : Victor Hugo évoque une aventure de jeunesse, tandis que Musset puise dans ses souvenirs d'amour perdu). On relève de nombreuses exclamations, répétitions, des hyperboles, des anaphores.

Une expression plus libre

Les poètes s'inspirent de l'élégie. Cette volonté de libération se remarque aussi dans les audaces de la versification : rythme inhabituel de l'alexandrin (pas de coupe à l'hémistiche). Le poème se fait intimiste.

3 LA QUÊTE AMOUREUSE AU XXe SIÈCLE CHEZ LES SURRÉALISTES

Vivre l'amour autrement

L'amour est non pas une souffrance mais un signe ascendant : la femme aimée est un intermédiaire privilégié qui permet de mieux se connaître et de connaître le monde.

➜ Ex. : Paul Eluard découvre ébloui le monde dans les yeux de la femme aimée : « Le monde entier dépend de tes yeux purs / Et tout mon sang coule dans leurs regards. »

Les surréalistes ouvrent des voies nouvelles : ils empruntent à Freud la notion d'Éros, l'amour comme pulsion de vie est le point de départ de la création.

Dire l'amour autrement

Les surréalistes explorent toutes les formes d'écriture : vers libres, poème en prose, prose poétique. Ils privilégient l'image, en particulier la métaphore parce qu'elle déroute et fait voir le réel autrement : il s'agit de faire des assemblages surprenants, d'attendre par ce biais une « surréalité ». On retrouve les procédés du registre lyrique ; les répétitions lexicales ou syntaxiques accentuent le ton incantatoire pour s'adresser à la femme aimée.

➜ Ex. : Dans « L'union libre » d'André Breton, les répétitions, les apostrophes et les métaphores : « Ma femme aux épaules de champagne ».

Séquence 4

En quête d'une poésie nouvelle aux XIXe et XXe siècles ?

Comment les poètes de la fin du XIXe et du début du XXe siècle ont-ils renouvelé la poésie ? Quelles sont les raisons et le sens des libertés prises vis-à-vis du langage et des règles poétiques ?

CORPUS DE LA SÉQUENCE

LIENS AVEC LA PARTIE LANGUE

- Les valeurs des modes et des temps, p. 520
- Les figures de style, p. 534
- L'origine, la formation et l'évolution des mots, p. 538
- Le champ sémantique, p. 540

LIENS AVEC LA PARTIE OUTILS D'ANALYSE

- La poésie, p. 561
- L'argumentation, p. 566
- L'image, p. 572
- Caractériser une vision du monde, p. 581

LIENS AVEC LA PARTIE MÉTHODES

- La question sur le corpus, p. 588
- Le commentaire, p. 594
- La dissertation, p. 606
- L'écriture d'invention, p. 612

►►► August Macke, *Reflet dans la vitrine d'un magasin* (1913), encre et crayon sur papier (28,7 cm x 22,5 cm), détail, collection privée.

TEXTE 1

► Biographies, p. 628

⊕ CONTEXTE

Les poètes de la seconde partie du XIXe siècle veulent renouveler la poésie dans sa forme, ses contenus, son ambition. Les parnassiens, las des effusions et de l'éloquence romantiques, vont affirmer la primauté de la forme sur le contenu. Les symbolistes tentent d'exprimer la complexité de la réalité par la musicalité des mots, des vers et par les figures de rapprochement.

► Le Parnasse, p. 34
► Le Symbolisme, p. 36

Paul Verlaine, *Jadis et naguère* (1884)

Si « Art poétique » est considéré comme l'un des manifestes du mouvement symboliste, il s'oppose aussi au Parnasse – dont il était pourtant proche. Ce poème apparaît surtout comme l'expression de l'originalité et de la singularité de la poésie de son auteur qui se traduit ici par le refus de l'alexandrin, ou encore l'emploi d'un lexique prosaïque.

ART POÉTIQUE

À Charles Morice

De la musique avant toute chose,
Et pour cela préfère l'Impair
Plus vague et plus soluble dans l'air,
Sans rien en lui qui pèse ou qui pose.

Il faut aussi que tu n'ailles point
Choisir tes mots sans quelque méprise :
Rien de plus cher que la chanson grise
Où l'Indécis au Précis se joint.

C'est des beaux yeux derrière des voiles,
C'est le grand jour tremblant de midi,
C'est, par un ciel d'automne attiédi,
Le bleu fouillis des claires étoiles !

Car nous voulons la Nuance encor,
Pas la Couleur, rien que la nuance !
Oh ! la nuance seule fiance
Le rêve au rêve et la flûte au cor !

Fuis du plus loin la Pointe assassine,
L'Esprit cruel et le Rire impur,
Qui font pleurer les yeux de l'Azur,
Et tout cet ail de basse cuisine !

Prends l'éloquence et tords-lui son cou !
Tu feras bien, en train d'énergie,
De rendre un peu la Rime assagie.
Si l'on n'y veille, elle ira jusqu'où ?

Ô qui dira les torts de la Rime ?
Quel enfant sourd ou quel nègre fou
Nous a forgé ce bijou d'un sou
Qui sonne creux et faux sous la lime ?

De la musique encore et toujours !
Que ton vers soit la chose envolée
Qu'on sent qui fuit d'une âme en allée
Vers d'autres cieux à d'autres amours.

Que ton vers soit la bonne aventure
Éparse au vent crispé du matin
Qui va fleurant la menthe et le thym…
Et tout le reste est littérature.

Gustav Klimt, *La Musique* (1895), huile sur toile (37 cm x 44,5 cm), Neue Pinakothek, Munich (Allemagne).

Questions

► La versification, p. 561
► Les figures de rapprochement et de substitution, p. 534

Une conception de la poésie

1. Quelles pratiques d'écriture Verlaine refuse-t-il ? encourage-t-il ?
2. En vous référant au contexte, montrez ce qui s'oppose au Romantisme et au Parnasse, ce qui se rapproche du Symbolisme, puis ce qui vous paraît propre à Verlaine.
3. Relevez tous les procédés qui soutiennent les critiques et les conseils de Verlaine : registre, types de phrase, images, vocabulaire, versification.
4. Comment comprenez-vous « la chanson grise » (v. 7), « Que ton vers soit la chose envolée » (v. 30) et « Que ton vers soit la bonne aventure » (v. 33) ?

Une application des théories

5. Montrez que Verlaine applique ici « l'Impair » (v. 2).
6. Recherchez les mots impropres, choisis avec « quelque méprise » ?
7. Par quels principaux procédés Verlaine parvient-il à se démarquer de l'éloquence ?
8. Recherchez les règles de la rime classique et dites si les rimes de ce poème les respectent ou s'en écartent.
9. Étudiez le rythme et les sonorités : ce poème est-il, selon vous, musical ?

Grammaire
Relevez les impératifs et les tournures exprimant la nécessité. Analysez leurs valeurs dans le poème.
► Les valeurs des modes et des temps, p. 520

Synthèse Quel est l'avantage de la forme poétique pour exprimer un art poétique ?

► Biographies, p. 628

Paul Verlaine, « Paysages tristes », *Poèmes saturniens* (1866)

CONTEXTE

Poèmes saturniens est le premier recueil de Verlaine. Les poèmes qui le composent résonnent encore des influences des romantiques ou des parnassiens mais font aussi déjà entendre la propre voix de Verlaine. Si le titre de la section « Paysages tristes » évoque sans doute le mouvement romantique, la facture de « Chanson d'automne » annonce déjà « Art poétique ».

Chanson d'automne

Les sanglots longs
Des violons
De l'automne
Blessent mon cœur
D'une langueur
Monotone.

Tout suffocant
Et blême, quand
Sonne l'heure,
Je me souviens
Des jours anciens
Et je pleure ;

Et je m'en vais
Au vent mauvais
Qui m'emporte
Deçà, delà,
Pareil à la
Feuille morte.

Vincent Van Gogh, *La Chute des feuilles* (1889), huile sur toile (73,5 cm x 60 cm), Rijksmuseum Vincent Van Gogh, Amsterdam (Pays-Bas).

Questions

► La versification, p. 561
► Les figures de rapprochement, p. 534

Un thème romantique revisité

1. Quelle image le poète donne-t-il de la nature ? Quels procédés emploie-t-il ?
2. Comparez la métaphore du vers 4 et la comparaison des vers 15 et 16.
3. Étudiez comment le poème progresse vers la comparaison finale : quelle place les derniers vers accordent-ils à la souffrance du poète ? Qu'en concluez-vous sur l'originalité de Verlaine ?

Suggérer la souffrance

4. Quelle qualité particulière de sa souffrance le poète parvient-il à suggérer en donnant une unité sonore à chaque strophe et un écho sonore entre chacune d'elles ?
5. Recherchez les sens de « langueur » (v. 5) et « monotone » (v. 6) et montrez que le poème les évoque dans son rythme et ses sonorités.
6. Justifiez le titre du poème.

Vocabulaire
Étudiez l'étymologie de « monotone ».

Synthèse Montrez que certains principes énoncés dans « Art poétique » sont présents dans ces vers mais que le poème fait aussi écho à la poésie romantique.

► Rédiger des paragraphes et insérer des citations, p. 598

BAC S'entraîner au commentaire

En reprenant vos réponses aux deux axes de lecture, vous rédigerez un commentaire de ce poème en deux parties.

► Biographies, p. 628

Arthur Rimbaud, « La lettre du voyant » (1871)

CONTEXTE

Dans les années 1970, les esthétiques parnassiennes et symbolistes dominent le champ de la poésie. Leconte de Lisle, Banville, Catulle Mendès et Verlaine sont reconnus et publient de nombreux recueils. Les poètes des deux décennies suivantes, comme Mallarmé, Laforgue, Corbière, etc., restent attachés à ces esthétiques. Dans ses premiers poèmes, Arthur Rimbaud montre qu'il en a synthétisé toutes les conquêtes alors qu'il n'a que seize ans. En 1871, il donne une nouvelle ambition à la poésie.

► Le Parnasse, p. 34
► Le Symbolisme, p. 36

Rimbaud a dix-sept ans quand il écrit deux lettres, à deux jours d'intervalle, dites « Lettres du voyant ». Il y explique, dans ce qu'il appelle « de la prose sur l'avenir de la poésie », ce qu'il doit accomplir pour devenir un « Poète ».

À Paul Demeny

À Douai.

Charleville, le 15 mai 1871.

[...] La première étude de l'homme qui veut être poète est sa propre connaissance, entière ; il cherche son âme, il l'inspecte, il la tente, l'apprend. Dès qu'il la sait, il doit la cultiver, cela semble simple : en tout cerveau s'accomplit un développement naturel ; tant *d'égoïstes* se proclament auteurs ; il en est bien d'autres qui s'attribuent leur progrès intellectuel ! – Mais il s'agit de faire l'âme monstrueuse : à l'instar des comprachicos*, quoi ! Imaginez un homme s'implantant et se cultivant des verrues sur le visage.

Je dis qu'il faut être *voyant*, se faire *voyant*.

Le Poète se fait *voyant* par un long, immense et raisonné *dérèglement de tous les sens*. Toutes les formes d'amour, de souffrance, de folie ; il cherche lui-même, il épuise en lui tous les poisons, pour n'en garder que les quintessences. Ineffable torture où il a besoin de toute la foi, de toute la force surhumaine, où il devient entre tous le grand malade, le grand criminel, le grand maudit, – et le suprême Savant ! – Car il arrive à l'*inconnu* ! Puisqu'il a cultivé son âme, déjà riche, plus qu'aucun ! Il arrive à l'*inconnu*, et quand, affolé, il finirait par perdre l'intelligence de ses visions, il les a vues ! Qu'il crève dans son bondissement par les choses inouïes et innombrables : viendront d'autres horribles travailleurs ; ils commenceront par les horizons où l'autre s'est affaissé !

A. Rimbaud

* Voleur d'enfants qui dans le roman de Victor Hugo, *L'Homme qui rit*, les défigure pour en faire des monstres de foire.

Questions

Un manifeste engagé

1. Par quels procédés Rimbaud donne-t-il à ses principes un caractère de nécessité ?
2. Relevez les procédés de l'hyperbole. Qu'en concluez-vous quant à l'ambition du poète ?
3. Étudiez le vocabulaire antithétique et montrez qu'il suggère un véritable affrontement de forces et de valeurs.
4. Montrez que l'esprit comme le corps se trouvent engagés pour « être poète ».

► Les figures d'opposition, d'exagération et d'atténuation, p. 535

Un pas vers l'inconnu

5. Quels peuvent être les sens de « voyant » (l. 8) et de « sens » (l. 10) ?
6. Pourquoi la lettre peut-elle rappeler le monde mystérieux de la sorcellerie ou de l'alchimie ? Peut-on parler de métamorphose pour le poète ? Pourquoi ?
7. Comment Rimbaud suggère-t-il ce qu'est « l'inconnu » ?
8. Montrez que le poète se distingue de ses prédécesseurs et annonce l'avenir de la poésie et des poètes nouveaux.

Grammaire
Relevez les phrases exclamatives, puis commentez leur nombre et la variété de leurs formes.

Synthèse Quelle image cette lettre donne-t-elle de Rimbaud lui-même et du poète à venir ?

► Biographies, p. 628

⊕ CONTEXTE

Lorsque sa mère l'interroge sur le sens de ses poèmes, Arthur Rimbaud aurait répondu qu'ils devaient être compris « littéralement et dans tous les sens ». Il s'agit de rappeler le pouvoir du mot lui-même, et de ses agencements dans le vers ou le poème. Quand on en perçoit l'épaisseur sémantique, le mot nous illumine de tous ses sens.

► Les formes et les genres poétiques, p. 563
► La valeur des modes et des temps, p. 520

Arthur Rimbaud,
« H », *Illuminations* (1873-1875)

Dans ce poème, Rimbaud propose de résoudre une énigme.

H

Toutes les monstruosités violent les gestes atroces d'Hortense. Sa solitude est la mécanique érotique, sa lassitude, la dynamique amoureuse. Sous la surveillance d'une enfance elle a été, à des époques nombreuses, l'ardente hygiène des races. Sa porte est ouverte à la misère. Là, la moralité des êtres actuels se décorpore[1] en sa passion ou en son action. – Ô terrible frisson des amours novices, sur le sol sanglant et par l'hydrogène clarteux[2] ! trouvez Hortense.

1. Néologisme qui peut signifier perdre sa substance. – 2. Le gaz d'éclairage.

Questions

Une poésie pour jouer avec le lecteur

1. À qui s'adresse le « trouvez Hortense » qui clôt le poème ? Comment cette injonction peut-elle être perçue par le lecteur ? Justifiez votre réponse.
2. Dans quelle mesure « trouvez Hortense » s'apparente-t-il à la pointe (ou chute) d'un sonnet ?
3. Quel rôle le poète attribue-t-il au lecteur ?

Une énigme

4. Quels liens pouvez-vous établir entre le titre et le poème ?
5. Étudiez les sonorités : montrez qu'une logique sonore domine l'écriture de ce poème.
6. Étudiez le champ lexical dominant : montrez qu'il impose un sens au poème.
7. Quelle est la valeur des présents de l'indicatif ? Qu'en concluez-vous sur l'intention du poète ?
8. Quel « portrait » le poète propose-t-il d'Hortense ? Appuyez-vous sur une étude attentive du ou des sens des mots du poème ainsi que sur les figures de rapprochement.

Les enjeux du poème

9. Retrouvez-vous dans « H » la démarche prônée dans « La lettre du voyant » ? Qu'en déduisez-vous ?
10. Dans quelle mesure ce poème est-il celui d'un « suprême Savant » ?

Vocabulaire
Recherchez l'étymologie et le champ sémantique de « moralités » (l. 4), « passion » (l. 5), « action » (l. 5).
► Le champ sémantique, p. 540

Synthèse Montrez que ce poème illustre « le dérèglement de tous les sens ».

Henri de Toulouse-Lautrec, *Femme dormant sur le dos les bras levés* (1894), huile sur carton (47,2 cm x 47,5 cm), détail, musée Toulouse-Lautrec, Albi.

► Biographies, p. 628

Stéphane Mallarmé, *Poésies* (1899)

⊕ CONTEXTE

Stéphane Mallarmé est l'auteur d'un poème, « Un coup de dès jamais n'abolira le hasard », qui ouvre la voie à une poésie éclatée jouant avec toutes les possibilités de la typographie et l'espace blanc de la page, dont on perçoit des échos chez Apollinaire et Cendrars et dans la poésie la plus contemporaine. Il est aussi l'auteur d'une poésie hermétique qui s'interroge sur les mots et leurs sens.

Le « Tombeau d'Edgar Poe » a été écrit en 1876 à l'occasion de la construction d'un monument en l'honneur d'Edgar Poe. Mallarmé rend hommage au poète dans ce sonnet au titre polysémique puisqu'il évoque « la tombe de Poe » mais aussi la composition poétique ou musicale – le tombeau – écrite en l'honneur d'un disparu.

Le tombeau d'Edgar Poe

Tel qu'en Lui-même enfin l'éternité le change,
Le Poëte suscite avec un glaive nu
Son siècle épouvanté de n'avoir pas connu
Que la mort triomphait dans cette voix étrange !

Eux, comme un vil sursaut d'hydre oyant jadis l'ange
Donner un sens plus pur aux mots de la tribu
Proclamèrent très haut le sortilège bu
Dans le flot sans honneur de quelque noir mélange.

Du sol et de la nue hostiles, ô grief !
Si notre idée avec ne sculpte un bas-relief
Dont la tombe de Poe éblouissante s'orne

Calme bloc ici-bas chu d'un désastre obscur
Que ce granit du moins montre à jamais sa borne
Aux noirs vols du Blasphème épars dans le futur.

Questions

► La versification, p. 561
► Les formes et les genres poétiques, p. 563

Le tombeau de Poe

1. Quelle image ce poème donne-t-il de Poe et de « Eux » (v. 5) ? Par quels procédés ?
2. Étudiez comment Mallarmé oppose tout au long du poème « Le Poëte » à « Eux ».
3. Comment s'explique l'incompréhension de « la tribu » ? Étudiez notamment les sens de « suscite » (v. 2), « étrange » (v. 4), mais aussi d' « ange » (v. 5) ou de « désastre obscur » (v. 12).

Le tombeau de la poésie

4. Quelle fonction Mallarmé attribue-t-il à la poésie ? Justifiez votre réponse.
5. Étudiez l'opposition entre le bruit et le silence. Qu'en déduisez-vous de la conception de la poésie qu'elle suggère ?
6. La fin du poème est-elle un aveu d'impuissance ou un choix du poète ? Justifiez votre réponse.
7. Montrez que la forme du sonnet, la versification, la syntaxe, le rythme et les réseaux sonores font de ce poème un « bloc » de « granit ».

Vocabulaire
Recherchez l'étymologie de « oyant » (v. 5). Trouvez des mots de la même famille.

Synthèse Montrez que cet hommage à Poe est aussi un art poétique.

BAC S'entraîner au commentaire
Formulez une problématique qui mettrait en évidence les principaux intérêts du sonnet.

► Lire le texte et dégager un projet de lecture, p. 594

► Biographies, p. 628

⊕ CONTEXTE

Poursuivant d'une autre manière les recherches sur le sens et le pouvoir des mots et de la poésie, Guillaume Apollinaire crée un nouvel objet poétique qu'il nommera « calligramme » : les mots comme le trait du dessinateur représentent ce dont parle le poème. Proche des peintres cubistes qui remettaient en question une représentation trop figurative de la réalité, Apollinaire a voulu avec le calligramme échapper à la linéarité du poème.

Guillaume Apollinaire, « Ondes », *Calligrammes* (1918)

« Il pleut » appartient à la première section « Ondes » du recueil et a été écrit avant que ne se déclare la Première Guerre mondiale. Comme tous les calligrammes, « Il pleut » invite le lecteur à lire et à voir, et plus encore que dans la forme traditionnelle des poèmes, à comprendre que le poète cherche à dire et à montrer ce qu'il nous dit.

Il pleut

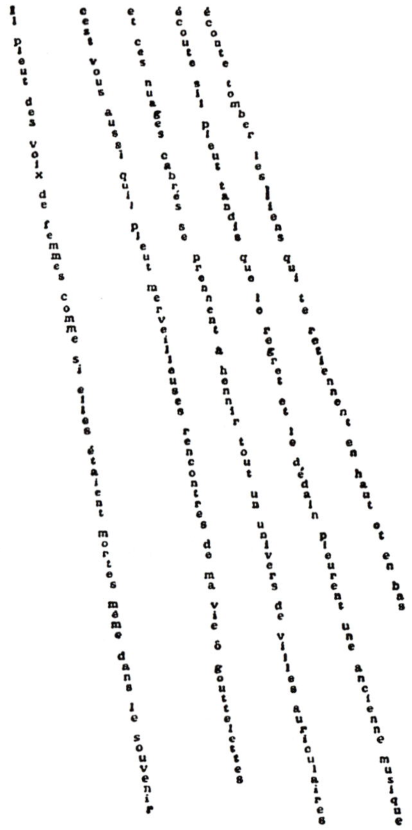

Il pleut

il pleut des voix de femmes comme si elles étaient mortes même dans le souvenir
c'est vous aussi qu'il pleut merveilleuses rencontres de ma vie ô gouttelettes
et ces nuages cabrés se prennent à hennir tout un univers de villes auriculaires
écoute s'il pleut tandis que le regret et le dédain pleurent une ancienne musique
écoute tomber les liens qui te retiennent en haut et en bas.

Questions

► Les formes et les genres poétiques, p. 563
► Le champ sémantique, p. 540

L'image de la pluie

1. Montrez que ce calligramme propose un dessin subtil de la pluie qui tombe.
2. Comment interprétez-vous l'obliquité des vers ?
3. Que pensez-vous de la lisibilité du poème ? Qu'en concluez-vous ?

Un poème nostalgique et une délivrance

4. Quels sont les destinataires du poème ?
5. Étudiez les emplois des verbes « pleuvoir » et « pleurer ».
6. Relevez les comparaisons et métaphores. Sont-elles aisément identifiables ? Commentez-les.

Un calligramme

7. Repérez tout ce qui oppose et relie ce calligramme à l'écriture traditionnelle du vers et du poème. Soyez attentifs au « jeu » entre le vertical et l'horizontal.
8. Si « Il pleut » dessine la pluie qui tombe, montrez qu'il peut dessiner ou symboliser d'autres réalités. Qu'en concluez-vous quant à l'importance du dessin dans la compréhension de ce calligramme ?

Grammaire
Relevez les verbes impersonnels et intransitifs. Rappelez ce qui caractérise leur emploi.

Synthèse Comment le choix du calligramme permet-il au poète d'atteindre une des ambitions de la poésie qui est de simultanément dire, montrer et faire entendre ?

► Rassembler et organiser des idées ; Construire un paragraphe et insérer des exemples, p. 606

BAC S'entraîner à la dissertation

Proposez un plan pour le sujet suivant : pour qu'un texte puisse appartenir au genre poétique doit-il nécessairement s'écarter des règles usuelles de la langue ?

LECTURE D'IMAGE

1. Après avoir étudié la composition de cette photographie, dites ce qu'elle représente ou symbolise pour vous.
2. Peut-on parler d'une démarche poétique de la part de l'artiste ? Pourquoi ?

Patrick Tosani, *La Pluie virgule* (1986), photographie (120 cm x 160 cm), collection privée.

▸ Biographies, p. 628

CONTEXTE

Si les œuvres d'Apollinaire et de Blaise Cendrars ne peuvent se confondre, toutes les deux, et à la même époque, explorent l'expression et les formes du genre poétique et s'attachent à les renouveler. Cendrars a suivi un principe fondamental développé en 1917 par Apollinaire : ne pas renier l'héritage des poètes des siècles passés et tenter des expériences littéraires qui permettent de découvrir de nouvelles formes, un nouveau langage.

Blaise Cendrars, « Sonnets dénaturés », *Du monde entier* (1923)

Comme le suggère le titre de la section, « Sonnets dénaturés », Blaise Cendrars articule dans ce poème la tradition et la modernité. Il conserve le sonnet et s'inscrit dans une longue tradition de la production poétique mais, en altérant sa forme, il nous donne un sonnet renouvelé et expérimente de nouveaux procédés d'écriture pour exprimer sans doute un art poétique.

Académie Médrano

À Conrad Moricand.

Danse avec ta langue, Poète, fais un entrechat
Un tour de piste
sur un tout petit basset
noir ou haquenée*
Mesure les beaux vers mesurés et fixe les formes fixes
Que sont *Les Belles Lettres* apprises
Regarde :
les Affiches se fichent de toi te mordent
avec leurs dents en couleur
entre les doigts de pied
La fille du directeur a des lumières électriques
Les jongleurs sont aussi les trapézistes
xuellirép tuaS
teuof ed puoC
aç-emirpxE
Le clown est dans le tonneau malaxé
Il faut que ta langue { passe à la caisse / fasse l'orchestre } les soirs où
Les **Billets de faveur** sont supprimés.

Novembre 1916.

* Cheval ou jument d'allure douce, généralement montée par les dames.

Marc Chagall, *Le Clown à la Flûte II* (1970), lithographie (55,6 cm x 67,4 cm), collection Sorlier.

► Les formes et les genres poétiques, p. 563
► Les figures de rapprochement, p. 534

Grammaire
Relevez les impératifs et rappelez les principales valeurs de ce mode.
► Les valeurs des modes et des temps, p. 520

Questions

Un héritage

1. Montrez que ce poème est un sonnet.
2. Montrez que le poète exploite des procédés propres à l'écriture poétique la plus traditionnelle : figures de rapprochement, rythme, sonorités.
3. Quelle intention voyez-vous dans le titre ?

Un renouvellement de la langue poétique

4. Par quels principaux procédés le poète dénature-t-il le sonnet ?
5. Comment justifiez-vous le travail sur la typographie ?
6. Commentez la ponctuation du poème.
7. Quelle fonction ce poème donne-t-il au poète ?

Synthèse Expliquez comment dans ce poème Blaise Cendrars s'appuie sur la tradition pour créer une poésie nouvelle.

► Repérer les différents écrits d'invention, p. 612

BAC S'entraîner à l'écriture d'invention

Écrivez un sonnet en le dénaturant.

Texte écho

► Biographies, p. 628

⊕ CONTEXTE

Dans *L'Art poétique*, Nicolas Boileau a transmis aux générations futures une conception de l'écriture et de la littérature qui a fini par se confondre avec l'idéal classique et qui sert encore de référence.

Nicolas Boileau, *L'Art poétique* (1674)

Avec les deux alexandrins définissant la règle des trois unités pour le théâtre, les vers qui suivent sont parmi les plus célèbres de Boileau. Le poète conseille à ses contemporains d'imiter Malherbe qui a su « répar[er] » la langue dégradée par ses devanciers.

Chant I

[...]
Enfin Malherbe vint, et, le premier en France,
Fit sentir dans les vers une juste cadence,
D'un mot mis en sa place enseigna le pouvoir,
Et réduisit la muse aux règles du devoir.
Par ce sage écrivain la langue réparée
N'offrit plus rien de rude à l'oreille épurée.
Les stances avec grâce apprirent à tomber,
Et le vers sur le vers n'osa plus enjamber.
Tout reconnut ses lois ; et ce guide fidèle
Aux auteurs de ce temps sert encor de modèle.
Marchez donc sur ses pas ; aimez sa pureté,
Et de son tour heureux imitez la clarté.
Si le sens de vos vers tarde à se faire entendre,
Mon esprit aussitôt commence à se détendre,
Et, de vos vains discours prompt à se détacher,
Ne suit point un auteur qu'il faut toujours chercher.
Il est certains esprits dont les sombres pensées
Sont d'un nuage épais toujours embarrassées ;
Le jour de la raison ne le saurait percer.
Avant donc que d'écrire apprenez à penser.
Selon que notre idée est plus ou moins obscure,
L'expression la suit, ou moins nette, ou plus pure.
Ce que l'on conçoit bien s'énonce clairement,
Et les mots pour le dire arrivent aisément.
Surtout qu'en vos écrits la langue révérée
Dans vos plus grands excès vous soit toujours sacrée.
En vain vous me frappez d'un son mélodieux,
Si le terme est impropre, ou le tour vicieux ;
Mon esprit n'admet point un pompeux barbarisme,
Ni d'un vers ampoulé l'orgueilleux solécisme.
Sans la langue, en un mot, l'auteur le plus divin
Est toujours, quoi qu'il fasse, un méchant écrivain.
[...]

Questions

► Les formes de l'argumentation, p. 566

Un éloge de la mesure

1. Quel lien Boileau établit-il entre l'idée et l'expression ?
2. Relevez et analysez les champs lexicaux antithétiques. Qu'en déduisez-vous des exigences de Boileau ?
3. Qu'est-ce qui caractérise la conception que Boileau se fait de la poésie ?

Un « dialogue » entre Boileau et Blaise Cendrars

4. Quelles sont les idées apparemment communes à Boileau et à Blaise Cendrars ?
5. Boileau condamnerait-il le poème de Cendrars ? Justifiez votre réponse.
6. Montrez que la poésie de Cendrars, mais aussi celle de Verlaine, Mallarmé, Rimbaud et Apollinaire, s'opposent en grande partie à celle que défend Boileau.

Grammaire

Relevez dans le poème les connecteurs logiques. Quel est le rôle d'un connecteur logique ? Peut-on en faire l'économie ? Justifiez votre réponse.

Synthèse À la lumière des arts poétiques qui précèdent, vous rappellerez ce qui peut rapprocher ou opposer les différents poètes.

BAC S'entraîner à l'écriture d'invention

► Amplifier et transposer un texte, p. 616

Inspirez-vous de ce chant I de Boileau pour écrire un texte (en vers ou en prose) qui évoquera un des auteurs de la séquence, en développant des arguments appropriés.

Prolongement

Lors des débats qui opposent « Anciens » et « Modernes », Nicolas Boileau est le meneur des « Anciens ». Documentez-vous sur la « querelle des Anciens et des Modernes » : qui opposait-elle ? Quel était l'objet de la discorde ? Résumez chaque point de vue en un court paragraphe.

Gravure du XIXe siècle représentant la « querelle des Anciens et des Modernes », une polémique littéraire née à l'Académie Française.

► Biographies, p. 628

Henri Michaux, *Qui je fus* (1927)

⊕ CONTEXTE

Une décennie après les expériences typographiques d'Apollinaire et de Blaise Cendrars, et en marge des surréalistes, Henri Michaux s'engage dans une voie originale en travaillant à inventer des mots sans pour autant renoncer à leur signification.

Michaux invente ici de nouveaux mots, et principalement des verbes, pour relater un combat entre deux protagonistes dont l'enjeu est « le Grand Secret ».

Le grand combat

A R.M. Hermant.

Il l'emparouille et l'endosque contre terre ;
Il le rague et le roupète jusqu'à son drâle ;
Il le pratèle et le libucque et lui barufle les ouillais ;
Il le tocarde et le marmine,
Le manage rape à ri et ripe à ra.
Enfin il l'écorcobalisse.
L'autre hésite, s'espudrine, se défaisse, se torse et se ruine.
C'en sera bientôt fini de lui ;
Il se reprise et s'emmargine... mais en vain
Le cerceau tombe qui a tant roulé.
Abrah ! Abrah ! Abrah !
Le pied a failli !
Le bras a cassé !
Le sang a coulé !
Fouille, fouille, fouille,
Dans la marmite de son ventre est un grand secret
Mégères alentour qui pleurez dans vos mouchoirs ;
On s'étonne, on s'étonne, on s'étonne
Et vous regarde
On cherche aussi, nous autres, le Grand Secret.

► Caractériser une vision du monde, p. 581

Questions

Un combat épique

1. Justifiez le titre du poème.
2. Identifiez les protagonistes du combat, ses différentes étapes et sa cause.
3. Quels sont les registres de ce poème ? Justifiez votre réponse.
4. Étudiez le rythme et les sonorités du poème : quels effets produisent-ils et quels liens ont-ils avec l'expression du combat ?

La quête du poète

5. Identifiez les procédés utilisés pour créer de nouveaux mots.
6. Qu'est-ce qui distingue les dix premiers vers des dix derniers ? Qu'en concluez-vous sur le mouvement du poème ?
7. Étudiez la syntaxe : qu'en concluez-vous sur son rôle dans la compréhension du poème ?
8. Quel rapport entre la langue et le poète ce poème suggère-t-il ?

Vocabulaire
Quelle différence faites-vous entre néologisme et barbarisme ? Comment qualifieriez-vous les mots créés par Michaux ? Justifiez votre réponse.
► L'origine, la formation et l'évolution des mots, p. 538
► Le champ sémantique, p. 540

Synthèse Montrez que ce poème peut relater un combat entre deux héros, mais aussi un combat contre soi-même et enfin un combat avec la langue.

► Amplifier et transposer un texte, p. 616

BAC S'entraîner à l'écriture d'invention

Composez un poème en vous inspirant de Michaux.

► Biographies, p. 628

Francis Ponge, *Le Parti pris des choses* (1942)

⊕ CONTEXTE

Les poètes du XXe siècle n'ont abandonné ni les sujets essentiels qui touchent la vie des hommes, la nature, l'amour, la mort, la quête du sens, ni la poésie lyrique. Certains d'entre eux cependant, comme Follain ou Ponge, ont choisi des voies apparemment plus modestes en s'attachant à décrire dans leurs poèmes les objets les plus familiers.

Le titre du recueil, Le Parti pris des choses, *révèle l'intérêt de Ponge pour les réalités, prosaïques et triviales. Mais pour le poète les mots eux-mêmes sont des choses.*

L'huître

1 L'huître, de la grosseur d'un galet moyen, est d'une apparence plus rugueuse, d'une couleur moins unie, brillamment blanchâtre. C'est un monde opiniâtrement clos. Pourtant on peut l'ouvrir : il faut alors la tenir au creux d'un torchon, se servir d'un couteau ébréché et peu franc, s'y reprendre à plusieurs fois. Les doigts curieux s'y coupent, s'y cassent les ongles : c'est un travail grossier. Les coups qu'on lui porte marquent son enveloppe de ronds blancs, d'une sorte de halos.

À l'intérieur l'on trouve tout un monde, à boire et à manger : sous un *firmament* (à proprement parler) de nacre, les cieux d'en-dessus s'affaissent sur les cieux d'en-dessous, pour ne plus former qu'une mare, un sachet visqueux et verdâtre, qui flue et reflue à l'odeur et à la vue, frangé d'une dentelle noirâtre sur les bords.

Parfois très rare une formule perle à leur gosier de nacre, d'où l'on trouve aussitôt à s'orner.

Questions

► Les formes et les genres poétiques, p. 563

Une description attentive et objective

1. Montrez que l'huître est décrite avec logique et minutie.
2. Quel est le rôle des différentes analogies tout au long du poème ?
3. Montrez que la description appréhende tous les aspects de l'huître, les plus séduisants comme les plus rebutants. Qu'en concluez-vous ?

De l'huître au poème

4. Relevez les éléments communs à « huître » (v. 1), « blanchâtre » (v. 2), « opiniâtrement » (v. 2), « verdâtre » (v. 9), « noirâtre » (v. 10). Quel lien suggèrent-ils entre le mollusque et le poème ?
5. Quelles sont les différentes fonctions des nombreux réseaux sonores présents dans le poème ?
6. Recherchez des correspondances entre la forme de l'huître et celle du poème. Quel rôle attribueriez-vous au dernier paragraphe ?
7. Quel est le sens de « formule » (v. 11) ? Montrez qu'il renvoie ici à deux réalités.

Un poème métaphorique

8. Quel rapport le poète institue-t-il entre la réalité de l'huître, le « monde [...] clos » (v. 2) et le « on » (v. 3) qui tente de l'ouvrir ? Qu'en déduisez-vous ?
9. Étudiez les expressions « doigts curieux » (v. 4), « peu franc » (v. 4), « un sachet [...] qui flue et reflue » (v. 9-10). Identifiez la figure de style et commentez ses effets.
10. Relevez les mots et expressions, notamment familiers, qui ont un double-sens.

Vocabulaire
Quel est le sens du suffixe dans « formule » ? Recherchez quelques mots construits à l'aide de ce suffixe.

Synthèse Montrez que Francis Ponge décrit le travail du poète aussi bien que celui du lecteur d'un poème.

TEXTE 10

► Biographies, p. 628

CONTEXTE

Dans *Qu'est-ce que la littérature* (1947), Jean-Paul Sartre explique que : « [Le poète] a choisi un fois pour toutes l'attitude poétique qui considère les mots comme des choses et non comme des signes ». Il évoque ainsi le parti pris au milieu du XXe siècle par des poètes comme Robert Desnos, Jacques Prévert, Jean Tardieu ou Francis Ponge.

Francis Ponge, *La Rage de l'expression* (1952)

Pour saisir l'ambition du titre du recueil, La Rage de l'expression, *il est indispensable d'en analyser attentivement les termes. Dans ce poème, Francis Ponge, comme le philosophe Cratyle**, *paraît considérer que le mot est une imitation de ce qu'il désigne, et ici une mauvaise imitation. Il faut donc reconsidérer l'orthographe de « oiseau ».*

René Magritte, *L'Homme au chapeau melon* (1964), huile sur toile (65 cm x 50 cm), collection privée.

Notes prises pour un oiseau

L'oiseau. Les oiseaux. Il est probable que nous comprenons mieux les oiseaux depuis que nous fabriquons des aéroplanes.

Le *mot* OISEAU : il contient *toutes les voyelles*. Très bien, j'approuve. Mais, à la place de l's, comme seule consonne, j'aurais préféré l'L de l'aile : OILEAU, ou le V du bréchet, le V des ailes déployées, le V d'*avis* : OIVEAU. Le populaire dit *zozio*. L's je vois bien qu'il ressemble au profil de l'oiseau au repos. Et *oi* et *eau* de chaque côté de *l's*, ce sont les deux gras filets de viande qui entourent le bréchet.

* Un philosophe grec de l'antiquité qui soutient que les noms sont une image de ce qu'ils nomment.

Questions

► Les formes et les genres poétiques, p. 563
► Les figures de rapprochement et de substitution, p. 534

Une démarche originale

1. Montrez que le sujet du poème est nouveau et complexe.
2. Étudiez la syntaxe. Comment traduit-elle la démarche du poète ?
3. Distinguez ce qui relève de l'article de dictionnaire et ce qui s'en écarte. Justifiez le substantif « notes ».

Un travail poétique

4. Étudiez les caractères typographiques : quelles sont leurs fonctions ?
5. Étudiez le rythme et les sonorités : cherchent-ils à imiter le mot et l'animal ? Justifiez votre réponse.
6. Relevez et analysez les différents comparants. Qu'en concluez-vous ?

Une réconciliation

7. Repérez et justifiez les points d'accord et de désaccord du poète.
8. Montrez que le poète finit par s'accorder au mot « oiseau » ou à en donner sa plus parfaite « expression ».
9. Montrer que l'examen du mot conduit à connaître aussi l'animal.

Vocabulaire
Recherchez dans un dictionnaire tous les sens du substantif « expression ».

Synthèse Montrez que le poète s'efforce d'établir un double rapport entre le mot et la chose.

BAC S'entraîner à la question sur le corpus
Montrez que Cendrars, Michaux et Ponge font de la langue le sujet même de leur poème.

► Confronter les textes du corpus pour organiser sa réponse, p. 588

► Biographies, p. 628

Raymond Queneau, *L'Instant fatal* (1948)

⊕ CONTEXTE

L'Oulipo, acronyme d'« **ou**vroir de **li**ttérature **po**tentielle », marque la création littéraire de la seconde partie du XXe siècle. On expérimente des contraintes pour écrire mécaniquement des œuvres littéraires. Le choix des mots n'appartient plus au poète et pourtant cet arbitraire ne détruit pas toute signification.

Queneau revisite ici le « Carpe diem » cher à Horace et Ronsard.

Si tu t'imagines

Si tu t'imagines
si tu t'imagines
fillette fillette
si tu t'imagines
xa va xa va xa
va durer toujours
la saison des za
la saison des za
saison des amours
ce que tu te goures
fillette fillette
ce que tu te goures

Si tu crois petite
si tu crois ah ah
que ton teint de rose
ta taille de guêpe
tes mignons biceps
tes ongles d'émail
ta cuisse de nymphe
et ton pied léger
si tu crois petite
xa va xa va xa
va durer toujours
ce que tu te goures
fillette fillette
ce que tu te goures
les beaux jours s'en vont
les beaux jours de fête
soleils et planètes
tournent tous en rond
mais toi ma petite
tu marches tout droit
vers sque tu vois pas
très sournois s'approchent
la ride véloce
la pesante graisse
le menton triplé
le muscle avachi
allons cueille cueille
les roses les roses
roses de la vie
et que leurs pétales
soient la mer étale
de tous les bonheurs
allons cueille cueille
si tu le fais pas
ce que tu te goures
fillette fillette
ce que tu te goures

Questions

► La versification, p. 561

Les libertés prises avec la poésie et le langage

1. Relevez la présence de la syntaxe et du vocabulaire familiers et soutenus. Quels effets ces alliances produisent-elles ?
2. Étudiez et commentez le système des rimes, le début des vers, la ponctuation.
3. Lisez les poèmes de Ronsard « Mignonne, allons voir si la rose… » et « Quand vous serez bien vieille… ». En comparant ces poèmes à celui de Queneau, vous vous demanderez quels sont les effets et les fonctions des emprunts à Ronsard.

Un renouvellement du discours du « carpe diem »

4. Montrez que Queneau détourne le genre du blason (p. 271) des vers 15 à 20 et 35 à 38. Dans quel but ?
5. Qui de Ronsard ou de Queneau se montre le plus cruel à l'égard de la destinataire ? Justifiez votre réponse.

Vocabulaire
Recherchez l'étymologie de « véloce » et proposez un autre mot de la même famille.

Synthèse Montrez que Queneau reprend et détourne le thème du « carpe diem ».

JOUER AVEC LES MOTS

1 MOTS-VALISES

a. Dans la liste des mots-valises suivants, retrouvez les deux mots qui le constituent :
« Famillionnaire » cité par Freud – « Éléphantôme » cité par Finkielkraut – « Emparouille » cité par Michaux – « Foultitude » cité par Hugo – « Ridicucoliser » cité par Rostand – « Alcoolade » cité par Queneau – « Novlangue » cité par Orwell

b. Créez des mots-valises avec les couples suivants : panthère-terreur ; narrateur-tueur ; roman-mensonge ; martyr-tirelire ; livre-ivresse ; stylo-griffe.

c. Commentez l'intérêt de ces créations lexicales.

2 HOMONYMIE

a. Traduisez cette phrase de Sylvain Lecoq tirée de *Écrits bruts*.
Joue Annie et vos mains, voit ci, l'heure ou l'on prie, pour qu'1 ange du ci elle veille sur les berce haut. Coq qu'te veut y faut ben les indes or mire a lu tour.

b. Réécrivez ces vers extraits de « Brise marine » de Stéphane Mallarmé en jouant de l'homonymie.
La chair est triste, hélas ! et j'ai lu tous les livres.
Fuir ! là-bas fuir ! Je sens que des oiseaux sont ivres
D'être parmi l'écume inconnue et les cieux ! [...]

3 ÉPELLATION LEXICALISÉE

a. Rétablissez l'orthographe correcte dans ce poème.

[...]
Je vois les Pan C
Je vois les crânes KC
Je vois les mains DCD
Je les M
Je vois les pensées BC et les femmes MÉ
et les poumons qui en ont AC de l'RLO,
poumons noyés des ponts NMI.
Mais la minute précédente est déjà trop AG.

Nous sommes les arborescences qui fleurissent
sur les déserts des jardins cérébraux.

Robert Desnos, « P'oasis », *Corps et Biens* (1930),

b. Rétablissez l'orthographe correcte de cette phrase.
Lnahtcoa3. Lm,lm. Lacdacn.lavq.

c. Composez une phrase selon ce procédé.

4 PARONYMIE ET À-PEU-PRÈS

a. Dans chaque phrase, relevez le mot incorrect et corrigez-le en proposant le mot juste.
1. Pierre qui rouille n'amasse pas mousse.
2. On n'est pas toujours maigre chez soi.
3. Il ne faut pas se blesser d'illusions.
4. C'est un bouquet-mystère.
5. Il ne faut pas pendre l'ours avant de l'avoir tué.

b. Relevez les mots improprement choisis et rétablissez le mot juste. Justifiez la logique de l'auteur de ce dialogue.

IRMA, *entrant et apportant le courrier* :
Madame, la poterne vient d'élimer Le fourrage...
Elle tend le courrier à Madame, puis reste plantée devant elle, dans une attitude renfrognée et boudeuse.
MADAME, *prenant le courrier* :
C'est tronc !... Sourcil bien !... *(Elle commence à examiner les lettres puis, s'apercevant qu'Irma est toujours là.)* Eh bien, ma quille ! Pourquoi serpez-vous là ? *(Geste de congédiement.)* Vous pouvez vidanger !

Jean Tardieu, *Un mot pour un autre* (1924),

5 LE PARTI-PRIS DES MOTS

a. Retrouvez dans ces phrases ou ces vers les groupes de lettres ou sons qui relient les mots entre eux.

b. Composez quatre vers sur ce principe.

1. « Sa solitude est la mécanique érotique ; sa lassitude, la dynamique amoureuse. » (Arthur Rimbaud)
2. « L'huître, de la grosseur d'un galet moyen, est d'une apparence plus rugueuse, d'une couleur moins unie, brillamment blanchâtre. » (Francis Ponge)
3. « Le geai gélatineux geignait dans le Jasmin. » (René de Obaldia)
4. « Un buffet Henri II deux buffets Henri III trois buffets Henri IV. » (Jacques Prévert)

EXPRESSION ÉCRITE

Sujet 1
Écrivez un calligramme en reprenant le texte du poème de Francis Ponge « Notes prises pour un oiseau » (p. 298).

Sujet 2
Écrivez un sketch dont le comique reposera sur un usage fautif du langage. Vous exploiterez l'homonymie, la paronymie, les à peu-près et la création de mots-valises. Ce sketch prendra la forme d'un bref discours sur un sujet de votre choix.

LA POÉSIE AUX XIXe ET XXe SIÈCLES : QUÊTE DE SENS, QUÊTE D'UNE LANGUE

À partir du XIXe siècle, les poètes interrogent explicitement ou implicitement les limites et les richesses du langage ou du genre poétique. Les poètes – pour paraphraser du Bellay – défendent et illustrent cette interrogation dont ils rendent compte dans des arts poétiques ou manifestes.

1 LE DÉTOURNEMENT DES FORMES ANCIENNES

Les poètes transforment les genres poétiques traditionnels. La forme versifiée est conservée, mais elle est adaptée pour explorer toutes les ressources de la langue et de sa musicalité.

→ **Ex. :** Dans « Art poétique », Paul Verlaine prône le vers impair, plus musical : métrique qu'il adopte dans « Chanson d'automne ».

Des genres comme le **sonnet** ou le **blason** sont repris, mais ils ne sont plus facilement identifiables. Certains poètes choisissent ces formes pour le sens qu'elles véhiculent.

→ **Ex. :** Stéphane Mallarmé, dans « Tombeau d'Edgar Poe », compose un sonnet qui permet de représenter le bloc de granit, le « tombeau » d'Edgar Poe.

2 L'INVENTION DE NOUVELLES FORMES

Montrer le poème

Les arts plastiques influencent les poètes, qui ont choisi, pour leurs œuvres, des mises en page originales. Ainsi en est-il du **calligramme**, forme inventée par Apollinaire, ou encore des poèmes présentant des **typographies** différentes.

→ **Ex. :** Dans « Académie Medrano », Blaise Cendrars emploie des caractères gras, des majuscules, des italiques qui contribuent à la poésie du texte.

La poésie en prose

La poésie ne se trouve plus seulement dans les textes en vers. Les poètes explorent toutes les modalités de la prose. Le texte poétique peut se présenter sous la forme d'un article de dictionnaire, d'une définition, d'une énigme, dont les mots sont savamment ordonnés et choisis.

→ **Ex. :** Dans « H », Arthur Rimbaud compose une énigme en prose : les images et les sonorités choisies en font un texte poétique.

3 LES RÉFLEXIONS SUR LE LANGAGE POÉTIQUE

La langue poétique, jugée parfois hermétique, est transformée. Les poètes ne répugnent plus à utiliser une langue prosaïque, ou à transcrire l'oral dans leurs œuvres.

→ **Ex. :** Raymond Queneau, dans « Si tu t'imagines… », fait de l'écriture phonétique le ressort d'un renouvellement de la langue.

Le poète est aussi créateur d'un nouveau langage, aux sonorités suggestives, composé de **néologismes** ou **barbarismes**, qui suscitent une impression d'étrangeté.

→ **Ex. :** Dans « Le grand combat », Henri Michaux forme de nouveaux mots dont le sens peut être perçu grâce aux préfixes.

Les réflexions des poètes s'appuient parfois sur l'idée que le mot représente, graphiquement, la chose. Héritée du cratylisme, cette idée accroît le pouvoir poétique des mots.

→ **Ex. :** Dans « L'huître », Francis Ponge choisit des mots qui présentent les mêmes particularités graphiques que le mollusque qu'il met en scène.

TEXTE A

Joachim Du Bellay, *L'Olive*, X (1550)

Ces cheveux d'or…

Ces cheveux d'or sont les liens, Madame,
Dont fut premier[1] ma liberté surprise,
Amour la flamme autour du cœur éprise[2],
Ces yeux le trait qui me transperce l'âme.

Forts sont les nœuds, âpre et vive la flamme,
Le coup de main[3] à tirer bien apprise,
Et toutefois j'aime, j'adore et prise
Ce qui m'étreint, qui me brûle et entame.

Pour briser donc, pour éteindre et guérir
Ce dur lien, cette ardeur[4], cette plaie,
Je ne quiers[5] fer, liqueur, ni médecine[6] :

L'heur[7] et plaisir que ce m'est de périr
De telle main ne permet que j'essaie
Glaive tranchant, ni froideur, ni racine.[8]

1. D'abord. – 2. Allumée. – 3. Aptitude à tirer à l'arc. – 4. Flamme. – 5. Cherche. – 6. Remède. – 7. Bonheur. – 8. Remède tiré des plantes, notamment des racines.

TEXTE B

Charles Baudelaire, *Le Spleen de Paris* (1869)

Un hémisphère dans une chevelure

Laisse-moi respirer longtemps, longtemps, l'odeur de tes cheveux, y plonger tout mon visage, comme un homme altéré dans l'eau d'une source, et les agiter avec ma main comme un mouchoir odorant, pour secouer des souvenirs dans l'air.

Si tu pouvais savoir tout ce que je vois ! tout ce que je sens ! tout ce que j'entends dans tes cheveux ! Mon âme voyage sur le parfum comme l'âme des autres hommes sur la musique.

Tes cheveux contiennent tout un rêve, plein de voilures et de mâtures ; ils contiennent de grandes mers dont les moussons me portent vers de charmants climats, où l'espace est plus bleu et plus profond, où l'atmosphère est parfumée par les fruits, par les feuilles et par la peau humaine.

Dans l'océan de ta chevelure, j'entrevois un port fourmillant de chants mélancoliques, d'hommes vigoureux de toutes nations et de navires de toutes formes découpant leurs architectures fines et compliquées sur un ciel immense où se prélasse l'éternelle chaleur.

Dans les caresses de ta chevelure, je retrouve les langueurs des longues heures passées sur un divan, dans la chambre d'un beau navire, bercées par le roulis imperceptible du port, entre les pots de fleurs et les gargoulettes* rafraîchissantes.

Dans l'ardent foyer de ta chevelure, je respire l'odeur du tabac mêlé à l'opium et au sucre ; dans la nuit de ta chevelure, je vois resplendir l'infini de l'azur tropical ; sur les rivages duvetés de ta chevelure je m'enivre des odeurs combinées du goudron, du musc et de l'huile de coco.

Laisse-moi mordre longtemps tes tresses lourdes et noires. Quand je mordille tes cheveux élastiques et rebelles, il me semble que je mange des souvenirs.

* Vases poreux dans lesquels les liquides se refroidissent par évaporation.

TEXTE C

Charles Baudelaire, *Spleen et idéal, Les Fleurs du Mal* (1861)

La chevelure

Ô toison, moutonnant jusque sur l'encolure !
Ô boucles ! Ô parfum chargé de nonchaloir[1] !
Extase ! Pour peupler ce soir l'alcôve[2] obscure
Des souvenirs dormant dans cette chevelure,
Je la veux agiter dans l'air comme un mouchoir !

La langoureuse Asie et la brûlante Afrique,
Tout un monde lointain, absent, presque défunt,
Vit dans tes profondeurs, forêt aromatique !
Comme d'autres esprits voguent sur la musique,
Le mien, ô mon amour ! nage sur ton parfum.

J'irai là-bas où l'arbre et l'homme, pleins de sève,
Se pâment[3] longuement sous l'ardeur des climats ;
Fortes tresses, soyez la houle qui m'enlève !
Tu contiens, mer d'ébène, un éblouissant rêve
De voiles, de rameurs, de flammes et de mâts :

Un port retentissant où mon âme peut boire
À grands flots le parfum, le son et la couleur ;
Où les vaisseaux, glissant dans l'or et dans la moire,
Ouvrent leurs vastes bras pour embrasser la gloire
D'un ciel pur où frémit l'éternelle chaleur.

Je plongerai ma tête amoureuse d'ivresse
Dans ce noir océan où l'autre est enfermé ;
Et mon esprit subtil que le roulis caresse
Saura vous retrouver, ô féconde paresse,
Infinis bercements du loisir embaumé !

Cheveux bleus, pavillon de ténèbres tendues,
Vous me rendez l'azur du ciel immense et rond ;
Sur les bords duvetés de vos mèches tordues
Je m'enivre ardemment des senteurs confondues
De l'huile de coco, du musc et du goudron.

Longtemps ! toujours ! ma main dans ta crinière lourde
Sèmera le rubis, la perle et le saphir,
Afin qu'à mon désir tu ne sois jamais sourde !
N'es-tu pas l'oasis où je rêve, et la gourde
Où je hume à longs traits le vin du souvenir ?

1. Nonchalance, inaction (terme du XVIe siècle repris par les poètes du XIXe). – 2. Enfoncement ménagé dans une chambre pour un lit. – 3. Être comme paralysé par une sensation très agréable.

▶ ▶ ▶ Sujet Bac

I. Après avoir lu les textes du corpus, répondez à la question suivante (4 points)

Vous montrerez comment le poète célèbre la femme à travers la chevelure.

II. Traitez ensuite l'un des sujets suivants (16 points)

• Commentaire

Vous commenterez le poème en prose de Baudelaire (Texte B).

• Dissertation

Pensez-vous que les contraintes formelles puissent être pour le poète un obstacle à une expression libre et originale ?

Vous répondrez à cette question en un développement composé, en prenant appui sur les textes du corpus et les poèmes que vous avez lus et étudiés.

• Écriture d'invention

Un poète écrit une lettre à un ami pour lui vanter la beauté d'une personne aimée. Il lui dit notamment pourquoi il est amené à célébrer sa chevelure et pourquoi la poésie lui semble particulièrement convenir pour témoigner de son amour.

Quelques conseils

► Grille d'auto-évaluation pour la question sur le corpus, p. 593

Pour répondre à la question

1. Prenez bien en compte la question posée et relisez chacun des poèmes. Isolez, dans chacun d'eux, la place du poète, la part consacrée à la chevelure, à la femme.
2. Relevez les adjectifs, les noms, les comparaisons, les métaphores qui célèbrent directement la chevelure (► Les figures de style, p. 534), et interprétez la manière dont chaque auteur exploite ces termes dans son poème.
3. Interrogez-vous sur l'écriture poétique, la forme des poèmes, leur construction.
4. Organisez ces éléments de réponses en arguments et regroupez-les.

► Grille d'auto-évaluation pour le commentaire, p. 601

Si vous choisissez le commentaire…

1. N'oubliez pas qu'il s'agit d'un texte poétique. Ne vous limitez pas aux thèmes traités ici.
2. Prenez en compte les images et les figures de style mais ne vous contentez pas de les repérer : il vous faut les interpréter. (► Les figures de style, p. 534)
3. Faites appel à vos connaissances sur Baudelaire. Le poème appartient à la section *Spleen et Idéal* des *Fleurs du Mal*. Que signifie « Spleen » ? Comment faut-il comprendre sa relation avec « Idéal » ? Ce poème permet-il d'apporter une réponse à cette question ?

► Grille d'auto-évaluation pour la dissertation, p. 611

Si vous choisissez la dissertation…

1. Analysez le sujet : que faut-il comprendre par « contraintes formelles » ? (► La versification, p. 561) Quelles sont celles des poèmes du corpus ? Faites aussi la liste des textes poétiques sur lesquels vous pouvez vous appuyer afin de nourrir votre réflexion.
2. Demandez-vous ce qu'est « une expression poétique libre et originale » ? Quels sont les poèmes auxquels vous pensez ? Les termes « liberté » et « originalité » sont-ils toujours associés ?
3. N'oubliez pas de mettre en place une démarche délibérative. Relevez le paradoxe possible entre contraintes et expression libre.

► Grille d'auto-évaluation pour l'écriture d'invention, p. 623

Si vous choisissez l'écriture d'invention…

1. Analysez les éléments de l'énoncé. Il s'agit d'une lettre, écrite par un poète.
2. Trouvez les termes qui célèbrent la beauté de la personne aimée, mais aussi ceux qui rendent compte des sentiments éprouvés par le poète. (► Les registres et effets du texte, p. 578)
3. N'oubliez pas d'indiquer les raisons qui ont motivé le choix de l'expression poétique : est-ce pour flatter l'être aimé ? pour briller à ses yeux ? etc.
4. Lors de la rédaction définitive, ne dissociez pas la dimension poétique et la célébration de la personne aimée. Sachez combiner ces deux aspects.
5. Respectez le système d'énonciation. (► Les actes de langage, l'implicite et la modalisation, p. 528) Le temps que vous choisirez pour évoquer la personne aimée peut être important.

Une philippique

Nom commun qui a pour origine le discours que prononce **Démosthène** contre Philippe (IVe s. av. J.-C.). Ce terme est donné aux discours de **Cicéron** contre Marc-Antoine (Ier s. ap. J.-C.). Souvent employé au XVIIIe siècle, il désigne encore aujourd'hui un discours violemment critique, parfois satirique ou injurieux.

Les formes de l'argumentation sont aussi nombreuses que les sujets qu'elle peut aborder. Dans tous les cas il s'agit de présenter une réflexion, une opinion, en cherchant à obtenir l'adhésion du destinataire. Au fil des siècles les différents genres littéraires ont accueilli les questionnements des auteurs sur la place de l'homme dans le monde, sa condition. Les valeurs de la société, les mutations politiques et technologiques, les découvertes en tout genre déterminent non seulement la nature mais aussi la forme que prennent ces questionnements.

Aux origines de l'argumentation : la rhétorique

Naissance et définition

Dans l'Antiquité, la rhétorique, art de persuader, est fondamentalement liée à l'art oratoire, particulièrement dans le domaine judiciaire. En effet au Ve siècle av. J.-C., en Sicile, après la chute de tyrans, de nombreux procès sont intentés pour récupérer des terres qui avaient été confisquées. L'art oratoire se déploie aussi dans les assemblées politiques et philosophiques. La rhétorique définit une technique du discours, d'abord oral, qui se doit d'être efficace sur le destinataire. Des principes sont ainsi établis pour concevoir *(inventio, dispositio, elocutio, actio, memoria)* et ordonner (exorde, narration, argumentation, digression, épilogue) le discours. Trois grands types de discours sont distingués, en fonction de l'usage et de l'intention : le genre délibératif (conseiller/déconseiller), le genre épidictique (louer/blâmer), le genre judiciaire (accuser/défendre). Il s'agit donc d'une discipline à part entière, qui sera d'ailleurs enseignée jusqu'au XIXe siècle.

Philosophes et orateurs

La rhétorique est à l'œuvre dans les dialogues philosophiques de **Platon** (IVe s. av. J.-C.) aussi bien que dans les discours politiques de **Cicéron** (Ier s. av. J.-C.), ou les traités du stoïcien **Sénèque** (Ier s. ap. J.-C.). Cet art constamment renouvelé va donc être mis au service de toutes sortes de débats, ce qui assure sa postérité.

Le XVIe siècle : le siècle des doutes

Un nouveau rapport au monde

Au cours du Moyen Âge les espaces de questionnements sur l'homme sont assez restreints, notamment du fait de l'importance de la religion. Ce n'est pas un hasard s'il faut attendre le XVIe siècle, au cours duquel nombre de repères sont remis en cause, pour que de nouvelles formes d'argumentation se déploient. Les découvertes scientifiques démontrent que l'homme n'est pas au centre de l'univers. Il est en revanche au centre des questionnements du mouvement qui prend son nom : l'Humanisme. (► Les mouvements littéraires : le XVIe siècle, p. 22)

Les *Essais* (1595)

Michel de Montaigne dans ses *Essais* élabore une démarche originale, qui articule récit de ses expériences personnelles et réflexions philosophiques. Sa pensée se nourrit tout à la fois de textes antiques, notamment ceux de la philosophie stoïcienne, et des préoccupations contemporaines. La remise en cause de l'ethnocentrisme, imposée par la découverte d'autres continents et d'autres civilisations, la conscience de la fragilité de la condition humaine, accrue par le vacillement des certitudes religieuses, l'exigence d'éducation, chère aux hommes de la Renaissance, sont au cœur des *Essais*.

Le XVIIe siècle : le siècle des moralistes

Au XVIIe siècle, de nombreux auteurs analysent les mœurs de leurs contemporains et réfléchissent plus largement à la condition humaine. Des formes diverses sont alors élaborées, selon le regard porté par l'auteur.

Fables et portraits : l'art du détour

Jean de La Fontaine emprunte au fabuliste grec **Ésope** la forme de la fable. Le masque de l'animalité lui permet de proposer une satire souvent féroce de la société de son temps, et plus particulièrement de l'aristocratie et la vie de cour. Si la stratégie adoptée est indirecte, les critiques n'en sont pas moins claires et pertinentes. **Jean de La Bruyère** dans ses *Caractères* (1688) privilégie aussi le registre satirique, dans le cadre de portraits qui sont autant de types de la société du XVIIe siècle. C'est bien souvent les vanités du pouvoir et de la vie mondaine qui sont dénoncées, alors que Louis XIV construit son image de « Roi Soleil ».

Les Pensées (1670)

Blaise Pascal dans ses *Pensées* met en évidence la fragilité de la condition humaine. Ses interrogations sont de nature philosophique et religieuse, s'inscrivant dans les débats complexes sur la grâce qui opposèrent le courant janséniste au reste de l'Église catholique. L'art de Pascal est d'aborder ces questions dans des textes fragmentaires (l'œuvre est inachevée), qui ne proposent pas tant un système que des constats et une « pensée » en mouvement perpétuel.

Le XVIIIe siècle : le siècle des Lumières (▸ Les mouvements littéraires : le XVIIIe siècle, p. 28)

Une vie intellectuelle intense

Le XVIIIe siècle accorde toute sa place à « l'esprit philosophique » : les réflexions et les débats sur l'homme et la société foisonnent, les formes d'argumentation se multiplient. La curiosité pour toutes les formes de savoirs et d'arts est érigée en valeur fondamentale. L'échange d'idées, qu'il soit oral, dans les cafés ou les Salons, ou écrit, dans les nombreuses correspondances, est permanent. La fin du règne de Louis XIV (1715), la remise en cause progressive des privilèges de la noblesse, conduisent à chercher une nouvelle organisation de la société et à repenser les rapports de forces qui la fondent – la place et le rôle de la femme par exemple. Les conditions du bonheur, ici et maintenant, sont discutées.

La maxime

Formule à valeur générale affirmant un précepte, une règle de vie. Elle peut être intégrée à un discours ou former un « message » autonome à elle seule. **La Rochefoucauld** compose un recueil de *Maximes* (1665) qui sont autant de « réflexions morales » sur l'homme en général et la société du XVIIe siècle en particulier.

Sur le site de la BnF, consultez l'exposition virtuelle consacrée aux Lumières. Comment les thèmes qui y sont abordés rendent-ils compte des questions et des idéaux des hommes de ce temps ? Comment comprenez-vous le titre donné à l'exposition : « Les Lumières, un héritage pour demain » ?

Anicet Charles Gabriel Lemonnier, *Le Salon de madame Geoffrin* (1812), huile sur toile, musée des Châteaux de Malmaison et Bois-Preau, Malmaison.

Autant de formes que d'idées

Ces réflexions peuvent être menées dans le cadre de fictions, comme dans le roman épistolaire (**Montesquieu**, *Lettres persanes*, 1721), ou les contes philosophiques de **Voltaire**, aussi bien que dans des essais, des articles de l'*Encyclopédie* (1751) au *Discours sur l'origine et les fondements de l'inégalité parmi les hommes* (1755) de **Jean-Jacques Rousseau.** Cette effervescence est à l'image des mutations du siècle, qui aboutissent à la Révolution de 1789.

Le XIXe siècle : le siècle des engagements

Au cours du XIXe siècle, les auteurs vont bien souvent mettre les grands genres littéraires au service de leurs engagements. Ces derniers traduisent les exigences d'égalité, de justice sociale héritées des idéaux du siècle précédent. L'œuvre de **Victor Hugo** rend compte de sa vigilance et de ses valeurs, que ce soit dans *Les Châtiments* (1853), recueil de poèmes dénonçant le régime de Napoléon III, dans *Les Misérables* (1862), roman embrassant tous les maux de son temps, ou dans les discours qu'il rédige dans le cadre de ses fonctions politiques. Le développement de la presse offre aux auteurs la possibilité de proposer leurs réflexions à un large public. Le « J'accuse » d'**Émile Zola**, rédigé pour la défense du capitaine Dreyfus, en est un des exemples les plus célèbres.

Le XXe siècle : le siècle des remises en cause (▸Les mouvements littéraires : le XXe siècle, p. 38)

Les bouleversements et les violences qui marquent l'histoire du XXe siècle d'une part, le développement des sciences humaines, comme l'anthropologie et la sociologie d'autre part, ont nourri et renouvelé les interrogations sur l'homme et le monde. Après le temps des engagements, qui caractérise encore une grande première moitié du siècle, aucune certitude ne semble plus jamais acquise, qu'il s'agisse de l'individu ou de la société. Ces réflexions s'expriment dans des genres et des formes multiples, abordés parfois par un même auteur. Ainsi **Jean-Paul Sartre** et **Albert Camus** ont-ils laissé une œuvre à la fois philosophique, romanesque, et théâtrale. Cela rend compte des échanges fructueux entre les différents modes de pensée, les différentes approches de la question de l'homme, qui perdurent encore aujourd'hui.

Le XXIe siècle : de nouvelles formes d'argumentation

Au XXIe siècle, les nouvelles technologies, en abolissant les frontières et en offrant de nouveaux espaces de dialogue, modifient à leur tour l'approche de la question de l'homme et proposent de nouvelles formes d'argumentation.

Regardez sur le site de l'INA les extraits des discours de Robert Badinter sur la peine de mort. Quel ton et quelle attitude adopte-t-il ? En quoi est-il convaincant ? Recherchez d'autres défenseurs célèbres de l'abolition de la peine de mort.

Exposés

- **La guerre et la littérature engagée** : recherchez des textes rédigés entre le XVIe et le XXIe siècle qui dénoncent la guerre. Analysez les arguments avancés et les stratégies argumentatives adoptées par les auteurs.
- **L'utopie** : quelle est l'origine du mot ? De quelle manière aborde-t-elle la question de l'homme et de la société ? Quelles formes peut-elle prendre ? Appuyez-vous sur des exemples précis de textes et éventuellement de films d'époques diverses.

Séquence 1

Œuvre intégrale

Le projet de Michel de Montaigne : les *Essais* (1595)

Quel est le projet des *Essais* ? Comment cette œuvre s'inscrit-elle dans le courant humaniste ? Quelles interrogations Montaigne partage-t-il avec ses lecteurs ?

CORPUS DE LA SÉQUENCE

PERSPECTIVE CONTEMPORAINE

LIENS AVEC LA PARTIE LANGUE

- Les valeurs des modes et des temps, p. 520
- L'organisation du texte, p. 522
- L'énonciation et le discours, p. 528
- Les figures de style, p. 534

LIENS AVEC LA PARTIE OUTILS D'ANALYSE

- Le récit, p. 550
- L'argumentation, p. 566
- L'image, p. 572
- Les registres et effets du texte, p. 578

LIENS AVEC LA PARTIE MÉTHODE POUR LE BAC

- La question sur le corpus, p. 588
- Le commentaire, p. 598
- La dissertation, p. 606
- L'écriture d'invention, p. 616

▸▸▸ *Michel de Montaigne* (1533-1592), gravure (détail) de Leroy d'après H. Dupont.

▸ Biographies, p. 628

⊕ CONTEXTE

Quand Montaigne commence à écrire ses *Essais*, il y a presque un siècle que l'Amérique a été découverte par Christophe Colomb, en 1492. Pourtant, cette découverte continue à retentir dans les représentations des Européens. En effet, elle soulève des questions qui font l'objet de réflexions entre les colons, les hommes d'Église, les hommes politiques et les penseurs qui, comme Montaigne en témoigne, débattent de la légitimité de la conquête et de la condition des Indiens.

▸ L'Humanisme, p. 22

Michel de Montaigne, « Des Coches », *Essais*, III, 6 (1595)

Dans cet essai, Montaigne reconstitue une de ces rencontres qui ont eu lieu entre les Conquérants et les Indiens. C'est l'occasion d'imaginer les échanges entre les uns et les autres pour confronter les valeurs et les points de vue.

Notre monde vient d'en trouver un autre

En naviguant le long des côtes à la recherche de leurs mines [d'or], quelques Espagnols prirent terre en une contrée fertile et agréable, fort habitée et ils firent à ce peuple leurs déclarations habituelles : « Qu'ils étaient des gens paisibles, arrivant après de longs voyages, envoyés de la part du roi de Castille, le plus grand prince de la terre habitable, auquel le Pape, représentant de Dieu sur la terre, avait donné la principauté[1] de toutes les Indes ; que, s'ils voulaient être tributaires[2] de ce roi, ils seraient traités avec beaucoup de bienveillance ; ils leur demandaient des vivres pour leur nourriture et de l'or dont ils avaient besoin pour quelque médicament ; ils leur faisaient connaître au demeurant la croyance en un seul Dieu et la vérité de notre religion qu'ils leur conseillaient d'accepter, ajoutant quelques menaces à ce conseil. » La réponse fut telle [que voici] : « Que, pour ce qui est d'être des gens paisibles, ils n'en portaient pas la mine, s'ils l'étaient ; quant à leur roi, puisqu'il demandait, il devait être indigent et nécessiteux, et celui qui avait fait cette distribution [de territoires] devait être un homme aimant la dissension puisqu'il donnait ainsi à un tiers une chose qui n'était pas sienne pour le mettre en conflit avec les anciens possesseurs ; quant aux vivres, [ils dirent] qu'ils leur en fourniraient ; de l'or, qu'ils en avaient peu et [ils ajoutèrent] que c'était une chose qu'ils ne tenaient en nulle estime parce qu'elle était inutile au service de leur vie tandis que tout leur souci visait seulement à la passer heureusement et agréablement ; pour cette raison, ce qu'ils en pourraient trouver, sauf ce qui était employé pour le service de leurs dieux, qu'ils le prissent sans hésiter ; quant au Dieu unique, [ils dirent que] l'idée leur en avait plu mais qu'ils ne voulaient pas changer leur religion après s'en être servis si utilement pendant si longtemps et qu'ils avaient l'habitude de ne prendre conseil que de leurs amis et connaissances ; quant aux menaces, c'était [, dirent-ils,] un signe de manque de jugement que d'aller menacer des gens dont la nature et les forces [guerrières] leur étaient inconnues ; dans ces conditions, qu'ils se dépêchassent – et promptement – de quitter leur pays car ils n'avaient pas l'habitude de prendre du bon coté les civilités et les déclarations de gens armés et étrangers ; autrement, on ferait d'eux comme de ces autres, et ils leur montraient les têtes de certains hommes exécutés, autour de leur ville. » Voilà un exemple des balbutiements de ces prétendus enfants. Mais toujours est-il que ni en ce lieu ni en plusieurs autres, où les Espagnols ne trouvèrent pas les marchandises qu'ils cherchaient, ils ne firent d'arrêt ni d'entreprise guerrière, quelque autre avantage qu'il y eût : témoin mes Cannibales.

1. Le pouvoir sur.
2. Payer des impôts.

Questions

► Les formes de l'argumentation, p. 566
► Les genres de l'argumentation, p. 568
► Convaincre et persuader, p. 580

Grammaire
« Que, pour ce qui est d'être des gens paisibles [...] avec les anciens possesseurs. » (l. 12 à 16) : récrivez ces propos tenus par les Indiens au discours direct.
► Les discours rapportés, p. 532

La composition de l'extrait

1. Connaît-on précisément le contexte de cette rencontre entre les Conquérants et les Indiens ? Justifiez votre réponse.
2. De qui les paroles sont-elles rapportées dans cet extrait ? Les prises de parole sont-elles équilibrées ? Qui a le dernier mot dans le dialogue rapporté ?

Le dialogue

3. Que demandent les Espagnols aux Indiens ? Au nom de quoi justifient-ils leurs demandes ?
4. Analysez chacune des réponses prêtées aux Indiens : quels arguments emploient-ils pour réfuter les prétentions des colons ?
5. Par quel argument les Indiens achèvent-ils leur discours ?

Une mise en scène de la rencontre

6. Quelles motivations Montaigne prête-t-il aux colons ? Quelle image donne-t-il d'eux à travers leurs propos ?
7. Quelles sont les valeurs qui semblent régler le mode de vie des Indiens si l'on en juge par leurs propos ? Que peut-on en conclure sur leur civilisation ?
8. Dans cette confrontation entre les Conquistadors et les Indigènes, quel groupe semble le plus civilisé ? À quels indices peut-on lire que Montaigne épouse le point de vue des Indiens ?

Synthèse Comment Montaigne invite-t-il les lecteurs à remettre en cause la prétendue naïveté des Indiens ?

BAC S'entraîner à l'écriture d'invention

► Amplifier et transposer un texte, p. 616

Amplifiez le dialogue entre les Indiens et les Espagnols : prêtez aux Espagnols deux autres demandes, puis imaginez la réponse des Indiens pour chacune d'elles. Vous introduirez chaque réponse par la locution « Quant à ».

LECTURE D'IMAGE

1. Quelle est la fonction de cette image ?
2. Comment sont représentés les deux groupes :
   - celui des Indiens ?
   - celui des Conquérants ?

► Les visées et intentions de l'image, p. 573

Histoire de l'Amérique : les Espagnols exploitent les mines d'or. Les Indiens travaillent sous les yeux des colons. Gravure de Théodore de Bry (XVIe s.), collection particulière.

Texte écho

Christophe Colomb, *Journal de bord* (1492-1493)

CONTEXTE
Christophe Colomb est parti le 3 août 1492 d'Andalousie avec trois navires pour trouver une nouvelle voie par l'ouest vers les Indes. Dans son *Journal de bord*, on trouve le récit de la première rencontre entre les Indiens et les Espagnols, le jeudi 11 octobre 1492, sur l'île nommée, par les conquérants, *Hispaniola* (aujourd'hui Saint Domingue).
▶ L'Humanisme, p. 22

Christophe Colomb adresse un discours aux Indiens pour prendre possession des terres découvertes au nom des rois d'Espagne.

Portraits d'Indiens

Jeudi 11 octobre 1492

« Moi, dit-il*, afin qu'ils nous aient en grande amitié et parce que j'ai connu qu'ils étaient gens à se rendre et convertir bien mieux à notre Sainte Foi par amour que par force, j'ai donné à quelques-uns d'entre eux quelques bonnets rouges et quelques perles de verre qu'ils se sont mises au cou, et beaucoup d'autres choses de peu de valeur dont ils eurent grand plaisir [...]. Ensuite, ceux-là venaient, nageant, aux chaloupes des navires dans lesquelles nous étions, et ils nous apportaient des perroquets, du fil de coton en pelotes, des sagaies et beaucoup d'autres choses qu'ils échangeaient contre d'autres que nous leur donnions, telles que petites perles de verre et grelots. Enfin, ils prenaient et donnaient ce qu'ils avaient, tout, de bonne volonté. Mais il me parut qu'ils étaient des gens très dépourvus de tout. Ils vont nus, tels que leur mère les a enfantés, et les femmes aussi, toutefois je n'en ai vu qu'une qui était assez jeune. Et tous les hommes que j'ai vus étaient jeunes, aucun n'avait plus de trente ans ; ils étaient tous très bien faits, très beaux de corps et très avenants de visage, avec des cheveux quasi aussi gros que de la soie de la queue des chevaux, courts et qu'ils portent tombants jusqu'aux sourcils, sauf en arrière, quelques mèches qu'ils laissent longues et jamais ne coupent. Certains d'entre eux se peignent le corps en brun, et ils sont tous comme les Canariens, ni nègres ni blancs ; d'autres se peignent en blanc et d'autres en rouge vif, et d'autres de la couleur qu'ils trouvent. Certains se peignent le visage et d'autres tout le corps ; certains se peignent seulement le tour des yeux et d'autres seulement le nez. Ils ne portent pas d'armes ni même ne les connaissent, car je leur ai montré des épées que, par ignorance, ils prenaient par le tranchant, se coupant. Ils n'ont pas de fer ; leurs sagaies sont des bâtons sans fer, et certaines ont à leur extrémité une dent de poisson, et d'autres différentes choses.

La Découverte de l'Amérique, édition Michel Lequenne,

* Le *Journal de Bord* a été perdu mais Las Casas, qui participait à l'expédition, en avait fait une copie.

Questions

▶ La description, p. 550
▶ Les formes de l'argumentation, p. 566
▶ Convaincre et persuader, p. 580

Le regard de Christophe Colomb, l'Européen

1. Étudiez la composition du portrait des Indiens : quel est l'effet produit par l'accumulation des détails des lignes 10 à 19 ? Quel regard Christophe Colomb porte-t-il sur eux ?
2. Que nous apprennent les échanges de présents ? Pourquoi sont-ils révélateurs de chacune des civilisations ?
3. Quelles conclusions les rois d'Espagne ont-ils pu tirer de ce récit sur la conquête de ces nouveaux territoires ?

Montaigne, lecteur de Christophe Colomb

4. Pourquoi le témoignage de Christophe Colomb a-t-il pu être une source d'informations pour Montaigne ?
5. Confrontez ces deux images des Indiens et dites sur quels points elles diffèrent.

Synthèse Montrez que l'image édénique, originelle, proposée par Colomb et Montaigne, repose toutefois sur des valeurs très différentes.

Théodore de Bry, *Destruction des Indes* (1598)

Signe de son pouvoir, l'Inca se déplace porté sur une litière.

Une **image narrative** : l'Inca est représenté deux fois, lors de son arrestation, puis plus tard enchaîné.

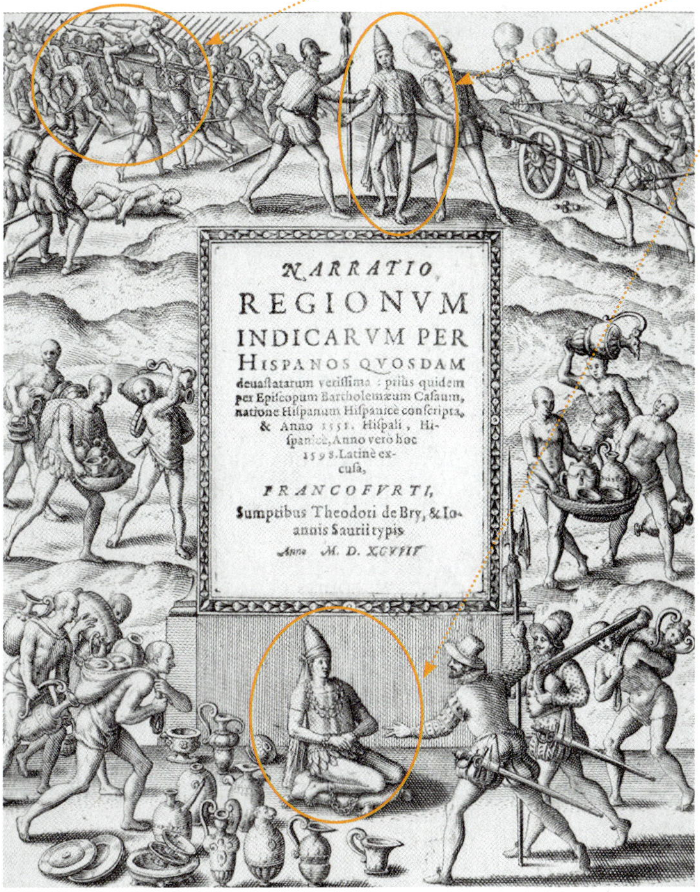

◂ En 1552, à Séville, le moine dominicain Bartholomé de Las Casas publie son ouvrage, *Récit véridique du pillage des Indes par des Espagnols*, pour dénoncer la violence d'une conquête dont il a été le témoin. En 1579, ce texte est traduit par le Flamand Jacques de Miggrode, de religion protestante, sous le titre, *Tyrannies et cruautés des Espagnols perpétrées ès Indes occidentales, qu'on dit le Nouveau Monde.* En 1598, une édition de ce texte est publiée en latin ; elle est illustrée par dix-sept gravures de l'artiste Théodore de Bry.

Destruction des Indes de Bartholomé de Las Casas, illustré par Théodore de Bry en 1598, BnF, Paris.

L'œuvre

Cette œuvre représente un épisode de la conquête du Pérou. En 1532, Pizarre invite le chef Inca Atahualpa à Cajamarca (ville de l'actuel Pérou) et lui tend un guet-apens au cours duquel deux mille Indiens sont massacrés. Atahualpa fait rassembler une immense rançon contre sa liberté, ce qui n'empêchera pas Pizarre de le faire exécuter en 1533.

La portée de l'œuvre

Publiées en pleine période des guerres de religion entre catholiques et protestants, les gravures de Théodore de Bry assimilent aussi la figure de l'Indien à celle du protestant victime d'oppression et de cruautés dont les Espagnols, champions du catholicisme, deviennent les symboles.

Questions

1. Quelles relations lit-on entre texte et dessin ? Montrez que les fonctions du titre sont plus larges au XVIe siècle qu'aujourd'hui. Par quels moyens le dessin raconte-t-il un épisode historique ? Quel rôle jouent les armes dans la composition de l'image ?
2. Comment l'image dénonce-t-elle ? Comment sont représentés les Espagnols, les Indiens ? Qu'est-ce qui semble motiver la conquête pour les Espagnols ?
3. À quels indices voit-on que le Nouveau Monde est représenté à travers les images et représentations de l'Europe de la Renaissance ?

► L'organisation de l'image, p. 572

▸ Biographies, p. 628

⊕ CONTEXTE

La rencontre entre Indiens et Européens se joue aussi en Occident car dès le début de la conquête, les Colons ont ramené de leurs voyages des Indigènes pour les présenter à ceux qui ne faisaient pas le voyage, les rois et les puissants. L'étonnement des Européens se double alors de la surprise des Indiens découvrant à leur tour un Autre Monde.

▸ L'Humanisme, p. 22

Michel de Montaigne, « Des Cannibales », *Essais*, I, 31 (1595)

En 1562, Charles IX, roi de France, alors âgé de douze ans, se rend à Rouen où il rencontre trois hommes du Nouveau Monde. Montaigne est présent lors de cette rencontre.

Rencontre à Rouen

Trois d'entre eux, ignorant combien coûtera un jour à leur quiétude et à leur bonheur la connaissance des corruptions de ce côté-ci de l'océan, et que de cette fréquentation naîtra leur ruine (comme je présuppose qu'elle est déjà avancée, bien malheureux qu'ils sont de s'être laissé tromper par le désir de la nouveauté et d'avoir quitté la douceur de leur ciel pour venir voir le nôtre), se trouvèrent à Rouen au moment où le feu roi Charles IX y était. Le roi leur parla longtemps ; on leur fit voir nos manières, notre faste, l'aspect extérieur d'une belle ville. Après cela, quelqu'un leur demanda ce qu'ils en pensaient et voulut savoir d'eux ce qu'ils avaient trouvé de plus surprenant : ils répondirent trois choses dont j'ai oublié la troisième – et j'en suis bien marri[1] –, mais j'en ai encore deux en mémoire. Ils dirent qu'ils trouvaient en premier lieu fort étrange que tant d'hommes grands, portant la barbe, forts et armés, qui étaient autour du roi (il est vraisemblable qu'ils parlaient des Suisses de sa garde), consentissent à obéir à un enfant et qu'on ne choisît pas plutôt l'un d'entre eux pour commander ; secondement (ils ont une expression de leur langage qui consiste à appeler les hommes moitié les uns des autres) qu'ils avaient remarqué qu'il y avait parmi nous des hommes remplis et gorgés de toutes sortes de bonnes choses et que leurs « moitiés » étaient mendiants à leurs portes, décharnés par la faim et la pauvreté ; et ils trouvaient étrange que ces « moitiés »-ci, nécessiteuses, pussent supporter une telle injustice sans prendre les autres à la gorge ou mettre le feu à leur maison.

Je parlai à l'un d'eux fort longtemps ; mais j'avais un interprète qui m'assistait si mal et que sa bêtise empêchait tellement de comprendre mes pensées que je ne pus guère tirer de plaisir de cet entretien. Quand je lui demandai quel profit il recueillait de la supériorité qu'il avait parmi les siens (car c'était un chef et nos matelots l'appelaient roi), il me dit que c'était de marcher le premier à la guerre ; [quand je demandai] de combien d'hommes il était suivi, il me montra un certain espace pour m'indiquer qu'il en avait autant qu'il pourrait y en avoir sur un tel espace : ce pouvait être quatre ou cinq mille hommes ; [à la question de savoir] si, avec la guerre, toute son autorité prenait fin, il dit qu'il lui en restait ceci que, lorsqu'il visitait les villages dépendant de lui, on lui taillait des sentiers au travers des fourrés de leurs bois par où il pût passer bien à l'aise.

Tout cela ne va pas trop mal : mais quoi ! ils ne portent point de hauts de chausses[2].

1. Contrarié, désolé.
2. Partie de l'habillement masculin allant de la ceinture aux genoux.

Joseph Nicolas Robert Fleury, *Réception de Christophe Colomb (1451-1506) par les rois d'Espagne, Ferdinand II d'Aragon et Isabelle Ire de Castille (dite la Catholique) à Barcelone en 1493* (XIXe s.). L'explorateur revient avec des Indiens captifs. Huile sur toile (195 cm x 306 cm), musée du Louvre, Paris.

Questions

► Les formes de l'argumentation, p. 566
► Convaincre et persuader, p. 580

Montaigne, témoin de la rencontre

1. Dans la première phrase, quelle part prennent les informations nécessaires à la reconstitution du contexte de la rencontre ? Quelle opposition y est également développée ? Qu'en déduit-on du point de vue adopté par Montaigne ?
2. À quoi voit-on qu'il est inimaginable que les Indiens puissent ne pas admirer la ville de Rouen ? Quel distingo opèrent-ils pour répondre aux questions qu'on leur pose ?
3. Quelles valeurs révèlent leurs paroles dans le premier paragraphe ?

Grammaire
Étudiez les valeurs des temps dans le cadre des paroles rapportées.
► Les discours rapportés, p. 532

Montaigne, acteur de l'entretien

4. À quel aspect de la culture indienne Montaigne s'intéresse-t-il à travers ses questions ?
5. Que mettent en lumière les réponses des Indiens ?

► L'expression de la cause, p. 522

Le dialogue

6. À quels indices comprend-on que la communication n'est pas très aisée entre les Indiens et les occidentaux ?
7. Relevez les divers moyens par lesquels Montaigne prend position pour les Indiens.
8. Comment peut-on comprendre la dernière phrase, qui clôt le texte et l'essai ?
9. **LECTURE D'IMAGE** : Commentez la composition du tableau et la façon dont sont représentés les Indiens et les Espagnols. Comparez ensuite la vision que Colomb et Fleury donnent des Indiens.

Synthèse Dans cette confrontation entre les cultures Montaigne précise que la civilisation peut se trouver ailleurs qu'en Occident. Comment joue-t-il sur le parallélisme et l'opposition pour composer sa démonstration ?

► Rassembler et organiser ses idées ; Construire un paragraphe et insérer des exemples, p. 606

BAC S'entraîner à la dissertation

Développez un paragraphe qui soulignera comment Montaigne s'attache à présenter la relativité des usages et des coutumes.

TEXTE 3

▸ Biographies, p. 628

⊕ CONTEXTE

La torture, nommée aussi *géhennes* ou *question*, est une pratique utilisée fréquemment par la justice dans la recherche d'une vérité qui est, à la Renaissance, fondée sur l'aveu.

▸ L'Humanisme, p. 22

Michel de Montaigne, « De la Conscience », *Essais*, II, 5 (1595)

Montaigne ne cesse de reprendre le texte de ses Essais *: il amplifie de ses « allongeails » pour développer et préciser ses pensées comme ici où il s'interroge sur l'efficacité de la torture. Les strates de la rédaction signalées par les majuscules A (pour les années 1580-1582), B (pour 1588) et C (pour la période ultérieure) offrent des informations précieuses sur la progression de sa pensée. L'essai s'achève sur ces lignes.*

Les Géhennes

A. C'est une dangereuse invention que celle des tortures, et il semble que ce soit plutôt une épreuve d'endurance que de vérité. Cachent la vérité et celui qui peut les supporter et aussi celui qui ne peut pas les supporter. Pourquoi, en effet, la douleur me fera-t-elle plutôt avouer ce qui en est qu'elle ne me forcera de dire ce qui n'est pas ? Et, à l'inverse, si celui qui n'a pas fait ce dont on l'accuse est assez endurant pour supporter ces tortures, pourquoi ne le sera pas celui qui l'a fait, quand une aussi belle récompense que celle de la vie [sauve] lui est proposée ? Je pense que le fondement de cette invention est appuyé sur la considération de la force de la conscience, car, en ce qui concerne le coupable, il semble qu'elle aide la torture pour lui faire avouer sa faute, et qu'elle l'affaiblisse [lui], et, de l'autre coté, qu'elle fortifie l'innocent contre la torture. À dire vrai, c'est un moyen plein d'incertitude et de danger.

B. Que ne dirait-on pas, que ne ferait-on pas pour échapper à d'aussi pénibles douleurs ?

C. *Etiam innocentes cogit mentiri dolor.*[1] [La douleur force à mentir même les innocents.]

Pour cette raison il arrive que celui que le juge a torturé pour ne pas le faire mourir innocent, il le fasse mourir et innocent et torturé. B. Mille et mille, sous l'action de la torture, ont chargé leurs têtes de faux aveux. [...]

A. Toujours est-il que c'est, C. dit-on, A. la chose la moins mauvaise que l'humaine faiblesse ait pu inventer.

C. Bien inhumainement pourtant et bien inutilement, à mon avis ! Beaucoup de nations, moins bar-

Pieter Bruegel l'ancien, *Le Triomphe de la mort* (XVIe s.), huile sur toile (117 cm x 162 cm), détail, musée du Prado, Madrid (Espagne).

1. Citation extraite des *Sentences*, de Publius Syrius, poète et moraliste latin du premier siècle avant J.-C.

2. Qui les appelle « barbares ».
3. Souci de la vérité.
4. L'instruction dans la procédure judiciaire est la phase où l'on enquête sur la réalité des faits reprochés à l'accusé.

bares en cela que les nations grecque et romaine qui les appellent ainsi[2], estiment qu'il est horrible et cruel de torturer et de briser [les membres] d'un homme sur la faute duquel vous êtes encore dans le doute. En quoi est-il responsable de votre ignorance ?

N'êtes-vous pas injustes, vous qui, pour ne pas le tuer sans cause, lui faites pire que de le tuer ? [...]. Je ne sais d'où je tiens le récit suivant, mais il représente exactement la probité scrupuleuse[3] de notre justice. Une femme de village accusait devant un général d'armée, grand justicier, un soldat d'avoir arraché à ses enfants encore petits le peu de bouillie qui lui restait pour les nourrir, cette armée ayant ravagé tous les villages aux environs. De preuve, il n'y en avait point. Le général, après avoir sommé la femme de bien peser ses paroles parce qu'elle serait condamnée pour cette accusation si elle mentait, et elle persistant, fit ouvrir le ventre du soldat pour s'informer de la vérité du fait. Et la femme se trouva avoir raison. Condamnation qui sert d'instruction[4] au procès.

Traduction A. Lanly, © Éditions Honoré Champion

Questions

► Émouvoir, p. 579
► Convaincre et persuader, p. 580

La démonstration au service de l'argumentation

1. Que veut prouver Montaigne dans le premier paragraphe ? Recomposez le raisonnement qui conclut que la torture est dangereuse et incertaine.
2. Dans le premier paragraphe, quelle concession Montaigne fait-il pour faire apparaître la torture comme efficace ? Quelle phrase contredit ensuite cette concession ?
3. Selon la démonstration de Montaigne, avec quelle probabilité la torture peut-elle conduire à la vérité ?

Dialoguer pour faire changer d'avis, pour émouvoir

4. Comment nomme-t-on l'argument qui consiste à citer des propos d'autrui (l. 16-17) ? D'où cet argument tire-t-il sa valeur ? Quel procédé rhétorique Montaigne utilise-t-il aux lignes 13-14 ? Qui fait-il parler aux lignes 25-26 ? À quoi voit-on que Montaigne n'expose pas son propre point de vue ici ?
5. Repérez tous les procédés d'écriture qui soulignent la volonté de Montaigne d'émouvoir son lecteur.

La morale de l'histoire

6. Relisez le récit qui clôt cet essai : en l'absence de preuve, comment le général conduit-il ses investigations pour faire éclater la vérité ? Quelle en est la conséquence pour le soldat ? Les accusations de la plaignante sont-elles avérées ? Justifiez votre réponse.
7. Quelle conclusion aurait-on tirée si l'on n'avait pas trouvé dans l'estomac du soldat la bouillie des enfants ? Qu'est-ce que cela aurait changé pour lui ?
8. Dans la dernière phrase, comment Montaigne dénonce-t-il la manière dont le « grand justicier » rend la justice ? Quel registre emploie-t-il ? À quel indice le repère-t-on ?

Grammaire
Relevez toutes les occurrences du pronom indéfini « on ». Quelles valeurs prend-il dans ce texte ?
► Les actes de langage, l'implicite et la modalisation, p. 528

Synthèse Les strates d'écriture nous montrent comment l'écriture de Montaigne s'amplifie en faisant varier les formes de l'argumentation. Quelle stratégie privilégie-t-il dans ses ajouts ?

BAC S'entraîner au commentaire

► Rédiger des paragraphes et insérer des citations, p. 598

Rédigez un paragraphe de commentaire qui analysera l'expression du pathétique dans cet extrait.

Texte écho

► Biographies, p. 628

Voltaire, *Dictionnaire philosophique* (1764)

⊕ CONTEXTE

Le *Dictionnaire philosophique*, que son auteur Voltaire ne signera pas, sera interdit dès sa publication à Genève en 1664. Il sera réédité très souvent ensuite. Ce dictionnaire est une arme au service de la dénonciation, contre l'intolérance religieuse, l'abus de pouvoir et l'injustice, les combats des Lumières. La pratique judiciaire de la torture, dénoncée ici, sera abolie en 1780.

► Les Lumières, p. 28

Torture

Les Romains n'infligèrent la torture qu'aux esclaves, mais les esclaves n'étaient pas comptés pour des hommes. Il n'y a pas d'apparence[1] non plus qu'un conseiller de la Tournelle[2] regarde comme un de ses semblables un homme qu'on lui amène hâve, pâle, défait, les yeux mornes, la barbe longue et sale, couvert de la vermine dont il a été rongé dans un cachot. Il se donne le plaisir de l'appliquer à la grande et à la petite torture, en présence d'un chirurgien qui lui tâte le pouls, jusqu'à ce qu'il soit en danger de mort, après quoi on recommence ; et, comme dit très bien la comédie des *Plaideurs* : « Cela fait toujours passer une heure ou deux. »[3]

Le grave magistrat qui a acheté pour quelque argent[4] le droit de faire ces expériences sur son prochain va conter à dîner à sa femme ce qui s'est passé le matin. La première fois madame en a été révoltée, à la seconde elle y a pris goût, parce qu'après tout les femmes sont curieuses ; et ensuite la première chose qu'elle lui dit lorsqu'il rentre en robe chez lui : « Mon petit cœur, n'avez-vous fait donner aujourd'hui la question[5] à personne ? »

Les Français, qui passent, je ne sais pourquoi, pour un peuple fort humain, s'étonnent que les Anglais, qui ont eu l'inhumanité de nous prendre tout le Canada, aient renoncé au plaisir de donner la question.

Lorsque le chevalier de La Barre, petit-fils d'un lieutenant général des armées, jeune homme de beaucoup d'esprit et d'une grande espérance, mais ayant toute l'étourderie d'une jeunesse effrénée, fut convaincu[6] d'avoir chanté des chansons impies, et même d'avoir passé devant une procession de capucins sans avoir ôté son chapeau, les juges d'Abbeville, gens comparables aux sénateurs romains, ordonnèrent, non seulement qu'on lui arrachât la langue, qu'on lui coupât la main, et qu'on brûlât son corps à petit feu ; mais ils l'appliquèrent encore à la torture pour savoir combien de chansons il avait chantées, et combien de processions il avait vues passer, le chapeau sur la tête.

Ce n'est pas dans le XIIIe ou dans le XIVe siècle que cette aventure est arrivée, c'est dans le XVIIIe. Les nations étrangères jugent de la France par les spectacles, par les romans, par les jolis vers, par les filles d'Opéra, qui ont les mœurs fort douces, par nos danseurs d'Opéra, qui ont de la grâce, par Mlle Clairon[7], qui déclame des vers à ravir. Elles ne savent pas qu'il n'y a point au fond de nation plus cruelle que la française.

Les Russes passaient pour des barbares en 1700, nous ne sommes qu'en 1769 ; une impératrice[8] vient de donner à ce vaste État des lois qui auraient fait honneur à Minos, à Numa et à Solon[9], s'ils avaient eu assez d'esprit pour les inventer. La plus remarquable est la tolérance universelle, la seconde est l'abolition de la torture. La justice et l'humanité ont conduit sa plume ; elle a tout réformé. Malheur à une nation qui, étant depuis longtemps civilisée, est encore conduite par d'anciens usages atroces ! « Pourquoi changerions-nous notre jurisprudence ? dit-elle : l'Europe se sert de nos cuisiniers, de nos tailleurs, de nos perruquiers ; donc nos lois sont bonnes. »

1. Il est peu probable.
2. Cour de justice criminelle du Parlement de Paris.
3. Comédie de Jean Racine, écrite en 1668.
4. La charge de juge pouvait être achetée.
5. La torture.
6. Fut accusé de.
7. Célèbre actrice du XVIIIe siècle, amie de Voltaire.
8. Catherine II, Impératrice de Russie.
9. Législateurs.

Questions

► Faire rire, p. 578
► Les progressions thématiques, p. 526

La torture, une spécificité de la justice française

1. Étudiez les thèmes développés dans chaque paragraphe. Comment se font les enchaînements entre les différents thèmes ?
2. Montrez que Voltaire ne trouve ni dans l'Histoire, ni dans d'autres pays d'exemples d'utilisation de la torture.
3. Pour quelles raisons un conseiller de la Tournelle semble-t-il ne pas refuser à appliquer la torture ? Quelle image de la justice son comportement induit-il ?

Le procès du chevalier de la Barre

4. Sous quels traits Voltaire présente-t-il le chevalier de la Barre ? Pour quelles raisons a-t-il été condamné ? À quoi ? Qu'est-ce qui peut sembler choquant dans ce châtiment ?
5. Pour quelles raisons l'a-t-on aussi torturé ? Par quels procédés Voltaire marque-t-il sa condamnation du sort fait au chevalier de la Barre dans le paragraphe 4 ?

De Montaigne à Voltaire : une condamnation virulente

6. Quelle formule de Montaigne (p. 318) vous semble la plus efficace pour dénoncer la torture ?
7. Montrez en les reformulant et en les explicitant que les trois formulations ironiques utilisées par Voltaire au paragraphe 3 constituent des critiques virulentes contre les Français.
8. Relevez la condamnation de la torture que fait Voltaire dans le paragraphe 6. Quelle forme particulière cette condamnation prend-elle ?
9. Qu'ont en commun les discours de Montaigne et de Voltaire ? Justifiez vos réponses.

Grammaire
Quel est le temps dominant utilisé dans le paragraphe 2 ? Et dans le paragraphe 4 ? Quelle est la valeur de chacun de ces temps dans ce contexte ?
► Les valeurs des modes et des temps, p. 520

Synthèse Voltaire concentre dans cet article tous les procédés contre la torture. Il conclut en donnant la parole à la nation française. Montrez que le propos qu'il lui prête la discrédite et la ridiculise.

BAC S'entraîner à la question sur le corpus

► Confronter les textes du corpus pour organiser sa réponse, p. 588

Quelles stratégies argumentatives communes Montaigne et Voltaire emploient-ils pour dénoncer la torture ?

Prolongement
En 1762, Jean Calas est condamné à mort, accusé d'avoir assassiné son fils. Documentez-vous sur cette affaire et sur l'implication de Voltaire.

École française, *La Famille Calas devant Voltaire* (XVIIIe s.), huile sur toile, musée Antoine Lecuyer, Saint-Quentin.

TEXTE 4

► Biographies, p. 628

CONTEXTE

On lit aujourd'hui les *Essais* dans des éditions dont l'orthographe et l'expression ont été adaptées à notre langue contemporaine. La page présentée ici permet de découvrir la langue du XVIe siècle. On y voit aussi le travail de réécriture que Montaigne fait subir à ses premières éditions, et ce jusqu'à sa mort : il amplifie son texte avec des *allongeails*, il rature et biffe. Au travers de ses *farcissures*, citations, petits récits, il illustre son propos et souligne le point de vue qu'il veut défendre.

► L'Humanisme, p. 22

Michel de Montaigne, « De l'affection des pères aux enfants », *Essais*, II, 8 (1595)

Dans cet essai, Montaigne dénonce « toute violence en l'éducation d'une âme tendre qu'on dresse pour l'honneur et la liberté », *ajoutant* « il y a je ne sais quoi de servile en la rigueur et en la contrainte ». *Ces principes d'éducation, nouveaux à la Renaissance, seront étayés par le témoignage du Maréchal de Monluc.*

Contre une éducation tyrannique

Feu Monsieur le Mareschal de Monluc[1], ayant perdu son fils qui mourut en l'Isle de Maderes, brave gentil'homme à la verité et de grande esperance, me faisoit fort valoir, entre ses autres regrets, le desplaisir et creve-cœur qu'il sentoit de ne s'estre jamais communiqué à luy ; et, sur cette humeur d'une gravité et grimace paternelle, avoir perdu la commodité[2] de gouster et bien connoistre son fils, et aussi de luy declarer l'extreme amitié qu'il luy portoit et le digne jugement qu'il faisoit de sa vertu. Et ce pauvre garçon, disoit-il, n'a rien veu de moy qu'une contenance refroignée et pleine de mespris, et a emporté cette creance que je n'ay sçeu ny l'aymer, ny l'estimer selon son merite. A qui gardoy-je à découvrir cette singuliere affection que je luy portoy dans mon ame ? estoit ce pas luy qui en devoit avoir tout le plaisir et toute l'obligation[3] ? Je me suis contraint et geiné pour maintenir ce vain masque ; et y ay perdu le plaisir de sa conversation, et sa volonté[4] quant et quant, qu'il ne me peut avoir portée autre que bien froide, n'ayant jamais reçeu de moy que rudesse, ny senti qu'une façon tyrannique.

1. Noble gascon qui a servi la monarchie française au XVIe siècle.
2. L'avantage.
3. La reconnaissance.
4. Son affection.

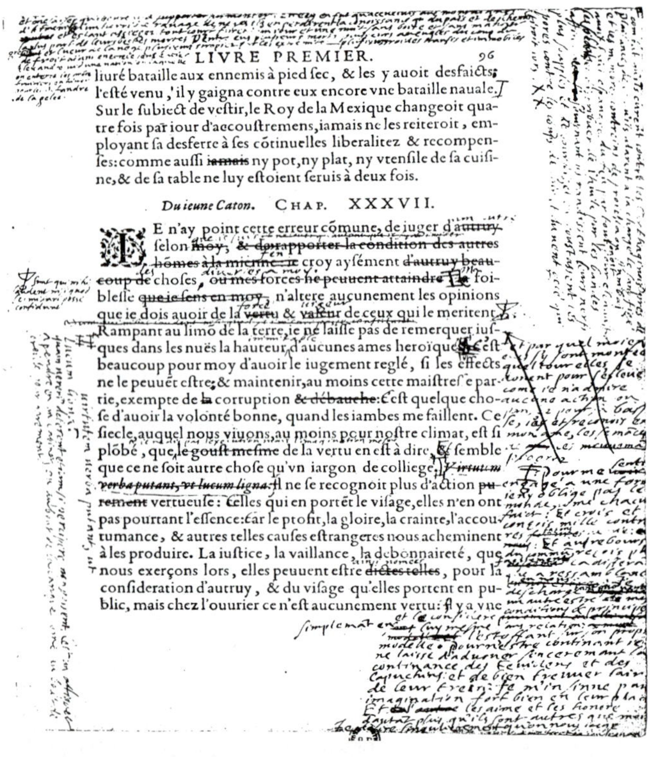

LIVRE PREMIER. 96

liuré bataille aux ennemis à pied sec, & les y auoit desfaicts; l'esté venu, il y gaigna contre eux encore vne bataille nauale. Sur le subiect de vestir, le Roy de la Mexique changeoit quatre fois par iour d'accoustremens, iamais ne les reiteroit, employant sa desferre à ses cōtinuelles liberalitez & recompenses: comme aussi ~~iamais~~ ny pot, ny plat, ny vtensile de sa cuisine, & de sa table ne luy estoient seruis à deux fois.

Du ieune Caton. CHAP. XXXVII.

IE n'ay point cette erreur cōmune, de iuger d'~~autruy~~ selon ~~moy, & de rapporter la condition des autres hōmes à la mienne: ie~~ croy aysément ~~d'autruy beaucoup de~~ choses, ~~où mes forces ne peuuent attaindre~~ ~~la~~ foiblesse ~~que ie sens en moy~~, n'altere aucunement les opinions que ie dois auoir de la ~~vertu~~ & ~~valeur~~ de ceux qui le meritent. Rampant au limō de la terre, ie ne laisse pas de remerquer iusques dans les nuës la hauteur d'aucunes ames heroïques. C'est beaucoup pour moy d'auoir le iugement reglé, si les effects ne le peuuēt estre; & maintenir, au moins cette maistresse partie, exempte de ~~la~~ corruption ~~& débauche~~: C'est quelque chose d'auoir la volonté bonne, quand les iambes me faillent. Ce siecle, auquel nous viuons, au moins pour nostre climat, est si plōbé, que ~~le goust mesme~~ de la vertu en est à dire, & semble que ce ne soit autre chose qu'vn iargon de colliege. ~~*Virtutem verba putant, vt lucum ligna.*~~ Il ne se recognoit plus d'action ~~purement~~ vertueuse: Celles qui en portēt le visage, elles n'en ont pas pourtant l'essence: car le profit, la gloire, la crainte, l'accoustumance, & autres telles causes estrangeres nous acheminent à les produire. La iustice, la vaillance, la debonnaireté, que nous exerçons lors, elles peuuent estre ~~dictes telles~~, pour la consideration d'autruy, & du visage qu'elles portent en public, mais chez l'ouurier ce n'est aucunement vertu: Il y a vne

Page des *Essais* de Montaigne corrigée par l'auteur.

Questions

1. Lisez à voix haute ce texte qui relate le témoignage du maréchal de Monluc sur ses relations avec son fils, puis dites ce que vous pensez de la lecture de la langue du XVIe siècle.
2. Relevez des mots dont l'orthographe a changé, des formes syntaxiques différentes de celles d'aujourd'hui. Comment peuvent s'expliquer ces différences ?

Un vain masque

Voici une réécriture de ce texte dans l'édition d'où sont extraits tous les passages de cette séquence. Cette traduction conserve la structure de la phrase de Montaigne.

* Le Maréchal de Monluc est mort au moment où Montaigne parle de lui.

Feu* Monsieur le Maréchal de Monluc, ayant perdu son fils qui était mort dans l'île de Madère, bon gentilhomme, à la vérité, et qui donnait de grandes espérances, donnait de l'importance, parmi ses autres regrets, en s'entretenant avec moi, au déplaisir et au crève-cœur qu'il ressentait de ne s'être jamais livré à lui en toute confiance et [il disait que,] du fait de ce comportement paternel fait de gravité, de mine affectée, il avait perdu l'avantage d'apprécier et bien connaître son fils, et aussi de lui déclarer l'extrême affection qu'il lui portait et le beau jugement qu'il faisait de sa valeur. « Et ce pauvre garçon, disait-il, n'a rien vu de moi qu'une physionomie renfrognée et pleine de mépris et a emporté cette conviction que je n'ai su ni l'aimer ni l'estimer selon son mérite. Pour qui gardais-je la révélation de la singulière affection que je lui portais dans mon âme ? N'était-ce pas lui qui aurait dû en avoir tout le plaisir et toute la gratitude ? Je me suis contraint et tourmenté pour garder ce vain masque, et en agissant ainsi j'ai perdu le plaisir de m'entretenir avec lui et en même temps son affection, qu'il ne peut m'avoir portée que bien froidement puisqu'il n'a jamais reçu de moi que rudesse ni connu qu'une manière tyrannique. »

Traduction en français moderne d'A. Lanly,

Questions

► Les formes de l'argumentation, p. 566
► Émouvoir, p. 579
► Les actes de langage, l'implicite et la modalisation, p. 528

1. Relevez tous les mots et expressions qui décrivent l'attitude du Maréchal de Monluc face à son fils. Au nom de quelle conception de l'éducation adopte-t-il cette attitude ?
2. Dans quel type de discours Montaigne le fait-il s'exprimer à partir de la ligne 8 ? Quel est l'effet produit par ce choix ?
3. De quoi Monluc s'est-il privé ? A-t-il privé son fils ? Justifiez votre réponse.
4. Par quels moyens Montaigne défend-il une éducation moins sévère ?
5. Comment comprenez-vous le titre de ce texte : un vain masque ?

Synthèse Quel registre Montaigne emploie-t-il ici pour persuader son lecteur ?

BAC S'entraîner à l'écriture d'invention

► Construire une argumentation, p. 620

Rédigez la lettre que le maréchal de Monluc se décide à envoyer à un autre de ses fils, à la guerre lui aussi, pour l'assurer de son affection et de son estime.

TEXTE 5

▸ Biographies, p. 628

⊕ CONTEXTE

Montaigne a reçu une éducation ouverte et soignée d'un père attentif, affectueux. À la suite de Rabelais, il condamne une éducation « pédantesque », centrée sur l'accumulation des connaissances. Pour la comtesse de Foix, qui le lui a demandé, il compose un programme d'éducation qui vise à faire de l'enfant un homme équilibré et autonome.

▸ L'Humanisme, p. 22

Michel de Montaigne, « De l'éducation des enfants », *Essais*, I, 26 (1595)

Dans cet extrait, Montaigne s'attache à définir les qualités du bon précepteur.

Pour une éducation humaniste

Je voudrais aussi qu'on fût soucieux de lui[1] choisir un guide[2] qui eût plutôt la tête bien faite que bien pleine et qu'on exigeât chez celui-ci les deux qualités, mais plus la valeur morale et l'intelligence que la science, et [je souhaiterais] qu'il se comportât dans [l'exercice de] sa charge d'une manière nouvelle.

On ne cesse de criailler à nos oreilles [d'enfants], comme si l'on versait dans un entonnoir, et notre rôle, ce n'est que de redire ce qu'on nous a dit. Je voudrais que le précepteur corrigeât ce point [de la méthode usuelle] et que, d'entrée, selon la portée de l'âme qu'il a en main, il commençât à la mettre sur la piste, en lui faisant goûter les choses, les choisir et les discerner d'elle-même, en lui ouvrant quelquefois le chemin, quelquefois en le lui faisant ouvrir. Je ne veux pas qu'il invente et parle seul, je veux qu'il écoute son disciple parler à son tour. Socrate et, depuis, Arcésilas faisaient d'abord parler leurs disciples, et puis ils leur parlaient. « *Obest plerumque iis qui discere volunt auctoritas eorum qui docent.* »[3] [L'autorité de ceux qui enseignent nuit la plupart du temps à ceux qui veulent apprendre.]

Il est bon qu'il le fasse trotter devant lui pour juger de son allure, juger aussi jusqu'à quel point il doit se rabaisser pour s'adapter à sa force. Faute [d'apprécier] ce rapport, nous gâtons tout : savoir le discerner, puis y conformer sa conduite avec une juste mesure, c'est l'une des tâches les plus ardues que je connaisse ; savoir descendre au niveau des allures puériles du disciple et les guider est l'effet d'une âme élevée et bien forte. Je marche de manière plus sûre et plus ferme en montant qu'en descendant.

[Quant aux maîtres] qui, comme le comporte notre usage, entreprennent, avec une même façon d'enseigner et une pareille sorte de conduite, de diriger beaucoup d'esprits de tailles et formes si différentes, il n'est pas extraordinaire si[4], dans tout un peuple d'enfants, ils en rencontrent à peine deux ou trois qui récoltent quelque véritable profit de leur enseignement.

Qu'il ne demande pas seulement [à son élève] de lui répéter les mots de la leçon [qu'il lui a faite], mais de lui dire leur sens et leur substance, et qu'il juge du profit qu'il en aura fait, non par le témoignage de sa mémoire, mais par celui de sa vie. Ce que [l'élève] viendra apprendre, qu'il le lui fasse mettre en cent formes et adaptées à autant de sujets différents pour voir s'il l'a dès lors bien compris et bien fait sien, en réglant l'allure de sa progression d'après les conseils pédagogiques de Platon. Regorger la nourriture comme on l'a avalée est une preuve qu'elle est restée crue et non assimilée. L'estomac n'a pas fait son œuvre s'il n'a pas fait changer la façon [d'être] et la forme de ce qu'on lui avait donné à digérer.

1. À l'enfant.
2. Un précepteur.
3. Citation de Cicéron.
4. Rien d'étonnant si.

Alexandre-Évariste Fragonard, *La leçon d'Henri IV, le futur roi de France avec son précepteur* (v. 1822-1824), huile sur toile, musée du Château, Pau.

Questions

► Les formes de l'argumentation, p. 566
► Convaincre et persuader, p. 580
► Les figures de style, p. 534

Contre les maîtres et leurs usages

1. Dans le second paragraphe, que reproche Montaigne aux enseignants de son temps ? À quel indice lit-on qu'il se sent très impliqué dans son discours ? Quel vocabulaire marque bien sa désapprobation ?
2. Quelle leçon de Socrate reprend-il à son compte ?
3. Que condamne-t-il dans le troisième paragraphe ? Sur quel caractère de l'être humain insiste-t-il ici ?

Une éducation de « manière nouvelle »

4. Reconstruisez le programme d'éducation de Montaigne : quelles capacités de l'enfant veut-il développer ? Quelles méthodes d'apprentissage préconise-t-il ?
5. Que veut-il que les élèves sachent faire ? Enfin, à quoi verra-t-il que son éducation est réussie ?

Des images pour faire comprendre

6. Relevez tous les mots et expressions qui évoquent le dressage du cheval : s'agit-il de contraindre l'animal par la force ? Identifiez cette image. Comment permet-elle de mieux comprendre la relation du précepteur à son élève ?
7. Confrontez cette figure de style à celle qui clôt le texte : quel risque prend-on à faire ingurgiter trop de savoirs à l'élève ? Comment cette nouvelle figure peut-elle constituer une critique virulente de l'éducation pédantesque ?

Grammaire
Quel mode et quel temps permettent ici de définir les règles d'une bonne éducation ?
► Les valeurs des modes et des temps, p. 520

Synthèse Montrez que Montaigne fait de l'éducation un enjeu humaniste.

BAC S'entraîner à la dissertation

Rédigez un paragraphe où vous reconnaîtrez dans certains modes d'enseignement contemporains la mise en œuvre des préceptes de Montaigne.

► Rassembler et organiser ses idées ; Construire un paragraphe et insérer des exemples, p. 606

▶ Biographies, p. 628

CONTEXTE

Si le projet de Montaigne évolue au fil des années et des réécritures, il affiche cependant le lien indissociable entre soi et son livre dont il se proclame la matière. Il revendique aussi de témoigner de l'universalité de la condition de l'homme, ce qui est au centre de la pensée humaniste.

▶ L'Humanisme, p. 22

Michel de Montaigne, *Essais* (1595)

Le premier texte est la préface des Essais, *intitulée « Au lecteur », rédigée en 1880. Les deux suivants sont empruntés à deux essais différents, « De l'affection de pères aux enfants » et de « Du repentir ».*

Chaque homme porte en soi la forme de l'humaine condition

Texte 1 : « Au lecteur », préface

C'est ici un livre de bonne foi, lecteur. Il t'avertit dès l'entrée que je ne m'y suis proposé aucune [autre] fin que domestique et privée. Je n'y ai eu aucune préoccupation de ton service ni de ma gloire. Je l'ai consacré à la commodité particulière de mes parents et amis afin que, lorsqu'ils m'auront perdu, [...] ils développent plus entièrement et plus vivement la connaissance qu'ils ont eue de moi. Si c'eût été pour rechercher la faveur du monde, je me serais mieux paré et je me présenterais avec une démarche étudiée. Je veux qu'on m'y voie dans ma façon d'être simple, naturelle et ordinaire, sans recherche ni artifice : car c'est moi que je peins. Mes défauts s'y liront sur le vif, ainsi que ma manière d'être naturelle, autant que le respect humain me l'a permis. Si j'avais été parmi ces peuples qui vivent encore, dit-on, sous la douce liberté des premières lois de la nature, je t'assure que je me serais très volontiers peint tout entier dans mon livre et tout nu. Ainsi, lecteur, je suis moi-même la matière de mon livre : il n'est pas raisonnable que tu emploies ton loisir en un sujet si frivole et si vain. Adieu donc ; de Montaigne, ce premier mars mil cinq cent quatre-vingt.

Texte 2 : « De l'affection des pères aux enfants », II, 8

C'est une humeur mélancolique – et une humeur par conséquent très opposée à ma disposition habituelle –, humeur produite par le chagrin de la solitude dans laquelle je m'étais jeté il y a quelques années, qui m'a mis d'abord en tête cette idée folle de me mêler d'écrire. Et puis, me trouvant entièrement dépourvu et vide de toute autre matière, je me suis offert à moi-même comme sujet [de mon livre]. C'est le seul livre au monde de son espèce : le dessein en est bizarre et extravagant. Il n'y a rien dans ce travail qui soit digne d'être remarqué sinon cette bizarrerie, car à un sujet aussi vain et aussi futile, le meilleur ouvrier du monde n'aurait pas su donner une forme qui mérite qu'on l'expose dans un ouvrage littéraire.

Texte 3 : « Du repentir », III, 2

Les autres [écrivains] façonnent l'homme ; moi je le raconte, et je peins un homme particulier bien mal formé, et si j'avais à le façonner de nouveau, je le ferais vraiment bien autre qu'il n'est. Mais désormais c'est fait. [...] Le monde n'est qu'une balançoire perpétuelle. Toutes choses y sont sans cesse en mouvement [...]. Je ne peins pas l'être, je peins le passage, non un passage d'un âge à un autre, ou, comme dit le peuple, de sept ans en sept ans, mais de jour en jour, de minute en minute. Il faut adapter mon histoire à l'heure. [...] Ce qui fait qu'il m'arrive bien de me contredire, mais la vérité, je ne la contredis pas [...]. Si mon âme pouvait se fixer, je ne m'éprouverais pas, je me déciderais : elle est toujours en train d'apprendre et de faire des expériences.

J'expose une vie humble et sans gloire ; cela n'a pas d'importance : on attache aussi bien toute la philosophie morale à une vie ordinaire et privée qu'à une vie de plus riche étoffe : chaque homme porte [en lui] la forme entière de la condition humaine.

Traduction A. Lanly, © Éditions Honoré Champion

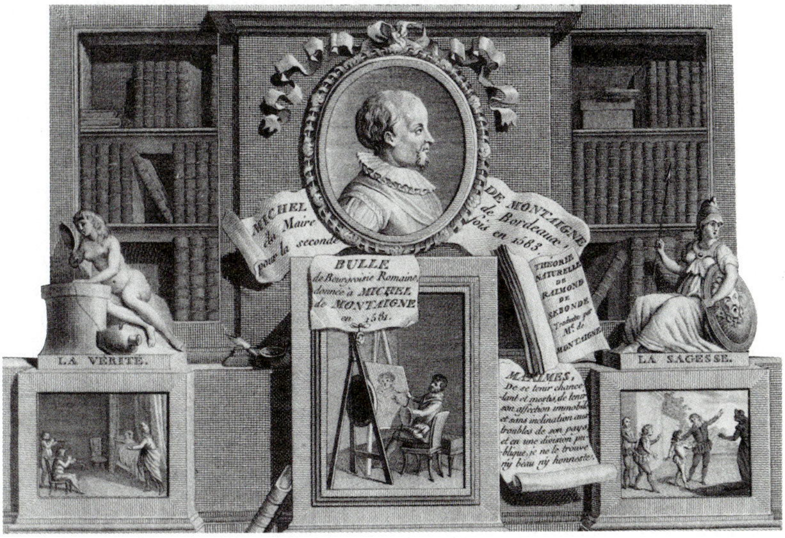

Nicolas Ponce, *Scène de vie de Michel de Montaigne* (XVIe s.), gravure d'après Marillier, Bibliothèque nationale de France, Paris.

Questions

► Les genres biographiques, p. 553
► Les formes de l'argumentation, p. 566
► Convaincre et persuader, p. 580

Un projet paradoxal

1. À qui sont destinés ses *Essais* si l'on en croit Montaigne dans sa préface (texte 1) ? Pour quelles raisons a-t-il écrit son livre ?
2. Que conseille-t-il à son lecteur de faire à la fin de la préface ?
3. Par quels adjectifs qualifie-t-il son projet dans le texte 2 ? Pourquoi dit-il l'avoir écrit ? Quelle qualité lui refuse-t-il ?

La métaphore du peintre

4. Relevez toutes les occurrences de la métaphore de la peinture dans les textes 1 et 3 : quel genre littéraire Montaigne inaugure-t-il ici ? Quelles qualités a-t-il voulu donner à son image ? Que refuse-t-il dans les trois textes ?
5. Qu'est-ce qui rend difficile de fixer l'image dans le texte 3 ? Qu'est-ce que Montaigne se résigne alors à peindre ?

Un projet philosophique

6. Selon Montaigne, qu'est-ce qui peut expliquer qu'il puisse se contredire ? Que revendique-t-il cependant ?
7. Quel précepte justifie le projet de Montaigne d'examiner sa propre vie pour faire œuvre de philosophe ?
8. Relevez deux formules qui témoignent du paradoxe de la condition humaine.

Grammaire
Étudiez les caractéristiques de l'énonciation de la préface de Montaigne.
► Les actes de langage, p. 528

Synthèse Pourquoi le projet de Montaigne a-t-il à la fois une dimension privée et universelle ?

BAC S'entraîner à la question sur le corpus

Comment chacun de ces extraits s'attache-t-il à définir le projet de Montaigne en développant un aspect original de l'écriture de son œuvre ?

► Confronter les textes du corpus pour organiser sa réponse, p. 588

► **Claude Lévi-Strauss (1908-2009),** ethnologue français, a voyagé au Brésil où il a étudié la vie des Indiens d'Amazonie. C'est ce qu'il raconte dans *Tristes Tropiques*, un témoignage sur ses expéditions et travaux, publié en 1955.

Claude Lévi-Strauss, *Tristes Tropiques* (1955)

Dans le début de Tristes Tropiques, *Claude Lévi-Strauss inscrit son voyage dans la lignée de Christophe Colomb et des grands voyageurs qui l'ont suivi. Il s'interroge sur le regard de l'ethnographe et sa capacité à percevoir ce qui lui est inconnu.*

Je voudrais avoir vécu au temps des *vrais* voyages, quand s'offrait dans toute sa splendeur un spectacle non encore gâché, contaminé et maudit ; n'avoir pas franchi cette enceinte moi-même, mais comme Bernier, Tavernier, Manucci[1]... Une fois entamé, le jeu de conjectures[2] n'a plus de fin. Quand fallait-il voir l'Inde, à quelle époque l'étude des sauvages brésiliens pouvait-elle apporter la satisfaction la plus pure, les faire connaître sous la forme la moins altérée ? Eût-il mieux valu arriver à Rio au XVIIIe siècle avec Bougainville, ou au XVIe avec Léry et Thevet[3] ? Chaque lustre[4] en arrière me permet de sauver une coutume, de gagner une fête, de partager une croyance supplémentaire. Mais je connais trop les textes pour ne pas savoir qu'en m'enlevant un siècle, je renonce du même coup à des informations et à des curiosités propres à enrichir ma réflexion. Et voici, devant moi, le cercle infranchissable : moins les cultures humaines étaient en mesure de communiquer entre elles et donc de se corrompre par leur contact, moins aussi leurs émissaires respectifs étaient capables de percevoir la richesse et la signification de cette diversité. En fin de compte, je suis prisonnier d'une alternative : tantôt voyageur ancien, confronté à un prodigieux spectacle dont tout ou presque lui échappait – pire encore inspirait raillerie et dégoût ; tantôt voyageur moderne, courant après les vestiges d'une réalité disparue. Sur ces deux tableaux je perds, et plus qu'il ne semble : car moi qui gémis devant des ombres, ne suis-je pas imperméable au vrai spectacle qui prend forme en cet instant, mais pour l'observation duquel mon degré d'humanité manque encore du sens requis ? Dans quelques centaines d'années, en ce même lieu, un autre voyageur, aussi désespéré que moi, pleurera la disparition de ce que j'aurais pu voir et qui m'a échappé. Victime d'une double infirmité, tout ce que j'aperçois me blesse, et je me reproche sans relâche de ne pas regarder assez.

1. Grands voyageurs du XVIIe siècle qui ont parcouru l'Inde.
2. Supposition, hypothèse.
3. Grands voyageurs du XVIe siècle qui ont parcouru le Brésil.
4. Un lustre désigne une durée de cinq ans.

Questions

1. Quelle nostalgie semble teinter le début du texte ? Sur quelle opposition se construit-elle ? Quel destin paraît marquer les civilisations après leur découverte ?
2. Reformulez l'alternative dans laquelle Claude Lévi-Strauss se sent enfermé : quel est, selon lui, le plus grand obstacle à la connaissance ethnologique ?
3. Relevez le vocabulaire qui caractérise les sentiments éprouvés par Claude Lévi-Strauss à la fin du texte : sont-ils ceux qu'on attend d'un scientifique ? Justifiez votre réponse.
4. À la lumière de ce texte, comment peut-on caractériser le projet de l'ethnologue contemporain ? Que recherche-t-il ?

Prolongements

1. Montrez que Christophe Colomb p. 314 peut apparaître comme ce « voyageur ancien » tel que le définit Claude Lévi-Strauss.
2. Dans cet extrait de *Tristes Tropiques*, qu'est-ce qui fait de Claude Lévi-Strauss un héritier de Montaigne ?

DÉLIBÉRER

1 ÉTYMOLOGIE

Cherchez l'étymologie du verbe « délibérer », puis recomposez la famille des mots ayant la même origine. Donnez la signification précise de chacun de ces mots.

2 SYNONYMES

Sélectionnez les synonymes du verbe « délibérer », puis classez-les du plus précis au plus général.

calculer – consulter – cogiter – débattre – discuter – étudier – examiner – hésiter – méditer – opiner – penser – réfléchir – résoudre

3 SENTIMENTS ET DÉLIBÉRATIONS

Dans cet extrait de monologue tiré du *Cid* de Corneille, Rodrigue délibère. Relevez l'objet de son interrogation, et nommez les sentiments que ce questionnement provoque.

[...] Que je sens de rudes combats ! /Contre mon propre honneur mon amour s'intéresse, /Il faut venger un père et perdre une maîtresse, /L'un échauffe mon cœur, /l'autre retient mon bras [...].

Pierre Corneille, *Le Cid*, I, 7 (1637)

4 L'EXPRESSION DU DOUTE, DE L'INCERTITUDE

a. Classez ces verbes du plus neutre au plus connoté négativement.

Atermoyer – balancer – barguigner – consulter – douter – flotter – hésiter – osciller – résister – étudier – observer – scruter – sonder – tâtonner – tergiverser

b. Faites de même avec les adjectifs qualificatifs ou participes passés suivants.

Embarrassé – incertain – indécis – indéterminé – irrésolu – perplexe – réticent

c. Choisissez six mots dans les listes a. et b. ; vous emploierez chacun d'eux dans une phrase qui éclairera son sens.

5 PROCÉDÉS DE LA DÉLIBÉRATION

a. L'alternative oppose deux propositions qui ne peuvent être justes ensemble. On peut l'introduire par des expressions comme « de deux choses l'une », « ou bien, ou bien », « soit, soit ». Exprimez une alternative sur la question de la peine de mort.

b. La concession a pour but de reconnaître qu'une partie d'un discours est juste mais que cela ne suffit pas à partager un point de vue. Complétez la phrase qui suit :

Vous avez raison de dire que les Indiens sont coupables de cruauté, pour autant...

c. Le distinguo récuse un argument parce qu'il ne traite pas de la question posée. Retrouvez un exemple de ce procédé dans le texte de Montaigne, « Les Géhennes » (p. 318).

d. La réfutation permet à l'interlocuteur de reprendre une proposition pour la contredire. Complétez le début de la phrase suivante pour la réfuter :

Vous dites que les Indiens sont des esclaves par nature, je vous dirais que...

EXPRESSION ÉCRITE

Sujet 1

Dans *La Controverse de Valladolid*, le philosophe Sepulveda défend l'idée que les Indiens ne sont pas des hommes. Imaginez la réponse de Las Casas, défenseur de la cause des Indiens, réfutant ses propos. Vous intégrerez des expressions qui reprennent les propos d'autrui pour les réfuter et vous ferez une concession à l'un des arguments pour le contredire ensuite.

Ils ignorent l'usage du métal, des armes à feu et de la roue. Ils portent leurs fardeaux sur le dos comme des bêtes, pendant de longs parcours. Leur nourriture est détestable, semblable à celle des animaux. Ils se peignent grossièrement le corps et adorent des idoles affreuses. [...] J'ajoute qu'on les décrit stupides comme nos enfants ou nos idiots. Ils changent très fréquemment de femmes ce qui est un signe très vrai de sauvagerie. [...] Ils sont timides et lâches à la guerre. Ils ignorent aussi la nature de l'argent et n'ont aucune idée de la valeur respective de l'argent ? Par exemple, ils échangeaient contre de l'or le verre cassé des barils.

Jean-Claude Carrière,
La Controverse de Valladolid (1992),
© Acte Sud, 1999

Sujet 2

Imaginez les propos que le roi Louis XVI aurait pu tenir devant l'un de ses conseillers : faut-il ou non supprimer la torture ? Ce monologue, écrit à la première personne, devra comporter au moins trois procédés de délibération et développer le champ lexical du doute.

MONTAIGNE : UNE VISION HUMANISTE DU MONDE

Montaigne reprend la question des philosophes sceptiques qui doutent du savoir commun : « Que sais-je », se demande-t-il au fil de ses Essais*, un genre qu'il a inventé, où il confronte ses facultés de comprendre aux savoirs du passé et de son temps.*

1 MONTAIGNE, PENSEUR DE SON TEMPS

Visions du Monde : le Nouveau Monde et l'Ancien

Montaigne se penche sur les questions essentielles de la morale, du pouvoir politique, des civilisations, à la lumière de la découverte du Nouveau Monde, un choc pour le XVIe siècle. En participant au débat sur la nature des Indiens, il met en évidence leur humanité et révèle aussi par comparaison l'injustice et l'arbitraire de l'Ancien Monde.

→ **Ex. :** Dans « Notre monde vient d'en trouver un autre », les Indiens, face à la cupidité des Conquérants, opposent leur générosité, leur perspicacité, leur fidélité.

Dans « Farcissures et biffures » et « Pour une éducation humaniste », Montaigne ne se contente pas de condamner : constatant les méfaits d'une éducation sévère et pédantesque, il offre un vrai programme pour une éducation « de manière nouvelle ».

L'homme au centre

Indien ou Européen, c'est l'homme et sa condition qui sont au cœur des *Essais*.

→ **Ex. :** Dans sa préface, Montaigne se proclame « la matière se son livre ». Ce faisant, il ouvre la voie à l'écriture autobiographique ; mais dans un sujet « si vain et si frivole » ce qu'il cherche en soi c'est « la forme entière de l'humaine condition ». Humaniste, Montaigne ramène sa vision du monde à l'homme qui en est la mesure, le centre.

2 LES *ESSAIS*, UNE ÉCRITURE DYNAMIQUE ET REVENDIQUÉE QUI MULTIPLIE ET CONCENTRE LES PROCÉDÉS DE LA RHÉTORIQUE

Montaigne articule la logique de son discours avec des figures qui visent à émouvoir et convaincre son lecteur. Sa pratique constante de la réécriture et ses *alongeails* contribuent à faire entendre plusieurs voix.

Les formes de la vérité, de la logique

Montaigne privilégie le questionnement plutôt que l'affirmation de la vérité, qui est relative.

→ **Ex. :** Dans « Les Géhennes », la dénonciation de la torture s'écrit dans une démonstration qui conclut sur le caractère aléatoire de la torture.

Les formes de l'engagement, de l'argumentation de l'auteur

Montaigne s'implique dans un discours souvent énoncé à la première personne : citations d'auteurs, exemples et commentaires étayent son point de vue et le fondent.

→ **Ex. :** « Notre monde vient d'en trouver un autre » ; « Rencontre à Rouen ».

Les formes de la persuasion et l'appel aux émotions du lecteur

Par l'usage du registre pathétique, l'interpellation directe du lecteur, les questions rhétoriques, l'intégration de fables illustratives, de métaphores et d'hyperboles qui s'adressent à l'imagination et aux émotions, Montaigne emporte l'adhésion de son auditoire dans un dialogue permanent qu'il continue à tenir avec le lecteur d'aujourd'hui.

Séquence 2

Œuvre intégrale

La justice sociale dans les *Fables* de La Fontaine

Comment une forme divertissante, la fable, permet-elle de porter un regard critique sur la société du XVIIe siècle ? Quels dysfonctionnements politiques et sociaux sont mis à jour par La Fontaine ?

CORPUS DE LA SÉQUENCE

PERSPECTIVES

LIENS AVEC LA PARTIE LANGUE

- Les valeurs des modes et des temps, p. 520
- L'énonciation et le discours, p. 528
- Les figures de style, p. 534

LIENS AVEC LA PARTIE OUTILS D'ANALYSE

- La versification, p. 561
- L'argumentation, p. 566
- L'image, p. 572
- Les registres et effets du texte, p. 578

LIENS AVEC LA PARTIE MÉTHODES POUR LE BAC

- Le commentaire, p. 598
- La dissertation, p. 602
- L'écriture d'invention, p. 612

▸▸▸ *Fables* de Jean de La Fontaine (XIXe siècle), aquarelle, détail, musée Gustave Moreau, Paris.

▸ Biographies, p. 628

CONTEXTE

La peste est un fléau particulièrement redouté depuis l'Antiquité et responsable d'épidémies meurtrières. La dernière grande épidémie de peste en Europe, connue sous le nom de « peste de Marseille », commence en 1720. On ne connaît pas au XVIIe siècle de moyen de soigner la peste, tout au plus sait-on limiter la contagion en isolant les malades. C'est pourquoi on a souvent cherché, dans l'Histoire, des causes extérieures ou des responsables humains.

Jean de La Fontaine, *Fables*, VII, 1 (1678)

Les Animaux malades de la peste

Un mal qui répand la terreur,
Mal que le Ciel en sa fureur
Inventa pour punir les crimes de la terre,
La Peste (puisqu'il faut l'appeler par son nom)
Capable d'enrichir en un jour l'Achéron[1],
Faisait aux animaux la guerre.
Ils ne mouraient pas tous, mais tous étaient frappés :
On n'en voyait point d'occupés
À chercher le soutien d'une mourante vie ;
Nul mets n'excitait leur envie ;
Ni Loups ni Renards n'épiaient
La douce et l'innocente proie.
Les Tourterelles se fuyaient :
Plus d'amour, partant plus de joie.
Le lion tint conseil, et dit : Mes chers amis,
Je crois que le Ciel a permis
Pour nos péchés cette infortune ;
Que le plus coupable de nous
Se sacrifie aux traits du céleste courroux,
Peut-être il obtiendra la guérison commune.
L'histoire nous apprend qu'en de tels accidents
On fait de pareils dévouements[2] :
Ne nous flattons donc point ; voyons sans indulgence
L'état de notre conscience.
Pour moi, satisfaisant mes appétits gloutons
J'ai dévoré force moutons.
Que m'avaient-ils fait ? Nulle offense :
Même il m'est arrivé quelquefois de manger
Le Berger.
Je me dévouerai donc, s'il le faut ; mais je pense
Qu'il est bon que chacun s'accuse ainsi que moi :
Car on doit souhaiter selon toute justice
Que le plus coupable périsse.
– Sire, dit le Renard, vous êtes trop bon Roi ;
Vos scrupules font voir trop de délicatesse ;
Et bien, manger moutons, canaille, sotte espèce,
Est-ce un péché ? Non non. Vous leur fîtes Seigneur
En les croquant beaucoup d'honneur.
Et quant au Berger, l'on peut dire
Qu'il était digne de tous maux,
Étant de ces gens-là qui sur les animaux
Se font un chimérique empire[3].
Ainsi dit le Renard, et flatteurs d'applaudir.
On n'osa trop approfondir
Du Tigre, ni de l'Ours, ni des autres puissances,

1. Un des fleuves des Enfers dans la mythologie grecque.
2. Sens étymologique : sacrifice aux dieux rendu nécessaire par les circonstances.
3. Un pouvoir illusoire.

4. Chiens de berger.
5. Procédure de justice qui consiste à poursuivre la partie opposée devant le juge.
6. Un loup lettré prouva par son discours.
7. Sa faute légère fut jugée digne de la pendaison.

Les moins pardonnables offenses.
Tous les gens querelleurs, jusqu'aux simples [mâtins[4],
Au dire de chacun, étaient de petits saints.
L'Âne vint à son tour et dit : J'ai souvenance
Qu'en un pré de Moines passant,
La faim, l'occasion, l'herbe tendre, et je pense
Quelque diable aussi me poussant,
Je tondis de ce pré la largeur de ma langue.
Je n'en avais nul droit, puisqu'il faut parler net.
À ces mots, on cria haro sur le baudet[5].
Un Loup quelque peu clerc prouva par sa harangue[6]
Qu'il fallait dévouer ce maudit animal,
Ce pelé, ce galeux, d'où venait tout leur mal.
Sa peccadille fut jugée un cas pendable.[7]
Manger l'herbe d'autrui ! quel crime abominable !
Rien que la mort n'était capable
D'expier son forfait : on le lui fit bien voir.
Selon que vous serez puissant ou misérable,
Les jugements de cour vous rendront blanc ou noir.

Gustave Moreau, « Les animaux malades de la peste », esquisse pour les *Fables* de La Fontaine (XIXe siècle), aquarelle (300 cm x 215 cm), musée Gustave Moreau, Paris.

Questions

► Les formes de l'argumentation, p. 566
► Les genres de l'argumentation, p. 568
► Faire rire, p. 578

Un récit étendu et riche en rebondissements

1. En vous appuyant sur le jeu des temps verbaux, distinguez la longue exposition d'une part, et le début de l'action d'autre part.
2. Recherchez et commentez tous les procédés utilisés dans les vers 1 à 14 par le narrateur pour amplifier le pouvoir de la peste. Quels sentiments cherche-t-il à créer chez le lecteur ?
3. Relevez les différentes péripéties de la fable : de quoi sont-elles ici constituées ?

Un regard critique sur la cour

4. Le discours du Roi Lion : relevez et commentez des indices révélateurs de ses principaux traits de caractère et de sa puissance.
5. Quel défaut caractéristique du courtisan est mis en évidence par le discours du Renard ?
6. Étudiez le dénouement de la fable, l'aveu de l'âne et sa condamnation : que remarquez-vous ?

La portée de la fable

7. Commentez les vers 47 et 48 : comment se manifeste l'ironie du narrateur ?
8. Relevez et commentez le champ lexical qui se développe des vers 55 à 62. Quelle est la cible visée par le fabuliste, outre la vie de cour ?
9. Comment la moralité de la fable est-elle développée ? Comment s'articule-t-elle avec le corps de la fable ?
10. **Du texte à l'image** : Comment l'illustrateur rend-il sensible l'intensité dramatique de la fable ?

Vocabulaire
Cherchez l'étymologie et le sens du verbe « expier ». Quelle portée le choix de ce terme donne-t-il à l'acte de l'âne ?

Synthèse Rédigez un court paragraphe pour montrer que cette fable peut être lue comme une satire de la justice.

BAC S'entraîner au commentaire

Dans la première fable du Livre V, La Fontaine écrit : « Faisant de cet ouvrage/Une ample comédie à cent actes divers/Et dont la scène est l'Univers. »
Vous rédigerez la première partie du commentaire de cette fable. Vous vous attacherez à montrer qu'elle est en effet construite comme une petite comédie, en vous appuyant sur la progression de l'action, les personnages, et le dialogue.

► Rédiger des paragraphes et insérer des citations, p. 598

▸ Biographies p. 628

CONTEXTE

Le règne personnel de Louis XIV (1661-1715) marque le triomphe de la monarchie absolue. La vie des nobles se partage entre l'armée et la cour réunie à Versailles, centre d'attractions pour tous les talents mais aussi toutes les ambitions. Le roi y accorde une pension à de nombreux artistes. Cependant, La Fontaine lui-même garde une certaine indépendance par rapport au pouvoir royal et porte un regard assez critique sur la cour.

Jean de La Fontaine, *Fables*, VII, 7 (1678)

La Cour du Lion

Sa Majesté Lionne un jour voulut connaître
De quelles nations le Ciel l'avait fait maître.
Il manda donc par députés
Ses vassaux de toute nature,
Envoyant de tous les côtés
Une circulaire écriture,
Avec son sceau. L'écrit portait
Qu'un mois durant le Roi tiendrait
Cour pleinière[1], dont l'ouverture
Devait être un fort grand festin,
Suivi des tours de Fagotin[2].
Par ce trait de magnificence,
Le Prince à ses sujets étalait sa puissance.
En son Louvre[3] il les invita.
Quel Louvre ! un vrai charnier[4], dont l'odeur se porta
D'abord au nez des gens. L'Ours boucha sa narine :
Il se fût bien passé de faire cette mine,
Sa grimace déplut. Le Monarque irrité
L'envoya chez Pluton[5] faire le dégoûté.
Le Singe approuva fort cette sévérité,
Et flatteur excessif il loua la colère
Et la griffe du Prince, et l'antre, et cette odeur :
Il n'était ambre, il n'était fleur,
Qui ne fût ail au prix[6]. Sa sotte flatterie
Eut un mauvais succès, et fut encore punie.
Ce Monseigneur du Lion-là
Fut parent de Caligula[7].
Le Renard étant proche : Or çà, lui dit le Sire,
Que sens-tu ? dis-le moi : parle sans déguiser.
L'autre aussitôt de s'excuser,
Alléguant un grand rhume : il ne pouvait que dire
Sans odorat ; bref, il s'en tire.
Ceci vous sert d'enseignement :
Ne soyez à la cour, si vous voulez y plaire,
Ni fade adulateur, ni parleur trop sincère ;
Et tâchez quelquefois de répondre en Normand[8].

1. Pour le roi, rassembler autour de lui tous les notables de son État. – 2. Nom d'un singe célèbre à l'époque pour ses tours. – 3. Palais royal. – 4. Endroit où se trouvent de nombreux cadavres. – 5. Nom latin du Dieu des Morts. – 6. Qui par comparaison ne sente comme de l'ail. – 7. Empereur romain célèbre pour sa cruauté et les crimes qu'il causa. – 8. Expression déjà proverbiale : répondre sans vous prononcer.

Grandville, « La cour du lion », illustration pour les *Fables* de La Fontaine (1868), gravure, collection privée.

Questions

► La versification, p. 561
► Les genres de l'argumentation, p. 568

Un récit vif et piquant

1. Étudiez la composition de la fable : repérez l'exposition et les différentes péripéties. Comment la situation finale est-elle mise en place ?
2. Analysez la versification et l'alternance des mètres : quel est l'effet recherché par le passage à un mètre plus court, des vers 3 à 12 par exemple ?

Un regard critique sur la vie de cour

3. « Je me sers d'animaux pour instruire les hommes », écrit La Fontaine. Comment les animaux sont-ils ici personnifiés en courtisans ? Quel trait de caractère chaque animal incarne-t-il ?
4. Observez les figures de style présentes aux vers 15 et 27 : qui s'exprime ici ? Quel est l'effet recherché ?
5. Quelle représentation le fabuliste donne-t-il du pouvoir royal ?
6. Examinez la moralité de la fable : comment s'articule-t-elle avec le récit ? Quelle leçon de vie le narrateur propose-t-il ici à son lecteur ?
7. **Du texte à l'image** : Comment l'illustrateur met-il en scène les rapports entre animaux évoqués par la fable ?

Grammaire
« il ne pouvait que dire/ Sans odorat. » À quel type de discours rapporté recourt ici le fabuliste ? Quel est l'intérêt de ce choix ?
► Les discours rapportés, p. 532

Synthèse En vous appuyant notamment sur les réponses aux questions 3 et 5, vous montrerez que le fabuliste porte un regard plutôt pessimiste sur la vie de cour.

BAC S'entraîner à l'écriture d'invention

Un de vos amis soutient l'idée que les *Fables* de La Fontaine n'ont pour intérêt que d'amuser les enfants. Vous lui écrirez une lettre pour défendre la valeur didactique (qui vise à apprendre) des fables. Vous montrerez l'intérêt spécifique de ce genre littéraire en tant qu'argumentation indirecte. Le début de cette lettre devra clairement préciser la situation d'énonciation.

► Repérer les différents écrits d'invention, p. 612

▸ Biographies, p. 628

Jean de La Fontaine, *Fables*, III, 2 (1668)

⊕ CONTEXTE

Le XVIIe siècle est une période de réflexion sur le pouvoir politique. Avec Louis XIV s'affirme la monarchie absolue de droit divin : le roi exerce un pouvoir illimité et n'est responsable que devant sa conscience et devant Dieu. Des théoriciens et des légistes justifient à l'époque cette manière d'exercer le pouvoir, tandis que d'autres comme Jean Bodin défendent l'idée d'un pouvoir plus modéré. La Fontaine s'inscrit à sa manière dans ce débat d'idées avec la fable suivante, qui fait l'éloge de la grandeur royale.

Les Membres et l'Estomac

Je devais[1] par la Royauté
Avoir commencé mon ouvrage.
À la voir d'un certain côté,
Messer Gaster[2] en est l'image.
S'il a quelque besoin, tout le corps s'en ressent.
De travailler pour lui les membres se lassant,
Chacun d'eux résolut de vivre en Gentilhomme,
Sans rien faire, alléguant[3] l'exemple de Gaster.
Il faudrait, disaient-ils, sans nous qu'il vécût d'air,
Nous suons, nous peinons, comme bêtes de somme.
Et pour qui ? Pour lui seul ; nous n'en profitons pas :
Notre soin[4] n'aboutit qu'à fournir ses repas.
Chommons, c'est un métier qu'il veut nous faire apprendre.
Ainsi dit, ainsi fait. Les mains cessent de prendre,
Les bras d'agir, les jambes de marcher :
Tous dirent à Gaster qu'il en allât chercher.
Ce leur fut une erreur dont ils se repentirent.
Bientôt les pauvres gens tombèrent en langueur ;
Il ne se forma plus de nouveau sang au cœur :
Chaque membre en souffrit, les forces se perdirent.
Par ce moyen, les mutins virent
Que celui qu'ils croyaient oisif et paresseux,
À l'intérêt commun contribuait plus qu'eux.
Ceci peut s'appliquer à la grandeur Royale.
Elle reçoit et donne, et la chose est égale.
Tout travaille pour elle, et réciproquement
Tout tire d'elle l'aliment.
Elle fait subsister l'artisan de ses peines,
Enrichit le Marchand, gage[5] le Magistrat,
Maintient le laboureur, donne paie au soldat,
Distribue en cent lieues ses grâces souveraines,
Entretient seule tout l'État.
Ménénius[6] le sut bien dire.
La Commune s'allait séparer du Sénat.
Les mécontents disaient qu'il avait tout l'Empire[7],
Le pouvoir, les trésors, l'honneur, la dignité ;
Au lieu que tout le mal était de leur côté,
Les tributs, les impôts, les fatigues de guerre.
Le peuple hors des murs était déjà posté,
La plupart s'en allaient chercher une autre terre,
Quand Ménénius leur fit voir
Qu'ils étaient aux membres semblables,
Et par cet apologue[8], insigne[9] entre les fables,
Les ramena dans leur devoir.

1. J'aurai dû.
2. Messire l'Estomac : reprise d'une expression de Rabelais.
3. Prétextant.
4. Souci, peine.
5. Rétribue.
6. Consul romain qui a su convaincre la plèbe de reprendre sa place dans la cité.
7. Le pouvoir.
8. Récit porteur d'une leçon.
9. Remarquable.

« Les membres et l'estomac », illustration de François Chauveau pour l'édition de 1728 des *Fables* de Jean de La Fontaine.

Questions

► Convaincre et persuader, p. 580

Un récit plein de vivacité

1. Relevez les termes qui, dans le récit lui-même, montrent la présence du narrateur et son regard ironique.
2. Comment sont représentées les différentes parties du corps ? Quel est l'effet recherché par le narrateur ?
3. Relevez et commentez les expressions qui créent un effet d'accélération dans le récit. Montrez que l'utilisation des temps verbaux contribue aussi à la vivacité du récit.

Une réflexion politique

4. Quelle leçon politique le fabuliste donne-t-il ici ? Quels rapports envisage-t-il précisément entre le roi et ses sujets ? Dans quels vers cette leçon se trouve-t-elle clairement formulée ?
5. Comment cette leçon a-t-elle été préparée par le récit qui précède ?

Une réflexion sur la poésie et le pouvoir des fables

6. Examinez plus particulièrement les vers 33 à 44 de la moralité : quel genre de l'argumentation est mis en exergue par le fabuliste ? Que cherche-t-il à montrer ?
7. Quels liens pouvez-vous établir entre l'anecdote mettant en scène Ménénius et la situation du fabuliste lui-même ? Comment appelle-t-on ce type de procédé ?
8. **Du texte à l'image** : Quels problèmes pose l'illustration de cette fable ? Comment l'artiste a-t-il résolu ces problèmes ?

Grammaire

« Tous dirent à Gaster/ Qu'il en allât chercher » : identifiez le temps employé ici. Quelle est sa valeur ?

► Les valeurs des modes et des temps, p. 520

▸ Biographies, p. 628

Pierre Corneille, *Le Cid*, II, 1 (1637)

⊕ CONTEXTE

Le Cid est une œuvre de jeunesse de Pierre Corneille. Cette tragédie a surtout séduit dès l'époque parce qu'elle mettait en scène des amants malheureux, déchirés entre l'amour et la gloire. Mais la pièce est aussi pour Corneille l'occasion de réfléchir sur le pouvoir royal et les rapports entre roi et héros, puisque l'autorité du roi y est menacée par l'arrogance d'un grand seigneur, le père de Chimène. Le dialogue entre personnages peut donc prendre un caractère argumentatif : chacun y défend son opinion.

Le Comte est un grand seigneur, un héros de guerre très sûr de lui et de son importance pour le royaume dont il garantit la sécurité. Il vient d'offenser en le giflant un autre grand seigneur, le père de Rodrigue, que le roi a choisi comme gouverneur pour son fils. Le roi envoie ici un émissaire pour exiger du comte qu'il présente ses excuses.

DON ARIAS

1 [...] D'un Prince qui vous aime apaisez le courroux,
Il a dit : Je le veux ; désobéirez-vous ?

LE COMTE

Monsieur, pour conserver ma gloire et mon estime
Désobéir un peu n'est pas un si grand crime.
Et quelque grand qu'il fût, mes services présents
Pour le faire abolir[1] sont plus que suffisants.

DON ARIAS

Quoi qu'on fasse d'illustre et de considérable
Jamais à son sujet un Roi n'est redevable :
Vous vous flattez beaucoup, et vous devez savoir
Que qui sert bien son Roi ne fait que son devoir.
Vous vous perdrez, Monsieur, sur cette confiance.

LE COMTE

Je ne vous en croirai qu'après l'expérience.

DON ARIAS

Vous devez redouter la puissance d'un Roi.

LE COMTE

Un jour seul ne perd pas un homme tel que moi.
Que toute sa grandeur s'arme pour mon supplice,
Tout l'État périra plutôt[2] que je périsse.

DON ARIAS

Quoi ? Vous craignez si peu le pouvoir souverain ?

LE COMTE

D'un sceptre qui sans moi tomberait de sa main ?
Il a trop d'intérêt lui-même en ma personne,
Et ma tête en tombant ferait choir sa couronne.

DON ARIAS

Souffrez que la raison remette vos esprits.
Prenez un bon conseil.

LE COMTE

Le conseil en est pris.

DON ARIAS

Que lui dirai-je enfin ? Je lui dois rendre compte.

1. Pardonner officiellement, amnistier.
2. Avant que je périsse.

LE COMTE

Que je ne puis du tout consentir à ma honte.

DON ARIAS

Mais songez que les Rois veulent être absolus.

LE COMTE

Le sort en est jeté, Monsieur, n'en parlons plus. [...]

Don Arias (Jacques Bourgaux) dans *Le Cid* de Pierre Corneille, pièce mise en scène par Brigitte Jacques-Wajeman à la Comédie-Française à Paris en 2005.

Questions

Une scène de conflit

1. Comment appelle-t-on un échange vers à vers entre personnages ? Quel est l'effet produit ?
2. Relevez et commentez, dans les répliques de Don Arias, les menaces qu'il emploie contre le comte.

Un choc de valeurs

3. Quelle conception du pouvoir défend ici Don Arias ?
4. Don Arias invite le Comte à l'obéissance. Quelle valeur défend alors le Comte ? Comment s'exprime l'orgueil de celui-ci ?

Une réflexion politique

5. Relevez et commentez deux vers qui vous paraissent définir les rapports entre un roi et son sujet tels que les envisagent Don Arias, d'une part et le Comte, d'autre part.
6. Comparez le débat posé ici avec la leçon dégagée par La Fontaine dans la fable qui précède : de quel personnage La Fontaine vous paraît-il le plus proche ? Quelles différences observez-vous cependant ?

Vocabulaire
Cherchez le sens classique du verbe « souffrir » ici employé par Don Arias et comparez-le au sens actuel.

Synthèse Vous comparerez la fable de La Fontaine « Les Membres et l'Estomac » (p. 336) et le texte de Corneille : vous montrerez que les écrivains utilisent des moyens différents (sans vous limiter uniquement au genre littéraire du texte) pour faire passer leur leçon.

BAC S'entraîner à l'écriture d'invention

Comme La Fontaine, rédigez un apologue en vers ou en prose. Vous aurez pour objectif de dénoncer au travers de l'anecdote une injustice sociale ou politique de notre époque.

► Repérer les différents écrits d'invention, p. 612

▸ Biographies, p. 628

Jean de La Fontaine, *Fables, IV, 4* (1668)

CONTEXTE

Au XVIIe siècle, le roi, monarque absolu, centralise progressivement tous les pouvoirs et fait respecter ses décisions grâce à des fonctionnaires. Mais en province perdurent des traces de l'ancien système féodal : les seigneurs jouissent encore d'une grande autorité et d'un grand prestige sur les villageois des alentours. Ils en abusent parfois comme le montre la fable qui suit.

Le Jardinier et son Seigneur

Un amateur du jardinage,
Demi bourgeois, demi manant,
Possédait en certain Village
Un jardin assez propre[1], et le clos attenant.
Il avait de plant vif[2] fermé cette étendue.
Là croissait à plaisir l'oseille et la laitue,
De quoi faire à Margot[3] pour sa fête un bouquet,
Peu de jasmin d'Espagne, et force serpolet.
Cette félicité par un Lièvre troublée
Fit qu'au Seigneur du bourg notre homme se plaignit.
Ce maudit animal vient prendre sa goulée[4]
Soir et matin, dit-il, et des pièges se rit ;
Les pierres, les bâtons y perdent leur crédit.
Il est Sorcier, je crois. – Sorcier ? Je l'en défie,
Répartit le Seigneur. Fût-il diable, Miraut[5],
En dépit de ses tours l'attrapera bientôt.
Je vous en déferai, bon homme, sur ma vie.
– Et quand ? – Et dès demain, sans tarder plus longtemps.
La partie ainsi faite, il vient avec ses gens.
Çà, déjeunons, dit-il : vos poulets sont-ils tendres ?
La fille du logis, qu'on vous voie, approchez :
Quand la marierons-nous ? quand aurons-nous des gendres ?
Bon homme, c'est ce coup qu'il faut, vous m'entendez,
Qu'il faut fouiller à l'escarcelle.[6]
Disant ces mots, il fait connaissance avec elle,
Auprès de lui la fait asseoir,
Prend une main, un bras, lève un coin du mouchoir,
Toutes sottises dont la Belle
Se défend avec grand respect ;
Tant qu'au père à la fin cela devient suspect.
Cependant on fricasse[7], on se rue en cuisine.
De quand sont vos jambons ? ils ont fort bonne mine.
– Monsieur, ils sont à vous. – Vraiment ! dit le Seigneur,
Je les reçois, et de bon cœur.
Il déjeune très bien ; aussi fait sa famille,
Chiens, chevaux, et valets, tous gens bien endentés[8] :
Il commande chez l'hôte, y prend des libertés,
Boit son vin, caresse sa fille.
L'embarras des chasseurs succède au déjeuné.
Chacun s'anime et se prépare :
Les trompes et les cors font un tel tintamarre
Que le bon homme est étonné.
Le pis fut que l'on mit en piteux équipage[9]
Le pauvre potager : adieu planches, carreaux ;
Adieu chicorée et porreaux ;

1. Bien tenu.
2. Une haie végétale.
3. Diminutif populaire.
4. Terme populaire qui signifie « grosse bouchée ».
5. Nom de chien.
6. La bourse.
7. Cuisiner.
8. Néologisme qui souligne leur appétit.
9. Dans un état pitoyable.

Adieu de quoi mettre au potage.
Le Lièvre était gîté dessous un maître chou.
On le quête ; on le lance, il s'enfuit par un trou,
Non pas trou, mais trouée, horrible et large plaie
Que l'on fit à la pauvre haie
Par ordre du Seigneur ; car il eût été mal
Qu'on n'eût pu du jardin sortir tout à cheval.
Le bon homme disait : Ce sont là jeux de Prince[10].
Mais on le laissait dire ; et les chiens et les gens
Firent plus de dégât en une heure de temps
Que n'en auraient fait en cent ans
Tous les lièvres de la Province.

Petits Princes, videz vos débats entre vous :
De recourir aux rois vous seriez de grands fous.
Il ne les faut jamais engager dans vos guerres,
Ni les faire entrer sur vos terres.

10. Vieux proverbe : caprices de princes.

Grandville, « Le Jardinier et son Seigneur », illustration pour les *Fables* de La Fontaine (1868), gravure, collection privée.

Questions

► Les actes de langage, l'implicite et la modalisation, p. 528

Vocabulaire
Cherchez, en vous appuyant sur son étymologie, le sens du mot « manant » au XVIIe siècle. Que cherche à montrer ici le fabuliste, au sujet de son personnage ? Quel sens péjoratif le mot a-t-il ensuite pris ?

Un récit plein d'émotions

1. Repérez et relisez la scène d'exposition de la fable : comment le narrateur met-il en valeur le bonheur rustique du jardinier ?
2. Étudiez le choc des classes sociales en présence : quelles péripéties montrent la désinvolture du seigneur à l'égard du jardinier ?
3. Confrontez la situation initiale et la situation finale : sur quels registres joue ici le narrateur ?

Un récit qui porte à réflexion

4. Dans le récit, le narrateur utilise plusieurs termes qui marquent le jugement qu'il porte sur la situation et les personnages : relevez-les et commentez-les.
5. Commentez la place respective du récit et de la moralité : que remarquez-vous ?
6. Relisez la moralité et observez les temps et la situation d'énonciation : cette moralité vous paraît-elle bien articulée avec la dénonciation présente dans le récit ? Pourquoi ?
7. **Du texte à l'image** : Quel moment de la fable le graveur a-t-il choisi d'illustrer ? Comment les rapports entre les personnages sont-ils mis en valeur ?

Synthèse En vous appuyant sur les réponses aux questions, vous étudierez la construction dramatique (du grec *drama*, relatif à l'action) de cette fable.

BAC S'entraîner à la dissertation

« Ces badineries ne sont telles qu'en apparence, car dans le fond elles portent un sens très solide. » écrit La Fontaine dans la *Préface* du recueil. Vous développerez la première partie de cette dissertation. En vous appuyant sur des exemples précis, vous montrerez que la fable est d'autant plus efficace pour faire réfléchir le lecteur qu'elle est une « badinerie », c'est-à-dire une forme apparemment légère.

► Analyser le sujet et exploiter le corpus, p. 602

TEXTE 5

► Biographies, p. 628

Jean de La Fontaine, *Fables*, V, 6 (1668)

⊕ CONTEXTE

Dans la société d'Ancien Régime, les petites gens ont des conditions de travail particulièrement difficiles puisqu'il n'y a aucune législation du travail pour les protéger et défendre leurs droits. C'est particulièrement le cas du personnel de maison, qui vit et travaille sur place, sous la surveillance de ses maîtres, et connaît peu de répit. La Fontaine dénonce dans la fable qui suit l'asservissement de deux femmes de chambre, employées à filer.

La Vieille et les deux Servantes

Il était une vieille, ayant deux Chambrières[1].
Elles filaient si bien que les sœurs filandières
Ne faisaient que brouiller au prix de celles-ci.[2]
La Vieille n'avait point de plus pressant souci
Que de distribuer aux Servantes leur tâche.
Dès que Téthis[3] chassait Phébus[3] aux crins dorés,
Tourets[4] entraient en jeu, fuseaux[4] étaient tirés ;
Deçà, delà, vous en aurez ;
Point de cesse, point de relâche.
Dès que l'Aurore, dis-je, en son char remontait[5],
Un misérable Coq à point nommé chantait.
Aussitôt notre Vieille encor plus misérable,
S'affublait d'un jupon crasseux et détestable,
Allumait une lampe, et courait droit au lit
Où de tout leur pouvoir, de tout leur appétit,
Dormaient les deux pauvres Servantes.
L'une entr'ouvrait un œil, l'autre étendait un bras ;
Et toutes deux, très malcontentes,
Disaient entre leurs dents : Maudit Coq, tu mourras.
Comme elles l'avaient dit, la bête fut grippée.
Le réveille-matin eut la gorge coupée.
Ce meurtre n'amenda[6] nullement leur marché.
Notre couple au contraire à peine était couché
Que la Vieille, craignant de laisser passer l'heure,
Courait comme un Lutin par toute sa demeure.
C'est ainsi que le plus souvent,
Quand on pense sortir d'une mauvaise affaire,
On s'enfonce encor plus avant :
Témoin ce Couple et son salaire.
La Vieille, au lieu du Coq, les fit tomber par là
De Charybde en Scylla[7].

1. Servantes. – 2. Les Parques (divinités qui dans la mythologie grecque, filent, tissent puis coupent la vie des mortels) ne font qu'emmêler en comparaison des deux servantes. – 3. Téthis, divinité maritime et Phébus, Dieu du Soleil. – 4. Instruments pour filer. – 5. La Déesse Aurore se déplace en char. – 6. Améliora. – 7. Expression proverbiale, par référence au passage périlleux du détroit de Messine, entre rochers et courants : sortir d'un danger pour aller vers un pire.

Questions

► Faire rire, p. 578
► Émouvoir, p. 579

Une évocation des conditions de vie des deux servantes

1. Relevez les différentes références mythologiques : quelles sont leurs fonctions ? Pourquoi sont-elles ici un peu décalées ? Quel est l'effet produit sur le lecteur ?
2. En vous appuyant surtout sur les marques temporelles présentes dans le récit, vous montrerez que les deux servantes sont exploitées par leur maîtresse.
3. Étudiez le personnage de la Vieille dessiné ici par le récit : pourquoi peut-on parler d'exagération du personnage ?

La dénonciation indignée du fabuliste

4. Relevez et commentez dans le récit les indices qui montrent la détresse et l'épuisement des deux servantes. Quel registre identifiez-vous ?
5. Relevez et commentez les termes qui montrent que le narrateur prend ici parti et porte un jugement critique sur cette situation.
6. Commentez le dénouement : pourquoi peut-on parler ici d'ironie du sort ?

Vocabulaire
Vérifiez les différents sens du mot « misérable » et commentez le jeu de mots que fait le fabuliste.

Synthèse Vous montrerez, notamment en vous appuyant sur les réponses aux questions 2 et 5, que le fabuliste dénonce ici la misère sociale des petites gens.

BAC S'entraîner au commentaire

► Rédiger des paragraphes et insérer des citations, p. 598

Vous ferez un commentaire de ce texte. Vous rédigerez une partie du devoir qui visera à montrer que la fable repose sur des registres littéraires variés, du comique au pathétique.

LECTURE D'IMAGE

1. Quel moment de la fable Gustave Doré a-t-il choisi d'illustrer ? Pourquoi ?
2. Examinez la disposition des trois personnages dans le cadre : quel est l'effet recherché par l'illustrateur ?
3. D'où vient la lumière qui éclaire la scène ? Qui se trouve ainsi éclairé ? Dans quel objectif ?
4. Examinez la posture des deux servantes, l'expression de leurs visages : comment est mis en valeur leur accablement ?
5. Observez le décor qui entoure les personnages : la porte, les murs, l'étagère et les accessoires qui s'y trouvent. Que cherche à montrer l'illustrateur ?
6. La fable de La Fontaine joue sur deux registres : les trouvez-vous tous les deux ici présents ? Justifiez.

► L'organisation de l'image, p. 572
► Les visées et intentions de l'image, p. 573

Synthèse Vous montrerez comment l'illustrateur fait ressortir la dénonciation de la misère sociale des pauvres gens représentée dans le texte de La Fontaine.

Gustave Doré, « La Vieille et les deux servantes », illustration pour les *Fables* de La Fontaine (XIXe siècle), gravure, collection privée.

▶ Biographies, p. 628

▶ Victor Hugo a aussi lutté pour l'abolition de la peine de mort et contre la misère. Député à l'Assemblée Nationale, Victor Hugo a composé et prononcé le 9 juillet 1849 le discours ci-contre. Il voulait appuyer ainsi les travaux d'une commission chargée « d'examiner et préparer les lois relatives à la prévoyance et l'assistance publique ».

Victor Hugo, *Discours sur la misère* (1849)

Victor Hugo vient d'évoquer deux cas précis et douloureux d'hommes et de femmes mourant de faim.

Eh bien, messieurs, je dis que ce sont là des choses qui ne doivent pas être ; je dis que la société doit dépenser toute sa force, toute sa sollicitude, toute son intelligence, toute sa volonté, pour que de telles choses ne soient pas ! Je dis que de tels faits, dans un pays civilisé, engagent la conscience de la société tout entière ; que je m'en sens, moi, qui parle, complice et solidaire (*Mouvement*), et que de tels faits ne sont pas seulement des torts envers l'homme, que ce sont des crimes envers Dieu ! (*Sensation prolongée.*)

Voilà pourquoi je suis pénétré, voilà pourquoi je voudrais pénétrer tous ceux qui m'écoutent de la haute importance de la proposition qui vous est soumise. Ce n'est qu'un premier pas, mais il est décisif. Je voudrais que cette assemblée, majorité et minorité, n'importe, je ne connais pas, moi, de majorité et de minorité en de telles questions ; je voudrais que cette assemblée n'eût qu'une seule âme pour marcher à ce grand but, à ce but magnifique, à ce but sublime, l'abolition de la misère ! (*Bravo ! – Applaudissements.*) [...]

Vous n'avez rien fait, j'insiste sur ce point, tant que l'ordre matériel raffermi n'a point pour base l'ordre moral consolidé ! (*Très-bien ! très-bien ! – Vive et unanime adhésion.*) Vous n'avez rien fait tant que le peuple souffre ! (*Bravos à gauche.*) Vous n'avez rien fait tant qu'il y a au-dessous de vous une partie du peuple qui désespère ! Vous n'avez rien fait, tant que ceux qui sont dans la force de l'âge et qui travaillent peuvent être sans pain ! tant que ceux qui sont vieux et qui ont travaillé peuvent être sans asile ! tant que l'usure dévore nos campagnes, tant qu'on meurt de faim dans nos villes (*Mouvement prolongé*), tant qu'il n'y a pas des lois fraternelles, des lois évangéliques qui viennent de toutes parts en aide aux pauvres familles honnêtes, aux bons paysans, aux bons ouvriers, aux gens de cœur ! (*Acclamation.*) Vous n'avez rien fait, tant que l'esprit de révolution a pour auxiliaire la souffrance publique ! vous n'avez rien fait, rien fait, tant que dans cette œuvre de destruction et de ténèbres, qui se continue souterrainement, l'homme méchant a pour collaborateur fatal l'homme malheureux !

Vous le voyez, messieurs, je le répète en terminant, ce n'est pas seulement à votre générosité que je m'adresse, c'est à votre sagesse, et je vous conjure d'y réfléchir. Messieurs, songez-y, c'est l'anarchie qui ouvre les abîmes, mais c'est la misère qui les creuse. (*C'est vrai ! c'est vrai !*) Vous avez fait des lois contre l'anarchie, faites maintenant des lois contre la misère !

Henry Jules Jean Geoffroy, *Les Résignés* (1901), huile sur toile, musée d'Orsay, Paris.

Questions

► Les formes de l'argumentation, p. 566
► Convaincre et persuader, p. 580
► Les figures de style, p. 534

Un discours engagé

1. Relevez les marques personnelles d'implication de l'auteur.
2. Montrez, en vous appuyant notamment sur les paragraphes 2 et 4, comment Hugo implique ses interlocuteurs. Quel impact cherche-t-il à avoir sur eux ?
3. Dans le paragraphe 3, relevez et commentez au moins deux procédés qui contribuent à la force persuasive du discours.

Une dénonciation violente de la misère sociale

4. Commentez l'expression employée par Hugo : « marcher à ce grand but, à ce but magnifique, à ce but sublime, l'abolition de la misère ! » Sur quels procédés joue ici l'orateur ? Dans quel objectif ?
5. Dans les paragraphes 1 et 3, relevez les arguments employés par Hugo pour étayer son invitation à combattre la misère.
6. Commentez les deux dernières phrases du texte : sur quelles figures de style reposent-elles ? Quel est l'effet recherché par l'homme politique ?

Synthèse Vous montrerez que le discours est un genre particulièrement efficace pour témoigner de l'indignation de Victor Hugo contre la misère.

Prolongements

• Quel est le roman de Victor Hugo consacré à la description de la vie difficile des pauvres gens ? Cherchez l'épigraphe (citation en tête d'un livre ou d'un chapitre illustrant la réflexion qui suit) du roman : que nous révèle-t-elle des objectifs de l'écrivain ?
• Ce témoignage sur la misère sociale trouvera son prolongement dans l'œuvre d'écrivains et de peintres naturalistes et réalistes. Cherchez-en des exemples chez Émile Zola ou Gustave Courbet par exemple. Choisissez l'une de ces œuvres et préparez à son sujet un exposé oral à destination de vos camarades.

▶ Biographies, p. 628

Les recueils poétiques de Prévert sont novateurs, tant par leurs thèmes que par un rapport nouveau au langage. Certains poèmes sont en prise directe avec la réalité d'époque et témoignent de la conscience sociale de l'écrivain.

Jacques Prévert, *Histoires* (1946)

La grasse matinée

Il est terrible
le petit bruit de l'œuf dur cassé sur un comptoir d'étain
il est terrible ce bruit
quand il remue dans la mémoire de l'homme qui a faim
elle est terrible aussi la tête de l'homme
la tête de l'homme qui a faim
quand il se regarde à six heures du matin
dans la glace du grand magasin
une tête couleur de poussière
ce n'est pas sa tête pourtant qu'il regarde
dans la vitrine de chez Potin[1]
il s'en fout de sa tête l'homme
il n'y pense pas
il songe
il imagine une autre tête
une tête de veau par exemple
avec une sauce de vinaigre
ou une tête de n'importe quoi qui se mange
et il remue doucement la mâchoire
doucement
et il grince des dents doucement
car le monde se paye sa tête
et il ne peut rien contre ce monde
et il compte sur ses doigts un deux trois
un deux trois
cela fait trois jours qu'il n'a pas mangé
et il a beau se répéter depuis trois jours
Ça ne peut pas durer
ça dure
trois jours
trois nuits
sans manger
et derrière ces vitres
ces pâtés ces bouteilles ces conserves
poissons morts protégés par les boîtes
boîtes protégées par les vitres
vitres protégées par les flics
flics protégés par la crainte
que de barricades pour six malheureuses sardines...

Un peu plus loin le bistro
café-crème et croissants chauds

1. Nom d'une chaîne de magasins d'alimentation d'époque.

l'homme titube
et dans l'intérieur de sa tête
un brouillard de mots
un brouillard de mots
sardines à manger
oeuf dur café-crème
café arrosé rhum
café-crème
café-crème
café-crime arrosé sang !...
Un homme très estimé dans son quartier
a été égorgé en plein jour
l'assassin le vagabond lui a volé
deux francs
soit un café arrosé
zéro franc soixante-dix
deux tartines beurrées
et vingt-cinq centimes pour le pourboire du garçon
Il est terrible
le petit bruit de l'œuf dur
cassé sur un comptoir d'étain
il est terrible ce bruit
quand il remue dans la mémoire de
l'homme qui a faim.

V. Srdan, *Devant la porte* (XXe s.), huile sur toile, musée d'Art contemporain, Belgrade (Serbie).

Questions

► Les registres et effets du texte, p. 578

1. Examinez la composition du poème : quel effet crée la reprise à la fin des quatre premiers vers ? Expliquez quel sens prennent ces vers, après la lecture du poème entier.
2. Quel est l'effet créé par les vers 52 à 59 ? Pourquoi marquent-ils une rupture ?
3. Relevez et commentez plusieurs indices qui montrent que ce poème s'inscrit dans une réalité familière, quotidienne, celle des gens ordinaires.
4. Relevez et étudiez tous les procédés utilisés par le poète pour souligner la détresse du « vagabond », du malheureux qu'il met en scène : répétitions de mots et progressions dans ces répétitions, jeux de mots. Quel registre emploie-t-il ?
5. Jacques Prévert a composé son poème en vers libres (n'obéissant à aucune structure régulière : ni mètres, ni rimes, ni strophes). Montrez, en vous appuyant sur quelques vers, que le poète choisit la longueur de ses mètres en fonction de leur pouvoir expressif.
6. Relisez les vers 21 à 39 : pourquoi peut-on dire que le poème s'inscrit dans une dénonciation plus large des injustices sociales ?

Prolongements

- Certains grands poètes du XIXe siècle ont témoigné sur la misère sociale : lisez « Les effarés » d'Arthur Rimbaud, « Les yeux des pauvres » de Charles Baudelaire. Rédigez une courte synthèse en expliquant ce que ces deux poètes montrent plus particulièrement.
- Cherchez dans le cinéma du XXe siècle au moins deux œuvres qui dénoncent les injustices sociales et la misère des pauvres gens. Proposez-en un court résumé.

Robert Wilson, *Fables de La Fontaine* (2004)

Bakary Sangare et Audrey Bonnet interprétant « Le Lion amoureux » extrait des *Fables* de La Fontaine, mises en scène par Robert Wilson à la Comédie-Française à Paris en 2004.

Questions

Procurez-vous la fable de Jean de La Fontaine intitulé « Le Lion amoureux » et lisez-la. Répondez ensuite aux questions suivantes :

1. Quel moment particulier de la fable le metteur en scène évoque-t-il ici ? Quelles libertés prend-il par rapport au texte ?
2. Examinez le personnage du Lion, costume et masque : quel choix a fait le metteur en scène pour rendre l'ambiguïté des animaux imaginés par La Fontaine ?
   Que diriez-vous du costume de la bergère ?
3. Commentez la posture du Lion : quelles impressions le spectateur peut-il ressentir en le voyant ?
4. Observez le personnage de la bergère : l'expression de son visage, ses gestes, le mouvement du corps. Que cherche à mettre en valeur l'actrice par ce travail d'expression corporelle ?
5. Observez la disposition des deux personnages l'un par rapport à l'autre, et face au public : quel sens le metteur en scène veut-il donner à la fable ? Pourquoi peut-on parler de re-création ?

Synthèse Vous montrerez que les choix opérés par le metteur en scène lui permettent de mettre en évidence la défaite du pouvoir du Lion.

COMPRENDRE LA LANGUE DU XVIIe SIÈCLE

1 FABLE ET ÉTYMOLOGIE LATINE

À l'origine, *fabula* en latin désigne « un récit mensonger » : à la lumière de cette étymologie, retrouvez chaque mot de la famille de « fable » correspondant aux définitions ci-dessous.

1. Quelqu'un qui raconte des histoires mensongères : (nom)
2. Raconter des mensonges, embellir la réalité : (verbe)
3. Celui qui écrit des histoires porteuses de leçon : (nom)
4. Fait d'inventer, d'imaginer : (nom)
5. Merveilleux, incroyable : (adjectif)

2 LATIN ET LANGUE DU XVIIe SIÈCLE

Les mots en gras avaient au XVIIe siècle un sens bien plus fidèle aux mots latins dont ils sont issus.

a. Expliquez leur sens au XVIIe en le rapprochant de l'étymologie latine.

b. Précisez pour chacun quel contre-sens pourrait faire un lecteur du XXIe siècle

1. « Et c'est sur votre **foi** que je l'ai condamné ! » (Jean Racine)
2. « Avez-vous entendu cette **superbe** reine, Seigneur ? » (Jean Racine)
3. « J'ai le cœur au-dessus des plus **fières** disgrâces. » (Pierre Corneille)
4. « Puis-je vivre et traîner cette **gêne** éternelle,
Confondre l'innocente avec la criminelle ? » (Pierre Corneille)
5. « Quand le moment viendra d'aller trouver les morts,
J'aurai vécu sans **soins**, et mourrai sans remord. » (Jean de La Fontaine)
6. « Toujours la mort d'un père occupe votre esprit ?
Rien ne peut-il **charmer l'ennui** qui vous dévore ? » (Jean Racine)
7. « Si je voulais conter de point en point
Tout le détail, je manquerais d'**haleine**. » (Jean de La Fontaine)

3 ÉCARTS DE SENS

A Indiquez pour chaque mot son sens au XVIIe siècle et aujourd'hui. Rédigez à chaque fois une phrase où vous emploierez le mot dans son sens du XVIIe siècle

Noms : doute – prévention – précipitation – passion – divertissement – fortune – sang – race

Adjectifs : triste – horrible – furieux – aimable – merveilleux – étonnant

Adverbes : cependant – tout à l'heure – à peine

B Répondez à ces questions. Vous justifierez chaque réponse par une phrase qui expliquera le sens des mots en gras :

1. Vous vexerez-vous si un gentilhomme du XVIIe siècle vous dit que vous êtes **imbécile** ?
2. Est-il bienséant qu'une jeune-fille de bonne famille présente à l'époque de La Fontaine un jeune homme comme son **amant** ?
3. Faut-il systématiquement redouter un **accident** ?
4. Coiffez-vous votre **chef** ?
5. Pour que l'on ignore ce que vous pensez réellement, aurez-vous recours à des **déguisements** ?
6. Souhaitez-vous passer pour quelqu'un qui a de la **malice** ?

4 FIGURES DE STYLE ET ESTHÉTIQUE AU XVIIe SIÈCLE

Dans ces extraits, identifiez les figures de style et classez-les selon qu'elles sont des figures de :

1. **rapprochement ou de substitution**
2. **opposition**
3. **exagération ou d'atténuation**

Justifiez-les et expliquez l'effet produit.

1. « Un noble, s'il vit chez lui dans sa province, il vit libre mais sans appui ; s'il vit à la cour, il est protégé mais il est esclave […]. » (Jean de La Bruyère)
2. « Je t'aimais inconstant, qu'aurais-je fait fidèle ? (Jean Racine)
3. « Votre sexe n'est là que pour la dépendance ;
Du côté de la barbe est la toute-puissance. » (Molière)
4. « Va, je ne te hais point. » (Pierre Corneille)
5. « Je l'ai vu cette nuit, le malheureux Sévère,
La vengeance à la main. » (Pierre Corneille)

EXPRESSION ÉCRITE

Sujet 1

Décrivez en quelques mots le pouvoir du fabuliste et sa capacité à éclairer la réalité en la transformant.

Sujet 2

Voici des mots et leur sens au XVIIe siècle : rédigez un texte qu'aurait pu écrire un contemporain de La Fontaine, en utilisant au moins quatre de ces mots. Vous pourrez par exemple faire le résumé d'une pièce de théâtre.

accident : sort heureux ou malheureux ; **amant** : soupirant qui aime et est aimé en retour ; **arrêter** : décider ; **balancer** : hésiter ; **feu** : amour ; **nécessité** : pauvreté.

LA FABLE AU SERVICE DE L'OBSERVATION SOCIALE

Dans la Préface Générale du recueil des Fables, *La Fontaine rend hommage aux modèles antiques Ésope et Phèdre dont il s'est inspiré, tout en soulignant son originalité propre. Il définit sa fable comme un « apologue composé de deux parties, dont on peut appeler l'une le Corps, l'autre l'Âme. »*

1 LE POUVOIR DIVERTISSANT

Le récit constitue le corps de l'apologue et marque le génie novateur du fabuliste.

Des personnages-types

Qu'ils soient animaux ou humains, les personnages de La Fontaine incarnent des vertus ou des vices marqués : ils ont souvent une valeur allégorique.

Des actions bien construites et enchaînées

Le fabuliste soigne les différents temps de la fable : exposition rapide ou plus développée, enchaînement de péripéties, dénouement souvent inattendu.

→ **Ex. :** Dans « Le Jardinier et son Seigneur », l'exposition initiale, pleine de lyrisme, est suivie d'une action tendue marquée par les rebondissements de la chasse du seigneur.

Le registre comique ou pathétique

Le narrateur établit une complicité avec son lecteur qu'il invite à compatir aux malheurs de ses personnages ou à en rire.

→ **Ex :** Les mésaventures des deux servantes suscitent à la fois le rire et l'émotion.

2 LA FONCTION DIDACTIQUE

Mais le fabuliste s'intéresse surtout à « l'âme » de l'apologue qui s'exprime dans la « moralité », c'est-à-dire sa valeur éducative et morale.

Une moralité articulée au récit

La moralité est souvent placée après le récit comme une loi générale mais peut aussi se trouver avant, ou même être implicite. Le moraliste développe parfois ce temps fort de réflexion. Mais il joue parfois aussi du décalage entre récit et moralité.

Des leçons de prudence et de modération

La moralité des fables révèle une vision du monde pessimiste. Le fabuliste invite ses lecteurs à une conduite empreinte de prudence, de modération, de sagesse.

→ **Ex. :** Dans « La Vieille et les deux Servantes », il invite à ne pas aggraver sa situation en espérant obtenir les conditions d'un mieux être.

3 LA FONCTION CRITIQUE

Dénoncer les injustices sociales

La Fontaine porte un regard critique sur la société de son temps et ses dysfonctionnements les plus criants : le choc des classes sociales, l'exploitation des plus humbles. Le récit est au service d'une argumentation indirecte.

→ **Ex. :** Dans « Le Jardinier et son Seigneur », le seigneur du village abuse de son autorité pour dévaster et piller les biens du jardinier qui a eu l'imprudence de solliciter son aide.

Critiquer la cour

La Fontaine est aussi un observateur privilégié de la Cour. Il se risque à une satire acide de la vie de cour, montrant combien le pouvoir absolu du roi contraint chacun à l'hypocrisie et à la prudence.

→ **Ex :** Le renard, courtisan flatteur échappe grâce à sa ruse, à la colère du roi dans « La Cour du Lion ».

Séquence 3

La question de la femme au XVIIIe siècle

Quel regard nouveau porte-t-on sur la femme au XVIIIe siècle ? Quels écrivains contestent l'idée d'une infériorité intellectuelle et morale de la femme ? Quels sont les enjeux et les formes de cette protestation ?

CORPUS DE LA SÉQUENCE

PERSPECTIVES

LIENS AVEC LA PARTIE LANGUE

- L'expression de la condition, de l'opposition et de la concession, p. 522
- Les actes de langage, l'implicite et la modalisation, p. 528
- Les figures de style, p. 534

LIENS AVEC LA PARTIE OUTILS D'ANALYSE

- L'argumentation, p. 568
- Les registres et effets du texte, p. 578

LIENS AVEC LA PARTIE MÉTHODES

- La question sur le corpus, p. 588
- Le commentaire, p. 598
- La dissertation, p. 606
- L'écriture d'invention, p. 612

►►► Révolution française : allégorie de l'Égalité sous les traits d'une femme tenant une équerre près de la République française et d'une corne d'abondance (fin XVIIIe), gravure (détail), BnF, Paris.

TEXTE 1

▸ Biographies, p. 628

Madame du Châtelet, *Discours sur le bonheur* (1779)

⊕ CONTEXTE

La recherche du bonheur personnel est une des préoccupations majeures des philosophes du XVIIIe siècle. Madame du Châtelet s'inscrit dans cette recherche avec ce court essai, écrit vers 1746, qui n'était pas destiné à la publication. Elle y réhabilite les passions, qui sont pour elle un élément clef du bonheur. Cet esprit scientifique, physicienne de formation, accorde une place primordiale à la passion de l'étude.

Madame du Châtelet a eu la chance, exceptionnelle en son temps, grâce à l'amour de son père, de bénéficier d'une éducation très solide, incluant les langues anciennes et les sciences. Elle évoque ici le difficile accès à l'éducation pour la majorité des femmes de son époque.

La sagesse doit avoir toujours les jetons à la main : car qui dit *sage* dit *heureux*, du moins dans mon dictionnaire ; il faut avoir des passions pour être heureux ; mais il faut les faire servir à notre bonheur, et il y en a auxquelles il faut défendre toute entrée dans notre âme. Je ne parle pas ici des passions qui sont des vices, telles que la haine, *[la vengeance, la colère ; mais l'ambition]*, par exemple, est une passion dont je crois qu'il faut défendre son âme, si on veut être heureux ; ce n'est pas par la raison qu'elle n'a pas de jouissance, car je crois que cette passion peut en fournir ; ce n'est pas parce que l'ambition désire toujours, car c'est assurément un grand bien, mais c'est parce que de toutes les passions c'est celle qui met le plus notre bonheur dans la dépendance des autres ; *[or moins notre bonheur dépend des autres]* et plus il nous est aisé d'être heureux. Ne craignons pas de faire trop de retranchement sur cela, il en dépendra toujours assez. Par cette raison d'indépendance, l'amour de l'étude est de toutes les passions celle qui contribue le plus à notre bonheur. Dans l'amour de l'étude se trouve renfermée une passion dont une âme élevée n'est jamais entièrement exempte, celle de la gloire ; il n'y a même que cette manière d'en acquérir pour la moitié du monde, et c'est cette moitié justement à qui l'éducation en ôte les moyens, et en rend le goût impossible.

Il est certain que l'amour de l'étude est bien moins nécessaire au bonheur des hommes qu'à celui des femmes. Les hommes ont une infinité de ressources pour être heureux, qui manquent entièrement aux femmes. Ils ont bien d'autres moyens d'arriver à la gloire, et il est sûr que l'ambition de rendre ses talents utiles à son pays et de servir ses concitoyens, soit par son habileté dans l'art de la guerre, ou par ses talents pour le gouvernement, ou les négociations, est fort au-dessus de *[celle]* qu'on peut se proposer pour l'étude ; mais les femmes sont exclues, par leur état, de toute espèce de gloire, et quand, par hasard, il s'en trouve quelqu'une qui est née avec une âme assez élevée, il ne lui reste que l'étude pour la consoler de toutes les exclusions et de toutes les dépendances auxquelles elle se trouve condamnée par état. […]

Pietro Longhi, *La Leçon de géographie* (XVIIIe siècle), huile sur toile (63 x 50 cm), musée Civici, Padoue (Italie).

J'ai dit que l'amour de l'étude était la passion la plus nécessaire à notre bonheur ; c'est une ressource sûre contre les malheurs, c'est une source de plaisirs inépuisable, et Cicéron a bien raison de dire : *Les plaisirs des sens et ceux du cœur sont, sans doute, au-dessus de ceux de l'étude ; il n'est pas nécessaire d'étudier pour être heureux ; mais il l'est peut-être de se sentir en soi cette ressource et cet appui.*

Questions

► Émouvoir, p. 579
► Convaincre et persuader, p. 580
► Les actes de langage, l'implicite et la modalisation, p. 528

Un argumentaire construit

1. Quel est le thème du texte ? Quelle phrase exprime le plus clairement la thèse défendue par Madame du Châtelet ?
2. Quel type de raisonnement particulier adopte-t-elle pour introduire sa thèse ?
3. Dans les paragraphes 1 et 3, relevez trois arguments qui lui servent à défendre la passion de l'étude.

Un plaidoyer en faveur des femmes

4. Quelle expression permet à Mme du Châtelet de désigner les femmes dans la dernière phrase du paragraphe 1 ? Que dénonce-t-elle ici ?
5. La première phrase du paragraphe 2 établit une comparaison entre hommes et femmes : que s'agit-il de dénoncer ?
6. Relevez et commentez dans la suite du paragraphe 2 tous les termes qui opposent le sort des hommes et celui des femmes.

Un discours plein d'émotion

7. Quels sont les moyens utilisés par Madame du Châtelet pour s'impliquer dans son énoncé et impliquer son lecteur ?
8. Dans les paragraphes 1 et 2, quelles expressions sont un moyen détourné pour Mme du Châtelet de parler d'elle-même ?
9. Relevez dans le paragraphe 2 des procédés lexicaux ou rhétoriques qui montrent son indignation devant le sort réservé aux femmes à son époque.
10. **LECTURE D'IMAGE** : Comment l'artiste met-il en valeur la passion des femmes pour l'étude au XVIIIe siècle ?

Vocabulaire
Quel est l'étymologie du mot « passion » ? Quel sens lui donne ici Mme du Châtelet ? Dans quel sens l'employons-nous surtout aujourd'hui ?

Synthèse Dégagez la revendication principale énoncée ici par Madame du Châtelet au nom des femmes et expliquez pourquoi elle la formule.

BAC S'entraîner à l'écriture d'invention

Madame du Châtelet a choisi d'écrire un discours pour défendre sa thèse. De la même manière, vous rédigerez un discours argumenté d'une page. Vous choisirez d'exprimer une revendication au nom des femmes d'aujourd'hui. Vous poserez clairement votre thèse et énoncerez au moins deux arguments.

► Construire une argumentation, p. 620

▸ Biographies, p. 628

⊕ CONTEXTE

Voltaire est un homme de combat qui a lutté contre toutes les formes d'injustice sociale, politique, religieuse. Le pamphlet est l'une de ses formes d'expression privilégiées : texte court et virulent, souvent ironique, le pamphlet dénonce l'ordre établi et cherche à susciter l'indignation chez le lecteur.

Voltaire, *Mélanges, Pamphlets et œuvres polémiques* (1768)

Dans le pamphlet qui suit, l'écrivain soulève la question de la condition féminine : compagnon de Mme du Châtelet pendant dix ans, il sait combien cette femme exceptionnelle par sa culture et ses compétences scientifiques constitue une exception. Voltaire rapporte ici un entretien avec l'abbé de Chateauneuf, homme d'esprit et diplomate français, qui est surtout connu dans l'Histoire comme le parrain de Voltaire.

« Femmes, soyez soumises à vos maris… »

Elle[1] passa quarante années dans cette dissipation et dans ce cercle d'amusements qui occupent sérieusement les femmes ; n'ayant jamais rien lu que les lettres qu'on lui écrivait, n'ayant jamais mis dans sa tête que les nouvelles du jour, les ridicules de son prochain et les intérêts de son cœur. Enfin, quand elle se vit à cet âge où l'on dit que les belles femmes qui ont de l'esprit passent d'un trône à l'autre, elle voulut lire. […]

On lui fit lire Montaigne, elle fut charmée d'un homme qui faisait conversation avec elle, et qui doutait de tout. On lui donna ensuite les grands hommes de Plutarque[2] : elle demanda pourquoi il n'avait pas écrit l'histoire des grandes femmes.

L'abbé de Châteauneuf la rencontra un jour toute rouge de colère. « Qu'avez-vous donc, madame ? lui dit-il.

– J'ai ouvert par hasard, répondit-elle, un livre qui traînait dans mon cabinet, c'est, je crois, quelque recueil de lettres ; j'y ai vu ces paroles : *Femmes, soyez soumises à vos maris* : j'ai jeté le livre.

– Comment, madame ! savez-vous bien que ce sont les Épîtres de saint Paul[3] ?

– Il ne m'importe de qui elles sont ; l'auteur est très-impoli. Jamais M. le maréchal ne m'a écrit dans ce style ; je suis persuadée que votre saint Paul était un homme très-difficile à vivre : était-il marié ?

– Oui, madame.

– Il fallait que sa femme fût une bien bonne créature : si j'avais été la femme d'un pareil homme, je lui aurais fait voir du pays. *Soyez soumises à vos maris !* Encore s'il s'était contenté de dire : *Soyez douces, complaisantes, attentives, économes*, je dirais : « Voilà un homme qui sait vivre » ; et pourquoi soumises, s'il vous plaît ? Quand j'épousai M. de Grancey, nous nous promîmes d'êtres fidèles : je n'ai pas trop gardé ma parole, ni lui la sienne ; mais ni lui ni moi ne promîmes d'obéir. Sommes-nous donc des esclaves ? N'est-ce pas assez qu'un homme, après m'avoir épousée, ait le droit de me donner une maladie de neuf mois, qui quelquefois est mortelle ? N'est-ce pas assez que je mette au jour, avec de très-grandes douleurs, un enfant qui pourra me plaider[4] quand il sera majeur ? Ne suffit-il pas que je sois sujette tous les mois à des incommodités très-désagréables pour une femme de qualité, et que, pour comble, la suppression d'une de ces douze maladies par an soit capable de me donner la mort, sans qu'on vienne me dire encore : *Obéissez* !

Certainement la nature ne l'a pas dit ; elle nous a fait des organes différents de ceux des hommes ; mais en nous rendant nécessaires les uns aux autres, elle n'a pas prétendu que l'union formât un esclavage. Je me souviens bien que Molière a dit :

Du côté de la barbe est la toute-puissance[5].

1. La maréchale de Grancey.
2. Philosophe grec antique, surtout connu pour ses *Vies des hommes illustres*.
3. Les Épîtres de Saint Paul, un des apôtres du Christ, font partie du Nouveau Testament.
4. Plaider contre moi.
5. Parole d'Arnolphe qui cherche à raisonner sa jeune pupille Agnès, dans *L'École des femmes* de Molière.

Mais voilà une plaisante raison pour que j'aie un maître ! Quoi ! parce qu'un homme a le menton couvert d'un vilain poil rude, qu'il est obligé de tondre de fort près, et que mon menton est né rasé, il faudra que je lui obéisse très-humblement ! Je sais bien qu'en général les hommes ont les muscles plus forts que les nôtres, et qu'ils peuvent donner un coup de poing mieux appliqué : j'ai bien peur que ce ne soit là l'origine de leur supériorité.

Michel Garnier, *Le Contrat de mariage interrompu* (1780), huile sur toile, musée Carnavalet, Paris.

Questions

► Faire rire, p. 578

Le portrait d'une originale

1. Relevez et commentez les indices du texte qui montrent que la Maréchale de Grancey est une femme de caractère.
2. Relevez certaines allusions, très crues pour l'époque, dans sa dernière réplique (l. 20 à 51) : que révèlent-elles du personnage ?

La dénonciation de la condition féminine

3. La Maréchale conteste ici un texte biblique : quel type d'argument utilise-t-elle d'abord pour critiquer ce texte (l. 16 à 18) ?
4. Relevez et reformulez dans les deux derniers paragraphes du texte (l. 34 à 53) au moins deux arguments qu'elle oppose à la représentation traditionnelle des rapports entre hommes et femmes.
5. Relisez les lignes 26 à 32 : quelle image la Maréchale donne-t-elle de la condition féminine à son époque ?

L'ironie du narrateur

6. Commentez la première phrase du texte : quelles expressions manifestent l'ironie du narrateur aux dépens de la Maréchale ?
7. « On lui fit lire », « On lui donna » : quel est l'effet recherché par le narrateur en utilisant ces tournures ?
8. Pour quelles raisons le narrateur choisit-il ce porte-parole peu banal de la condition féminine ?

Vocabulaire
Le mot « épître », tombé aujourd'hui en désuétude, vient du latin *epistola* (lettre). Quels autres mots de la même famille connaissez-vous ?

Synthèse Quels traits caractéristiques du pamphlet retrouvez-vous dans ce texte ?

BAC S'entraîner au commentaire

► Rédiger des paragraphes et insérer des citations, p. 598

Vous rédigerez la première partie du commentaire de ce texte. Vous montrerez que Voltaire privilégie une forme divertissante pour faire passer sa dénonciation de la condition féminine au XVIIIe siècle. Vous étudierez pour cela le registre du texte et la construction du personnage de la Maréchale.

▶ Biographies, p. 628

⊕ CONTEXTE

Dans la société d'Ancien Régime, le mariage est une institution sacrée, seul cadre possible pour la procréation. Les relations hors mariage sont donc sévèrement condamnées, particulièrement pour les femmes : leur infidélité peut en effet soulever des soupçons sur la légitimité des enfants. La morale sexuelle d'époque est donc très sévère pour les femmes.

Denis Diderot, *Supplément au Voyage de Bougainville* (1796)

Ce conte philosophique a été inspiré à Diderot par le voyage autour du monde du célèbre navigateur, Bougainville, et tout particulièrement son étape à Tahiti. Dans le dialogue fictif qui suit, l'opposition est vive entre le vieux sage tahitien, qui défend la liberté sexuelle au nom des lois de la Nature, et l'Aumônier, prêtre attaché à l'expédition.

L'Aumônier : La fille déshonorée ne trouve plus de mari.

Orou : Déshonorée ! et pourquoi ?

L'Aumônier : La femme infidèle est plus ou moins méprisée.

Orou : Méprisée ! et pourquoi ?

L'Aumônier : Le jeune homme s'appelle un lâche séducteur.

Orou : Un lâche ! un séducteur ! et pourquoi ?

L'Aumônier : Le père, la mère et l'enfant sont désolés. L'époux volage est un libertin[1] ; l'époux trahi partage la honte de sa femme.

Orou : Quel monstrueux tissu d'extravagances tu m'exposes là ! et encore tu ne me dis pas tout ; car aussitôt qu'on s'est permis de disposer à son gré des idées de justice et de propriété, d'ôter ou de donner un caractère arbitraire aux choses, d'unir aux actions ou d'en séparer le bien et le mal, sans consulter que le caprice, on se blâme, on s'accuse, on se suspecte, on se tyrannise, on est envieux, on est jaloux, on se trompe, on s'afflige, on se cache, on dissimule, on s'épie, on se surprend, on se querelle, on ment ; les filles en imposent à leurs parents, les maris à leurs femmes, les femmes à leurs maris ; des filles, oui, je n'en doute pas, des filles étoufferont leurs enfants, des pères soupçonneux mépriseront et négligeront les leurs, des mères s'en sépareront et les abandonneront à la merci du sort, et le crime et la débauche se montreront sous toutes sortes de formes. Je sais tout cela comme si j'avais vécu parmi vous ; cela est parce que cela doit être, et la société dont votre chef nous vante le bel ordre, ne sera qu'un ramas ou d'hypocrites qui foulent secrètement aux pieds les lois ; ou d'infortunés qui sont eux-mêmes les instruments de leur supplice en s'y soumettant ; ou d'imbéciles en qui le préjugé a tout à fait étouffé la voix de la nature ; ou d'êtres mal organisés en qui la nature ne réclame pas ses droits.

L'Aumônier : Cela ressemble. Mais vous ne vous mariez donc point ?

Orou : Nous nous marions.

L'Aumônier : Qu'est-ce que votre mariage ?

Orou : Le consentement d'habiter une même cabane et de coucher dans un même lit, tant que nous nous y trouvons bien.

L'Aumônier : Et lorsque vous vous y trouvez mal ?

Orou : Nous nous séparons.

1. Ici, un être qui n'a pas de frein sur le plan de la morale sexuelle.

L'Aumônier : Que deviennent vos enfants ?

Orou : Ô étranger ! ta dernière question achève de me déceler la profonde misère de ton pays. Sache, mon ami, qu'ici la naissance d'un enfant est toujours un bonheur et sa mort un sujet de regrets et de larmes. Un enfant est un bien précieux, parce qu'il doit devenir un homme ; aussi en avons-nous un tout autre soin que de nos plantes et de nos animaux. Un enfant qui naît occasionne la joie domestique[2] et publique, c'est un accroissement de fortune pour la cabane et de force pour la nation. Ce sont des bras et des mains de plus dans Otaïti : nous voyons en lui un agriculteur, un pêcheur, un chasseur, un soldat, un époux, un père.

2. Privée.

Paul Gauguin, *Jours délicieux* (1896), huile sur toile (95 cm x 130 cm), musée des Beaux-Arts, Lyon.

Questions

► Les genres de l'argumentation, p. 568
► Émouvoir, p. 579
► Les figures d'opposition, d'exagération et d'atténuation, p. 535

Un dialogue tendu

1. Étudiez la prise de parole de chacun des personnages : qui mène le dialogue ? Pour quelle raison l'écrivain choisit-il ici la forme du dialogue ?
2. Dans ses premières répliques, l'Aumônier expose les conséquences en Europe de la naissance d'un enfant hors mariage : que remarquez-vous dans la forme de ses phrases et dans le lexique employé ?
3. Comment se marque l'indignation d'Orou contre les propos de l'Aumônier dans les lignes 1 à 8 ?
4. Relevez aux lignes 9 à 19 certains des procédés de persuasion utilisés par Orou pour dénoncer la morale sexuelle des Européens.

L'éloge d'une vie naturelle

5. Quelle définition du mariage Orou oppose-t-il à l'aumônier ? Quel est le fondement du mariage chez les Tahitiens, quelles sont ses limites ?
6. Quel argument principal le vieux sage utilise-t-il pour défendre la liberté sexuelle des Tahitiens ?
7. Montrez la force persuasive de la dernière réplique du Tahitien : relevez certains des procédés qui permettent de valoriser l'importance accordée à l'enfant.

Grammaire

« On se blâme, on s'accuse, on se suspecte. » (l. 12 à 13). Comment appelle-t-on l'emploi de cette forme verbale ? Quel est ici l'effet recherché ?

Synthèse En vous appuyant sur les réponses aux questions posées, vous montrerez que Diderot propose ici une redéfinition des rapports entre hommes et femmes, par l'intermédiaire de son personnage principal.

BAC S'entraîner à la dissertation

Voici un sujet de bac : « Eh bien, dérangez-vous quelques heures, venez avec nous quelques heures et nous ferons voir de vos yeux, toucher de vos mains, les plaies… » (Victor Hugo, *Discours à l'Assemblée*, 30 juin 1850).

Vous montrerez en quoi l'écriture littéraire sous toutes ses formes est particulièrement apte à dénoncer les problèmes de la société.

Développez la première partie du devoir : montrez comment l'écrivain sait rallier son lecteur à sa cause, en s'engageant lui-même ou en mettant en scène des personnages convaincants.

► Rassembler et organiser ses idées ; Construire un paragraphe et insérer des exemples, p. 606

► Biographies, p. 628

Choderlos de Laclos, *Des femmes et de leur éducation* (1783)

⊕ CONTEXTE

Les cercles littéraires ou scientifiques sont nombreux au XVIIIe siècle. Sous le nom d'Académie des arts, des lettres ou des sciences, ces cercles contribuent à promouvoir les travaux ou les recherches. La réflexion de Laclos sur l'éducation des femmes est suscitée par l'Académie de Châlons-sur-Marne et la question posée : « Quels seraient les meilleurs moyens de perfectionner l'éducation des femmes ? »

Dans cet essai, Laclos se livre à une reconstruction hypothétique de l'histoire de l'humanité pour expliquer l'inégalité entre hommes et femmes.

Quand on parcourt l'histoire des différents peuples, qu'on examine les lois et les usages promulgués et établis à l'égard des femmes, on est tenté de croire qu'elles n'ont que cédé, et non pas consenti au contrat social, qu'elles ont été primitivement subjuguées, et que l'homme a sur elles un droit de conquête dont il use rigoureusement. Aussi, loin de penser, comme quelques-uns, que la société commença par la réunion des familles, nous croirions plutôt que la première association fut faite par des hommes seulement, qui, se sentant plus égaux en force, durent se craindre moins les uns les autres ; mais ils sentirent bientôt le besoin qu'ils avaient des femmes ; ils s'occupèrent donc à les contraindre, ou à les persuader, de s'unir à eux. Soit force, soit persuasion, la première qui céda, forgea les chaînes de tout son sexe. On sent assez que, dans ces premiers temps, il n'y eut aucune propriété exclusive ; on partageait également les fruits d'un champ cultivé en commun ; on en usait de même du gibier tué dans une chasse générale, les femmes même suivirent cette loi : toutes étaient à tous. Nul d'entre eux n'avait l'idée du choix. Cependant, dans cette communauté de travaux et de fruits, il est aisé de pressentir que le partage ne dut pas être longtemps égal ; que bientôt la loi du plus fort se fit sentir ; que les femmes, par cela même qu'elles étaient les plus faibles, furent assujetties aux travaux les plus pénibles, et en recueillirent le moins de fruit. Les hommes étendirent bientôt jusqu'à elles cette même idée de propriété qui venait de les frapper et de les rassembler ; de cela seul qu'elles étaient à leur convenance et qu'ils avaient pu s'en saisir, ils en conclurent qu'elles leur appartenaient : telle fut en général l'origine du droit. Les femmes manquant de forces ne purent se défendre et conserver leur existence civile ; compagnes de nom, elles devinrent bientôt esclaves de fait, et esclaves malheureuses ; leur sort ne dut guère être meilleur que celui des Noirs de nos colonies.

Questions

► Les figures de rapprochement et de substitution, p. 534

Grammaire
Commentez l'emploi du « on » dans le texte. De quel type de pronom s'agit-il ? Quelles sont ici ses différentes valeurs ?

1. Dans les deux premières phrases du texte relevez les verbes ou adverbes qui marquent le caractère hypothétique de la réflexion.
2. En vous appuyant sur une étude des verbes conjugués, montrez à quel moment le locuteur glisse de l'argumentation à la narration.
3. Relevez les étapes qui, d'après l'écrivain, conduisent progressivement à l'installation d'un pacte social inégalitaire entre hommes et femmes. Quelle expression résume le mieux cette rupture de l'égalité originelle entre les sexes ?
4. Dans les quatre premières phrases, quelles expressions marquent l'engagement du locuteur contre le sort réservé aux femmes ?
5. Relisez la dernière phrase du texte : quelle figure de style est utilisée pour dénoncer l'inégalité entre hommes et femmes ? Cherchez d'autres termes qui l'ont annoncée.

Synthèse Expliquez comment cette démonstration, qui s'appuie sur une hypothèse, reste néanmoins convaincante.

Texte écho

► Biographies, p. 628

Jean-Jacques Rousseau,
Discours sur l'inégalité (1755)

⊕ CONTEXTE

Le Discours sur l'origine et les fondements de l'inégalité parmi les hommes a été rédigé par Rousseau pour répondre à un concours organisé sur ce thème par l'Académie des Lettres de Dijon. Le *Discours*, profondément révolutionnaire, conteste les inégalités de la société de son temps, en montrant qu'elles sont contre nature. Pour Rousseau, elles sont le produit d'une évolution historique contestable, et peut-être réversible.

Après avoir dressé dans la première partie de son œuvre un tableau hypothétique de la vie de l'homme à l'état de nature, libre et indépendant, Rousseau en vient à décrire les étapes de la socialisation de l'homme : il évoque ici les premières communautés.

Ainsi [...] cette période du développement des facultés humaines, tenant un juste milieu entre l'indolence de l'état primitif[1] et la pétulante activité de notre amour-propre[2], dut être l'époque la plus heureuse et la plus durable. Plus on y réfléchit, plus on trouve que cet état était le moins sujet aux révolutions, le meilleur à l'homme, et qu'il n'en a dû sortir que par quelque funeste hasard qui pour l'utilité commune eût dû ne jamais arriver. L'exemple des sauvages qu'on a presque tous trouvés à ce point semble confirmer que le genre humain était fait pour y rester toujours, que cet état est la véritable jeunesse du monde, et que tous les progrès ultérieurs ont été en apparence autant de pas vers la perfection de l'individu, et en effet vers la décrépitude[3] de l'espèce.

Tant que les hommes se contentèrent de leurs cabanes rustiques, tant qu'ils se bornèrent à coudre leurs habits de peaux avec des épines ou des arêtes, à se parer de plumes et de coquillages, à se peindre le corps de diverses couleurs, à perfectionner ou embellir leurs arcs et leurs flèches, à tailler avec des pièces tranchantes quelques canots de pêcheurs ou quelques grossiers instruments de musique, en un mot tant qu'ils ne s'appliquèrent qu'à des ouvrages qu'un seul pouvait faire, et qu'à des arts qui n'avaient pas besoin du concours de plusieurs mains, ils vécurent libres, sains, bons et heureux autant qu'ils pouvaient l'être par leur nature, et continuèrent à jouir entre eux des douceurs d'un commerce[4] indépendant : mais dès l'instant qu'un homme eut besoin du secours d'un autre ; dès qu'on s'aperçut qu'il était utile à un seul d'avoir des provisions pour deux, l'égalité disparut, la propriété s'introduisit, le travail devint nécessaire et les vastes forêts se changèrent en des campagnes riantes qu'il fallut arroser de la sueur des hommes, et dans lesquelles on vit bientôt l'esclavage et la misère germer et croître avec les moissons.

1. La passivité de l'homme naturel. – 2. L'amour propre devient une passion dominante chez l'homme socialisé. – 3. En réalité la dégradation de l'espèce. – 4. Ici, sens ancien : relation sociale.

► L'expression de la condition, de l'opposition, et de la concession, p. 522

Questions

1. Dans le premier paragraphe, comment Rousseau valorise-t-il l'étape des premières communautés ? Relevez les termes qui soulignent cependant le caractère hypothétique de sa réflexion.
2. Expliquez l'opposition qui fonde le deuxième paragraphe. Comment est-elle développée ? Observez notamment la syntaxe de la phrase.
3. Comment l'écrivain dénonce-t-il avec vigueur le début des inégalités sociales ?

Vocabulaire
Cherchez l'étymologie du mot « art » (l. 15). Dans quel sens Rousseau l'emploie-t-il ? Dans quel sens l'emploie-t-on aujourd'hui ?

Synthèse Vous comparerez les démarches suivies par Laclos et Rousseau pour dénoncer, dans l'histoire des sociétés qu'ils proposent, l'instauration de l'inégalité.

► Rédigez des paragraphes et insérer des citations, p. 598

BAC S'entraîner au commentaire
Rédigez la première partie du commentaire de ce texte : montrez qu'il s'agit d'un essai en étudiant l'engagement de l'écrivain dans sa dénonciation des inégalités entre hommes et femmes.

TEXTE 5

► Biographies, p. 628

⊕ CONTEXTE

Le mot libertinage définit au XVIIe siècle l'attitude intellectuelle du penseur qui veut s'affranchir des préjugés notamment religieux, pour appréhender par lui-même le monde. Le libertin est donc un libre-penseur. Au XVIIIe siècle, le terme se spécialise pour désigner le libertin de mœurs, celui qui s'adonne aux plaisirs charnels sans aucun frein moral ou religieux : la séduction devient pour lui un art. Le célèbre roman de Laclos témoigne de cette évolution des mœurs, en même temps qu'il paraît la condamner.

Choderlos de Laclos, *Les Liaisons dangereuses* (1782)

Madame de Merteuil répond ici à son ami le Vicomte de Valmont qui a tenté de la mettre en garde contre les dangers d'une liaison avec un autre célèbre libertin. Elle est offensée qu'il ait pu la suspecter de faiblesse.

Si cependant vous m'avez vue, disposant des événements et des opinions, faire de ces hommes si redoutables le jouet de mes caprices ou de mes fantaisies ; ôter aux uns la volonté, aux autres la puissance de me nuire ; si j'ai su tour à tour, et suivant mes goûts mobiles, attacher à ma suite ou rejeter loin de moi

Ces Tyrans détrônés devenus mes esclaves ;

si, au milieu de ces révolutions fréquentes, ma réputation s'est pourtant conservée pure, n'avez-vous pas dû en conclure que, née pour venger mon sexe et maîtriser le vôtre, j'avais su me créer des moyens inconnus jusqu'à moi ?

Ah ! gardez vos conseils et vos craintes pour ces femmes à délire, et qui se disent *à sentiments* ; dont l'imagination exaltée ferait croire que la nature a placé leurs sens dans leur tête ; qui, n'ayant jamais réfléchi, confondent sans cesse l'amour et l'Amant ; qui, dans leur folle illusion, croient que celui-là seul avec qui elles ont cherché le plaisir, en est l'unique dépositaire ; et vraies superstitieuses, ont pour le Prêtre, le respect et la foi qui n'est dû qu'à la Divinité. […]

Mais moi, qu'ai-je de commun avec ces femmes inconsidérées ? quand m'avez-vous vu m'écarter des règles que je me suis prescrites, et manquer à mes principes ? je dis mes principes, et je le dis à dessein : car ils ne sont pas, comme ceux des autres femmes, donnés au hasard, reçus sans examen et suivis par habitude ; ils sont le fruit de mes profondes réflexions ; je les ai créés, et je puis dire que je suis mon ouvrage.

Entrée dans le monde dans le temps où, fille encore, j'étais vouée par état au silence et à l'inaction, j'ai su en profiter pour observer et réfléchir. Tandis qu'on me croyait étourdie ou distraite, écoutant peu à la vérité les discours qu'on s'empressait à me tenir, je recueillais avec soin ceux qu'on cherchait à me cacher.

Cette utile curiosité, en servant à m'instruire, m'apprit encore à dissimuler : forcée souvent de cacher les objets de mon attention aux yeux de ceux qui m'entouraient, j'essayai de guider les miens à mon gré ; j'obtins dès lors de prendre à volonté ce regard distrait que vous avez loué si souvent. Encouragée par ce premier succès, je tâchai de régler de même les divers mouvements de ma figure. Ressentais-je quelque chagrin, je m'étudiais à prendre l'air de la sérénité, même celui de la joie ; j'ai porté le zèle jusqu'à me causer des douleurs volontaires, pour chercher pendant ce temps l'expression du plaisir. Je me suis travaillée avec le même soin et plus de peine, pour réprimer les symptômes d'une joie inattendue. C'est ainsi que j'ai su prendre sur ma physionomie, cette puissance dont je vous ai vu quelquefois si étonné.

Glenn Close (Madame de Merteuil) dans *Les Liaisons dangereuses* réalisé par Stephen Frears en 1998.

Questions

► Convaincre et persuader, p. 580
► L'expression de la condition, de l'opposition, et de la concession, p. 522

Une lettre de protestation

1. Relevez les marques de la situation d'énonciation qui témoignent de l'intimité entre la marquise et le vicomte de Valmont.
2. Valmont a témoigné ses inquiétudes pour son amie : citez au moins deux procédés (figures de style ou procédés oratoires) qui, dans les paragraphes 1 à 3, marquent l'indignation en retour de la marquise.
3. Sur quelle opposition sont construits les paragraphes 2 et 3 ?

La contestation des femmes d'époque

4. Quels reproches Madame de Merteuil adresse-t-elle aux femmes « à sentiments » dans le paragraphe 2 (l. 9 à 14) ?
5. Quelle image de la femme défend-elle, au travers de son exemple, dans le paragraphe 1 ? Relevez et commentez une expression qui définit le rôle qu'elle s'attribue.

L'autobiographie d'une libertine

6. Dans le paragraphe 3, quelle expression signale l'orgueil de Madame de Merteuil ? Pourquoi cette expression est-elle particulièrement audacieuse pour la moralité de l'époque, encore marquée par la religion ? Cherchez une autre expression qui lui fait écho dans le paragraphe 5.
7. Dans les paragraphes 4 et 5, la marquise évoque les « principes » qu'elle s'est fixés, jeune fille : relevez-les et commentez-les. Que nous montrent-ils de son attitude par rapport à la société ?
8. Relevez et commentez les verbes employés au dernier paragraphe par Madame de Merteuil : de quoi sont-ils révélateurs ?

Vocabulaire
Cherchez l'étymologie du mot « principe » (l. 17). Pourquoi le choix de ce terme est-il ici particulièrement pertinent ?

Synthèse Montrez comment Laclos invente ici un personnage romanesque d'exception qui incarne la révolte des femmes contre la société.

BAC S'entraîner à l'écriture d'invention

La marquise de Merteuil répond ici à une lettre écrite par son ami, le vicomte de Valmont. Imaginez la lettre que Valmont a pu écrire pour susciter une telle réponse. Vous veillerez à la cohésion et à l'enchaînement des deux lettres.

► Repérer les différents écrits d'invention, p. 612

Olympe de Gouges, *Déclaration des droits de la femme et de la citoyenne* (1791)

CONTEXTE

Olympe de Gouges (1748-1793) est une personnalité emblématique des débuts du féminisme. Elle rédige en 1791 la *Déclaration des droits de la femme et de la citoyenne*, inspirée par la *Déclaration des droits de l'homme et du citoyen* de 1789. Son texte n'est pas examiné par la Convention. Ses prises de position modérées la conduisent sur la guillotine pendant la Terreur. Le texte est publié au XIXe siècle.

La Révolution Française n'a amené que peu de progrès pour les femmes. Olympe de Gouges écrit donc ce texte dans l'espoir d'obtenir les droits dont elles sont privées : droit au vote et à la propriété privée, droit à l'éducation, possibilité d'exercer des charges publiques.

(Avant-propos)

Homme, es-tu capable d'être juste ? C'est une femme qui t'en fait la question ; tu ne lui ôteras pas du moins ce droit. Dis-moi ? qui t'a donné le souverain empire[1] d'opprimer mon sexe ? ta force ? tes talents ? Observe le créateur dans sa sagesse ; parcours la nature dans toute sa grandeur, dont tu sembles vouloir te rapprocher, et donne-moi, si tu l'oses, l'exemple de cet empire tyrannique.

Remonte aux animaux, consulte les éléments, étudie les végétaux, jette enfin un coup d'œil sur toutes les modifications de la matière organisée ; et rends-toi à l'évidence quand je t'en offre les moyens ; cherche, fouille et distingue, si tu le peux, les sexes dans l'administration de la nature. Partout tu les trouveras confondus, partout ils coopèrent avec un ensemble harmonieux à ce chef-d'œuvre immortel.

L'homme seul s'est fagoté un principe de cette exception[2]. Bizarre, aveugle, boursouflé de sciences et dégénéré, dans ce siècle de lumières et de sagacité, dans l'ignorance la plus crasse, il veut commander en despote un sexe qui a reçu toutes les facultés intellectuelles ; il prétend jouir de la Révolution, et réclamer ses droits à l'égalité, pour ne rien dire de plus.

Déclaration des Droits de la femme et de la citoyenne

À décréter par l'Assemblée nationale dans ses dernières séances ou dans celle de la prochaine législature.

Préambule

Les mères, les filles, les sœurs, représentantes de la Nation, demandent d'être constituées en Assemblée nationale. Considérant que l'ignorance, l'oubli ou le mépris des droits de la femme, sont les seules causes des malheurs publics et de la corruption des gouvernements, ont résolu d'exposer dans une déclaration solennelle, les droits naturels, inaliénables et sacrés de la femme,

Club de femmes (1850), lithographie, musée Carnavalet, Paris.

1. Ici, pouvoir.
2. L'homme s'est fabriqué une loi en s'appuyant sur cette exception.

afin que cette déclaration constamment présente à tous les membres du corps social, leur rappelle sans cesse leurs droits et leurs devoirs, afin que les actes du pouvoir des femmes, et ceux du pouvoir des hommes pouvant être à chaque instant comparés avec le but de toute institution politique, en soient plus respectés, afin que les réclamations des citoyennes, fondées désormais sur des principes simples et incontestables, tournent toujours au maintien de la Constitution, des bonnes mœurs, et au bonheur de tous.

En conséquence, le sexe supérieur en beauté comme en courage dans les souffrances maternelles, reconnaît et déclare, en présence et sous les auspices de l'Être suprême, les Droits suivants de la femme et de la citoyenne.

Article premier

La femme naît libre et demeure égale à l'homme en droits. Les distinctions sociales ne peuvent être fondées que sur l'utilité commune.

Questions

► Convaincre et persuader, p. 580
► Émouvoir, p. 579
► Les figures d'opposition, d'exagération et d'atténuation, p. 535

Une dénonciation émue de la condition féminine

1. Relevez et commentez dans les paragraphes 1 et 3 de l'avant-propos les termes qui dénoncent le pouvoir des hommes sur les femmes.
2. Relisez le paragraphe 1 de l'avant-propos : comment s'exprime ici l'indignation d'Olympe de Gouges contre ce pouvoir ? Quel est le registre de cet extrait ?
3. Identifiez dans le paragraphe 3 de l'avant-propos certains des procédés utilisés par Olympe de Gouges pour critiquer les hommes.
4. Comment, dans le premier paragraphe du préambule, Olympe de Gouges donne-t-elle une certaine solennité à sa déclaration ?

Un plaidoyer argumenté en faveur des femmes

5. Quelle revendication principale Olympe de Gouges formule-t-elle ici au nom des femmes ? Relevez et commentez le passage du texte qui l'exprime.
6. Sur quel argument principal s'appuie Olympe de Gouges dans son avant-propos pour défendre cette revendication ? Comment la syntaxe met-elle en valeur cet argument ?
7. Relevez dans le préambule deux autres arguments qui lui permettent d'affirmer les revendications féminines.

Vocabulaire
Cherchez l'étymologie du mot « auspices ». Quel sens moderne le mot a-t-il pris dans le texte ?

Synthèse Résumez en un court paragraphe la contestation faite par Olympe de Gouges des rapports entre hommes et femmes.

BAC S'entraîner à la question sur le corpus

► Confronter les textes du corpus pour organiser sa réponse, p. 588

En vous appuyant sur les textes de Laclos, Voltaire et Olympe de Gouges, vous montrerez que ces écrivains utilisent des moyens différents pour exprimer une même dénonciation de l'emprise des hommes sur les femmes.

▸ Biographies, p. 628

Victor Hugo, *Les Misérables* (1862)

▸ Homme engagé politiquement contre le Second Empire Victor Hugo a été aussi de tous les combats du siècle, dénonçant la misère qui conduit à l'exploitation des enfants, et à la prostitution des femmes. *Les Misérables*, son chef-d'œuvre romanesque, et aussi son œuvre la plus populaire, lui donnent l'occasion de revenir sur ces combats qui lui tiennent à cœur.

Le narrateur vient d'évoquer la terrible histoire de Fantine, ouvrière au chômage, réduite à se prostituer pour éviter la misère et trouver quelque argent pour payer la pension de sa fille, Cosette.

Qu'est-ce que c'est que cette histoire de Fantine ? C'est la société achetant une esclave.

À qui ? À la misère.

À la faim, au froid, à l'isolement, à l'abandon, au dénûment. Marché douloureux. Une âme pour un morceau de pain. La misère offre, la société accepte.

La sainte loi de Jésus-Christ gouverne notre civilisation, mais elle ne la pénètre pas encore. On dit que l'esclavage a disparu de la civilisation européenne. C'est une erreur. Il existe toujours, mais il ne pèse plus que sur la femme, et il s'appelle prostitution.

Il pèse sur la femme, c'est-à-dire sur la grâce, sur la faiblesse, sur la beauté, sur la maternité. Ceci n'est pas une des moindres hontes de l'homme.

Au point de ce douloureux drame où nous sommes arrivés, il ne reste plus rien à Fantine de ce qu'elle a été autrefois. Elle est devenue marbre en devenant boue. Qui la touche à froid. Elle passe, elle vous subit et elle vous ignore ; elle est la figure déshonorée et sévère. La vie et l'ordre social lui ont dit leur dernier mot. Il lui est arrivé tout ce qui lui arrivera. Elle a tout ressenti, tout supporté, tout éprouvé, tout souffert, tout perdu, tout pleuré. Elle est résignée de cette résignation qui ressemble à l'indifférence comme la mort ressemble au sommeil. Elle n'évite plus rien. Elle ne craint plus rien. Tombe sur elle toute la nuée et passe sur elle tout l'océan ! que lui importe ! c'est une éponge imbibée.

Elle le croit du moins, mais c'est une erreur de s'imaginer qu'on épuise le sort et qu'on touche le fond de quoi que ce soit.

Hélas ! qu'est-ce que toutes ces destinées ainsi poussées pêle-mêle ? où vont-elles ? pourquoi sont-elles ainsi ?

Celui qui sait cela voit toute l'ombre.

Il est seul. Il s'appelle Dieu.

Questions

1. Relisez les lignes 1 à 10 du texte : quelle analyse Victor Hugo propose-t-il ici de la prostitution ? Qui met-il en cause et comment ?
2. Montrez comment l'histoire de Fantine prend ici une dimension exemplaire.
3. Quels moyens utilise l'écrivain pour impliquer le lecteur dans sa dénonciation ?
4. Dans les lignes 11 à 24, relevez et commentez certains des moyens utilisés par l'écrivain pour toucher et émouvoir le lecteur.
5. Quelle place occupent ici l'Église et la foi chrétienne ?

Prolongement
Cherchez dans la littérature du XIXe siècle d'autres œuvres (romans, poèmes, nouvelles) qui ont contribué à défendre la figure de la prostituée.

Synthèse Montrez comment Victor Hugo prend la défense des femmes réduites à la prostitution.

► Biographies, p. 628

► Simone de Beauvoir est une théoricienne du féminisme. La publication du *Deuxième sexe* a consacré sa notoriété en même temps qu'elle a suscité une vaste polémique. Cet essai ambitieux montre comment la société maintient la femme dans une situation d'infériorité.

Simone de Beauvoir, *Le Deuxième Sexe* (1949)

Dans cette dernière page de l'ultime partie de son œuvre, intitulée « Vers la libération », Simone de Beauvoir dénonce la prétendue infériorité intellectuelle et créatrice de la femme.

Comment les femmes auraient-elles jamais eu du génie alors que toute possibilité d'accomplir une œuvre géniale – ou même une œuvre tout court – leur était refusée ? La vieille Europe a naguère accablé de son mépris les Américains barbares qui ne possédaient ni artistes ni écrivains : « Laissez-nous exister avant de nous demander de justifier notre existence », répondit en substance Jefferson[1]. Les Noirs font les mêmes réponses aux racistes qui leur reprochent de n'avoir produit ni un Whitman ni un Melville[2]. Le prolétariat français ne peut non plus opposer aucun nom à ceux de Racine ou de Mallarmé. La femme libre est seulement en train de naître ; quand elle se sera conquise, peut-être justifiera-t-elle la prophétie de Rimbaud : « Les poètes seront ! Quand sera brisé l'infini servage de la femme, quand elle vivra pour elle et par elle, l'homme – jusqu'ici abominable – lui ayant donné son renvoi, elle sera poète elle aussi ! La femme trouvera l'inconnu ! Ses mondes d'idées différeront-ils des nôtres ? Elle trouvera des choses étranges, insondables, repoussantes, délicieuses, nous les prendrons, nous les comprendrons[3]. » Il n'est pas sûr que ses « mondes d'idées » soient différents de ceux des hommes puisque c'est en s'assimilant à eux qu'elle s'affranchira ; pour savoir dans quelle mesure elle demeurera singulière, dans quelle mesure ces singularités garderont de l'importance, il faudrait se hasarder à des anticipations bien hardies. Ce qui est certain, c'est que jusqu'ici les possibilités de la femme ont été étouffées et perdues pour l'humanité et qu'il est grand temps dans son intérêt et dans celui de tous qu'on lui laisse enfin courir toutes ses chances.

1. Thomas Jefferson (1743-1826) : président des États-Unis, qui a contribué à la rédaction de la Déclaration d'indépendance.
2. Célèbres auteurs américains contemporains.
3. Lettre à Pierre Demeny, 15 mai 1871 *(note de l'auteur)*.

Questions

1. Commentez la première phrase du texte : quelle thèse défend l'écrivain et comment est-elle mise en valeur ?
2. « La vieille Europe [...] Mallarmé. » (l. 3 à 8) sur quelles analogies s'appuie-t-elle pour expliquer la rareté du génie féminin ?
3. Comment la citation de Rimbaud utilisée soutient-elle l'argumentation de l'écrivain ? Comment appelle-t-on ce type d'argument ?
4. Examinez la dernière phrase du texte : comment l'écrivain donne-t-elle une force persuasive à sa revendication ?

Prolongements

- Le premier tome de l'autobiographie de Simone de Beauvoir s'appelle *Mémoires d'une jeune fille rangée* : comment comprenez-vous l'expression ? Quel jugement porte-t-elle rétrospectivement sur elle-même ?
- Cherchez certaines des dates importantes qui jalonnent les acquis sociaux et politiques des femmes.

EMPLOYER LE VOCABULAIRE DE L'ARGUMENTATION

1 MOTS DÉRIVÉS

Ces mots voisins ont un sens différent : donnez pour chacun une définition et employez-les dans des phrases qui éclaireront leur sens.

allocution / élocution
argutie / argument
plaidoyer / plaidoirie
arguer / argumenter
contredire / contrarier
déduire / dédire
légitimer / légaliser

2 EXPRESSIONS LATINES

a. **Cherchez dans un dictionnaire le sens de ces expressions latines couramment employées en français.**

ad litteram – ad hominem – pro domo

b. **Choisissez un des textes de la séquence, puis caractérisez la démarche argumentative de l'écrivain en employant une de ces expressions dans une phrase.**

3 SYNONYMES

a. **Donnez un synonyme à chacun de ces verbes et expliquez quelle nuance de sens distingue leur emploi.**

récuser – démontrer – insinuer – suspecter – s'interroger

b. **Choisissez un des textes de la séquence, puis utilisez au moins trois des verbes ci-dessus dans un paragraphe qui commentera l'argumentaire de l'écrivain.**

4 MODALISATION DES PROPOS

a. **Précisez si ces verbes présentent les propos du locuteur comme certains, probables, douteux ou faux.**

b. **Rédigez pour chacun une phrase qui éclairera son sens**

reconnaître – croire – s'imaginer – prétexter – prétendre – douter – sembler – paraître – savoir – admettre

5 GENRES DE L'ARGUMENTATION

Les termes qui suivent désignent tous des textes littéraires de combat avec une intention satirique. Cherchez la nuance exacte de chacun de ces termes et employez-les dans une phrase qui en précisera le sens.
Vous pouvez utiliser un dictionnaire.

une épigramme – un pamphlet – une satire – une diatribe – un libelle

6 CHAMPS LEXICAUX

a. **Quel champ lexical repérez-vous ? Quel registre identifiez-vous ? Quelle figure de style, répétée deux fois est caractéristique de ce registre ?**

On comprend dans la peste toutes les maladies contagieuses, qui sont au nombre de deux ou trois mille. Ces deux présents nous viennent de la Providence. Mais la guerre, qui réunit tous ces dons, nous vient de l'imagination de trois ou quatre cents personnes répandues sur la surface de ce globe sous le nom de princes ou de ministres.

Voltaire, art. « Guerre »,
Dictionnaire philosophique (1764)

b. **Quels sont les deux champs lexicaux qui s'opposent ? Écrivez à votre tour une phrase sur un fait d'actualité qui vous indigne, en jouant de la même façon sur l'opposition de deux champs lexicaux.**

Le merveilleux de cette entreprise infernale, c'est que chaque chef des meurtriers fait bénir ses drapeaux et invoque Dieu solennellement avant d'aller exterminer son prochain.

Voltaire, art. « Guerre »,
Dictionnaire philosophique (1764)

7 VOCABULAIRE ÉVALUATIF

Par quels moyens lexicaux Voltaire nous donne-t-il son avis sur la religion ?

Les Romains eurent leurs douze grands dieux, six mâles et six femelles.

Voltaire, art. « Idole, idolâtre, idolâtrie »,
Dictionnaire philosophique (1764)

EXPRESSION ÉCRITE

Sujet 1

Choisissez un personnage littéraire ou historique et écrivez une épigramme en quelques vers à son sujet, mettant en évidence ses défauts principaux ou ses faiblesses.

Sujet 2

Une femme du XVIIIe siècle plaide pour ses droits : imaginez la courte lettre qu'elle écrit à un proche pour évoquer la cause des femmes.
Vous choisirez de faire appel à la raison ou aux sentiments.

Séquence 4

Les passions et l'aspiration au bonheur

Quels débats soulèvent les « passions » ? Quels arguments sont apportés par les écrivains et les philosophes pour accéder au bonheur ?

CORPUS DE LA SÉQUENCE

PERSPECTIVES

LIENS AVEC LA PARTIE LANGUE

▶ Les valeurs des modes et des temps, p. 520
▶ L'expression de la cause, de la conséquence, du but, de la condition, de l'opposition et de la concession, p. 522
▶ L'énonciation et le discours, p. 528
▶ Les figures de rapprochement et de substitution, p. 534

LIENS AVEC LA PARTIE OUTILS D'ANALYSE

▶ L'argumentation, p. 566
▶ L'image, p. 572
▶ Les registres et effets du texte, p. 578

LIENS AVEC LA PARTIE MÉTHODES

▶ La question sur le corpus, p. 588
▶ Le commentaire, p. 598
▶ L'écriture d'invention, p. 616

▶▶▶ Quentin Massys, *Le Peseur d'or et sa femme* (1514), huile sur bois (détail), musée du Louvre, Paris.

▸ Biographies, p. 628

Blaise Pascal, *Pensées* (1670)

⊕ CONTEXTE

Le XVIIe siècle voit s'épanouir de nombreux jeux : des jeux sportifs, comme le jeu de paume, ancêtre de notre tennis, très prisé par Louis XIV, le mail (équivalent du croquet), mais aussi des jeux de salon : échecs, dames, jonchets (jeu comportant de menus bâtons, en ivoire) ou le trictrac, dont le nom provient du bruit des pions sur la table. Les jeux de cartes, qui sont toujours des jeux d'argent, sont très appréciés par les contemporains de Pascal. Ce genre de divertissements fournira à ce philosophe la matière de son argumentation.

Les Pensées *constituent une succession de remarques de longueurs différentes dont le but est de définir l'homme : celui-ci est en proie à une dualité tragique. « Roseau pensant », à la fois grand et misérable, corps et esprit, l'homme espère trouver le bonheur dans le divertissement.*

Quand je m'y suis mis quelquefois à considérer les diverses agitations des hommes, et les périls, et les peines où ils s'exposent dans la Cour, dans la guerre d'où naissent tant de querelles, de passions, d'entreprises hardies et souvent mauvaises, etc., j'ai dit souvent que tout le malheur des hommes vient d'une seule chose, qui est de ne savoir pas demeurer en repos dans une chambre. Un homme qui a assez de bien pour vivre, s'il savait demeurer chez soi avec plaisir n'en sortirait pas pour aller sur la mer ou au siège d'une place ; on n'achèterait une charge à l'armée[1] si chère que parce qu'on trouverait insupportable de ne bouger de la ville et on ne recherche les conversations et les divertissements des jeux que parce qu'on ne demeure chez soi avec plaisir. Etc.

Mais quand j'ai pensé de plus près et qu'après avoir trouvé la cause de tous nos malheurs j'ai voulu en découvrir les raison(s), j'ai trouvé qu'il y en a une bien effective qui consiste dans le malheur naturel de notre condition faible et mortelle et si misérable que rien ne peut nous consoler lorsque nous y pensons de près.

Quelque condition qu'on se figure, si l'on assemble tous les biens qui peuvent nous appartenir, la royauté est le plus beau poste du monde et cependant, qu'on s'en imagine, accompagné de toutes les satisfactions qui peuvent le toucher, s'il est sans divertissement et qu'on le laisse considérer et faire réflexion sur ce qu'il est – cette félicité languissante ne le soutiendra point – il tombera par nécessité dans les vues qui le menacent, des révoltes qui peuvent arriver et enfin de la mort et des maladies qui sont inévitables, de sorte que s'il est, sans ce qu'on appelle divertissement le voilà malheureux, et plus malheureux que le moindre de ses sujets qui joue et qui se divertit.

(L'unique bien des hommes consiste donc à être divertis de penser à leur condition ou par une occupation qui les en détourne, ou par quelque passion agréable et nouvelle qui les occupe, ou par le jeu, la chasse, quelque spectacle attachant, et enfin par ce qu'on appelle divertissement.)

De là vient que le jeu et la conversation des femmes, la guerre, les grands emplois sont si recherchés. Ce n'est pas qu'il y ait en effet du bonheur, ni qu'on s'imagine que la vraie béatitude, soit d'avoir l'argent qu'on peut gagner au jeu, ou dans le lièvre qu'on court ; on n'en voudrait pas s'il était offert. Ce n'est pas cet usage mol et paisible et qui nous laisse penser à notre malheureuse condition qu'on recherche ni les dangers de la guerre, ni la peine des emplois, mais c'est le tracas qui nous détourne d'y penser et nous divertit. Raison pourquoi on aime mieux la chasse que la prise.

De là vient que les hommes aiment tant le bruit et le remuement. De là vient que la prison est un supplice si horrible, de là vient que le plaisir de la solitude est une chose incompréhensible. Et c'est enfin le plus grand sujet de félicité de la condition des rois, de ce qu'on essaie sans cesse à les divertir et à leur procurer toutes sortes de plaisirs. Le roi est environné de gens qui ne pensent qu'à divertir le roi et à l'empêcher de penser à lui. Car il est malheureux tout roi qu'il est s'il y pense.

1. Au XVIIe siècle, les fonctions de colonel et de capitaine étaient exercées par des nobles qui payaient pour devenir officier.

Gherardo delle Notti, *Dîner avec joueur de luth* (1620), huile sur toile, Galerie des Offices, Florence.

► Les genres de l'argumentation, p. 568
► L'expression de la cause et de l'opposition, p. 522

Questions

Le divertissement constitutif de la nature humaine

1. Pour Pascal, la condition humaine est-elle heureuse ou malheureuse ? Quels termes récurrents emploie Pascal pour la désigner ? Qu'apporte le divertissement aux hommes ?
2. Quels exemples de divertissements sont donnés par Pascal ? Relevez les différents champs lexicaux renvoyant à ces exemples. Par quel procédé stylistique les met-il en valeur ?
3. Dans le troisième paragraphe, quel exemple est développé par Pascal ? Retrouvez, dans le reste du texte, un passage qui complète cet exemple. Dans quelle mesure l'homme représenté est-il heureux ?
4. Quel objectif les hommes croient-ils poursuivre avec des divertissements comme la chasse ou le jeu ? Pascal est-il d'accord ? Appuyez-vous sur l'étude des liens logiques dans le cinquième paragraphe.
5. Pourquoi peut-on dire que le bonheur est important pour la vie sociale et que le divertissement a des répercussions sur celle-ci ?

Fragments d'une pensée en construction

6. Qu'est-ce qui montre que ce texte est une œuvre inachevée, une démonstration dont nous n'avons gardé que l'ossature ?
7. Mesurez l'implication de l'auteur dans son essai en étudiant les marques de l'énonciation. Pascal partage-t-il les divertissements des hommes ?
8. Dans les deux premiers paragraphes, relevez les temps verbaux et les liens logiques employés : quelle évolution la pensée de Pascal connaît-elle ?
9. Dans ces deux paragraphes, quelles sont les causes du malheur, selon lui ? Relevez deux expressions significatives.

Vocabulaire
Cherchez l'étymologie du mot « divertissement ». Expliquez le sens de ce mot dans le contexte. Trouvez dans le passage un verbe qui exprime la même idée.

Synthèse Le bonheur est-il possible, selon Pascal ?

BAC S'entraîner au commentaire

► Rédiger des paragraphes et insérer des citations, p. 598

Lisez les deux derniers paragraphes. Vous étudierez comment Pascal montre tout le paradoxe de la condition humaine : aidez-vous en particulier des jeux d'opposition.

▸ Biographies, p. 628

Jean de La Bruyère, *Les Caractères* (1688)

⊕ CONTEXTE

Les moralistes du XVIIe siècle, tels que La Rochefoucauld, Boileau, et La Bruyère, réfléchissent sur tous les aspects de la nature humaine, et notamment sur les défauts considérés comme péchés capitaux par le christianisme : l'orgueil, l'envie, la colère, la luxure, la paresse, la gourmandise et l'avarice. Ceux-ci sont envisagés comme des passions de l'âme : conformément à l'étymologie du mot « passion », ils font souffrir l'homme, et le bonheur auquel il croit parvenir est purement illusoire.

▸ Le Classicisme, p. 27

Les Caractères *sont inspirés par l'œuvre du Grec Théophraste, qui vécut au IVe siècle av. J.-C. Composée de différents fragments, cette œuvre de moraliste s'attache à dénoncer les travers des hommes en mettant en lumière leurs attitudes. Dans le chapitre « Des biens de fortune », l'auteur examine si la richesse fait le bonheur des hommes.*

27

Chrysippe[1], homme nouveau, et le premier noble de sa race, aspirait, il y a trente années, à se voir un jour deux mil livres de rente pour tout bien : c'était là le comble de ses souhaits et sa plus haute ambition ; il l'a dit ainsi, et on s'en souvient. Il arrive, je ne sais par quels chemins, jusques à donner en revenu à l'une de ses filles, pour sa dot[2], ce qu'il désirait lui-même d'avoir en fonds pour toute fortune pendant sa vie. Une pareille somme est comptée dans ses coffres pour chacun de ses autres enfants qu'il doit pourvoir, et il a un grand nombre d'enfants ; ce n'est qu'en avancement d'hoirie[3] : il y a d'autres biens à espérer après sa mort. Il vit encore, quoiqu'assez avancé en âge, et il use le reste de ses jours à travailler pour s'enrichir.

28

Laissez faire *Ergaste*[1], et il exigera un droit de tous ceux qui boivent de l'eau de la rivière, ou qui marchent sur la terre ferme : il sait convertir en or jusques aux roseaux, aux joncs et à l'ortie. Il écoute tous les avis, et propose tous ceux qu'il a écoutés. Le prince ne donne aux autres qu'aux dépens d'Ergaste, et ne leur fait de grâces que celles qui lui étaient dues. C'est une faim insatiable d'avoir et de posséder. Il trafiquerait[4] des arts et des sciences, et mettrait en parti[5] jusques à l'harmonie : il faudrait, s'il en était cru, que le peuple, pour avoir le plaisir de le voir riche, de lui voir une meute[6] et une écurie, pût perdre le souvenir de la musique d'*Orphée*[7], et se contenter de la sienne.

50

Les passions tyrannisent l'homme ; et l'ambition suspend en lui les autres passions, et lui donne pour un temps les apparences de toutes les vertus. Ce *Tryphon*[1] qui a tous les vices, je l'ai cru sobre, chaste, libéral, humble et même dévot : je le croirais encore, s'il n'eût enfin fait sa fortune.

51

L'on ne se rend point sur le désir de posséder et de s'agrandir : la bile[8] gagne, et la mort approche, qu'avec un visage flétri, et des jambes déjà faibles, l'on dit : *ma fortune, mon établissement*[9].

1. Noms de personnages fictifs. – 2. Biens apportés par une fille lors de son mariage. – 3. Héritage. – 4. Tirer avantage de. – 5. Sens particulier du XVIIe siècle : le parti est la « part de profit attribuée pour la levée de certains impôts ». – 6. Groupe de chiens de chasse. – 7. Nom d'un opéra. – 8. Liquide sécrété par le foie, signe ici de maladie. – 9. Fait d'avoir une charge importante.

Domenicus van Tol, *L'Avarice* (1660), huile sur bois (détail), musée d'Art antique, Milan (Italie).

Questions

► Les genres de l'argumentation, p. 568
► Faire rire, p. 578
► Les valeurs des temps, p. 520

Les argumentations directes

1. Quel sens l'auteur donne-t-il au mot « passions » ? Quel exemple de passion est développé dans chaque extrait ?
2. Les passions présentées dans ces extraits contribuent-elles au bonheur ? Relevez les phrases qui présentent la thèse de l'auteur.
3. Retrouvez des passages constituant des généralisations. Vous vous fonderez notamment sur la valeur des temps verbaux.
4. Observez la situation d'énonciation dans chacun de ces extraits : dans quels passages l'auteur s'implique-t-il ? Quel intérêt présente son intervention ?
5. À quel autre thème est relié celui de la richesse, dans les fragments 27 et 50 ? Quelle image de la condition humaine et quel avertissement l'auteur donne-t-il ici ?

Les portraits

6. Quelle valeur ces fragments ont-ils dans l'ensemble de l'argumentation de La Bruyère ? Les personnages, ainsi représentés, vous paraissent-ils heureux ? Justifiez votre réponse.
7. Étudiez les temps verbaux et les repères temporels dans le fragment 27 : comment se développe ce portrait ? Comparez avec le portrait d'*Ergaste* (fragment 28) en vous appuyant sur la valeur des temps.
8. Aux lignes 12 et 13, le personnage d'*Ergaste* est implicitement comparé à un personnage mythologique : qui est-il ? Dans quelle mesure cette comparaison est-elle élogieuse ?
9. Quelles caractéristiques du personnage d'*Ergaste* se font jour à travers ce portrait ? Qu'est-ce qui contribue au ridicule du personnage ?
10. Relevez les traits de caractère de *Tryphon* dans le fragment 50. Quelle figure de style les met en valeur ? Quel lien cette esquisse de portrait a-t-elle avec la première partie du paragraphe ?

Vocabulaire
Le nom de Chrysippe n'a pas été choisi au hasard : trouvez l'origine grecque du mot et expliquez pourquoi il participe de la critique de La Bruyère. Aidez-vous d'un dictionnaire.

Synthèse Qu'est-ce qui justifie le rapprochement de ces quatre paragraphes ?

BAC S'entraîner à l'écriture d'invention

« Ce *Tryphon* qui a tous les vices, je l'ai cru sobre, chaste, libéral, humble et même dévot : je le croirais encore, s'il n'eût enfin fait sa fortune. » (l. 21 à 23) : amplifiez le portrait de ce personnage en conservant la visée critique de cette description et les deux moments suggérés par l'auteur. Vous vous attacherez à montrer, par les actes du personnage, l'un des traits de caractère explicitement donnés par La Bruyère.

► Amplifier et transposer un texte, p. 616

Vincent Laurensz Van der Vinne,
Vanité avec une couronne royale (XVIIe siècle)

◄ Les vanités font partie des natures mortes représentées surtout par les peintres hollandais du XVIIe siècle. Ce genre pictural naît à la suite d'événements historiques douloureux (guerre de Trente ans, épisodes de peste). En représentant des objets inanimés savamment disposés, des coupes de vin, des fruits, des fleurs, les vanités cherchent à rappeler cette parole tirée de l'*Ecclésiaste* : « Vanité des vanités, tout est vanité ».

Le portrait visible au premier plan est celui de Charles Ier Stuart, roi d'Angleterre, qui se rendit impopulaire par les nombreuses persécutions commises sous son règne. À la suite d'une guerre civile opposant ses partisans aux parlementaires dirigés par Cromwell, il fut décapité en 1649. Avant de mourir, il prononça cette parole : « Souviens-toi ! ».

Vincentsz Laurensz Van der Vinne,
Vanité avec une couronne royale
(XVIIe siècle), huile sur toile
(94,5 cm x 69 cm),
musée du Louvre, Paris.

Questions

L'esthétique de la juxtaposition : le monde dans sa diversité

1. Observez les différents objets représentés. Établissez des rapprochements entre eux. Quels aspects de la condition humaine sont ainsi mis en scène ?
2. Comment sont disposés les objets les uns par rapport aux autres ? Sur quel élément le regard s'arrête-t-il ? Quel message le peintre veut-il transmettre ?
3. Quelle impression crée ce rapprochement d'objets divers ?

Une peinture allégorique

4. Pourquoi le titre insiste-t-il sur la présence de la couronne royale ? Examinez la composition du tableau, les jeux de lumière et la position de la couronne sur la table.
5. Quelles sont les couleurs dominantes de cette peinture ? Pour quelle raison certains objets ont-ils été placés dans l'ombre ?
6. Quels objets symbolisent le temps qui passe ? Comment la représentation donnée d'autres objets contribue-t-elle à montrer la même idée ?
7. Pourquoi peut-on considérer la gravure de Charles Ier au premier plan comme un avertissement ?

► L'organisation de l'image, p. 572
► Les visées et intentions de l'image, p. 573

Prolongement
Cherchez et observez le tableau d'Hans Holbein Le Jeune intitulé *Les Ambassadeurs* (1533) : quels éléments représentés sur le tableau de Van der Vinne retrouve-t-on ? Comment s'appelle le procédé utilisé par Holbein ?

Synthèse Expliquez pourquoi ce tableau peut être considéré comme une critique des biens matériels.

► Biographies, p. 628

CONTEXTE

Dans l'essai proposé ici, Jean-Jacques Rousseau met en scène l'homme dans l'état de nature, comme l'avait fait Thomas Hobbes, au XVIIe siècle. L'homme naturel est un homme bon, qui, en entrant dans la société, est corrompu mais gagne en perfectibilité. Le thème développé par Rousseau reprend le mythe du bon sauvage, personnage idéalisé dont on souligne les vertus. D'autres auteurs, comme Voltaire, font le récit de leurs aventures.

► Les Lumières, p. 28

Jean-Jacques Rousseau, *Discours sur l'origine et les fondements de l'inégalité parmi les hommes* (1755)

Rousseau entreprend ici une reconstitution fictive de l'histoire de l'humanité.

Tant que les hommes se contentèrent de leurs cabanes rustiques, tant qu'ils se bornèrent à coudre leurs habits de peaux avec des épines ou des arêtes, à se parer de plumes et de coquillages, à se peindre le corps de diverses couleurs, à perfectionner ou embellir leurs arcs et leurs flèches, à tailler avec des pierres tranchantes quelques Canots de pêcheurs ou quelques grossiers instruments de Musique. En un mot tant qu'ils ne s'appliquèrent qu'à des ouvrages qu'un seul pouvait faire, et qu'à des arts qui n'avaient pas besoin du concours de plusieurs mains, ils vécurent libres, sains, bons et heureux autant qu'ils pouvaient l'être par leur Nature, et continuèrent à jouir entre eux des douceurs d'un commerce* indépendant : mais dès l'instant qu'un homme eut besoin du secours d'un autre ; dès qu'on s'aperçut qu'il était utile à un seul d'avoir des provisions pour deux, l'égalité disparut, la propriété s'introduisit, le travail devint nécessaire et les vastes forêts se changèrent en des Campagnes riantes qu'il fallut arroser de la sueur des hommes, et dans lesquelles on vit bientôt l'esclavage et la misère germer et croître avec les moissons.

* Relation.

Questions

► Les genres de l'argumentation, p. 568
► L'expression de la condition, de l'opposition, et de la concession, p. 522

Le bonheur dans la société primitive

1. Relevez les propositions subordonnées circonstancielles de temps : comment Rousseau met-il en évidence l'opposition de deux moments de l'histoire de la civilisation ?
2. Quel lien logique marque un changement dans le propos de Rousseau ? Délimitez les mouvements du texte.
3. Comment Rousseau fait-il l'éloge de cette société primitive ? Quelle restriction apporte-t-il ?
4. Pour quelle raison l'homme primitif est-il heureux, selon Rousseau ? Relevez une phrase qui résume sa pensée.
5. Quels sont les exemples d'activités humaines donnés par l'auteur ? Comment les met-il en valeur ? Pourquoi peut-on parler d'une description pittoresque ?
6. Comment Rousseau manifeste-t-il la modération dont fait preuve cette société primitive ? Relevez les termes et les structures grammaticales qui le montrent.

L'arrivée du malheur

7. Quelles images concrètes Rousseau utilise-t-il pour représenter la naissance de la société ? Quels termes emploie-t-il pour marquer un changement ?
8. Quelles expressions indiquent que la constitution de la société est source de malheurs pour Rousseau ? Étudiez la structure des phrases et leur rythme.
9. Quels sont les deux grands principes engendrés par la constitution de la société ? Quel exemple développe-t-il plus particulièrement ? Commentez l'image employée par Rousseau.

Grammaire
Dans la proposition « tant qu'ils ne s'appliquèrent qu'à des ouvrages » (l. 6), quelle valeur a la négation ?

Synthèse Comment la démonstration de Rousseau contribue-t-elle à charmer le lecteur ?

TEXTE 4

► Biographies, p. 628

Voltaire,
Candide (1759)

CONTEXTE

Les contes philosophiques apparaissent au XVIIIe siècle. La traduction des *Mille et Une Nuits* réalisée au siècle des Lumières lance la mode de ce genre, qui conserve la forme narrative, les personnages fictifs et le merveilleux. Mais l'intention critique y est dominante : l'auteur invite ses lecteurs à réfléchir sur un thème abstrait. Dans *Candide*, Voltaire conteste la théorie de l'optimisme, comme l'indique le sous-titre, qui veut que le monde créé par Dieu soit le meilleur des mondes possibles.

► Le Libertinage, p. 30

Dans son conte philosophique Candide, *Voltaire met en scène un jeune homme naïf qui découvre le monde et ses horreurs. Après de nombreuses aventures, accompagné de Pangloss et Martin, il rencontre un vieillard turc qui vit heureux hors de la société.*

Ayant dit ces mots, il fit entrer les étrangers dans sa maison ; ses deux filles et ses deux fils leur présentèrent plusieurs sortes de sorbets qu'ils faisaient eux-mêmes, du kaïmak[1] piqué d'écorces de cédrat[2] confit, des oranges, des citrons, des limons[2], des ananas, des pistaches, du café de Moka qui n'était point mêlé avec le mauvais café de Batavia et des îles. Après quoi les deux filles de ce bon musulman parfumèrent les barbes de Candide, de Pangloss, et de Martin.

« Vous devez avoir, dit Candide au Turc, une vaste et magnifique terre ? – Je n'ai que vingt arpents, répondit le Turc ; je les cultive avec mes enfants ; le travail éloigne de nous trois grands maux, l'ennui, le vice, et le besoin. »

Candide, en retournant dans sa métairie[3], fit de profondes réflexions sur le discours du Turc. Il dit à Pangloss et à Martin : « Ce bon vieillard me paraît s'être fait un sort bien préférable à celui des six rois avec qui nous avons eu l'honneur de souper. – Les grandeurs, dit Pangloss, sont fort dangereuses, selon le rapport de tous les philosophes : car enfin Églon, roi des Moabites, fut assassiné par Aod ; Absalon fut pendu par les cheveux et percé de trois dards ; le roi Nadab, fils de Jéroboam, fut tué par Baasa ; le roi Éla, par Zambri ; Ochosias, par Jéhu ; Athalia, par Joïada ; les rois Joachim, Jéchonias, Sédécias[4], furent esclaves. Vous savez comment périrent Crésus, Astyage, Darius, Denys de Syracuse, Pyrrhus, Persée, Annibal, Jugurtha, Arioviste, César, Pompée, Néron, Othon, Vitellius, Domitien[5], Richard II d'Angleterre, Édouard II, Henri VI, Richard III, Marie Stuart, Charles Ier, les trois Henri de France, l'empereur Henri IV[6] ? Vous savez... – Je sais aussi, dit Candide, qu'il faut cultiver notre jardin. – Vous avez raison, dit Pangloss ; car quand l'homme fut mis dans le jardin d'Éden, il y fut mis *ut operaretur eum*, pour qu'il travaillât : ce qui prouve que l'homme n'est pas né pour le repos. – Travaillons sans raisonner, dit Martin ; c'est le seul moyen de rendre la vie supportable. »

Toute la petite société entra dans ce louable dessein ; chacun se mit à exercer ses talents. La petite terre rapporta beaucoup. Cunégonde était, à la vérité, bien laide ; mais elle devint une excellente pâtissière ; Paquette broda ; la vieille eut soin du linge. Il n'y eut pas jusqu'à frère Giroflée qui ne rendît service ; il fut un très bon menuisier, et même devint honnête homme ; et Pangloss disait quelquefois à Candide : « Tous les événements sont enchaînés dans le meilleur des mondes possibles : car enfin si vous n'aviez pas été chassé d'un beau château à grands coups de pied dans le derrière pour l'amour de mademoiselle Cunégonde, si vous n'aviez pas été mis à l'Inquisition, si vous n'aviez pas couru l'Amérique à pied, si vous n'aviez pas donné un bon coup d'épée au baron, si vous n'aviez pas perdu tous vos moutons du bon pays d'Eldorado, vous ne mangeriez pas ici des cédrats confits et des pistaches. – Cela est bien dit, répondit Candide, mais il faut cultiver notre jardin. »

1. Sorte de crème, de yaourt. – 2. Variétés de citrons. – 3. Petite propriété à la campagne. – 4. Rois de la Bible. – 5. Rois et empereurs de l'Antiquité. – 6. Rois de différentes nations d'Europe.

Jaume Nadal Ferragut,
Greffage (1750),
domaine de Masanella,
Escorca, Majorque (Espagne).

Questions

► Les genres de l'argumentation, p. 568
► Faire rire, p. 578

Le dénouement du conte philosophique

1. Quelle forme prend ce texte ? Quels en sont les principaux mouvements ? Donnez un titre à chacun d'entre eux.
2. Différents personnages du conte sont cités : que leur arrive-t-il dans ce dénouement ?
3. Dans quelle mesure peut-on parler d'un dénouement heureux ? Ce dénouement ressemble-t-il à un conte traditionnel ?
4. Le conte de fées peut posséder une moralité à la fin : quelle phrase pourrait constituer la moralité de ce texte ? Qui la prononce ? Comment est-elle mise en valeur Quels sens pouvez-vous lui attribuer ?

La conception du bonheur

5. Quelles sont les caractéristiques de la société formée par le vieillard turc ? Quel procédé stylistique les met en valeur ? Pourquoi peut-on parler d'un lieu idyllique, d'une utopie ?
6. Comment la compagnie formée par Candide et ses amis essaie-t-elle de reproduire cette société ?
7. À quelle valeur s'oppose le bon vieillard et ses enfants ? Quel avertissement l'auteur semble-t-il vouloir nous donner ?

L'objectif du conte : dénoncer l'optimisme

8. Étudiez les paroles de Pangloss : quelle figure de style les parcourt ? Commentez l'effet produit sur les autres personnages et sur le lecteur ?
9. Étudiez les paroles rapportées de Pangloss (l. 31 à 36) : quelle thèse défend-il ? Quelle relation logique parcourt son discours ? L'enchaînement des idées vous paraît-elle logique ?
10. Ce personnage vous semble-t-il être le porte-parole de l'auteur ? Justifiez votre réponse.

Grammaire
« Travaillons sans raisonner, dit Martin ; c'est le seul moyen de rendre la vie supportable. » Remplacez le point virgule par le lien logique adéquat. Précisez sa nuance.

Synthèse Comment Voltaire nous donne-t-il une définition du bonheur dans ce texte ?

BAC S'entraîner à l'écriture d'invention

Dans une page qui aurait pu se trouver dans le conte philosophique de Voltaire, racontez une journée passée dans la métairie. Vous respecterez les caractéristiques des personnages, et essaierez de rendre compte de leur bonheur, tel que l'envisage Voltaire.

► Amplifier et transposer un texte, p. 616

TEXTE 5

► Biographies, p. 628

⊕ CONTEXTE

Dans *Les Liaisons dangereuses*, Choderlos de Laclos adopte la forme du roman épistolaire. Ce genre lui permet de faire alterner différents points de vue, tout en leur donnant gage d'authenticité : les lettres échangées entre le vicomte de Valmont, la présidente de Tourvel et la marquise de Merteuil mettent en évidence différentes conceptions du bonheur. Le parti prude se voit progressivement vaincu par celui des libertins, représenté par Valmont, dont les lettres constituent d'habiles stratégies de séduction.

► Le Libertinage, p. 30

Choderlos de Laclos, *Les Liaisons dangereuses* (1782)

Le vicomte de Valmont, libertin notoire, entreprend de séduire la respectable présidente de Tourvel.

LE VICOMTE DE VALMONT À LA PRÉSIDENTE DE TOURVEL

[…] Qu'ai-je fait, après tout, que ne pas résister au tourbillon dans lequel j'avais été jeté ? Entré dans le monde, jeune et sans expérience ; passé, pour ainsi dire, de mains en mains, par une foule de femmes, qui toutes se hâtent de prévenir[1] par leur facilité une réflexion qu'elles sentent devoir leur être défavorable ; était-ce donc à moi de donner l'exemple d'une résistance qu'on ne m'opposait point ? ou devais-je me punir d'un moment d'erreur, et que souvent on avait provoqué, par une constance à coup sûr inutile, et dans laquelle on n'aurait vu qu'un ridicule ? Eh ! quel autre moyen qu'une prompte rupture, peut justifier d'un choix honteux !

Mais, je puis le dire, cette ivresse des sens, peut-être même ce délire de la vanité, n'a point passé jusqu'à mon cœur. Né pour l'amour, l'intrigue pouvait le distraire, et ne suffisait pas pour l'occuper ; entouré d'objets séduisants, mais méprisables, aucun n'allait jusqu'à mon âme : on m'offrait des plaisirs, je cherchais des vertus ; et moi-même enfin je me crus inconstant, parce que j'étais délicat et sensible.

C'est en vous voyant que je me suis éclairé : bientôt j'ai reconnu que le charme de l'amour tenait aux qualités de l'âme ; qu'elles seules pouvaient en causer l'excès, et le justifier. Je sentis enfin qu'il m'était également impossible et de ne pas vous aimer, et d'en aimer une autre que vous.

Voilà, Madame, quel est ce cœur auquel vous craignez de vous livrer, et sur le sort de qui vous avez à prononcer : mais quel que soit le destin que vous lui réservez, vous ne changerez rien aux sentiments qui l'attachent à vous ; ils sont inaltérables comme les vertus qui les ont fait naître.

*De… ce 3 septembre 17***

LA PRÉSIDENTE DE TOURVEL AU VICOMTE DE VALMONT

[…] Cessez donc, je vous en conjure, cessez de vouloir troubler un cœur à qui la tranquillité est si nécessaire ; ne me forcez pas à regretter de vous avoir connu.

Chérie et estimée d'un mari que j'aime et respecte, mes devoirs et mes plaisirs se rassemblent dans le même objet. Je suis heureuse, je dois l'être. S'il existe des plaisirs plus vifs, je ne les désire pas ; je ne veux point les connaître. En est-il de plus doux que d'être en paix avec soi-même, de n'avoir que des jours sereins, de s'endormir sans trouble, et de s'éveiller sans remords ? Ce que vous appelez le bonheur, n'est qu'un tumulte des sens, un orage des passions dont le spectacle est effrayant, même à le regarder du rivage. Eh ! comment affronter ces tempêtes ? comment oser s'embarquer sur une mer couverte des débris de mille et mille naufrages ? Et avec qui ? Non, Monsieur, je reste à terre ; je chéris les liens qui m'y attachent. Je pourrais les rompre que je ne le voudrais pas ; si je ne les avais, je me hâterais de les prendre.

Pourquoi vous attacher à mes pas ? pourquoi vous obstiner à me suivre ? Vos Lettres, qui devaient être rares, se succèdent avec rapidité. Elles devaient être sages, et vous ne m'y parlez que de votre fol amour. Vous m'entourez de votre idée, plus que vous ne le faisiez de votre personne. Écarté sous une forme, vous vous reproduisez sous une autre. Les choses qu'on vous demande de ne plus dire, vous les

1. Devancer.
2. Mensongers.

redites seulement d'une autre manière. Vous vous plaisez à m'embarrasser par des raisonnements captieux[2] ; vous échappez aux miens. Je ne veux plus vous répondre, je ne vous répondrai plus… Comme vous traitez les femmes que vous avez séduites ! avec quel mépris vous en parlez ! Je veux croire que quelques-unes le méritent : mais toutes sont-elles donc si méprisables ? Ah ! sans doute, puisqu'elles ont trahi leurs devoirs pour se livrer à un amour criminel. De ce moment, elles ont tout perdu, jusqu'à l'estime de celui à qui elles ont tout sacrifié. Ce supplice est juste, mais l'idée seule en fait frémir. Que m'importe, après tout ? pourquoi m'occuperais-je d'elles ou de vous ? de quel droit venez-vous troubler ma tranquillité ? Laissez-moi, ne me voyez plus ; ne m'écrivez plus, je vous en prie ; je l'exige. Cette Lettre est la dernière que vous recevrez de moi.

*De… ce 5 septembre 17***

Michelle Pfeiffer (la présidente de Tourvel) et John Malkovich (le vicomte de Valmont) dans *Les Liaisons dangereuses*, film réalisé par Stephen Frears en 1988.

Questions

1. En vous fondant sur l'étude des pronoms personnels et des temps verbaux, délimitez le passage où Valmont justifie sa conduite passée : qu'est-ce qui l'assimile à un libertin ? Quels arguments emploie-t-il ?
2. Par quels procédés stylistiques Valmont cherche-t-il à persuader Mme de Tourvel de sa bonne foi ?
3. Quelle influence a eue Mme de Tourvel sur Valmont, selon lui ? Comment la présente-t-il dans sa lettre ? Commentez les figures de style employées.
4. Quelle réaction la lettre de Valmont suscite-t-elle chez Mme de Tourvel ? Quelle conception du bonheur oppose-t-elle à Valmont ?
5. Quelle métaphore filée Mme de Tourvel emploie-t-elle pour évoquer le bonheur proposé par Valmont ? Expliquez le choix de cette image.
6. Étudiez les modalités de phrase dominantes employées dans la lettre de Mme de Tourvel : quel objectif a-t-elle en écrivant cette lettre à Valmont ? S'en tient-elle à son premier objectif ?
7. Après avoir relevé les répétitions et observé le rythme des phrases, montrez que Mme de Tourvel est ébranlée par la lettre de Valmont.

Grammaire
« Né pour l'amour », « entouré d'objets séduisants, mais méprisables » (l. 10 et 11) : à qui renvoient les participes passés ? La construction de ces phrases est-elle correcte ? Que révèle l'emploi de cette tournure sur le personnage de Valmont ?

Charles de Saint-Évremond, *Sur les plaisirs* (1705)

CONTEXTE

Saint-Évremond (1613-1703) est exilé en Angleterre après ses démêlés avec le pouvoir et Mazarin. Ses écrits proposent des réflexions sur l'homme, teintées d'épicurisme. Selon lui, l'homme, en tant qu'être naturel, est poussé par le désir. Si ce désir est naturel, il ne peut être condamné. Cette idée, entre autres, a placé Saint-Évremond au rang des libertins du XVIIe siècle.

► Le Libertinage, p. 30

On ne saurait donc avoir trop d'adresse à ménager ses plaisirs ; encore les plus entendus ont-ils de la peine à les bien goûter. La longue préparation en nous ôtant la surprise, nous ôte ce qu'ils ont de plus vif ; si nous n'en avons aucun soin, nous les prendrons mal à propos, dans un désordre ennemi de la politesse, ennemi des goûts véritablement délicats.

Une jouissance imparfaite laisse du regret : quand elle est trop poussée elle apporte le dégoût. Il y a un certain temps à prendre, une justesse à garder, qui n'est pas connue de tout le monde. Il faut jouir des plaisirs présents, sans intéresser[1] les voluptés à venir.

Il ne faut pas aussi que l'imagination des biens souhaités fasse tort à l'usage de ceux qu'on possède. C'est ce qui obligeait les plus honnêtes gens de l'Antiquité à faire tant de cas d'une modération, qu'on pouvait nommer économie dans les choses désirées ou obtenues.

Comme vous n'exigez pas de vos amis une régularité, qui les contraigne, je vous dis les réflexions que j'ai faites sans aucun ordre, selon qu'elles viennent dans mon esprit.

La Nature porte tous les hommes à rechercher leurs plaisirs, mais ils les recherchent différemment selon la différence des humeurs et des génies. Les sensuels s'abandonnent grossièrement à leurs appétits, ne se refusant rien de ce que les animaux demandent à la Nature.

Les voluptueux reçoivent une impression sur les sens, qui va jusqu'à l'âme. Je ne parle pas de cette âme purement intelligente, d'où viennent les lumières les plus exquises de la raison ; je parle d'une âme plus mêlée avec le corps, qui entre dans toutes les choses sensibles, qui connaît et goûte les voluptés.

L'esprit a plus de part au goût des délicats qu'à celui des autres ; sans les délicats, la galanterie serait inconnue, la musique rude, les repas malpropres et grossiers. C'est à eux qu'on doit l'*erudito luxu*[2] de Pétrone, et tout ce que le raffinement de notre siècle a trouvé de plus poli, et de plus curieux dans les plaisirs.

1. Porter atteinte à.
2. « Jouissance raffinée ». Pétrone est un auteur latin du Ier siècle ap. J.-C.

Thomas Couture, *Les Romains de la décadence* (1874), huile sur toile (472 cm x 772 cm), musée d'Orsay, Paris.

3. Dans la mythologie, divinités infernales qui personnifient la vengeance divine.

supportable et ne dure guère ; mais le désespoir est terrible et aggrave de lui-même ses causes.

Voilà le piège des passions. Un homme qui est bien en colère se joue à lui-même une tragédie bien frappante, vivement éclairée, où il se représente tous les torts de son ennemi, ses ruses, ses préparations, ses mépris, ses projets pour l'avenir ; tout est interprété selon la colère, et la colère en est augmentée ; on dirait un peintre qui peindrait les Furies[3] et qui se ferait peur à lui-même. Voilà par quel mécanisme une colère finit souvent en tempête, et pour de faibles causes, grossies seulement par l'orage du cœur et des muscles. Il est pourtant clair que le moyen de calmer toute cette agitation n'est pas du tout de penser en historien et de faire la revue des insultes, des griefs et des revendications ; car tout cela est faussement éclairé, comme dans un délire. Ici encore il faut, par réflexion, deviner l'éloquence des passions et refuser d'y croire. Au lieu de dire : « Ce faux ami m'a toujours méprisé », dire : « Dans cette agitation je vois mal, je juge mal ; je ne suis qu'un acteur tragique qui déclame pour lui-même. » Alors vous verrez le théâtre éteindre ses lumières faute de public ; et les brillants décors ne seront plus que des barbouillages. Sagesse réelle ; arme réelle contre la poésie de l'injustice. Hélas ! Nous sommes conseillés et menés par des moralistes d'occasion qui ne savent que se mettre en délire et donner leur mal à d'autres.

Questions

► Les formes de l'argumentation, p. 566
► Les figures de rapprochement et de substitution, p. 534

Un traité sur le bonheur

1. En vous fondant sur l'étymologie du mot, expliquez ce que sont les passions. Quel terme Alain emploie-t-il à plusieurs reprises pour les évoquer ? Quel jugement porte-t-il sur celles-ci ? Relevez les termes appréciatifs qui le prouvent.
2. Qu'est-ce qu'Alain cherche à montrer à travers ce texte ? Relevez une phrase qui pourrait constituer sa thèse.
3. Quels sont les trois exemples de passions développés par Alain ? Comment s'organisent-ils les uns par rapport aux autres ? Pourquoi sont-ils efficaces dans l'argumentation ?
4. Quelles conséquences l'éloquence des passions a-t-elle sur le bonheur de l'homme ? Relevez dans le texte une image qui les met en lumière.
5. Relevez les verbes d'obligation employés dans ce texte : quelles solutions Alain nous donne-t-il pour redevenir heureux ?

Le pouvoir de l'imagination

6. Quelle explication Alain donne-t-il au titre de son article ? Quelle métaphore, filée dans le texte, emploie-t-il pour faire comprendre son idée ?
7. Retrouvez les différentes pensées de l'étudiant mis en scène par Alain. En vous fondant sur les repères chronologiques employés et les temps verbaux, distinguez les différents moments envisagés lors de ses réflexions.
8. Les réflexions de l'étudiant suivent-elles un mouvement linéaire ? Quelle est l'intention de l'auteur en présentant ainsi ses pensées ?
9. Quelles sont les pensées de l'homme en colère ? Comment Alain montre-t-il la vivacité de ses pensées et leur confusion ? Quelle image emploie-t-il afin de se moquer des chimères bâties par celui-ci ?

Vocabulaire
Quelle est l'étymologie du mot « éloquence » ? Quels autres mots sont formés sur la même racine ? Quelle connotation s'attache plus particulièrement à ce mot ?

Synthèse Vous montrerez que la forme d'argumentation choisie par Alain est particulièrement efficace.

▸ Biographies, p. 628

Jean-Paul Sartre, *Les Mouches* (1943)

⊕ CONTEXTE

Le théâtre du XXe siècle reprend les grands mythes antiques comme celui d'Électre. Dans la famille des Atrides, la malédiction pèse sur chacun des membres. Agamemnon, revenu de la guerre de Troie, est assassiné par son épouse Clytemnestre, aidée de son amant Égisthe. Tous deux règnent sur Argos. Électre, la fille d'Agamemnon, assiste impuissante au triomphe des nouveaux rois. Dans sa pièce, *Les Mouches*, Sartre imagine que la ville est envahie de mouches, qui symbolisent le remords qui pèse sur la cité.

▸ La littérature engagée, p. 38

Nouveau roi d'Argos, Égisthe impose chaque année une fête en l'honneur des morts : chaque habitant leur demande pardon. Électre y paraît vêtue de blanc.

ACTE II, SCÈNE 3

ÉLECTRE : Comment osez-vous parler d'Agamemnon ? Savez-vous s'il ne vient pas la nuit me parler à l'oreille ? Savez-vous quels mots d'amour et de regret sa voix rauque et brisée me chuchote ? Je ris, c'est vrai, pour la première fois de ma vie, je ris, je suis heureuse. Prétendez-vous que mon bonheur ne réjouit pas le cœur de mon père ? Ah ! s'il est là, s'il voit sa fille en robe blanche, sa fille que vous avez réduite au rang abject d'esclave, s'il voit qu'elle porte le front haut et que le malheur n'a pas abattu sa fierté, il ne songe pas, j'en suis sûre, à me maudire ; ses yeux brillent dans son visage supplicié et ses lèvres sanglantes essaient de sourire.

LA JEUNE FEMME : Et si elle disait vrai ?

DES VOIX : Mais non, elle ment, elle est folle. Électre, va-t'en, de grâce, sinon ton impiété retombera sur nous.

ÉLECTRE : De quoi donc avez-vous peur ? Je regarde autour de vous et je ne vois que vos ombres. Mais écoutez ceci que je viens d'apprendre et que vous ne savez peut-être pas : il y a en Grèce des villes heureuses. Des villes blanches et calmes qui se chauffent au soleil comme des lézards. À cette heure même, sous ce même ciel, il y a des enfants qui jouent sur les places de Corinthe. Et leurs mères ne demandent point pardon de les avoir mis au monde. Elles les regardent en souriant, elles sont fières d'eux. Ô mères d'Argos, comprenez-vous ? Pouvez-vous encore comprendre l'orgueil d'une femme qui regarde son enfant et qui pense : « C'est moi qui l'ai porté dans mon sein ? »

ÉGISTHE : Tu vas te taire, à la fin, ou je ferai rentrer les mots dans ta gorge.

DES VOIX *(dans la foule)* : Oui, oui ! Qu'elle se taise. Assez, assez !

D'AUTRES VOIX : Non, laissez-la parler ! Laissez-la parler. C'est Agamemnon qui l'inspire.

ÉLECTRE : Il fait beau. Partout, dans la plaine, des hommes lèvent la tête et disent : « Il fait beau », et ils sont contents. Ô bourreaux de vous-mêmes, avez-vous oublié cet humble contentement du paysan qui marche sur sa terre et qui dit : « Il fait beau » ? Vous voilà les bras ballants, la tête basse, respirant à peine. Vos morts se collent contre vous, et vous demeurez immobiles dans la crainte de les bousculer au moindre geste. Ce serait affreux, n'est-ce pas ? si vos mains traversaient soudain une petite vapeur moite, l'âme de votre père ou de votre aïeul ? – Mais regardez-moi : j'étends les bras, je m'élargis, et je m'étire comme un homme qui s'éveille, j'occupe ma place au soleil, toute ma place. Est-ce que le ciel me tombe sur la tête ? Je danse, voyez, je danse, et je ne sens rien que le souffle du vent dans mes cheveux. Où sont les morts ? Croyez-vous qu'ils dansent avec moi, en mesure ?

LE GRAND PRÊTRE : Habitants d'Argos, je vous dis que cette femme est sacrilège. Malheur à elle et à ceux d'entre vous qui l'écoutent.

ÉLECTRE : Ô mes chers morts, Iphigénie, ma sœur aînée[1], Agamemnon, mon père et mon seul roi, écoutez ma prière. Si je suis sacrilège, si j'offense vos mânes[2] douloureux, faites un signe, faites-moi vite un signe, afin que je le sache. Mais si vous m'approuvez, mes chéris, alors taisez-vous, je vous en prie, que pas une feuille ne bouge, pas un brin d'herbe, que pas un bruit ne vienne troubler ma danse sacrée :

1. Iphigénie a été sacrifiée pour permettre aux Grecs de se rendre à Troie.
2. Dans l'Antiquité, esprits des morts.

car je danse pour la joie, je danse pour la paix des hommes, je danse pour le bonheur et pour la vie. Ô mes morts, je réclame votre silence, afin que les hommes qui m'entourent sachent que votre cœur est avec moi.

Elle danse.

Dominique Olga (Électre) dans *Les Mouches*, pièce mise en scène par Raymond Hermantier au théâtre du Vieux-Colombier à Paris en 1951.

Questions

► Émouvoir, p. 579
► Convaincre et persuader, p. 580

Un plaidoyer pour le bonheur

1. Observez la longueur des différentes répliques : qui parle le plus ? De quelle forme d'argumentation peut-on rapprocher ses paroles ? Étudiez le jeu de forces qui s'instaure dans ce texte.
2. Quelles valeurs Électre défend-elle dans ses répliques ? Quelles réactions ses paroles suscitent-elles ? Expliquez-en les raisons en vous fondant sur l'étude du contexte dans lequel elles sont prononcées.
3. Quelles images Électre développe-t-elle successivement pour faire comprendre ce qu'est le bonheur ? Pourquoi peut-on parler de véritables scènes ? Pourquoi ces exemples sont-ils efficaces dans l'argumentation d'Électre ?
4. Quelles sont les actions effectuées par Électre durant ses paroles ? Comment le texte théâtral les met-il en évidence ? Comment en rend-elle compte dans ses paroles ?

L'affirmation de la liberté

5. Comment Électre décrit-elle Agamemnon ? Quels termes rappellent son sort ?
6. Pour quelle raison Électre mentionne-t-elle son père? Quel est l'effet produit sur le lecteur ?
7. Relevez l'apostrophe par laquelle Électre s'adresse aux habitants d'Argos : comment la comprenez-vous ?
8. Que cherche à obtenir Électre par son attitude ? Dans quelle mesure réussit-elle ?
9. Pour quelle raison Égisthe et le grand prêtre cherchent-ils à faire taire Électre ? Quels moyens emploient-ils ?
10. Que symbolise Égisthe ? En considérant la date d'écriture des *Mouches*, expliquez pourquoi cet extrait est un texte engagé.

Grammaire
Dans la dernière réplique d'Électre, quel type de phrase est employé ? Commentez le choix des modes utilisés et les structures des phrases.

► Les actes de langage, l'implicite et la modalisation, p. 528

Synthèse Vous montrerez que le bonheur, selon Électre, est un acte de liberté.

Italie

► **Lucrèce (98 av. J.-C. - 55 av. J.-C.),** auteur latin à la vie mystérieuse (il aurait bu un philtre d'amour), a repris sous une forme poétique les principes du philosophe grec Épicure dans le *De rerum natura*, traité sur la nature des choses.

Lucrèce, *De rerum natura* (Ier s. av. J.-C.)

Dans ce poème didactique en vers (hexamètres dactyliques), le poète latin Lucrèce délivre à son correspondant Memmius les principes de la philosophie épicurienne. Au début du chant II, il évoque le bonheur selon Épicure.

Douceur, lorsque les vents soulèvent la mer immense,
d'observer du rivage le dur effort d'autrui,
non que le tourment soit jamais un doux plaisir
mais il nous plaît de voir à quoi nous échappons.
Lors des grands combats de la guerre, il plaît aussi
de regarder sans risque les armées dans les plaines.
Mais rien n'est plus doux que d'habiter les hauts lieux
fortifiés solidement par le savoir des sages,
temples de sérénité d'où l'on peut voir les autres
errer sans trêve en bas, cherchant le chemin de la vie,
rivalisant de talent, de gloire nobiliaire,
s'efforçant nuit et jour par un labeur intense
d'atteindre à l'opulence[1], au faîte[2] du pouvoir.
Pitoyables esprits, cœurs aveugles des hommes !
Dans quelles ténèbres mortelles, quels dangers
passe leur peu de vie ! Ne voient-ils l'évidence ?
La nature en criant ne réclame rien d'autre
sinon que la douleur soit éloignée du corps,
que l'esprit jouisse de sensations heureuses,
délivré des soucis et de crainte affranchi.
Ainsi nous le voyons, bien peu de choses sont nécessaires
à la nature corporelle et tout ce qui ôte la douleur
peut aussi nous donner maintes délices en échange.
Il est parfois plus agréable, et la nature est satisfaite,
si l'on ne possède statues dorées d'éphèbes[3]
tenant en main droite des flambeaux allumés
pour fournir leur lumière aux nocturnes festins,
ni maison brillant d'or et reluisant d'argent,
ni cithares résonnant sous des lambris[4] dorés,
de pouvoir entre amis, couchés dans l'herbe tendre,
auprès d'une rivière, sous les branches d'un grand arbre,
choyer allégrement son corps à peu de frais,
surtout quand le temps sourit et que la saison
parsème de mille fleurs les prairies verdissantes.
Et les fièvres ne quittent pas plus vite le corps
si l'on s'agite sur de riches brocards de pourpre
que si l'on doit coucher sur un drap plébéien[5].

Traduction en vers de J. Kany-Turpin, © Aubier, 1993

1. La richesse.
2. Au sommet.
3. Jeunes hommes.
4. Revêtement des murs.
5. Du peuple.

Questions

1. Quelle hiérarchie dans les plaisirs Lucrèce établit-il ? Aidez-vous des répétitions et du champ lexical du plaisir.
2. Quel reproche pourrait être adressé au sage épicurien ? Comment Lucrèce prévient-il cette critique au début du texte ?
3. À quelles conditions l'homme accède-t-il au bonheur ?
4. Qu'est-ce qui contribue à rendre cette argumentation poétique ?

Prolongement

Lisez dans les *Fables* de La Fontaine « Le Philosophe Scythe » (livre XII, fable 20). Pourquoi la moralité de La Fontaine peut-elle être considérée comme épicurienne ? Quels traits communs voyez-vous entre les deux formes d'argumentation représentées par le texte de Lucrèce et celui de La Fontaine ?

Histoire des arts

Cette fresque dite du IIe style pompéien était destinée à orner une salle souterraine de très grande dimension, la salle à manger *(triclinium)* de l'impératrice Livie, épouse d'Auguste, au Ier siècle av. J.-C.

1. Observez la composition de la fresque : quelle place occupent les éléments architecturaux par rapport à la nature ? Quelle valeur symbolique peut-on leur prêter ?
2. De quels éléments se compose cette fresque ? Comment suggèrent-ils l'abondance, la luxuriance ?
3. Comment le peintre convie-t-il à l'évasion de celui qui regarde la fresque ?
4. Quel semble avoir été le rôle de cette fresque ?
5. Pourquoi peut-on dire que cette fresque convie au bonheur, selon les principes d'Épicure repris par Lucrèce ?

Fresque de la villa Livia, musée national des Termes, Rome (Italie).

▸ **Sénèque (4 av. J.-C.-65 ap. J.-C.)** fut le précepteur de l'empereur Néron. Il diffusa les doctrines stoïciennes dans des lettres, des traités, mais aussi des œuvres théâtrales montrant des personnages soumis à leurs passions.

Italie

Sénèque, *La Vie heureuse* (Ier s. ap. J.-C.)

Le traité La Vie heureuse *s'attache à définir le bonheur selon la sagesse stoïcienne, en opposition aux doctrines épicuriennes.*

V. 1 On peut appeler heureux (puisque je me suis mis à traiter la question abondamment) celui qui n'a ni désir ni crainte grâce à la raison ; car les pierres sont exemptes de crainte et de tristesse, les bêtes également ; on ne saurait pourtant parler de félicité chez ce qui n'a pas la notion de la félicité. 2 Mets sur la même ligne les hommes que ravalent au rang des bêtes et des êtres inanimés leur intelligence et leur ignorance d'eux-mêmes. Il n'y a aucune différence entre eux et ces êtres, puisque chez ceux-ci la raison est absente, chez ceux-là elle est faussée et ingénieuse seulement à leur nuire et à les pervertir ; car personne ne peut être dit heureux s'il est chassé hors de la vérité. 3 Donc la vie heureuse a pour fondement immuable la rectitude et la fixité du jugement. Alors, en effet, l'âme est pure et affranchie* de tous maux, capable d'éviter non seulement les déchirements, mais aussi les égratignures, décidée à se tenir toujours au point où elle s'est arrêtée et à défendre sa position même contre les fureurs et les assauts de la Fortune. 4 Pour ce qui est de la volupté, elle a beau se répandre partout, s'insinuer par toutes les voies, flatter l'âme de ses caresses, entasser attrait sur attrait pour séduire tout ou partie de notre moi ; qui parmi les mortels, s'il a encore quelque reste de sa nature d'être humain, voudrait être chatouillé jour et nuit et abandonner l'âme pour se consacrer au corps ? [...]

VI. 1 – Mais l'âme aussi, dit-on, aura ses voluptés. – Qu'elle les ait, j'y consens ; qu'elle se pose en juge du luxe et des voluptés ; qu'elle se gorge de toutes celles qui charment habituellement les sens, puis qu'elle jette un coup d'œil sur le passé et qu'au souvenir des voluptés abolies elle s'enivre des sensations éprouvées, puis qu'elle se penche déjà sur celles qui vont suivre, qu'elle bâtisse des plans, et, tandis que le corps baigne dans sa graisse présente, qu'elle porte ses pensées sur celle à venir : elle me paraîtra d'autant plus misérable ; car choisir un mal pour un bien, c'est folie. On ne peut être heureux sans la saine raison, ni sain d'esprit, quand on recherche comme bonnes des choses futures. 2 Donc être heureux c'est avoir un jugement droit ; être heureux, c'est se contenter de son sort présent, quel qu'il soit, et aimer ce que l'on a ; être heureux, c'est laisser à la raison le soin de donner son prix à tout ce qui constitue notre existence.

Traduction de A. Bourgery revue par P. Veyne, © Robert Laffont, 1993

* Libérée.

Questions

1. Quelle distinction importante Sénèque opère-t-il chez l'homme ? Quelle partie de l'homme doit être privilégiée ?
2. Quelle image Sénèque utilise-t-il pour discréditer les voluptés du corps ?
3. Comment voit-on que Sénèque instaure un dialogue avec le destinataire de son écrit ? Quelle est sa réponse aux objections du destinataire ?
4. Quel rôle joue l'imagination dans la recherche du bonheur ? Quel autre auteur de la séquence a abordé cette question ?

Prolongements

- Cherchez de quelle manière Sénèque a fini sa vie.
- Quel est le nom de l'autre précepteur de Néron évoqué dans *Britannicus* de Racine ? Pourquoi peut-on dire que l'enseignement dispensé par Sénèque auprès de Néron fut un échec ?

Luca Giordano, *La Mort de Sénèque* (1684)

Luca Giordano, *La Mort de Sénèque* (1684), huile sur toile (155 cm x 188 cm), musée du Louvre, Paris.

▲ Le peintre napolitain Luca Giordano (1634-1705) a réalisé des œuvres d'inspiration religieuse, des fresques, mais aussi de nombreux tableaux d'inspiration antique comme des portraits de philosophes. La mort de Sénèque peinte ici par l'artiste a été racontée par l'historien latin Tacite (56-117 ap. J.-C.) dans les *Annales* : le philosophe fit preuve de courage face à la mort, comme il l'avait préconisé. Pour le stoïcien, la mort ne doit pas être un sujet de tourment.

Questions

1. Identifiez Sénèque et les autres personnages. Comment le philosophe est-il mis en valeur ? Fondez votre réponse sur l'étude des couleurs, des jeux de lumière et sur la composition du tableau (notamment les lignes de force).
2. Décrivez Sénèque et son attitude : que symbolise son geste ? Pourquoi cette représentation est-elle conforme à ce que l'on sait du sage stoïcien ?
3. Quels éléments du décor rappellent que cette scène se passe dans l'Antiquité ? Quelles représentations paraissent plus surprenantes ? Quelle peut être l'intention de l'auteur en actualisant cet épisode historique ?
4. Quel est l'objet tenu par le disciple au premier plan ? Quelle action accomplit-il ? Que rappelle-t-il des circonstances de la mort de Sénèque ? Comment les autres personnages manifestent-ils leur tristesse et leur compassion pour le philosophe ?

Synthèse Comment le peintre cherche-t-il à montrer la constance du sage stoïcien face à la mort ?

Prolongements

• Lisez le passage des *Annales* de Tacite consacré à la mort de Sénèque : quelle partie du récit le peintre a-t-il choisi d'illustrer ?
• Cherchez d'autres tableaux consacrés à cet épisode historique et comparez-les à celui de Luca Giordano. Pourquoi celui-ci a-t-il autant retenu l'attention des peintres ?

30 Sciences Humaines [N° 184] Juillet 2007

REGARDS

Nom de la **rubrique**

Chapeau ou **chapô :** texte qui « coiffe » l'article et en donne les informations essentielles.

Titre

Les lois du bonheur

Depuis l'Antiquité, les philosophes se penchent sur l'art du bonheur. Depuis peu, les sciences humaines reprennent le problème sous un nouvel angle. N'existerait-il pas quelques facteurs fondamentaux – culturel, économique, social, relationnel et, pourquoi pas, génétique – qui prédisposeraient certains à être plus heureux, ou malheureux, que d'autres ?

Sous-titre

Le bonheur : de quoi parle-t-on ?

« J'AI CONNU LE BONHEUR, MAIS CE N'EST PAS CE QUI M'A RENDU LE PLUS HEUREUX », écrivait le malicieux Jules Renard. Joli paradoxe que l'on peut comprendre ainsi. On peut avoir « tout pour être heureux » – travail, succès, santé... – sans en profiter vraiment, sans être vraiment heureux. J. Renard avait connu les honneurs, une belle carrière littéraire, une position enviable. Mais cela suffit-il quand on a été le petit Poil de Carotte, cet enfant non désiré qu'il dépeint dans son roman autobiographique ? Ses parents qui l'ont rejeté n'étaient eux-mêmes visiblement pas très disposés au bonheur : son père s'est suicidé d'un coup de fusil en 1897 et, trois ans plus tard, sa mère se jetait au fond d'un puits.

Mais revenons au bonheur. De quoi parle-t-on ?

Il y a bien sûr ce que tout le monde connaît. Des instants délicieux – le plaisir partagé dans les bras de l'être aimé, une séance de repos sur une plage, une soirée de fête en famille, etc. Il y a ces périodes d'euphorie : après avoir réussi un concours ou un examen, après une naissance... Tout cela représente des phases courtes de jouissance, de félicité. Mais ce n'est pas le bonheur. D'où la formule de Voltaire : *« Le bonheur n'existe pas, il n'existe que des instants de bonheur »*, ou, plus crûment, celle de Jean-Baptiste Lafond : *« Le bonheur, c'est tout ce qui arrive entre deux emmerdements. »*

S'il existe, le bonheur suppose donc d'être durable. Un amour qui se prolonge entre deux personnes, le plaisir permanent de faire un travail qui vous plaît, de vivre une passion. Et encore, ces choses ne sont pas éternelles. Il est écrit dans le *Tao-tö-king* (attribué à Lao-tseu) : *« Le malheur marche au bras du bonheur, le bonheur couche au pied du malheur. »* Il est évident que, si vous avez connu le bonheur avec un être qui vous est cher et que cet être vous quitte ou disparaît, vous serez d'autant plus malheureux, à la mesure même de votre bonheur.

Le bonheur éternel – tout comme la jeunesse, l'amour, la santé, etc. – n'existant pas, on dit qu'il est des journées réussies mais plus rarement des vies réussies. ■

Signature

JEAN-FRANÇOIS DORTIER ET RENAUD PERSIAUX

La mesure du bien-être

Attaque : correspond aux premiers mots de l'article.

PLUTÔT QUE D'EN RESTER À DES CONSIDÉRATIONS GÉNÉRALES SUR LE BONHEUR, des chercheurs ont entrepris de le mesurer objectivement.

Depuis plus de trente ans, des méthodologies diverses – « *life satisfaction* » (satisfaction de vie) ou « *well subjective being* » (bien-être subjectif) – ont été développées pour mesurer le niveau de satisfaction. Les méthodes consistent à sonder des échantillons de populations avec des questions du type « dans l'ensemble, êtes-vous satisfait de votre vie ces temps-ci ? », puis à comparer les réponses en fonction du revenu, de l'âge, du sexe, de la religion. De nombreuses enquêtes ont livré des réponses édifiantes : il n'y a pas de corrélation entre bonheur et richesse *(voir « La richesse ne rend pas plus heureux », p. 33)*, le travail, la famille et généralement les relations sociales jouant un rôle bien plus important dans le bien-être *(voir « Les joies du travail et de la famille », p. 33)*. Plus étonnant, plusieurs études ont montré que le bonheur pourrait augmenter avec l'âge.

Mais les études par sondage ont été critiquées car elles comportent plusieurs biais. Souvent, les personnes ne portent sur leur état affectif qu'un jugement global et rétrospectif. C'est pourquoi certains chercheurs préfèrent mesurer l'état de bien-être au quotidien au moment où l'on réalise telle ou telle activité. Il ne s'agit donc plus de répondre à la question « êtes-vous satisfait de votre vie ces temps-ci ? », mais de noter précisément la satisfaction procurée par telle ou telle activité au cours d'une journée. Ainsi procède Mihaly Csikszentmihalyi, l'un des papes de la psychologie positive, avec la méthode de l'« *experience sampling* » (échantillons de vécu). Ses premiers résultats concernent des femmes américaines. La palme du déplaisir va au trajet vers le lieu de travail, lorsqu'il est effectué seul. Et la palme de l'agrément ? Mises à part les relations sexuelles, elle revient aux activités sociales dans leur ensemble.

De son côté, Daniel Kahneman a mis au point la « *day reconstruction method* » (méthode de reconstitution de journée). Une des conclusions majeures de cette démarche est que notre satisfaction par rapport à la vie est beaucoup plus affectée par notre situation immédiate (être avec des amis, dans une réunion de travail) ou par notre tempérament (être joyeux ou mélancolique) que par des facteurs généraux comme le fait d'être riche, marié ou en bonne santé. ■

Colonne. Dans un **quotidien**, plus un article comporte de colonnes, plus il est important.

« Les lois du bonheur », article de la rubrique « Regards », *Sciences humaines*, mensuel n° 184, Juillet 2007

Questions

La forme de l'article de presse

1. Comment le **titre** se distingue-t-il des autres éléments de la page ? Quel est son rôle ? Cherche-t-il à répondre aux questions que se pose le lecteur : Qui ? Quoi ? Où ? Quand ? Comment (titre informatif) ? À piquer la curiosité du lecteur (titre incitatif) ? Joue-t-il sur les mots, en donnant envie de lire la suite (titre métaphorique) ?
2. Quelle différence constatez-vous entre le **titre** et le **chapeau** ? À quoi sert-il ? Quelles indications fournit-il sur les perspectives selon lesquelles le bonheur sera envisagé par la suite ? Quelles relations constatez-vous avec les **sous-titres** ?
3. Comment la mise en page adoptée facilite-t-elle la lecture de l'article ? Vous commenterez les polices de caractères utilisées, les couleurs, la place des informations les unes par rapport aux autres.

Le bonheur : à la recherche du mécanisme

4. D'après le titre de l'article, à quelle question les auteurs prétendent-ils répondre ? Relevez, dans l'ensemble de l'article, des citations qui la mettent en évidence.
5. Quelle fonction joue le premier paragraphe, « Le bonheur : de quoi parle-t-on ? » ? Quelle difficulté met-il en évidence ?
6. Observez les différentes citations qui émaillent le texte : qui sont les auteurs cités ? Parmi ceux-ci, lesquels font autorité dans un article portant sur le bonheur ? Quel est le rôle de ces citations dans l'article ?
7. Dans le deuxième paragraphe, « La mesure du bien-être », sous quel angle la question du bonheur est-elle abordée ? Quelles sont les différentes méthodes utilisées pour mesurer le bien-être ? Aidez-vous de la mise en page et des connecteurs logiques employés. Qu'est-ce qui semble créer le bonheur, d'après les chercheurs mentionnés ?

Synthèse : Vous montrerez comment les auteurs de l'article essaient de rendre claire leur étude sur le bonheur.

Prolongement

Consultez le site de l'INA et cherchez des **interviews** consacrées au thème du bonheur. Dans quels types d'émissions nous trouvons-nous ? Qui sont les personnes interrogées ? Comment sont filmés les différents interlocuteurs ?

1. Allez sur le site de la BnF consacré à l'exposition virtuelle sur l' « AFP et la photo de presse ». Que signifient les initiales AFP ? La mission de l'AFP consiste-t-elle à montrer uniquement les épisodes malheureux ? Choisissez une photographie, décrivez-la pour appuyer votre propos.
2. Le regard du photographe est-il totalement neutre ? Choisissez une photographie qui vous paraît particulièrement engagée.

Lire la Une d'un magazine

1. Pourquoi la couverture d'un magazine s'appelle-t-elle la Une ?
2. Comment s'organisent les différentes informations contenues dans cette Une (titre de la revue, titre du numéro, nom des articles) ? Commentez les choix typographiques (l'utilisation des minuscules et majuscules, en particulier).
3. Décrivez la photographie (lieu, personnage) : quelles sont les couleurs majoritairement utilisées ? Quelles en sont les connotations ? Quelle impression se dégage de l'ensemble ? Justifiez votre réponse en vous appuyant sur le titre « Les lois du bonheur : philosophie et psychologie du bien-être ».

SYNTHÈSE DES SÉQUENCES 3 ET 4

ARGUMENTER POUR AMÉLIORER LA VIE DES HOMMES

► Les formes de l'argumentation, p. 566
► Les genres de l'argumentation, p. 568

Les œuvres argumentatives sont souvent engagées dans leur temps, dans des débats qui parcourent leur époque. La forme prise par celles-ci dépend souvent des conditions de publication : les esprits n'ont pas été prêts à recevoir, en tout temps, toute opinion.

1 LE XVIIIe SIÈCLE, UNE PÉRIODE FÉCONDE

Si la littérature d'idées a toujours existé, elle s'est amplifiée au XVIIIe siècle, où de nouveaux genres argumentatifs sont nés comme le conte philosophique. Sous l'impulsion des philosophes, les réflexions se sont centrées sur l'homme et les conditions de son bonheur. C'est alors que les réflexions sur la place de la femme dans la société ont été développées : des femmes ont ainsi pris la plume pour exposer leurs revendications.

2 LES ARGUMENTATIONS DIRECTES

Les argumentations directes sont possibles lorsque la prise de parole est admise dans la société et ne risque pas la censure. Ainsi, des discours, des traités, ou des essais abordent des questions philosophiques. Les femmes érudites, au XVIIIe siècle, composent également des essais, et revendiquent une indépendance de pensée.
→ **Ex. :** Mme du Châtelet, dans son *Discours sur le bonheur*, réclame pour les autres femmes la même éducation que celle qu'elle a reçue, qui lui permet de publier ses ouvrages.

Certaines choisissent une forme ouverte, plus courageuse.
→ **Ex. :** Olympe de Gouges réclame des droits pour les femmes sous la forme d'articles de lois.

3 LES ARGUMENTATIONS INDIRECTES

Les argumentations indirectes visent à diffuser des idées en évitant la censure, et aussi à être efficaces : elles emploient les moyens de la persuasion en agissant sur les sentiments du lecteur. Elles revêtent différentes formes :

La mise en scène de personnages

Le récit charme le lecteur en présentant des personnages fictifs, vecteurs de la pensée de l'auteur ou objets d'une satire. C'est ce que font, en particulier, la fable et le conte philosophique, mais aussi certains romans épistolaires.
→ **Ex. :** Le roman de Laclos présente des libertins, Valmont et Mme de Merteuil, et dévoile leurs stratégies de séduction.

La description de certains personnages permet de faire passer une critique. Les défauts des hommes sont alors montrés par le biais d'un exemple, qui peut faire rire le lecteur.
→ **Ex. :** Par le portrait de personnages cherchant un bonheur illusoire, La Bruyère dénonce un défaut universel.

Le théâtre est également une excellente tribune pour l'auteur : il fait d'un personnage son porte-parole.

Des argumentations déguisées

D'autres auteurs ont choisi d'employer une forme apparemment objective : le choix de certains titres déguise l'intention polémique de l'auteur.

1 LECTURES CROISÉES

Les Caractères (1688) de Jean de La Bruyère
Lettres persanes (1721) de Montesquieu
Le Petit Prince (1940) d'Antoine de Saint-Exupéry

Lisez les trois œuvres proposées. Vous pouvez travailler par groupes ; chaque groupe choisira son axe d'étude et le présentera à l'oral.

© Éd. J'ai Lu
© Le Livre de Poche
© Éd. Gallimard

AXE D'ÉTUDE 1

1. Quelle réflexion chaque auteur livre-t-il sur chacun des thèmes suivants : la monarchie, les femmes et l'amour, les hommes de pouvoir ?
2. Relevez dans ces textes des phrases qui sonnent comme des maximes.

AXE D'ÉTUDE 2

1. Qui sont les destinataires, réels et fictifs, de chacune de ces œuvres ?
2. Quelles sont les stratégies adoptées par chacun des auteurs pour rendre son récit vraisemblable ?

AXE D'ÉTUDE 3

1. Quels sont les moyens employés par les auteurs pour susciter le rire ou le sourire du lecteur ?
2. Pourquoi peut-on dire que chacun d'eux essaie d'instaurer une complicité avec celui-ci ?

2 D'AUTRES LECTURES

La Belle et la Bête (1757)
de Jeanne-Marie Leprince de Beaumont

© Éd. Flammarion

Alors que ses deux sœurs ont épousé des hommes beaux et intelligents, la Belle doit épouser la Bête. Mais il ne faut pas toujours se fier aux apparences et le bonheur est un équilibre délicat. Ce conte popularisé au XVIIIe siècle trouve ses racines chez Apulée au IIe siècle.

La Belle et la Bête (1945)

Adaptation cinématographique du conte de Jeanne-Marie Leprince de Beaumont réalisée par Jean Cocteau.

L'Ingénu (1767) de Voltaire

© Éd. Magnard

L'Ingénu, ainsi nommé en raison de son apparente naïveté, est un huron du Canada récemment débarqué en Basse Bretagne. Il tombe amoureux de sa marraine. Ne pouvant l'épouser, il monte à Versailles pour demander son aide au roi et rencontre au passage, des huguenots en fuite, des jansénistes bavards et de fourbes jésuites.

Fables (VIe siècle av. J.-C.)
d'Ésope

© Éd. Flammarion

Les *Fables* d'Ésope ont inspiré Jean de La Fontaine. Nous retrouvons sous une forme brève des récits connus comme « Les Grenouilles qui demandent un roi ».

Les Animaux dénaturés (1952)
de Vercors

© Le Livre de Poche

Des scientifiques repèrent en Nouvelle-Guinée une nouvelle espèce de singes, au comportement humain. Cette découverte bouleverse la communauté scientifique, mais aussi toute la société : les *tropis* sont-ils des singes ou des hommes ? Qui, des hommes ou des *tropis*, sont les « Animaux dénaturés » ?

TEXTE A

Jean de La Bruyère, *Les Caractères* (1688)

J'entends corner[1] sans cesse à mes oreilles : *L'homme est un animal raisonnable* ; qui vous a passé cette définition, sont-ce les loups, les singes, et les lions, ou si vous vous l'êtes accordée à vous-mêmes ? C'est déjà une chose plaisante que vous donniez aux animaux, vos confrères, ce qu'il y a de pire, pour prendre pour vous ce qu'il y a de meilleur ; laissez-les un peu se définir eux-mêmes, et vous verrez comme ils s'oublieront, et comme vous serez traités. Je ne parle point, ô hommes, de vos légèretés, de vos folies et de vos caprices qui vous mettent au-dessous de la taupe et de la tortue, qui vont sagement leur petit train, et qui suivent, sans varier, l'instinct de leur nature ; mais écoutez-moi un moment. Vous dites d'un tiercelet[2] de faucon qui est fort léger, et qui fait une belle descente sur la perdrix : « Voilà un bon oiseau » ; et d'un lévrier qui prend un lièvre corps à corps : « C'est un bon lévrier » ; je consens aussi que vous disiez d'un homme qui court le sanglier, qui le met aux abois, qui l'atteint et qui le perce : « Voilà un brave homme. » Mais si vous voyez deux chiens qui s'aboient, qui s'affrontent, qui se mordent et se déchirent, vous dites : « Voilà de sots animaux », et vous prenez un bâton pour les séparer. Que si l'on vous disait que tous les chats d'un grand pays se sont assemblés par milliers dans une plaine, et qu'après avoir miaulé tout leur soûl, ils se sont jetés avec fureur les uns sur les autres, et ont joué ensemble de la dent et de la griffe ; que de cette mêlée il est demeuré de part et d'autre neuf à dix mille chats sur la place, qui ont infecté l'air à dix lieues de là par leur puanteur, ne diriez-vous pas : « Voilà le plus abominable *sabbat*[3] dont on ait jamais ouï parler » ? Et si les loups en faisaient de même : « Quels hurlements, quelle boucherie ! » Et si les uns ou les autres vous disaient qu'ils aiment la gloire, concluriez-vous de ce discours qu'ils la mettent à se trouver à ce beau rendez-vous, à détruire ainsi, et à anéantir leur propre espèce ; ou après l'avoir conclu, ne ririez-vous pas de tout votre cœur de l'ingénuité de ces pauvres bêtes ? Vous avez déjà, en animaux raisonnables, et pour vous distinguer de ceux qui ne se servent que de leurs dents et de leurs ongles, imaginé les lances, les piques, les dards, les sabres et les cimeterres[4], et à mon gré fort judicieusement ; car avec vos seules mains que pouviez-vous vous faire les uns aux autres que vous arracher les cheveux, vous égratigner au visage, ou tout au plus vous arracher les yeux de la tête ? au lieu que vous voilà munis d'instruments commodes, qui vous servent à vous faire réciproquement de larges plaies d'où peut couler votre sang jusques à la dernière goutte, sans que vous puissiez craindre d'en échapper.

1. Claironner. – 2. Faucon mâle, plus petit d'un tiers de la femelle. – 3. Assemblée bruyante.– 4. Sabres à lame fort large et recourbée.

TEXTE B

Voltaire, *Micromégas* (1752)

Micromégas, géant habitant la planète Sirius, accompagné d'un habitant de Saturne, rencontre sur Terre des êtres minuscules, des philosophes.

« Ô atomes intelligents, dans qui l'Être éternel s'est plu à manifester son adresse et sa puissance, vous devez sans doute goûter des joies bien pures sur votre globe : car, ayant si peu de matière, et paraissant tout esprit, vous devez passer votre vie à aimer et à penser ; c'est la véritable vie des esprits. Je n'ai vu nulle part le vrai bonheur ; mais il est ici, sans doute. » À ce discours, tous les philosophes secouèrent la tête ; et l'un d'eux, plus franc que les autres, avoua de bonne foi que, si l'on en excepte un petit nombre d'habitants fort peu considérés, tout le reste est un assemblage de fous, de méchants et de malheureux. « Nous avons plus de matière qu'il ne nous en faut, dit-il, pour faire beaucoup de mal, si le mal vient de la matière ; et trop d'esprit, si le mal vient de l'esprit. Savez-vous bien, par exemple, qu'à l'heure que je vous parle, il y a cent mille fous de notre espèce, couverts de chapeaux, qui tuent cent mille autres animaux couverts d'un turban, ou qui sont massacrés par eux, et que, presque par toute la terre, c'est ainsi qu'on en use de temps immémorial ? » Le Sirien frémit, et demanda quel pouvait être le sujet de ces horribles querelles entre de si chétifs animaux. « Il s'agit, dit le philosophe, de quelque tas de boue grand comme votre talon. Ce n'est pas qu'aucun de ces millions d'hommes qui se font égorger prétende un fétu* sur ce tas de boue. Il ne s'agit que de savoir s'il appartiendra à un certain homme qu'on nomme *Sultan*, ou à un autre qu'on nomme, je ne sais pourquoi, *César*. Ni l'un ni l'autre n'a jamais vu ni ne verra jamais le petit coin de terre dont il s'agit ; et presque aucun de ces animaux, qui s'égorgent mutuellement, n'a jamais vu l'animal pour lequel ils s'égorgent.

– Ah ! malheureux ! s'écria le Sirien avec indignation, peut-on concevoir cet excès de rage forcenée ! Il me prend envie de faire trois pas, et d'écraser de trois coups de pied toute cette fourmilière d'assassins ridicules. – Ne vous en donnez pas la peine, lui répondit-on ; ils travaillent assez à leur ruine. Sachez qu'au bout de dix ans, il ne reste jamais la centième partie de ces misérables ; sachez que, quand même ils n'auraient pas tiré l'épée, la faim, la fatigue ou l'intempérance, les emportent presque tous. D'ailleurs, ce n'est pas eux qu'il faut punir, ce sont ces barbares sédentaires qui du fond de leur cabinet ordonnent, dans le temps de leur digestion, le massacre d'un million d'hommes, et qui ensuite en font remercier Dieu solennellement. » Le voyageur se sentait ému de pitié pour la petite race humaine, dans laquelle il découvrait de si étonnants contrastes.

* Brin de paille.

TEXTE C

Jacques Sternberg, *188 Contes à régler* (1988)

Les Jumeaux

Les Adrèles, en particulier, impressionnèrent vivement les Terriens qui avaient passé quelques jours sur leur monde. En curieux, en touristes.

Humains, tout à fait humains, toujours très laids et assez mal bâtis, ils naissaient tous jumeaux, du moins physiquement jumeaux. Mentalement, au contraire, ils étaient tout à fait dissemblables. En effet, l'un était pensée, l'autre action. Et ceux qui pensaient ne pouvaient pas agir, de même que ceux qui agissaient n'avaient pas le moindre germe de pensée en eux.

Malheureusement, les penseurs consacraient la moitié de leur temps à créer et l'autre moitié à manipuler leurs jumeaux dans la violence et la destruction. Et ceux-ci les écoutaient illuminés, fanatisés, puis leur obéissaient à travers tout, incapables de la moindre objection.

Cela donnait une suite sans fin de conflits, de constructions toujours suivies de démolitions, de tueries sacrées et religieuses puisque les penseurs donnaient volontiers dans le mysticisme. Autant de meurtres absurdes qui équivalaient à de véritables suicides car la mort du jumeau agissant entraînait inéluctablement la mort de son jumeau pensant. Risque permanent, connu de tous, accepté par tous, car il semblait les fasciner.

En somme, quand on les regardait avec un certain recul, les Adrèles pouvaient passer pour les êtres dont les mœurs étaient le plus insidieusement semblables à celles des Terriens.

▶ ▶ ▶ Sujet Bac

I. Après avoir lu les textes du corpus, répondez à la question suivante (4 points)

Par quels procédés la guerre est-elle dénoncée dans ces textes ?

II. Traitez ensuite l'un des sujets suivants (16 points)

• **Commentaire**

Vous ferez le commentaire du texte de La Bruyère (**Texte A**).

• **Dissertation**

Selon vous, le détour par l'Autre est-il un bon moyen pour dénoncer les travers de sa propre société ?

• **Écriture d'invention**

En vous appuyant sur le texte de Jacques Sternberg (**Texte C**), composez le discours qu'un penseur Adrèle, plus raisonnable et pacifique, pourrait tenir à ses congénères pour les exhorter à faire preuve de mesure.

Quelques conseils

▸ Grille d'auto-évaluation pour la question sur le corpus, p. 593

Pour répondre à la question

1. Reliez ces textes à l'objet d'étude : « La question de l'homme dans l'argumentation du XVIe siècle à nos jours » et précisez leur genre. (▸ Les genres de l'argumentation, p. 568)
2. Étudiez la situation d'énonciation des textes : Qui parle ? À qui ? (▸ Les actes de langage, p. 528)
3. Relevez les termes employés pour évoquer la guerre.
4. Repérez les mots évoquant les combattants, les hommes. Relevez les images utilisées.
5. Composez un plan soulignant les ressemblances et les différences dans les moyens employés pour dénoncer la guerre.

▸ Grille d'auto-évaluation pour le commentaire, p. 601

Si vous choisissez le commentaire...

1. Repérez les thèses en présence dans ce texte et les exemples qui appuient le propos de l'auteur.
2. Repérez les différentes formes de paroles rapportées, et précisez qui sont les locuteurs. (▸ Les discours rapportés, p. 532)
3. Analysez les effets produits sur le lecteur. (▸ Les registres et effets du texte, p. 578)

▸ Grille d'auto-évaluation pour la dissertation, p. 611

Si vous choisissez la dissertation...

1. Notez l'antithèse dans le sujet. (▸ Les figures d'opposition, p. 535) Faites attention à la formulation « selon vous », source de confusion. Le plan attendu ici est dialectique : il demande d'étudier d'abord la thèse donnée, avant d'en déterminer les limites.
2. Dégagez la problématique en vous appuyant sur l'antithèse observée. Aidez-vous de vos connaissances sur les genres qui ont recours à un « détour » pour « dénoncer ».
3. Examinez quelles relations les textes entretiennent avec les expressions importantes du sujet (notamment « le détour par l'Autre »).
4. Listez arguments et exemples, sans vous limiter au corpus que vous avez sous les yeux : appuyez-vous sur les textes étudiés en classe ou vos lectures personnelles.

▸ Grille d'auto-évaluation pour l'écriture d'invention, p. 623

Si vous choisissez l'écriture d'invention...

1. Interrogez-vous sur le genre demandé : le discours. Quelles sont ses caractéristiques ? Qui parle ? À qui s'adresse-t-il ?
2. Faites la liste des arguments que le locuteur pourrait utiliser, en gardant à l'esprit l'identité des destinataires : appuyez votre réflexion sur les arguments les plus efficaces.
3. Faites une liste, au brouillon, des procédés oratoires visant à convaincre et persuader, devant figurer dans le discours. (▸ Les formes de l'argumentation, p. 566)
4. Inventez le contexte dans lequel le discours sera prononcé (par exemple, un discours retransmis sur les ondes Adrèles). Trouvez également ce qui a pu déclencher ce discours.

► Biographie p. 628

Érasme, *Éloge de la folie* (1509)

⊕ CONTEXTE

Considéré comme l'incarnation de l'Humanisme européen, Érasme se caractérise aussi par son esprit indépendant et satirique, qu'illustre *L'Éloge de la Folie*.

Dans cet ouvrage inspiré de Lucien, auteur satirique de l'Antiquité grecque, et appartenant au genre oratoire, Érasme donne la parole à la Folie qui tente de libérer la pensée humaine des idées reçues. Elle fait l'éloge de l'aveuglement et de la démence... C'est une manière de relever toutes les incohérences du comportement humain...

Chapitre XLV

[...]

L'erreur est énorme de faire résider le bonheur dans les réalités : il dépend de l'opinion qu'on a d'elles. Il y a tant d'obscurité, tant de diversité dans les choses humaines, qu'il est impossible d'en rien élucider, comme l'ont dit justement mes Académiciens[1], « les moins orgueilleux des philosophes » ; ou bien, si quelqu'un arrive à la connaissance, c'est bien souvent aux dépens de son bonheur.

L'esprit de l'homme est ainsi fait qu'on le prend beaucoup mieux par le mensonge que par la vérité. Faites-en l'expérience ; allez à l'église quand on y prêche. S'il est question de choses sérieuses, l'auditoire dort, bâille, s'embête. Que le crieur (pardon, je voulais dire l'orateur), comme cela est fréquent, entame un conte de bonne femme, tout le monde se réveille et se tient bouche bée. De même, s'il y a quelque saint un peu fabuleux et poétique, à la façon de saint Georges, de saint Christophe ou de sainte Barbe[2], vous verrez venir à lui beaucoup plus de dévots qu'à saint Pierre, à saint Paul ou même au Christ. Mais ces choses-là n'ont rien à faire ici.

Qu'un tel bonheur coûte peu ! Les moindres connaissances, comme la grammaire, s'acquièrent à grand peine, tandis que l'opinion se forme très aisément ; et elle contribue tout autant au bonheur et même bien davantage. Tel homme se nourrit de salaisons pourries, dont un autre ne pourrait pas supporter l'odeur ; puisqu'il y goûte une saveur d'ambroisie, qu'est-ce que cela fait à son plaisir ? Par

Chevignard, *L'Allégorie de la caverne exposée par Platon dans le Livre VII de La République : des prisonniers dans une demeure souterraine tournent le dos à l'entrée et ne voient que leurs ombres et celles projetées d'objets loin derrière eux (difficulté d'accéder a la connaissance de la réalité)*, gravure datant de 1855.

1. Il s'agit de Cicéron, orateur latin.
2. Saint Georges aurait vaincu un dragon, Saint Christophe avait selon la tradition 4 m de haut, le bourreau de Sainte Barbe serait mort foudroyé.

3. Pigments rouges et jaune-orangé.
4. Peintres célèbres de la Grèce antique.
5. Personnage du Songe de Lucien, réveillé par le chant du coq alors qu'il rêvait qu'il était riche.

contre, celui à qui l'esturgeon donne des nausées n'y peut trouver aucun agrément. Une femme est laide à faire peur, mais son mari l'égale à Vénus ; c'est tout comme si elle était parfaitement belle. Le possesseur d'un méchant tableau, barbouillé de cinabre et de safran[3], le contemple et l'admire, convaincu qu'il est d'Apelle ou de Zeuxis[4] ; n'est-il pas plus heureux que celui qui aura payé très cher une peinture de ces artistes et la regardera peut-être avec moins de plaisir ? J'ai connu quelqu'un de mon nom qui fit présent à sa jeune femme de fausses pierreries et lui persuada, étant beau parleur, qu'elles étaient non seulement vraies et naturelles, mais rares et d'un prix inestimable. Voyons, qu'est-ce que cela faisait à la jeune dame ? Elle ne repaissait pas moins joyeusement ses yeux et son esprit de cette verroterie ; elle n'en serrait pas moins précieusement ces riens comme un trésor. Le mari cependant évitait la dépense et profitait de l'illusion de sa femme, aussi reconnaissante que si elle avait reçu un cadeau princier.

Trouvez-vous une différence entre ceux qui, dans la caverne de Platon, regardent les ombres et les images des objets, ne désirant rien de plus et s'y plaisant à merveille, et le sage qui est sorti de la caverne et qui voit les choses comme elles sont ? Si le Mycille de Lucien[5] avait pu continuer à jamais le rêve doré où il était riche, il n'aurait pas eu d'autre félicité à souhaiter. Il n'y a donc pas de différence ou, s'il en est une, c'est la condition des fous qu'il faut préférer.

[...]

Traduction de Pierre de Nolhac

Questions

► Faire rire, p. 578
► Les actes de langage, l'implicite et la modalisation, p. 528

Le ton de la conversation

1. Quel est le sujet du texte ? Quel paradoxe Érasme énonce-t-il dans le premier paragraphe ?
2. Comment nomme-t-il dans son premier élan l'orateur à la messe ? Comment interprétez-vous cela ? De quel registre la parenthèse relève-t-elle ?
3. Quels types de phrase repérez-vous ? Quelle est l'intention du locuteur ?

Le monde des illusions

4. Quel penchant naturel les hommes ont-ils ? À qui sont-ils comparés dans le mythe de la caverne ?
5. Commentez l'effet produit par l'accumulation d'exemples. Comment ces exemples ont-ils été choisis ?
6. Montrez que le raisonnement se construit sur des jeux d'opposition.
7. Expliquez comment la fin du texte fait écho au début. Justifiez ce point de vue. Quelle est la véritable intention de l'auteur ?

Grammaire
Faites l'analyse syntaxique de la première phrase en explicitant le lien logique implicite.

BAC S'entraîner à l'écriture d'invention

Réécrivez le paragraphe depuis « L'esprit de l'homme est ainsi fait [...] comme si elle était parfaitement belle » (l. 6 à 42) en imaginant que la première phrase soit :
« L'esprit de l'homme est ainsi fait qu'on le prend beaucoup mieux par la vérité que par le mensonge... »

► Repérer les différents écrits d'invention, p. 612

⊕ CONTEXTE

Platon (428-348 av. J.-C.) est un philosophe grec. Il suit l'enseignement de Socrate et crée à Athènes l'Académie, où il enseigne et rédige de nombreux dialogues qui pour la plupart mettent en scène Socrate. Il est à l'origine du Platonisme, courant philosophique qui oppose l'âme au corps. L'allégorie de la caverne est devenue si célèbre que l'on parle souvent du « mythe de la caverne ».

Platon, *La République* (384-377 av. J.-C.)

Dans ce dialogue, Platon met en scène le philosophe Socrate qui explique que seul le philosophe peut gouverner la cité ; lui seul peut, grâce à la science, échapper au piège des illusions du monde sensible.

Supposons des captifs enchaînés dans une demeure souterraine, le visage tourné vers la paroi opposée à l'entrée, et dans l'impossibilité de voir autre chose que cette paroi. Elle est éclairée par les reflets d'un feu qui brûle au-dehors, sur une hauteur à mi-pente de laquelle passe une route bordée d'un petit mur. Derrière ce mur défilent des gens portant sur leurs épaules des objets hétéroclites, statuettes d'hommes, d'animaux, etc. De ces objets, les captifs ne voient que l'ombre projetée par le feu sur le fond de la caverne ; de même, n'entendent-ils que l'écho des paroles qu'échangent les porteurs. Habitués depuis leur naissance à contempler ces vaines images, à écouter ces sons confus dont ils ignorent l'origine, ils vivent dans un monde de fantômes qu'ils prennent pour des réalités. Que si l'un d'eux est délivré de ses chaînes et traîné vers la lumière, il sera d'abord ébloui et ne distinguera rien de ce qui l'entoure. [...] Alors il se rendra compte que sa vie antérieure n'était qu'un rêve sombre, et il plaindra ses anciens compagnons de captivité. Mais s'il redescend auprès d'eux pour les instruire, pour leur montrer l'inanité des fantômes de la caverne et leur décrire le monde de la lumière, qui l'écoutera sans rire, qui, surtout, donnera créance à sa divine révélation ? Les plus sages eux-mêmes le traiteront de fou et iront jusqu'à le menacer de mort s'il persiste dans sa généreuse tentative.

On discerne sans peine la signification de cette allégorie. Les hommes sont ici-bas esclaves de leurs sens : dans l'obscurité du monde de la matière, en perpétuel devenir, ils ne saisissent que des ombres ou de vagues reflets.

Questions

Une leçon en images

1. Que représente la caverne ?
2. Comment les hommes pensent-ils accéder à la connaissance ?
3. Montrez les qualités de pédagogue de Platon.

Éloge de la folie

4. Quels risques court celui qui a pu accéder à la connaissance dans le texte de Platon ?
5. Les fous qu'Érasme (p. 407) dit envier sont-ils les mêmes que ceux qui sont traités de fous dans le récit de Platon ?
6. Comment comprenez-vous le discours d'Érasme ? Faut-il le lire au premier degré ?

► Les actes de langage, l'implicite et la modalisation, p. 528
► Les figures de rapprochement et de substitution, p. 534

Synthèse Comment Érasme traite-t-il le mythe de la caverne ? Quelle leçon en tire-t-il ?

Stefan Zweig, *Érasme* (1935)

CONTEXTE
Stefan Zweig (1881-1942), est né à Vienne où il étudie l'histoire, les belles lettres et la philosophie. Grand humaniste, il exerce son talent dans différents genres : romans, nouvelles, pièces de théâtre, essais, biographies… Désespéré par la montée du nazisme, il fuit l'Autriche en 1934. Il se donne la mort en 1942.

Érasme *est une biographie historique du célèbre humaniste. Stefan Zweig y met en lumière un idéal de tolérance qui s'oppose au fanatisme sous toutes ses formes.*

C'est entre sa quarantième et sa cinquantième année qu'Érasme de Rotterdam atteint le zénith de sa gloire : depuis des siècles l'Europe n'a pas connu de nom plus illustre. Ni celui de Dürer, ni celui de Raphaël, de Léonard de Vinci, de Paracelse, de Michel-Ange, ou de n'importe quel autre de ses contemporains n'est prononcé à cette époque avec autant de vénération que le sien ; il n'est pas d'écrivains dont les œuvres soient tirées à un aussi grand nombre d'éditions que celles d'Érasme ; aucune réputation morale ou artistique ne peut se comparer à la sienne. Érasme, au début du XVIe siècle, c'est tout simplement la personnification de la sagesse, *optimum et maximum,* tout ce qu'on peut imaginer de plus noble et de meilleur, c'est comme le proclame Melanchthon[1] dans son panégyrique[2] en latin, une autorité irréfutable dans les domaines de la science et des lettres, dans les choses temporelles et spirituelles. Tantôt on lui décerne le titre glorieux de « doctor universalis », tantôt celui de « prince de la science », de « père des études » et de « défenseur de la vraie théologie » ; on l'appelle « lumière du monde » ou bien « Pythie de l'Occident », « vir incomparabilis » et « phœnix doctorum ». Aucun éloge n'est trop grand pour lui. Érasme, dit Mutian, dépasse la mesure humaine. Il est divin, et l'on doit le révérer pieusement comme une créature céleste ; Camerarius, un autre humaniste, nous rapporte que tous ceux qui ne veulent pas passer pour des étrangers dans la république des lettres l'admirent, le glorifient, le portent aux nues. Celui qui réussit à obtenir une lettre d'Érasme remporte un magnifique succès, un véritable triomphe ; mais celui qui a pu lui adresser la parole connaît sur la terre la félicité divine.

1. Réformateur allemand (1497-1560), collaborateur de Luther.
2. Un écrit à la louange de quelqu'un ou de quelque chose.

Questions

► Convaincre et persuader, p. 580

La rhétorique de l'éloge

1. En vous aidant de dictionnaires, traduisez les citations en latin. À quel domaine les expressions latines sont-elles empruntées ? Quel champ lexical domine ?
2. Quel rôle jouent les formules entre guillemets ?
3. Par quelles tournures syntaxiques Érasme est-il mis en valeur ?

Le prince des humanistes

4. Montrez qu'Érasme incarne par excellence la figure de l'humaniste.
5. Dans quelle mesure l'éloge d'Érasme par Stefan Zweig fait-il l'écho au texte 1 ?
6. Comment peut-on expliquer qu'un auteur du XXe siècle brosse un portrait aussi élogieux d'un homme de la Renaissance ? Quelles réserves pourrait-on envisager ?

Grammaire
Étudiez l'expression de l'intensité dans l'éloge d'Érasme et commentez ses effets.
► Les figures d'opposition, d'exagération et d'atténuation, p. 535

Synthèse Quel symbole Érasme peut-il représenter pour un lecteur contemporain de Stefan Zweig et pour le lecteur d'aujourd'hui ?

Raphaël, *L'École d'Athènes* (1509-1510)

Le contexte

L'École d'Athènes est une fresque réalisée par le peintre italien Raphaël (1483-1520).
Cette fresque se trouve dans la chambre de la Signature au Vatican. Dans ce cabinet de travail, la tradition voulait que, sur chaque mur de la pièce, soient représentées de grandes scènes évoquant le Bien.

L'œuvre et sa portée

Cette fresque, consacrée à la philosophie, permet à Raphaël de réunir les figures majeures de la connaissance humaine à l'intérieur d'un temple. Les penseurs antiques sont incarnés par des artistes contemporains de Raphaël. La peinture compte cinquante-huit personnages que l'on peut identifier à partir de la légende (cf ci-contre). Elle constitue une représentation idéale de la philosophie, en tant que science qui cherche le vrai bien des hommes.

Questions

1. Le tableau de Raphaël regroupe de nombreuses figures parmi lesquelles se trouvent Platon, Aristote, Épicure, Pythagore, Euclide, Diogène et Héraclite. Vous ferez une recherche documentaire sur ces personnages et vous préciserez leur importance dans l'histoire de la pensée.
2. Observez les personnages, notamment leurs positions dans l'espace, leurs attitudes et leurs gestes. Comment l'homme est-il représenté ?
3. La plupart des personnages appartiennent à l'Antiquité, mais le peintre leur a donné des visages d'hommes de la Renaissance. Ainsi Platon a les traits de Léonard de Vinci, Héraclite ceux de Michel-Ange, Euclide ceux de Bramante… Comment le spectateur peut-il interpréter ce choix ?
4. Observez le type de décor et sa composition. En quoi s'inspire-t-il de l'Antiquité ? En quoi porte-t-il la marque de la Renaissance ?
5. Quelles relations pouvez-vous établir entre ce tableau et les textes de la séquence ?

Synthèse Pourquoi cette fresque caractérise-t-elle l'Humanisme et la Renaissance ?

Raphaël, *L'École d'Athènes* (1509-1510), fresque (770 cm x 440 cm) de la chambre de la Signature au Vatican.

Détail des personnages : 1 : Zénon de Citium ou **Zénon d'Élée** – **2 : Épicure** – **3 : Frédéric II de Mantoue** – **4 : Boèce** ou **Anaximandre** ou **Empédocle** – **5 : Averroès** – **6 : Pythagore** – **7 : Alcibiade** ou **Alexandre le Grand** – **8 : Antisthène** ou **Xénophon** – **9 : Hypatie** ou Francesco Maria Ier della Rovere – **10 : Eschine** ou **Xénophon** – **11 : Parménide** – **12 : Socrate** – **13 : Héraclite** (sous les traits de **Michel-Ange**) – **14 : Platon** tenant le ***Timée*** (sous les traits de **Léonard de Vinci**) – **15 : Aristote** tenant l'***Éthique*** – **16 : Diogène de Sinope** – **17 : Plotin** – **18 : Euclide** ou **Archimède** entouré d'étudiants (sous les traits de **Bramante**) ? – **19 : Strabon** ou **Zoroastre** – **20 : Ptolémée** – **R : Raphaël** en **Apelle** – **21 : Le Sodoma** Quentin Augustine (Le Protogène).

Baldassare Castiglione, *Le Livre du courtisan* (1528)

CONTEXTE

Baldassare Castiglione (1478- 1529), écrivain et diplomate italien, rédige en 1528, *Le livre du courtisan*, un ouvrage caractéristique de la Renaissance italienne : il retranscrit des conversations avec ses amis où sont exposés le portrait de l'homme de cour idéal, les usages à respecter dans une société où l'élégance des manières reflète celle de la pensée. Cette œuvre a une grande influence en Europe, en particulier concernant la notion d'« honnête homme » développée au XVIIe siècle.

► Le Classicisme, p. 27

Ce texte définit le modèle idéal du courtisan de la Renaissance.

Je veux que celui-ci soit plus que médiocrement instruit dans les lettres, du moins dans ces études que nous disons d'humanité, et que non seulement il ait connaissance de la langue latine, mais aussi de la grecque, à cause des nombreuses et diverses choses qui sont divinement écrites dans cette langue.

Qu'il pratique les poètes tout aussi bien que les orateurs et les historiens, et qu'il soit encore habile à écrire en vers et en prose, principalement dans notre langue vulgaire[1] ; car outre le contentement que lui-même en recevra, il ne manquera jamais par ce moyen de plaisants entretiens avec les dames, qui, à l'ordinaire, aiment ce genre de choses. Et si, à cause de ses autres occupations, ou parce qu'il a peu étudié, il ne parvient pas à une perfection telle que ses écrits soient dignes de grande louange, qu'il veille à les supprimer, pour ne pas donner à autrui l'occasion de s'en moquer, et qu'il les montre seulement à un ami auquel il puisse se fier. [...]

En outre, ces études-là le rendront abondant[2] et, comme répondit Aristippe[3] à un tyran, hardi pour parler avec assurance à chacun.

Je veux néanmoins que notre Courtisan retienne bien ce précepte en son esprit : qu'en ceci comme en toute autre chose il soit toujours avisé et timide plutôt qu'audacieux, et qu'il se garde de se persuader faussement qu'il sait ce qu'il ne sait pas. Car naturellement nous sommes tous avides de louange bien plus que nous devrions, et nos oreilles aiment mieux la mélodie des paroles qui nous louent, que n'importe quel autre doux chant ou musique ; et pourtant elles sont cause souvent, comme les voix des sirènes, de ce que périssent noyés ceux qui ne se bouchent pas bien les oreilles pour ne pas entendre l'harmonie trompeuse.

Traduction d'Alain Pons, © Éditions Flammarion

1. Désigne l'italien par opposition au latin.
2. Éloquent.
3. Aristippe de Cyrène était un philosophe grec disciple de Socrate (435-356 av. J.-C.).

Questions

► Convaincre et persuader, p. 580

Une conversation littéraire

1. Étudiez les marques de l'énonciation. Comment s'exprime le locuteur ? À qui s'adresse-t-il ?
2. Quel est l'objet du propos ? Justifiez votre réponse.
3. En vous appuyant sur l'organisation en paragraphes, les liens logiques et les formules récurrentes, dégagez la composition du texte.
4. Quelles sont les visées de ce passage ?

Le courtisan idéal

5. À quels domaines le courtisan doit-il s'intéresser ? Comment sont-ils mis en valeur dans le texte ?
6. Comment l'auteur justifie-t-il la connaissance des lettres pour le courtisan ? Quel idéal doit-il atteindre ?
7. Quelles valeurs morales accompagnent les qualités intellectuelles du courtisan ?

Grammaire
Étudiez l'expression de la volonté. Que révèle-t-elle des intentions de l'auteur ?
► Les actes de langage, l'implicite et la modalisation, p. 528

Synthèse Vous brosserez le portrait de l'homme parfait de cour selon Baldassare Castiglione.

BAC S'entraîner à l'épreuve orale

Montrez l'originalité de cette page.

► Préparer l'entretien, p. 626

CONTEXTE

Jean Pic de La Mirandole (1463-1494) est un philosophe italien. Après des études à Padoue où il est surnommé « prince des érudits » et un séjour en France, il se rend à Florence où il découvre Platon. Déclaré hérétique, il se refugie en France puis retourne à Florence où il écrit un traité sur la création.

Jean Pic de La Mirandole, *De la dignité de l'homme* (1496, édition posthume)

Suivant ton libre arbitre

Nous ne t'avons attribué, ô Adam, ni une place déterminée, ni une figure propre, ni un héritage particulier, afin que tu aies et possèdes, selon tes vœu et décision, toujours la place, toujours la figure, toujours les biens par toi élus. Toutes les autres créatures ont une nature définie contenue entre les lois prescrites par nous ; toi seul, affranchi de toute entrave, suivant ton libre arbitre auquel je t'ai remis, tu te choisiras ta nature. Je t'ai placé au centre de l'univers, afin que tu regardes avec d'autant plus d'aisance à l'entour de toi tout ce qui est au monde. Je ne t'ai fait ni céleste ni terrestre, ni mortel ni immortel ; d'après ta volonté et pour ton propre honneur, modeleur et sculpteur de toi-même, imprime-toi la forme que tu préfères. Tu pourras dégénérer en animal, être de l'ordre inférieur ; tu pourras, selon la décision de ton esprit, te régénérer en créature divine, être de l'ordre supérieur.

Traduction réalisée par les auteurs du manuel

Questions

► Convaincre et persuader, p. 580

Une déclaration universelle

1. À qui s'adresse ce discours ? Que représente ce destinataire ?
2. Comment la première phrase est-elle construite ? Quel est l'effet recherché ?

Le libre arbitre ou la liberté d'être homme

1. Relevez les constructions et les procédés grammaticaux qui renforcent cette idée que l'homme se fait lui-même.
2. L'homme est-il précisément définissable ? Quel paradoxe est mis en avant ? Commentez l'emploi de « dégénérer » et « régénérer » (l. 10 et 11).
3. Pourquoi cette déclaration est-elle importante ? Que remet-elle en question ?

Synthèse Montrez que ce texte peut éclairer la lecture du dernier paragraphe du texte 2, extrait du *Livre du courtisan*.

► Rédiger des paragraphes et insérer des citations, p. 598

BAC S'entraîner au commentaire

Reprenez vos réponses aux questions et leur organisation en deux axes d'étude pour rédiger un commentaire littéraire de ce texte. Vous aurez soin de citer des passages du texte.

Thomas More, *L'Utopie* (1516)

CONTEXTE

Thomas More (1478-1535) fait partie des figures européennes de l'Humanisme. Juriste de formation, il remplit la fonction politique de chancelier auprès du roi d'Angleterre, Henri VIII. Inspirée du mythe platonicien de la cité idéale, *L'Utopie,* rédigée en latin en 1516, décrit une île imaginaire où règnent la justice et l'égalité au sein d'un peuple qui a renoncé à la propriété individuelle et à l'argent. Malgré la fiction, les idées de l'auteur dérangent ; il est exécuté sur l'ordre du roi Henri VIII. C'est son ami Érasme qui se charge de publier *L'Utopie*.

Le récit se présente comme le compte rendu fidèle d'une discussion entre Thomas More et son ami Raphaël Hyhlodée, voyageur humaniste ; il raconte le périple maritime qui l'a mené un jour sur l'île d'Utopie et aborde les différents de la vie sociale, économique et politique.

Les Utopiens s'étonnent que des êtres raisonnables puissent se délecter de la lumière incertaine et douteuse d'une perle ou d'une pierre ; tandis que ces êtres peuvent jeter les yeux sur les astres et le soleil. Ils regardent comme fou celui qui se croit plus noble et plus estimable, parce qu'il est couvert d'une laine plus fine, laine coupée sur le dos d'un mouton, et que cet animal a portée le premier. Ils s'étonnent que l'or, inutile de sa nature, ait acquis une valeur factice tellement considérable, qu'il soit beaucoup plus estimé que l'homme ; quoique l'homme seul lui est donné cette valeur, et le fasse servir à ses usages suivant son caprice.

Ils s'étonnent aussi qu'un riche, à l'intelligence de plomb, stupide comme la bûche, également sot et immoral, tienne sous sa dépendance une foule d'hommes sages et vertueux, parce que la fortune lui a abandonné quelques piles d'écus. Cependant, disent-ils, la fortune peut le trahir ; et la loi (qui aussi bien que la fortune précipite souvent du faîte dans la boue) peut lui arracher son argent et le faire passer aux mains du plus ignoble fripon de ses valets. Alors, ce même riche se trouvera très heureux de passer lui aussi, en compagnie de son argent et comme par-dessus le marché, au service de son ancien valet.

Il est une autre folie que les Utopiens détestent encore plus, et qu'ils conçoivent à peine ; c'est la folie de ceux qui rendent des honneurs presque divins à un homme parce qu'il est riche, sans être néanmoins ni ses débiteurs ni ses obligés. Les insensés savent bien pourtant quelle est la sordide avarice de ces Crésus* égoïstes ; ils savent bien qu'ils n'auront jamais un sou de tous leurs trésors.

Nos insulaires puisent de pareils sentiments, partie dans l'étude des lettres, partie dans l'éducation qu'ils reçoivent au sein d'une république dont les institutions sont formellement opposées à tous nos genres d'extravagance. Il est vrai qu'un fort petit nombre est affranchi des travaux matériels, et se livre exclusivement à la culture de l'esprit. Ce sont, comme je l'ai déjà dit, ceux qui, dès l'enfance, ont manifesté un naturel heureux, un génie pénétrant, une vocation scientifique. Mais on ne laisse pas pour cela de donner une éducation libérale à tous les enfants ; et la grande masse des citoyens, hommes et femmes, consacrent chaque jour leurs moments de liberté et de repos à des travaux intellectuels.

Traduction de Victor Stouvenel

* Roi de Lydie (560-546 av. J.-C.) qui devait sa légendaire richesse aux mines d'or de son royaume.

Questions

► Convaincre et persuader, p. 580
► Les progressions thématiques, p. 526

D'un monde...

1. Observez les trois premiers paragraphes. Quelles formules reviennent en écho ? Que traduisent-elles ? Existe-t-il une progression entre ces paragraphes ?
2. Identifiez les « êtres raisonnables » (ligne 1). Quel procédé d'écriture est employé ?
3. Dégagez les thèmes traités dans les trois premiers paragraphes en montrant les paradoxes.
4. Quel regard les Utopiens portent-ils sur la richesse des hommes en général ? Appuyez-vous sur le lexique et les constructions syntaxiques.

... À l'autre

5. Définissez l'idéal utopien en matière de richesse.
6. Quel pouvoir semble le plus légitime du point de vue des Utopiens ? Qui doit l'exercer ?
7. En relisant le quatrième paragraphe, vous préciserez les fondements de la morale utopienne. Sur quelles valeurs repose-t-elle ?
8. Les Utopiens vous paraissent-ils élitistes ? Justifiez votre réponse.

Grammaire
En vous fondant sur l'étymologie, étudiez les sens du mot « fortune » à partir de cet extrait.

Synthèse Vous montrerez que l'île d'Utopie constitue l'image d'un monde politique et moral inversé.

LECTURE D'IMAGE

La cité idéale est le rêve d'un peintre de la Renaissance, qui a pensé une architecture parfaite pour accueillir une société harmonieuse, organisée suivant certains préceptes politiques et moraux.

1. Observez l'architecture et le dessin des rues : quelles en sont les principales caractéristiques ?
2. À quelle période historique, à quelle civilisation ce type de ville vous fait-il penser ?
3. Quels principes président à l'organisation d'une telle cité ?

Luciano Laurana, *La Cité idéale ou cité de Dieu* (vers 1470), huile sur bois (67 cm x 240 cm), palais ducal, Urbino (Italie).

CONTEXTE

Grâce à la réputation qu'Étienne de La Boétie (1530-1563) se fait au cours de ses études, il est admis en qualité de conseiller au parlement de Bordeaux en janvier 1553. Il y rencontre Montaigne en 1558. Leur amitié durera jusqu'à la mort de La Boétie. Dans le *Discours de la servitude volontaire,* La Boétie critique la tyrannie et défend la liberté.

Étienne de La Boétie, *Discours de la servitude volontaire* (1576, édition posthume)

L'amitié, c'est un nom sacré, c'est une chose sainte ; elle ne se met jamais qu'entre gens de bien, et ne se prend que par une mutuelle estime ; elle s'entretient non tant par bienfaits que par la bonne vie. Ce qui rend un ami assuré de l'autre, c'est la connaissance qu'il a de son intégrité : les répondants qu'il en a, c'est son bon naturel, la foi et la constance. Il n'y peut avoir d'amitié là où est la cruauté, là où est la déloyauté, là où est l'injustice ; et entre les méchants, quand ils s'assemblent, c'est un complot, non pas une compagnie ; ils ne s'entraiment pas, mais ils s'entrecraignent ; ils ne sont pas amis, mais ils sont complices.

Or, quand bien cela n'empêcherait point, encore serait-il malaisé de trouver en un tyran un amour assuré, parce qu'étant au-dessus de tous, et n'ayant point de compagnon, il est déjà au-delà des bornes de l'amitié, qui a son vrai gibier en l'égalité, qui ne veut jamais clocher, ainsi est toujours égale. Voilà pourquoi il y a bien entre les voleurs (ce dit-on) quelque foi au partage du butin, pour ce qu'ils sont pairs et compagnons, et s'ils ne s'entraiment, au moins ils s'entrecraignent et ne veulent pas, en se désunissant, rendre leur force moindre ; mais, du tyran, ceux qui sont ses favoris n'en peuvent avoir jamais aucune assurance, de tant qu'il a appris d'eux-mêmes qu'il peut tout, et qu'il n'y a droit ni devoir aucun qui l'oblige, faisant son état de compter sa volonté pour raison, et n'avoir compagnon aucun, mais d'être de tous maître. Donc n'est-ce pas grande pitié que, voyant tant d'exemples apparents, voyant le danger si présent, personne ne se veuille faire sage aux dépens d'autrui, et que, de tant de gens s'approchant si volontiers des tyrans, qu'il n'y ait pas un qui ait l'avisement et la hardiesse de leur dire ce que dit, comme porte le conte*, le renard au lion qui faisait le malade : « *Je t'irais volontiers voir en ta tanière ; mais je vois bien assez de traces de bêtes qui vont en avant vers toi, mais qui reviennent en arrière, je n'en vois pas une.* ».

* Fable d'Ésope, *Le Cheval et le lion,* dont s'est inspiré La Fontaine.

Questions

► Les formes de l'argumentation, p. 566

L'art du discours

1. Dans le premier paragraphe, par quels types de termes La Boétie définit-il l'amitié ? Comment caractérise-t-il cette valeur morale ? À quoi s'oppose-t-elle ?
2. Comment La Boétie passe-t-il de la réflexion sur l'amitié à l'étude du tyran ?
3. Quel rôle jouent la référence aux voleurs et la fable finale dans l'argumentation ?

Une réflexion morale et politique

4. Quelle conception de l'amitié La Boétie défend-il ?
5. Quels aspects moraux définissent le tyran ?
6. Un tyran peut-il avoir des amis ? Justifiez votre réponse.

Grammaire
Recherchez l'étymologie du mot « tyran ». Étudiez l'histoire de ce terme.

Synthèse Quel portrait de l'homme idéal La Boétie brosse-t-il en creux à travers cette page ?

⊕ CONTEXTE
Cicéron (106-43 av. J.-C.) est un homme politique et orateur romain. Il compose de nombreuses œuvres dont *De Amicitia (De l'amitié)*, ouvrage philosophique qu'il écrit, déçu par une longue vie de luttes politiques et affligé par la mort de sa fille Tullia.
Dans ce traité, Cicéron s'inspire du *Péri Philias (Au sujet de l'Amitié)*, œuvre du penseur grec Théophraste (372-287 av. J.-C.).

Cicéron, *De l'amitié* (44 av. J.-C.)

Dans le chapitre XXIII, Cicéron traite de la valeur de l'amitié et des raisons qui la font rechercher.

L'amitié est le seul bien dans le monde sur l'utilité duquel il y ait accord unanime. De la vertu même beaucoup font peu de cas : c'est une vanterie, un mot de parade, disent-ils ; nombreux sont ceux qui professent le dédain des richesses ; ils se contentent de peu, ils aiment un train de vie simple et frugal ; quant aux honneurs, objets d'un désir enflammé pour certains, combien y sont indifférents, les tiennent pour la chose du monde la plus vaine et la plus frivole ! Et il y a d'autres satisfactions dont la valeur est grande pour les uns, nulle pour beaucoup d'autres. De l'amitié en revanche tous sans exception ont la même opinion, aussi bien ceux qui sont entrés au service de l'État que ceux qui se plaisent aux recherches scientifiques, ceux qui s'occupent de leurs propres affaires sans se mêler de politique, ceux enfin dont les plaisirs remplissent entièrement la vie ; tous pensent qu'il n'y a pas de vie possible sans l'amitié, pour peu qu'on veuille vivre en une certaine mesure comme il sied à un homme bien né. L'amitié pénètre, je ne sais comment, dans toutes les vies, son influence est sensible dans toutes les professions. Il y a plus : un homme qui, par âpreté de caractère et insensibilité, va jusqu'à fuir les hommes et les prend en haine, comme on nous dit que faisait à Athènes un certain Timon[1], ne peut cependant se dispenser de chercher quelqu'un auprès de qui déverser sa bile. C'est à la même conclusion qu'on arriverait tout de suite, s'il pouvait se faire qu'un dieu nous retirât de la société des hommes pour nous placer dans quelque endroit solitaire où nous serions pourvus en abondance de tout ce qui est indispensable à la vie, mais où nous n'aurions pas la possibilité d'apercevoir aucun être humain. Quel est l'homme assez insensible pour supporter pareille vie et à qui la solitude ne ravirait-elle pas la jouissance de tous les plaisirs ? C'est avec raison qu'Archytas[2], sauf erreur, avait accoutumé de dire cette parole à nous rapportée par des vieillards qui la tenaient eux-mêmes d'autres vieillards : « Si un homme monté au ciel pouvait de là contempler le spectacle du monde et la beauté des corps célestes, ces merveilles seraient pour lui sans charme, elles en auraient s'il avait quelqu'un à qui en parler. » Ainsi la nature a horreur de la solitude et réclame quelque chose qui puisse servir d'appui ; il n'y en a pas de plus doux que l'amitié.

1. Timon est un contemporain de Socrate ; il a la réputation d'être misanthrope.
2. Archytas, savant et homme d'État, gouverna la cité de Tarente.

Questions

1. Observez et commentez la place du mot « amitié » dans cet extrait. Quel rôle joue-t-il ?
2. Pourquoi Cicéron recourt-il à des exemples ?
3. Quelles sont les caractéristiques de l'amitié selon Cicéron ?
4. En vous appuyant sur ce passage, vous montrerez que le traité de Cicéron a pu nourrir la pensée et le style de La Boétie.

► Les genres de l'argumentation, p. 568

Grammaire
« Pour peu qu'on veuille » (l. 12) : indiquez la nature et la fonction de cette proposition et explicitez la pensée de Cicéron.

Synthèse Que représente l'amitié pour les penseurs anciens et modernes ?

TEXTE 5

Martin Luther, *À la noblesse chrétienne de la nation allemande* (1520)

CONTEXTE

Moine augustin, Martin Luther (1483-1546) critique les abus de l'Église de Rome et du Pape, ce qui lui vaut d'être condamné par Rome en 1520. Il publie alors de grands écrits réformateurs, à l'origine du schisme entre protestants et catholiques.
Il traduit aussi la Bible (qui jusque-là n'était publiée qu'en grec et en latin) en allemand entre 1521 et 1534.

Dans ce manifeste rédigé en allemand en 1520, Martin Luther s'adresse aux chrétiens d'Allemagne pour les engager à libérer leur Église des perversions de la cour papale. Cette réforme qu'il souhaite de la vie spirituelle suppose une réforme de l'institution universitaire.

J'accepterais volontiers qu'on conserve la *Logique*, la *Rhétorique*, la *Poétique* d'Aristote[1] et que, mises sous une forme nouvelle et abrégée, elles soient lues avec profit et servent à exercer les jeunes gens dans l'art de la parole et de la prédication, mais il faudrait supprimer les commentaires et scolies et, de même qu'on lit la *Rhétorique* de Cicéron sans commentaires et sans scolies[2], il faudrait lire la Logique d'Aristote toute nue, débarrassée de tous ces grands commentaires. Maintenant on n'en tire aucun renseignement utile à l'orateur ou au prédicateur, et ce n'est plus une occasion de discussions et de chicanes. À côté de cela, on aurait encore les langues, latin, grec, hébreu, les sciences mathématiques, l'histoire, au sujet desquelles je m'en remets à des juges plus compétents, et les résultats ne manqueraient pas d'être excellents, si l'on s'efforçait sérieusement de procéder à une réforme ; et certes, l'affaire est d'importance ! Car c'est à cette école que doit être enseignée et préparée la jeunesse chrétienne, l'élite de notre peuple qui assure la continuité de la chrétienté. Aussi, à mon sens, il n'est pas d'œuvre plus digne du pape et de l'empereur qu'une bonne réforme des universités, il n'existe par contre rien de plus pernicieux ni de plus diabolique que ces universités non réformées.

Traduction de Maurice Gravier revue par Albert Greiner et Annemarie Lienhard

1. Philosophe grec (384-322 av. J.-C.) Aristote fonde en 335 av. J.-C. une école, le Lycée. Il est l'auteur de nombreux traités de physique, politique et logique.
2. Note servant à l'interprétation d'un texte de l'Antiquité.

Questions

► Les formes de l'argumentation, p. 566
► Les figures d'opposition, d'exagération et d'atténuation, p. 535

S'affranchir de l'autorité intellectuelle et religieuse

1. En vous appuyant sur les articulations ou liens logiques et les temps verbaux, précisez ce que l'auteur rejette et ce qu'il défend.
2. À quelle condition l'auteur approuve-t-il la lecture des œuvres d'Aristote et de Cicéron ?
3. À quels domaines l'homme doit-il revenir et dans quel but ?

Libérer l'homme

4. Commentez les marques de la présence du locuteur. À qui s'adresse-t-il ? Quelle mission est assignée au destinataire ?
5. Quel rôle joue la dernière phrase dans la stratégie argumentative ? Comment faut-il comprendre le parallèle entre « une bonne réforme des universités » et « ces universités non réformées » ? Appuyez-vous sur la figure de style.

Grammaire
Étudiez l'expression de l'intensité à partir de « il n'existe par contre… » (l. 15.)

Synthèse Montrez que Luther défend une conception nouvelle de la liberté humaine.

BAC S'entraîner à l'épreuve orale

Pour quelles raisons les humanistes envisagent-ils une réforme des universités ? Quels effets en attendent-ils ?
Vous répondrez à ces questions en vous appuyant sur le chapitre consacré à la Renaissance et sur vos lectures personnelles.

► Préparer l'entretien, p. 626

Séquence 2

Œuvre intégrale

La quête d'un idéal humaniste : *Gargantua* (1534) de François Rabelais

Quel idéal humaniste François Rabelais invite-t-il le lecteur à découvrir ? Comment le met-il en œuvre dans l'univers romanesque ?

CORPUS DE LA SÉQUENCE

LIENS AVEC LA PARTIE LANGUE

- L'organisation du texte, p. 522
- Les actes de langage, l'implicite et la modalisation, p. 528
- Les figures de style, p. 534
- Le champ sémantique, p. 540

LIENS AVEC LA PARTIE OUTILS D'ANALYSE

- L'organisation et le fonctionnement du récit, p. 548
- L'argumentation, p. 566
- L'organisation de l'image, p. 572
- Les registres et effets du texte, p. 578

LIENS AVEC LA PARTIE MÉTHODES POUR LE BAC

- Le commentaire, p. 598
- La dissertation, p. 602
- L'écriture d'invention, p. 616
- L'épreuve orale, p. 626

▸▸ *Gargantua* illustré par Fernand Fau en 1910, détail.

► Biographies, p. 628

⊕ CONTEXTE

En 1532, François Rabelais publie *Pantagruel*. S'inspirant des *Grandes Chroniques du grand et énorme géant Gargantua*, ouvrage anonyme, l'auteur raconte sur un mode comique les aventures du fils de Gargantua. L'auteur s'amuse à remonter le temps en publiant en 1534 les aventures du père sous le titre : *La vie très horrifique du grand Gargantua, père de Pantagruel*. Il reprend une structure romanesque comparable mais approfondit le questionnement philosophique : réflexions sur la formation, la guerre, la civilisation, fondation de l'utopie aristocratique de Thélème et idéal de sagesse.

► L'Humanisme, p. 22

François Rabelais, *Gargantua* (1534)

Comme pour Pantagruel, *l'œuvre s'ouvre par un prologue de l'auteur qui fait suite à* L'avis aux lecteurs *; d'emblée l'œuvre est placée sous l'égide du comique : « Pour ce que rire est le propre de l'homme ». Sous des apparences trompeuses peuvent se dissimuler le savoir et la sagesse.*

Prologue

Buveurs très illustres, et vous, vérolés[1] très précieux – car c'est à vous, non aux autres, que je dédie mes écrits –, Alcibiade, dans un dialogue de Platon intitulé *Le Banquet*, faisant l'éloge de son précepteur Socrate, sans conteste le prince des philosophes, déclare entre autres choses qu'il est semblable aux Silènes[2]. Les Silènes étaient jadis de petites boîtes, comme celles que nous voyons à présent dans les boutiques des apothicaires, sur lesquelles étaient peintes des figures drôles et frivoles : harpies, satyres, oisons bridés, lièvres cornus, canes bâtées[3], boucs volants, cerfs attelés, et autres figures contrefaites à plaisir pour inciter les gens à rire (comme le fut Silène, maître du bon Bacchus). Mais à l'intérieur on conservait les drogues fines, comme le baume, l'ambre gris, l'amome[4], la civette[5], les pierreries et autres choses de prix. Alcibiade disait que Socrate leur était semblable, parce qu'à le voir du dehors et à l'évaluer par l'aspect extérieur, vous n'en auriez pas donné une pelure d'oignon, tant il était laid de corps et d'un maintien ridicule, le nez pointu, le regard d'un taureau, le visage d'un fou, le comportement simple, les vêtements d'un paysan, de condition modeste, malheureux avec les femmes, inapte à toute fonction dans l'État ; et toujours riant, trinquant avec chacun, toujours se moquant, toujours cachant son divin savoir. Mais, en ouvrant cette boîte, vous y auriez trouvé une céleste et inappréciable drogue : une intelligence plus qu'humaine, une force d'âme merveilleuse, un courage invincible, une sobriété sans égale, une égalité d'âme sans faille, une assurance parfaite, un détachement incroyable à l'égard de tout ce pour quoi les humaines veillent, courent, travaillent, naviguent et bataillent.

À quoi tend, à votre avis, ce prélude et ce coup d'essai ? C'est que vous, mes bons disciples, et quelques autres fous oisifs, en lisant les joyeux titres de quelques livres de notre invention, comme *Gargantua*, *Pantagruel*, *Fessepinte*, *La Dignité des braguettes*, *Des pois au lard avec commentaire*[6], etc., vous pensez trop facilement qu'on n'y traite que de moqueries, folâtreries et joyeux mensonges, puisque l'enseigne extérieure (c'est le titre) est, sans chercher plus loin, habituellement reçue comme moquerie et plaisanterie. Mais il ne faut pas considérer si légèrement les œuvres des hommes. Car vous-mêmes vous dites que l'habit ne fait pas le moine, et tel est vêtu d'un froc qui au-dedans n'est rien moins que moine, et tel est vêtu d'une cape espagnole qui, dans son courage, n'a rien à voir avec l'Espagne. C'est pourquoi il faut ouvrir le livre et soigneusement peser ce qui y est traité. Alors vous reconnaîtrez que la drogue qui y est contenue est d'une tout autre valeur que ne le promettait la boîte : c'est-à-dire que les matières ici traitées ne sont pas si folâtres que le titre le prétendait.

1. Malades de la vérole ou syphilis. – 2. Nom provenant du dieu Silène, fils d'Hermès ou de Pan, il éduqua Dionysos (Bacchus) dieu du vin et de la vigne. D'une laideur repoussante, il vivait dans un état d'ivresse continuel. – 3. Recouvertes d'un bât, appareil en bois placé sur le dos des bêtes de somme pour le transport des fardeaux. – 4. Il s'agit d'une plante exotique. – 5. La civette désigne des secrétions animales dont on fait du parfum. – 6. Références à des livrets populaires.

Gustave Doré, *Écrivains, philosophes célèbres lisant et s'inspirant du* Gargantua *de François Rabelais*, illustration de 1851.

Questions

► Faire rire, p. 578
► Les figures de rapprochement et de substitution, p. 534

Le prologue d'une œuvre humaniste

1. Recherchez la signification du terme « prologue ». Quelle place le prologue occupe-t-il dans une œuvre en général ? Quelles fonctions peut-il remplir ?
2. Dans le prologue de *Gargantua*, déterminez qui parle et à qui.
3. Quels tons apparaissent à la première lecture du prologue ? Justifiez votre réponse à l'aide de quelques exemples.
4. Relevez et commentez les références culturelles du premier paragraphe.

Les intentions humanistes et le projet narratif

5. Expliquez le sens de l'image des « Silènes » (l. 4 à 11). Par quelles figures de style cette image se déploie-t-elle dans le premier paragraphe ? Quelle est leur fonction ?
6. Sur quoi porte le second paragraphe ? Pourquoi le premier paragraphe l'éclaire-t-il ? Quels sont les jeux d'écho entre ces deux paragraphes ?
7. Reformulez à présent l'idée maîtresse du prologue.
8. Quelles qualités sont attendues du lecteur ? Dans quelle mesure ce texte met-il le lecteur à l'épreuve ?
9. Quel rôle joue le prologue de *Gargantua* ?

Vocabulaire
Relevez et commentez le lexique animal.

Synthèse Vous montrerez que le prologue peut se lire à plusieurs niveaux.

► Rassembler et organiser ses idées ; Construire un paragraphe et insérer des exemples, p. 606

BAC S'entraîner à la dissertation

En vous appuyant sur le texte, vous définirez en un paragraphe argumenté la méthode de lecture que propose Rabelais.

TEXTE 2

► Biographies, p. 628

François Rabelais, *Gargantua*, XXI (1534)

Éduqué selon la méthode traditionnelle héritée des précepteurs du Moyen Âge, Gargantua est devenu « niais, tout rêveux et rassotté ». Son père décide de le confier à un maître moderne, Ponocrates, qui lui fait alors oublier ce qu'il a appris en lui administrant un remède « qui lui lava le cerveau de toutes ses habitudes perverties ». Une nouvelle éducation lui est proposée.

L'éducation de Gargantua

Ensuite, il lui imposa un tel rythme d'études qu'il ne perdait pas un moment de la journée, mais passait tout son temps à étudier les Lettres et le savoir utile.

Gargantua se réveillait donc vers quatre heures du matin. Pendant qu'on l'astiquait, on lui lisait une page de la divine Écriture, à haute et intelligible voix et avec une diction claire ; mission confiée à un jeune page natif de Basché[1], nommé Anagnostes[2]. En fonction du thème et du sujet de ce passage, il se consacrait à vénérer, adorer, prier et supplier le bon Dieu, dont la lecture montrait la majesté et le jugement merveilleux.

Puis il se retirait aux lieux d'aisances pour se purger de ses excréments naturels. Là son précepteur répétait ce qui avait été lu en lui en expliquant les points les plus obscurs et difficiles.

En revenant, ils considéraient l'état du ciel : s'il se présentait comme ils l'avaient noté le soir précédent, dans quelle partie du zodiaque entraient le soleil et la lune pour la journée.

Cela fait, il était habillé, peigné, coiffé, adorné[3] et parfumé ; pendant ce temps on lui répétait les leçons de la veille. Lui-même les récitait par cœur et en tirait quelques conclusions pratiques sur la condition humaine ; ils y passaient parfois jusqu'à deux ou trois heures, mais d'habitude ils s'arrêtaient lorsqu'il avait fini de s'habiller.

Puis pendant trois bonnes heures on lui faisait la lecture.

Cela fait, ils sortaient, en conversant toujours du sujet de la leçon, et allaient se récréer au Jeu de Paume[4] du Grand Braque ou dans une prairie ; ils jouaient à la balle ou à la paume, s'exerçant le corps aussi lestement qu'ils l'avaient fait auparavant de leur esprit.

Ils jouaient librement, abandonnant la partie quand ils voulaient et s'arrêtant ordinairement quand ils étaient bien en sueur ou fatigués. Alors, bien essuyés et frottés, ils changeaient de

Gustave Doré, *Le Jeune Gargantua apprend à jouer de la flûte avec son professeur de musique*, illustration de 1851.

1. Localité près de Chinon en Indre-et-Loire.
2. Mot grec qui signifie « lecteur ».
3. Habillé.
4. Jeu qui consistait à se renvoyer une balle.

5. Références à des auteurs de l'Antiquité.
6. Évêque de Durham.

chemise et, se promenant tranquillement, ils allaient voir si le déjeuner était prêt. En attendant, ils récitaient clairement, en y mettant le ton, quelques sentences retenues de la leçon.

Cependant, Monsieur l'Appétit venait, et ils s'asseyaient à table au moment opportun.

Au début du repas, on lisait quelque histoire plaisante tirée des anciennes légendes, jusqu'à ce qu'il eût bu son vin.

Alors, selon l'envie, on continuait la leçon ou bien ils commençaient à converser joyeusement ensemble ; les premiers temps, ils parlaient des vertus, des propriétés efficaces et de la nature de tout ce qu'on leur servait à table : le pain, le vin, l'eau, le sel, les viandes, les poissons, les fruits, les herbes, les légumes, et la façon dont ils étaient apprêtés. De cette façon, il apprit en peu de temps tous les passages se rapportant à ces sujets chez Pline, Athénée, Dioscoride, Galien, Porphyre, Opien, Polybe, Héliodore, Aristote, Élien[5] et d'autres. En parlant, ils faisaient souvent, pour plus de sûreté, apporter à table les livres en question. Et il retint si bien en mémoire ce qu'on y disait qu'il n'y avait pas alors de médecin qui en sût moitié autant que lui.

Par la suite, ils parlaient des leçons lues le matin ; après avoir achevé le repas d'une confiture de coings, il se curait les dents avec un tronc de giroflier et se lavait les mains et le visage de belle eau fraîche, puis ils rendaient grâce à Dieu par quelque beau cantique à la gloire de la grandeur et de la bonté divines. Cela fait, on apportait des cartes, non pour jouer mais pour y apprendre mille petits tours et inventions nouvelles relevant de l'arithmétique.

Ainsi il se prit de passion pour la science des nombres, et tous les jours, après dîner et souper, ils y passaient leur temps aussi agréablement qu'il le faisait avant avec les dés ou les cartes. À force, il devint si savant en cette discipline, aussi bien théorique que pratique, que l'Anglais Tunstall[6], qui en avait abondamment disserté, confessa qu'en vérité, par rapport à lui, il n'y entendait que les rudiments.

Traduction en français moderne de Marie-Madeleine Fragonard,

Questions

► Caractériser une vision du monde, p. 581
► Les progessions thématiques, p. 526

De nouvelles méthodes

1. Relevez et commentez les marques du temps dans cet extrait. Que révèlent-elles sur le rythme de l'apprentissage de Gargantua ?
2. Étudiez l'emploi du temps de Gargantua : quelles activités le composent ? Comment sont-elles réparties ? À quel rythme se déroulent-elles ?
3. Quelle part cette éducation fait-elle à la mémoire ? Par quoi est-elle tempérée ?

De nouveaux savoirs

4. Rabelais a exercé la profession de médecin. Quels en sont les échos dans ce texte ?
5. Quelle place nouvelle est réservée à la religion ?
6. Quel rôle jouent les lettres et les sciences dans l'éducation de Gargantua ?

Un homme nouveau

7. Quels sont les effets de cette éducation sur Gargantua ?
8. Quelle part d'innovation cette éducation introduit-elle chez l'homme ?

Vocabulaire
Comment le verbe « récréer » est-il composé ? Que peut-il signifier ? Retrouvez sa famille étymologique.

Synthèse À la lecture de cet extrait, expliquez quels sont les principes de l'éducation humaniste.

► Rassembler et organiser ses idées ; Construire un paragraphe et insérer des exemples, p. 606

BAC S'entraîner à la dissertation

Dans un paragraphe argumenté, vous vous demanderez quelles sont les limites de ce programme éducatif.

▶ Biographies, p. 628

François Rabelais, *Gargantua*, XXV (1534)

C'est une simple querelle entre les fouaciers de Lerné, marchands de galettes, et les bergers de Grandgousier, qui se trouve à l'origine de la guerre. Les fouaciers, sujets du roi Picrochole, se plaignent à ce dernier qui réplique immédiatement en mobilisant troupes et matériel ; sans réflexion ni déclaration préalable, il dévaste les terres de son voisin. Les moines de l'abbaye de Seuilly sont affolés par l'invasion des ennemis qui saccagent leurs vignes. Tandis qu'ils prient, Frère Jean des Entommeures, décidé à ne pas laisser détruire ses vignes, intervient dans la mêlée, armé du seul « bâton de la croix ».

La guerre picrocholine

Sur ces paroles, il ôta sa grande robe et se saisit du bâton de la croix, qui était en cœur de sorbier, long comme une lance, tenant bien en main et parsemé de fleurs de lys, presque toutes effacées.

Et il sortit ainsi, vêtu de sa casaque[1], le froc accroché à sa ceinture. Et du bâton de la croix il donna si brusquement sur les ennemis, qui, sans ordre, ni enseigne, ni tambour ni trompette, grappillaient dans l'enclos – car les porte-drapeau et les porte-enseigne avaient posé leurs drapeaux et leurs enseignes le long des murs, les tambourineurs avaient défoncé leurs tambours pour les emplir de raisin, les trompettes étaient chargés de ceps, chacun de son côté –, il les chargea donc si rudement, sans crier gare, qu'il les renversait comme des porcs, frappant à tort et à travers, selon l'ancienne escrime.

Aux uns il écrabouillait la cervelle, aux autres il rompait bras et jambes, à d'autres il démettait les vertèbres du cou, à d'autres il disloquait les reins, ravalait le nez, pochait les yeux, fendait les mâchoires, renfonçait les dents dans la gueule, défonçait les omoplates, brisait les jambes, déboîtait les hanches, émiettait les tibias.

Jules Garnier, *La Guerre Picrocholine*, illustration de 1887.

Si quelqu'un voulait se cacher au plus épais des ceps, il lui froissait toute l'épine dorsale et l'éreintait comme un chien.

Si un autre voulait se sauver en fuyant, il lui réduisait la tête en miettes à travers la suture lambdoïde[2].

Si quelque autre grimpait dans un arbre, pensant y être en sûreté, de son bâton il l'empalait par le fondement.

Si quelqu'un de ses connaissances lui criait : « Ha, Frère Jean, mon ami, Frère Jean, je me rends !

– Tu y es, disait-il, bien forcé. Mais tu vas aussi rendre ton âme à tous les diables ! » Et d'un coup il l'étendait.

Et s'il y en avait d'assez téméraires pour lui résister en face, il démontrait là la force de ses muscles. Il leur transperçait la poitrine par le thorax et le cœur.

1. Manteau ample à larges manches.
2. Point de soudure des deux parties de la boîte crânienne.

2. Qui prennent part à une sédition, un soulèvement.
3. D'une bonté poussée à l'extrême.
4. Opinion trop avantageuse de soi-même ; suffisance, prétention.
5. Allusion à la querelle qui déclenche la guerre picrocholine ; les fouaces sont des galettes de froment.

► Convaincre et persuader, p. 580
► Les actes du langage, l'implicite et la modalisation, p. 528

Grammaire
Analysez l'expression de la volonté dans cet extrait.

► Rédiger des paragraphe et insérer des citations, p. 598

À d'autres, en les frappant au bas des côtes, il retournait l'estomac, ce dont ils mouraient aussitôt. D'autres, il les frappait si férocement au nombril qu'il leur faisait sortir les tripes. À d'autres, à travers les couilles il perçait le boyau culier. Croyez bien que c'était le plus horrible spectacle qu'on ait jamais vu.

Les uns criaient : Sainte Barbe !

d'autres : Saint Georges !

d'autres : Sainte Nitouche !

d'autres : Notre-Dame de Cunault ! de Lorette ! de Bonnes Nouvelles ! de la Lenou ! de Rivière ![3]

Les uns se vouaient à Saint Jacques ;

d'autres au saint Suaire de Chambéry – mais il brûla trois mois plus tard, si bien qu'on n'en put sauver un seul brin ;

d'autres à Cadouin ;

d'autres à saint Jean d'Angély ;

les autres à saint Eutrope de Saintes, à saint Mesme de Chinon, à saint Martin de Candes, à saint Cloud de Cinay, aux reliques de Javarsay, et mille autres bons petits saints.

Les uns mouraient sans confession, les autres criaient à pleine voix : « Confession ! Confession ! *J'avoue mes péchés ! Miséricorde ! Je me remets en tes mains, seigneur !* »

Si forts étaient les cris des blessés que le prieur de l'abbaye sortit avec tous ses moines ; lorsqu'ils aperçurent tous ces pauvres gens renversés au milieu de la vigne et blessés à mort, ils en confessèrent quelques-uns.

Traduction en français moderne de Marie-Madeleine Fragonard,

3. Énumération de lieux de pèlerinage situés en France.

Questions

► L'organisation et le fonctionnement du récit, p. 548
► Les figures d'opposition, d'exagération et d'atténuation, p. 535

Grammaire
Relevez et commentez les verbes d'action dans cet extrait.

Une scène de massacre…

1. Étudiez les forces en présence et les armes utilisées.
2. Relevez les termes médicaux et précisez leur effet.
3. Quel portrait du moine est brossé ?
4. En vous appuyant sur la structure du texte et sur des procédés stylistiques, vous montrerez que le narrateur parvient à renouveler le récit jusqu'au dénouement.

… traitée sur le mode comique

5. Analysez les éléments qui font de cette scène une parodie de la guerre.
6. Pourquoi cet épisode constitue-t-il une satire de la vie monacale ? Observez notamment la fin de l'extrait.
7. Comment pourrait-on définir le moine idéal selon Rabelais ?

Synthèse Étudiez les différentes fonctions de cet épisode.

BAC S'entraîner au commentaire

Dans un paragraphe argumenté, vous commenterez la citation « Croyez bien que c'était le plus horrible spectacle qu'on ait jamais vu », en vous interrogeant sur les procédés d'écriture mis en œuvre.

► Rédiger des paragraphes et insérer des citations, p. 598

TEXTE 4

▸ Biographies, p. 628

1. Salaire des militaires.

Gargantua, vainqu
illustration de Jule

TEXTE 5

▸ Biographies, p. 628

François Rabelais, *Gargantua*, LV (1534)

Afin de remercier Frère Jean des Entommeures de sa participation à la guerre contre Picrochole, Gargantua lui accorde une récompense : fonder une abbaye qui accueillera des jeunes gens et des jeunes filles qui recevront une éducation idéale. Ce sera Thélème qui signifie en grec « volonté ».

Comment était réglée la vie des Thélémites

Toute leur vie était ordonnée non selon des lois, des statuts ou des règles, mais selon leur bon vouloir et leur libre arbitre. Ils se levaient quand bon leur semblait, buvaient, mangeaient, travaillaient, et dormaient quand le désir leur en venait. Nul ne les réveillait, nul ne les contraignait à boire, à manger, ni à faire quoi que ce soit. Ainsi en avait décidé Gargantua. Pour toute règle, il n'y avait que cette clause, *Fais ce que tu voudras* ; parce que les gens libres, bien nés et bien éduqués, vivant en bonne compagnie, ont par nature un instinct, un aiguillon qui les pousse toujours à la vertu et les éloigne du vice, qu'ils appelaient honneur. Ces gens-là, quand ils sont opprimés et asservis par une honteuse sujétion et par la contrainte, détournent cette noble inclination par laquelle ils tendaient librement à la vertu, vers le rejet et la violation du joug de servitude ; car nous entreprenons toujours ce qui nous est interdit et nous convoitons ce qui nous est refusé.

C'est cette liberté même qui les poussa à une louable émulation : faire tous ce qu'ils voyaient faire plaisir à un seul. Si l'un ou l'une d'entre eux disait : « Buvons », ils buvaient tous ; s'il disait : « Jouons », tous jouaient ; s'il disait : « Allons nous ébattre aux champs », tous y allaient. S'il s'agissait de chasser à courre ou au vol, les dames, montées sur de belles haquenées[1] suivies du palefroi[2] de guerre, portaient sur leur poing joliment ganté un épervier, un laneret ou un émerillon[3]. Les hommes portaient les autres oiseaux.

Ils étaient si bien éduqués qu'il n'y avait parmi eux homme ni femme qui ne sût lire, écrire, chanter, jouer d'instruments de musique, parler cinq ou six langues et y composer, tant en vers qu'en prose. Jamais on ne vit de chevaliers si vaillants, si hardis, si adroits au combat à pied ou à cheval, plus vigoureux, plus agiles, maniant mieux les armes que ceux-là ; jamais on ne vit de dames si fraîches, si jolies, moins acariâtres, plus doctes aux travaux d'aiguille et à toute activité de femme honnête et bien née que celles-là.

C'est pourquoi, quand arrivait le temps où l'un d'entre eux, soit à la requête de ses parents, soit pour d'autres raisons, voulait quitter l'abbaye, il emmenait avec lui une des dames, celle qui l'aurait choisi pour chevalier servant, et ils se mariaient ; et s'ils avaient bien vécu à Thélème en amitié de cœur, ils continuaient encore mieux dans le mariage, et ils s'aimaient autant à la fin de leurs jours qu'au premier jour de leurs noces.

Mais je ne veux pas omettre de vous retranscrire une énigme qu'on trouva dans les fondations de l'abbaye, sur une grande plaque de bronze. […]

Traduction en français moderne de Marie-Madeleine Fragonard,

1. Petits chevaux ou juments, montures de femmes.
2. Cheval de parade ou de marche.
3. Petit oiseau de proie, type de faucon.

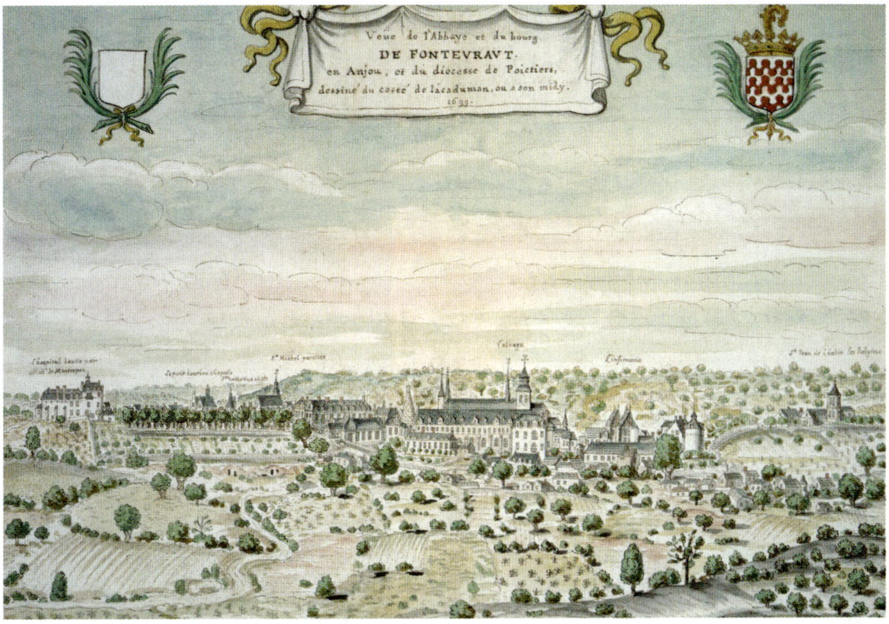

Vue de l'abbaye de Fontevrault (Maine et Loire), aquarelle de l'école française (1699), Bibliothèque nationale, Paris.

Questions

► Convaincre et persuader, p. 580

Une éducation idéale

1. Qui réside à Thélème ? Que pensez-vous des critères de sélection des Thélémites ? Comment les expliquez-vous ?
2. Quelles disciplines y étudie-t-on ? De quel type d'éducation s'agit-il ?
3. Comment sont suggérés les effets durables de cette éducation ?

Une harmonie idéale

4. Étudiez et expliquez en fonction du contexte la place de la femme à Thélème.
5. Quelles relations entretiennent l'individu et le groupe ?
6. En vous appuyant sur des procédés d'écriture, montrez que la vie à Thélème participe d'un souci d'équilibre dans tous les domaines.

Une liberté idéale

7. Relevez, classez et commentez les mots ou expressions qui font référence à la liberté.
8. Comment la devise de Thélème est-elle mise en valeur ? Que signifie-t-elle ? Dans quelle mesure peut-elle s'opposer aux règles d'une abbaye traditionnelle ?
9. Quel pourrait être le contenu de l'énigme finale ? Formulez des hypothèses et justifiez-les.

Grammaire
Relevez et analysez les occurrences de « si » dans le troisième paragraphe. Quel effet cette répétition produit-elle ?
► L'expression de la condition, p. 522

Synthèse Vous montrerez que Thélème s'oppose aux abbayes traditionnelles.

BAC S'entraîner à la dissertation

En vous appuyant sur le texte, vous montrerez, dans un paragraphe, que l'abbaye de Thélème peut se rattacher au modèle de l'utopie.

► Analyser le sujet et exploiter le corpus, p. 602

COMPRENDRE LE VOCABULAIRE RABELAISIEN

1 ÉTYMOLOGIE

Quels rapports existe-t-il entre les noms des personnages forgés par Rabelais et leur caractère ? Aidez-vous des racines grecques et latines ou retrouvez les formations populaires.

1. Gargantua – 2. Grandgousier – 3. Gargamelle – 4. Pantagruel – 5. Ponocrates – 6. Frère Jean des Entommeures – 7. Picrochole – 8. Anagnoste – 9. Eudémon

2 JEUX VERBAUX

a. **Lisez ces expressions : comment Rabelais joue-t-il sur les décalages entre les termes (vocabulaire sacré/profane, soutenu/familier...) ?**

1. « chopiner théologalement » – 2. « l'eau bénite de cave » – 3. « pleurer comme une vache » – 4. « le bâton de la croix » – 5. « deslochait les spondyles, desgourdait les ischies »

b. **Rabelais s'amuse aussi avec les sonorités. Comment fonctionne la prière des moines retirés dans l'abbaye de Seuilly ? Quel effet produit-elle ?**

« Ini, nim, pe, ne, ne, ne, ne, ne, ne, tum, ne, num, num, ini, i, mi, i, mi, co, o, ne, no, o, o, ne, no, ne, no, no, no, rum, ne, num, num. »

François Rabelais, *Gargantua* (1534)

c. **Dans les passages suivants, retrouvez au moins deux procédés d'écriture chers à Rabelais. Quels effets produisent-ils ?**

1. À l'exemple de ce chien, il vous faut être sages pour humer, sentir et estimer ces beaux livres de haute graisse, légers à la poursuite et hardis à l'attaque. Puis, par une lecture attentive et une médiation assidue, rompre l'os et sucer la substantifique moelle.

François Rabelais, *Gargantua* (1534),
trad. en français moderne de
Marie-Madeleine Fragonard,

2. Puis fientait, pissait, rendait sa gorge, rotait, pétait, bâillait, crachait, toussait, sanglotait, éternuait, et se morvait en archidiacre, et déjeunait pour abattre la rosée et mauvais air : belles tripes frites, belles carbonades, beaux jambons, belles cabirotades.

François Rabelais, *Gargantua* (1534)

3 NIVEAUX DE LANGUE

a. **Relevez les mots ou expressions familières dans ce discours de Maître Janotus de Braquemardo prononcé globalement dans un langage soutenu et saupoudré de références culturelles. Quels effets produisent-ils ?**

Dans le début du chapitre XVIII de Gargantua, *François Rabelais imagine que son héros a pris les cloches de Notre-Dame de Paris. Le clergé envoie l'un de ses plus habiles orateurs pour les reprendre, Maître Janotus de Braquemardo. Le portrait fait par Rabelais de cet universitaire, sale, gourmand et ignare, teinte de moquerie le discours qu'il prononce.*

« Ahem, hem, hem ! bien l'bonjour, Monsieur, bien l'bonjour ! Et à vous aussi, Messieurs. Ce ne serait que justice que vous nous rendissiez les cloches, car elles nous font bien défaut. Hem, hem, hasch ! » [...]

« Si vous nous les rendez à ma requête, j'y gagnerai six pans de saucisses et une bonne paire de chausses qui feront grand bien à mes jambes, sauf si on ne tient pas ce qu'on m'a promis. Ho ! Par Dieu, Seigneur, c'est bonne chose qu'une paire de chausses, et *le Sage ne s'en détourne pas*. Songez-y, Seigneur ; cela fait dix-huit jours que je me tripatouille la cervelle sur cette belle harangue : *Rendez à César ce qui est à César et à Dieu ce qui est à Dieu.* »

François Rabelais, *Gargantua* (1534),
trad. en français moderne de
Marie-Madeleine Fragonard,

b. **Réécrivez ce discours en faisant de Maître Janotus de Braquemardo une personne cultivée qui s'exprimera dans un langage soutenu.**

EXPRESSION ÉCRITE

Sujet 1

Les Amis de Rabelais et de la Devinière proposent à la ville de Chinon où naquit Rabelais de rédiger une plaquette qui rende hommage à l'écrivain. Vous mettrez à profit vos lectures de la séquence pour proposer un projet de plaquette à la municipalité.

Sujet 2

Gargantua a écouté Maître Janotus jusqu'au bout de son discours : « Vous pouvez applaudir. J'ai parlé comme un n'ivre. » Il confie à ses proches ce qu'il pense de cet universitaire si peu humaniste. Inventez les propos et le raisonnement de Gargantua pour condamner les savants médiévaux et promouvoir les valeurs humanistes.

RABELAIS ET L'IDÉAL HUMANISTE

Gargantua *s'inscrit dans le courant de pensée humaniste qui s'est répandu à travers toute l'Europe du* XVIe *siècle et qui place l'homme au centre des préoccupations.*
(▸ L'Humanisme, p. 22).

1 LA DIVERSITÉ DES THÈMES

Les titres des chapitres et les thèmes abordés par l'humaniste François Rabelais reflètent le statut particulier accordé à l'homme et la confiance en son éducabilité. Le personnage de Gargantua, confronté au monde, permet à l'auteur de développer des réflexions politiques, morales ou sociales.

→ Ex. : Avec le chapitre XLVIII, « La figure du Prince », François Rabelais aborde la question du politique, comme Machiavel le fait dans *Le Prince*, au même siècle.

2 LES RESSOURCES DE LA FICTION

Rabelais présente des idéaux humanistes. Il présente ses idées d'une manière originale : il met en place une fiction, et en particulier la mise en scène d'un personnage. Par la **narration**, le récit des actions de Gargantua, il nous présente un personnage qui constitue un exemple de modèle humaniste.

→ Ex. : Dans le chapitre XXI, « L'éducation de Gargantua », la journée de Gargantua est détaillée, chronologiquement, et constitue un programme d'éducation humaniste.

Par leurs **discours**, les personnages peuvent également constituer des exemples.

→ Ex. : Le discours mesuré de Gargantua, au chapitre XLVIII, « La figure du prince », en fait un modèle politique.

Enfin, François Rabelais a recours à un nouveau genre, pour diffuser ses idées : celui de l'**utopie**, terme forgé par Thomas More, qui décrit un lieu idéal.

→ Ex. : L'abbaye de Thélème, présentée au chapitre LV, est un lieu idéal par l'absence de contraintes qui y règne.

3 LA COMPLICITÉ DU LECTEUR

▸ Interpeller le lecteur

Pour susciter une réaction du lecteur, François Rabelais utilise différents moyens. Il interpelle celui-ci, et l'invite à participer à la fiction.

→ Ex. : Dans le prologue de *Gargantua*, le lecteur est apostrophé de façon surprenante.

▸ Faire rire

Comme le prologue l'annonce, le lecteur doit, au moyen du rire, tirer des enseignements et les mettre en pratique : le lecteur rit des aventures des personnages, des personnages eux-mêmes, mais il se moque également de catégories de personnes de la société dont Rabelais fait la **satire**.

→ Ex. : Dans le chapitre XXV, « La guerre picrocholine », le personnage de Frère Jean fait rire, mais Rabelais se moque également des moines.

▸ Susciter l'admiration

Au-delà de la fiction littéraire des géants et de l'utopie, Rabelais nous invite à trouver une sagesse à la mesure de l'homme. Les qualités de certains personnages poussent le lecteur à les admirer.

→ Ex. : Le lecteur apprécie la clémence et la fermeté de Gargantua, après la guerre contre Picrochole, au chapitre XLVIII.

Séquence 3

Imiter les antiques : le renouvellement poétique de la Pléiade

Comment les poètes de la Pléiade renouvellent-ils la poésie en s'inspirant de la littérature antique ?

CORPUS DE LA SÉQUENCE

PERSPECTIVES CONTEMPORAINES

LIENS AVEC LA PARTIE LANGUE

- Les valeurs des modes et des temps, p. 520
- Les figures de rapprochement et de substitution, p. 534

LIENS AVEC LA PARTIE OUTILS D'ANALYSE

- La versification, p. 561
- Les formes et les genres poétiques, p. 563
- Les formes de l'argumentation, p. 566
- Les registres et effets du texte, p. 579

LIENS AVEC LA PARTIE MÉTHODES POUR LE BAC

- Le commentaire, p. 598
- La dissertation, p. 602
- L'écriture d'invention, p. 612
- L'épreuve orale, p. 626

▸▸▸ Paul Bril, *Vue imaginaire du Campo Vaccino* (XVIe s.), huile sur panneau (21,5 cm x 29,5 cm), détail, Galleria Doria Pamphilj, Rome (Italie).

▸ Biographies, p. 628

Joachim du Bellay, *Les Antiquités de Rome* (1558)

CONTEXTE

À son retour d'Italie en 1558, Joachim du Bellay publie le recueil de trente deux sonnets, *Les Antiquités de Rome*. Il était parti pour Rome comme secrétaire de son oncle, cardinal, afin de découvrir la ville merveilleuse qu'il connaissait par ses lectures. Or, c'est une ville moderne très différente de la ville antique qu'il découvre, avec une Cour des papes corrompue.

▸ La Pléiade, p. 24

Joachim du Bellay entame dans ce recueil une réflexion rétrograde sur un passé glorieux et un présent modeste.

Telle que dans son char la Bérécynthienne

Telle que dans son char la Bérécynthienne[1]
Couronnée de tours, et joyeuse d'avoir
Enfanté tant de Dieux, telle se faisait voir
En ses jours plus heureux cette ville ancienne[2] :

Cette ville, qui fut plus que la Phrygienne[1]
Foisonnante en enfants, et de qui le pouvoir
Fut le pouvoir du monde, et ne se peut revoir
Pareille à sa grandeur, grandeur sinon la sienne.

Rome seule pouvait à Rome ressembler,
Rome seule pouvait Rome faire trembler :
Aussi n'avait permis l'ordonnance fatale

Qu'autre pouvoir humain, tant fût audacieux,
Se vantât d'égaler celle qui fit égale
Sa puissance à la terre et son courage aux cieux.

François Verdier, Cybèle avec le signe du Capricorne (vers 1687), huile sur toile (185 cm x 140 cm), détail, château de Fontainebleau.

1. La Bérécynthienne et la Phrygienne désignent Cybèle, déesse de la fertilité. D'origine phrygienne, elle avait un temple sur le mont Bérécynthe. Elle était représentée avec une couronne de tours sur la tête. – 2. Rome.

Questions

▸ Les formes et les genres poétiques, p. 563
▸ Les figures de rapprochement et de substitution, p. 534

Rome, ville antique

1. Quelle figure de style donne sa structure au sonnet ?
2. Quelle surenchère propose Joachim du Bellay dans la comparaison ? Sur quels points repose-t-elle ? Comment acquiert-elle de la solennité ?
3. Comment utilise-t-il les références antiques pour valoriser Rome ? Quelle figure de style désigne Cybèle ou Rome ?

Une ville idéalisée

4. Comment Joachim du Bellay impose-t-il l'idée que Rome est unique ?
5. Identifiez et analysez les figures de style dans les tercets : comment créent-elles un effet de miroir ?
6. Quelle place est réservée au présent de Rome ?

Grammaire
Faites l'analyse verbale de la forme « ne se peut revoir » (v. 7).

Synthèse Quelle image Joachim du Bellay donne-t-il de la Rome antique ?

▸ Rédiger des paragraphes et insérer des citations, p. 598

BAC S'entraîner au commentaire
Analysez les relations étroites entre la structure du sonnet et la structure syntaxique.

Virgile, *Énéide* (Ier s. av. J.-C.)

CONTEXTE
Joachim du Bellay a imité le poète romain Virgile (70-19 av. J.-C.). Il s'est aussi attaché à le traduire en langue française, ce qu'il appelle « translater », terme vieilli aujourd'hui.
► L'Antiquité, p. 19
► La Pléiade, p. 24

*Dans le Livre 6 de l'*Énéide*, Virgile raconte la fondation de Rome par Énée, fils d'Anchise et de Vénus, après la prise de la ville par les Grecs. Arrivé à Cumes, Énée consulte la Sibylle pour connaître son avenir et obtient d'elle de descendre aux enfers pour y rencontrer son père. Anchise évoque le destin glorieux de Rome et montre Romulus à son fils.*

Sous les auspices de ce héros, mon fils, l'illustre Rome
égalera son empire à l'univers et sa valeur à l'Olympe,
et seule elle entourera ses sept collines d'une muraille,
ville féconde en héros : elle est comme la mère du Bérécynthe
qui, couronnée de tours, traverse sur son char les cités de Phrygie,
heureuse d'avoir enfanté les dieux, d'avoir étreint cent descendants,
tous habitants du ciel, tous occupant les hautes régions célestes.

Traduction des vers 781 à 787 de la BCS de l'Université de Philosophie et de Lettres de Louvain (1992)

Sous cestui-ci [mon fils] prendra naissance
Rome la grand', Rome qui sa puissance
De la rondeur du monde bornera,
Et son courage aux cieux égalera.
Elle, emmurant sept montagnes ensemble,
Grosse d'enfants, à Cybèle ressemble,
Mère des dieux, qui de tours couronnée
Et sur un char de triomphe menée,
De Phrygiens traverse les cités,
S'éjouissant de tant de déités
Et de se voir cent neveux autour d'elle,
Tous jouissant de nature immortelle,
Tous possédant le haut séjour des cieux.

Traduction de Joachim du Bellay dans *Quatrième Livre de l'Énéide et œuvres de l'invention du translateur* (1552)

► La versification, p. 561
► Les formes et les genres poétiques, p. 563

Questions

La gloire de Rome

1. Comment Virgile met-il en scène Rome ?
2. Par quels procédés Virgile glorifie-t-il la ville ?
3. Quelle est la qualité majeure de Rome ?

Réécritures

4. Quelles sont les images communes aux deux poèmes ?
5. Quelles figures de style Joachim du Bellay utilise-t-il dans le poème et dans la traduction ?
6. Comment Virgile et du Bellay arrivent-ils à montrer que Rome est unique ?

Vocabulaire
Expliquez l'origine latine et donnez la forme actuelle de « cestui-ci ».

Synthèse Comment Joachim du Bellay reprend-il à son compte dans « Telle que dans son char la Bérécynthienne » la description de Rome que nous livre Virgile ?

BAC S'entraîner au commentaire
Rédigez un paragraphe où vous montrerez comment Virgile et Joachim du Bellay célèbrent Rome.

► Rédiger des paragraphes et insérer des citations, p. 598

► Biographies, p. 628

⊕ CONTEXTE
La Pléiade se donne pour mission de fonder une littérature française comparable à celles de l'Antiquité. Elle regroupe ses conseils dans un ouvrage que rédige Joachim du Bellay.
► La Pléiade, p. 24

Joachim du Bellay, *Défense et illustration de la langue française* (1549)

Un point important est la lecture précise et familière des textes antiques.

Chapitre VIII
D'amplifier la langue française par l'imitation des anciens auteurs grecs et romains

Se compose donc celui qui voudra enrichir sa langue, à l'imitation des meilleurs auteurs grecs et latins, et à toutes leurs plus grandes vertus, comme à un certain but, dirige la pointe de son style[1] ; car il n'y a point de doute que la plus grande part de l'artifice ne soit contenue en l'imitation : et tout ainsi que ce fut le plus louable aux anciens de bien inventer, aussi est-ce le plus utile de bien imiter, même à ceux dont la langue n'est encore bien copieuse[2] et riche. Mais entende celui qui voudra imiter, que ce n'est chose facile de bien suivre les vertus d'un bon auteur, et quasi comme se transformer en lui, vu que la nature même aux choses qui paraissent très semblables, n'a su tant faire, que par quelque note et différence elles ne puissent être discernées. Je dis ceci parce qu'il y en a beaucoup en toutes langues qui, sans pénétrer aux plus cachées et intérieures parties de l'auteur qu'ils se sont proposé, s'adaptent seulement au premier regard, et s'amusant à la beauté des mots, perdent la force des choses. Et certes, comme ce n'est point chose vicieuse, mais grandement louable, emprunter d'une langue étrangère les sentences et les mots, et les approprier à la sienne : aussi est-ce chose grandement à reprendre, voire odieuse à tout lecteur de libérale nature, voir en une même langue une telle imitation, comme celle d'aucuns savants mêmes, qui s'estiment être des meilleurs quand plus ils ressemblent un Heroët ou un Marot[3]. Je t'admoneste donc (ô toi qui désires l'accroissement de ta langue et veux exceller en icelle[4]) de non imiter à pied levé, comme naguère a dit quelqu'un, les plus fameux auteurs d'icelle.

1. Petit poinçon qui permet d'écrire sur une surface comme la cire, selon l'usage antique.
2. Riche au sens du mot *copia* en latin.
3. Antoine Héroët et Clément Marot sont des écrivains du XVIe siècle, antérieurs à la Pléiade.
4. Dans celle-ci.

Questions

► Les formes de l'argumentation, p. 566

Un texte théorique

1. À qui s'adresse du Bellay ? Quelles hypothèses forme-t-il ?
2. Relevez les occurrences des verbes « inventer » et « imiter ». Quelles significations ont-ils ?
3. Quelles figures de style permettent à du Bellay de valoriser son choix ? Comment le justifie-t-il ? Quels sont ses arguments ?

Un programme pour le poète du Bellay

4. Du Bellay s'est-il arrêté à la « beauté des mots » dans le texte 1 (p. 443) ?
5. Comment a-t-il participé à « l'accroissement de la langue » ?

Grammaire
Expliquez l'orthographe de « voire » (l. 16).
► Les valeurs des modes et des temps, p. 520

Synthèse Comment Joachim du Bellay justifie-t-il la nécessité d'enrichir la langue et la littérature française par l'imitation des anciens ?

BAC S'entraîner à l'écriture d'invention

Joachim du Bellay aurait pu donner un exemple pour illustrer ses conseils. Rédigez le paragraphe consacré au texte 1 (p. 443) qu'il aurait pu écrire.

► Amplifier et transposer un texte, p. 616

TEXTE 2

► Biographies, p. 628

Pierre de Ronsard, *Meslanges* (1555)

⊕ CONTEXTE

Dans les littératures grecque et latine, l'ode est un poème lyrique, en strophes, accompagné de musique. Elle célèbre la réussite ou la victoire mais aussi la grâce féminine. Sa forme assez libre (nombre de strophes, effets de répétition, rythmes variés, du plus léger au plus solennel) séduit la Pléiade.

► La Pléiade, p. 24

Ronsard a rencontré Cassandre Salviati lors d'une fête à Blois, en avril 1545. Ils n'ont pu se voir que deux jours mais Ronsard en fait son inspiratrice et sa dame aimée avec beaucoup de convention. Il a ainsi lancé la mode de l'ode amoureuse en France.

Odelette à l'Arondelle

Tais-toi babillarde Arondelle,[1]
Par Dieu je plumerai ton aile
Si je t'empongne[2], ou d'un couteau
Je te couperai ta languette,
Qui matin sans repos caquette
Et m'estourdit tout le cerveau.

Je te preste ma cheminée
Pour chanter toute la journée,
De soir, de nuit, quand tu voudras :
Mais au matin ne me réveille,
Et ne m'oste quand je sommeille
Ma Cassandre d'entre mes bras.

1. L'hirondelle babille. Elle gazouille comme un enfant le ferait. Ronsard ajoute le suffixe familier « ard ». – 2. Si je t'empoigne.

Cassandre Salviati, gravure réalisée pour l'édition des *Amours* de Pierre de Ronsard parue en 1552.

Questions

► Les formes et les genres poétiques, p. 563

Une ode à l'antique

1. Pierre de Ronsard écrit une ode à l'antique : quelle forme lui donne-t-il ? Quels rythmes choisit-il ?
2. Cette ode est intitulée « odelette ». Pourquoi, à votre avis ? Répondez en vous appuyant sur le vocabulaire, la longueur des vers, l'oiseau qu'il a choisi.
3. À quel personnage l'ode s'adresse-t-elle ? Est-il réel ? A-t-il une dimension littéraire ? Justifiez votre réponse.

Une ode moderne

4. À qui le poème rend-il hommage en réalité ?
5. Pourquoi est-ce habile de ne le faire comprendre qu'à la fin de l'ode ?
6. Comment l'odelette renouvelle-t-elle le genre antique ?

Vocabulaire
Expliquez l'orthographe de « preste » et « oste ». Comment ces mots ont-ils évolué ?

Synthèse Quelle est l'originalité de l'éloge de Cassandre dans le texte proposé ici ?

BAC S'entrainer à l'écriture d'invention

À votre tour, en vous inspirant des caractéristiques d'un oiseau, d'une fleur ou d'un élément de la nature, écrivez la strophe d'une ode : six vers, octosyllabes, rythme vif, schéma des rimes de l'odelette de Ronsard. Vous pourrez les dire en slam.

► Amplifier et transposer un texte, p. 616

► Biographies, p. 628

⊕ CONTEXTE

Défense et illustration de la langue française se veut un manifeste au service de la gloire de la littérature et de la langue française. Il s'agit avant tout de convaincre les écrivains d'écrire en français et non en latin ou en grec.

► La Pléiade, p. 24

Joachim du Bellay, *Défense et illustration de la langue française* (1549)

Dans ce texte, Joachim du Bellay réfléchit aux moyens d'enrichir la poésie française. Il propose d'adopter les genres littéraires antiques. L'odelette de Pierre de Ronsard a permis de voir quel parti le poète peut tirer de l'ancienne ode latine.

Chapitre IV
Quels genres de poèmes doit élire le poète français

Lis donc, et relis premièrement, ô poète futur, feuillette de main nocturne et journelle[1] les exemplaires grecs et latins, puis me laisse toutes ces vieilles poésies françaises aux jeux Floraux de Toulouse et au Puy de Rouen[2] : comme rondeaux, ballades, virelais, chants royaux, chansons[3] et autres telles épiceries, qui corrompent le goût de notre langue et ne servent sinon à porter témoignage de notre ignorance. Jette-toi à ces plaisants épigrammes[4], non point comme font aujourd'hui un tas de faiseurs de contes nouveaux, qui en un dizain sont contents n'avoir rien dit qui vaille aux neuf premiers vers, pourvu qu'au dixième il y ait le petit mot pour rire : mais à l'imitation d'un Martial, ou de quelque autre bien approuvé, si la lascivité ne te plaît, mêle le profitable avec le doux. Distille, avec un style coulant et non scabreux, ces pitoyables élégies, à l'exemple d'un Ovide, d'un Tibulle et d'un Properce, y entremêlant quelquefois de ces fables anciennes, non petit ornement de poésie. Chante-moi ces odes, inconnues encore de la Muse française, d'un luth bien accordé au son de la lyre grecque et romaine, et qu'il n'y ait vers où n'apparaisse quelque vestige de rare et antique érudition. Et quant à ce, te fourniront de matière les louanges des dieux et des hommes vertueux, le discours fatal des choses mondaines, la sollicitude des jeunes hommes, comme l'amour, les vins libres, et toute bonne chère. Sur toutes choses, prends garde que ce genre de poème soit éloigné du vulgaire, enrichi et illustré de mots propres et épithètes non oiseuses, orné de graves sentences, et varié de toutes manières de couleurs et ornements poétiques […]

1. Diurne.
2. Célèbres concours de poésie.
3. Poèmes du Moyen Âge.
4. Courts genres satiriques.

Questions

► Les formes de l'argumentation, p. 566

Les conseils d'un art poétique

1. Comment Joachim du Bellay caractérise-t-il la littérature française au moment où il écrit ?
2. Quels sont les genres antiques auxquels fait référence du Bellay ?
3. Quels sont ceux dont ils préconisent l'usage ou pas ? Pourquoi ?

Les choix du poète

4. Quels sujets doit préférer le poète ? Ronsard s'y est-il conformé dans le poème « Odelette à l'Arondelle » (p. 446) ?
5. Ronsard a-t-il fait le choix d'une langue de qualité adaptée à son sujet ? Justifiez votre réponse.

Vocabulaire
D'où vient le mot « vulgaire » ? Que signifie-t-il pour Joachim du Bellay ?

Synthèse Comment Joachim du Bellay met-il à profit l'emprunt des genres anciens pour créer une littérature naturelle ?

BAC S'entraîner à l'écriture d'invention

Quels conseils donneriez-vous à un poète de nos jours si vous vouliez l'amener à imiter Joachim du Bellay ou Pierre de Ronsard ?

► Construire une argumentation, p. 620

► Biographies, p. 628

Joachim du Bellay, *Les Regrets* (1558)

CONTEXTE
À l'enthousiasme de l'homme de la Renaissance succèdent les désillusions : arrivé à Rome comme intendant de son oncle, Joachim du Bellay s'ennuie rapidement ; il rencontre à la Cour papale une société d'intrigues. Il lui tarde finalement de rentrer en France. Sur le chemin du retour, il écrit *Les Regrets* dans lesquels il critique la Rome moderne et exprime la nostalgie de son pays natal.
► La Pléiade, p. 24

Né au château de la Turmelière, Joachim du Bellay a vécu son enfance à Liré, sur la rive gauche de la Loire. Il évoque ici les toitures en ardoise des maisons du pays.

Heureux qui, comme Ulysse…

1 Heureux qui, comme Ulysse, a fait un beau voyage,
Ou comme cestuy-là qui conquit la toison,
Et puis est retourné, plein d'usage et raison,
Vivre entre ses parents le reste de son âge !

Quand reverrai-je, hélas, de mon petit village
Fumer la cheminée, et en quelle saison
Reverrai-je le clos de ma pauvre maison,
Qui m'est une province, et beaucoup davantage ?

Plus me plaît le séjour qu'ont bâti mes aïeux,
Que des palais romains le front audacieux,
Plus que le marbre dur me plaît l'ardoise fine :

Plus mon Loir gaulois, que le Tibre latin,
Plus mon petit Liré, que le mont Palatin,
Et plus que l'air marin la douceur angevine.

Questions

► Les genres et les formes poétiques, p. 563
► Émouvoir, p. 579

La présence de Rome

1. Quels éléments de la ville de Rome apparaissent dans le poème ? Comment Du Bellay choisit-il de les placer dans les vers ? Quel est l'effet produit ?
2. Quelle image le poète donne-t-il de la Rome moderne ? Quelle figure de style emploie-t-il pour illustrer cette ville ?

La nostalgie du pays natal

3. Relevez les éléments qui font référence à la patrie de Joachim du Bellay ? Comment sont-ils mis en valeur dans les vers ? Observez entre autres les tournures de phrases, les champs lexicaux, etc.
4. Quel est le premier et le dernier mot du poème ? Que pouvez-vous en conclure ?

Un poème lyrique

5. À quelle personne s'exprime le poète ?
6. Quel verbe est répété dans les quatrains ? Quel sentiment traduit-il ?
7. Comment doit-on comprendre la référence à Ulysse ? Quel est le rôle de cette référence ?

Vocabulaire
Expliquez le pronom démonstratif : « cestuy-là ». Aidez-vous d'un dictionnaire étymologique.

Synthèse Comment Joachim du Bellay renouvelle-t-il le lyrisme en lui donnant un accent intime ?

► Rédiger des paragraphes et insérer des citations, p. 598

BAC S'entraîner au commentaire

Rédigez une partie du commentaire de « Heureux qui, comme Ulysse… » en vous demandant pourquoi Joachim du Bellay a choisi la figure d'Ulysse.

▸ Biographies, p. 628

Pierre de Ronsard, *Second livre des Amours* (1578)

⊕ CONTEXTE

Marie Dupin est une paysanne de Bourgueil, près de Chinon ; elle a une quinzaine d'années lorsque Ronsard écrit pour elle de nombreux poèmes simples et joyeux.

Le poète reprend ici un thème bien connu : celui de la beauté de la femme aimée au réveil.

Marie, levez-vous, ma jeune paresseuse

Marie, levez-vous, ma jeune paresseuse :
Jà la gaie alouette au ciel a fredonné,
Et jà le rossignol doucement jargonné[1],
Dessus l'épine[2] assis, sa complainte amoureuse.

Sus ![3] debout ! allons voir l'herbelette perleuse,
Et votre beau rosier de boutons couronné,
Et vos œillets mignons auxquels aviez donné,
Hier au soir de l'eau, d'une main si soigneuse.

Harsoir[4] en vous couchant vous jurâtes vos yeux
D'être plus tôt que moi ce matin éveillée :
Mais le dormir de l'Aube, aux filles gracieux,

Vous tient d'un doux sommeil encor les yeux sillés.
Çà ! çà ! que je les baise et votre beau tétin,
Cent fois, pour vous apprendre à vous lever matin.

1. Le rossignol s'exprime dans son langage, incompréhensible aux hommes.
2. Le rosier.
3. Interjection pour exhorter quelqu'un à agir.
4. Hier soir.

Pisano Niccolo, *Daphnis et Chloé* (vers 1500), huile sur bois, détail, Wallace Collection, Londres (Royaume-Uni).

Questions

▸ La versification, p. 561
▸ Les formes et les genres poétiques, p. 563
▸ Émouvoir, p. 579

Le lyrisme antique : un sujet simple et familier

1. Quel est le cadre dans lequel Ronsard évoque Marie ? Relevez-en les éléments.
2. Le monde est rendu petit et charmant : quels sont les procédés utilisés à cet effet ?
3. Quel moment de la journée est évoqué dans ce poème ? Avec quel autre moment est-il mis en relation ? Pourquoi, à votre avis ?

Le ton de l'intimité

4. Comment le poète s'adresse-t-il à Marie ?
5. Quel est le serment qui les unit ?

Un érotisme discret à l'antique

6. Ronsard est amoureux : quels termes emploie-t-il ?
7. Quelles parties du corps sont montrées ? Sont-elles indiquées de façon réaliste ? Pourquoi ?

Vocabulaire
Que signifie « jà » (v. 2) ? Quelle est son origine latine ?

Synthèse Comment Ronsard, séduit par la beauté simple et naturelle de Marie Dupin, arrive-t-il à renouveler le lyrisme en choisissant de chanter l'intimité et la nature ?

BAC S'entraîner à la dissertation

Les références à la nature sont-elles pour le poète le moyen privilégié d'exprimer des sentiments ? Vous proposerez un plan qui réponde à cette question, en mentionnant les exemples utilisés.

▸ Analyser le sujet et exploiter le corpus, p. 602

TEXTE 5

► Biographies, p. 628

Pierre de Ronsard, *Odes* (1550-1552)

CONTEXTE

Les poètes de la Pléiade ont aussi été influencés par la littérature italienne. Le poète Pétrarque (1304-1374) a marqué le siècle par sa poésie recherchée, consacrée à l'amour qu'il portait à une jeune fille. Lui aussi, traduit et adapte les textes latins mais lorsqu'il rencontre la jeune Laure à Avignon, en 1327, sa poésie évolue vers un lyrisme de la passion qui fait de Laure une figure divine, et du poète, un être souffrant.

► La Pléiade, p. 24

Ce poème de Pierre de Ronsard est davantage dédié à l'amour qu'à Cassandre Salviati.

Mignonne, allons voir si la rose

À Cassandre

Mignonne, allons voir si la rose
Qui ce matin avait déclose[1]
Sa robe de pourpre au Soleil,
A point perdu cette vêprée[2]
Les plis de sa robe pourprée,
Et son teint au vôtre pareil.

Las ! Voyez comme en peu d'espace,
Mignonne, elle a dessus la place,
Las ! las[3] ! ses beautés laissé choir !
Ô vraiment marâtre[4] Nature,
Puisqu'une telle fleur ne dure
Que du matin jusques au soir !

Donc, si vous me croyez, mignonne,
Tandis que votre âge fleuronne[5]
En sa plus verte nouveauté,
Cueillez, cueillez votre jeunesse :
Comme à cette fleur la vieillesse
Fera ternir votre beauté.

Rose Pierre de Ronsard.

1. Ouvert.
2. Ce soir.
3. Hélas.
4. Mauvaise mère.
5. Est en fleur.

Questions

► La versification, p. 561
► Émouvoir, p. 579

Une scène lyrique

1. Où se déroule le poème ? Est-ce un endroit adapté aux déclarations amoureuses ? Justifiez votre réponse.
2. Autour de quelle image est construit le poème ? Dans quel but ?
3. Quelle tonalité revêt paradoxalement cet hommage à la beauté de Cassandre ?

La vie et la fuite du temps

4. Relevez les sonorités de la seconde strophe : comment illustrent-elles bien le sens de la strophe ?
5. Comment est qualifiée la nature ? Quelle est la valeur du suffixe « âtre » ?
6. Comment Ronsard fait-il de la vie un déclin inéluctable ?

Un écho d'Horace : « Carpe diem »

7. Comment Ronsard formule-t-il sa demande ?
8. Comment se traduit son insistance ?
9. Le vers 16 fait écho à un vers du poète latin Horace, dans ses Odes : « Carpe diem quam minimum credula postero » (I, 11, 8) : Cueille le jour présent et sois le moins confiant possible

Vocabulaire
En vous aidant d'un dictionnaire, précisez l'étymologie du mot « mignonne » et justifiez son emploi dans le poème.

Synthèse Comment Pierre de Ronsard donne-t-il une leçon de vie à son lecteur ?

► Repérer les différents écrits d'invention, p. 612
► Construire une argumentation, p. 620

BAC S'entraîner à l'écriture d'invention

Et si Cassandre considérait l'argumentation de Pierre de Ronsard comme un horrible chantage, comment pourrait-elle reformuler les arguments du poète pour lui en montrer l'indélicatesse ?

CONTEXTE

L'imitation des Anciens, en particulier Lucrèce, Horace et Ovide, amène les poètes de la Pléiade vers la poésie didactique : la littérature doit enseigner. Rémy Belleau (1528-1577) a décrit la nature. Il s'est ainsi attaché à lui expliquer les propriétés des pierres et leur symbolique.

► La Pléiade, p. 24

Rémy Belleau, *Les Amours et Nouveaux Eschanges de pierres précieuses, vertus et proprietés d'icelles* (1576)

Rémy Belleau s'intéresse ici à une concrétion naturelle qui peut se former dans l'estomac d'un coq.

La pierre du coq

[…] Oiseau à la crête pourprée
Compagnon de l'Aube dorée,
Trompette des feux du Soleil,
Qui te perche à la même heure
Qu'il plonge en mer sa chevelure
Pour se rendre allègre au travail.

N'était-ce assez que l'arrogance
De votre œil domptât la puissance
Et l'ire des Lions plus fiers,
Sans que pour la vaillance acquerre[1]
S'endurcit encor cette pierre
Au ventre creux de vos gosiers ? […]

On dit plus, que cil[2] qui la porte
A l'esprit net, la grâce accorte[3]
De bien dire, et qu'en réchauffant
La froide glace de son âme,
Des fières rigueurs de sa Dame
En fin demeure triomphant.

Dedans la bouche elle modère
La soif qui brûlant nous altère :
Elle est noirâtre, ou de couleur
De cristal : et point ne s'en trouve
Qui retienne plus qu'une fève
Ou de longueur ou de grosseur. […]

1. Transcription en français moderne : « N'était-ce pas assez que l'arrogance de votre regard dompte la puissance et la colère des lions les plus farouches sans que, pour faire acquérir la vaillance, cette pierre s'endurcisse… » – 2. Celui (forme ancienne). – 3. Avisée et gracieuse.

► La versification, p. 561
► Convaincre et persuader, p. 580

Questions

Une méthode antique : la description de la pierre du coq

1. Relevez les caractéristiques de la pierre. Quelles sont ses propriétés selon la tradition ?
2. Quelle est ici la valeur du présent de l'indicatif ?
3. À qui Rémy Belleau s'adresse-t-il ? Relevez les formules qu'il emploie. Qu'en concluez-vous sur sa méthode ?

Une poésie scientifique

4. Quelles figures de style permettent à Rémy Belleau de ne pas nommer le coq ? Quelles qualités lui confèrent-elles ?
5. Dans la deuxième strophe, comment progresse-t-il dans la valorisation du coq ?
6. Relevez les procédés qui traduisent l'enthousiasme naïf de Rémy Belleau.

Vocabulaire

Expliquez grâce à l'étymologie le rapprochement du coq et de la France. Le coq ou le maître-queue qui renvoient à la cuisine ont-ils la même origine ?

Synthèse Comment Rémy Belleau arrive-t-il à mettre en poésie un enseignement scientifique ?

BAC S'entraîner à l'épreuve orale

Vous répondrez à la question suivante : comment le poème justifie-t-il la comparaison du coq avec le soleil ?

► Préparer l'entretien, p. 626

► L'Argentin **Jorge Luis Borges (1899-1986)** est surtout connu pour ses contes et nouvelles mais il fut aussi poète. Dans toute son œuvre, il privilégie le fantastique. Borges reprend dans l'une des nouvelles de *L'Aleph* un mythe antique. En Crète, le roi Minos a refusé de sacrifier un taureau à Poséidon. Pour se venger, Poséidon fait séduire Pasiphaé, la femme de Minos, par le taureau. Elle conçoit un monstre mi-homme, mi-taureau, le *Minotaure*. Minos le fait enfermer dans un labyrinthe.

Jorge Luis Borges, *L'Aleph* (1949)

Argentine

Borges adapte ici le mythe dans une nouvelle vision du monde.

La demeure d'Alérion

Je méditais sur ma demeure. Toutes les parties de celle-ci sont répétées plusieurs fois. Chaque endroit est un autre endroit. Il n'y a pas un puits, une cour, un abreuvoir, une mangeoire ; les mangeoires, les abreuvoirs, les cours, les puits sont quatorze [sont en nombre infini]. La demeure a l'échelle du monde ou plutôt, elle est le monde. Cependant, à force de lasser les cours avec un puits et les galeries poussiéreuses de pierre grise, je me suis risqué dans la rue, j'ai vu le temple des *Haches*[1] et la mer. Ceci, je ne l'ai pas compris, jusqu'à ce qu'une vision nocturne me révèle que les mers et les temples sont aussi quatorze [sont en nombre infini]. Tout est plusieurs fois, quatorze fois. Mais il y a deux choses au monde qui paraissent n'exister qu'une seule fois : là-haut le soleil enchaîné ; ici-bas Astérion[2]. Peut-être ai-je créé les étoiles, le soleil et l'immense demeure, mais je ne m'en souviens plus.

Tous les neuf ans, neuf êtres humains pénètrent dans la maison pour que je les délivre de toute souffrance. J'entends leurs pas et leurs voix au fond des galeries de pierre, et je cours joyeusement à leur rencontre. Ils tombent l'un après l'autre, sans même que mes mains soient tachées de sang. Ils restent où ils sont tombés. Et leurs cadavres m'aident à distinguer des autres telle ou telle galerie. J'ignore qui ils sont. Mais je sais que l'un d'eux, au moment de mourir, annonça qu'un jour viendrait mon rédempteur. Depuis lors, la solitude ne me fait plus souffrir, parce que je sais que mon rédempteur existe et qu'à la fin il se lèvera sur la poussière. Si je pouvais entendre toutes les rumeurs du monde, je percevrais le bruit de ses pas. Pourvu qu'il me conduise dans un lieu où il y aura moins de galeries et moins de portes. Comment sera mon rédempteur ? Je me le demande. Sera-t-il un taureau ou un homme ? Sera-t-il un taureau à tête d'homme ? Ou sera-t-il comme moi ?

Le soleil du matin resplendissait sur l'épée de bronze, où il n'y avait déjà plus trace de sang. « Le croiras-tu, Ariane ? dit Thésée, le Minotaure s'est à peine défendu. »

Traduction Roger Caillois, © Éditions Gallimard

1. Traduction du grec « laburinthos », labyrinthe.
2. Personnage inventé avec lequel il joue.

Questions

1. Borges s'inspire de la littérature antique comme les poètes de la Pléiade. Quelle légende exploite-t-il ici ?
2. Connaît-on l'identité du narrateur ? Comment se construit-elle ? Quels éléments nous donne l'auteur ? Quel effet est ainsi créé ?
3. Quelle poésie est créée par les évocations de l'Antiquité ?
4. Comment est sollicitée la complicité du lecteur ?

▸ **Jacques Lacarrière (1925-2005)** est un journaliste et écrivain, qui a connu une longue carrière de voyageur. Licencié en droit et en lettres anciennes, il découvre le monde antique pendant ses études et au cours de ses nombreuses lectures.

Jacques Lacarrière, *L'Été grec* (1976)

Dans L'Été grec, *Jacques Lacarrière évoque sa découverte de la Grèce en 1947. Voulant visiter le célèbre site de Delphes, il trouve la ville aux mains de partisans hostiles au pouvoir en place.*

Le temps était radieux, le ciel transparent. La route étant minée, nous n'avancions que très prudemment. À chaque bosse ou taupinière suspecte, le chauffeur coupait par les champs, ce qui n'arrangeait guère la suspension de la voiture, mais à part ces quelques détours, aucun incident ne survint. Nous traversâmes le village d'Arachova sans voir âme qui vive et arrivâmes à Delphes au début de l'après-midi. Le village était silencieux, comme mort. Pas un seul habitant visible, à l'exception du garde champêtre et du gardien de l'École française, installé dans les ruines du sanctuaire[1]. Les partisans tenaient le Parnasse[2] juste au-dessus de nous et descendaient parfois la nuit pour se ravitailler mais, durant les vingt-quatre heures que nous restâmes à Delphes, aucun d'entre eux ne se montra. Ainsi, tout l'après-midi, je pus errer seul dans les ruines. Silence. Solitude.

Pas un bruit vivant, si ce n'est pas moment le cri des gypaètes[3] traçant des cercles dans le ciel ou sur le flanc des Phaeriades[2]. Plus bas, dans la vallée du Pleistos[4], un chemin serpentait jusqu'à la mer parmi les oliviers, un chemin désert, sans un seul être humain. Delphes était vide, abandonné, livré à tous les fantômes de l'histoire. On était à la mi-septembre et l'automne se faisait sentir à la mordorure[5] des feuillages, au froid et à l'ombre plus denses de la nuit. Sur le stade[6], au-dessus du sanctuaire, le vent faisait tourbillonner des trombes de poussières comme des fantômes affolés. Et sur la Voie Sacrée[6] laissée à l'abandon depuis des années, les herbes folles recouvraient le chemin. Que retrouver ici ? Le passé mort, véritablement mort, ou le présent, […] où se devinaient les forces silencieuses, tapies, sournoises de la guerre ?

Je me souviens m'être rendu compte – alors que j'étais assis sur le théâtre[6], juste à la tombée de la nuit, ne pouvant détacher mes yeux de ce paysage inouï – de l'étrangeté de ce voyage en Grèce. J'étais venu ici, poussé par les fantômes et les mirages du passé, pour jouer devant les Grecs d'aujourd'hui les drames et les horreurs de la guerre de Troie alors qu'une autre guerre se déroulait en ces lieux mêmes. Une guerre civile, plus lourde et meurtrière que celle des Grecs et des Troyens. Ce jour-là, dans cette nuit de Delphes et ce silence des montagnes où nous épiaient, sans aucun doute, les partisans, je sentis qu'une Grèce mourait en moi et qu'une autre naissait.

1. Delphes abrite les ruines d'un lieu sacré de l'Antiquité, dédié au dieu Apollon, qui a été fouillé par les archéologues de « l'École française ».
2. Noms de montagnes entourant Delphes.
3. Espèce de vautour.
4. Fleuve qui prend sa source au mont Parnasse.
5. Couleur d'un brun chaud à reflets dorés.
6. Lieux en ruine datant de l'Antiquité grecque.

Questions

1. Le texte se présente comme la description de la Grèce de 1947 : quels en sont les éléments ? Quel est le temps employé ?
2. Relevez les noms propres. Pourquoi l'auteur cite-t-il ces noms ? Quel effet veut-il créer sur le lecteur ?
3. L'auteur se dédouble dans le texte : par quels procédés arrive-t-il à rendre compte de la réflexion que lui inspire la Grèce moderne ?
4. Comment comprenez-vous la fin de la dernière phrase ?

Prolongement

Comparez cette page avec « Heureux qui, comme Ulysse… » (p. 448) de Joachim du Bellay. Quelles ressemblances et quelles différences observez-vous dans les attitudes des deux auteurs ?

Façade du château d'Écouen, musée national de la Renaissance

▲ La façade de l'aile nord du château d'Écouen répond aux désirs d'un grand mécène du XVIe siècle, Anne de Montmorency, revenu d'Italie avec le désir de retrouver la beauté de l'Antiquité : il fait construire à Écouen, dans le Val-d'Oise, un château moderne. Le château médiéval est rasé et les plus grands artisans et artistes, français ou étrangers sont sollicités. Il provoque ainsi un renouveau de l'architecture en France. Jean Bullant, architecte né vers 1515 et qui a séjourné à Rome vers 1540, est l'artisan du style « à l'antique » à Écouen. Il dirigera ensuite les autres chantiers du connétable à Chantilly et Fère-en-Tardenois.

Anne de Montmorency ▶

Questions

1. Après avoir lu les définitions des mots suivants, identifiez-les sur la photographie :
   L'avant-corps : partie d'un bâtiment en saillie. **Une colonne cannelée** : colonne avec des cannelures, des stries longitudinales (caractéristique de l'Antiquité). **L'entablement** : partie appuyée sur des colonnes. **L'ordre corinthien** : ordre architectural de la Grèce ancienne, où les chapiteaux des colonnes sont décorés de feuilles d'acanthe. **L'ordre colossal** : ordre architectural dans lequel les colonnes s'élèvent sur deux étages ou plus. **Une fenêtre à meneaux** : fenêtre avec des montants et des traverses, caractéristique du style gothique qui a précédé la Renaissance. **La frise** : élément décoratif en ligne. **Le portique** : structure horizontale soutenue par plusieurs structures verticales sous laquelle on peut passer. **Le stylobate** : soubassement d'une colonne. **Un trophée** : ornement constitué d'armements et de drapeaux qui symbolise des victoires militaires.
2. La façade paraît-elle appartenir au monument ? Est-elle indispensable ou simplement ornementale ?
3. Quels sont les éléments antiques dans cette façade ?
4. Que veut affirmer le connétable de Montmorency en faisant construire « à l'antique » ?

Synthèse Comment Jean Bullant arrive-t-il à faire entrer le château d'Écouen dans la Renaissance ?

DÉCOUVRIR LA LANGUE DE LA RENAISSANCE

1 ÉTYMOLOGIE

À la Renaissance, la langue française doit s'enrichir pour devenir l'outil de communication de la société, des savants et des poètes.

a. **Des noms communs sont créés. Précisez l'étymologie des noms suivants.**

humanités, renaissance, académie, discipline, docte, librairie, utopie, imprimerie, précepteur, dialecte

b. **D'autres mots sont empruntés aux langues étrangères. Retrouvez l'origine des mots suivants, puis classez-les par champs lexicaux.**

coupole, mascarade, burlesque, balcon, corridor, caravelle, frégate, gondole, corsaire, baldaquin, opéra, perle, ombrelle, arabesque, mandoline, violoncelle, fleur, tournesol, polichinelle, courtisan

2 JEUX VERBAUX

Dans ce poème, à quels jeux verbaux Pierre de Ronsard se livre-t-il ?

À son âme

Amelette Ronsardelette,
Mignonnelette doucelette,
Très-chère hôtesse de mon corps,
Tu descends là-bas faiblelette,
Pâle, maigrelette, seulette,
Dans le froid royaume des morts ;
Toutefois simple, sans remords
De meurtre, poison ou rancune,
Méprisant faveurs et trésors
Tant enviées par la commune.

Passant, j'ai dit : suis ta fortune,
Ne trouble mon repos, je dors.

3 ORTHOGRAPHE

A **L'imprimerie contraint les éditeurs à stabiliser l'orthographe. Dans le même temps, les lexicologues découvrent qu'une partie du vocabulaire français vient du latin. Retrouvez l'origine des mots suivants et expliquez leur particularités orthographiques.**

fenêtre, sceau, doigt, compter, conter, homme, corps, paix, temps, poids

B **Ronsard écrit dans une ode à Cassandre : « Mignonne, allons voir si la rose / Qui ce matin avait déclose / Sa robe de pourpre au Soleil […] ». Sachant que « déclos » est le participe passé du verbe « déclore », observez quel auxiliaire est employé et expliquez l'accord. La règle est-elle la même qu'aujourd'hui ? Justifiez votre réponse.**

4 FIGURE DE STYLE

a. **Dans le sonnet 12 des *Regrets*, Joachim du Bellay écrit à son ami Olivier Magny. Il y emploie un polyptote : figure de style qui consiste à répéter un même terme sous des formes grammaticales différentes. Identifiez et analysez celui de l'extrait.**

[…] Je ne chante (Magny), je pleure mes ennuis :
Ou, pour le dire mieux, en pleurant je les chante,
Si bien qu'en les chantant, souvent je les enchante :
Voila pourquoi (Magny) je chante jours et nuits. […]

EXPRESSION ÉCRITE

Sujet 1

Pour enrichir le vocabulaire, Pierre de Ronsard préconise de former des mots composés sur les modèles suivants :

– adverbe + adjectif (ou participe passé).
Ex. : mal aimé.
– adjectifs ou substantifs apposés.
Ex. : aigre-doux.
– verbes + complément.
Ex. : porte-fruits.

Rédigez un paragraphe descriptif sur le thème de votre choix, dans lequel vous abuserez de ces procédés pour obtenir un effet comique.

Sujet 2

Vous êtes une femme ou un homme de lettres de la Renaissance : rédigez un texte argumentatif d'une vingtaine de lignes dans lequel vous défendrez la nécessité de proposer des mots nouveaux. Vous aurez soin, en guise d'illustration, de donner quelques exemples, en expliquant la formation des mots en question.

LE RENOUVELLEMENT POÉTIQUE DE LA PLÉIADE

La ***Pléiade*** *(▸ p. 24) s'est composée autour d'anciens élèves du collège de Coqueret : Ronsard, du Bellay et Baïf, Pontus de Tyard, Jodelle, Belleau et de leur professeur Dorat. La Rome antique les charme et beaucoup se rendent en Italie pour la retrouver. L'effort de traduction est immense ; l'enthousiasme des poètes fonde l'****Humanisme*** *(▸ p. 22).*

1 L'IMITATION DES SOURCES ANTIQUES

Références et thèmes

Les poètes de la Pléiade font des références explicites à l'Antiquité en nommant des héros d'épopées ou des divinités antiques. Les références aux auteurs antiques sont parfois explicites.

→ Ex. : Pierre de Ronsard, dans « Mignonne, allons voir si la rose… », fait écho au *« carpe diem »* du poète latin Horace.

De manière générale, ils reprennent des thèmes issus de l'Antiquité : comme les **poètes élégiaques** antiques, ils célèbrent ainsi des femmes, inspiratrices de leur chant.

→ Ex. : Pierre de Ronsard, dans « Marie, levez-vous ma jeune paresseuse », rend hommage à Marie Dupin, à qui un recueil entier de poèmes est dédié.

La Rome antique en particulier charme les poètes et beaucoup s'y rendent, croyant retrouver leur rêve.

→ Ex. : Joachim Du Bellay revient désenchanté de Rome, confronté aux réalités modernes bien éloignées du rêve antique.

Les genres antiques

Les poètes puisent également leur inspiration dans les formes poétiques anciennes, comme l'**ode**, pratiquée par les poètes élégiaques, ou encore la **poésie didactique** : sous une forme poétique, le monde est expliqué.

→ Ex. : Dans son poème « La pierre du coq », Rémy Belleau décrit un phénomène scientifique, la formation d'une pierre dans le gosier du coq.

2 LES NOUVEAUTÉS

Enrichir la langue française

Loin de négliger leur langue, les poètes de la Pléiade tâchent de tout mettre en œuvre pour augmenter, enrichir la langue française – par la *copia*, l'abondance, et par l'ornementation. Ainsi ils se proposent d'enrichir la langue par des **néologismes**, des **reprises de mots latins** ou l'usage des **diminutifs**.

→ Ex. : Pierre de Ronsard, dans « Odelette à l'arondelle », met en pratique ce principe en utilisant le diminutif « languette ».

Un genre nouveau, le sonnet

Joachim du Bellay préconise l'adaptation des genres antiques et pas seulement leur imitation. Il s'agit bien de créer de nouvelles formes. L'influence de l'Italien Pétrarque se manifeste par l'adoption du **sonnet**, dont la forme est signifiante.

→ Ex. : Le sonnet « Heureux qui, comme Ulysse… » de Joachim du Bellay permet, par l'opposition des quatrains et des tercets, d'amplifier l'opposition entre Rome et Liré.

3 UN MANIFESTE FONDATEUR

Les poètes de la Pléiade sont liés par un projet et un idéal commun exprimé en 1549 dans *Défense et Illustration de la langue française*. Leur amour commun de l'Antiquité les amène à penser que la réussite de la langue et de la littérature françaises peut passer par une connaissance approfondie des auteurs antiques et une imitation raisonnée, ce qui leur permet ensuite d'aboutir à une création personnelle.

1 LECTURES CROISÉES

L'Utopie (1516) de Thomas More
Les Amours (1552) de Pierre de Ronsard
Essais, « Des Cannibales » (1580-1595) de Michel de Montaigne

Lisez les trois œuvres proposées. Vous pouvez travailler par groupes ; chaque groupe choisira son axe d'étude et le présentera à l'oral.

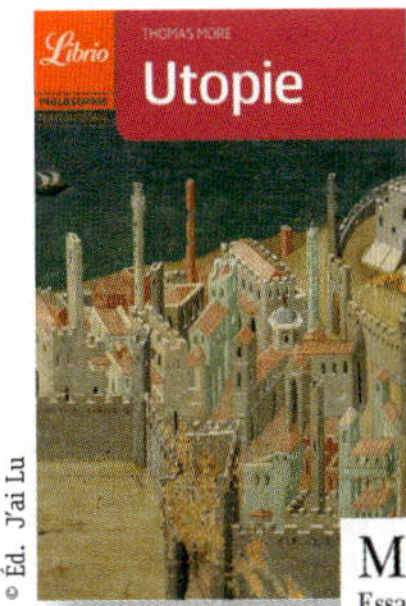

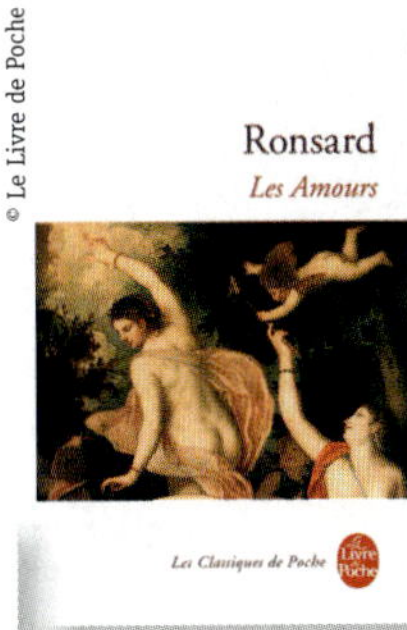

AXE D'ÉTUDE 1

À quel genre littéraire appartiennent ces œuvres ? Montrez que chacune, dans une écriture différente, est révélatrice du bouillonnement caractéristique de la Renaissance.

AXE D'ÉTUDE 2

En prenant comme indice les premières de couverture, montrez comment chaque auteur parvient à créer un univers nouveau.

AXE D'ÉTUDE 3

Quelle œuvre vous semble la plus propre à séduire le lecteur ? Justifiez votre choix.

2 D'AUTRES LECTURES

Magellan (1938)
de Stefan Zweig

Magellan, formidable navigateur portugais du XVIe siècle, persuade le roi d'Espagne de financer un projet fou : rallier les Indes par l'océan Atlantique et Pacifique. Après trois ans, malgré les tempêtes, le froid et les mutineries, Magellan revient victorieux.

En cheminant avec Hérodote (1998) de Jacques Lacarrière

L'auteur retrace la traversée du Monde arabe par Hérodote, célèbre historien du Ve siècle av. J.-C.

L'Enfant de Bruges (1999)
de Gilbert Sinoué

Bruges/Florence, juin 1441.
Un enfant de treize ans va se retrouver confronté à une énigme. Pourquoi des peintres de génie, des orfèvres, des architectes et des penseurs sont-ils la cible de meurtriers invisibles ? Autant de questions auxquelles l'enfant, apprenti du grand maître Jan Van Eyck, devra répondre avec prudence, s'il ne veut pas disparaître à son tour…
Un roman policier qui emmène le lecteur dans les grandes villes d'Europe au temps de la Renaissance.

Le Maître de Garamond (2003) d'Anne Cuneo

Au début du XVIe siècle, Claude Garamond et son maître Antoine Augereau élaborent un nouveau système typographique. Les aspects techniques du métier sont détaillés dans ce roman historique qui nous fait visiter les imprimeries parisiennes, suisses et vénitiennes. Anne Cuneo n'hésite pas à mettre en scène les auteurs des volumes publiés : Rabelais, Érasme, etc. et fait revivre les grandes heures de la Renaissance intellectuelle. Le Garamond désigne aujourd'hui le caractère d'imprimerie le plus employé en littérature générale.

CORPUS BAC

TEXTE A

Thomas More, *L'Utopie* (1516)

Dans le roman de l'écrivain anglais Thomas More, publié par son ami Érasme, Raphaël Hyhlodée, voyageur humaniste, raconte le périple maritime qui l'a mené un jour sur l'île d'Utopie. Voici un extrait de la description que fait Raphaël Hyhlodée de la vie des Utopiens.

C'est parmi les lettrés qu'on choisit les ambassadeurs, les prêtres, les tranibores[1] et le prince, appelé autrefois *barzame*[2] et aujourd'hui *adème*[3]. Le reste de la population, continuellement active, n'exerce que des professions utiles, et produit en peu de temps une masse considérable d'ouvrages parfaitement exécutés.

[...]

En Utopie, tout est si bien prévu et organisé qu'il est très rare qu'on soit obligé d'y bâtir sur de nouveaux terrains. L'on répare à l'instant les dégradations présentes, l'on prévient même les dégradations imminentes. Ainsi, les bâtiments se conservent à peu de frais et de travail. La plupart du temps, les ouvriers restent chez eux pour dégrossir les matériaux, tailler le bois et la pierre. Quand il y a une construction à faire, les matériaux sont tout prêts et l'ouvrage est rapidement terminé.

Vous allez voir comme il en coûte peu aux Utopiens pour se vêtir.

Au travail, ils s'habillent de cuir ou de peau ; ce vêtement peut durer sept ans. En public, ils se couvrent d'une casaque ou surtout qui cache l'habit grossier du travail. La couleur de cette casaque est naturelle, elle est la même pour tous les habitants. De la sorte ils usent beaucoup moins de drap que partout ailleurs, et ce drap leur revient moins cher. La toile est d'un usage très répandu, parce qu'elle exige moins de travail. Ils n'attachent de prix qu'à la blancheur de la toile, à la netteté et à la propreté du drap, sans considérer la finesse ou la délicatesse du filage. Un seul habit leur suffit d'ordinaire pendant deux ans ; tandis qu'ailleurs, il faut à chacun quatre ou cinq habits de différentes couleurs, autant d'habits de soie, et, aux plus élégants, au moins une dizaine. Les Utopiens n'ont aucune raison d'en rechercher un aussi grand nombre ; ils n'en seraient ni plus commodément ni plus élégamment vêtus.

Ainsi, tout le monde, en Utopie, est occupé à des arts et à des métiers réellement utiles. Le travail matériel y est de courte durée, et néanmoins ce travail produit l'abondance et le superflu. Quand il y a encombrement de produits, les travaux journaliers sont suspendus, et la population est portée en masse sur les chemins rompus ou dégradés. Faute d'ouvrage ordinaire et extraordinaire, un décret autorise une diminution sur la durée du travail, car le gouvernement ne cherche pas à fatiguer les citoyens par d'inutiles labeurs.

Le but des institutions sociales en Utopie est de fournir d'abord aux besoins de la consommation publique et individuelle, puis de laisser à chacun le plus de temps possible pour s'affranchir de la servitude du corps, cultiver librement son esprit, développer ses facultés intellectuelles par l'étude des sciences et des lettres. C'est dans ce développement complet qu'ils font consister le vrai bonheur.

Traduction Victor Steuvenel

1. Mot sans doute inventé par l'auteur pour désigner un magistrat supérieur. – 2. Mot fantaisiste à l'étymologie incertaine. – 3. Mot fantaisiste qui peut signifier « qui n'est pas du peuple ».

TEXTE B

Voltaire, *Candide* (1759)

Candide, chassé du château de Thunder-ten-tronckh en Westphalie, poursuit un périple qui le mène d'Europe en Amérique du Sud. Accompagné de son valet Cacambo, il découvre le pays fabuleux d'Eldorado, étape dans le récit.

Candide et Cacambo montent en carrosse ; les six moutons volaient, et en moins de quatre heures on arriva au palais du roi, situé à un bout de la capitale. Le portail était de deux cent vingt pieds de haut, et de cent de large[1] ; il est impossible d'exprimer quelle en était la matière. On voit assez quelle supériorité prodigieuse elle devait avoir sur ces cailloux et sur ce sable que nous nommons or et pierreries.

Vingt belles filles de la garde reçurent Candide et Cacambo à la descente du carrosse, les conduisirent aux bains, les vêtirent de robes d'un tissu de duvet de colibri ; après quoi les grands officiers et les grandes officières de la couronne les menèrent à l'appartement de Sa Majesté au milieu de deux files, chacune de mille musiciens, selon l'usage ordinaire. Quand ils approchèrent de la salle du trône, Cacambo demanda à un grand officier comment il fallait s'y prendre pour saluer Sa majesté : si on se jetait à genoux ou ventre à terre ; si on mettait les mains sur la tête ou sur le derrière ; si on léchait la poussière de la salle ; en un mot, quelle était la cérémonie. « L'usage, dit le grand officier, est d'embrasser le roi et de le baiser des deux côtés. » Candide et Cacambo sautèrent au cou de Sa Majesté, qui les reçut avec toute la grâce inimaginable, et qui les pria poliment à souper.

En attendant, on leur fit voir la ville, les édifices publics élevés jusqu'aux nues, les marchés ornés de mille colonnes, les fontaines d'eau pure, les fontaines d'eau rose, celles de liqueurs de canne à sucre qui coulaient continuellement dans de grandes places pavées d'une espèce de pierreries qui répandaient une odeur semblable à celle du gérofle[2] et de la cannelle. Candide demanda à voir la cour de justice, le parlement ; on lui dit qu'il n'y en avait point, et qu'on ne plaidait jamais. Il s'informa s'il y avait des prisons, et on lui dit que non. Ce qui le surprit davantage, et qui lui fit le plus de plaisir, ce fut le palais des sciences, dans lequel il vit une galerie de deux mille pas[3], toute pleine d'instruments de mathématique et de physique.

1. Environ 70 mètres de haut sur 30 mètres de large. – 2. Forme ancienne de girofle ; il s'agit d'un aromate. – 3. Environ 1500 mètres.

TEXTE C

Jules Verne, *Les Cinq cents millions de la Bégum* (1879)

Après la guerre franco-prussienne de 1870, les 535 millions de francs qu'a laissés la Bégum[1] *en mourant, ont dû être partagés entre un Français et un Prussien. Herr Schultze a décidé de créer une ville pour y installer une immense usine qui puisse fabriquer des canons capables de détruire l'autre ville créée par le Français et montrer ainsi sa suprématie.*

Sur la plaine nue et rocailleuse, en cinq ans, dix-huit villages d'ouvriers, aux petites maisons de bois uniformes et grises, ont surgi, apportés tout bâtis de Chicago, et renferment une nombreuses population de rudes travailleurs.

C'est au centre de ces villages, au pied même des CoalsButts, inépuisables montagnes de charbon de terre, que s'élève une masse sombre, colossale, étrange, une agglomération de bâtiments réguliers percés de fenêtres symétriques, couverts de toits rouges, surmontés d'une forêt de cheminées cylindriques, et qui vomissent par ces mille bouches des torrents continus de vapeurs fuligineuses[2]. Le ciel en est voilé d'un rideau noir, sur lequel passent par instants de rapides éclairs rouges. Le vent apporte un grondement lointain, pareil à celui d'un tonnerre ou d'une grosse houle, mais plus régulier et plus grave.

Cette masse est Stahlstadt, la Cité de l'Acier, la ville allemande, la propriété personnelle de Herr Schultze, l'ex-professeur de chimie d'Iéna, devenu, de par les millions de la Bégum, le plus grand travailleur du fer et, spécialement, le plus grand fondeur de canons des deux mondes.

Il en fond, en vérité, de toutes formes et de tout calibre, à âme lisse et à raies, à culasse mobile et à culasse fixe, pour la Russie et pour la Turquie, pour la Roumanie et pour le Japon, pour l'Italie et pour la Chine, mais surtout pour l'Allemagne.

Grâce à la puissance d'un capital énorme, un établissement monstre, une ville véritable, qui est en même temps une usine modèle, est sortie de terre comme à un coup de baguette. Trente mille travailleurs, pour la plupart allemands d'origine, sont venus se grouper autour d'elle et en former les faubourgs. En quelques mois, ses produits ont dû à leur écrasante supériorité une célébrité universelle.

Le professeur Schultze extrait le minerai de fer et la houille de ses propres mines. Sur place, il les transforme en acier fondu. Sur place, il en fait des canons.

Ce qu'aucun de ses concurrents ne peut faire, il arrive, lui, à le réaliser. [...] L'acier de Stahlstadt semble avoir des propriétés spéciales. Il court à cet égard des légendes d'alliages mystérieux, de secrets chimiques. Ce qu'il y a de sûr, c'est que personne n'en sait le fin mot.

Ce qu'il y a de sûr aussi, c'est qu'à Stahlstadt, le secret est gardé avec un soin jaloux.

Dans ce coin écarté de l'Amérique septentrionale, entouré de déserts, isolé du monde par un rempart de montagnes, situé à cinq cents milles de petites agglomérations humaines les plus voisines, on chercherait vainement aucun vestige de cette liberté qui a fondé la puissance de la république des États-Unis.

En arrivant sous les murailles mêmes de Stahlstadt, n'essayez pas de franchir une des portes massives qui coupent de distance en distance la ligne des fossés et des fortifications. La consigne la plus impitoyable vous repousserait. Il faut descendre dans l'un des faubourgs. Vous n'entrerez dans la Cité de l'Acier que si vous avez la formule magique, le mot d'ordre, ou tout au moins une autorisation dûment timbrée, signée et paraphée.

1. « Bégum » est un titre de l'Indhoustan appliqué à l'épouse favorite du sultan. Ce titre équivaut à « reine ». – 2. D'une obscurité épaisse, qui donnent de la suie.

▶ ▶ ▶ Sujet Bac

I. Après avoir lu les textes du corpus, répondez aux questions suivantes (4 points)

1. Quels indices permettent de classer ces textes dans la description de mondes imaginaires ? Lequel de ces mondes pourrait constituer un contre-modèle ou une contre-utopie?
2. Quelles leçons se dégagent des mondes décrits ?

II. Traitez ensuite l'un des sujets suivants (16 points)

• **Commentaire**

Vous ferez le commentaire du texte de Voltaire (**Texte B**).

• **Dissertation**

Selon vous, quelles sont les fonctions et les limites de l'utopie ?
Vous vous appuierez sur les textes présentés dans le corpus et sur vos lectures personnelles.

• **Écriture d'invention**

Dans le **Texte C**, vous avez lu la description de la cité de l'acier construite par Herr Schultze. Or il n'est pas le seul héritier de la Bégum. Une autre ville a été construite aux États-Unis grâce aux cinq cents millions mais elle lui est en tout opposée.
Vous décrirez la cité idéale et vous lui donnerez un nom. Il faudra qu'elle corresponde aux intentions de son constructeur dont vous inventerez le caractère.

Quelques conseils

Pour répondre à la question

► Grille d'auto-évaluation pour la question sur le corpus, p. 593

1. La première question fait référence à « l'utopie » : donnez les sens de ce terme.
2. Repérez les caractéristiques de chacun des mondes présentés, puis comparez-les au monde réel. Cherchez tout ce qui relève de l'imagination de leurs auteurs.
3. Caractérisez le monde qui se dessine dans chaque texte et en particulier la place qu'y tient l'homme. S'agit-il de sociétés idéales ? Demandez-vous ce que les auteurs ont pu vouloir dire.

Si vous choisissez le commentaire...

► Grille d'auto-évaluation pour le commentaire, p. 601

1. Rassemblez d'abord vos connaissances sur le type de texte en question, en vous aidant du paratexte, ici un récit qui évoque un monde imaginaire. Demandez-vous comment il est représenté, par quelle voix narrative.
2. Interrogez-vous sur les visées du récit ?
3. Croyez-vous que Voltaire, en créant cette utopie, propose un nouveau modèle social aux hommes du XVIIIe siècle ? Argumentez votre réponse.

Si vous choisissez la dissertation...

► Grille d'auto-évaluation pour la dissertation, p. 611

1. Pour répondre aux deux questions, vous avez lu et confronté les textes du corpus. Vous avez ainsi montré qu'ils constituaient des utopies.
2. Analysez le sujet en soulignant les mots importants : ici « fonctions », « limites » et « utopie ». Déterminez ce que ces termes sous-entendent.
3. Réfléchissez aux effets que ces textes produisent sur le lecteur : font-ils rêver, sourire, etc. ?
4. Interrogez-vous sur les critiques que portent les textes à l'encontre du monde réel.
5. Interrogez-vous avec Jules Verne sur les dangers du progrès des sociétés.
6. L'intitulé vous suggère un plan en deux parties : suivez-le.

Si vous choisissez l'écriture d'invention...

► Grille d'auto-évaluation pour l'écriture d'invention, p. 623

1. Repérez très précisément les caractéristiques de la Cité de l'Acier. Rattachez-les aux objectifs visés par le fondateur de la ville.
2. Émettez des hypothèses sur le caractère de Herr Schultze en fonction des caractéristiques relevées. Pensez que Jules Verne écrit à un moment où la France sort d'une guerre contre la Prusse.
3. Grâce à ce travail préalable, imaginez un personnage en tout opposé à Herr Schultze.
4. Imaginez quels objectifs il poursuit et quelle ville il doit créer pour les mettre en œuvre.
5. Après la rédaction de votre texte, relisez celui de Jules Verne et vérifiez s'il s'oppose au vôtre.

TEXTE 2

⊕ CONTEXTE

Au Ier siècle après J.-C., Rome domine tout le monde méditerranéen et impose sa paix. Le théâtre a perdu son attrait auprès du public populaire au profit de spectacles de mimes et de représentations qui visent à flatter les yeux et frapper les cœurs. En reprenant notamment des tragédies d'Euripide, Sénèque (4 av. J.-C.-65 ap. J.-C.) allie ce goût pour le spectaculaire à l'efficacité d'une rhétorique propre à séduire des romains cultivés.

► L'Antiquité, p. 19

Sénèque, *Médée* (≈ 60 ap. J.-C.)

Médée demande que ses enfants soient autorisés à l'accompagner en exil, mais Jason, qui les aime, s'y oppose. À la fin de la pièce, il vient lui demander des comptes sur les crimes commis, la mort du roi Créon et de sa fille. Médée, juchée sur le toit de la maison, après avoir tué un de ses fils, s'apprête à faire connaître le même sort au second tandis que son époux la supplie de l'épargner.

Scène 11

Jason

Par tous les dieux
Par nos communes errances
Par le lit partagé que je n'ai jamais trahi
Épargne cet enfant
S'il y a un coupable c'est moi
Je me livre à la mort

Médée

C'est là où tu renâcles
Dans la plaie qui te fait souffrir
Que je remuerai le fer

Va donc bel orgueilleux
Va courtiser les jeunes filles
Et abandonne la mère de tes enfants

Jason

Un seul suffit à la justice

Médée

Si un seul meurtre suffisait à ma vengeance
Je n'en aurais commis aucun

Je vais les égorger tous les deux
Mais cela ne suffira pas à ma douleur
Elle est trop grande
Si dans mon ventre peut se trouver encore quelque fœtus
Je m'ouvrirai le corps d'un coup d'épée
Et j'arracherai l'embryon

Jason

Va
Achève ton entreprise criminelle
Je cesse mes prières
Évite seulement de prolonger mon supplice

Médée

Douleur
Jouis lentement du crime
Ne te presse pas
Ce jour est le mien
J'utilise le temps accordé

JASON

Tue-moi, horrible femme

MÉDÉE

Tu me demandes pitié
Alors tout est bien
Nous avons touché au but
Douleur
Je ne pouvais te faire plus belle offrande
Jason lève tes yeux gonflés de larmes
Jason tu m'avais oubliée
Reconnais maintenant ton épouse
Je pars comme j'en ai l'habitude
Une route s'est ouverte dans le ciel
Il y a pour moi deux serpents attelés
Je vois leurs cous écailleux
Tiens, père, garde tes enfants
Moi je m'envole emportée par le char ailé

JASON

Va
Parcours le ciel et les espaces légers de l'éther
Va témoigner partout où tu iras
Que les dieux n'existent pas

Traduction Florence Dupont,
collection « Le Spectateur français »,

Maria Casarès (Médée) dans *Médée*, pièce mise en scène par Jorge Lavelli au théâtre de l'Odéon à Paris en 1967.

Questions

► La représentation du texte théâtral, p. 556

Des images pour donner à voir

1. Pourquoi ce dénouement est-il spectaculaire ? Relevez les termes et les expressions qui contribuent à cet effet.
2. Montrez que le personnage de Médée est lui-même spectaculaire.
3. Quelle est la fonction de Jason dans ce dénouement ? Comparez son attitude à celle du personnage de Jason dans la pièce d'Euripide (p. 465 à 467).

Un monstre

4. Relevez ce qui dans les propos de Médée la rend particulièrement monstrueuse.
5. Quelle est la place des enfants dans son discours ?
6. Comment la traductrice, à travers les versets, rend-elle compte de la *furor* (fureur, délire), de la violence de Médée ?

Un personnage tragique

7. Quels sens accordez-vous aux prières que Médée adresse à « Douleur » ?
8. Quelle image Médée donne-t-elle d'elle-même dans sa dernière réplique ?
9. Comparez ses dernières paroles à celles que tient Médée dans la pièce d'Euripide (p. 467).

Grammaire
Ponctuez le passage situé aux vers 32 à 38. Comment interprétez-vous l'absence de ponctuation dans le texte initial ?

Synthèse *Medea fiam* (je deviendrai Médée), annonce le personnage au début de la pièce de Sénèque. Comment comprenez-vous ces propos au dénouement ?

BAC S'entraîner à l'écriture d'invention

Rédigez des didascalies qui pourraient aider à comprendre la façon dont vous voyez interprétés ces personnages. Définissez ainsi leurs attitudes et leurs comportements.

► Repérer les différents écrits d'invention, p. 612

TEXTE 3

▸ Biographie p. 628

Pierre Corneille, *Médée* (1635)

Georges Braque, *Char de Médée* (XXe s.), bronze (70 cm x 49 cm), collection particulière.

⊕ CONTEXTE

Sous la monarchie de Louis XIII, la France est gouvernée par Richelieu qui renforce le pouvoir royal au détriment de la grande noblesse. Il met aussi en place une véritable politique culturelle qui va contribuer à fixer les règles du bon goût et à établir un idéal classique qui s'affirmera sous le règne de Louis XIV. Corneille semble résister à cet esprit dans les comédies d'intrigue qui font son succès et où l'amour triomphe. Avec *Médée*, sa première tragédie, il cherche à concilier le goût baroque des excès avec les codes tragiques.

▸ Le Baroque, p. 25
▸ Le Classicisme, p. 27

C'est pour venger l'affront fait à « sa race et aux dieux », au nom d'un devoir et d'une exigence morale que Médée a été amenée à tuer ses enfants.

ACTE V, SCÈNE 6

MÉDÉE, *en haut sur un balcon*
Lâche, ton désespoir encore en délibère ?
Lève les yeux, perfide, et reconnais ce bras
Qui t'a déjà vengé de ces petits ingrats ;
Ce poignard que tu vois vient de chasser leurs âmes,
Et noyer dans leur sang les restes de nos flammes.
Heureux père et mari, ma fuite et leur tombeau
Laissent la place vide à ton hymen nouveau.
Réjouis-t'en, Jason, va posséder Créuse :
Tu n'auras plus ici personne qui t'accuse ;
Ces gages de nos feux ne feront plus pour moi
De reproches secrets à ton manque de foi.

JASON
Horreur de la nature, exécrable tigresse !

MÉDÉE
Va, bienheureux amant, cajoler ta maîtresse :
À cet objet si cher tu dois tous tes discours ;
Parler encore à moi, c'est trahir tes amours.
Va lui, va lui conter tes rares aventures,
Et contre mes effets ne combats point d'injures.

JASON
Quoi ! tu m'oses braver, et ta brutalité
Pense encore échapper à mon bras irrité ?
Tu redoubles ta peine avec cette insolence.

MÉDÉE
Et que peut contre moi ta débile vaillance ?
Mon art faisait ta force, et tes exploits guerriers
Tiennent de mon secours ce qu'ils ont de lauriers.

JASON
Ah ! c'est trop en souffrir ; il faut qu'un prompt supplice
De tant de cruautés à la fin te punisse.
Sus, sus, brisons la porte, enfonçons la maison ;
Que des bourreaux soudain m'en fassent la raison :
Ta tête répondra de tant de barbaries.

MÉDÉE, *en l'air dans un char tiré par deux dragons*
Que sert de t'emporter à ces vaines furies ?

Épargne, cher époux, des efforts que tu perds ;
Vois les chemins de l'air qui me sont tous ouverts ;
C'est par là que je fuis, et que je t'abandonne
Pour courir à l'exil que ton change m'ordonne.
Suis-moi, Jason, et trouve en ces lieux désolés
Des postillons pareils à mes dragons ailés.
Enfin, je n'ai pas mal employé la journée
Que la bonté du roi, de grâce, m'a donnée.
Mes désirs sont contents. Mon père et mon pays,
Je ne me repens plus de vous avoir trahis ;
Avec cette douceur j'en accepte le blâme.
Adieu, parjure : apprends à connaître ta femme,
Souviens-toi de sa fuite, et songe une autre fois,
Lequel est plus à craindre ou d'elle ou de deux rois.

Acte v, scène 7

Jason
Ô dieux ! ce char volant, disparu dans la nue,
La dérobe à sa peine, aussi bien qu'à ma vue ;
Et son impunité triomphe arrogamment
Des projets avortés de mon ressentiment.
Créuse, enfants, Médée, amour, haine, vengeance,
Où dois-je, désormais, chercher quelque allégeance ?
Où suivre l'inhumaine, et dessous quels climats
Porter les châtiments de tant d'assassinats ?
Va, furie exécrable, en quelque coin de terre
Que t'emporte ton char, j'y porterai la guerre.
J'apprendrai ton séjour de tes sanglants effets,
Et te suivrai partout au bruit de tes forfaits.
Mais que me servira cette vaine poursuite,
Si l'air est un chemin toujours libre à ta fuite,
Si toujours tes dragons sont prêts à t'enlever,
Si toujours tes forfaits ont de quoi me braver ?
Malheureux, ne perds point contre une telle audace
De ta juste fureur l'impuissante menace ;
Ne cours point à ta honte, et fuis l'occasion
D'accroître sa victoire, et ta confusion.
Misérable ! perfide ! ainsi donc ta faiblesse
Épargne la sorcière, et trahit ta princesse !
Est-ce là le pouvoir qu'ont sur toi ses désirs,
Et ton obéissance à ses derniers soupirs ?
Venge-toi, pauvre amant, Créuse le commande ;
Ne lui refuse point un sang qu'elle demande ;
Écoute les accents de sa mourante voix,
Et vole sans rien craindre à ce que tu lui dois.
À qui sait bien aimer il n'est rien d'impossible,
Eusses-tu pour retraite un roc inaccessible,
Tigresse, tu mourras ; et malgré ton savoir,
Mon amour te verra soumise à son pouvoir ;
Mes yeux se repaîtront des horreurs de ta peine :
Ainsi le veut Créuse, ainsi le veut ma haine.

Mais quoi ! je vous écoute, impuissantes chaleurs !
Allez, n'ajoutez plus de comble à mes malheurs,
Entreprendre une mort que le ciel s'est gardée,
C'est préparer encore un triomphe à Médée.
Tourne avec plus d'effet sur toi-même ton bras,
Et punis-toi, Jason, de ne la punir pas.
Vains transports, où sans fruit mon désespoir s'amuse,
Cessez de m'empêcher de rejoindre Créuse.
Ma reine, ta belle âme, en partant de ces lieux,
M'a laissé la vengeance, et je la laisse aux dieux ;
Eux seuls, dont le pouvoir égale la justice,
Peuvent de la sorcière achever le supplice,
Trouve-le bon, chère ombre, et pardonne à mes feux
Si je te vais revoir plus tôt que tu ne veux.
Il se tue.

Questions

► La représentation du texte théâtral, p. 556
► Les valeurs des modes et des temps, p. 520

L'affrontement

1. Comment chacun des personnages s'adresse-t-il à l'autre ? Relevez notamment les interpellations. Jason parle d' « insolence » (v. 20). Justifiez ce mot.
2. Quels sont les termes que Médée emploie pour parler du meurtre de ses enfants (v. 1 à 11) ? Qu'est-ce qui justifie, d'après vous, le silence des personnages sur ce crime ?
3. Comment l'héroïne réussit-elle à orienter le débat pour mieux affirmer son point de vue ?

Le triomphe de Médée

4. Relevez les verbes à l'impératif dans les répliques de Médée. Justifiez leur emploi.
5. Que pensez-vous des conclusions que Médée tire dans la dernière réplique ?
6. Montrez que le dispositif scénique contribue à mettre en évidence ses dernières paroles.

Le monologue de Jason

7. Dégagez le plan de ce monologue. Quel débat intérieur met-il en évidence ? Quelles sont les motivations de Jason pour agir ?
8. Comment comprenez-vous le choix du suicide ? Jason affirme-t-il une conception de l'amour différente de celle de Médée ? Relevez notamment les termes qui témoignent de sa passion pour Créuse.

Vocabulaire
Donnez le sens actuel des mots suivants : flammes (v. 5), hymen (v. 7), feux (v. 10), amant (v. 13), objet (v. 14). Que traduit l'emploi de ces termes dans la bouche de Médée ?

Synthèse Qu'est-ce qui justifie la place accordée à Jason dans ce dénouement ?

BAC S'entraîner à l'épreuve orale

Relisez dans le manuel l'extrait de *Médée* d'Euripide. Quels sont les éléments que Corneille a retenus à la fin de sa pièce ?

► Préparer l'entretien, p. 626

Fresque de Médée (Ier s. ap. J.-C.)

Maison des Dioscuri, Pompéi.

Ovide (poète latin, 43 av. J.-C. – 17 ap. J.-C.) a imaginé des lettres en vers dans la plupart desquelles des héroïnes de la mythologie se plaignent d'avoir été délaissées. Voici la fin de la lettre que Médée adresse à Jason.

Je veux bientôt... Mais que sert d'annoncer d'avance les châtiments ? La colère enfante d'effroyables menaces ; j'irai où me conduira la colère. Peut-être me repentirai-je de ce que j'aurai fait ; mais je me repens aussi d'avoir veillé sur les jours d'un époux infidèle. Je laisse à faire au dieu qui maintenant agite mon cœur ; je ne sais quel projet affreux médite mon âme.

Ovide, *Héroïdes*, publiée sous la direction de M. Nisard, J.-J. Dubochet et compagnie, © Éditeurs, 1988

Questions

1. Quels sont les personnages présents ? Où dirigent-ils leurs regards ? Sur qui notre attention se porte-t-elle ?
2. Quels sont les différents moments évoqués ?
3. En vous appuyant sur le détail, précisez quels sentiments agitent Médée.
4. Comment Ovide procède-t-il pour mettre en place une tension dramatique ?

Synthèse « Je laisse à faire au dieu qui maintenant agite mon cœur ; je ne sais quel projet affreux médite mon âme. »
En vous appuyant sur cette fresque et cette citation, rédigez le monologue intérieur de Médée.

▸ Biographie p. 628

Jean Anouilh, *Médée* (1946)

CONTEXTE

Dans les années 1930, de nombreux auteurs ont vu dans la reprise des mythes antiques la possibilité de les renouveler, et d'interroger les lecteurs. La Seconde Guerre mondiale, l'occupation et les horreurs qui l'ont accompagnée, ont remis en cause les valeurs qui ont fondé l'humanisme mais elles ont aussi souligné le tragique et l'absurdité de la condition humaine. En reprenant les personnages mythiques d'Antigone et de Médée dans ses pièces, Jean Anouilh confronte ses héroïnes à un monde en perte de valeurs.

Médée vit avec la nourrice dans une roulotte, à l'écart de Corinthe. Lorsqu'elle apprend son exil par Créon et son rejet par Jason, elle décide d'être elle-même, de céder à la folie meurtrière.

[...]

Des flammes ont jailli de partout, elles entourent la roulotte. Jason entre rapidement à la tête des hommes armés.

JASON : Éteignez ce feu ! Saisissez-vous d'elle !

MÉDÉE, *paraît à la fenêtre de la roulotte et crie* : N'approche pas, Jason ! Interdis-leur de faire un pas !

JASON, *s'arrête* : Où sont les enfants ?

MÉDÉE : Demande-le toi une seconde encore que je regarde bien tes yeux.
Elle lui crie.
Ils sont morts, Jason ! Ils sont morts égorgés tous les deux, et avant que tu aies pu faire un pas, ce même fer va me frapper. Désormais j'ai recouvré[1] mon sceptre, mon frère, mon père, et la toison du bélier d'or est rendue à la Colchide[2] : j'ai retrouvé ma patrie et la virginité que tu m'avais ravies ! Je suis Médée, enfin, pour toujours ! Regarde-moi avant de rester seul dans ce monde raisonnable, regarde-moi bien, Jason ! Je t'ai touché avec ces deux mains-là, je les ai posées sur ton front brûlant pour qu'elles soient fraîches et d'autres fois brûlantes sur ta peau. Je t'ai fait pleurer, je t'ai fait aimer. Regarde-les, ton petit frère et ta femme, c'est moi. C'est moi ! C'est l'horrible Médée ! Et essaie maintenant de l'oublier !

Elle se frappe et s'écroule dans les flammes qui redoublent et enveloppent la roulotte. Jason arrête d'un geste les hommes qui allaient bondir et dit simplement.

JASON : Oui, je t'oublierai. Oui, je vivrai et malgré la trace sanglante de ton passage à côté de moi, je referai demain avec patience mon pauvre échafaudage d'homme sous l'œil indifférent des dieux.
Il se tourne vers les hommes.
Qu'un de vous garde autour du feu jusqu'à ce qu'il n'y ait plus que des cendres, jusqu'à ce que le dernier os de Médée soit brûlé. Venez, vous autres. Retournons au palais. Il faut vivre maintenant, assurer l'ordre, donner des lois à Corinthe et rebâtir sans illusions un monde à notre mesure pour y attendre de mourir.

Il est sorti avec les hommes sauf un qui se fait une chique et prend morosement la garde devant le brasier. La nourrice entre et vient timidement s'accroupir près de lui dans le petit jour qui se lève.

LA NOURRICE : On n'avait plus le temps de m'écouter, moi. J'avais pourtant quelque chose à dire. Après la nuit vient le matin et il y a le café à faire et puis les lits. Et quand on a balayé, on a un petit moment tranquille au soleil avant d'éplucher les légumes. C'est alors que c'est bon, si on a pu grappiner quelques sous, la petite goutte chaude au creux du ventre. Après on mange la soupe et on nettoie les plats. L'après-midi, c'est le linge ou les cuivres et on bavarde un peu avec les voisines et le souper arrive tout doucement... Alors on se couche et on dort.

LE GARDE, *après un temps* : Il va faire beau aujourd'hui.

1. Retrouvé, récupéré.
2. Région d'où est originaire Médée, l'actuelle Géorgie.

LA NOURRICE : Ça sera une bonne année. Il y aura du soleil et du vin. Et la moisson ?

LE GARDE : On a fauché la semaine dernière. On va rentrer demain ou après-demain si le temps se maintient.

LA NOURRICE : La récolte sera bonne par chez vous ?

LE GARDE : Faut pas se plaindre. Il y aura encore du pain pour tout le monde cette année-ci.

Le rideau est tombé pendant qu'ils parlaient.

Élodie Navarre (Médée) dans *Médée*, pièce mise en scène par Ladislas Chollat au théâtre du Vingtième à Paris en 2009.

Questions

► Le vocabulaire du théâtre, p. 554

Un dénouement qui joue sur les oppositions

1. Dégagez les trois moments de ce dénouement. Montrez que les situations, le langage, les attitudes des personnages s'opposent.
2. Relevez les anachronismes. Qu'est-ce qui les justifie ?
3. Quels sens donnez-vous aux propos de Jason après la mort de Médée ?

La parole de Médée

4. Qu'est-ce qui justifie cette longue tirade ?
5. Quelles sont les images de la Médée d'Euripide (p. 465 à 467) que nous retrouvons ici ? Quel nouveau visage Anouilh lui donne-t-il ?
6. Pourquoi Anouilh la fait-il mourir ?

L'après Médée

7. Qu'est-ce qui caractérise le monde qui suit la mort de Médée ?
8. Pourquoi donner la parole à la nourrice et au garde ?
9. Leur dialogue est-il tragique ? Justifiez votre réponse.

Grammaire
Relevez dans les paroles du garde et de la nourrice les tournures qui appartiennent au langage familier. Justifiez cet emploi.

Synthèse Répondez de façon argumentée à la question suivante : Cette Médée est-elle encore tragique ?

BAC S'entraîner à l'écriture d'invention

Rédigez une scène de théâtre dans laquelle Médée et Jason sont amenés à confronter deux conceptions de la vie et de l'amour. Médée prône une vie de désir et de passion tandis que Jason souhaite un monde mesuré.

► Amplifier et transposer un texte, p. 616

CONTEXTE

Max Rouquette (1908-2005) a écrit cette pièce en occitan puis l'a traduite en français. Il y explore ce que les Grecs appellent *hybris*, c'est-à-dire cette démesure, cette folie qui pousse un être humain à dépasser sa condition par passion ou par orgueil.

Max Rouquette, *Médée* (2003)

L'action se situe dans un terrain vague non loin des remparts de Corinthe. Médée, abandonnée, n'a plus qu'une vieille à qui se confier et un vieillard pour lui donner des nouvelles de la ville. Elle a cependant réussi à se venger et a accompli le double infanticide quand surviennent Jason et les miliciens.

SCÈNE XXI

Entrent Jason et les miliciens.

JASON : Voici la sorcière aux mains rouges. Saisissez-la ! Que s'arrête ici le fleuve de sang.

Les miliciens bondissent.

MÉDÉE, *soudain dressée devant la couverture rouge** : Rappelle tes chiens si tu veux les revoir !

JASON, *aux miliciens* : Un instant !... *(À Médée.)* Qu'as-tu fait ?... En fallait-il tant encore ?... Quand la vie des enfants abordait à la paix…

MÉDÉE : J'ai donné la paix à Créuse, j'ai donné la paix à Créon. J'ai eu le souci de leur donner la soif de l'immortalité.

Au royaume des ombres ils sont descendus tandis que flambe le palais.

Te voici Roi. Seul, à tout jamais.

JASON : Donne-moi les enfants.

MÉDÉE : Tu n'en auras plus d'autres.

JASON : Ils seront Rois.

MÉDÉE : Tu n'as plus qu'eux à aimer.

JASON : Je te le promets : ils seront Rois comme ton père et le leur.

MÉDÉE : Je suis heureuse.

Et, pourtant, tout n'est pas fini.

JASON : Rends-moi les enfants pour en faire des Rois.

MÉDÉE : Pour être Rois où ils seront, ils n'auront besoin de personne.

JASON, *bondissant* : Tu ne le feras pas !...

MÉDÉE : Ne bouge pas !...

JASON : Oui, bien, achève sur moi ta vengeance ! Tu peux me frapper !...

MÉDÉE : Mieux me plaît que tu vives. La mort est une paix trop douce à côté de ce que je te destine.

Bienheureuse Créuse, bienheureux Créon, qui ne savent plus ce qu'est vivre. Les autres sont morts. Ceux du grand voyage de l'amour. Mais toi, tu vivras, toi, le plus criminel. De ses yeux, Médée perce les gouffres du temps.

Tu vivras, tu deviendras vieux, très vieux, car la plus grande peine est de vivre, une fois passée la vraie vie.

Comme un chien malade, pelé, galeux, repoussé par tous, inconnu de tous, supporté comme un mal sacré ; comme une malédiction dont le motif est oublié. Plus perdu entre les hommes qu'un rocher dans toute la mer.

Relique de temps révolus. En tout étrangère à ton royaume, tant par l'âge que par l'origine : la seule chance qui te reste de te faire prendre pour un dieu.

Tu ne seras plus là que pour attendre. Comme vit un mort avant qu'on ne l'allonge parmi les morts éternels.

* Sur un côté et en oblique, il y a une corde tendue sur laquelle on a mis à sécher une grande couverture rouge, qui cache une bonne partie de la scène.

Comme les milliers de morts qui se croient encore vivants parce qu'au regard du soleil-dieu, ils traînent encore leur ombre. Seul. Seul. De tes fils, il ne te restera que l'absence. Une douleur, un regret. Vois comme je t'aime : je te laisse quelqu'un sur qui pleurer. Leur souvenir sera le seul compagnon de ta solitude : une sorte de pain amer, inépuisable et moisi…

JASON : Finissons ! Je te laisse partir. Mais rends-moi les enfants.

MILICIEN : Elle va s'enfuir avec les enfants !...

Médée se dresse comme un serpent, devant la couverture rouge, le bras tendu.

MÉDÉE : Lâche tes chiens ! Appelle la ville entière ! Pour autant que tu ouvres les yeux, ils ne seront jamais assez grands ouverts. Tu veux les enfants ?... Je te les laisse !... Prends-les !... Les voici !...

Elle écarte brusquement la couverture et montre les corps des enfants étendus l'un sur l'autre.

Fais-en des Rois !...

Adieu, Jason ! Je te laisse, en présent, le baiser de Créuse : jusqu'à plus de cent ans, puisse ta bouche en conserver le goût de cendre.

Adieu !

Elle passe derrière la couverture retombée.

Odile Sankara (Médée) dans *Médée*, pièce mise en scène par Jean-Louis Martinelli au théâtre des Amandiers à Nanterre en 2009.

Questions

▸ Le vocabulaire du théâtre, p. 554

Une réécriture

1. Quels éléments de l'action Max Rouquette a-t-il retenus de la tragédie antique ?
2. Quels sont les niveaux de langue utilisés par les personnages ? Quels sont les effets sur le spectateur ?
3. Comment Médée entretient-elle l'ambiguïté sur le sort des enfants jusqu'à la révélation finale ? Quel intérêt dramatique y voyez-vous ?

Une Médée hors-norme

4. Comment la puissance de Médée se manifeste-t-elle ? Quelles sont les marques de sa cruauté et de son ironie ?
5. Relevez les didascalies qui concernent Médée. Que traduisent-elles de la volonté du personnage ?
6. Comment se manifeste l'*hybris*, la démesure de Médée ? Vous semble-t-elle encore un être humain ? Justifiez votre réponse.

Une dimension mythique

7. Relevez les verbes au futur. Quel destin Médée prédit-elle à Jason ?
8. Comment comprenez-vous les dernières paroles de Jason ?

Grammaire

Tu vivras, tu deviendras vieux, très vieux, car la plus grande peine est de vivre…

Relevez les adjectifs au superlatif. Quels sens leur donnez-vous ?

▸ Les figures d'exagération, p. 535

Synthèse Comment Max Rouquette crée-t-il une nouvelle Médée ?

BAC S'entraîner à la dissertation

▸ Analyser le sujet et exploiter le corpus, p. 602
▸ Rassembler et organiser ses idées ; Construire un paragraphe et insérer des exemples, p. 606

Proposez un plan détaillé pour le sujet suivant :

Jean-Louis Martinelli, qui a monté la pièce de Max Rouquette avec une troupe africaine, a fait de Médée, selon ses propos, « une reine africaine, répudiée par un Jason de pacotille portant costume de ville et lunettes de soleil qu'on suppose griffées ». Vous vous demanderez si de telles transpositions nuisent au sens de l'œuvre et à l'universalité du propos.

CONTEXTE

Laurent Gaudé (né en 1972, prix Goncourt en 2004) apprécie les dramaturges de la Grèce antique, comme Eschyle et Euripide, pour le rythme heurté de leurs vers. En outre, son goût pour l'oralité, les contes et les mythes l'ont amené à traiter des sujets comme Médée. Mais sa Médée est à la fois Méduse et Kali, elle métisse les figures légendaires de la Grèce et de l'Inde ; elle développe dans un long monologue une violence et une sensualité qui sont bien de notre temps.

Laurent Gaudé, *Médée Kali* (2003)

Médée a tué ses enfants. Ne supportant pas l'idée que ses fils reposent en terre grecque, elle revient sur leur tombeau ; elle évoque ici le moment où elle a commis le double meurtre.

SCÈNE III

[…] Je vous regarde comme une mère regarde ses enfants.
Je vous souris.
Je cherche de la main le couteau que j'ai aiguisé le matin.
Je vous prends alors dans mes bras,
Fort,
Comme nous le faisons parfois pour jouer.
Je serre
Et vous riez de cette étreinte, vous riez d'asphyxie.
Je serre encore.
Je glisse doucement le couteau sur la gorge du premier,
Et le sang coule, noir et épais, le long de ma main.
Le sang coule.
L'un de vous rit encore, je crois, à moins que ce ne soit moi.
Je vous tiens serrés.
Vous ne comprenez pas encore mais la peur vous saisit.
Vous voulez partir,
Vous voulez courir,
Je vous tiens contre moi.
Le deuxième d'entre vous, je lui sectionne le jarret,
Vos sangs se mêlent sur moi.
Il faut de la force pour vous empêcher de bouger.
Il faut de la force
Et j'en ai.
Vous êtes pâles maintenant,
Vous vous débattez moins vigoureusement.
Je sens les corps qui s'abandonnent,
Qui deviennent plus lourds au fond des bras.
J'ai les mains rouges
Et je vous embrasse doucement.
Je fais glisser mes lèvres sur vos plaies,
Le sang est tiède et me coule entre les dents.
Je ne veux pas que vous ayez mal.
Vous sentez la langue de votre mère qui vous lèche la vie.
Je suis une chienne.
Vous ne bougez plus.
Mon visage est couvert de sang.
Je vous bois, je vous enlace, je vous lèche doucement.
Je ne tremble pas,
Je vous aime,
Mes enfants,
Je vous aime et vous tiens fermement.

Vous êtes lourds maintenant et inertes.
Le sang continue à couler.
Il y a tant de sang en vous.
Mes enfants,
Vous n'êtes plus,
Mes enfants.

Ils vous ont enterrés comme des Grecs,
Avec la vanité du marbre.
C'est pour cela que je reviens.
Je veux vous extraire de la terre froide de votre père
Et vous confier aux flammes du bûcher.
Votre mère est là,
La chienne,
L'étrangère.
Je vous aime.
Tout doit disparaître.
Les ossements, les stèles,
Tout doit disparaître.
Je veux que Jason pleure sur un tombeau vide.
Mes enfants,
Je suis enragée.
Le châtiment n'est pas encore complet.
Je ne vous laisserai pas dans cette terre.
Je ne vous laisserai pas si près de votre père.

Laurent Gaudé, *Médée Kali* (2003),
© Actes Sud-Papiers, 2003

Déesse Kali « La noire », déesse hindoue, peinture murale (XXe s.), Tamil Nadu (sud de l'Inde).

Questions

► Le vocabulaire du théâtre, p. 554

Un monologue effrayant

1. Quels sont les deux moments évoqués par Médée dans ce monologue ? Justifiez l'emploi de l'indicatif présent.
2. Relevez des répétitions. Qu'est-ce qui justifie cet usage ?
3. Mettez en évidence le caractère excessif du langage de Médée.
4. Comment la forme du texte contribue-t-elle à susciter l'émotion du spectateur ?

Médée Kali

5. Qui est Kali ? À votre avis, qu'est-ce qui justifie le rapprochement que Laurent Gaudé suggère avec Médée ?
6. Dans ce monologue, comment s'exprime la folie meurtrière de Médée Kali ? Relevez et analysez les occurences du mot « sang ».
7. Qu'est-ce qui motive les actes de Médée Kali ? Comment s'exprime son attachement à ses origines ?

Le monologue d'une mère

8. Qu'est-ce qui justifie l'évocation de la mort des enfants ?
9. Comment s'exprime l'amour de Médée ?

► Lire le texte et dégager un projet de lecture, p. 594
► Rédiger des paragraphes et insérer des citations, p. 598

Synthèse Le choix dramatique qu'a opéré Laurent Gaudé permet-il de dégager des images originales de Médée ? Justifiez votre réponse.

BAC S'entraîner au commentaire

Rédigez une partie du commentaire de cet extrait ; vous mettrez en évidence la violence du personnage.

Allemagne

Christa Wolf, *Médée : Voix* (1997)

► **Christa Wolf,** née en 1929, est un écrivain reconnu de la République démocratique allemande. Profondément marquée par le nazisme et ses horreurs, elle place au centre de son œuvre des femmes confrontées à l'Histoire et aux valeurs masculines. Dans ce roman, Médée est une idéaliste qui fait face à des êtres corrompus, avides de pouvoir, dans une Corinthe prête à croire tous les mensonges.

Christa Wolf fait entendre les voix de plusieurs personnages qui racontent chacun une histoire de Médée. Victime des hommes au pouvoir à Corinthe, des rumeurs criminelles qu'ils colportent sur elle, Médée, l'étrangère, est contrainte à l'exil. Ayant appris la lapidation de ses enfants après son départ, elle s'exprime une dernière fois pour tirer les leçons de l'Histoire.

[…] Les dieux veulent-ils m'obliger à croire à nouveau en eux ? Cela me fait rire. Je suis au-dessus d'eux maintenant. Ils ont beau tâter mon corps de leurs organes cruels, ils ne trouveront sur moi aucune trace d'espoir ou de crainte. Rien, rien. L'amour est brisé. La douleur a cessé elle aussi. Je suis libre. Sans aucun désir j'écoute en moi le vide qui m'emplit totalement.

Et les Corinthiens n'en ont pas fini avec moi. Qu'est-ce qu'ils racontent ? Que c'est moi, Médée, qui ai tué mes enfants. Que j'ai voulu me venger de l'infidèle Jason. Qui peut donc le croire, ai-je demandé. Arinna[1] dit : tout le monde. Même Jason ? Lui n'a plus rien à dire. Mais les Colchidiens ? Ils sont tous morts, sauf les femmes dans les montagnes, mais elles sont revenues à l'état sauvage.

Arinna dit que lorsque sept ans se furent écoulés après la mort de mes enfants les Corinthiens ont choisi sept garçons et sept filles de familles nobles. Ils leur ont rasé la tête. Les ont envoyés dans le temple d'Héra où ils doivent rester une année entière, en mémoire de mes enfants morts. Et tous les sept ans on recommencera.

Voilà. C'est ce qu'ils veulent. Que pour les générations futures je demeure celle qui a tué ses enfants. Mais qu'est-ce que ce sera, comparé aux horreurs qu'ils auront connues entre-temps. Cela nous ne l'apprendrons jamais.

Que me reste-t-il à faire. À les maudire. Malédiction sur vous tous. Et particulièrement sur vous : Akamas[2]. Créon. Agaméda[3]. Presbon[4]. Que votre vie soit atroce et votre mort misérable. Que vos hurlements montent vers le ciel sans l'émouvoir. Moi, Médée, je vous maudis.

Où vais-je aller. Y a-t-il un monde, une époque où j'aurais ma place ? Personne, ici, à qui le demander. Voilà la réponse.

Traduction Alain Lance et Renate Lance-Otterbein,

1. Arinna est la fille d'une Colchidienne, sœur de lait et compagne de Médée.
2. Akamas est le premier astronome du roi Créon ; il est le grand responsable des rumeurs qui courent sur les crimes imputés à Médée.
3. Agaméda est une Colchidienne, qui, bien qu'élève de Médée, l'a trahie.
4. Presbon est un Colchidien, amant de Agaméda ; ils ont fait courir le bruit que Médée avait tué son frère Absyrtos en Colchide.

Questions

1. Quel bilan Médée tire-t-elle de sa vie ? Qu'est-ce qui fait d'elle une victime ?
2. Quel lien fait-elle avec son passé ?
3. Comment est évoqué le temps de la mythologie ? À quoi Médée l'oppose-t-elle ?
3. Que symbolise cette Médée ? Qu'est-ce que l'auteur cherche à dénoncer ?

Prolongements

Une Médée innocente est-elle encore une Médée ? En comparant cette réécriture avec les textes précédents, pourquoi pensez-vous que Christa Wolf défende le personnage ?

Séquence 2

La fin de *Don Juan*

Quelles sont les constantes et les variations de la représentation de la fin de *Don Juan* ? De quelle manière cette fin contribue-t-elle au mythe du personnage ?

CORPUS DE LA SÉQUENCE

PERSPECTIVES EUROPÉENNES

Dossier cinéma Une réécriture cinématographique :

LIENS AVEC LA PARTIE LANGUE

- Les valeurs des modes et des temps, p. 520
- Les actes de langage, p. 528

LIENS AVEC LA PARTIE OUTILS D'ANALYSE

- Le vocabulaire du théâtre, p. 554
- La représentation du texte théâtral, p. 556
- Faire rire, p. 578
- Émouvoir, p. 579

LIENS AVEC LA PARTIE MÉTHODES POUR LE BAC

- La dissertation, p. 606
- L'écriture d'invention, p. 616

►►► La statue du Commandeur invite Don Giovanni à dîner, scène de l'opéra *Don Giovanni* (1787) illustrée par Charles A. Buche en 1914.

⊕ CONTEXTE

En créant le personnage de Don Juan en 1630, Tirso de Molina (1583-1648) reprend le thème très ancien du jeune homme débauché qui invite un mort à partager un repas avec lui. Dans sa pièce, il montre avant tout *El Burlador* : le trompeur, l'abuseur, le mystificateur. Tirso de Molina s'adressait en son temps à un public espagnol croyant, qui s'interrogeait sur un repentir final qui éviterait la damnation éternelle ; il va créer l'archétype d'un personnage qu'exploiteront de nombreux auteurs par la suite.

Tirso de Molina, *Le Trompeur de Séville et l'Invité de pierre* (1630)

Au cours d'une de ses aventures amoureuses, Don Juan tue le père de Dona Ana, Don Gonzalo, le Commandeur, qui défendait l'honneur de sa fille. Sur le tombeau de ce dernier trône désormais une statue le représentant. Un jour, Don Juan invite le défunt à dîner en le provoquant. Le soir même, Don Gonzalo rend visite à Don Juan et le convie à son tour. Don Juan se rend au mausolée accompagné de Catalinon, son valet. Tandis que l'on sert des scorpions, des vipères, du vinaigre, un chant se fait entendre.

ACTE III, SCÈNE 20

[…]

On chante :

Vous que le devin courroux
N'a pas su rendre prudents
Prenez garde : il est un temps
Où chaque dette se paie...

CATALINON : Par le Christ, je n'aime pas ça ! Si j'ai bien compris ce qu'on chante, c'est de nous deux qu'il s'agit...

DON JUAN : Un froid glacial me pénètre le cœur...

On chante :

L'imprudent croit à l'avenir
Et se dit qu'il a bien le temps
Mais il est plus tard qu'il ne pense
Et le temps vient du repentir...

CATALINON : Quel est ce ragoût ?

DON GONZALO : Il est fait d'ongles noirs.

CATALINON : Des ongles de tailleur, sans doute...

DON JUAN : J'ai fini de souper, qu'on desserve la table.

DON GONZALO : Donne-moi la main. N'aie pas peur.

DON JUAN : Moi, peur ? *(Il lui tend la main.)* Ah ! ton feu me brûle !

DON GONZALO : C'est peu de choses auprès des flammes qui t'attendent, don Juan. Les desseins de Dieu sont impénétrables, sache-le : tes fautes, il veut que tu les expies de la main d'un mort. Telle est sa loi : chacun paiera selon ses actes.

DON JUAN : Je brûle ! Ne me retiens pas ! Je te percerai de ma dague... Hélas ! mes coups ne frappent que le vide... Je n'ai pas dupé ta fille : elle avait déjà découvert ma ruse !*

DON GONZALO : Il n'importe. Tu l'avais tentée.

DON JUAN : Laisse-moi appeler un confesseur qui m'absolve de mes péchés !

DON GONZALO : Trop tard. Il n'est plus temps d'y penser.

* Don Juan s'était fait passer pour son amant.

DON JUAN : Ah ! je brûle, je m'embrase, je suis mort !

Il tombe mort.

CATALINON : Pas moyen d'y échapper ! Je sens que je vais mourir aussi, comme mon maître !

DON GONZALO : Telle est la justice de Dieu : chacun paiera selon ses actes.

Le sépulcre s'entrouvre et engloutit don Juan et la Statue, tandis que Catalinon se traîne vers la porte du mausolée.

CATALINON : Seigneur ! Que se passe-t-il ? Toute la chapelle s'embrase, et me voici seul pour veiller et garder mon maître mort ! Il me faut me traîner dehors, pour aller avertir son père... Saint Georges, saint Agneau de Dieu, permettez-moi d'atteindre la rue !...

Rideau

Traduction C. Elsen et M. Espinosa, in *Don Juan*, textes réunis et présentés par Jean Massin, © Éditions Complexes, 1993

Philippe Gouin (Don Juan) et Pierre-Yves Le Louarn (Le Commandeur) dans *El Don Juan*, pièce mise en scène par Omar Porras au théâtre de la Ville de Paris en 2005.

Questions

► La représentation du texte théâtral, p. 556

La mise en scène du châtiment

1. Qu'est-ce qui justifie ce repas ?
2. Comment est représenté le monde infernal ? Justifiez cette représentation.
3. Montrez que la mise en scène de cette fin vise à impressionner le spectateur.

L'attitude de Don Juan

4. Comment se comporte don Juan face à Don Gonzalo ? Relevez son changement d'attitude.
5. Comparez son comportement avec celui de Catalinon.

La leçon

6. Quelle vision finale de Don Juan est donnée au spectateur ? Analysez plus particulièrement les deux répliques (l. 23 à 25 et l. 27). Considérez-vous que le personnage a évolué ? Justifiez vore réponse.
7. Analysez la réplique finale de Don Gonzalo et celle de Catalinon. Quelle leçon le spectateur peut-il en tirer ?

Grammaire

« Laisse-moi appeler un confesseur qui m'absolve de mes péchés ! » Précisez le temps et le mode du verbe « absolve ». Justifiez cet emploi.

► Les valeurs des modes et des temps, p. 520

Synthèse Quelles sont les réactions que ce dénouement vise à susciter chez le spectateur ?

BAC S'entraîner à la dissertation

Dans une dissertation sur la fonction du valet au théâtre, vous êtes amené(e) à exploiter l'exemple de Catalinon dans l'épilogue de la pièce de Tirso de Molina. Rédigez ce paragraphe argumentatif.

► Rassembler et organiser ses idées, p. 606

► Biographies, p. 628

Molière, *Dom Juan ou le Festin de Pierre* (1665)

⊕ CONTEXTE

Molière reprend un thème qui, à cette époque, remporte un vif succès auprès du public. Ce sera *Dom Juan*, une œuvre baroque qui témoigne du défi et du combat contre l'hypocrisie, à travers une succession de scènes que vit un noble libertin des années 1660.

► Le Baroque, p. 25
► Le Libertinage, p. 30

Dom Juan, malgré les avertissements répétés de Done Elvire, son épouse, de son père Dom Louis et même de son valet Sganarelle, poursuit sa quête de libertin, amoureux des femmes mais surtout épris d'une liberté qui l'affranchit de tout lien religieux. Poursuivant ses provocations, il se rend à l'invitation du Commandeur.

Acte v, Scène 4

1 SGANARELLE : Monsieur, quel diable de style prenez-vous là ? Ceci est bien pis que le reste, et je vous aimerais bien mieux encore comme vous étiez auparavant. J'espérais toujours de votre salut ; mais c'est maintenant que j'en désespère ; et je crois que le Ciel, qui vous a souffert jusques ici, ne pourra souffrir du tout cette dernière horreur.

DOM JUAN : Va, va, le Ciel n'est pas si exact que tu penses ; et si toutes les fois que les hommes…

SGANARELLE : Ah ! Monsieur, c'est le Ciel qui vous parle, et c'est un avis qu'il vous donne.

DOM JUAN : Si le Ciel me donne un avis, il faut qu'il parle un peu plus clairement, s'il veut que je l'entende.

Acte v, Scène 5

LE SPECTRE : Dom Juan n'a plus qu'un moment à pouvoir profiter de la miséricorde du Ciel ; et s'il ne se repent ici, sa perte est résolue.

SGANARELLE : Entendez-vous, Monsieur ?

DOM JUAN : Qui ose tenir ces paroles ? Je crois connaître cette voix.

SGANARELLE : Ah ! Monsieur, c'est un spectre : je le reconnais au marcher.

DOM JUAN : Spectre, fantôme, ou diable, je veux voir ce que c'est.

Le Spectre change de figure, et représente le Temps avec sa faux à la main.

SGANARELLE : Ô Ciel ! voyez-vous, Monsieur, ce changement de figure ?

DOM JUAN : Non, non, rien n'est capable de m'imprimer de la terreur, et je veux éprouver avec mon épée si c'est un corps ou un esprit.

Le Spectre s'envole dans le temps que Dom Juan le veut frapper.

SGANARELLE : Ah ! Monsieur, rendez-vous à tant de preuves, et jetez-vous vite dans le repentir.

DOM JUAN : Non, non, il ne sera pas dit, quoi qu'il arrive, que je sois capable de me repentir. Allons, suis-moi.

Acte v, Scène 6

LA STATUE : Arrêtez, Dom Juan : vous m'avez hier donné parole de venir manger avec moi.

DOM JUAN : Oui. Où faut-il aller ?

LA STATUE : Donnez-moi la main.

* Cette plainte de Sganarelle avait été remplacée dans l'édition de 1682 par « qui, après tant d'années de service, n'ai point d'autre récompense que de voir à mes yeux l'impiété de mon maître punie par le plus épouvantable châtiment du monde. »

DOM JUAN : La voilà.

LA STATUE : Dom Juan, l'endurcissement au péché traîne une mort funeste, et les grâces du Ciel que l'on renvoie ouvrent un chemin à sa foudre.

DOM JUAN : Ô Ciel ! que sens-je ? Un feu invisible me brûle, je n'en puis plus, et tout mon corps devient un brasier ardent. Ah !

Le tonnerre tombe avec un grand bruit et de grands éclairs sur Dom Juan ; la terre s'ouvre et l'abîme ; et il sort de grands feux de l'endroit où il est tombé.

SGANARELLE : [Ah ! mes gages, mes gages* !] Voilà par sa mort un chacun satisfait : Ciel offensé, lois violées, filles séduites, familles déshonorées, parents outragés, femmes mises à mal, maris poussés à bout, tout le monde est content. Il n'y a que moi seul de malheureux. [Mes gages, mes gages, mes gages* !]

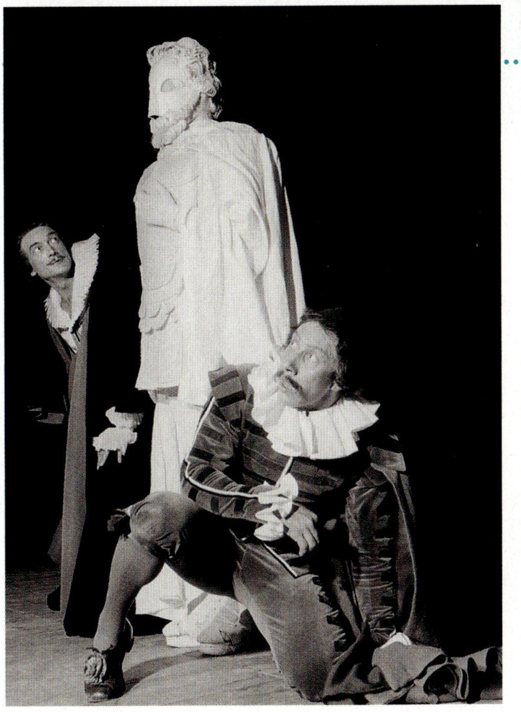

Jean Vilar (Don Juan) et Daniel Sorano (Sganarelle) dans *Don Juan*, pièce mise en scène par Jean Vilar à la Cour d'Honneur du Palais des Papes à Avignon en 1953.

Questions

► Faire rire, p. 578
► Émouvoir, p. 579

Un dénouement merveilleux

1. Quelles sont les différentes rencontres de Dom Juan dans ces trois scènes ?
2. Pourquoi sont-elles spectaculaires ? Justifiez votre réponse en relevant des éléments précis du texte.
3. Quels sont les différents registres auxquels Molière fait appel ?

Le couple Dom Juan/ Sganarelle

4. Comment réagit Sganarelle face aux apparitions successives ? Quels conseils donne-t-il à son maître ? Montrez qu'il est à la fois le faire valoir de son maître et son pousse au crime.
5. Analysez la dernière réplique de Sganarelle et ses différentes versions. Que suggèrent-elles sur ses relations avec son maître ?

Un personnage séduisant ?

6. Montrez que Dom Juan joue un personnage.
7. Le discours de la statue le déstabilise-t-il ? Justifiez votre réponse.
8. Que pensez-vous du portrait final de Dom Juan dressé par Sganarelle ?

Grammaire
« Ah ! mes gages ! mes gages ! » Quel type de phrase reconnaissez-vous ? Proposez une phrase verbale de même sens et montrez que la solution adoptée par Molière permet de sauvegarder une certaine ambiguïté.

► Les actes de langage, p. 528

Synthèse Montrez que le Dom Juan de Molière affirme, contrairement à celui de Tirso de Molina, un esprit de rébellion constant.

BAC S'entraîner à l'écriture d'invention

Sganarelle dialogue avec un valet de Done Elvire et lui rapporte les derniers moments de Dom Juan. Vous penserez à sauvegarder la singularité du personnage de Sganarelle, fasciné par son maître Dom Juan mais aussi victime inconsciente d'une foi naïve proche de la superstition.

► Amplifier et transposer un texte, p. 616

⊕ CONTEXTE
Lorenzo Da Ponte (1749-1838) a écrit des livrets d'opéra pour Salieri et Mozart. Le personnage de Don Juan, chez Mozart, est tout entier dans la recherche des plaisirs. Le XVIIIe siècle est passé par là et le libertin s'est beaucoup affranchi de la morale. Seul compte chez lui, le désir et la liberté.
► Le Libertinage, p. 30

Lorenzo Da Ponte, *Don Giovanni* (1787)

Après avoir tué en combat singulier Le Commandeur, le père de Donna Anna, Don Giovanni ne peut s'empêcher de l'inviter à souper, en passant auprès de son tombeau. Le Commandeur invite Don Giovanni à son tour.

Acte II, Scène 18

[...]

Le Commandeur
Décide-toi.

Giovanni
J'ai déjà décidé.

Le Commandeur
Viendras-tu ?

Leporello
Dites non !

Giovanni
Mon cœur ne bronche pas en moi,
Je n'ai pas peur, je viendrai.

Le Commandeur
Donne-moi la main en gage.

Giovanni
La voilà ! – Hé là !...

Le Commandeur
Qu'as-tu ?

Giovanni
Que cette main est glacée !

Le Commandeur
Repens-toi, change de vie :
C'est l'instant suprême.

Giovanni, *cherchant en vain à se dégager.*
Non, non, je ne me repens pas,
Va-t'en loin de moi.

Le Commandeur
Repens-toi, criminel !

Giovanni
Non, vieux bouffi de toi-même !

Le Commandeur
Repens-toi !

Giovanni
Non.

Le Commandeur et Leporello
Si !

Giovanni
Non.

Le Commandeur
Ah, tu n'en as plus le temps !
Des flammes partout, le Commandeur disparaît,
et un gouffre s'ouvre.

Giovanni
De quelle angoisse inconnue...
Mon esprit...se sent-il... assailli ?...
D'où sortent ces tourbillons
De feu ?... Hé là ! quelle horreur !...

Le Chœur, *sous la terre.*
Tout ceci est peu pour tes crimes.
Viens, il y a un supplice pire.

Giovanni
Que mon âme se déchire !...
Que mes entrailles se tordent !...
Quelle torture ! hé là, quelle fureur !
Quel enfer !... c'est terrible !...

Leporello
(Quel visage désespéré !...
Quels gestes de damné !...
Quels cris ! quelles plaintes !...
Comme cela me terrifie !...)

Le Chœur
Tout ceci est peu pour tes crimes.
Viens, il y a un supplice pire.

Le feu augmente, paraissent diverses Furies qui
s'emparent de Don Giovanni et s'abîment avec lui.

Traduction de Jean Massin, © Éditions Complexe, 1993

Andrzej Seweryn (Dom Juan) et Enrico Horn (la Statue) dans *Don Juan*, pièce mise en scène par Jacques Lassalle à la Comédie-Française à Paris en 2002.

Questions

► Émouvoir, p. 579

Grammaire
« Qu'as-tu ? / « Que cette main est glacée ! » (l. 9 et 10).
Qu'est-ce qui justifie ces différents emplois du mot « que » ?

► Les valeurs des modes et des temps, p. 520

La relation entre les personnages

1. Analysez l'attitude du Commandeur, puis celle de Leporello. Quels sont les effets recherchés sur les spectateurs ?
2. Montrez que la scène repose sur un rapport de forces. À votre avis, qui l'emporte dans « ce bras de fer » ?

L'homme qui dit « non »

3. Le personnage de Don Giovanni évolue-t-il dans cette scène ? Justifiez votre réponse.
4. Comment comprenez-vous l'insistance du Commandeur et les refus de Don Giovanni ?

La représentation de la mort

5. Pourquoi cette scène est-elle tragique ? Comment se manifeste la solitude de Don Giovanni ?
6. Qu'apporte la présence du chœur ?
7. Quels sont les éléments qui caractérisent le châtiment de Don Giovanni ? Quelles sont vos réactions de spectateurs ?

Synthèse Confrontez la mort de Don Giovanni avec celle du Don Juan de Tirso de Molina (p. 482). Montrez que l'extrait de Da Ponte donne une plus grande épaisseur au personnage.

Histoire des arts

Écoutez la scène 18 de l'acte II de l'opéra de Mozart et analysez le contraste entre le rythme du Commandeur et celui de Don Giovanni. Quels sentiments vous semblent illustrer chacun de ces deux rythmes ?

▸ Biographies, p. 628

Henry de Montherlant, *La Mort qui fait le trottoir* (1956)

⊕ CONTEXTE

Montherlant a voulu, selon ses propres mots, « débarrasser son héros de ce qu'avait fait de lui le XIXe siècle », en faire « un personnage simple ». Son Don Juan est âgé de 66 ans ; néanmoins, il demeure un séducteur et un mécréant ; il est accompagné, au cours de la pièce, d'Alcacer, son fils bâtard de 26 ans qu'il initie à sa vie. « L'atroce de n'exister plus dans peu de temps ne peut être adouci que par des joies intenses, et je suis capable de tout pour les obtenir. » (Acte III, scène 6)

Dans la scène 4 de l'acte II, Don Juan a invité le Commandeur à dîner avant qu'il ne soit tué, poussé au combat par son épouse furieuse, véritable mégère. À la fin de la pièce, la statue du Commandeur entre sur la scène. Ce spectacle n'émeut nullement Don Juan qui découvre une supercherie : la statue est en carton-pâte, animée par des préposés au carnaval, chargées de porter la statue lors de la procession (paso) qui a lieu au moment de la semaine sainte à Séville. « Il n'y a pas de fantastique : c'est la réalité qui est le fantastique », proclame Don Juan.

ACTE III, SCÈNE 7

[…]

DON JUAN, *à Alcacer* : Bâtonne-les et détruisons ce carton-pâte. Que ne pouvons-nous détruire aussi facilement le carton-pâte de Dieu et de toutes les impostures, les divines et les humaines ! Et maintenant, au galop ! allons chasser la femme à Séville !

ALCACER : À Séville ? Vous êtes fou ! Et notre départ ? Ce soir vous serez arrêté.

DON JUAN : Le faux spectre m'a redonné courage : tous mes spectres s'évanouissent avec lui. La fille de ton rendez-vous nous attend. Elle et bien d'autres. Il y a encore deux jours avant la Fête des Mères. Deux jours ! Qu'ils soient à moi !

ALCACER, *avec une sorte d'horreur* : Sac au dos ! ou plutôt sac aux reins ! Et tirant la langue comme les diables, tirant la langue comme les chiens...

DON JUAN : Comprends-moi ! mon fils, comprends-moi ! Si je n'accroche pas une femme nouvelle aujourd'hui, une demain, une chaque jour, c'est ma vie de séducteur tout entière qui s'évanouira comme un mirage. J'ai besoin d'avoir été, et j'ai besoin d'être. En chasse ! en chasse ! Je ne peux pas faire autrement.

ALCACER, *le retenant* : Mon père ! Vous êtes fou ! Vous faites des actes de fou !

DON JUAN : Ne me retiens pas ! Laisse-moi mon abîme ! Je ne peux pas attendre une minute de plus. Ma bouche s'en sèche.

ALCACER : Mais nous allons rejoindre Ana de Ulloa sur la route ! Elle vous verra rentrer à Séville, quand vous venez de lui dire que vous partiez pour le Portugal ?

DON JUAN : Ne t'inquiète pas. Je connais un chemin détourné...

ALCACER : Vous allez être reconnu tout de suite !

DON JUAN : Je mets mon masque.

Il abaisse son masque, mais celui-ci n'est plus le masque du premier acte. Il représente maintenant une tête de mort.*

ALCACER, *jetant un cri* : Qu'est-ce cela ? Qu'est-ce ce masque ?

DON JUAN : Eh bien quoi ! c'est mon masque de tous les jours.

ALCACER : Retirez cela vite !

DON JUAN, *essayant de retirer le masque* : Mais je ne peux pas le retirer, que se passe-t-il ? Il s'est incrusté dans mon visage, il s'est mélangé à ma chair... Essaie de me le retirer.

* Il s'agissait d'un masque d'étoffe qui ne découvrait que les yeux et la bouche.

ALCACER, *tremblant* : Je ne toucherai pas à ce masque.

DON JUAN : Pourquoi ?

ALCACER : Il y a dessus une tête de mort.

DON JUAN : Une tête de mort ? À la bonne heure ! En avant ! Au galop pour Séville !

Il sort vivement, entraînant par la taille Alcacer qui titube.

Michel Piccoli (Don Juan) dans le téléfilm *Don Juan* réalisé par Marcel Bluwal en 1965.

► Faire rire, p. 578
► Émouvoir, p. 579

Grammaire
« Que ne pouvons-nous détruire aussi facilement le carton-pâte de Dieu et de toutes les impostures, les divines et les humaines ! » Reformulez autrement *Que ne pouvons-nous détruire.* Quelle est la valeur de ce présent ?

► Les valeurs des modes et des temps, p. 520

Questions

Don Juan et Alcacer

1. Définissez les rapports entre les deux personnages. Quel est le plus raisonnable ? Justifiez votre réponse.
2. Comment expliquez-vous dans cet extrait le choix de Montherlant d'avoir substitué au personnage du valet un fils ?

Le mélange des registres

3. Relevez ce qui ressort du tragique, du fantastique et du comique.
4. « Il n'y a pas de fantastique : c'est la réalité qui est le fantastique. » Commentez dans cet extrait cette affirmation du personnage.
5. Quel effet produit le masque de la mort ?

Un autre Don Juan ?

6. Relevez ce qui distingue ce Don Juan de celui de Tirso de Molina (p. 482). L'âge que Montherlant donne à Don Juan permet-il de mieux comprendre le personnage ? Justifiez votre réponse.
7. Expliquez cette phrase : « J'ai besoin d'avoir été et j'ai besoin d'être. »
8. Montrez que ce héros a besoin d'aller de l'avant, que l'appétit de vivre n'exclut pas le détachement au moment de mourir.
9. En vous appuyant sur les dernières lignes, justifiez le titre de la pièce de Montherlant.

Synthèse Que reste-t-il du personnage de Don Juan de Tirso de Molina ? Comment l'auteur finalement respecte-t-il la dramatisation de la fin de la pièce ?

Éric-Emmanuel Schmitt, *La Nuit de Valognes* (1991)

⊕ CONTEXTE

Éric-Emmanuel Schmitt (né en 1960) propose une version moderne du mythe de Don Juan qu'il fait vivre au XVIIIe siècle à la veille de la Révolution, dans une société dont les valeurs sociales et morales sont remises en question. Son héros a rencontré l'amour, absolu et éternel, en la personne du Chevalier mais, inconscient de le désirer, il ne s'en est rendu compte qu'après la mort de ce dernier. Devant ses dames-juges qui l'avaient convoqué à Valognes pour réparer ses torts, il est amené à évoquer les circonstances qui l'ont changé.

Don Juan, en avouant qu'il veut maintenant aimer absolument et éternellement, a semé la consternation et le dépit chez ses juges. Restent pour un dernier au revoir trois femmes : la Duchesse de Vaubricourt, l'hôtesse, une belle femme âgée, Marion, sa jeune et jolie servante et madame Cassin, l'épouse d'un orfèvre.

ACTE III, SCÈNE 16

Don Juan se retourne vers Madame Cassin et la Duchesse qui sourit légèrement.

LA DUCHESSE : Marion, éteins les bougies.

MARION : Madame, il fait encore si sombre.

LA DUCHESSE : Chut, éteins les bougies, voici l'aube.

Marion va progressivement éteindre les bougies. La salle sera presque dans le noir pendant quelques instants puis le jour, arrivant des grandes baies, envahira progressivement la scène.

LA DUCHESSE, *songeuse et musicale* : On dit que les nouveau-nés sont quasiment aveugles pendant leurs premières semaines sur cette terre, qu'ils ne distinguent ni formes ni couleurs, jusqu'au jour où le sourire d'une mère, les deux mains d'un père écartant la gaze floue et confuse qui recouvre le berceau, leur apparaissent. Et puis, plus tard, à l'âge adulte, il y a – parfois – de nouveau, un homme ou une femme qui soulève le rideau, donnant forme et couleur au monde. Le Chevalier l'a fait. Où irez-vous ?

DON JUAN : Je ne sais pas. Au-delà de moi.

LA DUCHESSE : C'est tout près.

MADAME CASSIN : C'est très loin. Bonne chance, Don Juan.

Le jour n'est pas encore tout à fait levé. Marion a ouvert les rideaux qui donnent sur la lumière naissante. Don Juan met sa cape et s'apprête à partir. Il semble hésiter un instant.

DON JUAN : Dites-moi, Duchesse, comment cela s'appelle-t-il lorsqu'on s'apprête à sortir, plonger dans l'inconnu, aller à la rencontre des autres ?

LA DUCHESSE : La naissance.

DON JUAN : Et comment cela s'appelle-t-il lorsque, au même moment, on a peur d'être broyé par la lumière, trahi par toutes les mains, ballotté par les souffles du

Vanessa Kryceve, Sacha Stativkine et Bernard Malaka dans *La Nuit de Valogne* (1991) pièce mise en scène par Régis Santon au théâtre Silvia Montfort de Paris en 2007.

monde, et que l'on tremble à l'idée juste d'être une simple et haletante poussière, perdue dans l'univers ?

LA DUCHESSE : Le courage. *(Un temps.)* Bon courage, Don Juan.

Don Juan s'éloigne dans la lumière qui croît. En partant, il donne quelque chose à Sganarelle.
Madame Cassin, Marion et la Duchesse s'approchent des hautes fenêtres devant lesquelles elles ne sont plus que des ombres chinoises.
On découvre alors que Madame Cassin est enceinte. Elle pose avec staisfaction ses deux mains sur son ventre.

LA DUCHESSE : Regardez-le, le jour qui se lève, comme il nous trouble, comme il brouille tout. À nos chandelles, les profils étaient nets ; les sentiments bien simples, les drames avaient des nœuds qu'on pouvait trancher ou défaire.

MADAME CASSIN : Mais Don Juan rejoint le jour ; un homme naît.

LA DUCHESSE, *tristement* : Un homme ? Un petit homme, oui…

MADAME CASSIN, *avec un sourire* : Un homme, c'est toujours un petit homme.

On aperçoit les femmes à contre-jour et Don Juan qui s'éloigne lentement dans le lointain. Sganarelle, revenu sur le devant, sanglote, assis sur le bord de la scène, fou de chagrin.

LA DUCHESSE : Eh bien quoi, Sganarelle ?

SGANARELLE : Mes gages, Madame, mes gages… Il me les a donnés !

Questions

► Le vocabulaire du théâtre, p. 554

Un dénouement original

1. À votre avis, qu'est-ce qui peut justifier que la parole soit donnée aux femmes au terme de cette pièce ?
2. Quel rôle joue ici la Duchesse ?
3. Comment comprenez-vous la dernière réplique de Sganarelle ?

La théâtralisation

4. Comment les éléments du décor, l'éclairage contribuent-ils à donner à voir ce dénouement ? Comparez ces effets à ceux qui sont évoqués dans les versions de Tirso de Molina (p. 482), Molière (p. 484) et Da Ponte (p. 486).

Un Don Juan différent, métaphysique

5. Quelles images donnent de lui les répliques de Don Juan ? Que suggère son questionnement ?
6. « Un homme naît », dit la duchesse. Explicitez la formule. Quel jugement est porté sur le personnage de Don Juan ?

Grammaire
« Regardez-**le**, le jour qui se lève, comme il nous trouble, comme il brouille tout. »
Analysez le mot « le ». Justifiez ici son emploi.

Synthèse En vous appuyant sur les éléments d'étude, vous vous demanderez si le Don Juan d'Éric-Emmanuel Schmitt dans cet extrait de *La Nuit de Valognes*, est encore un héros.

Prolongement
Lisez l'intégralité de *La Nuit de Valognes* (1991).
1. Sur quoi repose l'intrigue ? À quelle époque se déroule-t-elle ?
2. Acte III scène 4 : Comment Éric-Emmanuel Schmitt renouvelle-t-il la scène de rencontre entre Don Juan et la statue ? Montrez que sa portée est autant symbolique que dramatique.
3. Quelles sont les étapes de la métamorphose de Don Juan ?
4. Quels personnages typiques du théâtre retrouvez-vous dans les figures féminines ?

Autriche

Lenau, *Don Juan* (1844)

► Le personnage de Don Juan a beaucoup intéressé les romantiques qui en ont fait un converti en quête d'amour absolu et d'idéal ou un personnage triste et désabusé qui se résout au silence et à mourir. **Nicolaus Niembsch von Strehlenau, dit Lenau, (1802-1850)** est un poète romantique autrichien qui sombrera dans la folie quelques années avant de mourir, en laissant des fragments d'un *Don Juan*. Lenau semble vouloir mettre un terme à Don Juan : le personnage a pris de l'âge et il est conscient de sa perte de vitalité.

À la fin de la pièce de Lenau, Don Juan attend mélancoliquement l'adversaire qui viendra mettre fin à ses jours. Don Pedro, le fils du Commandeur, se présente alors à sa porte, escorté d'une troupe de femmes trahies et d'enfants en quête de reconnaissance. Don Juan écoute leurs plaintes avant de s'adresser à Don Pedro.

[...]

DON JUAN, *à Don Pedro* : Je dépose entre vos mains de chevalier mon testament, exécutez-le après ma mort. Quoique j'aie toujours oublié d'épargner, il m'est pourtant resté des biens en excédent. Pour chaque nom mentionné sur la liste il y a un legs dans ce testament et chaque legs est d'un si fort montant qu'il permet d'entretenir largement femme et enfant. Pour que ce relevé ne provoque aucun doute, je l'ai pourvu d'un sceau et d'une signature. Je n'ai pas négligé le vieux Catalinon, désormais il pourra lui-même tenir valet.

Il regarde la liste.

CATALINON, *réprimant ses larmes* : Quelle farce joue encore mon seigneur ! Il fait comme s'il allait succomber en duel et pourtant son adversaire meurt dans tous les cas, je vois déjà clos ses petits yeux si fiers. Qui veut battre Don Juan, le grand bretteur[1], devra être quelqu'un d'autre que ce médiocre et saugrenu adversaire de Ulloa, le fiston de Don Gonzalo de Ulloa, ce blanc-bec au menton velouté, à l'esprit frocard[2], à pattes d'araignée, avec une voix comme le chant des cigales, cette perche sèche et allongée, si svelte à la façon d'une potence que l'un de nous, s'il était justement hépatique et désespéré, pourrait se pendre en s'accrochant à lui.

DON JUAN, *lisant la liste, à part lui* : Souvenirs, dames autrefois aimées ! desséchées jusqu'à la fleur dernière, jadis céleste musique ce qui à présent est un mot insipide. Que les choses se fanent donc vite, et les noms ! Encore une fois le souvenir me fait passer de l'une à l'autre de ces gracieuses dames. – Coutume pleine de sens que de sacrifier tous les ans sur l'autel des dieux les premiers-nés. Qu'elle est aimable, la première verdure des feuilles, le premier parfum, le premier chant d'une journée printanière ! Qu'il est délicieux en mer, près du lointain rivage, le premier coup d'œil sur la terre désirée ! Les premières couronnes de la gloire sont aussi les plus brillantes, c'est le premier baiser qui donne l'ivresse la plus douce. S'il est encore dans l'au-delà un ciel, il doit lui aussi être au plus beau à sa frontière. C'est pourquoi l'on pouvait nommer ce qu'il y a de plus doux dans l'amour le premier effleurement d'une passion nouvelle. La tristesse provenant de ce que d'anciens enchantements se dissolvent rehausse l'attrait et la force du nouveau bonheur. Pourquoi faut-il que la source la plus riche tarisse ! Oh ! si nous pouvions mourir en chaque plaisir et, renaissant avec un cœur rajeuni, nous précipiter au-devant de délices toujours nouvelles !

À Don Pedro

Voulez-vous prendre charge de ce document et l'exécuter ?

DON PEDRO : Sur ma parole de chevalier ! par égard pour les délaissées.

1. Qui aime se battre à l'épée.
2. Terme péjoratif et familier pour désigner un moine.

3. Maladroit.

DON JUAN, *lui tendant le document* : C'est bien ! Montrez maintenant si vous possédez l'art de l'escrime. Que vous êtes une mazette[3], je vais vous le prouver.

Ils se battent.

Vraiment vous êtes ce pour quoi je vous ai pris. Trois fois déjà j'aurais facilement pu vous percer le cœur, ce cœur si plein de haine, mais si mal protégé, si je me servais plus sérieusement de mon épée. Vous voici touché – encore touché – et encore ! Vous versez bien du sang sur mes planches. En maints endroits je vous ai mis en perce, mais je ne vous fais en jouant que des piqûres légères. Don Pedro, par ma foi, je ne me suis jamais senti plus à l'abri que devant votre attaque. Le duel avec vous, je l'appelle jeu d'enfant. Oui, votre escrime est de tout repos.

DON PEDRO : Inflige-moi la mort, non ces petites saignées. Ne me fais pas d'affront, homme exécré ! Au combat le diable seul peut te vaincre. Pousse ferme, que je ne puisse plus te voir !

DON JUAN : Mon ennemi mortel est livré entre mes mains. Mais cela même m'indiffère, comme la vie tout entière.

Il jette son épée. Don Pedro le transperce.

Questions

1. Montrez que ce Don Juan est romantique. Analysez en ce sens les images de sa longue réplique et la célébration des premiers instants.
2. Comment la mort de Don Juan est-elle annoncée ?
3. Quels aspects du personnage sont ainsi mis en évidence ?
4. Justifiez la disparition du personnage de la statue du Commandeur dans les versions de Lenau et de Montherlant (p. 488).
5. Comparez la dernière réplique proférée par Don Juan dans les différents textes qui vous sont proposés. Comment contribue-t-elle à fixer l'image du personnage ?

PISTE DE LECTURE

Lisez *Les Âmes du purgatoire* (1834) de Prosper Mérimée.

Au Don Juan Tenorio, l'auteur substitue Don Juan de Maraña qui, après une vie dans laquelle abondent les crimes, termine son existence dans un couvent, vénéré comme un saint. Que pensez-vous de cette nouvelle version du séducteur de Séville dans le registre fantastique ?

Scénario de la fin du film *Don Juan* réalisé par Jacques Weber en 1998

Don Juan pénètre dans le parc où se dresse le mausolée du Commandeur. C'est une oasis verdoyante, où circule paisiblement un troupeau de brebis. La statue a été installée dans les ruines d'une chapelle à ciel ouvert. Elle est encore entourée d'un échafaudage ; des ouvriers travaillent aux derniers détails d'installation. D'autres, assis en hauteur, font une pause et discutent.

[…]

Un Ouvrier : Don Juan n'a plus qu'un moment à pouvoir profiter de la miséricorde divine.

Un Autre Ouvrier : S'il ne se repent pas ici, sa perte est résolue.

Don Juan, que les ouvriers ont reconnu, approche lentement. On lui propose du pain, des oignons et du vin, qu'il accepte.

Un homme, qui était en train de faire une retouche de peinture sur l'œil de la statue, lui adresse la parole du haut de l'échafaudage, très théâtral, faisant mine de parler à la place du Commandeur.

Le Peintre : Vous m'avez hier donné parole de venir manger avec moi.

Les autres rient. Don Juan se lève, et bondit sur l'échafaudage.

Don Juan : Oui. Où faut-il aller ?

Haletant, Don Juan escalade l'armature de bois, le long de la gigantesque effigie. Il arrive sur une plate-forme, juste au-dessus de la tête du Commandeur. Il ruisselle de sueur, épuisé.

Don Juan : Ô Ciel ! que sens-je ? Un feu invisible me brûle…

Les ouvriers, perplexes, ont le regard levé vers lui.

Don Juan : Je n'en puis plus, et tout mon corps devient…

Don Juan se tient la gorge, il suffoque, titube en arrière et tombe de l'échafaudage.

Il est maintenant allongé sur le sol, le visage ensanglanté. En ouvrant les yeux, il aperçoit l'énorme tête du Commandeur, qui le domine.

DON JUAN : Où faut-il aller ?

Don Juan ferme les yeux doucement.

Les fidèles se pressent pour assister à la messe. L'église est modeste et blanche. Plusieurs pauvres et un infirme sont assis à même le sol, de part et d'autre du portail. Parmi eux, Sganarelle, vêtu de haillons, hagard. Il a disposé près de lui, dans doute dans l'espoir de les vendre, quelques objets qui ont appartenu à Don Juan : la tasse de café, des pipes et des cigares, l'ombrelle noire. Le chapeau de médecin, posé à l'envers, invite l'aumône.*

Les mains sur les genoux, le regard dans le vide, Sganarelle murmure des phrases que personne n'écoute. De temps à autre une robe passe, s'arrête un moment, une piécette tinte dans le chapeau.

SGANARELLE : Ah ! mes gages, mes gages ! voilà par sa mort chacun satisfait : Ciel offensé, lois violées, filles séduites, familles déshonorées, parents outragés, femmes mises à mal, maris poussés à bout, tout le monde est content. Il n'y a que moi seul de malheureux. Mes gages, mes gages, mes gages !

* Don Juan chevauche accompagné d'un chariot sur lequel est installé Sganarelle, abrité par une vaste ombrelle noire.

Adaptation Jean-Marie Laclavetine,

Questions

1. Montrez que, tout en respectant en grande partie les dernières scènes du *Dom Juan* de Molière et sa progression (p. 484), le metteur en scène a scénarisé une toute autre fin.

2. Analysez les dernières répliques de Don Juan (l. 11 à 22) et les choix opérés par Jacques Weber. Comparez-les avec celles prononcées par le personnage de Molière (p. 485).

3. Quels sens donnez-vous au monologue final de Sganarelle ? Comment cette nouvelle scène modifie-t-elle la lecture de la fin de la pièce ?

LECTURE D'IMAGE

4. Comment l'organisation de l'affiche annonce-t-elle le destin de Don Juan ? Commentez en particulier l'utilisation des couleurs.

Synthèse Quel personnage vous touche le plus ? Celui de Molière ou de Weber ? Pourquoi ?

MAÎTRISER LE VOCABULAIRE POUR LIRE *DON JUAN*

1 SYNONYMIE

A a. Quelles différences faites-vous entre « envoûtement », « attrait », « fascination » ?

b. Quel substantif est le plus approprié pour décrire l'impression produite par Don Juan sur les femmes ? Pourquoi ?

B Les mots suivants expriment un certain bien-être : griserie – plaisir – ivresse – jouissance – extase – ravissement

a. Classez-les en trois catégories que vous justifierez.

b. Proposez un personnage de théâtre ou de roman qui permette d'illustrer l'une des catégories et justifiez vos choix.

C Après avoir défini les mots soulignés, répondez à ces questions.

1. Don Juan est-il athée ?
2. Don Juan est-il superstitieux ?
3. Don Juan est-il un mécréant ?
4. Don Juan est-il agnostique ?
5. Don Juan est-il un renégat ?

2 PARONYMIE

a. Quelle est la différence entre « damnation » et « condamnation » ? Quel mot décrit le mieux le sort de Don Juan ?

b. Don Juan est-il « séduisant » ou « séducteur » ? Justifiez votre réponse.

c. Proposez un couple d'adjectifs construits de la même façon à partir du verbe « tenter ». Expliquez la différence à partir d'exemples de votre choix.

3 ÉTYMOLOGIE

a. En vous aidant d'un dictionnaire, reconstituez la famille étymologique de « pitié » et utilisez au moins deux mots pour expliquer en un paragraphe les réactions que peuvent susciter des personnages des différentes versions de *Don Juan*.

b. Qu'est-ce qu'un péché capital ? Définissez cette expression en vous appuyant sur l'étymologie de l'adjectif.

4 FIGURE DE STYLE

Dans *La Nuit de Valognes*, Don Juan explique ainsi son comportement de séducteur :

DON JUAN : […] **Je ne cherche rien**, je prends, je cueille les pommes sur l'arbre et je les croque. Et puis je recommence parce que j'ai faim. **Vous appelez ça une quête ?** Je dois avoir trop d'appétit pour vous. […]

Éric-Emmanuel Schmitt, II, 3, *La Nuit de Valognes* (1991), © Albin Michel

Réécrivez ces propos en utilisant une autre métaphore filée. Les deux propositions en gras devront subsister telles quelles.

5 CHAMP LEXICAL

a. Relevez dans ce passage un champ lexical religieux et précisez le domaine de la religion auquel il est fait référence.

b. En reprenant la plupart des mots de ce champ lexical, rédigez un paragraphe qui évoquera le personnage de Tartuffe dans la pièce *Tartuffe* (1669) de Molière.

DON GONZALO : C'est peu de choses auprès des flammes qui t'attendent, don Juan. Les desseins de Dieu sont impénétrables, sache-le : tes fautes, il veut que tu les expies de la main d'un mort. Telle est sa loi : chacun paiera selon ses actes.

DON JUAN : Je brûle ! Ne me retiens pas ! Je te percerai de ma dague… Hélas ! mes coups ne frappent que le vide… Je n'ai pas dupé ta fille : elle avait déjà découvert ma ruse !

DON GONZALO : Il n'importe. Tu l'avais tentée.

DON JUAN : Laisse-moi appeler un confesseur qui m'absolve de mes péchés !

DON GONZALO : Trop tard. Il n'est plus temps d'y penser.

DON JUAN : Ah ! Je brûle, je m'embrase, je suis mort !

Tirso de Molina, *Le Trompeur de Séville et l'Invité de pierre* (1630)

EXPRESSION ÉCRITE

Sujet 1

Poursuivez cette réplique de Done Elvire qui juge Dom Juan, en imaginant le portrait qu'elle pourrait en faire.

DONE ELVIRE

Ah ! scélérat, c'est maintenant que je te connais tout entier ; et pour mon malheur, je te connais lorsqu'il n'est plus temps, et qu'une telle connaissance ne peut plus me servir qu'à me désespérer.

Molière, *Dom Juan*, Acte I, scène 3 (1665)

Sujet 2

Dans cette réplique, Dom Juan justifie son attitude volage : poursuivez son argumentation en associant des éléments d'autoportrait.

Vous veillerez à ce que les propos soient conformes au personnage.

DOM JUAN

[…] Enfin, il n'est rien de si doux que de triompher de la résistance d'une belle personne, et j'ai sur ce sujet l'ambition des conquérants, qui volent perpétuellement de victoire en victoire, et ne peuvent se résoudre à borner leurs souhaits.

Molière, *Dom Juan*, Acte I, scène 2 (1665)

Séquence 3

Le mythe de Progné et Philomèle

Comment les réécritures du mythe, singulières et personnelles, perpétuent et renouvellent-elles les intentions de l'œuvre source ?

CORPUS DE LA SÉQUENCE

PERSPECTIVE EUROPÉENNE

LIENS AVEC LA PARTIE LANGUE

- Les valeurs des modes et des temps, p. 520
- L'énonciation et le discours, p. 528
- Le champ sémantique, p. 540

LIENS AVEC LA PARTIE OUTILS D'ANALYSE

- L'organisation et le fonctionnement du récit, p. 548
- Le théâtre, p. 554
- La versification, p. 561
- L'image, p. 572
- Émouvoir, p. 579

LIENS AVEC LA PARTIE MÉTHODES POUR LE BAC

- La question sur le corpus, p. 588
- La dissertation, p. 602
- L'épreuve orale, p. 624

▸▸ Eugène Lambert, « Philomèle et Progné », illustration réalisée pour les *Fables* de Jean de la Fontaine, éditions Hetzel, 1869.

TEXTE 1

CONTEXTE

Dans *Les Métamorphoses*, œuvre en vers écrite au Ier siècle ap. J.-C., Ovide (43 av. J.-C.-18 ap. J.-C.) nous transmet le mythe de Progné et Philomèle, dont est issue la figure du rossignol. De nombreux auteurs, du Moyen Âge à nos jours, ont réécrit cette fable et se sont attachés à développer l'un ou l'autre de ses aspects : le viol de Philomèle, sa mutilation, sa ruse pour faire connaître le crime à sa sœur Progné, la terrifiante vengeance des deux sœurs, la métamorphose des protagonistes en oiseaux, et plus spécialement celle de Philomèle en rossignol.

► L'Antiquité, p. 19

Ovide, *Les Métamorphoses* (Ier s. ap. J.-C.)

Progné et Philomèle

Térée, roi de Thrace, a épousé Progné. Ils ont eu un fils, Itys. Après cinq années, Progné désire revoir sa jeune sœur Philomèle restée à Athènes. Térée se rend donc chez Pandion, son beau-père, pour aller chercher Philomèle et la ramener auprès de sa sœur Progné. Mais lorsque Térée atteint les côtes de son royaume, il entraîne Philomèle dans la forêt…

[…] Maintenant, le voyage est achevé et déjà les équipages, quittant les vaisseaux fatigués, avaient débarqué au rivage natal quand le roi entraîne la fille de Pandion dans les profondeurs d'une étable cachée à l'ombre d'antiques forêts. Il l'y enferme, pâle, frémissante, en proie à toutes les terreurs et, les yeux pleins de larmes, demandant où est sa sœur ; puis, ne cachant plus ses intentions criminelles, il fait violence à cette vierge, qui est seule, qui vainement, à grands cris, en appelle à son père, à sa sœur, et surtout aux dieux puissants. […]

Philomèle menace de révéler le viol dont elle vient d'être victime. Sous l'empire de la crainte et de la colère, Térée tire son épée et enchaîne Philomèle.

[…] Ces imprécations enflammèrent de colère le farouche tyran. Non moins vive est sa crainte ; aussi, sous l'empire de ces deux sentiments, il met à nu hors du fourreau l'épée pendue à sa ceinture et, saisissant la jeune fille par les cheveux, il lui replie les bras derrière le dos et l'enchaîne de force. Philomèle tendait la gorge et, à la vue de l'épée, l'espoir de mourir était né en elle. Sa langue protestait encore, continuait à invoquer le nom de son père, faisait effort pour parler ; alors Térée la saisissant avec des pinces, la coupa d'un brutal coup d'épée. La racine en palpite au fond de la bouche ; la langue elle-même, jetée sur le sol, agitée d'un tremblement, murmure ses plaintes à la terre qu'elle noircit de son sang. Comme on voit sursauter la queue coupée d'une couleuvre, elle palpite et, avant de mourir, cherche à rejoindre celle à qui elle appartint. Et, même après ce forfait, – c'est à peine si j'ose le croire, – Térée, dit-on, assouvit à plusieurs reprises sa passion sur le corps mutilé. Il a l'audace, après une telle action, de retourner auprès de Progné, qui, en voyant son époux, s'informe de sa sœur. Il pousse alors de feints gémissements, il fait le récit d'une mort dont il invente tout ; ses pleurs persuadèrent Progné. […]

Une année se passe ; Philomèle est emprisonnée dans l'étable et veut faire connaître le crime.

[…] Sa bouche muette ne peut révéler ce qui s'est passé. Mais grande est l'ingéniosité dans la douleur et le malheur inspire la ruse. Sur un métier à la mode barbare, elle tend adroitement des fils et, dans la chaîne de couleur blanche, en caractères de pourpre qu'elle y trama, elle dénonce le crime. La toile achevée, elle la remit à une servante et, par gestes, la charge de la porter à sa maîtresse. Comme elle le demandait, la femme la porta à Progné, sans savoir ce qu'elle lui remet en même temps. La matrone du cruel tyran déroula l'étoffe et lut le pitoyable récit de sa sœur, et – c'est miracle qu'elle l'ait pu ! – se tait. La douleur lui ferma la bouche, et les mots qu'elle cherchait pour exprimer son horreur indignée lui manquèrent. [...]

Progné délivre sa sœur et de retour au palais elle aperçoit Itys : il sera l'instrument de sa vengeance.

[...] Dès que son fils, cependant, se fut approché et eut salué sa mère, noué ses petits bras autour de son cou, échangé avec elle des baisers mêlés de caresses enfantines, la mère, en elle, fut, il est vrai, émue, et sa colère brisée subit un temps d'arrêt ; malgré eux ses yeux se mouillèrent de larmes qu'elle tente de retenir. Mais, dès qu'elle sentit qu'un excès d'amour maternel faisait chanceler sa résolution, elle se détourna de nouveau de son fils et reporta ses regards vers le visage de sa sœur ; et, tour à tour les considérant tous deux : « Pourquoi, se dit-elle, l'un m'accable de mots caressants, tandis que l'autre, à qui fut enlevée la langue, se tait ? Celle que cet enfant appelle du nom de mère, pourquoi ne l'appelle-t-elle pas, elle, du nom de sœur ? Vois à quel mari le mariage, fille de Pandion, t'a unie. Tu démens ta race ! C'est un crime que garder la foi conjugale à l'égard d'un époux comme Térée. » Sans plus tarder, elle entraîna Itys, comme le tigre, hôte des bords du Gange, entraîne à travers les fourrés le faon encore à la mamelle. Et, quand ils se trouvèrent dans une partie reculée de la haute demeure, Progné, bien que l'enfant tendît les bras [...] le frappe d'une épée au point où la poitrine touche au flanc, sans détourner le visage. Une seule blessure suffisait pour que son destin fût accompli : Philomèle, du fer qu'elle tenait, lui trancha aussi la gorge. Puis, ces membres encore palpitants et conservant un souffle de vie, elles les déchirent ; bientôt une partie bout dans des chaudrons de bronze, une autre grésille sur des broches ; l'appartement ruisselle de sang. [...]

Progné donne à Térée la chair de son fils, Itys, en guise de repas. Térée déguste le plat et réclame la présence de son fils.

[...] Progné ne peut dissimuler sa cruelle joie, et, brûlant d'annoncer elle-même la nouvelle de la catastrophe dont elle fut l'ouvrière : « Tu l'as avec toi, celui que tu réclames », dit-elle. Térée regarde autour de soi et demande où il est. À sa demande, à son appel répété, voici que, telle qu'elle était au sortir du meurtre où elle assouvit sa fureur, les cheveux épars, Philomèle bondit dans la salle et jeta la tête sanglante d'Itys au

Progné, Philomèle et Itys, coupe en céramique à figures rouges – face A (Ve s. av. J.-C.), musée du Louvre, Paris.

1. Athéniennes, c'est-à-dire les deux sœurs.
2. L'une est métamorphosée en rossignol, l'autre en huppe, oiseau ayant une petite touffe de plumes sur la tête.

visage de son père ; à aucun moment elle ne souhaita davantage de pouvoir parler et témoigner sa joie par des insultes méritées. Le Thrace, avec un grand cri, repousse la table ; il appelle à son aide, du fond de la vallée du Styx, les sœurs aux cheveux de vipères et tantôt, dans un transport, il voudrait, s'il était possible, s'ouvrir la poitrine et en rejeter l'effroyable nourriture et les chairs ainsi rendues au jour, tantôt il pleure et se qualifie lui-même de misérable tombeau de son fils. Maintenant il poursuit les deux filles de Pandion, le fer nu à la main. On dirait que les Cécropides[1] ont le corps suspendu à des ailes. Il était bien suspendu à des ailes[2]. L'une d'elles gagne les forêts, l'autre pénètre sous les toits, et, sur sa poitrine, les marques du meurtre ne se sont pas effacées ; son plumage est taché de sang. Térée, que sa douleur et la soif de tirer d'elles vengeance font voler sur leurs traces, est changé en un oiseau à aigrette dressée sur la tête, à bec démesuré dont la longue saillie rappelle la pointe du javelot. Cet oiseau s'appelle la huppe, et sa tête semble pourvue d'armes. [...]

Traduction J. Chamonard, © Éditions GF 97

Questions

► L'organisation et le fonctionnement du récit, p. 548

Un récit mythologique

1. Le récit en latin se développe sur 275 vers : étudiez le rythme de la narration.
2. Par quels principaux procédés le récit est-il dramatisé ?
3. Justifiez l'alliance du vraisemblable, de l'invraisemblable et du surnaturel.

Une simplicité et une ingéniosité des personnages

4. Comparez la ruse de Térée à celle de Philomèle. Montrez que le narrateur valorise celle de Philomèle.
5. Montrez que Progné et Philomèle font preuve d'une imagination plus redoutable encore que Térée.

Un redoublement de la violence

6. Par quels procédés le narrateur nous invite-t-il à comparer les violences commises par et sur les différents personnages ?
7. Quelles sont les différentes fonctions des métamorphoses des protagonistes ?

Grammaire
Relevez les présents de narration. Rappelez leur valeur et leur fonction dans un récit.
► Les valeurs des modes et des temps, p. 520

Synthèse En vous appuyant sur les questions précédentes, vous vous demanderez ce qui fait de ce récit un mythe.

Peter Paul Rubens, *Le Banquet de Térée* (1637)

Pierre Paul Rubens, *Le Banquet de Térée* (1637), huile sur toile (195 cm x 267 cm), musée du Prado, Madrid (Espagne).

▲ Avec Le Caravage, Velasquez, de La Tour, Rembrandt ou Vermeer, Pierre-Paul Rubens est un des plus grands peintres du XVIIe siècle. On dit de lui qu'il est le maître de la couleur et qu'il a une prédilection pour le rendu sensuel des matières et des chairs. De nombreux sujets mythologiques ont inspiré sa peinture.
Dans *Le Banquet de Térée*, Rubens représente la scène qui précède la métamorphose des personnages en oiseaux dans « Philomèle et Progné » d'Ovide. Le lien entre les deux œuvres paraît manifeste même si l'œuvre de Rubens est bien davantage qu'une illustration du texte d'Ovide.

Questions

► L'organisation de l'image, p.572
► Les visées et intentions de l'image, p. 573

Du texte à l'image

1. À quel moment du récit d'Ovide (p. 498) se situe l'action représentée par Rubens ?
2. Identifiez les différents personnages présents dans ce tableau. Rubens est-il fidèle à Ovide ? Justifiez votre réponse.
3. Qu'est-ce qui distingue l'action représentée par Rubens de celle relatée par Ovide ?
4. Comparez la violence des représentations de la scène chez Ovide et chez Rubens.

Une interprétation du mythe

5. Montrez que les couleurs, les lignes, les matériaux représentés, l'apparence des personnages suggèrent une division du tableau en deux parties bien distinctes ? Qu'en concluez-vous ?
6. Par quels procédés Rubens oppose-t-il Térée aux deux sœurs ?
7. Quelle fonction pourriez-vous accorder au personnage situé dans l'embrasure de la porte ?
8. Comment interprétez-vous le titre du tableau ?

Synthèse En vous aidant des réponses aux questions précédentes, vous vous demanderez si Rubens, plus qu'Ovide, condamne Philomèle et Progné.

▸ Biographies, p. 628

Jean de La Fontaine, *Fables*, III, 15 (1668)

CONTEXTE

Dans les *Fables* de La Fontaine, on entend le chant de nombreux oiseaux. Le rossignol se fait entendre dans les fables 15 du livre III et 18 du livre IX. Dans ces deux fables le poète évoque le mythe de Philomèle qui rappelle ici que les femmes du XVIIe siècle, et plus particulièrement les Précieuses, ont attendu des hommes un plus grand respect et plus de raffinement dans l'art de la séduction.

▸ La Préciosité, p. 26

Les deux sœurs se sont métamorphosées en oiseaux et éloignées l'une de l'autre. La Fontaine, imitant Ésope, les réunit à nouveau mille ans après la fin du récit d'Ovide.

Philomèle et Progné

Autrefois Progné l'hirondelle
De sa demeure s'écarta,
Et loin des Villes s'emporta
Dans un bois où chantait la pauvre Philomèle.
« Ma sœur, lui dit Progné, comment vous portez-vous ?
Voici tantôt mille ans que l'on ne vous a vue :
Je ne me souviens point que vous soyez venue
Depuis le temps de Thrace habiter parmi nous.
Dites-moi, que pensez-vous faire ?
Ne quitterez-vous point ce séjour solitaire ?
– Ah! reprit Philomèle, en est-il de plus doux ?
Progné lui repartit : Eh quoi, cette musique,
Pour ne chanter qu'aux animaux,
Tout au plus à quelque rustique ?
Le désert est-il fait pour des talents si beaux ?
Venez faire aux cités éclater leurs merveilles.
Aussi bien, en voyant les bois,
Sans cesse il vous souvient que Térée autrefois
Parmi des demeures pareilles
Exerça sa fureur sur vos divins appas.
– Et c'est le souvenir d'un si cruel outrage
Qui fait, reprit sa sœur, que je ne vous suis pas :
En voyant les hommes, hélas !
Il m'en souvient bien davantage.

Grandville, « Philomèle et Progné » (1842), gravure, collection particulière.

Écho de l'Antiquité

⊕ CONTEXTE

Ésope (VIIe-VIe s. av. J.-C.) est considéré comme l'auteur des premières fables de la littérature. Elles sont la source où tous les fabulistes de l'Antiquité à nos jours sont allés puiser pour écrire leur œuvre propre. Cette fable, antérieure à Ovide, rappelle que le texte d'Ovide est lui aussi une réécriture, même si on le considère comme le texte-source du mythe.

► L'Antiquité, p. 19

Ésope,
Fables, CCXXI (VIe av. J.-C.)

Cette fable d'Ésope rappelle que dans l'Antiquité grecque le rossignol et l'hirondelle sont déjà associés aux deux sœurs Philomèle et Progné.

Le rossignol et l'hirondelle

« Suis mon conseil, imite-moi, disait l'hirondelle au rossignol ; viens vivre avec les hommes sous leurs toits. » Le rossignol lui répondait : « Je préfère habiter les lieux déserts, de peur de raviver le souvenir de mes anciens malheurs. »

Quand on a connu le malheur, on cherche à fuir même l'endroit où il nous a frappé.

Questions

► La versification, p. 561
► Les visées et intentions de l'image, p. 573

Un jeu de réécritures

1. Quels éléments La Fontaine a-t-il repris de la fable d'Ésope et du mythe d'Ovide (p. 498) ?
2. Montrez que la réécriture de La Fontaine illustre l'affirmation de ce dernier dans l'épître à Huet (1687) : « mon imitation n'est point un esclavage. »
3. **Du texte à l'image** : Montrez que l'illustration de Grandville rappelle le mythe d'Ovide plus explicitement que ne le fait La Fontaine, et qu'elle parvient à être narrative.

Des œuvres intemporelles ?

4. Quelle fable contient le moins de références précises aux lieux et à l'époque ? Qu'en concluez-vous sur les caractéristiques de ce genre littéraire ?
5. Relevez dans la fable de La Fontaine des références à l'Antiquité et au XVIIe siècle.
6. **Du texte à l'image** : La gravure de Grandville offre-t-elle des indices permettant de le dater ? Justifiez votre réponse.
7. Montrez que ces trois réécritures nous invitent à voyager dans les œuvres et dans le temps.

Un dialogue

8. Quelle place La Fontaine et Ésope accordent-ils au dialogue ? Dans quelle intention ?
9. Montrez que le dialogue entre les personnages est également un dialogue entre les œuvres.

Grammaire

Dans la fable de La Fontaine, relevez les passages au discours direct. Transposez aux discours indirect et indirect libre quelques répliques.
Ces transpositions modifient-elles la perception de la fable ? Justifiez votre réponse.

► Les discours rapportés, p. 532

Synthèse Montrez que pour réécrire la fable d'Ésope, La Fontaine exploite essentiellement le procédé d'amplification.

▸ Biographies, p. 628

⊕ CONTEXTE

Colette a très tôt éprouvé la nécessité d'affirmer sa liberté et son autonomie en tant que femme et femme de lettres. Ce récit explore le conflit qui oppose l'amour et la liberté nécessaire à la création. Le rossignol, avatar de Philomèle, symbolise la femme-artiste de ce début du XXe siècle qui doit encore trouver une ruse pour écrire, faire entendre sa voix, son chant.

Colette, *Les Vrilles de la vigne* (1908)

« Les Vrilles de la vigne » qui donne son titre à un recueil de brefs récits nous propose à la fois un récit mythologique expliquant l'origine du chant du rossignol et sa possible interprétation.

Autrefois, le rossignol ne chantait pas la nuit. Il avait un gentil filet de voix et s'en servait avec adresse du matin au soir, le printemps venu. Il se levait avec les camarades, dans l'aube grise et bleue, et leur éveil effarouché secouait les hannetons endormis à l'envers des feuilles de lilas.

Il se couchait sur le coup de sept heures, sept heures et demie, n'importe où, souvent dans les vignes en fleur qui sentent le réséda, et ne faisait qu'un somme jusqu'au lendemain.

Une nuit de printemps, le rossignol dormait debout sur un jeune sarment, le jabot en boule et la tête inclinée, comme avec un gracieux torticolis. Pendant son sommeil, les cornes de la vigne, ces vrilles cassantes et tenaces, dont l'acidité d'oseille fraîche irrite et désaltère, les vrilles de la vigne poussèrent si dru, cette nuit-là, que le rossignol s'éveilla ligoté, les pattes empêtrées de liens fourchus, les ailes impuissantes…

Il crut mourir, se débattit, ne s'évada qu'au prix de mille peines, et de tout le printemps se jura de ne plus dormir, tant que les vrilles de la vigne pousseraient.

Dès la nuit suivante, il chanta, pour se tenir éveillé :

Tant que la vigne pousse, pousse, pousse…
Je ne dormirai plus !
Tant que la vigne pousse, pousse, pousse…

Il varia son thème, l'enguirlanda de vocalises, s'éprit de sa voix, devint ce chanteur éperdu, enivré et haletant, qu'on écoute avec le désir insupportable de le voir chanter.

J'ai vu chanter un rossignol sous la lune, un rossignol libre et qui ne se savait pas épié. Il s'interrompt parfois, le col penché, comme pour écouter en lui le prolongement d'une note éteinte… Puis il reprend de toute sa force, gonflé, la gorge renversée, avec un air d'amoureux désespoir. Il chante pour chanter, il chante de si belles choses qu'il ne sait plus ce qu'elles veulent dire. Mais moi, j'entends encore à travers les notes d'or, les sons de flûte grave, les trilles tremblés et cristallins, les cris purs et vigoureux, j'entends encore le premier chant naïf et effrayé du rossignol pris aux vrilles de la vigne :

Tant que la vigne pousse, pousse, pousse…

Cassantes, tenaces, les vrilles d'une vigne amère m'avaient liée, tandis que dans mon printemps je dormais d'un somme heureux et sans défiance. Mais j'ai rompu, d'un sursaut effrayé, tous ces fils tors qui déjà tenaient à ma chair, et j'ai fui… Quand la torpeur d'une nouvelle nuit de miel a pesé sur mes paupières, j'ai craint les vrilles de la vigne et j'ai jeté tout haut une plainte qui m'a révélé ma voix.

Toute seule, éveillée dans la nuit, je regarde à présent monter devant moi l'astre voluptueux et morose… Pour me défendre de retomber dans l'heureux sommeil, dans le printemps menteur où fleurit la vigne crochue, j'écoute le son de ma voix. Parfois, je crie fiévreusement ce qu'on a coutume de taire, ce qui se chuchote très bas, – puis ma voix languit jusqu'au murmure parce que je n'ose poursuivre…

Je voudrais dire, dire, dire tout ce que je sais, tout ce que je pense, tout ce que je devine, tout ce qui m'enchante et me blesse et m'étonne ; mais il y a toujours, vers l'aube de cette nuit sonore, une sage main fraîche qui se pose sur ma bouche, et mon cri, qui s'exaltait, redescend au verbiage modéré, à la volubilité de l'enfant qui parle haut pour se rassurer et s'étourdir…

Je ne connais plus le somme heureux, mais je ne crains plus les vrilles de la vigne.

Joan Miró, *Femmes et oiseau, la nuit* (1944), gouache sur toile, The Metropolitan Museum of Art, New-York (États-Unis).

Questions

► La versification, p. 561

L'interprétation du mythe

1. Quelles analogies le texte établit-il entre le rossignol et la narratrice ?
2. Comment interprétez-vous « nuit de miel » (l. 35) et « main fraiche » (l. 44) ?
3. Quel paradoxe ce texte suggère-t-il sur la situation de la femme ?

La femme-artiste

4. Qu'est-ce qui caractérise l'ambition de la narratrice (l. 41 à 43) ? Qu'en déduisez-vous ?
5. Comparez la voix de la narratrice au chant du rossignol. Qu'en concluez-vous ?
6. Montrez que l'écriture, en jouant des rythmes et des sonorités, s'apparente à l'écriture poétique.

La recréation d'un mythe

7. Montrez que la première partie de ce récit s'apparente à un mythe.
8. Quels liens peut-on établir entre ce récit et celui d'Ovide (p. 498) ?

Vocabulaire
Recherchez l'étymologie, les sens et le genre de « vrille ». Justifiez l'importance de ce mot dans le récit ?

► Analyser le sujet et exploiter le corpus, p. 602
► Rassembler et organiser ses idées ; Construire un paragraphe et insérer des exemples, p. 606

Synthèse Montrez que ce texte est paradoxalement très proche de celui d'Ovide.

BAC S'entraîner à la dissertation

En vous appuyant sur les textes qui précèdent, vous vous demanderez si réécrire consiste non seulement à tisser des liens entre les textes mais aussi à établir une complicité entre les auteurs et les lecteurs. Vous répondrez sous la forme d'un plan détaillé.

TEXTE 6

CONTEXTE

Philippe Minyana, né en 1946, est dramaturge et metteur en scène. *La Petite dans la forêt profonde* est une œuvre de commande de la Comédie-Française et du Théâtre de Gennevilliers. Cette œuvre, une libre adaptation d'Ovide, a été créée en 2008 dans une mise en scène de Marcial Di Fonzo Bo. Si la réécriture d'œuvres de l'Antiquité appartient à la tradition du théâtre français, pourquoi s'intéresser à ce mythe ? Ne s'agit-il pas aussi de rappeler que la violence masculine à l'égard d'une « petite » est encore d'actualité ? Que la violence est particulièrement actuelle ?

Philippe Minyana, *La Petite dans la forêt profonde* (2008)

Dans cet extrait, Philippe Minyana met en scène le personnage d'« une vieille » qui apporte à « la Reine » la tapisserie sur laquelle « la petite » a brodé le récit du viol et de la mutilation que « le jeune Roi » lui a fait subir.

La chambre de la Reine

[…]
Elle est sans langue
mais elle se fait comprendre
Dit-elle

Tu as soif ?
Demande la Reine

La vieille fait non de la tête
Alors elle est sans langue
Dit la Reine qui est anéantie
elle dit
Le chien n'y est pas allé par
[quatre chemins
Elle dit encore
Oh la petite rose est fanée
comme elle a dû pleurer

Elle dit encore
Ainsi il l'a éclaboussée de sang
Et ajoute
Comme elle a bien tissé
c'est un beau travail
Et ajoute encore
Ils sont beaux ces fils rouges
Oui
Dit la vieille

Je vais te récompenser
Dit-elle
et elle donne des pièces
Tu as rempli ta mission
Dit-elle encore

Je passais par-là
je l'ai vue
j'ai eu pitié d'elle
Dit la vieille

Je l'ai vue par la lucarne qui est
[dans le bâtiment
Dit encore la vieille

C'est bien merci
Dit la Reine
Je veux pleurer un peu
Dit-elle

Oui adieu
Dit la vieille
et elle s'en va
puis la Reine se met à gémir

Questions

► Le vocabulaire du théâtre, p. 554
► La versification, p. 561
► Émouvoir, p. 579

Le travail d'adaptation

1. Justifiez et commentez les choix opérés par Minyana pour adapter le récit d'Ovide (p. 498).
2. Montrez que Minyana transgresse les codes du langage dramatique.
3. Étudiez la langue de Minyana et comparez-la à la poésie en vers libre. Qu'en concluez-vous sur les intentions de Minyana ?

Une interprétation

4. Comparez l'expression de la douleur de la Reine chez Minyana à celle de Progné chez Ovide (p. 498). Qu'en concluez-vous ?
5. Qu'apporte le rôle qu'attribue Minyana à la vieille ?
6. Quelle place les deux auteurs accordent-ils à la tapisserie ?

Synthèse Par quels procédés Minyana et Ovide nous font-ils connaître les personnages de La Petite et Philomèle ainsi que les violences qu'elles ont subies ?

▸ **William Shakespeare (1564-1616)** est l'auteur des plus grandes tragédies ou comédies du théâtre élisabéthain, comme *Hamlet* ou *La Mégère apprivoisée*. Il est également l'auteur de quatre pièces romaines écrites entre 1593 et 1609 dont *Titus Andronicus* inspirée d'Ovide et de Sénèque. Cette pièce est certainement l'une des plus violentes.

William Shakespeare, *Titus Andronicus* (1593)

Angleterre

Pour se venger du général romain Titus, les fils de Tamora, reine des Goths, violent Lavinia, fille de Titus ; ils coupent sa langue et ses mains. Dans cet extrait, Lavinia parvient à dénoncer les coupables. Titus se vengera en faisant manger à Tamora, un pâté de la chair même de ses propres fils qu'il aura tués, fait rôtir et cuisinés.

Acte IV, Scène 1

1 *Devant la maison de Titus.* [...]

Titus : Eh bien, Lavinia ? Marcus, que veut dire ceci ? Il y a quelque livre qu'elle désire voir… Lequel de ces livres, ma fille ?… Ouvre-les, enfant… Mais tu es plus lettrée, et plus instruite que cela ; viens, et choisis dans toute ma bibliothèque, et trompe ainsi ta souffrance, jusqu'à ce que les cieux révèlent l'auteur maudit de ce forfait… Quel livre ?... Pourquoi lève-t-elle ainsi les bras l'un après l'autre ?

Marcus : Elle veut dire, je pense qu'il y a eu plus d'un coupable dans le crime… Oui, qu'il y en avait plus d'un ; ou peut-être lève-t-elle les bras vers le ciel pour implorer vengeance.

Titus : Lucius, quel est le livre qu'elle remue ainsi ?

Le jeune Lucius : Grand-père, ce sont *Les Métamorphoses* d'Ovide ; ma mère me les a données.

Marcus : Peut-être est-ce en souvenir de celle qui n'est plus, qu'elle a choisi ce livre entre tous les autres.

Titus : Doucement ! avec quelle rapidité elle tourne les feuillets ! Aidons-la : que veut-elle trouver ? Lavinia, lirai-je ? Ceci est la tragique histoire de Philomèle ; il y est question de la trahison de Térée et de son viol ; et le viol, j'en ai peur, est l'origine de son ennui. [...]

Marcus : Oh ! pourquoi la nature édifie-t-elle un antre aussi affreux, si les dieux ne prennent pas plaisir aux tragédies ?

Titus : Fais-nous signe, chère fille… Il n'y a ici que des amis… Quel est le seigneur romain qui a osé commettre le forfait. Saturninus se serait-il dérobé, comme jadis Tarquin, qui abandonna son camp pour déshonorer le lit de Lucrèce ?

Marcus : Assieds-toi, douce nièce… Frère, asseyez-vous près de moi… Apollon, Pallas, Jupiter, Mercure, inspirez-moi, que je puisse découvrir cette trahison ! Monseigneur, regardez ici… Regarde ici, Lavinia. *(Il écrit son nom sur le sable avec son bâton qu'il dirige avec ses pieds et sa bouche.)* [...]

Traduction F.-V. Hugo

Questions

▸ La représentation du texte théâtral, p. 556
▸ Émouvoir, p. 579
▸ Les actes du langage, l'implicite et la modalisation, p. 528

Une scène pathétique

1. Étudiez la ponctuation de la scène. Comment traduit-elle le désordre et l'agitation ?
2. Montrez que la découverte de la vérité se fait progressivement.
3. Quels rôles cette scène attribue-t-elle aux personnages masculins ?
4. Par quels procédés le texte invite-t-il à éprouver de la compassion pour Lavinia ?

Les enjeux de la réécriture

5. Comparez les destins de Philomèle d'Ovide (p. 498) et de Lavinia. Précisez ce qui les rapproche et les sépare.
6. Dans quelle mesure la référence explicite à Ovide fait-elle de la pièce une réécriture de « la tragique histoire de Philomèle » ? Pourquoi ?

LES RÉÉCRITURES ET L'INTERTEXTUALITÉ

Toute œuvre artistique est reliée à celles qui l'ont précédée. La réécriture en est une illustration flagrante : elle suppose une source d'inspiration, clairement identifiée, qui est ***la référence****.*

1 LE TEXTE-SOURCE (OU HYPOTEXTE)

Le texte originel

Le texte originel fonde une représentation traditionnelle des personnages et du monde, et c'est à partir de ce texte que se développent toute une série de réécritures. Elles doivent être interrogées par rapport à ce texte initial, après avoir compris les enjeux du texte premier pour faire une comparaison.

→ **Ex. :** La mort de Don Juan n'a plus le même sens au XVIIe et au XXe.

Les mythes

Les mythes sont des récits fabuleux qui contiennent un sens allégorique. Ils sont souvent une source d'inspiration, et ont une fonction socio-religieuse. De tradition orale, ils ont été fréquemment repris dans la littérature.

→ **Ex. :** Médée est le type même de la mère monstrueuse infanticide, qui met en péril l'équilibre du monde.

2 INVENTION OU PLAGIAT ?

Le phénomène de réécriture pose le problème de création : le but de l'auteur qui reprend un texte est-il d'effectuer une simple copie, un plagiat, ou d'apporter des éléments supplémentaires ? Quels peuvent être les intérêts d'un auteur à réécrire un texte ?

Faire appel à un patrimoine commun

La réécriture permet de faire appel à la mémoire de tous, en rappelant un texte patrimonial : elle crée une complicité avec le lecteur qui redécouvre un texte faisant partie d'un patrimoine commun.

→ **Ex. :** Pour les lecteurs érudits des *Fables* de La Fontaine, l'histoire de Philomèle et Progné mise en scène, après leur transformation en oiseaux, rappelle les *Métamorphoses* d'Ovide.

Donner un sens adapté à son temps

À travers le phénomène de réécriture, un auteur s'approprie également un texte et lui donne un sens différent en fonction du contexte. Ainsi, l'image d'un personnage évolue en fonction du temps. Ces variations sont liées au contexte culturel, à l'adaptation à un public, à un temps et à une société.

→ **Ex. :** Dans *Don Juan* de Molière, les derniers mots de Sganarelle, ajoutés par l'auteur, contrastent avec le tragique qui précède et renvoient la pièce dans un univers baroque.

Adopter un style personnel

À partir de ce texte originel, appelé aussi « hypotexte », les auteurs varient les genres (roman, théâtre, poésie...) et les registres. Ils adoptent un style personnel.

→ **Ex. :** Dans *Les Vrilles de la vigne*, Colette intègre une explication du chant du rossignol dans un récit autobiographique.

Transposer à d'autres arts

Le mythe se retrouve aussi dans des formes d'arts autres que la littérature. La transposition dans une expression artistique différente (théâtre, cinéma, peinture, bande dessinée, opéra,...) ouvre de nouvelles perspectives.

→ **Ex. :** Le film de Jacques Weber, *Don Juan*, nous donne à voir une mort du personnage que seul le langage cinématographique permet.

3 L'EMPREINTE DU TEXTE ORIGINEL

La citation

Il existe différents niveaux de réécriture, le plus évident pour le lecteur étant le cas de la **citation**. Le texte original est cité ou reformulé dans une intention narrative, dramatique, explicative, symbolique.

→ Ex. : Dans *La Nuit de Valognes*, Eric-Emmanuel Schmitt achève sa pièce sur une réplique de Sganarelle, qui, bien que légèrement transformée, est une citation du *Don Juan* de Molière.

Les allusions au texte originel

Mais de manière moins évidente, les auteurs pratiquant la réécriture font des **allusions** au texte originel. Le récit se déroule selon le même ordre, de la même façon que le premier texte. L'allusion peut être parfois plus difficile à saisir : les thèmes du texte original sont repris, mais le texte a subi des transformations, notamment dans les noms des personnages.

→ Ex. : Dans « Le Rossignol » de Catulle Mendès, les thèmes du rossignol, du tissage et de la métamorphose rappellent le mythe de Philomèle et Progné raconté par Ovide.

4 MODALITÉS DES RÉÉCRITURES

L'amplification

À partir du mythe repris, les auteurs ont la liberté **d'amplifier** ce que le texte originel ne montrait pas. Un autre épisode du récit peut être ajouté, ou une suite peut alors être constituée.

→ Ex. : Dans *Médée Kali* de Laurent Gaudé, le monologue final de Médée intervient bien après la mort de ses enfants, lorsqu'elle retourne sur leur tombe, épisode que le texte initial passait sous silence.

L'ellipse

Le phénomène inverse peut se trouver : les auteurs peuvent passer sous silence une partie du texte original, composant alors une **ellipse**.

→ Ex. : Dans *Médée* de Max Rouquette, contrairement aux versions antérieures, le spectateur ignore le destin de Médée, une fois la couverture rouge retombée.

La parodie

La parodie est une transformation du texte original : le thème est repris, mais le ton adopté est différent. Si la parodie a une intention ludique ou satirique (c'est le sens élargi qui est donné à ce terme), elle peut aussi être une transposition sérieuse. Un autre style est adopté.

→ Ex. : Dans *Médée* de Jean Anouilh, le dialogue final entre la nourrice et le garde emploie le langage du quotidien, avec un niveau de langue courant, contrairement à la tragédie grecque.

Le pastiche

Le texte source peut être imité : le style de l'auteur est repris, et l'auteur met en évidence ce qui le caractérise dans une intention **esthétique**. L'intention peut être aussi ludique, satirique ou sérieuse.

→ Ex. : Dans *La Petite dans la forêt profonde* de Philippe Minyana, l'écriture dramaturgique est originale et peut être pastichée.

TEXTE A

William Shakespeare, *Hamlet* (1601)

Le père d'Hamlet a été empoisonné par Claudius, l'oncle d'Hamlet ; son spectre apparaît à Hamlet sur une plate-forme devant le château d'Elseneur au Danemark. Il est là pour lui révéler la vérité sur sa mort et lui demander de le venger.

ACTE I, SCÈNE 5

Une autre partie de la plate-forme.
Entrent Hamlet et Le Spectre.

HAMLET : Où veux-tu me conduire ? Parle, je n'irai pas plus loin.
LE SPECTRE : Écoute-moi bien.
HAMLET : J'écoute.
LE SPECTRE : L'heure est presque arrivée où je dois retourner dans les flammes sulfureuses qui servent à mon tourment.
HAMLET : Hélas ! pauvre ombre !
LE SPECTRE : Ne me plains pas, mais prête ta sérieuse attention à ce que je vais te révéler.
HAMLET : Parle ! je suis tenu d'écouter.
LE SPECTRE : Comme tu le seras de tirer vengeance, quand tu auras écouté.
HAMLET : Comment ?
LE SPECTRE : Je suis l'esprit de ton père, condamné pour un certain temps à errer la nuit, et, le jour, à jeûner dans une prison de flamme, jusqu'à ce que le feu m'ait purgé des crimes noirs commis aux jours de ma vie mortelle. S'il ne m'était pas interdit de dire les secrets de ma prison, je ferais un récit dont le moindre mot labourerait ton âme, glacerait ton jeune sang, ferait sortir de leurs sphères tes yeux comme deux étoiles, déferait le nœud de tes boucles tressées, et hérisserait chacun de tes cheveux sur ta tête comme des piquants sur un porc-épic furieux. Mais ces descriptions du monde éternel ne sont pas faites pour des oreilles de chair et de sang. Écoute, écoute ! Oh ! Écoute ! Si tu as jamais aimé ton tendre père...
HAMLET : Ô ciel !
LE SPECTRE : Venge-le d'un meurtre horrible et monstrueux.
HAMLET : D'un meurtre ?
LE SPECTRE : Un meurtre horrible ! le plus excusable l'est ; mais celui-ci fut le plus horrible, le plus étrange, le plus monstrueux.
HAMLET : Fais-le-moi vite connaître, pour qu'avec des ailes rapides comme l'idée ou les pensées d'amour, je vole à la vengeance !
LE SPECTRE : Tu es prêt, je le vois. Tu serais plus inerte que la ronce qui s'engraisse et pourrit à l'aise sur la rive du Léthé*, si tu n'étais pas excité par ceci. Maintenant, Hamlet, écoute ! On a fait croire que, tandis que je dormais dans mon jardin, un serpent m'avait piqué. Ainsi, toutes les oreilles du Danemark ont été grossièrement abusées par un récit forgé de ma mort. Mais sache-le, toi, noble jeune homme! le serpent qui a mordu ton père mortellement porte aujourd'hui sa couronne.
HAMLET : Ô mon âme prophétique ! Mon oncle ?
LE SPECTRE : Oui, ce monstre incestueux, adultère, par la magie de son esprit, par ses dons perfides (oh ! maudits soient l'esprit et les dons qui ont le pouvoir de séduire à ce point !), a fait céder à sa passion honteuse la volonté de ma reine, la plus vertueuse des femmes en apparence… Ô Hamlet, quelle chute ! […]

Traduction François-Victor Hugo

* Fleuve de l'Oubli dans la mythologie grecque.

TEXTE B

Jean Cocteau, *La Machine infernale* (1934)

La Machine infernale *est une réécriture du mythe d'Œdipe. La pièce commence par un dialogue entre des soldats qui ont vu sur les remparts de Thèbes le spectre du roi Laïus, père d'Œdipe et époux de Jocaste. Ils ont averti cette dernière ainsi que Tirésias le devin aveugle de Thèbes. Jocaste interroge le soldat qui a vu le spectre.*

ACTE PREMIER, LE FANTÔME

[…]

LE JEUNE SOLDAT : Il parlait vite et beaucoup, Majesté, beaucoup, et il s'embrouillait, et il n'arrivait pas à dire ce qu'il voulait dire.

JOCASTE : C'est lui ! Pauvre cher ! Mais pourquoi sur ces remparts ? Cela empeste…

LE JEUNE SOLDAT : C'est justement, Majesté… Le fantôme disait que c'est à cause des marécages et des vapeurs qu'il pouvait apparaître.

JOCASTE : Que c'est intéressant ! Tirésias, jamais vous n'apprendrez cela dans vos volailles. Et que disait-il ?

TIRESIAS : Madame, madame, au moins faudrait-il interroger avec ordre. Vous allez faire perdre la tête à ce pauvre gamin.

JOCASTE : C'est juste, Zizi, très juste.

Au jeune soldat.

Comment était-il ? Comment le voyiez-vous ?

LE JEUNE SOLDAT : Dans le mur, Majesté. C'est comme qui dirait une espèce de statue transparente. On voit surtout la barbe et le trou noir de la bouche qui parle, et une tache rouge, sur la tempe, une tache rouge vif.

JOCASTE : C'est du sang !

LE JEUNE SOLDAT : Tiens ! On n'y avait pas pensé.

JOCASTE : C'est une blessure ! C'est épouvantable ! *(Laïus apparaît.)* Et que disait-il ? Avez-vous compris quelque chose ?

LE JEUNE SOLDAT : C'est difficile, Majesté. Mon camarade a remarqué qu'il se donnait beaucoup de mal pour apparaître, et que chaque fois qu'il se donnait du mal pour s'exprimer clairement, il disparaissait ; alors il ne savait plus comment s'y prendre.

JOCASTE : Le pauvre !

LE FANTÔME : Jocaste ! Jocaste ! Ma femme Jocaste !

Ils ne le voient ni ne l'entendent pendant toute la scène.

TIRESIAS, *s'adressant au soldat* : Et vous n'avez rien pu saisir de clair ?

LE FANTÔME : Jocaste !

LE SOLDAT : C'est-à-dire, si, monseigneur. On comprenait qu'il voulait vous prévenir d'un danger, vous mettre en garde, la reine et vous, mais c'est tout. La dernière fois, il a expliqué qu'il avait su des secrets qu'il ne devait pas savoir, et que si on le découvrait, il ne pourrait plus apparaître.

LE FANTÔME : Jocaste ! Tirésias ! Ne me voyez-vous pas ? Ne m'entendez-vous pas ?

JOCASTE : Et il ne disait rien d'autre ? Il ne précisait rien ?

LE SOLDAT : Dame ! Majesté, il ne voulait peut-être pas préciser en notre présence. Il vous réclamait. C'est pourquoi mon camarade a essayé de vous prévenir.

JOCASTE : Les braves garçons ! Et je suis venue. Je le savais bien. Je le sentais là ! Tu vois, Zizi, avec tes doutes. Et dites, petit soldat, où le spectre apparaissait-il ? Je veux toucher la place exacte.

LE FANTÔME : Regarde-moi ! Écoute-moi, Jocaste ! Gardes, vous m'avez toujours vu. Pourquoi ne pas me voir ? C'est un supplice. Jocaste ! Jocaste ! […]

TEXTE C

Gotlib et Alexis, *Hamlet, Cinémastock* (2005)

Gotlib et Alexis ont proposé dans Cinémastock *des parodies d'œuvres littéraires célèbres dont* Hamlet.

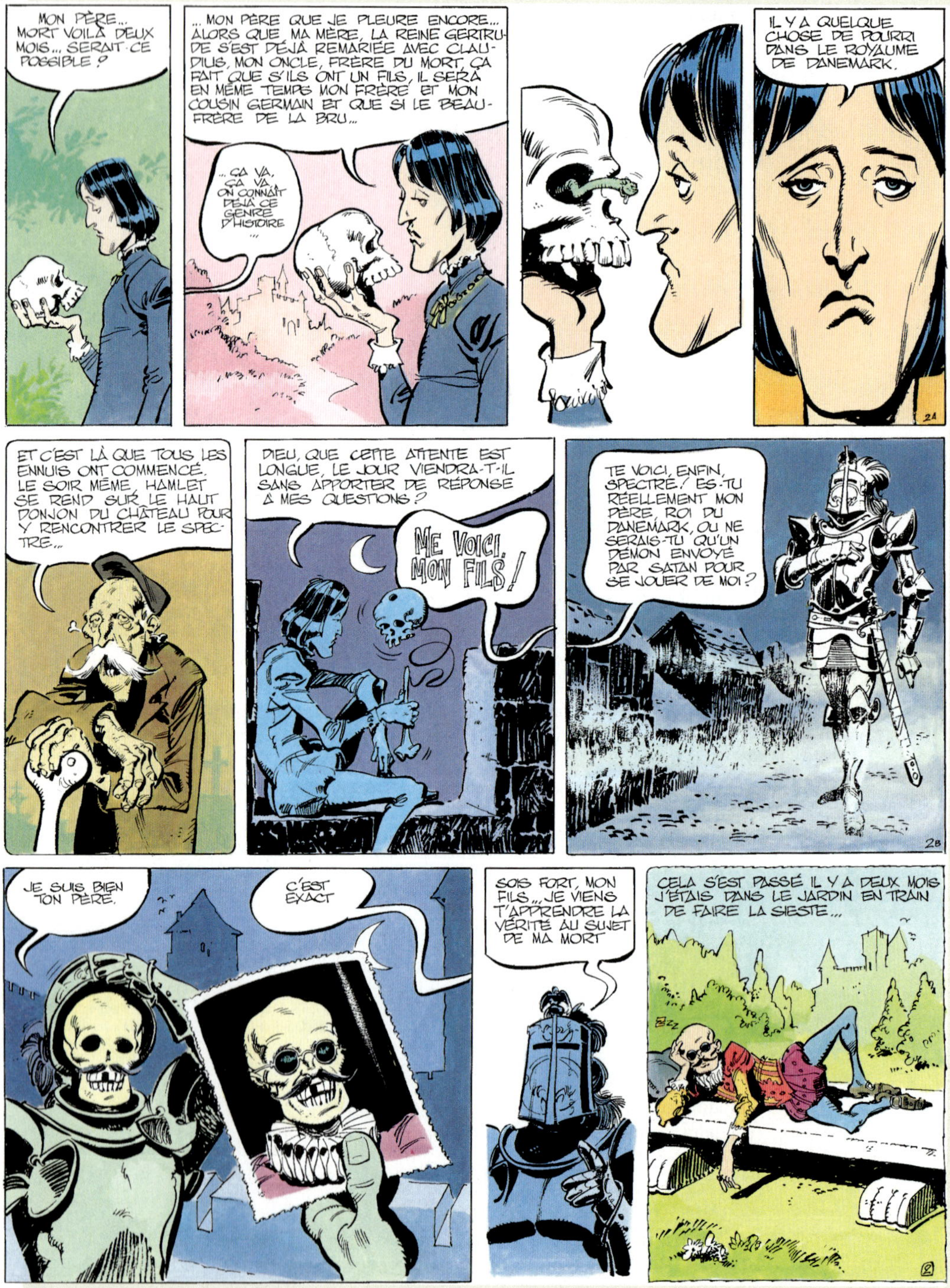

Gotlib-Alexis/Dargaud 2005

▶ ▶ ▶ Sujet Bac

I. Après avoir lu les textes du corpus, répondez à la question suivante (4 points)

Vous montrerez sur quels principaux procédés repose la parodie dans les **textes B** et **C**.

II. Traitez ensuite l'un des sujets suivants (16 points)

• **Commentaire**

Vous commenterez le texte de Jean Cocteau **(Texte B)**.

• **Dissertation**

Une réécriture éclaire-t-elle certains aspects du texte source et la connaissance de ce dernier permet-elle de mieux saisir les intentions des hypertextes ? Pour répondre à cette question, vous vous appuierez sur les textes du corpus et sur ceux présents dans ce chapitre.

• **Écriture d'invention**

Réécrivez sous la forme d'un récit la parodie de Gotlib et Alexis **(Texte C)**. Vous choisirez un narrateur extérieur et omniscient.

Quelques conseils

Pour répondre à la question

► **Grille d'auto-évaluation pour la question sur le corpus, p. 593**

1. Lisez attentivement les **textes B** et **C**, et délimitez les passages qui vous amusent ou ceux dans lesquels vous percevez une intention comique.
2. Repérez dans ces passages ce qui fait écho au **texte A** (situation, lieux, personnages, époques, dialogue, etc.). Repérez dans le **texte B** ce qui peut amuser sans faire écho au **texte A** (caractère des personnages, niveaux de langue, situation, etc.). Lisez un résumé du mythe d'Œdipe.
3. Recensez les procédés comiques relatifs au théâtre (comique de situation, de gestes, de mots, de caractère). Vérifiez qu'on peut les retrouver dans les textes et dans la bande dessinée. Recherchez la définition de burlesque et vérifiez si les auteurs recourent à ce procédé.

Si vous choisissez le commentaire...

► **Grille d'auto-évaluation pour le commentaire, p. 601**

1. Situez le **texte B** par rapport à l'objet d'étude « Les réécritures du XVIIe siècle à nos jours ».
2. Repérez dans l'extrait les échos de la pièce de Shakespeare et les liens avec le mythe d'Œdipe.
3. Demandez-vous quels sont les registres de la scène. (▸ **Les registres et effets du texte, p. 578**)
4. Attachez-vous à saisir le caractère de Jocaste à travers son langage et sa relation avec les différents personnages.
5. Intéressez-vous à la présence et au rôle du fantôme.
6. Soyez attentif aux noms donnés aux personnages par l'auteur ou par les personnages eux-mêmes.
7. N'oubliez pas de prendre en compte les didascalies. (▸ **Le vocabulaire du théâtre, p. 554**)

Si vous choisissez la dissertation...

► **Grille d'auto-évaluation pour la dissertation, p. 611**

1. Analysez le sujet en soulignant les termes importants : ici, « éclaire », « certains aspects », « mieux saisir », « intentions ». (▸ **Analyser le sujet et exploiter le corpus, p. 602**)
2. Lisez attentivement le libellé du sujet, il vous aidera à bâtir le plan de votre dissertation.
3. Les exemples précis tirés du corpus et des séquences du chapitre vous permettront de trouver les arguments.

Si vous choisissez l'écriture d'invention...

► **Grille d'auto-évaluation pour l'écriture d'invention, p. 623**

1. Abandonnez les ressources de la bande dessinée pour exploiter celles qui sont propres au récit (il faudra trouver un équivalent du dessin dans les mots, par exemple). (▸ **Amplifier et transposer un texte, p. 616**)
2. Exploitez les possibilités que vous offre un narrateur omniscient. N'oubliez pas que dans un récit ce dernier peut être présent ou absent. (▸ **L'organisation et le fonctionnement du récit, p. 548**)
3. Le dialogue dans le récit n'obéit pas aux mêmes codes qu'au théâtre. Songez aux différents procédés qui existent pour rapporter la parole des personnages dans le récit. (▸ **Les discours rapportés, p. 532**)
4. Le registre dominant doit être comique et s'efforcer de traduire celui de la bande dessinée.

Fiche 1 LES VALEURS DES MODES ET DES TEMPS

LE MODE INDICATIF

Le présent d'énonciation correspond au moment de l'écriture.
→ **Ex. :** Elle avait un sourire lumineux, je le **revois** encore aujourd'hui.

Le présent de narration ou **présent historique**, intégré dans un récit au passé, fait revivre un moment intense de ce récit.
→ **Ex. :** La bataille soudain éclata, les fantassins **dévalent** la colline, les cavaliers **s'élancent** ...
Remarque : Employé tout au long d'un récit rapportant des faits passés, il se substitue alors au passé simple et à l'imparfait.

Le présent de vérité générale traduit des faits toujours vrais quel que soit le moment où on les évoque. C'est le temps des maximes, des proverbes ou morales.
→ **Ex. :** Le tigre **est** un animal redoutable. / L'habit ne **fait** pas le moine.

Le présent d'habitude → **Ex. :** En principe, je **fais** une petite sieste après le déjeuner.
Remarque : le présent peut aussi exprimer un passé ou un futur proche. → **Ex. :** Je pars demain./Je viens d'arriver.

Le futur simple présente comme certain un événement postérieur au moment de l'énonciation. → **Ex. :** Manuel **partira** demain.

Le passé simple indique des actions de **premier plan** nettement délimitées – qu'elles soient **brèves** ou **longues** – ou encore des actions **successives**.

L'imparfait rapporte des actions d'**arrière-plan**, non délimitées, **simultanées** ou **habituelles**.
→ **Ex. :** La pluie **tombait** lorsqu'ils **terminèrent** la course.
Le **passé simple** et l'**imparfait** sont les temps du **récit**.

LE MODE SUBJONCTIF

- Le subjonctif peut exprimer une dépendance entre deux événements. Le second, exprimé dans une subordonnée au subjonctif, étant envisagé comme **non réalisé**, comme **éventuel**.
→ **Ex. :** Je rentre mon linge **avant qu'il pleuve**.
- Le subjonctif peut également apporter une valeur restrictive à une information exprimée dans la principale. On utilisera alors les locutions conjonctives « bien que », « à moins que », « pour autant que », « à condition que », etc.
→ **Ex. : Bien qu'**il se soit entraîné sérieusement, il a réalisé un mauvais temps.
- Le subjonctif exprime aussi un **souhait** ou un **ordre**. → **Ex. :** Qu'il parte !

LE MODE CONDITIONNEL

- Dans sa **valeur temporelle**, le conditionnel joue le rôle d'un **futur du passé**.
→ **Ex. :** Elle commença à préparer ses bagages, dans deux jours, elle **serait** à Paris.
- Dans sa **valeur modale**, le conditionnel marque un **futur hypothétique**.

Cet emploi peut exprimer :
– une **hypothèse**, une **possibilité**. → **Ex. :** Le soleil **devrait** revenir en fin de semaine.
– un **fait dépendant de la réalisation d'une condition** exprimée à **l'imparfait** de l'indicatif.
→ **Ex. :** Si tu travaillais, **tu réussirais**.
– une **modalisation**, un **doute** émis par le locuteur.
→ **Ex. :** Le suspect **aurait été aperçu** dans la région.
– une **atténuation polie**, affective. → **Ex. : J'aimerais** prévenir le lecteur...
– un **fait non réalisé** dans le **présent**. → **Ex. :** Il cherche qui **pourrait** faire ce devoir avec lui.
– un **fait non réalisé** dans le **passé**. → **Ex. :** Si j'avais su, je n'**aurais** pas participé à cette réunion.

LE MODE IMPÉRATIF

L'impératif est un mode qui marque le plus souvent une **injonction**.
→ **Ex. : Ayez fini** quand je reviendrai !

IDENTIFIER LES MODES ET LES TEMPS, PUIS JUSTIFIER LEUR EMPLOI

A À quels modes et à quels temps sont conjugués les verbes soulignés ? Justifiez leur emploi.

Voici la première lettre du roman épistolaire Les Liaisons dangereuses *(1782) de Choderlos de Laclos. Cécile Volanges, sortie depuis peu du couvent où elle a été éduquée, écrit à son amie Sophie.*

Cécile Volanges à Sophie Carnay

[…]

Tu vois, ma bonne amie, que je tiens parole, et que les bonnets et les pompons ne prennent pas tout mon temps ; il m'en restera toujours pour toi. J'ai pourtant vu plus de parures dans cette seule journée que dans les quatre ans que nous avons passés ensemble […] ; j'ai une chambre et un cabinet dont je dispose, et je t'écris à un secrétaire très-joli, dont on m'a remis la clef, et où je peux renfermer tout ce que je veux. Maman m'a dit que je la verrais tous les jours à son lever ; qu'il suffisait que je fusse coiffée pour dîner, parce que nous serions toujours seules, et qu'alors elle me dirait chaque jour l'heure où je devrais l'aller joindre l'après-midi. Le reste du temps est à ma disposition, et j'ai ma harpe, mon dessin et des livres comme au couvent ; si ce n'est que la Mère Perpétue n'est pas là pour me gronder, et qu'il ne tiendrait qu'à moi d'être toujours sans rien faire […].

Choderlos de Laclos, *Les Liaisons dangereuses* (1782)

B Identifiez les différents modes et temps utilisés et justifiez leur emploi.

Don Rodrigue a tué le père de Chimène, sa bien-aimée, pour venger l'honneur de son propre père. Dans cette scène, Don Rodrigue vient offrir sa vie à Chimène. Voici ce qu'elle répond :

CHIMÈNE À DON RODRIGUE

[…]
Tu n'as fait le devoir que d'un homme de bien ;
Mais aussi, le faisant, tu m'as appris le mien.
[…]
Hélas ! ton intérêt ici me désespère.
Si quelque autre malheur m'avait ravi mon [père,
Mon âme aurait trouvé dans le bien de te voir
L'unique allégement qu'elle eût pu recevoir ;
Et contre ma douleur j'aurais senti des charmes,
Quand une main si chère eût essuyé mes larmes.
Mais il me faut te perdre après l'avoir perdu ;
[…]
Car enfin n'attends pas de mon affection
De lâches sentiments pour ta punition.
De quoi qu'en ta faveur notre amour m'entretienne,
Ma générosité doit répondre à la tienne.
[…]

Pierre Corneille, *Le Cid*, III, 4 (1636)

C a. Relevez les modes et les temps utilisés dans le premier paragraphe. Quel est le temps dominant ? Justifiez son emploi.

b. À quel moment s'opère un changement très net dans l'emploi des temps ? Expliquez ce changement. Quels sont les nouveaux temps employés ? Justifiez l'emploi de chacun d'eux.

À qui de nous n'est-il pas arrivé de maudire un maître de poste[1] ? Qui de nous n'a pas eu à batailler avec eux ? Qui de nous ne tient un maître de poste pour le rebut du genre humain […] ?

Pourtant, soyons justes ; tâchons de nous mettre à leur place, et peut-être les jugerons-nous alors avec un peu plus d'indulgence. Qu'est-ce qu'un maître de poste ? Un vrai martyr de quatorzième rang, que son grade préserve tout juste des coups, et encore pas toujours ! […] De véritables travaux forcés ! […]

Pénétrons tout cela bien à fond, et l'indignation fera place dans notre cœur à une commisération[2] sincère. […]

Le souvenir de l'un d'eux m'est resté particulièrement précieux. Les circonstances nous avaient rapprochés jadis, et c'est de lui que j'ai l'intention d'entretenir mes aimables lecteurs.

Au mois de mai 1816, il me fallut traverser le gouvernement de N… par la route maintenant abandonnée. […]

La journée fut chaude. À trois verstes[3] du relais de N… quelques gouttes de pluie commencèrent à tomber. […]

Arrivé au relais, mon premier souci fut de changer de vêtements au plus vite, puis de demander du thé.

Alexandre Pouchkine, *Le Maître de poste* (1830), in *Récits de feu Ivan Petrovitch Biekline*, © Éditions Gallimard

1. Fonctionnaire chargé de fournir aux voyageurs des chevaux frais dans les relais de poste.
2. Pitié.
3. Ancienne mesure de largeur (≈ 1065 m).

c. Écriture d'invention Poursuivez le texte en rédigeant un paragraphe employant le même système de temps et dans lequel apparaîtra un personnage nouveau (→ Ex. : la fille du maître de poste).

Fiche 2

L'EXPRESSION DE LA CAUSE, DE LA CONSÉQUENCE, DU BUT, DE LA CONDITION, DE L'OPPOSITION ET DE LA CONCESSION

LES MOYENS D'EXPRIMER LES CIRCONSTANCES

Les compléments circonstanciels

Ils peuvent être de natures grammaticales diverses : un adverbe, un groupe nominal, un groupe pronominal, un groupe infinitif.

Les subordonnées circonstancielles

Elles sont introduites par les conjonctions de subordination « comme », « si », et les locutions conjonctives « parce que », « pour que », « afin que », « bien que ». On distingue **deux constructions** :

– l'une **mobile**, présentant une information de **second plan**, pouvant être **déplacée** et **supprimée**.

→ Ex. : Il ne viendra pas **parce qu'il pleut.**

– l'autre **non mobile**, présentant deux propositions interdépendantes, l'une ne pouvant exister sans l'autre.

→ Ex. : Il pleut tellement **qu'il ne viendra pas.**

L'EXPRESSION DE LA CAUSE ET DE LA CONSÉQUENCE

• Les liens de cause à conséquence unissent l'**origine** d'un fait et son **résultat.** Dans un cas, on part d'un fait pour remonter à son origine, sa **cause.**

→ Ex. : J'ai mis mes lunettes **à cause du soleil.**

• Dans l'autre cas, un fait en entraîne un autre, sa **conséquence.**

→ Ex. : Il fait soleil, **c'est pourquoi j'ai mis mes lunettes.**

L'expression de la cause

La subordonnée circonstancielle de cause

• Elle est introduite par la conjonction « comme », et les locutions conjonctives « parce que », « vu que », « étant donné que », « attendu que », « sous prétexte que », « non que », etc.

• La cause peut être présentée comme **évidente** par le locuteur.

→ Ex. : **Comme** il fait beau, nous déjeunerons dehors.

• La cause peut être présentée comme **inacceptable**, injustifiée.

→ Ex. : Il n'est pas venu au cinéma **sous prétexte qu'**il était souffrant.

• À la cause présentée comme inacceptable peut succéder une autre cause présentée comme juste par le locuteur.

→ Ex. : Il n'est pas venu, **non parce qu'**il était souffrant, **mais parce qu'**il ne voulait pas voir ce film.

La juxtaposition

Le lien de cause à effet est **implicitement** établi et les deux faits sont présentés sur un **même plan.**

→ Ex. : Il pleut **:** elle ne viendra pas.

La coordination

Le lien de cause est établi par la conjonction de coordination « car ».

→ Ex. : Elle ne viendra pas **car** il pleut.

L'expression de la conséquence

La subordonnée circonstancielle de conséquence

Elle est introduite par les locutions conjonctives « si bien que », « de sorte que », « tellement que », « à tel point que », etc.

→ **Ex. :** Il travaille **tellement qu'**il est épuisé.

Remarque : La subordonnée de conséquence est souvent interdépendante de la principale, l'une ne peut exister sans l'autre : on dira qu'elles sont **corrélatives.**

→ **Ex. :** Ce que tu m'apprends là est suffisamment important pour que je le note.

L'EXPRESSION DU BUT

Les propositions circonstancielles de but sont **toujours au mode subjonctif**. Ce mode signale que le but fixé peut ne pas se réaliser. Elles peuvent être introduites par : « afin que », « pour que », « de peur que », « de façon que », etc.

→ **Ex. :** Je parle à voix basse **de peur qu'**elle ne se réveille.

L'EXPRESSION DE LA CONDITION

• La condition, ou **hypothèse,** est l'expression d'un fait, d'une condition indispensable pour qu'un autre fait se réalise. L'hypothèse peut être :

– **réalisable** (hypothèse qui se réfère au présent du cadre d'énonciation).

→ **Ex. : Si tu veux,** tu peux m'aider. / **Si tu voulais,** tu pourrais m'aider.

– **potentielle** (hypothèse qui se réfère à un cadre d'énonciation futur).

→ **Ex. : Si l'on répartissait mieux les richesses,** il y aurait moins de misère.

– **irréalisée dans le passé** (dans ce cas, « si » est suivi du **plus-que-parfait**).

→ **Ex. : Si tu avais voulu,** tu aurais pu m'aider.

– **irréalisée dans le présent** (dans ce cas, « si » est suivi de l'**imparfait**).

→ **Ex. : S'il était là,** il pourrait m'aider !

• La conjonction « si » constitue la marque privilégiée de l'hypothèse ; mais on utilisera aussi « pour le cas où », « dans l'hypothèse où » pour marquer la probabilité, « en admettant que », « à supposer que », « même si », pour une supposition à laquelle n'adhère pas le locuteur.

→ **Ex. : À supposer même qu'il se mette à faire beau,** il ne pourra pas terminer la clôture.

L'EXPRESSION DE L'OPPOSITION ET DE LA CONCESSION

L'expression de l'opposition

• L'opposition présente deux faits qui ne sont pas contradictoires.

→ **Ex. :** Marie est en Inde **alors que** Virginie est en Polynésie.

• Les locutions conjonctives « alors que », « tandis que », et la conjonction « quand » sont les marques de l'opposition les plus fréquentes.

L'expression de concession

• La concession oppose deux faits contradictoires.

→ **Ex. : Bien qu'il conduise prudemment,** il a eu un accident.

• Les locutions conjonctives « bien que », « même si » et les conjonctions « mais », « cependant », « or », « néanmoins » sont les marques de la concession les plus fréquentes.

1 IDENTIFIER LES MOYENS D'EXPRIMER LES CIRCONSTANCES ❁

A Relevez tous les moyens employés par l'auteur pour exprimer les circonstances et identifiez-les.

Dans cet extrait, un jeune indigène kanak raconte comment lui et vingt des siens ont été présentés comme des bêtes sauvages aux visiteurs parisiens de l'exposition coloniale de 1931.

Au cours des jours qui ont suivi, des hommes sont venus nous dresser, comme si nous étions des animaux sauvages. [...] Nous devions creuser d'énormes troncs d'arbres, plus durs que la pierre, pour construire des pirogues tandis que les femmes étaient obligées de danser le pilou-pilou à heures fixes. [...] Le reste du temps, malgré le froid, il fallait aller se baigner et nager dans une retenue d'eau en poussant des cris de bêtes. J'étais l'un des seuls à savoir déchiffrer quelques mots que le pasteur m'avait appris, mais je ne comprenais pas la signification du deuxième mot écrit sur la pancarte fichée au milieu de la pelouse, devant notre enclos : « Hommes anthropophages de Nouvelle-Calédonie. »

Didier Daeninckx, *Cannibale* (1998), © Verdier

B a. Identifiez les différentes circonstances. Dites par quel moyen chacune d'elles est exprimée.

b. Reformulez la phrase soulignée en y introduisant une proposition subordonnée.

Le matin du 16 avril, le docteur Bernard Rieux sortit de son cabinet et buta sur un rat mort, au milieu du palier. Sur le moment, il écarta la bête sans y prendre garde et descendit l'escalier. Mais, arrivé dans la rue, la pensée lui vint que ce rat n'était pas à sa place et il retourna sur ses pas pour avertir le concierge. Devant la réaction du vieux M. Michel, il sentit mieux ce que la découverte avait d'insolite. La présence de ce rat mort lui avait paru seulement bizarre tandis que, pour le concierge, elle constituait un scandale. La position de ce dernier était d'ailleurs catégorique : il n'y avait pas de rat dans la maison. Le docteur eut beau l'assurer qu'il y en avait un sur le palier du premier étage, et probablement mort, la conviction de M. Michel restait entière. Il n'y avait pas de rats dans la maison, il fallait donc qu'on eût apporté celui-ci du dehors. Bref, il s'agissait d'une farce.

Albert Camus, *La Peste* (1947), © Éditions Gallimard

2 DISTINGUER LA CAUSE ET LA CONSÉQUENCE ❁❁

A Précisez la circonstance exprimée par les deux points en couleur. Récrivez la phrase en les remplaçant d'abord par une conjonction de coordination, puis une conjonction de subordination.

Nous avons des Juifs à Bordeaux, à Metz, en Alsace [...] : ne pouvons-nous pas souffrir et contenir des Calvinistes à peu près aux mêmes conditions que les Catholiques sont tolérés à Londres ?

Voltaire, *Traité sur la Tolérance* (1763)

B Dans son chapitre des *Essais* titré « De la conscience », Montaigne examine le rôle de la torture.

a. Quelle relation logique exprime « et » dans la première phrase ?

b. Quelle concession Montaigne fait-il sur le rôle de la torture dans la première phrase ?

c. Reformulez la deuxième phrase pour expliquer la réfutation de la torture.

C'est une dangereuse invention que celle des tortures et il semble que c'est plutôt une mise à l'épreuve de la capacité de souffrir qu'une mise à l'épreuve de la vérité. Celui qui peut les supporter cache la vérité et il en va de même pour celui qui ne peut pas les supporter.

Montaigne, *Essais*, II, 5 (1595), trad. A. Lanly, © Honoré Champion

C a. Identifiez les moyens d'exprimer les circonstances. Comment visent-elles à disculper l'accusé ?

Il était évident que si le parricide avait pu être commis, tous les accusés étaient également coupables, parce qu'ils ne s'étaient pas quittés d'un moment ; il était évident qu'ils ne l'étaient pas ; il était évident que le père seul ne pouvait l'être ; et cependant l'arrêt condamna ce père seul à expirer sur la roue.

Voltaire, *Traité sur la Tolérance* (1763)

b. Écriture d'invention Imaginez une phrase qui s'appuiera sur les mêmes liens logiques pour récuser un fait de votre choix.

3 EXPRIMER LA CAUSE, LA CONSÉQUENCE ET LE BUT ❁❁

A a. Identifiez les circonstances et les manières dont elles sont exprimées.

Voici une ancienne publicité pour les pneus Michelin.

Parce qu'il y aura toujours du soleil mais aussi de la pluie.

Parce qu'il y aura toujours des virages sur les routes.

Parce qu'il y aura toujours l'imprévisible...

Vous aurez toujours besoin de bons pneus.

Pour freiner « sec » (même sous la pluie).

Pour « tenir » la route, car on peut être surpris en entrant vite dans un virage difficile.

Pour éviter l'obstacle imprévu qui se dresse brusquement devant vous...

Pour tout cela, vous aurez besoin des pneus Michelin ZX. [...]

b. Écriture d'invention **Imaginez, en choisissant un autre objet, une publicité intégrant l'expression de ces mêmes circonstances. Vous pourrez suivre la même organisation syntaxique.**

B Écriture d'invention **En utilisant les informations données ci-dessous, rédigez un court texte expliquant les effets néfastes de la pollution et militant pour des attitudes citoyennes. Utilisez des propositions circonstancielles de cause, conséquence et but.**

Les dégagements gazeux des automobiles et des usines envoient chaque année dans l'atmosphère 22 milliards de tonnes de CO_2. Les océans et la végétation n'absorbent plus que la moitié du supplément dû aux activités humaines. L'augmentation de la température fait fondre les glaces. La fonte des glaces entraîne une hausse du niveau des mers. Le réchauffement provoque des désordres climatiques (tempêtes, inondations...). Des énergies ne sont pas polluantes (vent, énergie solaire). Des constructions modernes sont faites à partir de matériaux naturels.

C **Voici ce qu'écrit Montesquieu pour introduire sa réflexion sur l'esclavage. Indiquez les liens logiques qui unissent les trois propositions. Pourquoi ces faits ne peuvent pas constituer des arguments.**

Les peuples d'Europe ayant exterminé ceux de l'Amérique, ils ont dû mettre en esclavage ceux de l'Afrique, pour s'en servir à défricher tant de terres.

Montesquieu, *De l'esprit des lois* (1748)

4 IDENTIFIER, EXPRIMER ET INTERPRÉTER LA CONDITION ✱✱✱

A a. **Précisez comment sont construites les phrases de ce poème d'Alain Bosquet. Quelle est la circonstance exprimée ?**

Pluie

S'il pleuvait des gondoles,
je serais gondolier.
S'il pleuvait des mains folles,
j'en ferais un collier.
S'il pleuvait des presqu'îles,
je leur conseillerais
d'élire domicile
dans mon livre secret.
S'il pleuvait des girafes,
je dirais : « Équateur,
va changer d'orthographe
pour leur offrir des fleurs ! »
S'il pleuvait, ciel verbal,
ma chanson serait fraîche,
et tout neuf mon cheval.
Je vis de larmes sèches.

Alain Bosquet, *Alain Bosquet un poète* (1985),

b. Écriture d'invention **Poursuivez ce poème en rédigeant huit vers sur le même modèle.**

B **Relevez les subordonnées circonstancielles, identifiez-les et dites quel effet elles produisent dans l'évocation du souvenir.**

Dans ce court extrait des Vrilles de la vigne, *Colette évoque le pays de son enfance.*

Si tu passais en juin, entre les prairies fauchées, à l'heure où la lune ruisselle sur les meules rondes qui sont les dunes de mon pays, tu sentirais, à leur parfum, s'ouvrir ton cœur. […]

Et si tu arrivais, un jour d'été, dans mon pays, au fond d'un jardin que je connais, un jardin noir de verdure et sans fleurs, si tu regardais bleuir, au lointain, une montagne ronde où les cailloux, les papillons et les chardons se teignent du même azur mauve et poussiéreux, tu m'oublierais, et tu t'assoirais là, pour n'en plus bouger jusqu'au terme de ta vie.

Écoute encore, donne tes mains dans les miennes : si tu suivais, dans mon pays, un petit chemin que je connais, jaune et bordé de digitales d'un rose brûlant, tu croirais gravir le sentier enchanté qui mène hors de la vie.

Colette, *Les Vrilles de la vigne* (1908),

5 IDENTIFIER ET INTERPRÉTER L'OPPOSITION ✱✱✱

Relevez et identifiez les marques de l'opposition. Quel est l'objectif de cet article de Nicolas Hulot traitant des changements climatiques ?

Certes, les grands rassemblements ponctuels permettent d'appeler l'attention des opinions publiques sur un problème grave. […] Mais sur le plan politique, les négociations patinent. […] On est ahuri de constater la frilosité des promesses des pays étant donné les enjeux fondamentaux que représentent les changements climatiques. Parfois, les débats relèvent des discussions syndicales alors qu'il s'agit, ni plus ni moins, de cesser de compromettre notre avenir à tous ! Car l'effet de serre est l'un des fléaux qui conduisent à s'engager dans le fameux « tunnel de l'irréversibilité » […]. Certes, personne ne peut prévoir avec exactitude la montée du niveau de la mer, personne ne peut certifier que les aberrations climatiques […] résultent directement de l'effet de serre […]. Mais personne non plus ne peut prouver le contraire. Or, ce n'est pas parce que les scientifiques ne peuvent pas tout prouver qu'il ne faut rien faire […].

Nicolas Hulot, *Sciences et nature* n° 100,
« Effet de serre, effets de manche »,
novembre/décembre 2000

Fiche 3

LES PROGRESSIONS THÉMATIQUES

Le **thème** est, à l'intérieur d'une phrase, **ce dont on parle**, ce que l'on connaît déjà.
Le **propos** est **l'information nouvelle** apportée à ce thème.

LA PROGRESSION À THÈME CONSTANT

Dans cette progression, chaque phrase reprend le **même thème** qui est suivi à chaque fois d'un **nouveau propos**.

→ **Ex. :** **Maître Chicot**, l'aubergiste d'Épreville, arrêta son tilbury devant la ferme de la mère Magloire. **C'**était un grand gaillard de quarante ans, rouge et ventru, et qui passait pour malicieux. **Il** attacha son cheval au poteau de la barrière, puis **il** pénétra dans la cour. **Il** possédait un bien attenant aux terres de la vieille, qu'il convoitait depuis longtemps. Vingt fois **il** avait essayé de les acheter. (Guy de Maupassant)

LA PROGRESSION LINÉAIRE

Dans cette progression, les thèmes et les propos s'enchaînent **: le propos d'une phrase** devient **le thème de la suivante**, etc.

→ **Ex. :** Je tombai par hasard dans un **terrain caché**. C'était un grand quadrilatère nu, entièrement bordé **d'une haute futaie de pins et de chênes**. **Ces arbres** noirs se dressaient sur les quatre côtés du champ. (Henri Bosco)

Ce type de progression est rarement longuement développé. Prolongé, il devient artificiel ou ludique comme dans les comptines enfantines.

LA PROGRESSION À THÈME ÉCLATÉ

Un thème central, annoncé ou non, est divisé (éclaté) en **plusieurs thèmes**, comme on peut le lire dans ce portrait.

→ **Ex. :** J'aperçus **une dame d'une beauté rare** [...]. **Ses cheveux** d'un blond roux coulaient comme deux fleuves d'or ; [...] **son front** [...] s'étendait large et serein sur l'arc de deux cils presque bruns. [...] **Quels yeux !** Ils avaient une vie. (Théophile Gautier)

Le thème principal est « une dame d'une beauté rare », les phrases suivantes déclinent ce thème en illustrant cette beauté. Ce type de progression est fréquemment utilisé dans les **descriptions**.

LA PROGRESSION COMPOSITE

Dans la réalité des textes, ces différentes progressions se mêlent souvent. Le repérage de ces progressions aide à comprendre la cohésion des propos, la structuration du sens.

→ **Ex. :** Entre ces deux personnages et les autres, **Vautrin**, l'homme de quarante ans, à favoris peints, servait de transition. **Il** était un de ces gens dont le peuple dit : Voilà un fameux gaillard ! **Il** avait les épaules larges, le buste bien développé [...]. **Sa figure**, rayée par des rides prématurées, offrait des signes de dureté que démentaient ses manières souples et liantes. **Sa voix** de basse-taille, en harmonie avec sa grosse gaieté, ne déplaisait point. (Honoré de Balzac)

La progression à thème constant met l'éclairage sur le personnage central, Vautrin. Puis le thème central se divise pour entrer dans le détail de « sa figure », « sa voix » selon une progression à thème éclaté.

IDENTIFIER, ANALYSER ET EMPLOYER LES PROGRESSIONS THÉMATIQUES

A a. Identifiez les types de progression. À quelle intention de l'auteur semblent-ils répondre ?

Les oiseaux s'éveillaient dans le vallon où il descendit. Il ne faisait pas frais même dans les profondeurs encore couvertes des ténèbres de la nuit. Le ciel était entièrement éclairé d'élancements de lumière grise. Enfin, le soleil rouge, tout écrasé dans de longues herbes de nuages sombres, émergea des forêts.

Malgré la chaleur déjà étouffante, Angelo avait très soif de quelque chose de chaud. Comme il débouchait dans la vallée intermédiaire qui séparait les collines où il avait passé la nuit d'un massif plus haut et plus sauvage, étendu à deux ou trois lieues devant lui et sur lequel les premiers rayons du soleil faisaient luire le bronze de hautes chênaies, il vit une petite métairie au bord de la route et, dans le pré, une femme en jupon rouge qui ramassait le linge qu'elle avait étendu au serein.

Il s'approcha.

Jean Giono, *Le Hussard sur le toit* (1951), © Éditions Gallimard

b. Écriture d'invention En un court paragraphe, poursuivez le texte en le structurant autour de deux progressions thématiques enchâssées.

B a. Selon quels types de progression est organisée cette description ? Faites-en l'analyse et justifiez les choix de l'auteur.

b. Quelle impression se dégage de chaque étage ?

c. Quel est le thème le moins développé ? Quel effet cela provoque-t-il chez le lecteur sachant que nous sommes au début du récit ?

d. À quelle catégorie sociale madame Aubain pourrait-elle appartenir ? Relevez des indices précis.

Cette maison, revêtue d'ardoises, se trouvait entre un passage et une ruelle aboutissant à la rivière. Elle avait intérieurement des différences de niveau qui faisaient trébucher. Un vestibule étroit séparait la cuisine de la salle où Mme Aubain se tenait tout le long du jour, assise près de la croisée dans un fauteuil de paille. Contre le lambris, peint en blanc, s'alignaient huit chaises d'acajou. Un vieux piano supportait, sous un baromètre, un tas pyramidal de boîtes et de cartons. Deux bergères[1] de tapisserie flanquaient la cheminée en marbre jaune et de style Louis XV. La pendule, au milieu, représentait un temple de Vesta ; et tout l'appartement sentait un peu le moisi, car le plancher était plus bas que le jardin.

Au premier étage, il y avait d'abord la chambre de « Madame », très grande, tendue d'un papier à fleurs pâles, et contenant le portrait de « Monsieur » en costume de muscadin[2]. Elle communiquait avec une chambre plus petite, où l'on voyait deux couchettes d'enfants, sans matelas. Puis venait le salon, toujours fermé, et rempli de meubles recouverts d'un drap. Ensuite un corridor menait à un cabinet d'études ; des livres et des paperasses garnissaient les rayons d'une bibliothèque entourant de ses trois côtés un large bureau de bois noir. Les deux panneaux en retour disparaissaient sous des dessins à la plume, des paysages à la gouache et des gravures d'Audran, souvenirs d'un temps meilleur et d'un luxe évanoui. Une lucarne au second étage éclairait la chambre de Félicité, ayant vue sur les prairies.

Gustave Flaubert, « Un cœur simple », *Trois contes* (1877)

1. Fauteuils de salon dont les côtés, montants, sont pleins.
2. À l'époque révolutionnaire, les royalistes affichant leur élégance étaient surnommés ainsi parce qu'ils se parfumaient au musc.

e. Écriture d'invention Ajoutez un étage à cette maison et décrivez-le selon un nouveau thème éclaté. Cet étage donnera l'impression d'être inoccupé.

C a. Quelles progressions Céline utilise-t-il ?

b. Quelles impressions se dégagent de cette évocation de la banlieue ? Par quels moyens, syntaxiques, lexicaux, stylistiques, sont-elles suggérées ?

c. Quel est l'effet produit par la dernière phrase ?

En banlieue, c'est surtout par les tramways que la vie vous arrive le matin. Il en passait des pleins paquets avec des pleines bordées d'ahuris brinquebalant, dès le petit jour, par le boulevard Minotaure, qui descendaient vers le boulot. Les jeunes semblaient même comme contents de s'y rendre au boulot. Ils accéléraient le trafic, se cramponnaient aux marchepieds, ces mignons, en rigolant. […]

La lumière du ciel à Rancy, c'est la même qu'à Détroit, du jus de fumée qui trempe la plaine depuis Levallois. Un rebut de bâtisses tenues par des gadoues noires au sol. Les cheminées, des petites et des hautes, ça fait pareil de loin qu'au bord de la mer les gros piquets dans la vase. Là-dedans, c'est nous.

Louis-Ferdinand Céline, *Voyage au bout de la nuit* (1932), © Éditions Gallimard, 1952

d. Écriture d'invention Rédigez un nouveau paragraphe qui pourrait faire suite à ce début de texte et qui commencera ainsi : « L'immeuble d'en face… ». Vous préciserez ensuite quelles progressions vous avez utilisées et les effets que vous avez souhaité produire par vos choix d'écriture.

Fiche 4

LES ACTES DE LANGAGE, L'IMPLICITE ET LA MODALISATION

LA SITUATION D'ÉNONCIATION

Tout **énoncé** est attribué à un énonciateur ou **locuteur** à destination d'un énonciataire ou **destinataire** en référence à un moment et à un lieu donnés. Ces paramètres définissent la **situation d'énonciation.**

Les deux plans d'énonciation

La distinction de ces deux plans dépend de la position du locuteur dans l'énoncé.

L'énonciation du discours

L'énoncé, construit à partir de l'indicatif présent, porte les marques du locuteur « je » et réfère à la situation de communication « ici », « maintenant ». L'**antériorité** par rapport à ce présent d'énonciation sera marquée par l'**imparfait** et le **passé composé** et la **postériorité** par le **futur simple.** L'adresse au destinataire se fait par « tu » ou « vous ». Cette énonciation est représentative de l'échange oral et des genres littéraires comme le genre épistolaire, le théâtre ou l'autobiographie.

L'énonciation du récit

Le récit est totalement dissocié de son locuteur dont il ne porte aucune trace ; il exclut tout commentaire du narrateur sur son récit. Le temps de référence est l'indicatif passé simple et l'énoncé est écrit à la troisième personne « il ».

Récit et discours

Dans la narration romanesque, les deux systèmes s'entremêlent la plupart du temps. Le récit est parfois interrompu par une intervention du narrateur, un commentaire, pour interpeller le lecteur ou rapporter directement les paroles d'un ou plusieurs personnages.

LES ACTES DE LANGAGE ET L'IMPLICITE

Actes de langage et conventions sociales

- L'énoncé produit par un locuteur porte les marques de la situation d'énonciation. Lorsqu'il produit cet énoncé, et selon ce qu'il sait de son destinataire ou ce qu'il attend de lui, le locuteur produit un **acte de langage** qu'il souhaite adapter à la situation.
- L'élève qui interpelle son professeur, l'employé qui écrit à son supérieur hiérarchique ou le père qui parle à son fils, tous utilisent des formules convenues, des niveaux de langue différents.
- Les auteurs peuvent jouer sur la transgression de ces codes pour provoquer un effet comique ou inattendu quand, par exemple, un personnage utilise un niveau de langue inadapté à la situation de communication.

Actes de langage « performatifs »

- Lorsque « dire c'est faire », on parle d'énoncé **performatif.** C'est le cas par exemple de l'interdiction « Je vous interdis de marcher sur les pelouses. » Cet énoncé est différent de « Il est interdit de marcher sur les pelouses », simple injonction qui n'implique pas le locuteur.

Énonciation et types de phrases

À chaque acte de langage correspond un **type de phrase** particulier :
– la **phrase interrogative** essentiellement pour questionner ;

Remarques :
- Une interrogation peut être une injonction. → **Ex. :** Voudriez-vous faire moins de bruit ?
- Une question peut être rhétorique et être énoncée comme une vérité partagée par le destinataire.

→ **Ex. :** « Ne pensez-vous pas que la situation économique se dégrade ? » peut être une façon, pour un homme politique, de dire « Nous savons tous que la situation économique se dégrade ».

– la **phrase exclamative** pour manifester un sentiment fort ;
– la **phrase assertive** pour exprimer une vérité, une affirmation ;
– la **phrase injonctive** pour exprimer un ordre, un souhait.

Les actes de langage implicites

Il arrive que l'énoncé ne puisse être compris qu'en relation avec la situation d'énonciation, et que l'idée ne soit exprimée que de manière détournée ou allusive.
→ **Ex. :** Vous ne trouvez pas qu'il fait froid ici ? peut être une manière implicite, de demander à quelqu'un de fermer la fenêtre.

LA MODALISATION

• Le locuteur peut prendre position par rapport à son énoncé : on dit qu'il **modalise** son propos. Il peut ainsi manifester son doute, son absolue certitude, son accord, son désaccord, ses craintes.

• La modalisation peut porter sur :
– une **appréciation favorable** marquant la satisfaction, l'euphorie.
→ **Ex. :** C'est **vraiment formidable** qu'il ait eu cette attitude face au danger !
– l'**insatisfaction**, la **déception**.
→ **Ex. :** **Quel dommage** qu'il ne vienne pas !

• La modalisation emprunte à de très nombreux procédés grammaticaux :
– des **verbes d'opinion** : « je crois », « il se peut », « on affirme », « on prétend », « je pense », « j'avoue que », « je doute », etc.
– des **adverbes** et **locutions adverbiales** : « certainement », « vraisemblablement », « absolument », « certes », « bien sûr », « sans doute », « peut-être », etc.
– des **modes verbaux** exprimant la probabilité, l'incertitude comme le futur antérieur (→ **Ex. :** Il **aura** encore **oublié** la date du rendez-vous !), le conditionnel présent (→ **Ex. :** Le train suspect **transporterait** des matières radioactives.), le subjonctif présent (→ **Ex. :** Il se peut que les opposants **choisissent** l'épreuve de force pour le bloquer.).
– des **groupes prépositionnels** : « À mon avis », « selon moi », etc.
– des **adjectifs subjectifs** dépréciatifs ou mélioratifs.
→ **Ex. :** Cet **affligeant** homme politique nous conduit à la catastrophe.
– des mots de différentes catégories grammaticales (adverbes, noms, adjectifs) dans des énoncés exclamatifs.
→ **Ex. :** Quel **malheur** !, **Horrible** !, **Hélas** !, **Passionnant** !
– des adjectifs dans des constructions impersonnelles.
→ **Ex. :** **Il est étonnant que…**

• La **modalisation** peut aussi se lire dans la **typographie**, la **ponctuation**. Parfois, le locuteur écrit un passage en italique ou entre guillemets pour montrer qu'il n'assume pas les propos cités.
→ **Ex. :** « Il n'y a aucun cas de dopage connu », affirme le directeur du Tour de France.

• Le choix du **type de phrase** peut être également révélateur d'une position du locuteur par rapport à son propre discours.
→ **Ex. :** La bombe a fait une centaine de morts. Une boucherie ! La phrase exclamative marque l'indignation du locuteur.

1 IDENTIFIER LES ÉLÉMENTS DE LA SITUATION D'ÉNONCIATION ✱

A Précisez ce qui permet au lecteur de bien comprendre ce que disent et ce que font les personnages.

HAMM : Comment vont tes yeux ?
CLOV : Mal.
HAMM : Comment vont tes jambes ?
CLOV : Mal.
HAMM : Mais tu peux bouger ?
CLOV : Oui.
HAMM, *avec violence* : Alors bouge !
Clov va jusqu'au mur du fond, s'y appuie du front et des mains.
Où es-tu ?
CLOV : Là.

Samuel Beckett, *Fin de Partie* (1957), © Les Éditions de Minuit

B Même exercice.

Chez Serge.
Posée à même le sol, une toile blanche, avec de fins liserés blancs transversaux.
Serge regarde, réjoui, le tableau.
Marc regarde le tableau.
Serge regarde Marc qui regarde le tableau.
Un long temps où tous les sentiments se traduisent sans mot.
MARC : Cher ?
SERGE : Deux cent mille.
MARC : Deux cent mille ?...
SERGE : Handtington me le reprend à vingt-deux.

Yasmina Reza, « *Art* » (1994), © Albin Michel

2 DISTINGUER LES PLANS D'ÉNONCIATION ✱✱

A Quels plans d'énonciation Daudet a-t-il choisis dans ce texte ?

Le bon père achevait de dire sa messe, quand on lui amena les prisonniers. C'était dans un coin sauvage des monts Arichulégui. Une roche éboulée, où un figuier géant enfonçait sa tige tordue, formait une sorte d'autel recouvert – en guise de nappe – d'un étendard carliste[1] aux franges d'argent. Deux alcarazas[2] ébréchés tenaient lieu de burettes[3], et quand le sacristain Miguel, qui servait la messe, se levait pour changer les évangiles de côté, on entendait sonner les cartouches dans sa giberne[4]. Tout autour, les soldats de Carlos étaient rangés silencieusement, le fusil en bandoulière, un genou à terre sur le béret blanc. Un grand soleil, le soleil de Pâques en Navarre, concentrait sa chaleur éblouissante dans ce creux de roche brûlant et sonore, où le vol d'un merle gris traversait seul de temps en temps les psalmodies[5] du prêtre et du servant. Plus haut, sur le pic en dentelle, des sentinelles se tenaient debout, dessinant dans le ciel des silhouettes immobiles.

Alphonse Daudet, « Le Cabecilla », *Contes choisis : la fantaisie et l'histoire* (1882)

1. Aux couleurs de Don Carlos. – 2. Vase de terre où l'on met l'eau à rafraîchir. – 3. Petit flacon contenant l'eau et le vin de messe. – 4. Sorte de cartouchière. – 5. Chants religieux.

B Même exercice.

Midi sonne aux cloches des fabriques ; les grandes cours silencieuses s'emplissent de bruit et de mouvement.

La mère Achille quitte son ouvrage, la fenêtre où elle était assise, et se dispose à mettre son couvert. L'homme va monter pour déjeuner.

Il travaille là tout près dans ces grands ateliers vitrés qu'on aperçoit encombrés de pièces de bois, et où grincent du matin au soir les instruments des scieurs de long... La femme va et vient de la chambre à la cuisine. Tout est soigné, tout reluit dans cet intérieur d'ouvrier. Seulement la nudité des deux petites pièces est plus frappante à ce jour éclatant du cinquième étage. On voit des cimes d'arbres, les buttes Chaumont tout en haut, et çà et là de longues cheminées de briques noircies au bord, toujours actives. Les meubles sont cirés, frottés. [...]

Pauvre mère Achille ! encore une qui en a eu des tristesses dans son ménage. Les premières années surtout ont été bien dures. Un mari coureur, ivrogne, pas d'enfants, obligée par son métier de couturière à vivre toujours enfermée, toujours seule dans le silence et l'ordre monotone d'une maison sans enfants où il n'y a pas de petites mains pour brouiller les pelotons, ni de ces petits pieds qui font tant de poussière et de joli train.

Alphonse Daudet, « Le Père Achille », *Contes choisis : la fantaisie et l'histoire* (1882)

C Confrontez les choix énonciatifs faits par Daudet dans les extraits des exercices A et B.
Dans quel genre de récit nous plonge-t-il ?

3 IDENTIFIER ET MANIPULER LES ACTES DU LANGAGE ✱✱

A Citez la formule qui fait de cette déclaration un acte de langage. Relevez le vocabulaire et les formules employés par Astrée pour renforcer la valeur performative de sa parole.

À la fin du roman d'Honoré d'Urfé, L'Astrée, *le berger Céladon, amoureux d'Astrée, écoute avec ravissement la promesse que cette dernière lui fait de l'aimer toujours.*

Mon berger, reprit doucement Astrée, si c'est de mon affection que dépend votre félicité, vous avez raison de dire que votre fortune sera grande puisque mon amitié* l'est parfaitement ; et afin que vous soyez hors de doute, que je puisse jamais interrompre le cours de vos plaisirs, souvenez-vous, Céladon, que [...] je mourrai plutôt que de manquer à la parole que je vous donne, et au vœu que je fais d'être vôtre éternellement.

Honoré d'Urfé, *L'Astrée* (1607-1628)

* Amitié est ici synonyme d'amour.

B Écriture d'invention Transcrivez le second paragraphe en une douzaine de lignes de dialogue.

Le roman de Maupassant, Bel-Ami, *s'achève sur le mariage de Georges Du Roy et de Suzanne Walter à l'église parisienne de la Madeleine.*

Georges était agenouillé à coté de sa femme dans le chœur en face de l'autel illuminé. Le nouvel évêque de Tanger, crosse en main, mitre en tête, apparut, sortant de la sacristie, pour les unir au nom de l'Éternel.

Il posa les questions d'usage, échangea les anneaux, prononça les paroles qui lient comme des chaînes, et il adressa aux nouveaux époux une allocution chrétienne. Il parla de la fidélité longuement, en termes pompeux. C'était un gros homme de grande taille, un de ces beaux prélats chez qui le ventre est une majesté.

Guy de Maupassant, *Bel-Ami* (1885)

4 IDENTIFIER ET ANALYSER LES INDICES DE MODALISATION ❁❁

Relevez et analysez tous les indices de modalisation utilisés par le narrateur pour présenter sa ville. Quel effet veut-il obtenir auprès des lecteurs ?

À première vue, Oran est, en effet, une ville ordinaire et rien de plus qu'une préfecture française de la côte algérienne.

La cité elle-même, on doit l'avouer, est laide. D'aspect tranquille, il faut quelque temps pour apercevoir ce qui la rend différente de tant d'autres villes commerçantes sous toutes les latitudes. Comment faire imaginer, par exemple, une ville sans pigeons, sans arbres et sans jardins, où l'on ne rencontre ni battements d'ailes, ni froissements de feuilles, un lieu neutre pour tout dire ? [...] Pendant l'été, le soleil incendie les maisons trop sèches et couvre les murs d'une cendre grise ; on ne peut plus vivre alors que dans l'ombre des volets clos. [...]

Une manière commode de faire la connaissance d'une ville est de chercher comment on y travaille, comment on y aime et comment on y meurt. Dans notre petite ville, est-ce l'effet du climat, tout cela se fait ensemble, du même air frénétique et absent. [...] Nos concitoyens travaillent beaucoup, mais toujours pour s'enrichir. [...]

On dira sans doute que cela n'est pas particulier à notre ville et qu'en somme tous nos contemporains sont ainsi. Sans doute, rien n'est plus naturel, aujourd'hui, que de voir des gens travailler du matin au soir [...]. Mais il est des villes et des pays où les gens ont, de temps en temps, le soupçon d'autre chose. [...] Oran, au contraire, est apparemment une ville sans soupçons, c'est-à-dire une ville tout à fait moderne.

Albert Camus, *La Peste* (1947), © Éditions Gallimard

5 DISTINGUER MODALISATION ET IMPLICITE ❁❁❁

a. Précisez la valeur des signes de ponctuation de fin de phrase.

b. Précisez la valeur des guillemets dans ce texte.

c. Récapitulez les moyens par lesquels Las Casas tente de convaincre, dans ce texte de théâtre, ceux qui l'écoutent.

Dans cet extrait de La Controverse de Valladolid, *Las Casas, protecteur des Indiens d'Amérique, tente de persuader son auditoire que les Indiens sont des hommes comme les Européens de son temps, le* XVI*e siècle.*

LAS CASAS : Comment affirmer que leur expression est très inférieure à la nôtre, sinon pour nous donner le droit de les détruire ? Car c'est ce que nous faisons, depuis le début ! Nous brûlons leurs écritures ! Nous cassons leurs statues ! Nous barbouillons leurs fresques ! Et quelle architecture ! Avant que nous abattions toutes leurs villes, Cortés écrivait au roi d'Espagne qu'il n'avait rien vu d'aussi beau sur ses terres ! Il disait exactement… [...] « Rien de comparable en Espagne », « la plus belle chose du monde »… Et que dire de cette phrase : « Quelques-uns d'entre nous se demandaient si ce que nous voyions là n'était pas un rêve… » Un rêve…[...] Et leur système d'irrigation ? Et leur écriture ? Et leur arithmétique ? Et leur habileté au dessin ? Et leur avancée dans la médecine, où ils savaient lutter mieux que nous contre la douleur ! Et leur connaissance du ciel, leur calendrier qu'on dit plus précis que le nôtre ! [...] Et vous allez prétendre que la guerre que nous leur faisons est juste !

Jean-Claude Carrière, *La Controverse de Valladolid* (1999), © Actes-Sud

Fiche 5
LES DISCOURS RAPPORTÉS

Il existe quatre façons de rapporter un discours, réellement prononcé ou prêté à un personnage :
– le **discours direct** ;
– le **discours indirect** ;
– le **discours indirect libre** ;
– le **discours narrativisé**, une forme de récit qui résume des propos souvent longs déjà connus ou peu utiles. → **Ex. :** Il lui raconta à nouveau son accident.

LE DISCOURS DIRECT

Le discours direct rapporte fidèlement les propos tenus par un personnage, à la première personne du présent de l'indicatif, temps de référence. Le locuteur laisse la parole à ce personnage et la rupture entre deux situations d'énonciation est marquée par une ponctuation caractéristique – guillemets, tirets, points d'interrogation, points d'exclamation, points de suspension – et, dans le cas de dialogues, par une mise en page structurée par des alinéas qui marquent les tours de parole.

→ **Ex. :** Quand Maigret rentra à l'hôtel de l'Amiral, le patron l'accrocha par la manche.
– Il faut que je vous parle commissaire...
– Vous allez avant tout me servir à déjeuner.
– Mais... (Georges Simenon)

LE DISCOURS INDIRECT

• Le discours indirect est intégré au récit et il est pris en charge par le narrateur, le « je » disparaît, les temps employés sont ceux du récit. Ce discours peut prendre plusieurs formes :
– une subordonnée conjonctive, complément d'objet direct d'une proposition principale construite autour d'un verbe de parole.
→ **Ex. :** Il m'a affirmé **que Paul viendrait.**
– une subordonnée interrogative indirecte lorsque c'est une question qui est rapportée.
→ **Ex. :** Il m'a demandé **si Paul viendrait** (correspond au discours direct initial : Il m'a demandé : « Paul viendra-t-il ? »)
– un infinitif. → **Ex. :** Il affirme **pouvoir venir cet après-midi.**
– un groupe nominal. → **Ex. :** Il m'a dit **sa colère.**

• Les discours **direct** et **indirect** dépendent souvent d'un **verbe introducteur** parfois neutre comme « dire », « répondre », « répéter », « répliquer » ; parfois porteur d'un jugement ou d'une prise de distance du narrateur par rapport aux propos qu'il rapporte comme « prétendre », « insinuer » ; parfois précisant la manière d'énoncer les paroles avec des verbes comme « bégayer », « murmurer », « hurler », « chuchoter ».
→ **Ex. :** « Ne fais pas de bruit », chuchote maman. / Claire insinue que Paul a menti.

LE DISCOURS INDIRECT LIBRE

Le discours indirect libre rapporte des paroles à la façon du discours indirect, en adaptant les **pronoms** et les **temps** pour **insérer les paroles rapportés dans le récit**. Cependant, à la différence du discours indirect, il ne possède ni **subordonnant** ni **verbe de parole**.
→ **Ex. :** « J'essayai de leur démontrer que le fugitif ne pouvait être que mort : **il avait dû se terrer dans un coin, les chiens le retrouveraient lorsqu'il se mettrait à sentir.** » (Laurent Gaudé)

IDENTIFIER LES DISCOURS RAPPORTÉS ET INTERPRÉTER LEUR EMPLOI

A **a. Identifiez les différents discours rapportés.**

b. Pourquoi le discours direct est-il si peu utilisé ?

c. Un passage au discours direct n'est pas ponctué de façon habituelle. Lequel et pourquoi ?

d. Relevez les verbes de parole et dites de quel type d'échange ils sont représentatifs.

Dans cet extrait de La Ferme des animaux *de George Orwell, Boule de Neige et Napoléon, deux verrats (porcs), discutent avec les animaux de la ferme de la manière de prendre le pouvoir aux hommes. Boule de Neige pense que la construction d'un moulin à vent s'impose.*

Toute la ferme était profondément divisée sur la question du moulin à vent. Boule de Neige ne niait pas que la construction en serait malaisée. Il faudrait extraire la pierre de la carrière pour en bâtir les murs, puis fabriquer les ailes, ensuite il faudrait encore se procurer les dynamos et les câbles. (Comment ? Il se taisait là-dessus.) Pourtant, il ne cessait d'affirmer que le tout serait achevé en un an. Dans la suite, il déclara que l'économie en main-d'œuvre permettrait aux animaux de ne plus travailler que trois jours par semaine. Napoléon, quant à lui, arguait que l'heure était à l'accroissement de la production alimentaire. « Perdez votre temps, disait-il, à construire un moulin à vent, et tout le monde crèvera de faim ». Les animaux se constituèrent en factions rivales, avec chacune son mot d'ordre, pour l'une : « Votez pour Boule de Neige et la semaine de trois jours ! », pour l'autre : « Votez pour Napoléon et la mangeoire pleine ! » Seul Benjamin ne s'enrôla sous aucune bannière. Il se refusait à croire à l'abondance de nourriture comme à l'extension des loisirs. Moulin à vent ou pas, disait-il, la vie continuera pareil, mal, par conséquent.

George Orwell, *La Ferme des animaux* (1981), trad. J. Quéval, © Éditions Ivréa

e. Écriture d'invention Transformez l'extrait ci-dessus en une courte scène de théâtre. Respectez bien les codes du genre (mise en page, ponctuation, didascalies, etc.).

B **a. « Il me dit [...] les Anglais » : dans ce paragraphe, plusieurs types de discours rapportés se succèdent, identifiez-les et justifiez ces choix.**

b. Relevez la phrase dans laquelle deux types de discours s'enchaînent et justifiez ce choix.

c. Comment Marguerite Duras rend-elle compte de l'accent italien dans les discours rapportés ?

Dans ce dialogue écrit par Marguerite Duras, le narrateur héros a pris place à bord d'une camionnette dont le chauffeur a accepté de le conduire à Florence en Italie.

– C'est la première fois que vous venez en Italie ?

– La première fois.

– Il y a longtemps que vous êtes là ?

– Quinze jours.

– Alors, les Italiens, comment vous les trouvez ?

Il me posa la question sur un ton provocant, avec une arrogance un peu enfantine. Puis il attendit ce que j'allais dire, l'air fermé tout à coup, faussement attentif à la conduite de sa camionnette.

– Je ne peux pas très bien savoir encore, dis-je, je n'en connais pas. Mais, quand même, il me semble qu'on peut difficilement ne pas les aimer.

Il sourit.

– Ne pas aimer les Italiens, dis-je, c'est ne pas aimer l'humanité.

Il se détendit tout à fait. [...]

– Et Pise, c'est belle Pise, non ?

– Oh oui, dis-je, c'est belle.

– Heureusement, la place, elle a pas été touchée par les bombes.

– Heureusement. [...]

Il me dit qu'il s'intéressait à la politique, depuis la libération, oui, surtout depuis qu'il avait fait partie d'un comité d'usine dans le Piémont. C'était la plus belle période de sa vie. Lorsque ces comités avaient été dissous, dégoûté, il était revenu en Toscane. Mais il regrettait Milan, « parce que c'est vivante, Milan ». Il parla beaucoup de ces comités d'usine, de ce qu'avaient fait les Anglais.

– C'est dégoûtant ce qu'ils ont fait là, non ?

La chose lui importait beaucoup. Il recommença à parler de lui. Maintenant, il était maçon à Pise. Beaucoup de reconstruction à Pise. La camionnette, elle était à lui. Il l'avait eue à la libération et il l'avait gardée.

Marguerite Duras, *Le Marin de Gibraltar* (1952), © Éditions Gallimard

C **a. Sous quelles formes les propos sont-ils rapportés dans la phrase suivante. Qu'est-ce qui peut expliquer ce choix ?**

Philomène expliqua qu'elle accourait parce qu'elle avait des nouvelles ; et elle répéta ce qu'elle venait d'entendre dire...

Émile Zola, *La Bête humaine* (1890)

b. Écriture d'invention Imaginez quelques lignes de dialogue qui expliciteraient cette annonce.

Fiche 6

LES FIGURES DE RAPPROCHEMENT ET DE SUBSTITUTION

On appelle **figures de style** des constructions particulières de la langue, qui visent à produire des effets marqués, qui touchent à la beauté du message, à son expressivité, à son efficacité.

La comparaison permet de rapprocher deux réalités en mettant en évidence un de leurs éléments communs. Elle comprend trois éléments : le comparant, le comparé et l'outil de comparaison. La comparaison permet de souligner des similitudes parfois inattendues.
→ Ex. : « [...] Sur le clocher jauni, / La lune, / **Comme** un point sur un i. [...] » (Alfred de Musset)

La métaphore est une comparaison implicite, sans outil de comparaison, et parfois même sans l'élément commun. La métaphore permet de traduire visuellement des sensations, de souligner des analogies.
→ Ex. : l'or des blés.
Lorsqu'une métaphore se poursuit sur plusieurs lignes, vers ou paragraphes, on parle de **métaphore filée.** Elle tisse un réseau d'images et renforce la force évocatrice de la métaphore.
→ Ex. : « [...] Un bel arbre
Ses branches sont des **ruisseaux**
Sous les feuilles
Ils **boivent** aux **sources** du soleil
Leurs **poissons** chantent comme des perles. [...] » (Paul Eluard)

La personnification représente une chose ou une idée sous les traits d'une personne.
→ Ex. : « Il appelle la Mort. / Elle vient sans tarder. » (Jean de La Fontaine)

L'allégorie représente de façon imagée (par des éléments descriptifs ou narratifs) les divers aspects d'une idée abstraite.
→ Ex. : La mort est souvent représentée par la silhouette d'une vieille femme voûtée, encapuchonnée et portant une faux.

La métonymie permet de désigner un élément par un autre qui a, avec lui, un lien, un rapport logique :
- le contenu pour le contenant. → Ex. : **Pierre est en panne** sur l'autoroute.
- l'utilisateur pour l'objet. → Ex. : Grève **des trains.**
- la cause pour l'effet, la matière pour l'objet, l'œuvre par son auteur, etc.
→ Ex. : J'ai lu **tout Victor Hugo.**

La synecdoque est une figure proche de la métonymie ; elle substitue un terme à un autre, lié au premier par un rapport d'inclusion. Elle peut avoir un effet particularisant (→ Ex. : « Regardez ce joli petit port rempli **de voiles et de mâts** », Charles Baudelaire) ou un effet généralisant (→ Ex. : J'ai repassé **mon linge.**)

La périphrase remplace un mot par un groupe nominal. Son utilisation peut mettre en relief une particularité, créer un effet d'attente, de mystère.
→ Ex. : « L'Île de beauté » désigne la Corse, « le billet vert » renvoie au dollar.

Fiche 7

LES FIGURES D'OPPOSITION, D'EXAGÉRATION ET D'ATTÉNUATION

LES FIGURES D'OPPOSITION

L'oxymore associe dans un même groupe nominal deux mots de sens très éloignés, souvent antithétiques. Ce rapprochement crée une image inattendue, offre une autre perception de la réalité souvent poétique.
→ **Ex. :** « Cette **obscure clarté** qui tombe des étoiles. » (Pierre Corneille)

L'antiphrase est une manifestation caractéristique de l'ironie qui consiste à dire délibérément le contraire de ce que l'on pense, souvent pour railler quelqu'un ou une idée.
→ **Ex. :** Les parents diront à l'enfant pris en flagrant délit de mensonge : « Bravo, ta franchise et ton honnêteté méritent tous les compliments ! »

L'antithèse oppose deux termes ou expressions dans des tournures souvent symétriques. On la retrouve fréquemment en poésie et dans des textes polémiques. C'est un procédé de mise en valeur qui dramatise en enfermant dans des alternatives.
→ **Ex. :** « **Innocents** dans un **bagne, anges** dans un **enfer**. » (Victor Hugo)

LES FORMES D'EXAGÉRATION

L'hyperbole est une exagération volontaire. Elle sert à amplifier une réalité, un sentiment, une idée. Utilisée dans l'expression de l'ironie, elle est également fréquente dans la poésie romantique.
→ **Ex. :** « L'éternité pour moi ne sera qu'un instant. » (Jean-Baptiste Rousseau)

L'accumulation développe un thème, une idée dans une succession et une abondance de détails, de précisions. L'ensemble peut donner une impression de désordre, de grande abondance.
→ **Ex. :** « Au premier coup d'œil, les magasins lui offrirent un tableau confus dans lequel toutes les œuvres humaines et divines se heurtaient. Des crocodiles, des singes, des boas empaillés souriaient à des vitraux d'église, semblaient vouloir mordre des bustes, courir après des laques ou grimper sur des lustres. » (Honoré de Balzac)

La gradation est une énumération ordonnée. On appelle **gradation ascendante**, une énumération ordonnée du terme le plus **faible** au terme le plus **fort**. La gradation permet de créer un effet de dramatisation.
→ **Ex. :** « Va, **cours, vole** et nous venge. » (Pierre Corneille)
On appelle **gradation descendante**, une énumération ordonnée du terme le plus **fort** au terme le plus **faible**.
→ **Ex. :** Il se mit à **hurler**, puis en vint à **crier**, à **parler**, à **murmurer**, et enfin il se **tut**.

LES FORMES D'ATTÉNUATION

L'euphémisme permet notamment d'atténuer l'expression d'une vérité brutale. Il permet d'éviter une formulation qui peut être désagréable ou choquante.
→ **Ex. :** On dira plutôt « non-voyant » qu'« aveugle ».

La litote consiste à dire le moins pour exprimer le plus. Elle peut permettre d'énoncer des faits avec retenue ou élégance. C'est paradoxalement une façon d'exprimer l'intensité.
→ **Ex. :** « Va, je ne te hais point » (Pierre Corneille) pour dire « je t'aime ».

1 IDENTIFIER LES FIGURES DE STYLE ET ANALYSER LEUR EFFET

A a. Relevez et analysez les comparaisons en distinguant comparant, comparé et outil de comparaison. Quel effet produit l'emploi de cette figure de style ?

b. Relevez les personnifications et la gradation. Quel effet produit l'emploi de ces figures de style ?

J'aime la plus belle des lumières, chaude, jaune, celle qui apparaît quelquefois l'après-midi sur le mur d'une chambre face au sud. C'est en elle que je voudrais habiter, pendant des jours, des mois, des années. Souple, tiède, vivante, douce, jaune comme la paille, jaune comme la flamme des allumettes, elle entre par la fenêtre ouverte sans que je sache d'où elle vient, de quels sables, de quels champs de maïs ou de blé mûr. Elle entre, pareille à une chevelure de femme, elle se met à bouger entre les murs de la chambre, d'un mouvement continu qui emplit de bonheur, d'un seul long mouvement qui se déploie et rebondit sans cesse, la belle lumière chaude, la lumière d'été.

J.M.G. Le Clézio, *L'Inconnu sur la terre* (1978), © Éditions Gallimard

B Relevez toutes les images qui constituent une métaphore filée. À quelle idée principale réfère-t-elle ?

Florent, évadé du bagne et affamé, erre dans les halles de Paris.

Autour de lui, le soleil enflammait les légumes. [...] Les cœurs élargis des salades brûlaient, la gamme du vert éclatait en vigueurs superbes, les carottes saignaient, les navets devenaient incandescents, dans ce brasier triomphal.

Émile Zola, *Le Ventre de Paris* (1873)

C a. Relevez et commentez les différentes figures de style employées dans la première strophe.

b. Quelle est la figure de style dominante dans ce poème ? Justifiez votre réponse en relevant des exemples précis. Quel est l'effet produit ?

LES SAPINS

Les sapins en bonnets pointus
De longues robes revêtus
Comme des astrologues
Saluent leurs frères abattus
Les bateaux qui sur le Rhin voguent

Dans les sept arts endoctrinés
Par les vieux sapins leurs aînés
Qui sont de grands poètes
Ils se savent prédestinés
À briller plus que des planètes

À briller doucement changés
En étoiles et enneigés
Aux Noëls bienheureuses
Fêtes des sapins ensongés
Aux longues branches langoureuses

Les sapins beaux musiciens
Chantent des noëls anciens
Au vent des soirs d'automne
Ou bien graves magiciens
Incantent le ciel quand il tonne [...]

Guillaume Apollinaire, *Alcools* (1913), © Éditions Gallimard

D Identifiez la figure de style soulignée. Qu'est-ce qui peut expliquer son emploi ?

Le Souriceau parle du coq, un animal qu'il n'a jamais rencontré.

Le Cochet, le Chat et le Souriceau

Il a la voix perçante et rude,
Sur la tête <u>un morceau de chair,</u>
<u>Une sorte de bras dont il s'élève en l'air.</u>

Jean de La Fontaine, *Fables*, VI, 5 (1668)

2 ANALYSER L'EFFET PRODUIT PAR LES FIGURES DE STYLE

A Quelle impression générale se dégage du passage suivant ? Identifiez les différentes figures de style employées et dites comment chacune d'elles construit cette impression.

Nous sommes sur un marché africain, en Côte d'Ivoire, il est midi, tout le monde se précipite vers le marché de riz cuit.

Mais midi venait de retentir sur les chantiers, dans les bureaux. Les travailleurs affamés se bousculèrent aux portails, se déversèrent sur les places, dans les rues, dans les voitures et dans les pirogues.

– Du bon riz cuit ! À très bon marché ! Venez acheter du bon riz cuit !

Des meutes d'hommes, des essaims débouchèrent sur le petit marché. Des faisceaux de mains croisèrent des assiettes devant le nez et les yeux de Salimata. Rapides comme les pattes de la biche les mains de Salimata allèrent et vinrent, remplirent les assiettes de riz, les arrosèrent de sauce et les couronnèrent du morceau de viande, arrachèrent les prix (quinze francs), les enfouirent dans le pagne.

Ahmadou Kourouma, *Les soleils des indépendances* (1995), © Seuil

B Relevez et identifiez les figures de style, puis expliquez comment elles participent à la construction de l'effet comique.

Harpagon, *il crie au voleur dès le jardin, et vient sans chapeau* : Au voleur ! au voleur ! à l'assassin ! au meurtrier ! Justice, juste ciel ! Je suis perdu, je suis assassiné ! On m'a coupé la gorge, on m'a dérobé mon argent ! Qui peut-ce être ? Qu'est-il devenu ? où est-il ? où se cache-t-il ? Que ferai-je pour le trouver ? Où courir ? où ne pas courir ? N'est-il point là ? n'est-il point ici ? Qui est-ce ? Arrête ! *(Il se prend lui-même le bras.)* Rends-moi mon argent, coquin !... Ah ! c'est moi. Mon esprit est troublé, et j'ignore où je suis, qui je suis, et ce que je fais. Hélas ! mon pauvre argent, mon pauvre argent, mon cher ami, on m'a privé de toi ! Et, puisque tu m'es enlevé, j'ai perdu mon support, ma consolation, ma joie ; tout est fini pour moi, et je n'ai plus que faire au monde ! Sans toi, il m'est impossible de vivre.
C'en est fait, je n'en puis plus, je me meurs, je suis mort, je suis enterré !

Molière, *L'Avare* (1668)

C Relevez les hyperboles et les métaphores et dites ce qu'elles apportent à l'évocation du souvenir.

Il y avait dans ce temps-là de grands hivers, de brûlants étés. J'ai connu, depuis, des étés dont la couleur, si je ferme les yeux, est celle de la terre ocreuse, fendillée entre les tiges du blé et sous la géante ombelle du panais sauvage, celle de la mer grise ou bleue. Mais aucun été, sauf ceux de mon enfance, ne commémore le géranium écarlate et la hampe enflammée des digitales. Aucun hiver n'est plus d'un blanc pur à la base d'un ciel bourré de nues ardoisées, qui présageaient une tempête de flocons plus épais, puis un dégel illuminé de mille gouttes d'eau et de bourgeons lancéolés... Ce ciel pesait sur le toit chargé de neige des greniers à fourrages, le noyer nu, la girouette, et pliait les oreilles des chattes... La calme et verticale chute de neige devenait oblique, un faible ronflement de mer lointaine se levait sur ma tête encapuchonnée, tandis que j'arpentais le jardin, happant la neige volante... [...]

Colette, *Sido* (1930), © Librairie Arthème Fayard

D Relevez les métaphores filées. Précisez quels sont leurs constituants et dites quels effets elles produisent.

Anny Duperey a perdu ses parents à huit ans, asphyxiés au monoxyde de carbone. Dans son autobiographie, elle rend compte de son extrême difficulté à écrire ces moments.

Et puis se retrouver là devant la feuille, des heures, des jours, envahi par ce si pressant besoin, avec un trop-plein de choses à dire, celles qu'on n'arrive pas à dire, qu'on sent mais qui ne se formulent pas – pas encore ou jamais – l'émotion qui gonfle et qui bloque tout, rempli à en avoir mal physiquement et le souffle court d'une aspiration impuissante, et ça pousse, ça pousse, mais ça ne sort pas et on ne sait pas ce que c'est. [...]

Contractions interminables d'une grossesse émotionnelle stérile. Comment faire pour accoucher de son fardeau et lui donner enfin une forme, traduire en mots cet étouffant silence et le voir là, intelligible, le reconnaître et le lire ? Se lire pour se reconnaître ?

Rien. Ça pousse, ça gonfle. Et rien.

L'impression de porter en soi un engrenage complexe et lourd, les grandes roues des sentiments et puis les petites roues des idées, le tout imbriqué qui pourrait tourner ensemble, ça devrait marcher, et dans un coin – où ? Où et comment ? Et pourquoi ? – un petit élément contraire, minuscule peut-être, qui fait obstacle et paralyse le tout.

Baudruche pleine à craquer refermée sur son silence, avec le besoin qui soulève et voudrait libérer et l'impuissance qui colle, qui fait masse. Bouché. Et la vie à côté, de l'autre côté du silence qui pourrait être bonne sans ce poids, qui pourrait...

Anny Duperey, *Le Voile noir* (1992), © Éditions du Seuil

3 MANIPULER LES FIGURES DE STYLE ❋❋❋

A Écriture d'invention En une dizaine de lignes, rédigez l'éloge d'une invention contemporaine. Vous intégrerez dans l'ordre suivant : une périphrase, une comparaison, une métaphore filée, une gradation, une antiphrase et vous conclurez sur une hyperbole.

B Sur le modèle du texte suivant, rédigez un court texte qui présentera un objet sous forme d'une métaphore filée.

La bougie

La nuit parfois ravive une plante singulière dont la lueur décompose les chambres meublées en massifs d'ombre.
Sa feuille d'or tient impassible au creux d'une colonnette d'albâtre par un pédoncule très noir. [...]

Francis Ponge, *Le Parti pris des choses* (1942), © Éditions Gallimard

Fiche 8

L'ORIGINE, LA FORMATION ET L'ÉVOLUTION DES MOTS

L'ORIGINE DES MOTS

• Les mots ont une véritable vie et une histoire : ils naissent, évoluent, disparaissent parfois. **L'étymologie** étudie l'origine de chaque mot ; son **étymon** indique quand et où il est apparu, quelle a été son évolution au fil du temps.

• La plupart des mots français viennent du **latin**. De nombreux autres mots viennent du **grec** (→ **Ex. :** zoo, chronologie, homophone, synthèse, paronyme...) quelques-uns sont également empruntés à l'arabe (→ **Ex. :** zénith, zéro, algèbre, hasard, sirop...), à l'italien (→ **Ex. :** sonnet, boussole, balcon, soldat, ténor, graffiti...), à l'allemand, à l'espagnol, à l'anglais (→ **Ex. :** bifteck, football, sandwich...) et à bien d'autres langues encore.

• Quelques expressions ou mots latins sont restés dans leur forme initiale jusqu'à nos jours.
→ **Ex. :** maximum, minimum, agenda, incipit, index, post scriptum...

LA FORMATION DES MOTS

• Les mots sont formés à partir d'un **étymon** auquel on adjoint des **affixes** (préfixe et suffixe).

• La connaissance du sens des affixes et des principales racines greco-latines apporte une aide précieuse pour deviner le sens de mots inconnus.
→ **Ex. :** « anthropophage » vient du grec *anthropo-* (être humain) et *-phage* (manger).

L'ÉVOLUTION DES MOTS

• Certains mots ont totalement disparu, certains ont gardé leur sens premier, d'autres ont vu leur sens évoluer. Il faut donc être particulièrement vigilant lorsque l'on étudie un texte antérieur au XIXe siècle.
→ **Ex. :** *embrasser* signifiait « prendre dans ses bras » ; *maîtresse* désignait une fiancée ; *marâtre* une belle-mère ; *fier* voulait dire cruel et sauvage ; *Il lui donne un soufflet* signifiera qu'il lui donne une gifle ; *l'amant* désignera l'être aimé et qui aime en retour.

Les archaïsmes sont des **mots vieillis**, qui ne sont plus en usage dans la langue contemporaine. Parmi ces archaïsmes, on peut distinguer les mots qui ont presque complètement disparu (→ **Ex. :** *choir* qui signifiait *tomber*) et ceux qui ont totalement perdu leur sens premier (→ **Ex. :** *chef* qui signifiait *tête*).

Les néologismes sont des **mots nouveaux** exprimant des réalités nouvelles.
Parmi ces néologismes, on repère :
- des mots empruntés à une langue étrangère.
→ **Ex. :** *fastfood* (vient de l'anglais), *jacuzzi* (vient de l'italien), *robot* (vient du tchèque).
- des acronymes (mots formés d'initiales ou de syllabes de plusieurs mots).
→ **Ex. :** SIDA (Syndrome Immuno-Déficitaire Acquis) ; OTAN (Organisation du Traité d'Atlantique Nord).
- des mots passés de la dénomination à l'acronyme.
→ **Ex. :** *compact disque* devenu CD.
- des mots ayant apporté un sens nouveau à un mot ancien.
→ **Ex. :** pirate de l'air.

1 COMPRENDRE LES MOTS GRÂCE À L'ÉTYMOLOGIE ❋

A En vous référant à l'étymologie, précisez pourquoi ces expressions comportent des erreurs. Corrigez-les en proposant à chaque fois une nouvelle formulation.

1. Il faut opposer son veto à cette loi stupide.
2. Cela s'est avéré faux.
3. Cela est un faux prétexte.
4. Il faut choisir entre ces deux alternatives.
5. Cette nouvelle s'est répandue aux quatre coins de l'hexagone.
6. Au jour d'aujourd'hui, plus personne n'y croit.

B Retrouvez le sens des mots suivants grâce à leur étymon.

1. philanthrope – misanthrope – anthropomorphisme
2. nécrologie – nécropole
3. archéologie – chronologie – théologie
4. biographie – autobiographie – épigraphe
5. homophone – cacophonie – symphonie – orthophonie
6. homonyme – antonyme – synonyme – métonymie

2 REPÉRER LES ARCHAÏSMES ET PROPOSER DES SYNONYMES ❋❋

A Identifiez les mots ou expressions aujourd'hui disparus, et les mots qui ont changé de sens. Pour chacun d'eux proposez un synonyme contemporain.

Le chien essaie de convaincre le loup d'abandonner sa vie errante et de le rejoindre auprès de ses maîtres.

Le Loup et le Chien

[...]
« Il ne tiendra qu'à vous, beau sire,
D'être aussi gras que moi, lui répartit le chien.
Quittez les bois, vous ferez bien :
Vos pareils y sont misérables,
Cancres, hères et pauvres diables,
Dont la condition est de mourir de faim.
Car quoi ? rien d'assuré ; point de franche lippée ;
Tout à la pointe de l'épée.
Suivez-moi, vous aurez un bien meilleur destin. »
Le Loup reprit : « Que me faudra-t-il faire ?
– Presque rien, dit le chien : donner la chasse aux [gens
Portants bâtons, et mendiants ;
Flatter ceux du logis, à son maître complaire :
Moyennant quoi votre salaire
Sera force reliefs de toutes les façons,
Os de poulets, os de pigeons,
Sans parler de mainte caresse. » [...]

Jean de La Fontaine, *Fables*, I, 5 (1668)

B Cherchez l'étymologie des mots soulignés et proposez pour chacun d'eux un synonyme qu'on pourrait employer aujourd'hui.

En côtoyant la mer à la quête de leurs mines, aucuns Espagnols prirent terre en une contrée fertile et plaisante, fort habitée, et firent à ce peuple leurs remontrances accoutumées : Qu'ils étaient gens paisibles venant de lointains voyages, envoyés de la part du roi de Castille, le plus grand prince de la terre habitable, auquel le pape, représentant Dieu en terre, avait donné la principauté de toutes les Indes ; que s'ils voulaient lui être tributaires, ils seraient très bénignement traités, leur demander des vivres, pour leur nourriture, et de l'or, pour le besoin de quelque médecine ; leur remontrer au demeurant la créance d'un seul Dieu, et la vérité de notre religion, laquelle ils leur conseillaient d'accepter, y ajoutant quelques menaces.

Montaigne, *Essais*, III, 6 (1595), trad. A. Lanly, © Honoré Champion

3 COMPRENDRE LES NÉOLOGISMES ❋❋❋

A Des écrivains ont inventé des mots nouveaux comme « alluder », « scriptible », « colloquer », « brouillonner », « dragonaliser », « nostalgir ».

a. Recherchez l'étymologie et la formation de chacun de ces mots, puis donnez-leur une signification.

b. Employez chacun de ces mots dans une phrase.

B Dans cet extrait, Marcel Proust brosse le portrait du directeur du Grand Hôtel de Balbec qui accueille le narrateur avec un petit discours.

a. Relevez toutes les impropriétés de langage du directeur, puis précisez ce qui vous semble être à l'origine de ses confusions.

b. Corrigez chaque erreur de langage.

Il m'annonça qu'il m'avait logé tout en haut de l'hôtel. « J'espère, dit-il, que vous ne verrez pas là un manque d'impolitesse, j'étais ennuyé de vous donner une chambre dont vous êtes indigne, mais je l'ai fait rapport au bruit, parce que comme cela vous n'aurez personne au-dessus de vous pour vous fatiguer le trépan (pour tympan). Soyez tranquille, je ferai fermer les fenêtres pour qu'elles ne battent pas. Là-dessus je suis intolérable. » [...]

Il craignait qu'il n'y eût des « fixures » dans le plafond. « Surtout attendez toujours pour allumer une flambée que la précédente soit consommée. C'est important de ne pas mettre le feu à la cheminée, d'autant plus que pour égayer un peu, j'ai fait placer dessus une grande postiche en vieux chine que cela pourrait abîmer. »

Marcel Proust, *À la Recherche du temps perdu* (1913-1927)

Fiche 9
LE CHAMP SÉMANTIQUE

Le champ sémantique est l'ensemble des significations que peut prendre un mot dans différents contextes. On appelle **signifiant** l'image graphique (les lettres) et sonore (la prononciation) d'un mot et **signifié** ce qui en constitue le sens.

L'allitération est la répétition de **sons consonnes.**
→ **Ex. :** « Il a deux trous rouges au côté droit. » (Arthur Rimbaud)

L'assonance est la répétition de **sons voyelles.**
→ **Ex. :** « Sonnez, sonnez toujours clairons de la pensée. » (Victor Hugo)
Les poètes emploient souvent l'allitération et l'assonance pour renforcer le sens d'un mot et produire des effets précis.

Les homonymes entretiennent des relations particulières entre **signifiant** et **signifié.** Ces relations sont de trois types :
– les **signifiants** (son et graphie) sont **identiques.**
→ **Ex. :** « la **mousse** de la bière » et « le **mousse** de l'équipage du navire » : ces deux mots sont différents, ils n'ont pas la même étymologie.
– les **sons** sont **identiques**, mais les **graphies** sont **différentes.**
→ **Ex. :** Le cheval **mort mord** encore son **mors.**
– les **graphies** sont **identiques** mais les **sons diffèrent.**
→ **Ex. :** Les poules du **couvent couvent.**
Remarque : Des artistes comiques jouent sur ces liens particuliers entre signifiant et signifié pour provoquer des rapprochements insolites et souvent drôles.
→ **Ex. :** « Je **hais** ces **haies** qui nous entourent. » (Raymond Devos)

Les paronymes sont des mots de **sens différent** ayant une **prononciation très proche**, parfois source de confusion.
→ **Ex. :** allocution/allocation ; perpétuer/perpétrer...

Les synonymes sont des mots de **sens voisin** et appartenant à la **même catégorie grammaticale** (noms, adjectifs, verbes).
→ **Ex. :** pleurer, sangloter, gémir, larmoyer...

Les antonymes sont des mots de **sens opposé.**
→ **Ex. :** grand/petit ; gentil/méchant...

La polysémie d'un mot est l'ensemble des significations que peut recouvrir ce mot.
Elle peut se construire sur la distinction **sens propre/sens figuré.**
→ **Ex. :** « Son **cœur** bat très vite. » évoque l'image concrète du cœur (son sens propre).
« Je suis au **cœur** du sujet. » constitue une image abstraite (sens figuré).
Remarque : Interroger les différentes significations d'un mot c'est interroger à la fois leurs divers emplois et leurs comportements syntaxiques.
→ **Ex. :** Le verbe « se rendre » peut signifier :
– « capituler » : Les soldats vaincus **se sont rendus** à leurs ennemis.
– « être » : Je **me suis rendu** utile.

Ne pas confondre « champ sémantique » et « champ lexical »
Dans un texte, un champ lexical rassemble les mots se rapportant à un même thème mais n'appartenant pas nécessairement à la même catégorie grammaticale.

1 DISTINGUER LES EFFETS PRODUITS PAR LES ASSONANCES ET LES ALLITÉRATIONS

Relevez les assonances et les allitérations, puis précisez les effets produits sur le sens du poème.

L'invitation au voyage

Mon enfant, ma sœur,
Songe à la douceur
D'aller là-bas vivre ensemble !
Aimer à loisir,
Aimer et mourir
Au pays qui te ressemble !
Les soleils mouillés
De ces ciels brouillés
Pour mon esprit ont les charmes
Si mystérieux
De tes traîtres yeux,
Brillant à travers leurs larmes. [...]

Charles Baudelaire, *Les Fleurs du mal* (1857)

2 JOUER AVEC L'HOMOPHONIE ET LA POLYSÉMIE

Relevez et analysez tous les procédés utilisés par Raymond Devos pour créer un effet comique.

Il y a des verbes qui se conjuguent
très irrégulièrement.
Par exemple, le verbe « OUÏR ».
Le verbe ouïr au présent, ça fait :
J'ois... j'ois...
Si au lieu de dire « j'entends », je dis « j'ois »,
les gens vont penser que ce que j'entends est joyeux
alors que ce que j'entends peut être
particulièrement triste.
Il faudrait préciser :
« Dieu, que ce que j'ois est triste ! »
J'ois...
Tu ois...
Tu ois mon chien qui aboie le soir au fond des bois ?
Il oit...
Oyons-nous ?
Vous oyez...
Ils oient.
C'est bête !
L'oie oit. Elle oit, l'oie !
Ce que nous oyons, l'oie l'oit-elle ?
Si au lieu de dire « l'oreille »
on dit « l'ouïe », alors :
l'ouïe de l'oie à ouï.
Pour peu que l'oie appartienne à Louis :
« L'ouïe de l'oie de Louis a ouï. »
« Ah oui ? Et qu'a ouï l'ouïe de l'oie de Louis ? »
« Elle a ouï tout ce que toute oie oit... »
« Et qu'oit toute oie ? »
« Toute oie oit, quand mon chien aboie
le soir au fond des bois,
toute oie oit ouah ! ouah !
Qu'elle oit, l'oie !... »

Raymond Devos, *À plus d'un titre* (2005), © Plon

3 JOUER AVEC LES PARONYMES

Utilisez chacun des paronymes proposés dans une phrase qui permettra d'en éclairer le sens.

abjurer/adjurer ; affection/affectation ; éruption/irruption ; évoquer/invoquer ; exode/ exorde

4 RELEVER ET ANALYSER UN CHAMP LEXICAL

Relevez le champ lexical de la nuit, puis précisez ce que l'emploi de ce lexique peut révéler des sensations et sentiments du personnage principal.

Renée rentre du bois de Boulogne où elle est allée se promener en calèche.

La nuit était presque venue ; un lent crépuscule tombait comme une cendre fine. Le lac, vu de face, dans le jour pâle qui traînait encore sur l'eau, s'arrondissait, pareil à une immense plaque d'étain ; aux deux bords, les bois d'arbres verts dont les troncs minces et droits semblent sortir de la nappe dormante, prenaient, à cette heure, des apparences de colonnades violâtres, dessinant de leur architecture régulière les courbes étudiées des rives ; puis, au fond, des massifs montaient, de grands feuillages confus, de larges taches noires fermaient l'horizon. Il y avait là, derrière ces taches, une lueur de braise, un coucher de soleil à demi éteint qui n'enflammait qu'un bout de l'immensité grise. [...] le creux du ciel s'ouvrait, infini, plus profond et plus large. Ce grand morceau de ciel, sur ce petit coin de nature, avait un frisson, une tristesse vague ; et il tombait de ces hauteurs pâlissantes une telle mélancolie d'automne, une nuit si douce et si navrée, que le Bois, peu à peu enveloppé dans un linceul d'ombre, perdait ses grâces mondaines, agrandi, tout plein du charme puissant des forêts. Le trot des équipages, dont les ténèbres éteignaient les couleurs vives, s'élevait, semblable à des voix lointaines de feuilles et d'eaux courantes. Tout allait en se mourant.

Émile Zola, *La Curée* (1872)

Fiche 10

LES PRINCIPALES DIFFICULTÉS ORTHOGRAPHIQUES

LES ACCORDS DES PARTICIPES PASSÉS

▸ **Avec l'auxiliaire « être »**, le participe passé s'accorde avec le **sujet.**
→ **Ex. :** Ils étaient partis quand **elle** est arrivée.

▸ **Avec l'auxiliaire « avoir »**, le participe passé d'un temps composé ne peut s'accorder qu'avec un **COD placé avant le verbe.**
→ **Ex. :** Les pommes **qu'**il avait trouvé**es** étaient immangeables. Il **les** a pourtant mangé**es**.
(**qu'** = cod = les pommes) (**les** = COD = les pommes)

Exceptions

• Devant un **verbe à l'infinitif**, le **participe passé** de « **faire** » reste **invariable**, même si le COD est placé devant le verbe.
→ **Ex. :** Les travaux que j'ai **fait** faire n'avancent pas vite !
• Utilisé **sans auxiliaire**, le **participe passé** s'accorde avec le **nom auquel il se rapporte**.
→ **Ex. :** Il faut corriger l'orthographe des mots **soulignés**.

LES HOMOPHONES GRAMMATICAUX

Quoi que/quoique

▸ **Quoi que** introduit à chaque fois une concession et peut être remplacé par « quelle que soit la chose que ».
→ **Ex. :** **Quoi qu'**il en dise (= **quelle que soit la chose qu'**il dise), il ne sera jamais prêt pour Noël.

▸ **Quoique** peut-être remplacé par « bien que ».
→ **Ex. :** **Quoiqu'**il serait juste de le faire, je ne le laisserai pas partir. (= **bien qu'**il serait juste ...)

Quel que/quelque ... que/quelque

▸ **Quelque** est invariable quand il signifie **environ**, **un certain**, ou **un quelconque**.
→ **Ex. :** Il y avait **quelque** (= environ) deux cents personnes au concert.

▸ **Quelques**, au pluriel, signifie **plusieurs**.
→ **Ex. :** Il y a **quelques** élèves absents.

▸ Si **quelque ... que** encadre un **nom**, « quelque » **s'accorde** avec ce nom.
→ **Ex. :** **Quelques** compliments **que** l'on vous fasse, je vous conseille de refuser.

▸ Si **quelque ... que** encadre un **adjectif**, quelque reste **invariable**.
→ **Ex. :** **Quelque** pressé **qu'**ils soient, ils m'attendront.

▸ **Quel que** ne s'emploie qu'avec un **verbe d'état** conjugué au **subjonctif** et « quel » s'accorde avec le **sujet inversé**. On peut le remplacer par « n'importe lequel ».
→ **Ex. :** **Quels que** soient vos doutes, prenez le risque. (= Que vos doutes soient **n'importe** lesquels.)

c'est / c'était / s'est / s'était

▸ **C'est** et **c'était** peuvent être remplacés par « cela est » ou « cela était », ils sont aussi caractéristiques du gallicisme « c'est ... que » (ou qui) ou « c'était ... qui ».
▸ Dans **s'est** ou **s'était**, « s' » (= se) est un **pronom réfléchi**, souvent la marque d'un **verbe pronominal**. « Se » peut donc être remplacé par un autre **pronom personnel complément d'objet**.
→ **Ex. :** **C'est** lui qui **s'est** trompé. (= C'est moi qui **me** suis trompé.)

LES HOMOPHONES VERBAUX

Indicatif présent et subjonctif présent

J'ai /que j'aie

→ **Ex. :** On peut remplacer par « tu **as** » → on écrit « j'**ai** ».

→ **Ex. :** On peut remplacer par « que tu **aies** » → on écrit « que j'**aie** ».

Je cours / que je coure

→ **Ex. :** On peut remplacer par « je fais » → on écrit « je cours ».

→ **Ex. :** On peut remplacer par « que je **fasse** » → on écrit « que je **coure** ».

Indicatif imparfait et indicatif passé simple

Je marchai / je marchais

→ **Ex. :** On peut remplacer par « tu march**as** » → on écrit « Je march**ai** ».

→ **Ex. :** On peut remplacer par « tu march**ais** » → on écrit « Je march**ais** ».

Indicatif futur (simple ou antérieur) et conditionnel présent (ou passé)

J'aurai fini quand tu arriveras. / J'aurais fini si je n'avais pas été dérangé.

→ **Ex. :** On peut remplacer par « tu aur**as** » → on écrit « j'aur**ai** ».

→ **Ex. :** On peut remplacer par « tu aur**ais** » → on écrit « j'aur**ais** ».

Identification des formes verbales

Chanter / chanté / chantai / chantais / chantez

- La bonne orthographe dépend de la bonne identification des temps et des personnes.
- La forme infinitive en « er » peut s'identifier facilement en remplaçant l'**infinitif** par un **verbe du troisième groupe.**

→ **Ex. :** On peut remplacer « parler » par « dire » → on écrit « Je l'ai entendu parl**er** ».

LES ACCORDS PARTICULIERS DE L'ADJECTIF

L'adjectif loin du nom

De même qu'un verbe dépend de son sujet, un **adjectif** dépend toujours d'un **nom** qu'il **qualifie** (et dont il peut être **éloigné**), on ne peut l'orthographier sans rechercher cette dépendance.

→ **Ex. :** Réfugiés sous la toiture et attendant la fin d'une interminable averse, deux oiseaux chantent malgré tout.

L'adjectif de couleur

- Sont **invariables** :

– les adjectifs de couleur **composés** d'un **nom** ou d'un **adjectif**.

→ **Ex. :** des pantalons **bleu marine** ; des cheveux **châtain clair**

- Les adjectifs de couleur provenant **d'un nom employé comme adjectif**.

→ **Ex. :** des chaussures **olive** ; des gants **marron**

Remarque : cette règle **ne s'applique pas dans tous les cas** et peut **varier**.

→ **Ex. :** des chaussettes **mauves** ; des couleurs **fauves** ; des joues **roses** ; des écharpes **marrons**

1 ACCORDER LES PARTICIPES PASSÉS DES TEMPS COMPOSÉS

A Conjuguez les infinitifs entre parenthèses à l'indicatif plus-que-parfait. Veillez à l'accord des participes passés.

Depuis son veuvage, personne n'*(soupçonner)* les rendez-vous dangereux donnés à Kostis pendant les nuits sans lune, de sorte qu'au plat de sa joie *(manquer)* le piment d'un spectateur. Quand les yeux méfiants des matrones *(se poser)* sur la taille alourdie de la jeune femme, elles *(s'imaginer)* tout au plus que la veuve du pope *(se laisser)* séduire par un marchand ambulant, par un ouvrier de ferme, comme si ces gens-là étaient de ceux avec qui Aphrodissia eût consenti à coucher. Et il *(falloir)* accepter avec joie ces soupçons humiliants et ravaler son orgueil avec plus de soin encore qu'elle retenait ses nausées. Et lorqu'elles l'*(revoir)* quelques semaines plus tard, le ventre plat sous ses jupons lâches, toutes *(se demander)* ce qu'Aphrodissia *(pouvoir)* bien faire pour se débarrasser si facilement de son fardeau.

Marguerite Yourcenar, *Nouvelles orientales* (1938),

B a. Les verbes conjugués au passé-composé ont été remplacés par leur forme à l'infinitif. Conjuguez-les en veillant à respecter les règles d'accord du participe passé.

b. Relevez les verbes conjugués au subjonctif et justifiez l'emploi de ce mode dans le texte.

Dans cet extrait de ses mémoires, Chateaubriand évoque la propriété de la Vallée-aux-Loups qu'il a achetée et aménagée. Dans ce passage, il décrit son jardin.

Les arbres que j'y *(planter)* prospèrent, ils sont encore si petits que je leur donne de l'ombre quand je me place entre eux et le soleil. Un jour, en me rendant cette ombre, ils protègeront mes vieux ans comme j'*(protéger)* leur jeunesse. Je les *(choisir)* autant que je l'*(pouvoir)* des divers climats où j'*(errer)*, ils rappellent mes voyages et nourrissent au fond de mon cœur d'autres illusions.

[...] l'ambition m'*(venir)* ; je voudrais accroître ma promenade de quelques arpents : tout chevalier errant que je suis, j'ai les goûts sédentaires d'un moine : depuis que j'habite cette retraite, je ne crois pas avoir mis trois fois les pieds hors de mon enclos. Mes pins, mes sapins, mes mélèzes, mes cèdres tenant jamais ce qu'ils promettent, la Vallée-aux-Loups deviendra une véritable chartreuse. [...]

Ce lieu me plaît ; il *(remplacer)* pour moi les champs paternels ; je l'*(payer)* du produit de mes rêves et de mes veilles ; c'est au grand désert d'Atala que je dois le petit désert d'Aulnay ; et, pour me créer ce refuge, je n'*(dépouiller)* pas, comme le colon américain l'Indien des Florides. Je suis attaché à mes arbres ; je leur *(adresser)* des élégies, des sonnets, des odes. Il n'y a pas un seul d'entre eux que je n'aie soigné de mes propres mains, que je n'aie délivré du ver attaché à sa racine, de la chenille collée à sa feuille ; je les connais tous par leur nom comme mes enfants.

François-René de Chateaubriand, *Mémoires d'Outre-tombe* (1848)

C Conjuguez les infinitifs entre parenthèses aux temps qui conviennent en justifiant vos choix. Veillez aux accords des participes passés.

Le prince de Clèves devint passionnément amoureux de mademoiselle de Chartres, et souhaitait ardemment de l'épouser ; mais il craignait que l'orgueil de madame de Chartres ne *(être)* blessé de donner sa fille à un homme qui n'était pas l'aîné de sa maison. Cependant cette maison était si grande, et le comte d'Eu, qui en *(être)* l'aîné, venait d'épouser une personne si proche de la maison royale, que c'était plutôt la timidité que *(donner)* l'amour, que de véritables raisons, qui causaient les craintes de monsieur de Clèves. Il *(avoir)* un grand nombre de rivaux : le chevalier de Guise lui paraissait le plus redoutable par sa naissance, par son mérite, et par l'éclat que la faveur donnait à sa maison. Ce prince était devenu amoureux de mademoiselle de Chartres le premier jour qu'il l'*(voir)* ; il s'*(apercevoir)* de la passion de monsieur de Clèves, comme monsieur de Clèves s'était aperçu de la sienne. Quoiqu'ils fussent amis, l'éloignement que donnent les mêmes prétentions ne leur *(permettre)* pas de s'expliquer ensemble ; et leur amitié s'*(refroidir)*, sans qu'ils eussent eu la force de s'éclaircir. L'aventure qui *(arriver)* à monsieur de Clèves, d'avoir vu le premier mademoiselle de Chartres, lui paraissait un heureux présage, et *(sembler)* lui donner quelque avantage sur ses rivaux.

Madame de la Fayette, *La Princesse de Clèves* (1678)

2 ORTHOGRAPHIER LES HOMOPHONES GRAMMATICAUX

A Retenez d'abord, dans les deux phrases suivantes, la proposition juste. Puis, poursuivez le texte avec cinq phrases en continuant de jouer avec les mêmes homophones grammaticaux et en puisant votre inspiration dans les *Fables* de La Fontaine.

(Quoi qu'/Quoiqu') on en dise et *(quoi qu'/quoiqu')* il soit distrait, le lièvre est plus rapide que la tortue ! *(Quel que/quelque)* gourmand qu'il soit, on n'a jamais vu un oiseau *(quel qu'/quelqu')* il soit, et encore moins un corbeau, manger un fromage !

B **Remplacez les parenthèses par s' / c' / se / ce.**

( )'est dans le nouveau roman que le statut du personnage a été remis en cause. Il ne ( )'est plus agi de donner l'illusion de la réalité. ( ) n'est plus l'intrigue, ( ) n'est plus la narration qui sont essentielles, mais bien plutôt le mouvement même de l'écriture. Le monologue intérieur ( ) substitue à l'action, les thèmes ( )'entrecroisent, les descriptions ( ) perdent dans une minutie excessive.

( )'est en fait la contestation des conventions romanesques qui ( ) est ainsi manifestée sous la plume d'auteurs comme N. Sarraute, A. Robbe-Grillet ou M. Butor.

( )'est autour des années 1950 que ( ) nouveau type de roman est apparu.

3 ORTHOGRAPHIER LES HOMOPHONES VERBAUX

A **Remplacez les parenthèses par les terminaisons é / er / ait.**

Il me dit que, dans la pensée qu'on pourr( ) le soupçonn( ) d'avoir eu part à l'enlèvement de Manon, il ét( ) all( ) le matin à l'hôpital et qu'il av( ) demand( ) à la voir en feignant d'ignor( ) ce qui ét( ) arriv( ) ; qu'on ét( ) si éloign( ) de nous accus( ), ou lui, ou moi, qu'on s'ét( ) empress( ), au contraire, de lui apprendre cette aventure comme une étrange nouvelle [...].

Abbé Prévost, *Manon Lescaut* (1731)

B **Remplacez les parenthèses par les bonnes terminaisons : é – és – ées – ais – aient.**

Les souvenirs que nous avons gard( ) des gens que nous avons connus n'ont pas plus d'intensité, plus de « vie » que ces petites images précises et color( ) qu'ont grav( ) dans notre esprit la botte, par exemple, la botte souple en cuir tartare, orn( ) de broderies d'argent, qui chauss( ) le pied du vieux prince, ou sa courte pelisse de velours bord( ) d'un col de zibeline et son bonnet, ou ses mains osseuses et dures qui serr( ) comme des pinces, ses petites mains sèches de vieillard, aux veines saillantes, et les scènes continuelles qu'il fais( ), ses sorties, nous paraissent plus « réelles » souvent, plus « vraies », que toutes les scènes du même genre auxquelles nous n'avons nous-mêmes jamais assist( ).

Nathalie Sarraute, *Portrait d'un inconnu* (1956),

C **Remplacez les parenthèses par les terminaisons é / és / ée / ées / er / ait / aient.**

Une neige épaisse couvr( ) le village. La colline était cach( ) par la brume et par la nuit, nul rayon de lumière n'indiqu( ) le grand château. K. resta longtemps sur le pont de bois qui men( ) de la grand-route au village, les yeux lev( ) vers ces hauteurs qui sembl( ) vides.

Puis il alla cherch( ) un gîte ; les gens de l'auberge n'étaient pas encore au lit ; on n'avait pas de chambre à lou( ), mais, surpris et déconcerté par ce client qui ven( ) si tard, l'aubergiste lui proposa de le faire couch( ) sur une paillasse dans la salle. K. Accepta. Il y avait encore là quelques paysans attabl( ) autour de leurs chopes, mais, ne voulant parl( ) à personne, il alla cherch( ) lui-même la paillasse au grenier et se coucha près du poêle. Il faisait chaud, les paysans se tais( ), il les regarda encore un peu entre ses paupières fatigu( ) puis s'endormit.

Franz Kafka, *Le Château* (1938), trad. Alexandre Vialatte,

4 ACCORDER DES ADJECTIFS DE COULEUR

Écriture d'invention Isaac Newton a découpé arbitrairement l'arc-en-ciel en sept couleurs : rouge, orange, jaune, vert, bleu, indigo et violet. Rédigez une description d'une vingtaine de lignes dans laquelle vous introduirez des adjectifs de couleurs synonymes de ceux de l'arc-en-ciel, dans l'ordre donné. Pensez à employer des adjectifs composés. Votre texte pourra être réaliste, poétique ou drôle et il devra viser un effet sur son lecteur.

5 IDENTIFIER L'ORTHOGRAPHE DU XVIe SIÈCLE

a. Relevez, en les classant par catégories grammaticales, les mots provenant de la langue du XVIe siècle.

b. Traduisez cet extrait dans un français moderne.

Voici un extrait d'un Essai *de Montaigne sur l'éducation des enfants : il évoque ici le rôle du précepteur.*

On ne cesse de criailler à nos oreilles, comme qui verseroit dans un antonnoir ; et nostre charge ce n'est que redire ce qu'on nous a dict. Je voudrois qu'il corrigeast cette partie, et que, de belle arrivée, selon la portée de l'ame qu'il a en main, il commençast à la mettre sur la montre, luy faisant gouster les choses, les choisir et discerner d'elle mesme ; quelquefois luy ouvrant le chemin, quelquefois le luy laissant ouvrir. Je ne veux pas qu'il invente et parle seul, je veux qu'il escoute son disciple.

Montaigne, *Essais*, I, 26 (1595)

KN

PARTIE III

Outils d'analyse

▸▸▸ Paul Klee, *Le Forgeron* (1922), huile sur toile (32 cm x 35 cm), détail, musée national d'Art moderne – centre Georges Pompidou, Paris.

Fiche 1

L'ORGANISATION ET LE FONCTIONNEMENT DU RÉCIT

LE NARRATEUR

Le récit révèle, presque toujours, la présence de celui qui le raconte, le **narrateur.** La **narration** d'un récit de fiction doit être distinguée de son **écriture**, car le narrateur est un être **fictif**, distinct de l'auteur, qui est une personne **réelle.**

LE STATUT DU NARRATEUR

La narration à la troisième personne

Un narrateur peut être étranger à l'histoire racontée : le récit, mené à la **troisième personne**, donne une **impression d'objectivité.** (Cf. Focalisation, p. 550)

La narration à la première personne

Le narrateur peut être un personnage et parler à la **première personne.** Cette narration favorise **l'identification du lecteur au personnage.**

→ **Ex. :** À la fin de *L'Étranger* (1942) d'Albert Camus, un condamné à mort raconte ses dernières pensées à la première personne.

Le récit autobiographique

Celui qui dit « je » est à la fois le **personnage**, le **narrateur**, et, parfois, l'**auteur.**

Les récits encadrés

Le narrateur d'un récit premier peut mettre en scène un personnage qui raconte à son tour une histoire. Ce récit second, dit « encadré », peut **donner une explication**, **ralentir le récit premier** ou être le **sujet principal** du livre.

→ **Ex. :** Dans *Manon Lescaut* (1731) de l'Abbé Prévost, Renoncour raconte sa rencontre avec Des Grieux, qui prend ensuite la parole et raconte son histoire.

LA PRÉSENCE DU NARRATEUR

• Le narrateur peut **s'adresser directement au lecteur**, exprimer ses **émotions** ou prononcer un **jugement.** Présent de vérité générale, questions rhétoriques, démonstratifs, ou termes modalisateurs signalent alors la présence du narrateur.

→ **Ex. :** « Le colonel ressemblait à cette dame qui, ayant eu la fièvre durant quinze années, crut avoir changé de maladie le jour où elle fut guérie. Il est des félicités auxquelles on ne croit plus ; elles arrivent, c'est la foudre, elles consument. » (Honoré de Balzac, *Le Colonel Chabert*, 1832)

• La narration à la **deuxième personne** fait du lecteur un **personnage.**

LE TEMPS DE LA NARRATION

La narration ultérieure

La narration se déroule **après les événements**, racontés au **passé.**

La narration antérieure

On raconte des événements **à venir** ; cette narration, rare, en général au **futur**, se retrouve dans les prédictions, les récits de rêve.

→ **Ex. :** « En ces jours-là, les hommes chercheront la mort, et ils ne la trouveront pas ; ils désireront mourir, et la mort fuira loin d'eux. » (*Bible*, « Apocalypse », 9)

La narration simultanée

Le récit a lieu pendant que les faits se déroulent.

La narration intercalée

Chaque étape de l'histoire est racontée **immédiatement** après son déroulement.

→ **Ex. :** Dans *Les Liaisons dangereuses* (1782), roman épistolaire de Choderlos de Laclos, les lettres des personnages racontent les événements qu'ils viennent de vivre.

Fiche 2
LES RYTHMES DU RÉCIT

LES VITESSES DU RÉCIT

On appelle **vitesse** du récit le rapport entre la **durée de l'histoire**, comptée en heures, jours, années, et **le temps de la narration**, compté en pages. L'alternance des vitesses donne son **rythme** au récit.

L'ellipse

L'ellipse **passe sous silence** des événements qui se sont déroulés pendant un temps **quelconque**.

→ **Ex. :** « Je partais, trois jours après, pour la province. Je ne les ai point revus. Quand je revins à Paris, deux ans plus tard, on avait détruit la pépinière. » (Guy de Maupassant, *Contes de la Bécasse*, 1883)

Le sommaire

Le sommaire **résume** des événements qui se sont déroulés pendant un temps **quelconque**.

→ **Ex. :** « Durant les trente années qu'il lui restait à vivre, il se rappela ses mois de campagne en fabriquant des brosses de chiendent. » (Anatole France, *Crainquebille et autres récits profitables*, 1902)

La scène

La durée des événements racontés correspond au temps qu'il faut pour les lire : la **scène** se trouve, notamment, dans les passages de **dialogue**.

La pause

L'action est arrêtée, alors que le récit se poursuit : la pause correspond aux passages de **description**, ou aux **commentaires** du narrateur.

→ **Ex. :** « C'était encore un enfant. Elle l'avait mis à Saint-Nicolas, dans cette grande maison d'éducation religieuse où, pour trente francs par mois, une instruction rudimentaire et un métier sont donnés aux enfants du peuple, à beaucoup d'enfants naturels. » (Les Frères Goncourt, *Germinie Lacerteux*, 1865)

LA FRÉQUENCE

Dans un récit, la fréquence désigne le nombre de fois où un événement est raconté. Le plus souvent, le narrateur raconte **une fois** ce qui s'est produit **une fois**. Le narrateur peut aussi raconter **plusieurs fois** ce qui s'est produit **une fois**. Ce procédé donne au récit un caractère **répétitif**, mais permet surtout des **variations**, de **point de vue** notamment. Ce procédé est fréquent dans le **Nouveau Roman** (▸ Le Nouveau Roman, p. 39).

Enfin, le narrateur peut raconter **une fois** ce qui s'est passé **plusieurs fois**. Ces passages, qui peuvent s'apparenter à des descriptions, soulignent une **habitude**, par exemple.

→ **Ex. :** « Habituellement vêtu d'un habit bleu-barbeau, il prenait chaque jour un gilet de piqué blanc. » (Honoré de Balzac, *Le Père Goriot*, 1835)

LA SUCCESSION DES ÉVÉNEMENTS

▸ **L'analepse** consiste à **raconter un événement antérieur à l'histoire** : elle évoque, par exemple, le passé d'un personnage.

▸ **La prolepse** consiste à **raconter d'avance un événement qui surviendra plus tard** ; ce procédé peut souligner l'action du destin.

→ **Ex. :** « Et elle entrevoyait confusément la nécessité possible d'une séparation plus douloureuse encore que la première. Son cœur se serra, mais elle prit sa résolution. Fantine, on le verra, avait la farouche bravoure de la vie. » (Victor Hugo, *Les Misérables*, I, IV, 1, 1862)

Fiche 3
LA DESCRIPTION

En latin, *describo*, signifie « écrire à partir d'un modèle », « dessiner ». La description représente des lieux, des objets ou des êtres ; elle constitue une **pause** et révèle souvent **le sens de l'œuvre**. La description marque souvent les **grandes étapes du récit**, comme le début, ou la fin. Elle est écrite au **présent** ou à l'**imparfait.**

L'ORGANISATION DE LA DESCRIPTION

Focalisation

Les éléments qui apparaissent dans une description dépendent du point de vue d'où ils sont perçus : on appelle **focalisation** la place qu'occupe le narrateur par rapport aux faits décrits.

• Dans le récit traditionnel, le narrateur est **omniscient** et en dit plus que ce que les personnages peuvent voir, ou savoir : on parle de focalisation **zéro**.

→ **Ex. :** « Rastignac eut le vertige comme un homme endormi dans une forêt, et qui se réveille à côté d'une lionne affamée. Il eut peur, mais sans témoins. » (Honoré de Balzac, *Splendeurs et misères des courtisanes*, 1838-1847)

• Lorsque le récit ne décrit que ce que voit, pense ou ressent le héros, la focalisation est dite **interne.**

→ **Ex. :** « Elle regardait à droite, du côté du boulevard de Rochechouart, où des groupes de bouchers, devant les abattoirs, stationnaient en tabliers sanglants ; et le vent frais apportait une puanteur par moments. » (Émile Zola, *L'Assommoir*, , 1877)

• Lorsque le personnage est observé de l'extérieur, et que le narrateur perçoit ses gestes mais n'a pas accès à ses pensées, on parle de focalisation **externe.**

→ **Ex. :** « La dame ponctua cette réponse d'un coup de crayon sur le clavier. L'enfant resta immobile, la tête tournée vers sa partition. » (Marguerite Duras, *Moderato cantabile*, 1958)

Principe lexical et syntaxique

• La description peut prendre la forme d'une **liste**, reposant notamment sur l'**accumulation** d'adjectifs ou de propositions subordonnées relatives.

• **Comparaisons** et **métaphores** lui donnent parfois une dimension narrative. La **métaphore** est dite **filée** lorsqu'elle se prolonge sur plusieurs lignes.

→ **Ex. :** « Telle, étourdie par la gaieté des fidèles, ivre de camaraderie, de médisance et d'assentiment, Mme Verdurin, juchée sur son perchoir, pareille à un oiseau dont on eût trempé le colifichet dans du vin chaud, sanglotait d'amabilité. » (Marcel Proust, *Du Côté de Chez Swann*, 1914)

Principe logique

La description peut se développer dans l'**espace** et progresser de l'extérieur vers l'intérieur, par exemple. Elle peut se développer dans le **temps** et donner l'impression que l'espace est en mouvement. Le choix de **verbes de mouvement** anime le tableau, et contribue à la **dramatisation** du récit.

→ **Ex. :** « À la croix du transept, quatre colonnes énormes étaient aux quatre angles ; montaient d'un jet soutenir la voûte ; et là régnait encore une clarté mauve... » (Émile Zola, *Le Rêve*, 1888)

LES FONCTIONS DE LA DESCRIPTION

• La description peut avoir, comme une peinture, une fonction **ornementale** ou **esthétique.**

→ **Ex. :** « Ainsi vu d'en haut, le paysage tout entier avait l'air immobile comme une peinture ; les navires à l'ancre se tassaient dans un coin ; le fleuve arrondissait sa courbe au pied des collines vertes… » (Gustave Flaubert, *Madame Bovary*, 1857)

• Elle copie parfois la **réalité** pour créer un **effet de réel.**

• Elle peut avoir une fonction **documentaire**, et véhiculer un **savoir.**

• La description peut enfin avoir une fonction **explicative** ou **symbolique** : elle construit une atmosphère, et prépare l'action. Le **portrait**, par sa longueur, révèle l'importance du personnage dans le récit.

1 ÉTUDIER LE STATUT DU NARRATEUR ❋

a. Quelles relations unissent le personnage et le narrateur de ce passage ? Observez en particulier les temps verbaux.
b. Peut-on confondre l'auteur de ce texte et son narrateur ? Justifiez votre réponse.
c. Quelles émotions apparaissent dans l'écriture de ce passage ?

Le collège ? – J'ai pu aller jusqu'à la porte ; encore mon cœur battait-il à se casser ! Quand j'ai pris la petite rue qui y mène, je titubais comme un homme ivre.

Mais arrivé devant la grille, j'ai dû m'appuyer contre une borne pour ne pas tomber.

C'est là-dedans que mon père était maître d'études à vingt-deux ans, marié, déjà père de Jacques Vingtras.

C'est là qu'il fut humilié pendant des années ; c'est là que je l'ai vu essuyer en cachette des larmes de honte, quand le proviseur lui parlait comme à un chien ; c'est là que j'ai senti peser sur mes petites épaules le fardeau de sa grande douleur.

Non, je n'ai pas osé passer sous cette porte, pour revoir le coin de cour où un grand sauta sur lui et le souffleta.

Entrer ? – Il me semble que je laisserais de mon sang sur le plancher de l'étude des grands, où était la table devant laquelle je travaillais – à côté de la chaire, dans laquelle celui qui m'avait mis au monde était installé, comme dans la tribune du réfectoire le gardien qui surveille les réclusionnaires*.

Jules Vallès, *Le Bachelier* (1879)

*Prisonniers.

2 ÉTUDIER LA PRÉSENCE DU NARRATEUR ❋❋

a. Distinguez les passages narratifs et les commentaires du narrateur en indiquant les indices qui permettent de les reconnaître.
b. Pour quelle raison le narrateur intervient-il dans le récit, selon vous ?
c. Écriture d'invention Supprimez les passages qui interrompent la narration et remplacez-les par le récit des circonstances du voyage.

Jacques commença l'histoire de ses amours. C'était l'après-[dîner] : il faisait un temps lourd ; son maître s'endormit. La nuit les surprit au milieu des champs ; les voilà fourvoyés. Voilà le maître dans une colère terrible et tombant à grands coups de fouet sur son valet, et le pauvre diable disant à chaque coup : « Celui-là était apparemment encore écrit là-haut... ».

Vous voyez, lecteur, que je suis en beau chemin, et qu'il ne tiendrait qu'à moi de vous faire attendre un an, deux ans, trois ans, le récit des amours de Jacques, en le séparant de son maître et en leur faisant courir à chacun tous les hasards qu'il me plairait. Qu'est-ce qui m'empêcherait de marier le maître et de le faire cocu ? d'embarquer Jacques pour les îles ? d'y conduire son maître ? de les ramener tous les deux en France sur le même vaisseau ? Qu'il est facile de faire des contes ! Mais ils en seront quittes l'un et l'autre pour une mauvaise nuit, et vous pour ce délai.

L'aube du jour parut. Les voilà remontés sur leurs bêtes et poursuivant leur chemin. – Et où allaient-ils ? – Voilà la seconde fois que vous me faites cette question, et la seconde fois que je vous réponds : Qu'est-ce que cela vous fait ? Si j'entame le sujet de leur voyage, adieu les amours de Jacques... Ils allèrent quelque temps en silence. Lorsque chacun fut un peu remis de son chagrin, le maître dit à son valet : – Eh bien, Jacques, où en étions-nous de tes amours ?

Denis Diderot, *Jacques le fataliste et son maître* (1796)

3 CONFRONTER PRÉSENCE DU NARRATEUR ET TEMPS DE LA NARRATION ❋❋

a. À quelle personne la narration est-elle menée dans ce passage ? Quel effet produit-elle ?
b. Observez les temps employés : comment se situe la narration par rapport aux événements racontés ? Quel caractère donne-t-elle à ces événements ?
c. Pourquoi ces éléments éclairent-ils le titre du roman ?

Le personnage principal va retrouver sa maîtresse à Rome ; pendant le voyage en train, il songe à ses retrouvailles avec sa femme.

Mardi prochain, lorsque vous entrerez dans sa chambre, en effet vous lui raconterez tout ce voyage et vous lui direz : « J'étais allé à Rome pour prouver à Cécile que je la choisissais contre toi, j'y étais allé dans l'intention de lui demander de venir vivre avec moi définitivement à Paris... »

Michel Butor, *La Modification* (1957),
© Éditions de Minuit

4 ÉTUDIER L'ORGANISATION D'UNE DESCRIPTION ❋❋

Au début du Père Goriot, *le narrateur décrit la pension dans laquelle séjournent les personnages.*

Vous y verriez un baromètre à capucin qui sort quand il pleut, des gravures exécrables qui ôtent l'appétit, toutes encadrées en bois verni à filets dorés ; un cartel[1] en écaille incrustée de cuivre ; un poêle vert, des quinquets[2] d'Argand[3] où la poussière se combine avec l'huile, une longue table couverte en toile cirée assez grasse pour qu'un facétieux externe[4] y écrive son nom en se servant de son doigt comme de style, des chaises estropiées, de petits paillassons piteux en sparterie qui se déroule toujours sans se perdre jamais, puis des chaufferettes misérables à trous cassés, à charnières défaites, dont le bois se carbonise. Pour expliquer combien ce mobilier est vieux, crevassé, pourri, tremblant, rongé, manchot, borgne, invalide, expirant, il faudrait en faire une description qui retarderait trop l'intérêt de cette histoire, et que les gens pressés ne pardonneraient pas.

Honoré de Balzac, *Le Père Goriot* (1834)

1. Pendule.
2. Lampes à huile dont le nom vient d'un pharmacien parisien (Antoine Quinquet).
3. Jean-Robert Argand est un physicien et chimiste suisse, inventeur des lampes à huile.
4. Personne qui prend ses repas dans la pension sans y dormir.

a. Selon quel principe cette description est-elle organisée ? Quelle intention révèle ce passage ?
b. Quels modes, quels temps verbaux, quelles personnes sont employés dans ce texte ? Comment la description est-elle insérée dans le récit ?

5 DÉTERMINER LA VITESSE D'UN RÉCIT ✽✽✽

a. « Elle allait le voir deux fois l'an et revenait plus triste chaque fois » : quel temps verbal est employé ? Quelle est sa valeur ? Que révèle cette fréquence narrative des sentiments du personnage ?
b. Quelles vitesses apparaissent dans ce passage ? Quel rythme leur alternance donne-t-elle au récit ?

Une fille de ferme a eu un enfant avec un homme qui l'a abandonnée. Honteuse, elle cache cet enfant qui est élevé chez une nourrice. Le fermier qui emploie la jeune fille demande sa main et l'épouse.

Son mari lui faisait l'effet d'un homme qu'elle avait volé et qui s'en apercevrait un jour ou l'autre. Et puis elle pensait à son petit d'où venait tout son malheur, mais d'où venait aussi tout son bonheur sur la terre.

Elle allait le voir deux fois l'an et revenait plus triste chaque fois.

Cependant, avec l'habitude, ses appréhensions se calmèrent, son cœur s'apaisa, et elle vivait plus confiante avec une vague crainte flottant encore en son âme.

Des années passèrent ; l'enfant gagnait six ans. Elle était maintenant presque heureuse, quand tout à coup l'humeur du fermier s'assombrit.

Depuis deux ou trois années déjà il semblait nourrir une inquiétude, porter en lui un souci, quelque mal de l'esprit grandissant peu à peu. Il restait longtemps à table après son dîner, la tête enfoncée dans ses mains, et triste, triste, rongé par le chagrin. Sa parole devenait plus vive, brutale parfois ; et il semblait même qu'il avait une arrière-pensée contre sa femme, car il lui répondait par moments avec dureté, presque avec colère.

Un jour que le gamin d'une voisine était venu chercher des œufs, comme elle le rudoyait un peu, pressée par la besogne, son mari apparut tout à coup et lui dit de sa voix méchante :

« Si c'était le tien, tu ne le traiterais pas comme ça. »

Guy de Maupassant, « Histoire d'une fille de ferme », *La Maison Tellier* (1881)

6 ÉTUDIER LES RELATIONS ENTRE ORGANISATION ET FONCTION DE LA DESCRIPTION ✽✽✽

a. Quel est le sujet de cette description ? Selon quel principe est-elle organisée ?
b. Qui prend en charge la description ? Quelle est sa fonction ?

Le narrateur décrit un tableau du peintre Elstir.

Dans le premier plan de la plage, le peintre avait su habituer les yeux à ne pas reconnaître de frontière fixe, de démarcation absolue, entre la terre et l'océan. Des hommes qui poussaient des bateaux à la mer couraient aussi bien dans les flots que sur le sable, lequel, mouillé, réfléchissait déjà les coques comme s'il avait été de l'eau. La mer elle-même ne montait pas régulièrement, mais suivait les accidents de la grève, que la perspective déchiquetait encore davantage, si bien qu'un navire en pleine mer, à demi caché par les ouvrages avancés de l'arsenal, semblait voguer au milieu de la ville ; des femmes qui ramassaient des crevettes dans les rochers, avaient l'air, parce qu'elles étaient entourées d'eau et à cause de la dépression qui, après la barrière circulaire des roches, abaissait la plage (des deux côtés les plus rapprochés des terres) au niveau de la mer, d'être dans une grotte marine surplombée de barques et de vagues, ouverte et protégée au milieu des flots écartés miraculeusement. Si tout le tableau donnait cette impression des ports où la mer entre dans la terre, où la terre est déjà marine et la population amphibie, la force de l'élément marin éclatait partout.

Marcel Proust, *À l'ombre des jeunes filles en fleurs* (1919)

Fiche 4
LES GENRES BIOGRAPHIQUES

Une **biographie** (du grec *bios* signifiant « vie » et *graphein* signifiant « écrire ») est « l'écriture d'une vie » ; l'expression **« genres biographiques »** désigne les écrits qui font le récit de la vie d'une personne réelle.

LE BIOGRAPHIQUE

On appelle récit biographique un récit de vie dans lequel **auteur** et **narrateur** se confondent mais se distinguent du **personnage** ; le sujet du récit est souvent un homme illustre, dont la vie permet notamment de servir la proclamation de valeurs collectives. → **Ex. :** Plutarque, écrivain et historien du IIe siècle ap. J.-C., raconte la vie de César dans les *Vies parallèles*.

Cas particulier : L'éloge funèbre est un discours officiel qui fait le portrait d'un défunt et célèbre ses qualités. Il appartient au **genre épidictique** (du grec *epideixis* signifiant « discours d'apparat »).

L'AUTOBIOGRAPHIQUE

L'autobiographique (du grec *autos* signifiant « soi-même ») est un écrit dans lequel l'**auteur**, le **narrateur** et le **personnage** tendent à se confondre.

L'autobiographie

• Selon le critique Philippe Lejeune, l'autobiographie est un « récit **rétrospectif** en prose qu'une personne réelle fait de sa propre existence, lorsqu'elle met l'accent sur sa vie individuelle, en particulier sur l'histoire de sa personnalité » : ce récit est donc également **introspectif**. L'auteur cherche à **se connaître**, à **se justifier**, à **se reconstruire**, mais aussi à **vaincre l'oubli**, ou à **témoigner**.
• Chez l'évêque **Augustin** (Ve siècle ap. J.-C.) et chez **Rousseau** (XVIIIe siècle), l'autobiographie prend la forme de **confessions** (du latin *confiteor* signifiant « j'avoue »).

Les mémoires

L'auteur de mémoires concentre le récit de sa vie sur les **événements historiques** et **politiques** auxquels il a été mêlé.
→ **Ex. :** Dans *Les Mémoires d'outre-tombe* (1850), Chateaubriand donne une image de son époque.

Le journal intime

À l'origine, le journal intime n'est pas destiné à être publié. Il ne constitue donc un « genre littéraire » qu'en raison de circonstances particulières liées à la figure de l'auteur. Celui qui tient un journal intime note les **événements** de la journée, les **lieux**, les **dates**, ainsi que ses **pensées**.
→ **Ex. :** Frédéric Chopin (1810-1849) a écrit un journal intime intitulé *Carnet de notes*.

LES GENRES BIOGRAPHIQUES FICTIFS

Certains récits de fiction se présentent comme des biographies. Ces genres sont en pleine expansion aujourd'hui.

La biographie fictive

On construit une fiction à partir d'épisodes marquants d'une vie.

L'autobiographie fictive

Œuvre de fiction dans laquelle l'auteur invente une histoire ; le narrateur se confond avec le personnage, mais se distingue de l'auteur. Le personnage devient, pour l'auteur, un moyen de se connaître lui-même.
→ **Ex. :** Dans les *Mémoires d'Hadrien* (1951), Marguerite Yourcenar fait parler un empereur romain.
→ **Ex. :** Dans *À la recherche du temps perdu* (1913-1927), Marcel Proust recrée sa propre biographie en soumettant sa vie à un projet littéraire.

Fiche 5

LE VOCABULAIRE DU THÉÂTRE : LE TEXTE THÉÂTRAL

Accidents de langage : le texte théâtral reproduit parfois les imperfections du langage courant, parmi lesquelles on peut ranger, par exemple, le bégaiement, les bâillements, les tics, les fautes de prononciation, les fautes de grammaire.

Actes : suite de scènes ayant une unité, et pouvant recevoir un titre. Chaque acte contient une partie de l'action. Dans le drame, le terme de « tableau » remplace celui d'« acte ».

Aparté : paroles prononcées par un personnage et adressées directement au public, à l'insu de ses interlocuteurs. L'aparté permet souvent au spectateur de connaître les sentiments que le personnage doit cacher.

Cadence majeure : dans une réplique ou un dialogue, succession de groupes syntaxiques de plus en plus longs, permettant de souligner le mouvement croissant d'une émotion, par exemple.

Confident : personnage secondaire, dont la fonction consiste principalement à écouter le personnage principal, et à être témoin de ses états d'âme ; il peut le consoler ou lui donner des conseils.

Contrepoint : succession de répliques qui ne se répondent pas, car l'un des personnages s'adresse au public par des apartés, par exemple.

Dénouement : dernière partie d'une pièce de théâtre. Selon Aristote, le dénouement commence avec la dernière péripétie et s'achève avec la fin de la pièce. Dans les pièces classiques, le dénouement conduit à l'achèvement complet de l'action.

Deus ex machina : expression latine signifiant « dieu sorti d'une machine ». Intervention providentielle d'un personnage extérieur à l'intrigue, qui détruit les obstacles et entraîne le dénouement.

Dialogue : échange de paroles qui imite une conversation réelle, et qui comporte une dimension esthétique. Comme l'action, le dialogue repose sur une progression, nommée « enchaînement ».

Didascalie : mot d'origine grecque, signifiant « instruction faite par l'auteur ». Les didascalies donnent au metteur en scène et aux comédiens des indications sur le lieu et l'époque de l'action, sur les noms des personnages et le moment de leur prise de parole, sur les gestes et sur les intonations. Les didascalies sont signalées par des parenthèses ou par de l'italique et ne sont pas prononcées par les personnages. Les « didascalies internes » sont des indications données au metteur en scène par les paroles des personnages.

Double énonciation théâtrale : au théâtre, la double énonciation correspond à une énonciation s'adressant à deux destinataires : le personnage s'adresse à un autre personnage et, dans le même temps, il s'adresse au public.

Dramaturge : mot issu du grec *drama*, signifiant « l'action », et *ergon*, signifiant « l'œuvre » ; le dramaturge est l'auteur de la pièce de théâtre.

Enchaînement des répliques : le dramaturge s'efforce de donner à son dialogue l'apparence d'une conversation courante, mais aussi une certaine perfection. Il crée cette impression par divers procédés d'enchaînement : une réplique peut être interrompue par une autre réplique ; une phrase commencée dans une réplique peut s'achever dans la réplique suivante ; les mots peuvent être répétés d'une réplique à l'autre. Les interrogations permettent des enchaînements efficaces.

Exposition : premier moment d'une pièce de théâtre, qui a pour fonction de présenter les personnages et l'intrigue.

Faux dialogue : certains personnages, comme les confidents, ont souvent pour fonction d'écouter ce que dit un autre personnage. Ce faux dialogue permet d'instruire le spectateur. Le faux dialogue peut aussi s'établir entre deux personnages, dont l'un ne comprend pas ce que dit l'autre : il peut alors prendre une dimension comique.

Langage des personnages : le texte théâtral peut donner aux personnages un langage qui reflète leur condition ou leur caractère (le personnage peut s'exprimer en argot, par exemple). Le niveau de langue contribue également à construire le personnage.

Mimésis : terme grec signifiant « imitation ». Aristote applique ce mot au travail du dramaturge qui consiste à imiter par le langage et l'action dramatique les actes accomplis par les hommes dans la réalité.

Monologue : tirade dans laquelle un personnage prononce à haute voix ce qui est en réalité sa pensée. Le monologue délibératif montre le personnage déchiré entre deux sentiments, ou hésitant entre deux attitudes. Le monologue n'est pas destiné à être écouté par les autres personnages. Comme le dialogue, il s'adresse, en réalité, au spectateur (double énonciation théâtrale).

Nœud : moment de la pièce où la volonté des personnages principaux se heurte aux événements ou aux circonstances qui la contrarient.

Personnage : étymologiquement, le personnage est un « masque ». On distingue les personnages en fonction des éléments suivants : le nom, que certains dramaturges, volontairement, ne donnent pas, l'âge (jeunesse, vieillesse, âge mûr), le sexe, le rang social et le pouvoir. À chacune de ces identités correspond un caractère.

Péripétie : au sens strict, changement de destin du héros ; on emploie aussi ce mot pour désigner les différents événements qui provoquent des bouleversements dans l'action dramatique.

Protagoniste : mot issu du grec *prôtos*, signifiant « le premier », et *agôn*, signifiant « la lutte » ; le protagoniste est le personnage principal d'une pièce de théâtre.

Quiproquo : procédé dramatique dans lequel un personnage se trompe sur l'identité d'un autre personnage ; plus généralement, le quiproquo s'appuie sur un malentendu.

Récit : discours dans lequel un personnage évoque des événements que la scène ne montre pas.

Réplique : élément du langage dramatique qui imite les paroles échangées dans une conversation. L'art du dramaturge consiste à enchaîner les répliques pour construire un dialogue.

Scène : division de l'acte, délimitée par l'entrée ou la sortie d'un personnage.

Stichomythie : du grec *stikhos*, signifiant « vers », et *muthos*, signifiant « parole » ; les personnages se répondent du tac au tac par des répliques brèves, qui n'occupent qu'un vers chacune.

Tragédie du langage : le langage et ses automatismes, ainsi que les idées reçues, sont le sujet de certaines pièces du XXe siècle où les personnages parlent pour ne rien dire.

Tirade : forme du langage dramatique, plus longue que la réplique, soutenue par une forte structure rhétorique. Elle permet notamment au personnage de dire sa passion, ou de délibérer ; elle révèle sa psychologie.

Fiche 6
LA REPRÉSENTATION DU TEXTE THÉÂTRAL

Catharsis : mot grec signifiant « purification ». Selon Aristote, la tragédie aide le spectateur à lutter contre la crainte et la pitié en lui montrant des héros frappés par d'immenses malheurs.

Chœur : en grec, *choreuo* signifie « danser ». Le chœur est un personnage collectif du théâtre antique dirigé par un chef, le coryphée ; il représente les valeurs de la collectivité, exécute des danses et des chants, et dialogue brièvement avec le héros.

Choix du metteur en scène : les mises en scène d'un même texte peuvent être très différentes ; le metteur en scène peut mettre l'interprétation au service du texte, ou mettre le texte au service d'une interprétation.

Cintres : partie supérieure d'un théâtre, située au-dessus de la scène, où se trouvent, notamment, les machines (poulies, fils...).

Comédien : au théâtre, personne qui joue un rôle sur scène.

Cour : la formule « côté cour » désigne, pour le comédien, la partie de la scène située à sa gauche quand il regarde la salle. (Cf. « Jardin »)

Décor : le décor est constitué par les éléments matériels qui organisent l'espace de la représentation (l'évocation des lieux, les accessoires, les éclairages).

Douche : projecteur qui éclaire le comédien d'en haut.

Espace : la représentation du texte suppose un espace concret. Cet espace a un sens, et les mouvements des comédiens qui le parcourent révèlent relations et conflits.

Illusion : en latin, le verbe *illudo* signifie « se jouer de ». On appelle « illusion théâtrale » l'art qui consiste à faire croire au spectateur que ce qu'il voit sur scène est le monde réel. Selon le critique Anne Ubersfeld, cette illusion est la source du plaisir du spectateur qui voit le monde en « modèle réduit » et qui admire l'art du metteur en scène.

Jardin : la formule « côté jardin » désigne la droite de la scène pour le comédien. (Cf. « Cour »)

Mise en scène : la mise en scène consiste à organiser le temps de la représentation, et à construire, à partir du texte, un univers scénique qui permettra au spectateur de comprendre le sens de la pièce.

Poursuite : projecteur qui suit les évolutions d'un personnage.

Quatrième mur : mur imaginaire qui sépare la scène et la salle.

Représentation : la représentation consiste à rendre présente la pièce en la plaçant sous les yeux des spectateurs. La représentation impose la présence de spectateurs. Contrairement au cinéma, le théâtre est un « spectacle vivant ».

Scène : espace où les comédiens évoluent.

Scénographe : conseiller du metteur en scène qui analyse et interprète la pièce pour préparer la représentation.

Théâtre dans le théâtre : représentation d'une pièce de théâtre à l'intérieur d'une pièce de théâtre. Ce procédé, nommé également « mise en abyme », permet de mettre en lumière l'illusion théâtrale.

Fiche 7
LES PRINCIPAUX GENRES THÉÂTRAUX

LA COMÉDIE

La comédie cherche à faire rire des vices des hommes qui les rendent difformes. Elle a pour devise *Castigat ridendo mores* : la comédie corrige les mœurs par le rire. Elle a une fonction de critique sociale. → **Ex. :** Beaumarchais, *Le Mariage de Figaro* (1778).

Commedia dell'arte : genre apparu au XVIe siècle en Italie, il s'agit d'un spectacle où les comédiens incarnent des types (Arlequin, Pierrot, Colombine) et improvisent autour d'un canevas.

Comédie-ballet : cette comédie naît en 1661 et disparaît en 1672. L'action s'accompagne de musique et de danse. La comédie-ballet est à l'origine de la naissance de l'opéra.
→ **Ex. :** *Le Bourgeois Gentilhomme* (1670) mêle à l'intrigue de Molière la musique de Lully.

LA TRAGÉDIE

Selon Aristote, la tragédie représente une action noble qui, en suscitant pitié et crainte, opère la purgation (*catharsis* en grec) de ces passions. Elle montre un héros noble luttant contre une force destructrice qui lui est supérieure. → **Ex. :** Racine, *Phèdre* (1677).

Tragi-comédie : la tragi-comédie est une tragédie à fin heureuse, dont les personnages sont d'un rang élevé, et qui traite de sujets romanesques en mêlant le sérieux et le comique. Inventée à Rome par Plaute, elle est reprise au XVIIe siècle. → **Ex. :** Corneille, *Le Cid* (1637).

Remarque : Au XXe siècle, certains auteurs reprennent les sujets des tragédies antiques, en mêlant la comédie à la tragédie. → **Ex. :** Jean Giraudoux, *Électre* (1937).

LE DRAME

Drame bourgeois : le drame bourgeois du XVIIIe siècle veut être plus près de la réalité. Il met en scène la bourgeoisie et voit le triomphe de la vertu.

Drame romantique : le drame romantique du XIXe siècle refuse les règles du théâtre classique du XVIIe siècle et mêle les registres pour peindre la vie dans sa totalité.
→ **Ex. :** Victor Hugo, *Ruy Blas* (1838).

Les règles du théâtre classique
- **La vraisemblance** : paroles et événements présentés sur scène ne doivent pas heurter la **raison** du spectateur. La règle des trois **unités** en découle :
  - unité de **lieu** : l'action doit se dérouler en un **lieu** unique,
  - unité de **temps** : l'action doit tenir dans le **temps** d'une révolution du soleil (≃ un jour),
  - unité d'**action** : l'action a une unité si on ne peut rien en retrancher sans que la pièce soit ébranlée.
- **Les bienséances** imposent que la pièce observe les mœurs de l'époque de l'action (bienséances **internes**) et les mœurs de l'époque de la représentation (bienséances **externes**). Elles interdisent qu'on montre un mort sur scène, par exemple.

LE THÉÂTRE DU XXe SIÈCLE

Le théâtre du XXe siècle renouvelle les formes, les thèmes, la mise en scène de l'écriture et ne se préoccupe plus de la notion de genre.

Le théâtre d'idée ou engagé : théâtre dont les représentants sont Jean-Paul Sartre ou Jean Giraudoux.

Le théâtre de l'absurde : ce théâtre montre la condition humaine dans un monde dépourvu de sens. Il refuse l'intrigue traditionnelle et soulève une interrogation sur le langage.
→ **Ex. :** Eugène Ionesco, *Rhinocéros* (1959).

Il descend de l'escabeau, s'approche de Hamm par-derrière et lui parle à l'oreille.

HAMM *(sursautant)* : Gris ! Tu as dit gris ?

CLOV : Noir clair. Dans tout l'univers.

HAMM : Tu vas fort. *(Un temps.)* Ne reste pas là, tu me fais peur.

Clov retourne à sa place à côté du fauteuil.

CLOV : Pourquoi cette comédie, tous les jours ?

HAMM : La routine. On ne sait jamais. *(Un temps.)* Cette nuit j'ai vu dans ma poitrine. Il y avait un gros bobo.

CLOV : Tu as vu ton cœur.

HAMM : Non, c'était vivant. *(Un temps. Avec angoisse.)* Clov !

CLOV : Oui.

HAMM : Qu'est-ce qui se passe ?

CLOV : Quelque chose suit son cours.

Un temps.

HAMM : Clov !

CLOV *(agacé)* : Qu'est-ce que c'est ?

HAMM : On n'est pas en train de... de... signifier quelque chose ?

CLOV : Signifier ? Nous, signifier ! *(Rire bref.)* Ah elle est bonne ! [...]

Samuel Beckett, *Fin de partie* (1957),

6 IDENTIFIER ET ÉTUDIER LA DOUBLE ÉNONCIATION ❁❁❁

a. **Observez les didascalies et la modalité des phrases : quels sentiments expriment les personnages ? Qui semble détenir le pouvoir ?**

b. **À qui s'adresse la première réplique de Rosine ? Comment se nomme ce procédé dramaturgique ?**

c. **Comment Rosine est-elle perçue par Bartholo ? Et par le spectateur ?**

Le médecin Bartholo a élevé Rosine, une orpheline, dans l'intention de l'épouser. Mais le comte Almaviva, épris de Rosine, est parvenu à s'introduire chez Bartholo, déguisé en soldat, et à lui remettre une lettre. Bartholo s'est aperçu de la manœuvre et exige de voir la lettre. Il va fermer la porte.

[...]

ROSINE, *pendant qu'il y va* :

Ah Ciel ! que faire ?... Mettons vite à la place la lettre de mon cousin, et donnons-lui beau jeu à la prendre. *(Elle fait l'échange, et met la lettre du cousin dans sa pochette, de façon qu'elle sorte un peu.)*

BARTHOLO, *revenant* :

Ah ! j'espère maintenant la voir.

ROSINE :

De quel droit, s'il vous plaît ?

BARTHOLO :

Du droit le plus universellement reconnu, celui du plus fort.

ROSINE :

On me tuera plutôt que de l'obtenir de moi.

BARTHOLO, *frappant du pied* :

Madame ! Madame !...

ROSINE *tombe sur un fauteuil et feint de se trouver mal* :

Ah ! quelle indignité !...

BARTHOLO :

Donnez cette lettre, ou craignez ma colère.

ROSINE, *renversée* :

Malheureuse Rosine !

[...]

Beaumarchais, *Le Barbier de Séville*, II, 15 (1775)

7 DÉDUIRE DU TEXTE ÉCRIT UNE REPRÉSENTATION ❁❁❁

a. **Observez le nom des personnages et les didascalies : que révèlent ces éléments de l'identité des protagonistes et des relations qui les unissent ?**

b. **Observez la ponctuation : quel signe domine ? A-t-il la même signification dans l'ensemble de l'extrait ? Justifiez votre réponse.**

c. **Sur quels procédés l'enchaînement des répliques repose-t-il ? Quelle vision du monde en résulte ?**

d. **Écriture d'invention** **Formulez pour ce passage des propositions de mise en scène abordant la question du costume, de l'espace, de la diction, des relations entre scène et salle.**

Dans cette pièce de Nathalie Sarraute, H1 rend visite à son ami de longue date, H2.

[...]

H.1 : Ah on y arrive... C'est à cause de ce rien que tu t'es éloigné ? Que tu as voulu rompre avec moi ?

H.2, *soupire* : Oui... c'est à cause de ça... Tu ne comprendras jamais... Personne, du reste, ne pourra comprendre...

H.1 : Essaie toujours... Je ne suis pas si obtus...

H.2 : Oh si... pour ça, tu l'es. Vous l'êtes tous, du reste.

H.1 : Alors, chiche... on verra...

H.2 : Eh bien... tu m'as dit il y a quelque temps... tu m'as dit... quand je me suis vanté de je ne sais plus quoi... de je ne sais plus quel succès... oui... dérisoire... quand je t'en ai parlé... tu m'as dit : « C'est bien... ça... »

H.1 : Répète-le, je t'en prie... j'ai dû mal entendre.

H.2, *prenant courage* : Tu m'as dit : « C'est bien... ça... » Juste avec ce suspens... cet accent...

H.1 : Ce n'est pas vrai. Ça ne peut pas être ça... ce n'est pas possible...

H.2 : Tu vois, je te l'avais bien dit... à quoi bon ?...

H.1 : Non mais vraiment, ce n'est pas une plaisanterie ? Tu parles sérieusement ?

H.2 : Oui. Très. Très sérieusement. [...]

Nathalie Sarraute, *Pour un oui ou pour un non* (1987),

Fiche 8

LA VERSIFICATION

LE VERS : UNE STRUCTURE SYLLABIQUE

Le mot « vers » vient du verbe latin *vertere*, qui signifie « tourner » ; ce verbe désigne le trajet parcouru par la charrue lorsqu'elle arrive à la limite du champ. Le vers est constitué par un ensemble de **retours** : retour à la ligne, retour d'accents toniques et de sonorités. On appelle **« vers »** un élément du poème caractérisé par un certain nombre de **syllabes** et d'**accents** ainsi que par une **musicalité** qui le relie aux autres vers du poème. L'**accent** consiste en une élévation ou un abaissement de la voix qui a pour effet de mettre une syllabe en valeur : sa place est liée au **rythme** du vers, et à la grammaire de la phrase.

La métrique

Le **nombre de syllabes** que comporte un **vers** permet de déterminer sa mesure ou son **mètre**.

Le compte des syllabes

Toutes les syllabes qui composent un vers doivent être **comptées** et **prononcées**. Quelques **cas particuliers** doivent cependant être envisagés :

– le **« e » muet** en fin de mot ne se prononce pas si le mot suivant commence par une **voyelle** ; il se prononce en revanche si le mot suivant commence par une **consonne**.

– l'**hiatus** est formé lorsque deux voyelles sont en contact à l'intérieur d'un mot ou d'un vers. La prononciation d'un hiatus peut faire entendre **deux syllabes** : c'est la **diérèse**.

→ **Ex. :** « […] Aveugles et boiteux vinrent, et leurs huées
Raillaient le noir clairon sonnant sous les nuées ; […] »
(V. Hugo, « Sonnez, sonnez toujours, clairons de la pensée », *Les Châtiments*, 1853)

Elle peut aussi faire entendre **une seule syllabe** : c'est la **synérèse**.

→ **Ex. :** « […] retourne à nos moutons,
Muse, et sans varier dis-nous quelques sornettes
De tes enfants bâtards, ces tiercelets de poètes, […] »
(M. Régnier, *Satires*, II, 1613)

Les mètres couramment utilisés

- **Les vers pairs** : les **alexandrins** ont douze syllabes ; les **décasyllabes**, dix syllabes ; les **octosyllabes**, huit syllabes ; les **hexasyllabes**, six syllabes.
- **Les vers impairs** : les **hendécasyllabes** ont onze syllabes ; les **ennéasyllabes**, neuf syllabes ; les **heptasyllabes**, sept syllabes ; les **pentasyllabes**, cinq syllabes.

Remarque : le verset repose sur des **jeux de sonorité** et sur la **combinaison des mètres traditionnels** : on parle de verset pour des mètres **plus longs** que l'alexandrin.

→ **Ex. :**

« <u>Tu as gardé longtemps, longtemps entre tes mains</u> || <u>le visage noir du guerrier</u> […] »
alexandrin + octosyllabe
(L. S. Senghor, « Chants pour Signare », *Nocturnes*, 1961)

LA VERSIFICATION ET SES STRUCTURES

La strophe

Une strophe se définit par sa disposition dans la page (les strophes sont séparées par des blancs), le groupement des vers (mètres égaux ou alternance régulière des mètres), la disposition des rimes (Cf. La rime, page suivante).

Les strophes les plus courantes : les **distiques** ont deux vers ; les **tercets**, trois vers ; les **quatrains**, quatre vers ; les **quintils**, cinq vers ; les **sizains**, six vers ; les **dizains**, dix vers.

Fiche 8
LA VERSIFICATION

Le rythme poétique

Le rythme est le retour à intervalle régulier des **accents.** En poésie, deux rythmes différents se superposent. Le premier rythme est celui de la **phrase française** : l'accent tombe sur le **dernier** élément d'une phrase ou d'un groupe de mots. Le deuxième rythme est celui du **vers** : les accents tombent sur les mots situés à la **fin du vers** et à la **césure.** Quand les deux accents tombent sur la **même** syllabe, on dit qu'il y a **concordance rythmique.** Dans le cas contraire, on parle de **discordance rythmique.**

La césure et l'hémistiche

La **césure** est la principale pause à l'intérieur du vers. Dans l'alexandrin, la césure se trouve après la **sixième syllabe** et coupe le vers en deux demi-vers, appelés **hémistiches.**

La discordance

Lorsqu'une **phrase** commencée dans un **vers** s'achève dans le vers suivant, on parle de **discordance** :

– si la discordance donne une impression de **continuité**, elle s'appelle **enjambement.**

➜ **Ex. :** « [...] Et dès lors, je me suis baigné **dans le Poème**
De la Mer, infusé d'astres, et lactescent, [...] »
(A. Rimbaud, « Le Bateau ivre », *Poésies*, 1871)

– si la discordance produit un effet de **rupture**, elle s'appelle **rejet** ou **contre-rejet.**

▶ Dans le **rejet**, la phrase commencée au début d'un vers se termine **brutalement** au **début** du **vers suivant.**

➜ **Ex. :** « [...] Gouffre où les régiments, comme des pans de murs,
Tombaient, [...] » (V. Hugo, « L'expiation », *Les Châtiments*, 1853)

▶ Dans le **contre-rejet**, une phrase commencée à **la fin** d'un vers **se développe** au **vers suivant.**

➜ **Ex. :** « [...] Et, pour sa voix, lointaine, et calme, et grave, **elle a**
L'inflexion des voix chères, qui se sont tues. »
(P. Verlaine, « Mon rêve familier », *Poèmes saturniens*, 1866)

Le vers libre

Le vers libre n'obéit pas à une structure régulière : ni mètre, ni rime, ni strophe. Le vers libre se caractérise par la recherche du rythme le plus adapté à la création du poète. Surtout employé depuis la fin du XIXe siècle (période symboliste), ce vers est caractéristique de la poésie moderne. La ponctuation est souvent absente, ce qui permet toutes les modulations du rythme et multiplie les interprétations.

La musicalité

Le retour de phénomènes musicaux crée une **harmonie**, ou un rythme chargé de sens.

La rime

La rime est le retour d'un même **son** en **fin de vers.** Il existe diverses combinaisons de rimes : on distingue les rimes **suivies** *(aa, bb, cc)*, les rimes **embrassées** *(abba)*, les rimes **croisées** *(abab)*.

L'assonance et l'allitération

L'**assonance** est la **répétition** dans un vers des mêmes **voyelles.**

➜ **Ex. :** « Tout m'afflige et me nuit, et conspire à me nuire. » (J. Racine, *Phèdre*, 1677)

L'**allitération** est la **répétition** dans un vers des mêmes **consonnes.**

➜ **Ex. :** « [...] Ces tisseuses têtues qui sans cesse interrogent [...] » (G. Apollinaire, « L'émigrant de Landor Road », *Alcools*, 1913)

Fiche 9

LES FORMES ET LES GENRES POÉTIQUES

Ballade : forme apparue au XIVe siècle, composée de trois strophes, ou couplets de mêmes longueurs, comportant un refrain. La ballade se termine par une strophe plus courte, l'**envoi**.

Bucolique : genre inventé dans l'Antiquité, qui célèbre, sous la forme d'un dialogue, le bonheur de la vie des bergers (du grec *boukolos*, qui signifie berger).

Calligramme : poème dont les mots, par leur répartition sur la page, forment un dessin ; sa lecture peut suivre plusieurs itinéraires.

Chanson : poème d'inspiration populaire dont les vers sont répartis en strophes, ou couplets, et qui comporte un refrain.

Disposition typographique : l'espace blanc qui sépare strophes et vers correspond à un silence.

Élégie : genre inventé dans l'Antiquité, composé de couplets de deux vers d'inégales longueurs, qu'on appelle « distiques élégiaques ». L'élégie exprime la plainte.

Épigramme : poème bref terminé par un trait d'esprit mordant, la **pointe**.

Épopée : long poème narratif qui célèbre les exploits d'un héros représentant un groupe humain.

Hymne : poème chanté qui, dans l'Antiquité, célébrait un dieu. Dans la poésie française, souvent écrit en alexandrins, il se prête au traitement de sujets religieux, historiques et philosophiques.

Lai : le lai **narratif** se présente comme un conte merveilleux en vers suivis, destiné à être chanté. Le lai **lyrique** chante souvent l'amour, sous la forme d'une suite de couplets qui n'ont pas la même largeur et qui reposent sur l'alternance de deux rimes.

Ode : poème lyrique hérité de l'Antiquité, composé de plusieurs groupes de trois strophes ayant la même longueur, qui chantait le vainqueur d'une épreuve olympique.

Pantoum : genre d'origine malaise, écrit en quatrains ; le deuxième et le quatrième vers de chaque strophe se répètent au premier et au troisième vers de la strophe suivante.

Poème en prose : genre né de la rencontre entre la prose rythmée et harmonieuse des genres oratoires antiques et les images évocatrices que permet la poésie. La cohésion de cette forme, souvent brève, est notamment assurée par les sonorités. Affranchi des contraintes formelles, le poème en prose se présente sous la forme de paragraphes, ou strophes, composés de versets et s'adapte librement au sujet qu'il traite.

Rondeau : forme apparue au XVe siècle, le rondeau comprend quinze vers répartis sur trois strophes ; son refrain apparaît au premier vers, à la fin de la deuxième strophe et au dernier vers.

Sonnet : forme brève, composée de quatorze vers répartis en deux quatrains et deux tercets. Il peut traiter tous les sujets, et adopter un ton familier ou élevé. Le quatorzième vers le conclut parfois par un trait d'esprit, le *concetto*.

Stance : strophe lyrique qui se prête à l'élégie ou à la méditation. Parfois synonyme de strophe.

1 ÉTUDIER LES LIENS ENTRE MÉTRIQUE ET MUSICALITÉ

a. Quel mètre Baudelaire a-t-il choisi dans ces strophes ? Les vers 6 et 7 semblent plus courts que les autres : comment expliquez-vous cette impression ?
b. Sur quelle combinaison des rimes la strophe repose-t-elle ? Quels mots sont ainsi mis en évidence ? Quels lexiques sont associés ?

« Chanson d'après-midi »

Quoique tes sourcils méchants
Te donnent un air étrange
Qui n'est pas celui d'un ange,
Sorcière aux yeux alléchants,

Je t'adore, ô ma frivole,
Ma terrible passion !
Avec la dévotion
Du prêtre pour son idole.

Le désert et la forêt
Embaument tes tresses rudes,
Ta tête a les attitudes
De l'énigme et du secret. […]

Charles Baudelaire, *Les Fleurs de mal* (1857)

2 RECONNAÎTRE LES FORMES POÉTIQUES

a. Combien de vers composent ce poème ? Comment sont-ils répartis ? Quel élément réapparaît à chaque vers ?
b. Observez la construction de chaque vers : quelle relation s'établit entre la syntaxe et le sens du poème ?
c. Le nombre des strophes correspond-il à la syntaxe du poème ? Quel sens peut-on donner à cette construction du poème ?
d. Pourquoi peut-on dire que le dernier vers est préparé par l'ensemble des vers qui le précèdent ?

J'aime la liberté, et languis en service,
Je n'aime point la cour, et me faut courtiser,
Je n'aime la feintise[1], et me faut déguiser,
J'aime simplicité, et n'apprends que malice :

Je n'adore les biens[2], et sers à l'avarice,
Je n'aime les honneurs, et me les faut priser[3],
Je veux garder ma foi, et me la faut briser,
Je cherche la vertu, et ne trouve que vice :

Je cherche le repos, et trouver ne le puis,
J'embrasse le plaisir, et n'éprouve qu'ennuis,
Je n'aime à discourir, en raison je me fonde :

J'ai le corps maladif, et me faut voyager,
Je suis né pour la Muse, on me fait ménager[4],
Ne suis-je pas (Morel) le plus chétif[5] du monde ?

Joachim du Bellay, *Les Regrets* (1558)

1. Dissimulation, tromperie, ruse. – 2. = Je n'adore pas les biens. – 3. Apprécier. – 4. Gérer des biens, accomplir des travaux administratifs. – 5. Faible.

3 ÉTUDIER LA MÉTRIQUE, LA SUCCESSION DES STROPHES ET LE RYTHME

a. Quel mètre est employé dans ce poème ? Dans quels vers le compte des syllabes ne correspond-il pas à la prononciation naturelle ? Pourquoi ce mètre permet-il d'insister sur la destinataire du poème ?
b. Observez les répétitions du verbe « aimer » ainsi que les modes et les temps verbaux : pourquoi ces éléments accompagnent-ils l'évolution du discours du poète ?
c. Le vers respecte-t-il toujours la syntaxe ? Quel lien peut-on établir entre les discordances et l'émotion du poète ?

Marie, qui voudrait votre nom retourner,
Il trouverait aimer : aimez-moi donc, Marie,
Votre nom de nature à l'amour vous convie :
À qui trahit Nature il ne faut pardonner.

S'il vous plait votre cœur pour gage[1] me donner,
Je vous offre le mien : ainsi de cette vie
Nous prendrons les plaisirs, et jamais autre envie
Ne me[2] pourra l'esprit d'une autre emprisonner,

Il faut aimer, maitresse, au monde quelque chose.
Celui qui n'aime point, malheureux se propose
Une vie d'un Scythe[3], et ses jours veut passer

Sans goûter la douceur, des douceurs la meilleure.
Rien n'est doux sans Vénus[4] et sans son fils[5] : à [l'heure
Que je n'aimerai plus, puissé-je trépasser !

Pierre de Ronsard, *Amours de Marie* (1555)

1. Garantie. – 2. « Pour moi ». – 3. Homme barbare et peu civilisé. – 4. Déesse latine de l'Amour. – 5. Cupidon.

4 ÉTUDIER RYTHME ET MUSICALITÉ DANS UN POÈME EN PROSE

a. Comptez les syllabes de ces phrases : quels mètres ont été fondus dans la prose ?
b. Pourquoi la prose permet-elle ici une expression poétique ? Vous serez notamment attentifs à la disposition des phrases sur la page, et au compte des syllabes.
c. Pourquoi la forme du poème est-elle adaptée au mouvement de l'imagination du poète ?

Aube

J'ai embrassé l'aube d'été.

Rien ne bougeait encore au front des palais. L'eau était morte. Les camps d'ombre ne quittaient pas la route du bois. J'ai marché, réveillant les haleines vives et tièdes, et les pierreries regardèrent, et les ailes se levèrent sans bruit.

La première entreprise fut, dans le sentier déjà empli de frais et blêmes éclats, une fleur qui me dit son nom.

Je ris au wasserfall* blond qui s'échevela à travers les sapins : à la cime argentée je reconnus la déesse.

Alors je levai un à un les voiles. Dans l'allée, en agitant les bras. Par la plaine, où je l'ai dénoncée au coq. À la grand'ville elle fuyait parmi les clochers et les dômes, et courant comme un mendiant sur les quais de marbre, je la chassais.

En haut de la route, près d'un bois de lauriers, je l'ai entourée avec ses voiles amassés, et j'ai senti un peu son immense corps. L'aube et l'enfant tombèrent au bas du bois.

Au réveil il était midi.

Arthur Rimbaud, *Illuminations* (1870)

* Cascade, en allemand.

5 PERCEVOIR LES RUPTURES MÉTRIQUES, RYTHMIQUES ET FORMELLES DANS LA POÉSIE MODERNE

a. Quels éléments donnent un caractère musical à ce poème ?
b. Quels mètres traditionnels repérez-vous ? Quel effet produit leur combinaison à l'intérieur des vers ?
c. Observez la répartition des vers sur la page, l'emploi des temps verbaux et les types de phrases : comment soulignent-ils l'évolution des pensées du poète ?
d. Pourquoi la forme adoptée par L. Sédar Senghor permet-elle la rencontre de plusieurs univers ?

*(pour khalam)**

Tu as gardé longtemps, longtemps entre tes [mains le visage noir du guerrier
Comme si l'éclairait déjà quelque crépuscule fatal.
De la colline, j'ai vu le soleil se coucher dans les [baies de tes yeux.
Quand reverrai-je mon pays, l'horizon pur de [ton visage ?
Quand m'assiérai-je de nouveau à la table de ton [sein sombre ?

Et c'est dans la pénombre le nid des doux pro-[pos.

Je verrai d'autres cieux et d'autres yeux
Je boirai à la source d'autres bouches plus fraî-[ches que citrons
Je dormirai sous le toit d'autres chevelures à [l'abri des orages.
Mais chaque année, quand le rhum du printemps [fait flamber la mémoire
Je regretterai le pays natal et la pluie de tes yeux [sur la soif des savanes.

Léopold Sédar Senghor, *Nocturnes* (1961),
© Éditions du Seuil, 1990

* Instrument de musique à cordes utilisé en Afrique par les conteurs.

6 ÉTUDIER LES FORMES POÉTIQUES

a. Observez les répétitions : à quel genre appartient ce poème ? Pourquoi cette forme évoque-t-elle l'image de la danse ?
b. Observez les phrases qui composent ce poème : quelle relation s'établit entre la syntaxe et la strophe ? Pourquoi cette construction sert-elle le lyrisme du poème ?
c. En vous appuyant sur l'étude des sonorités, commentez le choix du titre, « Harmonie du soir ».

Harmonie du soir

Voici venir les temps où vibrant sur sa tige
Chaque fleur s'évapore ainsi qu'un encensoir[1] ;
Les sons et les parfums tournent dans l'air du [soir ;
Valse mélancolique et langoureux vertige !

Chaque fleur s'évapore ainsi qu'un encensoir ;
Le violon frémit comme un cœur qu'on afflige ;
Valse mélancolique et langoureux vertige !
Le ciel est triste et beau comme un grand [reposoir.

Le violon frémit comme un cœur qu'on afflige,
Un cœur tendre, qui hait le néant vaste et noir !
Le ciel est triste et beau comme un grand [reposoir ;
Le soleil s'est noyé dans son sang qui se fige.

Un cœur tendre, qui hait le néant vaste et noir,
Du passé lumineux recueille tout vestige !
Le soleil s'est noyé dans son sang qui se fige...
Ton souvenir en moi luit comme un ostensoir[2] !

Charles Baudelaire, *Les Fleurs de mal* (1857)

1. Récipient suspendu par des chaînes, dans lequel on brûle l'encens au cours des cérémonies catholiques.
2. Pièce d'orfèvrerie en métal précieux, ayant la forme d'un cercle entouré de rayons ; elle est destinée à recevoir l'hostie consacrée dans les cérémonies catholiques.

Fiche 10
LES FORMES DE L'ARGUMENTATION

On appelle **textes argumentatifs** les textes qui ont pour visée principale la formulation d'une **pensée**, d'une **réflexion** ou d'un **jugement**, ainsi que les textes **didactiques**, qui ont pour but principal de transmettre un **enseignement** ou des **conseils**. L'argumentation s'appuie sur une technique, la **rhétorique**, qui étudie et exploite les moyens les plus efficaces pour **convaincre** et **persuader**.

LES PRINCIPALES ACTIONS ARGUMENTATIVES

Démontrer

Le verbe « démontrer » vient du verbe latin *demonstrare*, qui signifie « montrer à partir de ». Une démonstration est un **raisonnement** qui relève d'une **démarche scientifique**, et qui, selon le *Dictionnaire de Trévoux* « prouve clairement et invinciblement » une affirmation, en apportant une **preuve évidente**. On démontre, en particulier, dans le domaine des mathématiques.

Convaincre

Le verbe « convaincre » vient du verbe latin *vincere*, qui signifie « vaincre, venir à bout de la résistance d'autrui », et du préverbe *cum*, qui signifie « avec ». Convaincre signifie donc « vaincre avec des raisons », contraindre autrui par le raisonnement à reconnaître quelque chose. Celui qui convainc obtient l'adhésion de ses auditeurs, qui reconnaissent la valeur **universellement vraie** de son discours.

Persuader

Le verbe « persuader » vient du verbe latin *persuadere*, qui signifie « conseiller avec force ». Persuader consiste à amener quelqu'un à croire quelque chose en faisant appel à ses **sentiments** et à ses **émotions**.

Délibérer

Le verbe « délibérer » vient du verbe latin *deliberare*, qui signifie « peser dans sa pensée ». La délibération consiste à **examiner les différents aspects d'une question** pour prendre une **décision**. Celui qui délibère doit donc avoir la faculté de déterminer quelle est la meilleure décision, et faire preuve de **sagesse** et de **prudence**.

L'*INVENTIO*

L'*inventio* consiste, selon Cicéron, à « trouver les moyens vrais ou vraisemblables qui peuvent soutenir une cause », c'est-à-dire les **arguments**.

Les différents raisonnements logiques

Le raisonnement déductif

On part d'une **première affirmation** dont la vérité est admise, et, au terme d'une **suite ordonnée** d'affirmations qui en sont **la conséquence évidente**, on parvient à une affirmation qui est une **conséquence de la première affirmation.** Dans une démonstration, le raisonnement est **déductif**.

→ **Ex. :** L'amour commence par l'amour ; et on ne saurait passer de la plus forte amitié qu'à un amour faible. (Jean de La Bruyère, *Les Caractères*, 1688)

Le raisonnement inductif

Le raisonnement inductif suit le chemin inverse : on part **d'un fait qu'on observe**, et on remonte, par une suite d'affirmations **vraisemblables**, à **une cause supposée.** Ce raisonnement permet, notamment, à **l'orateur** de frapper son auditoire par le recours à un **exemple.**

→ **Ex. :** D'où vient que cet homme, qui a perdu depuis peu de mois son fils unique, et qui, accablé de procès et de querelles, était ce matin si troublé, n'y pense plus maintenant ? Ne vous en étonnez point : il est tout occupé à voir par où passera ce sanglier que les chiens poursuivent avec tant d'ardeur depuis six heures. Il n'en faut pas davantage. L'homme, quelque plein de tristesse qu'il soit, si on peut gagner sur lui de le faire entrer en quelque divertissement, le voilà heureux pendant ce temps-là… (Blaise Pascal, *Pensées*, 1670)

Les arguments affectifs

Pour **persuader**, l'orateur peut s'appuyer sur la confiance qu'il inspire à son auditoire : selon Aristote, le **caractère** de l'orateur *(l'ethos)* est le plus efficace des arguments : la **concession**, notamment, permet à l'orateur de montrer qu'il est **honnête**, puisqu'il tient compte des **objections** possibles. Par son discours, l'orateur qui veut **persuader** peut aussi amener ses auditeurs à éprouver des émotions, ou **passions**, comme la peine, le plaisir, la pitié, l'amitié ou la haine : il obtient par là la **sympathie** de l'auditoire, dont il semble partager les émotions.

→ **Ex. :** Je voudrais que cette assemblée, majorité et minorité, n'importe, je ne connais pas, moi, de majorité et de minorité en de telles questions ; je voudrais que cette assemblée n'eût qu'une seule âme pour marcher à ce grand but magnifique, à ce but sublime, l'abolition de la misère ! (Victor Hugo, *Discours sur la misère*, 1849)

Les arguments rationnels

Pour **convaincre**, l'orateur s'appuie sur des arguments qui s'adressent à la raison de l'auditeur : la **sentence** formule de façon concise et frappante une vérité générale ; l'orateur peut aussi avoir recours à un **argument d'autorité**, qui consiste à prendre comme garant une personne reconnue pour donner du poids à sa parole.

L'ARGUMENTATION DIRECTE ET INDIRECTE

Une argumentation peut être présentée de deux façons : l'une appelée « directe », l'autre appelée « indirecte ». Ces deux formes permettent à l'argumentation de remplir de diverses façons les trois obligations de l'orateur, qui doit **instruire** ou prouver (*docere*, en latin), **émouvoir** ou entraîner (*movere*, en latin) et **séduire** (*delectare*, en latin).

L'argumentation directe

L'argumentation directe consiste à exposer la pensée **sans détour.**

L'argumentation indirecte

L'argumentation indirecte consiste à présenter la pensée par le détour d'une **fiction**, et en particulier d'une **narration** dans laquelle les personnages, le cadre spatial et temporel, les événements, ont un sens **symbolique.** L'argumentation indirecte apparaît, notamment, dans le genre de **l'apologue.**

Fiche 11
LES GENRES DE L'ARGUMENTATION

L'ARGUMENTATION DIRECTE

Le dialogue d'idées

Le dialogue d'idées conduit à l'affirmation d'une pensée ou d'une thèse, dans un **échange** constitué de **questions** et de **réponses**. L'intérêt de ce genre réside dans le charme d'une conversation qui met la thèse à distance.

→ **Ex. :** Sénèque, *Lettres à Lucilius* (Ier siècle ap. J.-C.) ; Denis Diderot, *Supplément au voyage de Bougainville* (1796).

Le discours

Le discours est un texte prononcé **oralement**, qui cherche à agir sur autrui et à le faire agir ; il présente donc couramment des marques de la **deuxième personne.** Il est construit selon les techniques de la **rhétorique**, qui est l'art de bien parler et de persuader ; son mouvement central consiste à prouver la **thèse** défendue, en avançant les **arguments** qui lui sont favorables, et en **réfutant** ceux qui lui sont contraires.

→ **Ex. :** Dans le *Discours sur le colonialisme* (1950), Aimé Césaire s'en prend violemment à l'attitude des colonisateurs occidentaux.

L'essai

Le mot « essai » vient du latin *exigo*, qui signifie « peser, examiner, juger ». L'essai est un écrit en **prose**, chargé d'une dimension **critique**, qui se propose d'exposer un **point de vue particulier** sur des problèmes divers sans les épuiser entièrement. Le terme d'« essai » indique une démarche hésitante, qui ne prétend pas parvenir à une vérité définitive. La composition de l'essai, très libre, peut adopter la forme d'une **conversation**, ou suivre les mouvements imprévisibles de la pensée. Cette souplesse du genre se prête à l'exposé d'une expérience et d'une pensée personnelle. Propre à aborder des sujets **philosophiques**, **politiques**, **littéraires**, **biographiques**, l'essai a pour intention d'**établir une vérité** ; il peut **persuader** autrui grâce à la force d'un discours intime et subjectif, ou **convaincre** en s'appuyant sur des faits, par exemple.

→ **Ex. : Montaigne** est le premier à utiliser le terme d'« essais », en 1580, pour désigner une entreprise littéraire dans laquelle il souhaitait se peindre lui-même.

La lettre ouverte

La lettre ouverte est adressée à un destinataire **particulier** ou **collectif** ; elle est destinée à être **publiée**, dans un journal, par exemple. La lettre ouverte aborde des sujets divers et comporte souvent une dimension **polémique**.

→ **Ex. :** Émile Zola, « J'accuse », *L'Aurore*, 13 janvier 1898.

La maxime

La maxime est un genre **bref**, et doit son nom à la *maxima sententia* romaine, qui est une « pensée très importante ». La maxime aborde des questions **morales**, **psychologiques** ou **politiques**, et énonce une **vérité universelle** de façon **ingénieuse**, **brillante** et **concise**. Elle s'achève par un **trait spirituel**. Certains auteurs, comme **La Rochefoucauld** (XVIIe siècle), ont composé des recueils de maximes, ouvrages caractérisés par une écriture **discontinue**, progressant au gré de l'humeur ou des pensées du moraliste, et propre à montrer la diversité de l'homme.

Le pamphlet

Le pamphlet est un écrit **bref** consacré à un **sujet d'actualité**. Il consiste en une **attaque** dirigée contre une personne ou une institution. Son ton **polémique** et son appel à des valeurs **morales** en font l'une des formes du genre **épidictique** (discours démonstratif).

→ **Ex. :** Dans la *Relation de la maladie, de la confession, de la mort et de l'apparition du jésuite Berthier* (1759), Voltaire fait du pamphlet une arme pour combattre la religion.

Les pensées

La pensée est une réflexion **brève** sur une **question morale**, ayant une **portée générale**. Regroupées dans un recueil, les pensées se présentent sous une forme délibérément **discontinue** ou sous la forme d'une série de fragments destinés à prendre place dans un ensemble organisé (chez le philosophe Blaise Pascal, par exemple).

La préface

La préface est un écrit placé **en tête** d'un ouvrage. L'auteur, ou un critique, **présente** et **défend** l'œuvre littéraire qui suit. L'**éditorial** est son équivalent dans la **presse** : cet article, rédigé par le rédacteur en chef ou par le directeur de la rédaction, commente un sujet d'actualité, et expose les valeurs défendues par la publication.
→ **Ex. :** Théophile Gautier, *Préface de Mademoiselle de Maupin* (1834).

L'ARGUMENTATION INDIRECTE

L'apologue (du grec *apologos*, narration) est un court **récit** à visée **didactique**. Souvent, il fait partie d'un ensemble **argumentatif**. La narration, destinée à **séduire**, est mise au service de l'argumentation, qui veut **instruire**. Le soin de saisir le sens profond du récit est souvent confié au lecteur.

Les différents genres de l'apologue

La fable

La fable est un récit dans lequel la narration, appelée « corps » et la moralité, appelée « âme » ont tendance à se fondre pour opérer une synthèse du **plaisir** et du **savoir**. La moralité peut être exprimée clairement : on la dit « explicite » ; elle peut demander au lecteur de déchiffrer lui-même le sens du récit : on la dit alors « implicite ».
→ **Ex. :** Jean de La Fontaine, *Fables* (1668) ; Jean Anouilh, *Fables* (1962).

Le conte philosophique

Le conte philosophique est un récit plaisant qui aborde des questions **abstraites.** Ce genre est né au XVIIIe siècle d'une volonté de contester les valeurs religieuses et politiques, de trouver des valeurs nouvelles, comme la **tolérance**, et de se battre pour elles. **Voltaire** est l'un des plus illustres artisans de ce genre ; par un ton souvent **ironique**, il établit une complicité avec son lecteur.
→ **Ex. :** Dans *Zadig* (1747) et *L'Ingénu* (1767), Voltaire fait la satire de la religion et des hommes de pouvoir ; dans *Micromégas* (1752), il montre le caractère relatif de la connaissance humaine ; dans *Candide* (1759), il réfute l'optimisme philosophique en montrant la violence et la cruauté du monde.

L'utopie

L'utopie vient d'un mot grec signifiant « nulle part », ou « lieu du bonheur » (en grec *topos* signifie « le lieu » ; *u* est une négation ou signifie « bien »). Ce genre, inventé par l'anglais **Thomas More**, imagine une **société idéale** ordonnée par une **raison éclairée** et sert indirectement à **critiquer** la société existante. → **Ex. :** Thomas More, *Utopie* (1516).

La satire

La satire est un genre d'origine latine (*satura* signifie « mélange ») qui mêle dialogue, apologue, caricature, anecdote ou discussion : elle traite de sujets variés, et son auteur tourne en **dérision** les vices et les ridicules des hommes de son temps.
→ **Ex. :** Horace (Ier siècle av. J.-C.), Nicolas Boileau (XVIIe siècle) ; Victor Hugo, *Les Châtiments* (1853).

1 DISTINGUER, CONVAINCRE ET PERSUADER

a. Observez le paratexte et le lexique de ces extraits : quelles questions abordent-ils ?
b. À qui ces textes s'adressent-ils ? Justifiez votre réponse.
c. Étudiez les modes verbaux, le type des phrases, les éléments soulignés : sur quelle opération argumentative chacun de ces passages repose-t-il ?

1. *Mirabeau présente devant l'Assemblée nationale son projet de* Déclaration des Droits de l'Homme.

Nous avons cherché cette forme populaire qui rappelle au peuple, non ce qu'on a étudié dans les livres ou dans les méditations abstraites, mais ce qu'il a lui-même éprouvé ; en sorte que la Déclaration des droits, dont une association politique ne doit jamais s'écarter, soit plutôt le langage qu'il tiendrait s'il avait l'habitude d'exprimer ses idées, qu'une science qu'on se propose de lui enseigner.

Cette différence, Messieurs, est capitale ; et, comme la liberté ne fut jamais le fruit d'une doctrine travaillée en déductions philosophiques, mais de l'expérience de tous les jours et des raisonnements simples que les faits excitent, il s'ensuit que nous serons mieux entendus à proportion que nous nous rapprocherons davantage de ces raisonnements.

Mirabeau,
Sur la Déclaration des Droits de l'Homme (1789)

2. *Rousseau fait ici l'éloge de la République de Genève.*

Puisse durer toujours pour le bonheur de ses Citoyens et l'exemple des Peuples une République si sagement et si heureusement constituée ! Voilà le seul vœu qui vous reste à faire, et le seul soin qui vous reste à prendre. C'est à vous seuls désormais, non à faire votre bonheur, vos Ancêtres vous en ont évité la peine, mais à le rendre durable par la sagesse d'en bien user. C'est de votre union perpétuelle, de votre obéissance aux lois ; de votre respect pour leurs Ministres que dépend votre conservation. S'il reste parmi vous le moindre germe d'aigreur ou de défiance, hâtez-vous de le détruire comme un levain funeste d'où résulteraient tôt ou tard vos malheurs et la ruine de l'État. Je vous conjure de rentrer tous au fond de votre Cœur et de consulter la voix secrète de votre conscience. Quelqu'un parmi vous connaît-il dans l'univers un Corps plus intègre, plus éclairé, plus respectable que celui de votre Magistrature ? Tous ses membres ne vous donnent-ils pas l'exemple de la modération, de la simplicité de mœurs, du respect pour les lois, et de la plus sincère réconciliation : rendez donc sans réserve à de si sages Chefs cette salutaire confiance que la raison doit à la vertu [...].

Jean-Jacques Rousseau,
Lettre à la République de Genève (1754)

2 ÉTUDIER LA DÉLIBERATION

a. Observez les modalités dominantes et les antithèses dans ce passage : quel est l'état d'esprit de Jean Valjean ? Devant quel choix est-il placé ?
b. À quelle décision parvient-il ? Quels arguments ont dicté cette décision ?

Jean Valjean, un ancien bagnard, devenu maire, mène une vie paisible, sous le nom de Monsieur Madeleine. Il apprend qu'on a arrêté, pour un vol, un malheureux qu'on prend pour lui, et qui risque les travaux forcés à perpétuité. Jean Valjean s'interroge.

Il se déclara que sa vie avait un but en effet. Mais quel but ? cacher son nom ? tromper la police ? Était-ce pour une chose si petite qu'il avait fait tout ce qu'il avait fait ? Est-ce qu'il n'avait pas un autre but, qui était le grand, qui était le vrai ? Sauver, non sa personne, mais son âme. Redevenir honnête et bon. Être un juste ! est-ce que ce n'était pas là surtout, là uniquement, ce qu'il avait toujours voulu, ce que l'évêque lui avait ordonné ? – Fermer la porte à son passé ? Mais il ne la fermait pas, grand Dieu ! il la rouvrait en faisant une action infâme ! mais il redevenait un voleur, et le plus odieux des voleurs ! il volait à un autre son existence, sa vie, sa paix, sa place au soleil ! il devenait un assassin ! il tuait, il tuait moralement un misérable homme, il lui infligeait cette affreuse mort vivante, cette mort à ciel ouvert, qu'on appelle le bagne ! Au contraire, se livrer, sauver cet homme frappé d'une si lugubre erreur, reprendre son nom, redevenir par devoir le forçat Jean Valjean, c'était là vraiment achever sa résurrection, et fermer à jamais l'enfer d'où il sortait ! Y retomber en apparence, c'était en sortir en réalité ! Il fallait faire cela ! il n'avait rien fait s'il ne faisait pas cela ! toute sa vie était inutile, toute sa pénitence était perdue, et il n'y avait plus qu'à dire : à quoi bon ? Il sentait que l'évêque était là, que l'évêque* était d'autant plus présent qu'il était mort, que l'évêque le regardait fixement, que désormais le maire Madeleine avec toutes ses vertus lui serait abominable, et que le galérien Jean Valjean serait admirable et pur devant lui. Que les hommes voyaient son masque, mais que l'évêque voyait sa face. Que les hommes voyaient sa vie, mais que l'évêque voyait sa conscience. Il fallait donc aller à Arras, délivrer le faux Jean Valjean, dénoncer le véritable ! Hélas ! c'était là le plus grand des sacrifices, la plus poignante des victoires, le dernier pas à franchir ; mais il le fallait.

Victor Hugo,
Les Misérables, VII, 3, (1862)

* Monseigneur Myriel, qui a secouru Jean Valjean à sa sortie du bagne.

3 ÉTUDIER L'ARGUMENTATION DIRECTE

a. **Quel sens peut-on attribuer à la numérotation qui précède ces textes ?**
b. **Observez la construction de ces deux textes : pourquoi peut-on parler ici d'argumentation ?**
c. **Observez la longueur de ces textes et les temps verbaux : de quelle nature est la vérité qu'ils prononcent ?**

74

Il n'y a qu'une sorte d'amour, mais il y en a mille différentes copies.

75

L'amour, aussi bien que le feu, ne peut subsister sans un mouvement continuel, et il cesse de vivre dès qu'il cesse d'espérer ou de craindre.

François de La Rochefoucauld, *Maximes* (1678)

4 DISTINGUER LES RAISONNEMENTS LOGIQUES

a. **Quel est le thème commun à tous ces extraits ?**
b. **Étudiez le lexique, les connecteurs et les pronoms personnels. Quelle thèse est défendue dans chacun de ces passages ? Quel exemple l'étaye ?**
c. **Quel type de raisonnement est présenté par chacun de ces textes ?**

1. […] Félix était un gueux qui n'avait rien ; Olivier était un autre gueux qui n'avait rien : dites-en autant du charbonnier, de la charbonnière, et des autres personnages de ce conte, et concluez qu'en général il ne peut guère y avoir d'amitiés entières et solides qu'entre des hommes qui n'ont rien : un homme alors est toute la fortune de son ami, et son ami est toute la sienne. […]

Denis Diderot, *Les deux amis de Bourbonne* (1770)

2. Il y a une dureté de complexion ; il y en a une autre de condition et d'état. L'on tire de celle-ci, comme de la première, de quoi s'endurcir sur la misère des autres, dirai-je même de quoi ne pas plaindre les malheurs de sa famille ? Un bon financier ne pleure ni ses amis, ni sa femme, ni ses enfants.

Jean de La Bruyère, *Des Biens de fortune* (1688-1694)

3. Il y a de merveilleuses joies dans l'amitié. On le comprend sans peine si l'on remarque que la joie est contagieuse. Il suffit que ma présence procure à mon ami un peu de vraie joie pour que le spectacle de cette joie me fasse éprouver à mon tour une joie. […]

Alain, « Amitié » *Propos sur le bonheur* (1928)

5 ÉTUDIER L'ARGUMENTATION INDIRECTE

a. **Relevez les temps verbaux et les pronoms personnels. À quoi renvoient-ils ?**
b. **Quel mode de vie est décrit dans ce texte ? Quelles qualités les hommes évoqués ici cultivent-ils ? Selon Socrate, quels bienfaits résultent de ce mode de vie ?**
c. **Déduisez de vos précédentes réponses le genre auquel appartient ce texte. Quel profit Platon retire-t-il de ce procédé ?**

Platon imagine une cité dans laquelle la répartition raisonnable des tâches entre les citoyens amènera la prospérité. Il envisage ensuite les citoyens eux-mêmes. Platon fait ici dialoguer le philosophe Socrate avec d'autres personnages.

Pendant l'été ils travailleront la plupart du temps nus et sans chaussures, pendant l'hiver vêtus et chaussés convenablement. Pour se nourrir, ils prépareront des farines d'orge et de froment, cuisant celles-ci, se contentant de pétrir celles-là ; ils disposeront leurs nobles galettes et leurs pains sur des rameaux ou des feuilles fraîches, et, couchés sur des lits de feuillage, faits de couleuvrée[1] et de myrte[2], ils se régaleront eux et leurs enfants, buvant du vin, la tête couronnée de fleurs, et chantant les louanges des dieux ; ils passeront ainsi agréablement leur vie ensemble, et régleront le nombre de leurs enfants sur leurs ressources, dans la crainte de la pauvreté ou de la guerre.

Alors Glaucon intervint : C'est avec du pain sec, ce semble, que tu fais banqueter ces hommes-là.

Tu dis vrai, repris-je. J'avais oublié les mets ; ils auront du sel évidemment, des olives, du fromage, des oignons, et ces légumes cuits que l'on prépare à la campagne. Pour dessert, nous leur servirons même des figues, des pois et des fèves ; ils feront griller sous la cendre des baies de myrte et des glands, qu'ils mangeront en buvant modérément. Ainsi, vivant dans la paix et la santé, ils mourront vieux, comme il est naturel, et légueront à leurs enfants une vie semblable à la leur.

Platon, *La République*, II, 372a-372d (vers 375 av. J.-C.), trad. R. Baccou, © Flammarion

1. Plante d'Europe méridionale.
2. Arbuste des régions méditerranéennes.

Fiche 12

L'ORGANISATION DE L'IMAGE

LA COMPOSITION

La composition est la manière dont les éléments **s'organisent entre eux**. Dans la peinture classique, une composition est un ensemble **clos sur lui-même**. Les artistes s'appuient sur certaines proportions remarquables en **géométrie** pour organiser les formes, les masses, les lumières de manière **équilibrée** dans l'espace du support.

Le **« nombre d'or »**, est une des organisations géométriques de l'espace, des volumes, des proportions. Si l'on divise l'un des quatre côtés du tableau par ce nombre d'or ($\simeq$ 1, 618), on obtient un endroit stratégique, à environ 1/3-2/3, où le peintre place ce sur quoi il veut attirer le regard. Dans les *Noces de paysans* de Pieter Bruegel l'Ancien (p. 120), la mariée est située dans cette zone.

• Le XXe siècle fait exploser ces données dans certaines œuvres : le point de force disparaît et tout semble égal (Andy Warhol, *Ten Lizes*, p. 82).

LES LIGNES DE FORCE

• Les lignes de force sont soit des axes réels comme la ligne d'horizon, soit des lignes virtuelles qui articulent les formes, les couleurs de l'œuvre. Elles organisent également les vides et les pleins, la lumière : elles passent par des gestes, des regards, des formes.

• L'organisation se déduit des lignes de force. Elle peut être **symétrique**, **pyramidale** (Théodore Géricault, *Le Radeau de la Méduse*, p. 576), **en arabesque** (art baroque), à **dominante verticale**, **horizontale** (Andy Warhol, *Ten Lizes*, p. 82), **oblique** (Pieter Bruegel l'Ancien, *Noces de paysans*, p. 120).

LA REPRÉSENTATION DE L'ESPACE

La représentation de l'espace évolue à travers les siècles :

• Les **lignes de fuite** se rejoignent en un **point de fuite** et créent un effet de profondeur et de **perspective**. Cette technique de la **perspective** linéaire a été mise au point à la Renaissance. Au XXe siècle, les **cubistes** en introduisant la multiplicité des points de vue sous divers angles (Pablo Picasso, *Portrait de David-Henry Kahnweiler*, p. 81) détruisent l'effet illusionniste.

• La **profondeur figurée** s'observe également dans la **succession des plans** (Véronèse, *Les Noces de Cana*, p. 122), dans une **diminution d'intensité des couleurs** (perspective atmosphérique).

• L'espace représenté peut avoir différentes **fonctions** : **symbolique** (Rubens, *La Conclusion de la paix, à Angers, le 10 août 1620*, p. 252 : le temple grec), **réaliste** (Pieter Bruegel l'Ancien, *Noces de paysans*, p. 120 : la grange), **illusionniste** (Andrea Pozzo, décor de la voûte de l'église Saint-Ignace à Rome, p. 253 : le trompe-l'œil).

LE RAPPORT D'ÉCHELLE

Le rapport d'échelle entre le format de l'œuvre et ce qu'elle représente (figure, paysage, etc.), ainsi que les **dimensions de l'œuvre** influencent la relation au spectateur : elle va d'un regard extérieur pour des petits formats à l'implication du corps pour des grands formats comme *Les Noces de Cana* de Véronèse (p. 122) ou des dispositifs dans l'espace, installation, trompe l'œil.

Fiche 13
LES VISÉES ET INTENTIONS DE L'IMAGE

L'APPROCHE SENSIBLE

• Dans un premier temps, il faut apprécier le spectacle que les œuvres nous proposent, en se laissant étonner, impressionner par ce qui est perçu. **Ce temps d'émotion et de réception est fondamental avant toute analyse méthodique.**

• La première question à laquelle il faut donc répondre est : dans ce face à face avec l'œuvre, ou son image, quelle **sensation** éprouvons-nous ? Quelle **émotion** ressentons-nous ? *Dégoût, surprise, plaisir, angoisse, révolte, tristesse, pitié, malaise, etc.*

LE SENS DE L'ŒUVRE

• La compréhension d'une œuvre dépend du **contexte** dans lequel elle est perçue : il faut tenir compte de l'écart culturel, social et politique entre l'époque de **création** et celle de la **perception.**

• Le **sujet** désigne ce qui est **représenté**. Il peut renvoyer aux **genres** tels qu'ils sont définis historiquement et hiérarchisés par l'Académie des Beaux Arts au XVIIe siècle : la **peinture d'histoire** et la **peinture religieuse** (Rubens, *La Conclusion de la paix, à Angers, le 10 août 1620*, p. 252), le **portrait**, la **scène de genre** (Pieter Bruegel l'Ancien, *Noces de paysans*, p. 120), le **paysage**, la **nature morte.**

• Au XXe siècle apparaît la peinture **abstraite** qui ne contient aucune évocation de la réalité observée, mais que l'on peut décrire.

• Il convient aussi de mettre en relation ce que nous **voyons** et la **légende** qui accompagne l'œuvre :

– le **titre** : il apparaît à la fin du XVIIe siècle, et établit une relation avec ce qui est donné à voir. Le titre peut être **descriptif**, **redondant**, **informatif** (Pablo Picasso, *Portrait de David-Henry Kahnweiler*, p. 81), **énigmatique** (René Magritte, *Le Modèle rouge*, p. 277), **contradictoire.**

– la **date de création** : en situant l'œuvre dans le temps, la date de création permet de déduire un certain nombre de caractéristiques propres à l'époque : dans quelle période historique s'inscrit l'œuvre ? Dans quel courant ou mouvement artistique ? À quoi renvoie-t-elle ? Quelles sont les sources, les prolongements ?

• L'image est le lieu d'une **représentation** : sa relation au réel peut être **réaliste** (qui ressemble à la réalité), **illusionniste** (la perspective, le trompe-l'œil), **onirique** (imaginaire, qui évoque le monde des rêves), **utopique**, **symbolique**, **métaphorique**, etc. Ces relations peuvent être multiples pour une même œuvre.

LES REGISTRES DE L'IMAGE

On peut rapprocher les visées de l'image des registres : une **image lyrique** visera à partager avec le spectateur des **sentiments** intimes ou des **émotions**, une **image comique** aura pour but de le **faire rire**, une **image réaliste** représentera **fidèlement** par exemple un groupe social à une époque précise.

LES FONCTIONS DE L'IMAGE

Les fonctions de l'image peuvent être définies selon différents types de distinction. Pour simplifier, on parlera de **fonction descriptive** (ou **référentielle**), **narrative**, **argumentative**, **esthétique.**

Glossaire

Fiche 14 LE VOCABULAIRE DE LA PHOTOGRAPHIE ET DE L'IMAGE MOBILE

L'ÉCHELLE DES PLANS

L'échelle des plans est établie par rapport aux personnages. Cette progression montre un resserrement équivalent à un **zoom avant** :

- **Plan général** ou **panoramique** : plan vaste qui montre le paysage.
- **Plan moyen** : personnage cadré en entier (des pieds à la tête).
- **Plan rapproché** : personnage cadré à la poitrine ou à la taille.
- **Gros plan** : partie du corps : visage, main, pied, etc.
- **Très gros plan** ou **plan italien** : détail d'une partie : bout des doigts, œil, bouche, etc.

L'ANGLE DE VUE

L'angle de vue définit la **place de la caméra** par rapport au sujet filmé :

- **La plongée** : caméra située au-dessus de ce qui est filmé.
- **La contre-plongée** : caméra située en dessous de ce qui est filmé.
- **L'angle plat** : axe de l'objectif situé à l'horizontal.

LE CHAMP

Le champ est la partie de **l'espace visible** à l'écran.

- **Hors-champ** : tout ce qui n'est pas visible à l'écran mais qui lui est contigu.
- **Contre-champ** : espace opposé au champ. Le **champ/contre-champ** est un procédé qui consiste à faire succéder à l'écran les deux espaces.

LES POINTS DE VUE

- **Caméra objective** : événements vus par un observateur extérieur (focalisation zéro).
- **Caméra subjective** : événements vus par un des personnages (focalisation interne).

LES MOUVEMENTS DE CAMÉRA

- **Plan fixe** : pied immobile, caméra immobile.
- **Panoramique (latéral, ascendant, descendant)** : pied immobile, caméra pivotante.
- **Travelling** : pied fixé sur un chariot ou une grue.

LE MONTAGE

Le montage est le **choix** et l'**assemblage** des **plans retenus** selon un certain ordre.

- **Plan** : portion de film comprise entre deux raccords.
- **Séquence** : succession de plans.
- **Plan séquence** : séquence sans montage, tournée en continu.
- **Cut** ou **coupe franche** : passage d'un plan à un autre sans transition.
- **Fondus** : passage progressif d'un plan à un autre. → **Ex. :** fondu-enchaîné.
- **Montage chronologique** : l'histoire est présentée en respectant la chronologie.
- **Montage parallèle** : juxtaposition des actions séparées dans le temps ou dans l'espace.
- **Flash-back** : retour sur des événements antérieurs (analepse ou retour en arrière).
- **Prolepse** : anticipation sur la suite des événements.
- **Ellipse** : passage d'un moment à un autre sans montrer les étapes intermédiaires.

1 ÉTUDIER L'ORGANISATION DE L'IMAGE

Pieter Brueghel l'Ancien, *La Danse des Paysans* (1568), huile sur bois (114 cm x 164 cm) Kunsthistorishes Museum Vienne, (Autriche).

A a. **Combien de plans distinguez-vous ?**
b. **Repérez les lignes de force.**
c. **Comment la composition rend-elle compte du mouvement de la danse ?**
d. **Relevez des indices qui nous permettent de comprendre que nous sommes chez des paysans ? Quelle fonction a ici la représentation de l'espace ?**

Vassily Kandinsky, *Sans titre* (1910), mine de plomb, aquarelle et encre de Chine (49,6 cm x 64,8 cm), musée national d'Art moderne, Paris.

B a. **À partir de l'observation du tableau, décrivez la relation qu'entretiennent les lignes et les taches de couleur.**
b. **Est-ce une relation traditionnelle ? Pourquoi ?**
c. **Quelle impression se dégage de ce tableau ? Justifiez votre réponse en vous appuyant sur la composition, les couleurs, les lignes.**

C **Comparez l'œuvre de Pieter Brueghel l'Ancien et celle de Vassily Kandinsky, puis rédigez deux paragraphes qui expliqueront les similitudes et les différences que vous avez observées.**

2 ÉTUDIER LA COMPOSITION D'UNE ŒUVRE ET ANALYSER SON SENS

A **En vous appuyant sur la Fiche 12 (p. 572), décrivez et comparez le choix de composition des deux œuvres ci-dessous : organisation, lignes de force, couleurs, représentation de l'espace, rapport d'échelle pour chacune d'elle. Justifiez ces choix par rapport au sujet.**

B **Choisissez une de ces deux œuvres et expliquez ce qui vous touche en elle, la façon dont vous la percevez. Vous serez attentif, entre autres, à ses dimensions.**

C **Quel grand mouvement littéraire et artistique correspond à la date de composition du *Radeau de la Méduse* de Théodore Géricault ? En vous appuyant sur vos réponses aux exercices A et B, montrez que ce tableau peut illustrer ce mouvement.**

Le mois d'août, miniature in *Les très riches heures du Duc de Berry,* de Pol de Limbourg (XVe s.), Musée Condé, Chantilly.

Théodore Géricault *Le Radeau de la Méduse* (1819) huile sur toile (491 cm x 716 cm), musée du Louvre, Paris.

3 COMPARER DEUX PORTRAITS

Erró, *The Background of Pollock* (1966-1967) *(L'Arrière-plan de Pollock)*, peinture acrylique sur toile (260 cm x 200 cm), musée national d'Art moderne, Paris.

A Erró, *The Background of Pollock* (1966-1967)

a. **À quelles techniques autres que la peinture, ce tableau fait-il référence ?**

b. **Peut-on évoquer une dimension réaliste de l'espace représenté ? Pourquoi ?**

c. **Expliquez le titre du tableau, sachant que Pollock est un peintre (1912-1956). Pouvez-vous établir un parallèle entre ce tableau et le processus de création littéraire ? Justifiez votre réponse.**

B Titien, *L'Homme au gant* (1523)

a. **Quelle impression se dégage de ce tableau ?**

b. **Décrivez la répartition des clairs et des foncés : comment détermine-t-elle l'organisation du tableau ? Quels éléments le peintre a-t-il choisi de mettre en valeur ? Pourquoi ?**

C Étude comparée

Montrez que les choix opérés par Erró et Titien (couleurs, formes, lumière, organisation, dimensions du support) produisent un sens différent.

Titien vers 1520,
L'Homme au gant
huile sur toile (100 cm x 89 cm),
musée du Louvre, Paris.

Fiche 15 FAIRE RIRE

Le **registre** désigne l'effet que le texte communique quel que soit le genre auquel il appartient.

LE REGISTRE COMIQUE

Le registre comique s'appuie sur un effet de **surprise** qui provoque le **rire** à des degrés divers allant du sourire au fou rire. Le langage, le caractère, les gestes d'un personnage ou encore la situation dans laquelle il se trouve peuvent en être la source. On parle alors de **comique** de **gestes**, de **mots**, de **caractère**, de **situation**. Sa fonction peut-être **ludique** mais aussi **critique**.

Les principaux procédés

- **Le décalage ou l'écart** : un personnage est décalé par rapport au monde qui l'entoure, ce qui le rend ridicule.
- **Le quiproquo** : le quiproquo repose sur un malentendu. Un personnage prend quelqu'un pour quelqu'un d'autre, ou il se trompe sur le sujet de la discussion.
- **Le retournement de situation ou le dupeur dupé** : un personnage tend un piège et y tombe lui-même. → **Ex. :** « Le renard et la cigogne » de Jean de La Fontaine.
- **La répétition ou le mécanique plaqué sur du vivant** : les mêmes gestes répétés, les mimiques, les grimaces transforment le personnage en marionnette, de même que le retour d'une même formule. → **Ex. :** « Que diable allait-il faire dans cette galère ! » dans *Les Fourberies de Scapin* (1671), ou le « Le pauvre homme » dans *Tartuffe* (1664). Cette raideur a un côté mécanique qui fait rire.
- **L'engrenage ou l'effet boule de neige** : un événement en entraîne un autre.
- **Les jeux de mots** : calembours, contrepèteries, etc.

LE REGISTRE SATIRIQUE

Le registre satirique utilise les procédés du registre comique mais il diffère par sa visée. Il ne s'agit pas uniquement de faire rire le lecteur pour son plaisir, il s'agit aussi d'**utiliser le rire** pour **dénoncer** les travers d'une époque, d'une institution, d'un groupe social ou politique.

LA PARODIE

La parodie consiste à **imiter** une œuvre, une forme textuelle, une forme d'expression pour **faire rire** et parfois **critiquer**. → **Ex. :** Molière parodie le langage des précieux dans *Les Précieuses ridicules* (1659) ou celui des médecins dans *Le Malade imaginaire* (1673).

L'IRONIE

L'ironie suppose une cible (une victime qui peut mériter d'être attaquée) et une complicité entre l'ironiste et son public de façon à ce que le **décalage** entre ce qui est dit et ce qui est pensé soit perçu. Il s'agit de faire **sourire** ou **rire aux dépens de quelqu'un**.

Les principaux procédés

- **L'antiphrase** : dire le contraire de ce que l'on pense en le faisant percevoir.
→ **Ex. :** « Le marquis del Dongo **joignait une avarice sordide à une foule d'autres belles qualités.** » (Stendhal, *La Chartreuse de Parme*, 1839)
- **Les formes d'atténuation**
- **Les formulations antithétiques ou les oxymores** → **Ex. :** Voltaire dénonce la guerre dans *Candide* en la qualifiant de « boucherie héroïque » et feint de l'admirer : « Rien n'est si beau, si leste, si brillant, si bien ordonné que les deux armées. Les trompettes, les fifres, les hautbois, les tambours, les canons, formaient une harmonie telle qu'il n'y en eut jamais en enfer. » (Voltaire, *Candide*, 1759)

Fiche 16 ÉMOUVOIR

LE REGISTRE LYRIQUE

« Lyrique » vient de « lyre », instrument de musique dont joue Orphée, figure majeure du poète. Grâce à sa lyre, il aurait réussi à charmer tous les êtres vivants et même à émouvoir le dieu des Enfers. Par analogie, il désigne les textes qui possèdent une forme de **musicalité**. Leur **rythme**, les **répétitions**, leur **sonorité** sont au service de **l'expression du moi**, c'est-à-dire des sentiments intimes comme l'**amour**, la **nostalgie**, la **fuite du temps**.

→ **Ex. :** « Sous le pont Mirabeau coule la Seine
Et nos amours
Faut-il qu'il m'en souvienne
La joie venait toujours après la peine [...] »

(Guillaume Apollinaire, « Le pont Mirabeau », *Alcools*, 1913, © Éditions Gallimard)

LE REGISTRE ÉLÉGIAQUE

L'élégie désigne un poème court ou un chant de célébration prononcé à l'occasion d'un deuil. Ce registre de la **déploration** laisse une large part aux **sentiments mélancoliques**, et à l'**expression de la douleur**.

→ **Ex. :** [...] « Fleuves, rochers, forêts, solitudes si chères,
Un seul être vous manque, et tout est dépeuplé ! »

(Alphonse de Lamartine, « L'isolement », *Méditations poétiques*, 1820)

Les principaux procédés des registres lyrique et élégiaque

- **Les pronoms personnels et déterminants possessifs des 1re et 2e personnes.**
- **Des phrases interrogatives et exclamatives avec des interjections.**
- **Des apostrophes.**
- **Le lexique de l'émotion (joie/souffrance) ou de l'exaltation du sentiment amoureux.**

LE REGISTRE PATHÉTIQUE

Le registre pathétique, du grec *pathos*, signifiant « douleur », met en scène une expression du **malheur** et de la **souffrance** en vue de provoquer chez le lecteur ou le public une émotion vive et douloureuse comme la **tristesse**, la **compassion**. Le pathétique s'appuie souvent sur un effet de **suspense** où le lecteur ne sait pas si les événements vont bien ou mal se terminer pour le héros. Cette incertitude est un des ressorts du pathétique qui s'oppose sur ce point au tragique.

→ **Ex. :** « Où vont tous ces enfants dont pas un seul ne rit ?
Ces doux êtres pensifs, que la fièvre maigrit ?
Ces filles de huit ans qu'on voit cheminer seules ? [...] »

(Victor Hugo « Mélancholia », *Les Contemplations*, 1856)

LE REGISTRE TRAGIQUE

Le registre tragique met en scène une situation dans laquelle la **souffrance** puis la **mort** sont **inéluctables** et **injustes**. Le héros ne peut modifier le cours des événements, il est victime d'une **fatalité** à laquelle il ne peut échapper. Contrairement au registre pathétique, il n'y a aucun doute sur l'issue de l'action.

Les principaux procédés des registres tragique et pathétique

- **L'accumulation d'exclamatives, d'interrogations rhétoriques (questions pour lesquelles on n'attend pas de réponse).**
- **L'utilisation de phrases courtes.**
- **La multiplication d'apostrophes** (Ô Dieu !), **d'interjections** (Hélas !) exprimant la douleur, le désespoir, la colère.
- **Des jeux sur les sonorités et la présence du champ lexical de la souffrance, de la mort.**

Fiche 17 CONVAINCRE ET PERSUADER

L'ORATOIRE

L'oratoire qualifie un discours qui veut **persuader**, mobiliser un public et emporter son adhésion en frappant son esprit. On trouve les genres de **l'éloquence** comme l'**épidictique** (discours qui loue ou blâme) ou le **judiciaire** (plaidoyer devant un juge). Par analogie, il s'applique à tous les textes qui utilisent les mêmes procédés rhétoriques. Cette éloquence est utilisée dans les **harangues**, les **réquisitoires** et les **plaidoiries**.

➜ **Ex. :** « Je viens vous avertir. Je viens vous dénoncer votre bonheur. Il est fait du malheur d'autrui. Vous avez tout, et ce tout se compose du rien des autres. Mylords, je suis l'avocat désespéré, et je plaide la cause perdue. Cette cause, Dieu la regagnera. Moi, je ne suis rien, qu'une voix. Le genre humain est une bouche, et j'en suis le cri. Vous m'entendrez. » (Victor Hugo, *L'homme qui rit*, 1869)

Les principaux procédés

- **L'anaphore** : répétition d'une même formulation en début de phrases.
- **Les périodes** : phrases rythmées par des structures syntaxiques identiques.
- **L'utilisation d'images frappantes.**
- **Les apostrophes et les questions rhétoriques** : elles interpellent l'auditoire et font appel à ses sentiments.

LE REGISTRE DIDACTIQUE

Le registre didactique est utilisé dans les **maximes**, les **essais**, les **fables**, les **dictionnaires**. Il vise à délivrer un **enseignement**, imposer un **avis** ou une **opinion**. Il peut s'appuyer sur un **raisonnement logique** soutenu par des **définitions précises** et des **exemples** illustratifs ou sur une **voix d'autorité** qui impose une **opinion**.

➜ **Ex. :** « Aucun homme n'a reçu de la nature le droit de commander aux autres. » (Denis Diderot, article « Autorité politique », *Encyclopédie*, 1751)

Les principaux procédés

- **Des phrases, en général brèves, parfois sentencieuses comme les maximes qui utilisent le présent de vérité générale.**
- **Des connecteurs logiques** : ils soulignent souvent l'articulation du discours argumentatif (*d'abord, ensuite ; en effet, car ; c'est pourquoi, donc, etc.*).
- **Des exemples** : ils viennent illustrer les idées ; ainsi que des reformulations introduites par des expressions du type *c'est-à-dire*.

LE REGISTRE POLÉMIQUE

« Polémique » vient du grec *polémos*, qui signifie la « guerre ». Tous les textes attaquant un adversaire ou répliquant à une attaque s'appuient sur ce registre qui vise à **provoquer** et à **dévaloriser l'adversaire** en suscitant l'**indignation**. Le registre polémique est utilisé dans le **pamphlet**, la **lettre ouverte**, la **caricature**, les **portraits-charges**, la **satire**.

➜ **Ex. :** « Quelle plus parfaite bêtise régna jamais que de nos jours ; quelle plus complète, pondérée, logique et triomphante bêtise régna jamais que dans cette fin de siècle qui promettait mieux, en vérité ! » (Verlaine, *Les Imbéciles*, 1867)

Les principaux procédés

- **Les procédés de l'oratoire** (exclamation, apostrophes) et de l'**ironie** (p. 578).
- **Le champ lexical des valeurs** : l'adversaire, interpellé, parfois injurié, incarne le mal, la bêtise et les préjugés tandis que le camp du polémiste défend les vraies valeurs (le bien, la justice).

Fiche 18 CARACTÉRISER UNE VISION DU MONDE

LE REGISTRE ÉPIQUE

Le registre épique reprend des caractéristiques de l'**épopée**, récit narrant les exploits guerriers de héros exceptionnels, aidés par des puissances surnaturelles. Ces combats sont ceux du Bien contre le Mal, de la Lumière contre la Nuit. Cet effet de grandissement des actions vise à **impressionner** le lecteur, à susciter l'**admiration** voire la **fascination** devant des personnages surhumains.
→ **Ex. :** « On croyait voir de loin s'allonger vers la crête du plateau deux immenses couleuvres d'acier. Cela traversa la bataille comme un prodige. » (Victor Hugo, *Les Misérables*, 1862)

Les principaux procédés

- **Les hyperboles, les formules superlatives, l'amplification** : ces procédés permettent de caractériser la puissance des guerriers.
- **Les antithèses** : elles soulignent les oppositions entre le héros et ses adversaires.
- **Les comparaisons et les personnifications** : elles suggèrent le caractère surnaturel des forces en jeu.

L'EFFET RÉALISTE OU EFFET DE RÉEL

Une œuvre crée un effet réaliste, ou effet de réel, lorsqu'elle semble reproduire la réalité à laquelle elle se réfère. Le héros évolue dans un monde, reconnaissable par son contexte socio-économique et soumis aux règles de la **vraisemblance**. Tout donne l'illusion que l'histoire s'est réellement déroulée.
→ **Ex. :** « Madame Vauquer, née de Conflans, est une vieille femme qui, depuis quarante ans, tient à Paris une pension bourgeoise établie rue Neuve-Sainte-Geneviève, entre le quartier latin et le faubourg Saint-Marceau. » (Honoré de Balzac, *Le père Goriot*, 1834)

Les principaux procédés

- **Des détails concrets, des circonstances précises** : noms de lieux, dates, toute description renvoyant à un univers connu du lecteur.
- **Les discours rapportés.**
- **Les niveaux de langue** : ils sont censés reproduire le langage des personnages.

LE REGISTRE FANTASTIQUE

Le registre fantastique vise à communiquer une **peur**, une **angoisse** ressentie par un personnage, un narrateur. Il se caractérise par un **bouleversement des perceptions habituelles du monde** (un personnage peint dans un tableau nous fait signe, un miroir reflète un autre visage). Le fantastique désigne donc l'irruption d'un phénomène inexplicable que l'on met en doute : le lecteur et (ou) le personnage se demande si les événements ont eu lieu ou s'ils ont été imaginés. Cette **hésitation** différencie le fantastique du récit d'épouvante ou du conte merveilleux.
→ **Ex. :** « Tout à coup, il me sembla que j'étais suivi, qu'on marchait sur mes talons, tout près, tout près, à me toucher. » (Guy de Maupassant, *Le Horla*, 1887)

Les principaux procédés

- **L'emploi de la 1re personne** : pour faire croire à l'histoire, le récit est pris en charge par un héros narrateur ou un narrateur témoin. Le « je » incite en effet le lecteur à adopter le point de vue du personnage et à s'identifier à lui.
- **L'ajout de détails précis** : ils permettent d'authentifier l'histoire.
- **Les modalisateurs** : ils soulignent l'expression d'une subjectivité *(je crois, il me semblait, peut-être)* et introduisent l'incertitude.

f. Le soleil avait achevé plus de la moitié de sa course et son char, ayant attrapé le penchant du monde, roulait plus vite qu'il ne voulait. Si ses chevaux eussent voulu profiler de la pente du chemin, ils eussent achevé ce qui restait du jour en moins d'un demi-quart d'heure ; mais, au lieu de tirer de toute leur force, ils ne s'amusaient qu'à faire des courbettes, respirant un air marin qui les faisait hennir et les avertissait que la mer était proche, où l'on dit que leur maître se couche toutes les nuits. Pour parler plus humainement et plus intelligiblement, il était entre cinq et six quand une charrette entra dans les halles du Mans.

Paul Scarron, *Le Roman comique* (1655)

D Quel est le registre dominant dans chaque extrait ? Justifiez votre réponse en vous appuyant sur les thèmes, les champs lexicaux, les modalités de phrases, ou les figures de style utilisés.

a. Pendant un demi-siècle, les bourgeoises de Pont-l'Evêque envièrent à Mme Aubain sa servante Félicité.

Pour cent francs par an, elle faisait la cuisine et le ménage, cousait, lavait, repassait, savait brider un cheval, engraisser les volailles, battre le beurre, et resta fidèle à sa maîtresse, – qui cependant n'était pas une personne agréable.

Gustave Flaubert, « Un cœur simple »,
Trois contes (1877)

b. Tels que la haute mer contre les durs rivages,
À la grande tuerie ils se sont tous rués,
Ivres et haletants, par les boulets troués,
En d'épais tourbillons pleins de clameurs sau-[vages.
[...]

Leconte de Lisle, « Le soir d'une bataille »,
Poèmes barbares (1862)

c. En vain le jour succède au jour.
Ils glissent sans laisser de trace ;
Dans mon âme rien ne t'efface,
Ô dernier songe de l'amour !

Je vois mes rapides années
S'accumuler derrière moi,
Comme le chêne autour de soi
Voit tomber ses feuilles fanées. [...]

Alphonse de Lamartine, « Souvenir »,
Méditations poétiques (1820)

d. Lorsque le chevalier de La Barre, petit-fils d'un lieutenant général des armées, jeune homme de beaucoup d'esprit et d'une grande espérance, mais ayant toute l'étourderie d'une jeunesse effrénée, fut convaincu d'avoir chanté des chansons impies, et même d'avoir passé devant une procession de capucins sans avoir ôté son chapeau, les juges d'Abbeville, gens comparables aux sénateurs romains, ordonnèrent, non seulement qu'on lui arrachât la langue, qu'on lui coupât la main, et qu'on brûlât son corps à petit feu ; mais ils l'appliquèrent encore à la torture pour savoir précisément combien de chansons il avait chantées, et combien de processions il avait vues passer, le chapeau sur la tête.

Ce n'est pas dans le XIIIe ou dans le XIVe siècle que cette aventure est arrivée, c'est dans le XVIIIe.

Voltaire, « Torture »
Dictionnaire philosophique (1764)

e. [...] Mes crimes désormais ont comblé la mesure.
Je respire à la fois l'inceste et l'imposture.
Mes homicides mains, promptes à me venger,
Dans le sang innocent brûlent de se plonger.
Misérable ! et je vis ? et je soutiens la vue
De ce sacré Soleil dont je suis descendue ?
J'ai pour aïeul le père et le maître des Dieux ;
Le ciel, tout l'univers est plein de mes aïeux.
Où me cacher ? Fuyons dans la nuit infernale.
Mais que dis-je ? Mon père y tient l'urne fatale;
Le Sort, dit-on, l'a mise en ses sévères mains :
Minos juge aux enfers tous les pâles humains. [...]

Jean Racine, *Phèdre*, IV, 6 (1677)

3 DISTINGUER DEUX REGISTRES DANS UN MÊME TEXTE

Repérez dans chacun des extraits les deux registres dominants en vous appuyant sur les thèmes, les champs lexicaux, les modalités de phrases, ou les figures de style utilisés.

a. La famine, la peste et la guerre sont les trois ingrédients les plus fameux de ce bas monde. On peut ranger dans la classe de la famine toutes les mauvaises nourritures où la disette nous force d'avoir recours pour abréger notre vie dans l'espérance de la soutenir.

On comprend dans la peste toutes les maladies contagieuses, qui sont au nombre de deux ou trois mille. Ces deux présents nous viennent de la providence. Mais la guerre, qui réunit tous ces dons, nous vient de l'imagination de trois ou quatre cents personnes répandues sur la surface de ce globe sous le nom de princes ou de ministres ; et c'est peut-être pour cette raison que dans plusieurs dédicaces on les appelle les images vivantes de la Divinité.

Voltaire, « Guerre », *Dictionnaire philosophique* (1764)

b. Je conçois dans l'espèce humaine deux sortes d'inégalités ; l'une que j'appelle naturelle ou physique, parce qu'elle est établie par la nature, et qui consiste dans la différence des âges, de la santé, des forces du corps, et des qualités de l'esprit, ou de l'âme, l'autre qu'on peut appeler inégalité morale, ou politique, parce qu'elle dépend d'une sorte de convention, et qu'elle est établie, ou du moins autorisée par le consentement des hommes. Celle-ci consiste dans les différents privilèges, dont quelques-uns jouissent, au préjudice des autres, comme d'être plus riches, plus honorés, plus puissants qu'eux, ou même de s'en faire obéir.

Jean-Jacques Rousseau, *Discours sur l'origine et les fondements de l'inégalité* (1754)

c. L'alambic, sourdement, sans une flamme, sans une gaieté dans les reflets éteints de ses cuivres, continuait, laissait couler sa sueur d'alcool, pareil à une source lente et entêtée, qui à la longue devait envahir la salle, se répandre sur les boulevards extérieurs, inonder le trou immense de Paris. Alors, Gervaise, prise d'un frisson, recula ; et elle tâchait de sourire, en murmurant :

« C'est bête ; ça me fait froid, cette machine... la boisson me fait froid... »

Puis, revenant sur l'idée quelle caressait d'un bonheur parfait :

« Hein ? n'est-ce pas ? ça vaudrait bien mieux : travailler, manger du pain, avoir un trou à soi, élever ses enfants, mourir dans son lit...

– Et ne pas être battue, ajouta Coupeau gaiement. Mais je ne vous battrais pas, moi, si vous vouliez, madame Gervaise...

Émile Zola, *L'Assommoir* (1877)

d. Je vois un terrain vague semé de bouteilles en plastique et de bris de faïence. Une terre qui a respiré la mort et expulsé le jour. C'est ici que mes enfants naissent et meurent. Ils meurent en riant comme un peuple qui dépérit et qui se laisse prendre par l'araignée vénéneuse. Sur ce terrain ils ont posé des maisons en carton et en zinc. Il y a des trous. Il y a des failles. Dans les paravents. Dans la tête. Je parle d'un pays où il y a des failles et des ceintures en or. Je chante un peuple pour le moment absent derrière la muraille. Un peuple qui fera un jour avancer la muraille. Je dis un peuple non un rêve ou une image, un peuple vivant, qui connaît la patience et la fureur, un peuple imprévisible, il descend dans la rue avec ses gosses nus et ses arbres suspendus au ciel. Il y a des silences, des pages blanches, des moments où il ne se passe rien, il y a aussi des cris qui viennent de dessous la terre et qui ébranlent les certitudes de ceux qui ont tout prévu. Il y a donc ces terrains vagues où naissent et meurent mes enfants. Un bidonville est une brutalité faite à des hommes séparés de la vie. Une violence qui ne prévient pas quand elle éclate. Je vous le dis.

Tahar ben Jelloun, *Moha le fou Moha le sage* (1978), © Seuil

e. Chef de la Résistance martyrisé dans des caves hideuses, regarde de tes yeux disparus toutes ces femmes noires qui veillent nos compagnons : elles portent le deuil de la France, et le tien. Regarde glisser sous les chênes nains du Quercy, avec un drapeau fait de mousselines nouées, les maquis que la Gestapo ne trouvera jamais parce qu'elle ne croit qu'aux grands arbres. Regarde le prisonnier qui entre dans une villa luxueuse et se demande pourquoi on lui donne une salle de bains – il n'a pas encore entendu parler de la baignoire. Pauvre roi supplicié des ombres, regarde ton peuple d'ombres se lever dans la nuit de juin constellée de tortures. [...]

Comme Leclerc entra aux Invalides, avec son cortège d'exaltation dans le soleil d'Afrique et les combats d'Alsace, entre ici, Jean Moulin, avec ton terrible cortège. Avec ceux qui sont morts dans les caves sans avoir parlé, comme toi ; et même, ce qui est peut-être plus atroce, en ayant parlé ; avec tous les rayés et tous les tondus des camps de concentration, avec le dernier corps trébuchant des affreuses files de *Nuit et Brouillard*, enfin tombé sous les crosses ; avec les huit mille Françaises qui ne sont pas revenues des bagnes, avec la dernière femme morte à Ravensbrück pour avoir donné asile à l'un des nôtres. Entre, avec le peuple né de l'ombre et disparu avec elle – nos frères dans l'ordre de la Nuit...

André Malraux, « Transfert des cendres de Jean Moulin au Panthéon », *Œuvres complètes* (1996), © Éditions Gallimard, 1996

4 RÉDIGER UN TEXTE EN CRÉANT UN EFFET SUR LE LECTEUR ✻✻✻

Racontez en une trentaine de lignes une brève histoire, en vous appuyant sur l'un de ces débuts de récit. Identifiez d'abord le registre de votre récit ; réfléchissez aux procédés que vous allez employer, en particulier les figures de style. Vous justifierez ensuite l'effet que vous avez voulu créer.

- Assis sur son trône de jade, le vieux roi songeait à ses combats passés. L'aube se levait, tous les soldats de l'Empire se préparaient pour l'ultime combat...
- J'entends encore ce bruit étrange et strident, un peu comme le lointain aboiement d'un gigantesque molosse...
- Aujourd'hui, le 4 juillet 2010, à 10 heures du matin, j'ai enfin trouvé du travail...

PARTIE IV

Méthodes pour le bac

▸▸▸ Vassily Kandinsky, *Sur les pointes* (1928), huile sur toile (140 cm x 140 cm), détail, centre national d'Art et de Culture Georges Pompidou, Paris.

1. CONFRONTER LES TEXTES DU CORPUS

MÉTHODE

Objectifs
- Lire le corpus
- Répondre à la question

À l'écrit, l'épreuve anticipée de français (EAF) est organisée autour d'un **corpus** de textes. En général, le **corpus** se compose de trois à quatre textes, mais il peut arriver aussi qu'il se limite à un seul texte, un long extrait d'une œuvre ou une courte œuvre intégrale. Un document iconographique peut également le compléter.
Une ou **deux** questions notées sur **4 points** constituent la première partie de l'épreuve. Ces questions ont pour but de vous aider à lire et comprendre tous les textes du corpus, en relation avec le ou les objet(s) d'étude et selon une démarche de confrontation d'éléments thématiques et problématiques. Il ne faut donc pas négliger ces questions – pour obtenir une bonne note évidemment – mais surtout pour préparer la deuxième partie de l'épreuve : le travail d'écriture.

▸▸▸ÉTAPE 1 LIRE LE CORPUS ET COMPRENDRE SON UNITÉ, SA COHÉRENCE

Avant d'aborder ce premier exercice, il faut prendre connaissance du sujet d'une façon générale en repérant l'objet d'étude traité, les œuvres et genres représentés. Il faut ensuite relire chaque texte à la lumière de la question ou des questions posées.

▶ Procéder texte par texte en répétant la question posée.

▶ Relever, surligner les citations qui répondent au problème soulevé par la question.

▶ Les analyser pour formuler des éléments de réponse à la question.

▸▸▸ÉTAPE 2 ANALYSER LE TYPE DE QUESTION POSÉE

La question doit permettre de procéder à des **rapprochements** entre les textes pour mettre en évidence des **problématiques d'écriture communes.**

▶ La question peut appeler une **réponse organisée** par l'**analyse successive de chaque texte.**
➜ Ex. : « Quelles attitudes de spectateur ces textes proposent-ils ? » ou « Quelle conception de la vie chacune de ces fins de roman vous paraît-elle transmettre ? »

▶ La question peut exiger une réponse **articulée** selon plusieurs **points**, **catégories** ou **spécificités.**
➜ Ex. : « Quelles attitudes de spectateur ces textes proposent-ils ? Vous répondrez de façon organisée et synthétique à cette question. » *La réponse doit s'organiser ici autour des diverses attitudes du spectateur et non dresser la liste des attitudes texte après texte.*

▶ La question peut imposer une **comparaison** : il faut montrer les points communs, puis les différences.
➜ Ex. : « Comparez les situations d'énonciation de ces trois poèmes : en quoi la mort concerne-t-elle chacun des locuteurs ? »

▶ Le libellé de la question peut indiquer le **plan de la réponse.**
➜ Ex. : « Après avoir montré comment Anouilh joue ici avec le théâtre dans le théâtre, vous mettrez en évidence l'intérêt que revêt ce choix d'écriture. »

▸▸▸ÉTAPE 3 RÉDIGER LA RÉPONSE

▶ La réponse doit être **complètement rédigée**, **synthétique** et **organisée** :
- une **phrase d'introduction** est nécessaire pour présenter les textes et définir le ou les mots-clés de la ou des questions, les catégories concernées.
- un **développement** en **plusieurs paragraphes** : un par **argument** ou **catégorie**. Chaque argument doit être justifié par des **citations précises** extraites d'un ou de plusieurs textes du corpus.
- une phrase de conclusion doit proposer le bilan de l'analyse effectuée sur le corpus.

APPLICATION

Objet d'étude

Question

QUESTION
En confrontant les différents textes, vous montrerez quels sont les effets produits par les scènes de rencontre.

OBJET D'ÉTUDE Le personnage de roman, du XVIIe siècle à nos jours

CORPUS
Texte A : L'Abbé Prévost, *Manon Lescaut* (1731) ► p. 90
Texte B : Gustave Flaubert, *L'Education sentimentale* (1869) ► p. 92
Texte C : Albert Cohen, *Belle du seigneur* (1968) ► p. 96

►►►ÉTAPE 1 LIRE LE CORPUS ET COMPRENDRE SON UNITÉ, SA COHÉRENCE

- Demandez-vous quelles sont les caractéristiques communes des scènes de rencontre dans ces trois textes : vous remarquerez rapidement l'importance du regard et la description des réactions des personnages.
- Reliez les textes à l'objet d'étude : « Le personnage de roman du XVIIe siècle à nos jours ». La question de la première rencontre dans des romans engage la réflexion sur la naissance du sentiment amoureux et sur le regard que les auteurs portent sur les relations humaines.

►►►ÉTAPE 2 ANALYSER LE TYPE DE QUESTION POSÉE

- La question suggère une réflexion en deux temps : l'étude de l'importance du premier regard pour la suite, des effets produits dans chaque texte puis la comparaison de ces effets.
- Vous traiterez rapidement de l'émotion présente dans les trois textes, qui dessine un fort horizon d'attente, pour stigmatiser des traitements différents de la rencontre, comme vous invite le verbe « confronter ».
- Les deux premiers textes décrivent des scènes de rencontre assez conventionnelles ; le premier coup d'œil suffit à émouvoir le héros. En revanche, Cohen met en scène une mascarade ; l'héroïne est effrayée par la première apparition, les propos insultants, menaçants. C'est une remise en cause du *topos*, une évocation avec dérision de certains clichés romantiques.
- Organisez votre réponse à partir de ces pistes.

►►►ÉTAPE 3 RÉDIGER LA RÉPONSE

- Une courte phrase d'introduction présentera le corpus en reprenant la question.

→ Ex. : *Les trois textes du corpus rapportent des scènes de rencontre amoureuse ; si ce topos engage des caractéristiques habituellement attendues, la confrontation des trois scènes appelle des distinctions.*

- Dans le développement, organisé en fonction des caractéristiques communes et différentes, vous citerez des éléments du texte (le champ lexical du regard par exemple, certains éléments parodiques du texte C, etc.).
- Vous devez terminer par une phrase de conclusion qui mettra en avant l'importance de la scène de rencontre et ce qu'elle peut nous laisser deviner de la suite ou nous apprendre de la vision du romancier.

1 LIRE LE CORPUS POUR TROUVER DES ELEMENTS DE RÉPONSE

A Pour répondre à la question : « Quelle image de la beauté ces deux textes offrent-ils ? » (OBJET D'ÉTUDE : Écriture poétique et quête du sens, du Moyen Âge à nos jours) :

a. **Précisez l'enjeu de la question.**

b. **Relevez les passages qui évoquent la beauté féminine et analysez-les.**

Texte A

Marquise, si mon visage
A quelques traits un peu vieux,
Souvenez-vous qu'à mon âge
Vous ne vaudrez guère mieux.

Le temps aux plus belles choses
Se plaît à faire un affront :
Il saura faner vos roses
Comme il a ridé mon front. […]

Cependant j'ai quelques charmes
Qui sont assez éclatants
Pour n'avoir pas trop d'alarmes
De ces ravages du temps.

Vous en avez qu'on adore ;
Mais ceux que vous méprisez
Pourraient bien durer encore
Quand ceux-là seront usés.

Ils pourront sauver la gloire
Des yeux qui me semblent doux,
Et dans mille ans faire croire
Ce qu'il me plaira de vous.

Chez cette race nouvelle
Où j'aurai quelque crédit,
Vous ne passerez pour belle
Qu'autant que je l'aurai dit. […]

Pierre Corneille, *Stances à Marquise* (1658)

Texte B

Quand vous serez bien vieille, au soir, à la chandelle, Assise auprès du feu, dévidant et filant,
Direz, chantant mes vers, en vous émerveillant :
« Ronsard me célébrait du temps que j'étais belle ! »

Lors, vous n'aurez servante oyant telle nouvelle,
Déjà sous le labeur à demi sommeillant,
Qui au bruit de Ronsard ne s'aille réveillant,
Bénissant votre nom de louange immortelle.

Je serai sous la terre, et, fantôme sans os,
Par les ombres myrteux je prendrai mon repos :
Vous serez au foyer une vieille accroupie,
Regrettant mon amour et votre fier dédain.
Vivez, si m'en croyez, n'attendez à demain :
Cueillez dès aujourd'hui les roses de la vie.

Pierre de Ronsard, *Sonnets pour Hélène* (1578)

B Quels éléments de ce poème montrent qu'il a été construit sur le chiffre trois par un poète passionné par les sciences ? Identifiez et classez ces éléments pour donner des éléments de réponse à la question posée.

Hiéroglyphe

J'ai trois fenêtres à ma chambre :
L'amour, la mer, la mort,
Sang vif, vert, calme, violet.

Ô femme, doux et lourd trésor !

Froids vitraux, cloches, odeurs d'ambre,
La mer, la mort, l'amour,
Ne sentir que ce qui me plaît …

Femme, plus claire que le jour !

Par ce soir doré de septembre,
La mort, l'amour, la mer,
Me noyer dans l'oubli complet.

Femme ! femme ! cercueil de chair !

Charles Cros, *Le Collier de griffes* (1908)

C La fable suivante est associée dans un corpus à d'autres textes qui évoquent la vanité de l'ambition. Quels moyens Jean de La Fontaine a-t-il utilisés pour montrer cette vanité ? Fondez votre réponse sur des citations précises.

La Grenouille qui veut se faire aussi grosse que le Bœuf

Une grenouille vit un bœuf
Qui lui sembla de belle taille.
Elle, qui n'était pas grosse en tout comme un œuf,
Envieuse, s'étend, et s'enfle et se travaille,
Pour égaler l'animal en grosseur,
Disant : « Regardez bien, ma sœur ;
Est-ce assez ? Dites-moi ; n'y suis-je point encore ?
Nenni – M'y voici donc ? – Point du tout. M'y voilà ?
– Vous n'en approchez point. » La chétive pécore
S'enfla si bien qu'elle creva.

Le monde est plein de gens qui ne sont pas plus sages.
Tout bourgeois veut bâtir comme les grands seigneurs,
Tout prince a des ambassadeurs,
Tout marquis veut avoir des pages.

Jean de La Fontaine, *Fables*, I, 3 (1668)

2 ANALYSER LA QUESTION POUR DÉTERMINER LA FORME DE LA RÉPONSE

A Quel type d'organisation de la réponse (texte après texte, comparaison, etc.) appelle chacune des questions suivantes ?

a. Qu'est-ce qui rend ces trois textes comiques ? Vous justifierez votre réponse en vous appuyant sur des éléments précis.

b. En relevant des indices précis, vous montrerez comment chaque texte incite de manière différente à la lecture du livre qu'il présente.

c. Vous dégagerez les principaux points communs qui permettent de rapprocher ces quatre textes.

d. Après avoir observé les caractéristiques des lettres de ce corpus, vous dégagerez l'image que Flaubert s'attache à donner de lui-même à chacun de ses correspondants.

e. Quelles fonctions peut-on attribuer au costume de théâtre d'après les textes A, B et C du corpus ? (corpus de quatre textes)

f. Quelle question essentielle ces textes posent-ils sur le jeu des acteurs ?

g. Quelle conception de la vie chacune de ces fins de roman vous paraît-elle transmettre ? Quels rapprochements peut-on faire entre ces textes ?

h. Comment justifiez-vous que ces textes appartiennent à la poésie ? Montrez qu'ils sont tous construits selon une progression comparable.

i. Après avoir rapidement défini l'enjeu de l'affrontement dans chacune de ces scènes, vous direz laquelle vous paraît la plus intense. Vous justifierez votre choix.

B Lisez les deux fables suivantes. Comment est montrée la valeur du travail à travers les trois personnages du laboureur, de la fourmi et de la cigale ?
Quelle leçon chaque texte donne-t-il ? Relevez les citations, puis dégagez les éléments de réponse.

Texte A

Le Laboureur et ses Enfants

Travaillez, prenez de la peine :
C'est le fonds qui manque le moins.
Un riche Laboureur, sentant sa mort prochaine,
Fit venir ses enfants, leur parla sans témoins.
« Gardez-vous, leur dit-il, de vendre l'héritage
Que nous ont laissé nos parents :
Un trésor est caché dedans.
Je ne sais pas l'endroit ; mais un peu de courage
Vous le fera trouver : vous en viendrez à bout.
Remuez votre champ dès qu'on aura fait l'oût :
Creusez, fouillez, bêchez ; ne laissez nulle place
Où la main ne passe et repasse. »
Le père mort, les fils vous retournent le champ,
Deçà, delà, partout....
si bien qu'au bout de l'an
Il en rapporta davantage.
D'argent, point de caché. Mais le père fut sage
De leur montrer avant sa mort
Que le travail est un trésor.

Jean de La Fontaine, *Fables*, V, 9 (1668)

Texte B

La Cigale et la Fourmi

La cigale, ayant chanté
Tout l'été,
Se trouva fort dépourvue
Quand la bise fut venue.
Pas un seul petit morceau
De mouche ou de vermisseau
Elle alla crier famine
Chez la fourmi sa voisine,
La priant de lui prêter
Quelque grain pour subsister
Jusqu'à la saison nouvelle
« Je vous paierai, lui dit-elle,
Avant l'août, foi d'animal,
Intérêt et principal. »
La fourmi n'est pas prêteuse ;
C'est là son moindre défaut.
« Que faisiez-vous au temps chaud ?
Dit-elle à cette emprunteuse.
Nuit et jour à tout venant
Je chantais, ne vous déplaise.
– Vous chantiez ? J'en suis fort aise.
Eh bien : dansez maintenant.

Jean de La Fontaine, *Fables*, I, 1 (1668)

C Dans le corpus suivant, mettez en évidence les caractéristiques de l'Orient au XIXe siècle.

Texte A

À Carthage, au IIIe siècle avant J.-C., les mercenaires attendent d'être payés après la guerre contre les Romains.

C'était à Mégara, faubourg de Carthage, dans les jardins d'Hamilcar.

Les capitaines, portant des cothurnes[1] de bronze, s'étaient placés dans le chemin du milieu, sous un voile de pourpre à franges d'or, qui s'étendait depuis le mur des écuries jusqu'à la première terrasse du palais ; le commun des soldats était répandu sous les arbres, où l'on distinguait quantité de bâtiments à toit plat, pressoirs, celliers, magasins, boulangeries et arsenaux, avec une cour pour les éléphants, des fosses pour les bêtes féroces, une prison pour les esclaves.

Des figuiers entouraient les cuisines ; un bois de sycomores se prolongeait jusqu'à des masses de verdure, où des grenades resplendissaient parmi les touffes blanches des cotonniers ; des vignes, chargées de grappes, montaient dans le branchage des pins : un champ de roses s'épanouissait sous des platanes ; de place en place sur des gazons, se balançaient des lis ; un sable noir, mêlé à de la poudre de corail, parsemait les sentiers, et, au milieu, l'avenue des cyprès faisait d'un bout à l'autre comme une double colonnade d'obélisques verts.

Le palais, bâti en marbre numidique[2] tacheté de jaune, superposait tout au fond, sur de larges assises, ses quatre étages en terrasses.

Gustave Flaubert, *Salammbô* (1862)

1. Brodequins qui couvraient la moitié de la jambe et se laçaient par devant.
2. De Numidie, antique royaume situé en Algérie et en Tunisie.

Texte B

Les Grecs se sont révoltés en 1821 contre les Turcs. Parmi les châtiments encourus, le pire était d'être enfermé vivant dans un sac et jeté à la mer.

Clair de lune

La lune était sereine et jouait sur les flots. –
La fenêtre enfin libre est ouverte à la brise,
La sultane regarde, et la mer qui se brise,
Là-bas, d'un flot d'argent brode les noirs îlots.

De ses doigts en vibrant s'échappe la guitare.
Elle écoute... Un bruit sourd frappe les sourds échos.
Est-ce un lourd vaisseau turc qui vient des eaux de [Cos[1],
Battant l'archipel grec de sa rame tartare ?

Sont-ce des cormorans qui plongent tour à tour,
Et coupent l'eau, qui roule en perles sur leur aile ?
Est-ce un djinn[2] qui là-haut siffle d'une voix grêle,
Et jette dans la mer les créneaux de la tour ?

Qui trouble ainsi les flots près du sérail des femmes ? –
Ni le noir cormoran, sur la vague bercé,
Ni les pierres du mur, ni le bruit cadencé
Du lourd vaisseau, rampant sur l'onde avec des rames.

Ce sont des sacs pesants, d'où partent des sanglots.
On verrait, en sondant la mer qui les promène,
Se mouvoir dans leurs flancs comme une forme [humaine... –
La lune était sereine et jouait sur les flots.

Victor Hugo, *Les Orientales* (1829)

1. Cos est une île grecque.
2. Génie familier.

3 RÉDIGER LA RÉPONSE

Ce corpus permet de s'interroger sur la construction du personnage de roman. Vous montrerez, en étudiant les comparaisons mises en œuvre dans chaque texte, que les deux personnages sont très différents mais qu'ils sont l'un et l'autre inquiétants.

Texte A

Le Pharaon était coiffé d'un casque allongé en mitre, découpant par une échancrure la conque de l'oreille et se rabattant vers la nuque pour la protéger. Sur le fond du casque scintillait un semis de points semblables à des prunelles d'oiseau et formés de trois cercles noirs, blancs et rouges ; [...] le torse apparaissait luisant et poli comme le granit rose travaillé par un ouvrier habile. Des sandales à pointes recourbées, pareilles à des patins, chaussaient ses pieds étroits et longs, rapprochés l'un de l'autre comme les pieds des dieux sur les murailles des temples.

Sa figure lisse, imberbe, aux grands traits purs, qu'il ne semblait au pouvoir d'aucune émotion humaine de déranger et que le sang de la vie vulgaire ne colorait pas, avec sa pâleur morte, ses lèvres scellées, ses yeux énormes, agrandis de lignes noires, dont les paupières ne s'abaissaient non plus que celles de l'épervier sacré, inspirait par son immobilité même une respectueuse épouvante.

Théophile Gauthier, *La Momie* (1858)

Texte B

[Madame Thénardier] faisait tout dans le logis, les lits, les chambres, la lessive, la cuisine, la pluie, le beau temps, le diable. Elle avait pour tout domestique Cosette; une souris au service d'un éléphant. Tout tremblait au son de sa voix, les vitres, les meubles et les gens. Son large visage, criblé de taches de rousseur, avait l'aspect d'une écumoire. Elle avait de la barbe. C'était l'idéal d'un fort de la halle[1] habillé en fille. Elle jurait splendidement ; elle se vantait de casser une noix d'un coup de poing. Sans les romans qu'elle avait lus, et qui, par moments, faisaient bizarrement reparaître la mijaurée[2] sous l'ogresse, jamais l'idée ne fût venue à personne de dire d'elle : c'est une femme. Cette Thénardier était comme le produit de la greffe d'une donzelle sur une poissarde. Quand on l'entendait parler, on disait : C'est un gendarme ; quand on la regardait boire, on disait : C'est un charretier; quand on la voyait manier Cosette, on disait: C'est le bourreau. Au repos, il lui sortait de la bouche une dent.

Victor Hugo, Les Misérables (1862)

1. « fort de la halle » désigne un ouvrier qui déchargeait les marchandises sur les marchés.
2. Jeune femme qui a des manières affectées.

Grille d'auto-évaluation. LA QUESTION SUR LE CORPUS

Relisez votre brouillon autant de fois que nécessaire, en contrôlant les points suivants :

	CRITÈRES D'ÉVALUATION	NON	OUI MAIS À AMÉLIORER	OUI
TROUVER DES ÉLÉMENTS DE RÉPONSE	Avez-vous lu tous les textes à la lumière de l'objet d'étude et de la question posée ?			
	Avez-vous interrogé chaque texte ?			
	Avez-vous repéré des extraits significatifs?			
	Les avez-vous analysés pour constituer des éléments de réponse ?			
ORGANISER LA RÉPONSE	Avez-vous analysé la question ?			
	Vous êtes-vous demandé quel type de réponse la question appelait ?			
	Avez-vous au moins deux axes de réflexion, deux idées directrices ?			
	Avez-vous adapté le plan de la réponse à la question ?			
REDIGER LA RÉPONSE	Avez-vous présenté les textes, rappelé la question ?			
	Avez-vous fondé la réponse sur des éléments analysés du texte ?			
	Avez-vous répondu à la question ?			
MISE EN PAGE	Y-a-t-il des paragraphes distincts pour marquer la progression de la réponse ?			
	Les textes sont-ils bien désignés par leur titre ou leur auteur et non par une lettre ou un numéro ?			
LANGUE	Orthographe : avez-vous vérifié les points suivants ? • accords sujet/ verbe • accords des participes passés • homophones (a/à ; quand/quant…) • orthographe lexicale			
	Syntaxe : la construction des phrases est-elle correcte ?			

2. LIRE LE TEXTE ET DÉGAGER UN PROJET DE LECTURE

MÉTHODE

Objectifs
- Apprendre à effectuer les premiers repérages
- Formuler une problématique
- Bâtir un plan

Le **commentaire** est un bilan organisé de lecture. Pour dégager les enjeux d'un texte appartenant au genre du roman, du théâtre ou de la poésie, il faut être attentif à certaines caractéristiques de l'écriture.

▸▸▸ÉTAPE 1 EFFECTUER DES REPÉRAGES

▸ **De quoi est-il question ? Dans quel genre de texte ? Quelle est la fonction du passage ?**
Il faut d'abord procéder à des repérages qui seront suivis d'une analyse :

▸ **Qui parle dans le texte ?** Dans un roman, par exemple, le narrateur dit-il « je » ou bien est-ce un narrateur à la troisième personne ? Fait-il partie de l'histoire (narrateur **interne**), ou bien est-il extérieur (narrateur **externe**) ?

▸ **Comment les thèmes du texte sont-ils abordés ?**
- Déterminer les **thèmes** du texte à partir des **champs lexicaux.**
- Se poser les questions suivantes : **Qui** est évoqué ? **Que** se passe-t-il ? **Quand ? Où ?**
- Reliez ces thèmes à la façon dont ils sont traités : **niveau de langue, structure et type de phrases et leur articulation, figures de style, verbes (mode, temps, voix), emploi des pronoms, etc.** Dégager ainsi le ou les **registres** du texte. (▸ Les registres et effets du texte, p. 578)

▸ **Quelle est l'organisation du texte ?**
Faire le plan du texte pour observer la **progression narrative**, **thématique** ou **argumentative** : observer les repères temporels, la succession des thèmes dans le texte, les liens logiques.

▸ **Prendre en considération les spécificités du genre :**
– s'il s'agit d'un **texte romanesque**, examiner la **focalisation**. S'il s'agit d'une **description**, s'interroger sur sa **fonction** (▸ La description, p. 550).
– s'il s'agit d'un **poème**, considérer la forme, le système métrique, le jeu des sonorités, le rythme dans la construction du vers (▸ la versification, p. 561 ; ▸ Les formes et les genres poétiques, p. 563).
– s'il s'agit d'un **texte théâtral**, prendre en compte les spécificités de ce genre, du point de vue du texte et de sa représentation (▸ Le vocabulaire du théâtre, p. 554 ; ▸ La représentation du texte théâtral, p. 556).

Un simple repérage ne suffit pas : chacune de ces analyses doit être suivie d'une interprétation qui mesure l'effet produit sur le lecteur.

▸▸▸ÉTAPE 2 FORMULER UNE PROBLÉMATIQUE

▸ Quel est l'enjeu et la spécificité du texte ? Quels sont les points particuliers à mettre en avant ? En quoi se distingue-t-il d'autres textes du même genre et/ ou évoquant le même thème ?

▸▸▸ÉTAPE 3 BÂTIR UN PLAN

▸ Au brouillon, établir un plan qui regroupe sous forme de deux ou trois parties (les **axes de lecture**) les analyses effectuées (Étape 1), et qui réponde à la problématique énoncée à l'Étape 2. Chaque axe de lecture doit être étayé de deux à quatre **arguments** différents.

▸ Ce travail préparatoire conduit à la rédaction du commentaire. Il faut une **introduction** qui présente le texte, rappelle la problématique et annonce le plan ; puis un **développement** correspondant au plan établi, et enfin une **conclusion** qui résume les idées principales du devoir.

APPLICATION

TEXTE SUPPORT
L'incipit de la *Condition Humaine* (1933) d'André Malraux. (▶ CORPUS BAC, p. 143)

▶▶▶ÉTAPE 1 EFFECTUER DES REPÉRAGES

- **De quoi est-il question ? Dans quel genre de texte ?**
  → Ex. : *Un homme sur le point de commettre un meurtre. Un incipit de roman. La future victime est anonyme et apparaît lentement : un tas de mousseline d'abord, puis un corps dans l'ombre et enfin un pied vivant.*
- **Qui parle dans le texte ?**
  → Ex. : *La narration est à la troisième personne. Le narrateur est extérieur à l'action. Le nom propre (premier mot du roman) connote l'exotisme (l'Asie), comme le **lexique** nous le montre (La « moustiquaire » renvoie aux pays chauds). Tchen est d'abord un combattant d'une « révolution ». Une **figure de style** le présente comme un « sacrificateur ». La date, le « 27 mars 1927 » peut orienter le lecteur vers la révolution communiste chinoise.*
- **Quand ? Où ?**
  → Ex. : *Nous sommes plongés au cœur d'une action en cours (in medias res), qui se déroule à « minuit et demie ». Pas de précision sur le lieu.*
- **Quelle est l'organisation du texte ?**
  → Ex. : *Les seules indications temporelles se trouvent au début du texte. Nous observons une abondance de verbes à l'imparfait de l'indicatif : l'action avance très lentement. La progression du récit accompagne l'évolution psychologique du personnage, qui va de l'angoisse (début du texte) jusqu'à à la répulsion (fin du texte); le texte montre la préparation du crime.*
- **Prendre en compte les spécificités du genre**
  → Ex. : *Le narrateur a connaissance des actions, des pensées de Tchen : il est majoritairement **omniscient**, il observe son personnage en **focalisation zéro**. D'autres procédés nous invitent à voir avec les yeux du personnage, en focalisation interne.*
- **Comment accède-t-on aux pensées de Tchen ?**
  → Ex. : *À l'aide du discours indirect (l. 14), direct (l. 20), ou indirect libre (l.8-9).*
- **À quel genre appartient cette page ?**
  → Ex. :
  • *Roman d'aventures (l'exotisme) et policier (meurtre en préparation, nuit, ambiance).*
  • *Roman d'analyse (du « combattant » au « sacrificateur »).*
  • *Techniques d'écriture qui empruntent au cinéma (le lit, puis le pied – plan rapproché sur la main de Tchen à la fin de l'extrait – Travail sur le son qui s'éteint peu à peu).*

▶▶▶ÉTAPE 2 FORMULER UNE PROBLÉMATIQUE

→ Ex. : *Le lecteur est jeté au milieu de l'action sans précisions et plongé dans le « suspense » d'une mise à mort : comment un effet d'attente est-il créé ? Comment au-delà d'une scène de crime fascinante la narration provoque-t-elle une réflexion sur la condition humaine ?*

▶▶▶ÉTAPE 3 BÂTIR UN PLAN

→ Ex. :
- ***1er axe de lecture** : Un incipit plein d'habileté, qui intrigue le lecteur.*
- ***2e axe de lecture** : Tchen, un personnage complexe, victime d'un conflit intérieur.*

1 FORMULER UNE PROBLÉMATIQUE

Rédigez une problématique en vous interrogeant sur le lien qui se tisse entre le genre du texte et son registre dans ce début de l'article « Guerre ».

[…] Il se trouve à la fois cinq ou six puissances belligérantes, tantôt trois contre trois, tantôt deux contre quatre, tantôt une contre cinq, se détestant toutes également les unes les autres, s'unissant et s'attaquant tour à tour ; toutes d'accord en un seul point, celui de faire tout le mal possible.

Le merveilleux de cette entreprise infernale, c'est que chaque chef des meurtriers fait bénir ses drapeaux et invoque Dieu solennellement avant d'aller exterminer son prochain.

Voltaire, « Guerre » *Dictionnaire philosophique portatif* (1764)

2 COMMENTER UN TEXTE ROMANESQUE

Puisque c'est le seul moyen pour lui de s'élever dans la société, Julien Sorel, fils d'une famille modeste, a décidé d'entrer au séminaire, afin de devenir prêtre.

Il vit de loin la croix de fer doré sur la porte ; il approcha lentement ; ses jambes semblaient se dérober sous lui. « Voilà donc cet enfer sur la terre, dont je ne pourrai sortir ! » Enfin il se décida à sonner. Le bruit de la cloche retentit, comme dans un lieu solitaire. Au bout de dix minutes, un homme pâle, vêtu de noir, vint lui ouvrir. Julien le regarda et aussitôt baissa les yeux. Il trouva à ce portier une physionomie singulière. La pupille saillante et verte de ses yeux s'arrondissait comme celle d'un chat ; les contours immobiles de ses paupières annonçaient l'impossibilité de toute sympathie ; ses lèvres minces se développaient en demi-cercle sur des dents qui avançaient. Cependant cette physionomie ne montrait pas le crime, mais plutôt cette insensibilité parfaite qui inspire bien plus de terreur à la jeunesse. Le seul sentiment que le regard rapide de Julien put deviner sur cette longue figure dévote fut un mépris profond pour tout ce dont on voudrait lui parler, et qui ne serait pas l'intérêt du ciel.

Julien releva les yeux avec effort et d'une voix que le battement de cœur rendait tremblante, il expliqua qu'il désirait parler à M. Pirard, le directeur du séminaire. Sans dire une parole, l'homme noir lui fit signe de le suivre. Ils montèrent deux étages par un large escalier à rampe de bois, dont les marches déjetées penchaient du côté opposé au mur, et semblaient prêtes à tomber. Une petite porte, surmontée d'une grande croix de cimetière en bois blanc peint en noir, fut ouverte avec difficulté, et le portier le fit entrer dans une chambre sombre et basse, dont les murs blanchis à la chaux étaient garnis de deux grands tableaux noircis par le temps.

Stendhal, début du Chapitre xxv (« Le Séminaire »), *Le Rouge et le Noir* (1830)

Effectuez des repérages

a. Quelle est la place du narrateur ? Quel est le point de vue adopté dans cet extrait ? Qui voit, au final, cette scène ?

b. Comment progresse la narration ? Quels sont les obstacles rencontrés par Julien ?

c. Comment sont décrits l'espace et les objets (portes, cloche, croix, escalier, chambre) ?

d. Interrogez-vous sur la place du Noir dans ce passage. Que symbolise-t-il ?

e. Montrez comment le portier peut difficilement incarner les « intérêts du ciel ».

f. Quelles sont les réactions de Julien ? Quel portrait moral peut-on déduire de ses actions ?

g. Quelle est la position du lecteur par rapport au héros ?

Formulez une problématique

Interrogez-vous sur la fonction de ces deux portraits (celui de Julien et celui du portier) et sur les liens qui les unissent. Comment cadre et portraits se mêlent-ils pour créer l'atmosphère originale de cette page ?

Bâtissez un plan

Établissez un plan qui prendra en compte les repères temporels et spatiaux qui rythment ce passage, ainsi que les remarques que vous avez pu faire sur les personnages.

3 COMMENTER UN POÈME

Mai

Le mai le joli mai en barque sur le Rhin
Des dames regardaient du haut de la montagne
Vous êtes si jolies mais la barque s'éloigne
Qui donc a fait pleurer les saules riverains

Or des vergers fleuris se figeaient en arrière
Les pétales tombés des cerisiers de mai
Sont les ongles de celle que j'ai tant aimée
Les pétales flétris sont comme ses paupières

Sur le chemin du bord du fleuve lentement
Un ours un singe un chien menés par des tziganes
Suivaient une roulotte traînée par un âne
Tandis que s'éloignait dans les vignes rhénanes
Sur un fifre lointain un air de régiment

Le mai le joli mai a paré les ruines
De lierre de vigne vierge et de rosiers
Le vent du Rhin secoue sur le bord les osiers
Et les roseaux jaseurs et les fleurs nues des vignes

Apollinaire, *Alcools* (1913),

Effectuez des repérages

a. Qui parle ? Quels personnages sont présents ?

b. Observez la forme du poème : quelle particularité typographique apparaît ici ?

c. Quel est le thème du poème ? Y a-t-il une progression narrative ? Justifiez.

d. Observez le temps des verbes : quand la scène se passe-t-elle ? Que sait-on sur la durée de ce moment ?

e. Où se déroule la scène ? Relevez les indices spatiaux.

f. Repérez les figures de style qui apparaissent dans ce texte : quel effet cette scène cherche-t-elle à susciter chez le lecteur ?

g. Observez le mètre et le rythme du vers ; intéressez-vous aux enjambements, par exemple, et au système des rimes. Quels en sont les effets ?

Formulez une problématique

Formulez une problématique qui mette en évidence la façon dont ce poème, par sa modernité, associe le décor et les sentiments du poète.

Bâtissez un plan

En vous appuyant sur vos analyses (repérages et effets recherchés), construisez un plan qui prendra en considération, obligatoirement, les thèmes principaux de ce poème : le mois de mai, le Rhin et la figure du poète.

4 COMMENTER UN TEXTE THÉÂTRAL

Orgon a accueilli chez lui le dévot Tartuffe, qu'il prend pour un saint. Tartuffe cède aux charmes de la femme d'Orgon, Elmire, qui s'étonne qu'un dévot puisse ainsi faire la cour à une femme mariée. Tartuffe lui répond.

TARTUFFE

[…]

Ah ! Pour être dévot, je n'en suis pas moins [homme ;
Et lorsqu'on vient à voir vos célestes appas,
Un cœur se laisse prendre, et ne raisonne pas.
Je sais qu'un tel discours de moi paraît étrange ;
Mais, madame, après tout, je ne suis pas un ange ;
Et si vous condamnez l'aveu que je vous fais,
Vous devez vous en prendre à vos charmants [attraits.
Dès que j'en vis briller la splendeur plus qu'hu-[maine,
De mon intérieur, vous fûtes souveraine ;
De vos regards divins l'ineffable douceur
Força la résistance où s'obstinait mon cœur ;
Elle surmonta tout, jeûnes, prières, larmes,
Et tourna tous mes vœux du côté de vos charmes.
Mes yeux et mes soupirs vous l'ont dit mille fois,
Et pour mieux m'expliquer j'emploie ici la voix.
Que si vous contemplez d'une âme un peu bénigne
Les tribulations de votre esclave indigne,
S'il faut que vos bontés veuillent me consoler
Et jusqu'à mon néant daignent se ravaler,
J'aurai toujours pour vous, ô suave merveille,
Une dévotion à nulle autre pareille.
Votre honneur avec moi ne court point de hasard,
Et n'a nulle disgrâce à craindre de ma part.
Tous ces galants de cour, dont les femmes sont [folles,
Sont bruyants dans leurs faits et vains dans leurs [paroles,
De leur progrès sans cesse on les voit se targuer ;
Ils n'ont point de faveurs qu'ils n'aillent divulguer,
Et leur langue indiscrète, en qui l'on se confie,
Déshonore l'autel où leur cœur sacrifie.
Mais les gens comme nous brûlent d'un feu dis-[cret,
Avec qui pour toujours on est sûr du secret :
Le soin que nous prenons de notre renommée
Répond de toute chose à la personne aimée,
Et c'est en nous qu'on trouve, acceptant notre [cœur,
De l'amour sans scandale et du plaisir sans peur.
[…]

Molière, *Tartuffe*, III, 3 (1669)

Effectuez des repérages

a. Qui parle et à qui ? Que savez-vous de ces deux personnages ? Tenez compte de la situation d'énonciation qui caractérise le théâtre.

b. Que cherche à obtenir Tartuffe ? Quels arguments avance-t-il pour justifier sa démarche et convaincre Elmire (sa stratégie argumentative) ?

c. Une figure de rhétorique domine l'extrait. Où apparaît-elle pour la première fois ? La retrouve-t-on tout au long du texte ? Qu'en déduisez-vous sur la personnalité de Tartuffe ?

d. Comment s'y prend-il pour éviter d'être immédiatement éconduit ? Étudiez le jeu des pronoms : comment Tartuffe implique-t-il peu à peu Elmire dans son propos ?

Formulez une problématique

En vous appuyant sur vos réponses, rédigez une problématique qui comporte les mots essentiels que vous avez observés : « tirade », « personnalité », « argumentation ».

Bâtissez un plan

Trouvez deux axes de lecture permettant de cerner la personnalité complexe du personnage de Tartuffe.

3. RÉDIGER DES PARAGRAPHES ET INSÉRER DES CITATIONS

MÉTHODE

Objectifs
- Lier un paragraphe à un projet de lecture
- Établir une argumentation claire, efficace et cohérente
- Exploiter des citations pour interpréter
- Respecter les contraintes de mise en page

Le paragraphe de commentaire est une unité argumentative destinée à démontrer **un axe de lecture** ; chaque axe de lecture comporte au moins deux paragraphes, avec des arguments qui viennent étayer l'axe de lecture. Le paragraphe doit reprendre régulièrement les mots de l'axe de lecture, afin que le lecteur comprenne quel est l'enjeu argumentatif du développement proposé et quelle est sa place dans l'ensemble de l'argumentation.

▸▸▸ÉTAPE 1 FORMULER L'ARGUMENT QUI OUVRE LE PARAGRAPHE

- Le paragraphe commence par un **alinéa**.
- L'**argument** doit être formulé en une ou deux **phrases claires** qui indiquent ce que l'on souhaite montrer.
- Il doit être relié par des **connecteurs logiques** aux paragraphes qui le suivent et qui le précèdent immédiatement.

▸▸▸ÉTAPE 2 INSÉRER DES CITATIONS ET LES ANALYSER

- Les **citations** donnent à l'argumentation sa force, car elles **prouvent** l'argument présenté et permettent de mettre en évidence le **sens** du texte.
- Citer consiste à faire intervenir des éléments d'un texte dont on n'est pas l'auteur. Il faut utiliser des **guillemets** et ne pas déformer le texte cité. Les citations doivent être accompagnées de la mention de la ligne ou du vers où elles apparaissent.
- L'exploitation des citations repose avant tout sur **l'analyse des outils linguistiques**, comme la grammaire, et **rhétoriques**, comme les figures de style. Il faut commenter les éléments liés au genre et au registre du texte étudié.

▸▸▸ÉTAPE 3 INTERPRÉTER

- Dans l'interprétation, on reprend l'ensemble des éléments du paragraphe en les **approfondissant**, pour faire **progresser** l'argumentation et souligner le **sens** du texte commenté.
- L'interprétation doit s'intéresser aux **effets** produits par le texte (▸ Les registres et effets du texte, p. 578) ou aux intentions de l'auteur.
- La dernière partie du paragraphe assure une transition avec le développement.

APPLICATION

Texte support
L'incipit de la *Condition Humaine* (1933) d'André Malraux. (▸ CORPUS BAC, p. 143)

▸▸▸ÉTAPE 1 FORMULER L'ARGUMENT QUI OUVRE LE PARAGRAPHE

Axe de lecture proposé
I. Un *incipit* plein d'habilité, qui intrigue le lecteur

Arguments
a. Une attaque romanesque *in medias res*
b. L'effet d'attente
c. L'identification au personnage

➜ Ex. : *L'écriture favorise habilement l'identification du lecteur au personnage, grâce à une narration qui semble accompagner le regard de Tchen et suivre ses pensées.*

▸▸▸ÉTAPE 2 INSÉRER DES CITATIONS ET LES ANALYSER

➜ Ex. : *Le lecteur est invité à explorer la conscience de Tchen. Ainsi le champ lexical de la pensée donne accès à la profondeur du personnage : des verbes comme « il connaissait », «il se répétait », « Tchen découvrait » dévoilent les plus secrets mouvements de l'esprit du personnage. De plus, les interrogations qui ouvrent le passage révèlent une hésitation sur la meilleure façon d'accomplir le meurtre : « Tchen tenterait-il de lever la moustiquaire ? Frapperait-il au travers ? ». Par ailleurs, les temps verbaux employés sont ceux du discours indirect libre : ils expriment les pensées du personnage, qui sont fondues dans la narration : les verbes « tenterait » et « frapperait » sont en effet au conditionnel, qui exprime ici le futur par rapport au moment de l'action.*
Les procédés stylistiques comme les interrogations, le discours indirect libre, la métaphore, sont des éléments qui entraînent ici l'identification du lecteur au personnage.

▸▸▸ÉTAPE 3 INTERPRÉTER

➜ Ex. : *La focalisation interne permet au lecteur d'être le témoin intime de l'évolution de la pensée de Tchen, qui prend conscience de l'horreur de l'acte qu'il s'apprête à commettre. Le lexique, la ponctuation, la métaphore, font du meurtrier, en réalité, un être de pensée, plus que d'action, qui, à l'ultime moment, s'interroge sur le sens de son acte. L'habileté de la narration permet donc à Malraux d'engager son lecteur dans une réflexion sur la souffrance humaine, et de montrer les contradictions qui torturent l'homme.*

1 FORMULER UN ARGUMENT

a. Lisez ce texte de Voltaire, puis rédigez, en une phrase, chacun des arguments suivants : « un personnage agité » ; « un tableau pathétique ».

b. Ajoutez, au début de chaque phrase, un connecteur logique qui lie chaque argument à celui qui le précède.

c. Ajoutez à ces éléments une phrase qui relie chacun de vos arguments au projet de lecture suivant : « Le portrait d'un personnage amoureux ».

L'Ingénu, un Huron arrivé en Bretagne, est recueilli et baptisé par le prieur de Kerkabon ; il tombe amoureux de sa marraine, mademoiselle de Saint-Yves, qu'on a enfermée au couvent pour l'éloigner de lui.

L'Ingénu, plongé dans une sombre et profonde mélancolie, se promena vers le bord de la mer, son fusil à deux coups sur l'épaule, son grand coutelas au côté, tirant de temps en temps sur quelques oiseaux, et souvent tenté de tirer sur lui-même, mais il aimait encore la vie, à cause de mademoiselle de Saint-Yves. Tantôt il maudissait son oncle, sa tante, et toute la Basse-Bretagne, et son baptême; tantôt il les bénissait, puisqu'ils lui avaient fait connaître celle qu'il aimait. Il prenait sa résolution d'aller brûler le couvent, et il s'arrêtait tout court, de peur de brûler sa maîtresse. Les flots de la Manche ne sont pas plus agités par les vents d'est et d'ouest que son cœur l'était par tant de mouvements contraires.

Il marchait à grands pas, sans savoir où, lorsqu'il entendit le son du tambour. Il vit de loin tout un peuple dont une moitié courait au rivage, et l'autre s'enfuyait.

Voltaire, « L'Ingénu repousse les Anglais »,
L'Ingénu (1767)

2 RELEVEZ DES CITATIONS ET LES INTERPRÉTER

a. Relevez les comparaisons et les métaphores qui apparaissent dans ce passage : quelles caractéristiques du lieu mettent-elles en évidence ?

b. En vous appuyant sur la réponse à la question précédente, développez une interprétation destinée à montrer quelle atmosphère se dégage du lieu décrit. N'oubliez pas de citer des passages précis.

Le héros de ce roman quitte la capitale des Syrtes, Orsenna, pour gagner l'Amirauté, où il doit surveiller la frontière que menace un pays voisin. Après un long voyage à travers des paysages monotones et déserts, il atteint l'Amirauté, qui est établie au bord de la mer.

Ainsi surgie des brumes fantomatiques de ce désert d'herbe, au bord d'une mer vide, c'était un lieu singulier que cette Amirauté. Devant nous, au-delà d'un morceau de lande rongé de chardons et flanqué de quelques maisons longues et basses, le brouillard grandissait les contours d'une espèce de forteresse ruineuse. Derrière les fossés à demi comblés par le temps, elle apparaissait comme une puissante et lourde masse grise, aux murs lisses percés seulement de quelques archères[1], et des rares embrasures[2] des canons. La pluie cuirassait ces dalles luisantes. Le silence était celui d'une épave abandonnée ; sur les chemins de ronde embourbés, on n'entendait pas même le pas d'une sentinelle ; des touffes d'herbe emperlées crevaient çà et là les parapets[3] de lichen[4] gris ; aux coulées de décombres qui glissaient aux fossés se mêlaient des ferrailles tordues et des débris de vaisselle.

Julien Gracq, *Le Rivage des Syrtes* (1951)
in *Œuvres complètes*, © Librairie José Corti

1. Minces ouvertures dans le mur d'une forteresse, permettant l'observation et l'usage d'armes de jet.
2. Ouvertures ménagées dans les remparts pour permettre l'usage des canons.
3. Murs construits au-dessus des remparts permettant aux défenseurs de se protéger.
4. Végétal qui se forme à la surface des lieux laissés à l'abandon.

3 RÉDIGER UN PARAGRAPHE ET LE LIER À UN PROJET DE LECTURE

a. Consultez un dictionnaire étymologique : quelles connotations s'attachent aux noms des personnages ?

b. Observez les éléments surlignés : que révèlent-ils de chaque personnage ? Quelle relation indiquent-ils entre les deux personnages ?

c. Par quels liens logiques peut-on remplacer les deux-points ?

d. En vous appuyant sur les réponses aux questions précédentes, rédigez un paragraphe de commentaire que vous relierez clairement à l'axe de lecture suivant : « nous verrons comment ce passage révèle un art du portrait ».

Chrysante, homme opulent et impertinent*, ne veut pas être vu avec *Eugène*, qui est homme de mérite, mais pauvre : il croirait en être déshonoré. *Eugène* est pour *Chrysante* dans les mêmes dispositions : ils ne courent pas risque de se heurter.

Jean de La Bruyère, « Des Biens de Fortune », 54,
Les Caractères (1696)

* Sot, qui agit contre le bon sens.

Grille d'auto-évaluation. LE COMMENTAIRE

Relisez votre brouillon autant de fois que nécessaire, en contrôlant les points suivants :

	CRITÈRES D'ÉVALUATION	NON	OUI MAIS À AMÉLIORER	OUI
INTRODUCTION	Avez-vous fait une amorce (ou entrée en matière) ?			
	Avez-vous situé le texte à commenter (titre de l'œuvre, de l'extrait, place du passage) ?			
	Avez-vous répondu aux bonnes questions (qui, quoi, comment, …) ?			
	Avez-vous analysé et déterminé l'enjeu et la spécificité du texte ?			
	La problématique est-elle formulée clairement ?			
	Avez-vous annoncé le plan ?			
DÉVELOPPEMENT	Le développement est-il structuré dans un plan clair ?			
	Le plan vous semble-t-il pertinent ? Répond-il à la problématique ?			
	Avez-vous au moins deux axes de lecture, deux idées directrices ?			
	Les parties sont-elles clairement signalées ?			
	Les arguments sont-ils bien reliés aux grandes parties ?			
	Les arguments sont-ils formulés et développés clairement ?			
	Vos arguments sont-ils étayés par des citations ou par des ensembles de citations cohérents ?			
	Avez-vous proposé une analyse des procédés d'écriture remaquables dans les citations relevée ?			
	Avez-vous proposé une interprétation liée à l'analyse des procédés d'écriture et à la problématique formulée ?			
CONCLUSION	Les enjeux du texte sont-ils rappelés ?			
	Avez-vous fait le bilan de votre réflexion ?			
	Y a-t-il une ouverture pertinente ?			
MISE EN PAGE	Ya t il des paragraphes distincts pour chaque argument ?			
	Avez-vous sauté une ligne entre chaque grande partie ?			
LANGUE	Orthographe : avez-vous vérifié les points suivants ? • accords sujet/ verbe • accords des participes passés • homophones (a/à ; quand/quant…) • orthographe lexicale			
	Syntaxe : la construction des phrases est-elle correcte ?			

4. ANALYSER LE SUJET ET EXPLOITER LE CORPUS

MÉTHODE

Objectifs
- Repérer les contraintes
- Dégager une problématique
- Mettre en place une démarche de délibération

La démarche fondamentale de la **dissertation** est une démarche de **délibération.** Vous avez appris en Seconde à argumenter, à présenter une opinion, à défendre une thèse, un point de vue et à le réfuter. **Délibérer**, c'est prendre en compte **plusieurs points de vue argumentés** qu'il s'agit de **définir** et de **confronter** afin qu'en connaissance de cause, vous puissiez donner votre avis personnel. **Disserter**, c'est aussi appuyer votre argumentation sur des **exemples littéraires**.
À l'épreuve anticipée de français (EAF), le sujet de **dissertation** est toujours lié à un **corpus** de textes donné dans le cadre d'un ou deux **objets d'étude**.

▸▸▸ÉTAPE 1 DÉTERMINER LE CHAMP D'INVESTIGATION DU SUJET

- Le **libellé du sujet** renvoie explicitement au **corpus** par une formule comme celle-ci : « Vous vous appuierez pour répondre à cette question sur les textes proposés ». Elle est complétée souvent par « ceux que vous avez étudiés en cours et ceux que vous connaissez personnellement ». Ce libellé vous renvoie aussi implicitement à l'objet d'étude concerné, parfois à un genre précis.
- **Établir la liste des textes étudiés** et **lus** au cours de l'année, voire des années précédentes dans **l'objet d'étude** concerné. C'est là qu'il faudra puiser les références.

▸▸▸ÉTAPE 2 DÉGAGER UNE PROBLÉMATIQUE

- Prendre en compte **le sujet** et ne pas traiter de manière générale un objet d'étude. Ce sujet se présente généralement sous la forme d'une **question** directe ou indirecte, dans certains cas introduite par une **citation**. Cette question est suffisante pour construire une délibération.
- Identifier **les mots importants**. Il faudra dans un premier temps les définir à l'aide de synonymes et d'antonymes pour mieux réfléchir sur le sens de ces mots. Ils permettent aussi de limiter et d'orienter un peu plus la réflexion.

▸▸▸ÉTAPE 3 METTRE EN PLACE UNE DÉMARCHE DE DÉLIBÉRATION ET SAVOIR DÉGAGER PLUSIEURS POINTS DE VUE

- Attention, même si le sujet invite souvent à donner son point de vue, cela ne doit pas exclure une délibération.
- Le sujet invite parfois à remettre en cause une idée reçue, ou un paradoxe, c'est-à-dire une opinion qui va à l'encontre du sens commun. Quoi qu'il en soit, ne pas adhérer ou s'opposer d'emblée à l'opinion avancée.
- Délibérer, c'est respecter le point de vue d'autrui, essayer de le comprendre. Dans un premier temps, il faut expliciter les raisons de la thèse avancée, puis trouver des arguments opposés.

APPLICATION

Genre

Problématique

La poésie nous rapproche-t-elle du réel ? Vous répondrez à cette question en utilisant les textes du corpus, mais aussi des exemples empruntés aux œuvres étudiées en classe ou lues personnellement.

Objet d'étude **Écriture poétique et quête du sens du Moyen Age à nos jours.**

Le corpus

Paul Verlaine, « Chanson d'automne », *Poèmes saturniens* (1866) (► p. 284)
Guillaume Apollinaire, « Il pleut », *Calligrammes* (1918) (► p. 290)
Blaise Cendrars, « Académie Médrano », *Du monde entier* (1923) (► p. 292)
Francis Ponge, « L'huître », *Le Parti pris des choses* (1942) (► p. 297)

►►►ÉTAPE 1 DÉTERMINER LE CHAMP D'INVESTIGATION DU SUJET

- Le libellé est explicite. Consultez le corpus, et identifiez l'objet d'étude : la poésie.
- Inscrivez sur le brouillon tous les textes poétiques que vous avez en tête, notamment ceux du descriptif pour l'oral.
- Prenez en compte la question sur le corpus : elle peut être un point d'ancrage sur lequel pourra s'appuyer votre réflexion.
  ➜ Ex. : Dans ces textes, qu'est-ce qui fait de la pluie, de l'automne, d'un cirque, d'une huître, des sujets poétiques ?

►►►ÉTAPE 2 DÉGAGER UNE PROBLÉMATIQUE

Deux termes à retenir :

- La **poésie**, un terme qui vous est familier et que vous avez été amené à préciser au cours de l'année. Qu'est-ce qu'un objet, un sujet, un thème poétique ? Y a-t-il des sujets plus particulièrement poétiques ?
- Le **réel**, synonyme de la réalité à laquelle on oppose l'abstraction, le virtuel, le merveilleux, l'idéal, le rêve, l'imaginaire, l'inexistant, l'illusion. Il s'agit donc ici **d'interroger les rapports** qui lient la poésie à la réalité. **Paradoxalement**, le poète n'est-il pas défini dans le langage courant comme un rêveur ?
- Analysez le verbe « **rapprocher** » : la poésie permettrait d'accéder à la réalité. En effet, la réalité ne nous est pas toujours accessible, sensible et le texte poétique nous permettrait de mieux la voir et de la sentir.

►►►ÉTAPE 3 METTRE EN PLACE UNE DÉMARCHE DE DÉLIBÉRATION ET SAVOIR DÉGAGER PLUSIEURS POINTS DE VUE

- On oppose généralement la **thèse** à l'**antithèse**. **Délibérer** ne consiste pas ici à affirmer que la poésie éloigne du réel après avoir écrit dans une première partie le contraire. Il vaut mieux parler d'une thèse divergente : on ne contredit pas, on ne dément pas ce qui a été écrit mais on **avance un point de vue différent**. Le sujet énonce a priori un paradoxe, qu'il va falloir dépasser. Pour discuter cette affirmation, interrogez le texte poétique qui ne se définit pas par son objet mais bien par **l'expression**, autrement dit le « **comment** » et ses **effets sur le lecteur**. Le « **nous** » du sujet nous invite à ne pas négliger cet aspect.

1 ANALYSER LE LIBELLÉ

Relevez les termes qui vous incitent à donner un point de vue personnel. En quoi le verbe de la consigne détermine-t-il votre démarche ?

Sujet 1 Pensez-vous que les contraintes formelles puissent être pour le poète un obstacle à une expression libre et originale ?

Sujet 2 « La poésie […] n'a d'autre but qu'Elle-même. », écrit Baudelaire. […] Vous vous interrogerez sur cette déclaration et vous vous demanderez si elle correspond à votre définition de la poésie.

Sujet 3 Attendez-vous de la poésie qu'elle soit nécessairement musicale ?

Sujet 4 Vous vous demanderez […] si le théâtre exprime le réel.

Sujet 5 Les textes littéraires et les formes d'argumentation souvent complexes qu'ils proposent vous paraissent-ils être un moyen efficace de convaincre et de persuader ?

Sujet 6 Une œuvre inspirée ou adaptée d'une autre place le public dans une certaine attente, qui sera, selon les cas, satisfaite ou déçue. Préférez-vous retrouver dans une réécriture ce que vous connaissez déjà de l'œuvre originale ou vous laisser surprendre ?

Sujet 7 Dans le roman, peut-on dire que les scènes de la vie sociale nous en apprennent autant sur les personnages que leur portrait physique et psychologique ?

B. Repérez les mots-clés et précisez leur sens.

Sujet 8 Le but d'une dernière page de roman est-il uniquement de donner un dénouement à l'histoire ?

Sujet 9 On emploie parfois l'expression « créer un personnage » au sujet d'un acteur qui endosse le rôle pour la première fois. Selon vous, peut-on dire que c'est l'acteur qui crée le personnage ?

Sujet 10 Au-delà même de la dispute, peut-on considérer que le conflit est l'essence du théâtre ?

Sujet 11 Vous vous demanderez dans quelle mesure la poésie permet le dépassement d'une épreuve.

Sujet 12 L'écriture poétique vous paraît-elle apte à convaincre le lecteur, à susciter son engagement, ou pensez-vous comme Sartre qu'elle brouille le message ?

Sujet 13 À quoi tiennent la réussite et la force d'une scène d'affrontement au théâtre ?

2 DÉTERMINER LE CHAMP DE RÉFLEXION

A Redonnez à chaque corpus son sujet de dissertation.

Corpus

1. **Objet d'étude** La question de l'Homme dans les genres de l'argumentation, du XVIe siècle à nos jours.

Corpus

Texte A : Jean de La Bruyère, « Du Souverain ou de la République », *Caractères* (1688)
Texte B : E.N. Damilaville, article « Paix », *Encyclopédie* (1750-1772)
Texte C : Voltaire, « Guerre », *Dictionnaire philosophique* (1764)
Texte D : Jean Giraudoux, *La guerre de Troie n'aura pas lieu* (1935)

2. **Objet d'étude** Le texte théâtral et sa représentation, du XVIIe siècle à nos jours.

Corpus

Texte A : Molière, (II, 4), *Le Bourgeois gentilhomme* (1670)
Texte B : Eugène Ionesco, *La Leçon* (extrait) (1951)
Texte C : Georges Feydeau, *On purge bébé* (extrait) (1910)

3. **Objet d'étude** Le texte théâtral et sa représentation, du XVIIe siècle à nos jours.

Corpus

Texte A : Alfred Jarry, *Ubu Roi*, Acte III, scènes 3 et 4 (1896)
Texte B : Jean-Paul Sartre, *Les Mouches*, Acte II, scènes 3 et 4 (1943)
Texte C : Albert Camus, *Caligula*, acte II, scène 5 (1944)
Texte D : Eugène Ionesco, *Le Roi se meurt* (1962)

Sujets de dissertation

a. Les textes littéraires et les formes d'argumentation souvent complexes qu'ils proposent vous paraissent-ils être un moyen efficace de convaincre et persuader ?

b. Dans quelle mesure le costume de théâtre joue-t-il un rôle important dans la représentation d'une pièce et contribue-t-il à l'élaboration de son sens pour le spectateur ? Comment le théâtre permet-il une représentation du pouvoir, et dans quel but ?

c. Les aspects comiques d'une pièce de théâtre (texte et représentation) ne servent-ils qu'à faire rire ?

B Pour chacun des sujets suivants, indiquez l'objet d'étude concerné et proposez des exemples d'œuvres, de textes sur lesquels vous pourriez vous appuyer.

Sujet 14 L'apologue est-il simplement divertissant ou peut-il éveiller la réflexion du lecteur ? Vous répondrez à cette question dans un développement argumenté, en vous appuyant sur les textes du corpus, sur ceux que vous avez étudiés en classe et sur vos lectures personnelles.

Sujet 15 « Malgré ses airs de conte fantastique, cette légende est vraie d'un bout à l'autre… » écrit Alphonse Daudet dans La Légende de l'homme à la cervelle d'or. Vous vous demanderez pourquoi certains écrivains ont recours à la fiction pour transmettre des vérités ou des leçons. Vous répondrez en vous appuyant sur le texte d'Alphonse Daudet et sur d'autres œuvres que vous connaissez.

Sujet 16 En vous appuyant sur le corpus, vos lectures et éventuellement votre expérience de spectateur, vous vous demanderez de quelles ressources spécifiques dispose le théâtre pour représenter les conflits, les débats, les affrontements qui peuvent exister dans les rapports humains.

Sujet 17 La poésie a-t-elle pour fonction d'exprimer la réalité du monde ou de la transfigurer ? Vous répondrez à cette question en vous appuyant sur le corpus de poèmes ci-dessus mais aussi sur les œuvres poétiques que vous avez lues ou étudiées.

3 ANALYSER LE LIBELLÉ À PARTIR D'UN CORPUS

Définissez les mots du libellé suivant.

Sujet 18 « Pensez-vous que le théâtre, en Occident, soit uniquement un *théâtre de la parole*, comme le déplore Antonin Artaud ? »

CORPUS : L'aveu sur scène (► p. 189)

Annexe au corpus : Antonin Artaud, *Le Théâtre et son double* (1938)

Le Théâtre et son double est un recueil qui rassemble *les articles, conférences et manifestes exprimant la réflexion d'Artaud sur le théâtre. La découverte du théâtre balinais, notamment, l'a amené à effectuer un examen critique du théâtre occidental.*

La révélation du théâtre balinais a été de nous fournir du théâtre une idée physique et non verbale, où le théâtre est contenu dans les limites de tout ce qui peut se passer sur une scène, indépendamment du texte écrit, au lieu que le théâtre tel que nous le concevons en Occident a partie liée avec le texte et se trouve limité par lui. Pour nous, au théâtre, la Parole est tout et il n'y a pas de possibilité en dehors d'elle ; le théâtre est une branche de la littérature, une sorte de variété sonore du langage, et si nous admettons une différence entre le texte parlé sur la scène et le texte lu par les yeux, si nous enfermons le théâtre dans les limites de ce qui apparaît entre les répliques, nous ne parvenons pas à séparer le théâtre de l'idée du texte réalisé.

Cette idée de la suprématie de la parole au théâtre est si enracinée en nous et le théâtre nous apparaît tellement comme le simple reflet matériel du texte que tout ce qui au théâtre dépasse le texte n'est pas contenu dans ses limites et strictement conditionné par lui, nous paraît faire partie du domaine de la mise en scène considérée comme quelque chose d'inférieur par rapport au texte.

Antonin Artaud, *Le Théâtre et son double* (1938),

4 METTRE EN PLACE UNE DÉMARCHE DE DÉLIBÉRATION

A Lisez le sujet suivant : « On dit souvent que le roman est le reflet de la société. Vous discuterez cette affirmation en vous appuyant sur les textes du corpus « Les scènes de repas dans les romans du XVIe siècle au XXe siècle : une mise en scène des personnages » : Gustave Flaubert, *Madame Bovary* (1857) (► p. 110), Émile Zola, *L'Assommoir* (1877) (► p. 112), Marcel Proust, *Sodome et Gomorrhe* (1922) (► p. 114) et sur les romans que vous avez lus et étudiés. »

Voici plusieurs démarches de délibération censées répondre à ce sujet. Indiquez celle qui vous semble la mieux adaptée, en justifiant votre point de vue.

a. Pour discuter cette affirmation, nous nous interrogerons en premier lieu sur les romans réalistes et naturalistes, puis nous étudierons les auteurs qui visent à l'idéalisation, qui proposent des romans d'aventures ou fantastiques.

b. Pour discuter cette affirmation, on observera d'abord les romans qui reflètent la société et ensuite ceux qui critiquent la société.

c. Pour discuter cette affirmation, nous nous demanderons si le roman est source d'évasion ou bien s'il engage une réflexion de l'homme sur la société qu'il reflète.

d. Pour discuter cette affirmation, nous verrons que le roman donne une image exacte de la société. Il reflète aussi la vision de l'auteur.

e. Pour discuter cette affirmation, nous verrons dans un premier temps le roman comme reflet de la société, puis, dans un second temps que le roman peut nous permettre d'échapper à la réalité en faisant appel à l'imaginaire, enfin nous nous apercevrons que le roman est un miroir infidèle de la société.

f. Pour discuter cette affirmation, nous montrerons que le roman peut être un reflet de la société ; nous verrons ensuite les limites de cette vision du monde et des personnages.

g. Pour discuter cette affirmation, nous allons étudier des romans qui représentent, ou du moins le veulent, le monde tel qu'il est, puis ceux qui le représentent tel qu'il était ou tel qu'il sera, avant de nous pencher dans une synthèse sur l'univers romanesque dans son ensemble.

B À partir des sujets suivants, indiquez la démarche délibérative que vous pourriez suivre.

Sujet 19 « On associe souvent poésie et lyrisme. La poésie consiste-t-elle seulement pour les poètes à exprimer leurs sentiments personnels ? »

Sujet 20 « Un roman doit-il chercher à faire oublier au lecteur que ses personnages sont fictifs ? »

5. RASSEMBLER ET ORGANISER SES IDÉES ;

MÉTHODE

Objectifs
- Rassembler les idées et les exemples
- Organiser les arguments dans le plan
- Présenter un développement construit
- Construire et rédiger un paragraphe argumentatif

La **dissertation** se compose d'une **introduction**, d'un **développement** et d'une **conclusion**. Cet exercice demande une **rigueur** et une **cohérence** que l'**organisation de l'argumentation** impose. C'est pourquoi, il faut bâtir un **plan** autour d'**arguments** précis présentés selon **deux** ou **trois points de vue**.

▸▸▸ÉTAPE 1 RASSEMBLER LES IDÉES ET LES EXEMPLES

- Noter au brouillon vos idées et des exemples, classez-les selon deux ou trois points de vue (pour/contre, etc.), sélectionner les idées les plus pertinentes par rapport au sujet et formuler enfin des arguments précis selon ces différents points de vue.
- Constituer les **deux** ou **trois parties** du plan. Chacune expose une **idée directrice**, une **thèse** développée par **deux** à **quatre paragraphes argumentatifs**. À ce stade, il faut bien **distinguer** l'idée principale de l'argument, l'argument de l'exemple, pour que le devoir soit cohérent.

▸▸▸ÉTAPE 2 ÉLABORER LE PLAN DU DÉVELOPPEMENT POUR SOULIGNER LE RAISONNEMENT

- **Regrouper** les arguments et les exemples qui vont dans le même sens de façon à constituer des **axes équilibrés**.
- **Ordonner** les arguments de manière cohérente et logique. Il faut susciter chez le lecteur un intérêt croissant, en allant du plus évident au plus complexe. Pour convaincre le lecteur, il ne faut pas se répéter. Privilégier le lien de **cause** à **conséquence** ; éviter les expressions « premièrement, deuxièmement, ... », des expressions qui confèrent au devoir un statut de catalogue.
- Le plan même du devoir, c'est-à-dire la succession des parties, doit répondre à cette logique, que soulignent les **paragraphes de transition** : ils font le point sur les réponses apportées à la thèse avancée et annoncent la suivante.

▸▸▸ÉTAPE 3 RÉDIGER UN PARAGRAPHE ARGUMENTATIF

- Le paragraphe argumentatif est constitué d'une **idée** qui permet d'**argumenter** la **thèse**. Elle est illustrée par un **exemple** qui la développe, la précise et l'appuie.
- Rédiger un paragraphe argumentatif, c'est savoir lier **argument** et **exemple**, notamment savoir insérer l'exemple, et même la citation à l'argumentation de façon à la renforcer et l'illustrer. **La citation** sera **entre guillemets** à partir du moment où il s'agit de termes repris sans aucune modification du texte source.
- **Plusieurs** paragraphes sont nécessaires pour convaincre du bien-fondé de la thèse et pour constituer une partie du plan. Trouver la **progression** qui obtiendra l'assentiment du lecteur, le séduira voire le convaincra, notamment en employant des **connecteurs logiques** adaptés.

APPLICATION

Le point du vue du lecteur — Les conditions supposées qu'il faudra éprouver

SUJET
Pour apprécier un roman, un lecteur a-t-il besoin de s'identifier au personnage principal et de partager ses sentiments ?

CORPUS
CORPUS BAC consacré au roman (▶ p. 142)

▶▶▶ÉTAPE 1 RASSEMBLER LES IDÉES ET LES EXEMPLES

▶ Vous avez dégagé les idées et les exemples suivants :

1. L'identification au personnage est un élément important pour apprécier un roman	2. C'est loin d'être un élément essentiel pour l'apprécier pleinement
Certains héros défendent des valeurs ou vivent des situations qui les rendent proches de nous.	On ne peut pas s'identifier a priori : – à un personnage tel que Tchen qui va commettre un crime ; – au personnage-narrateur qui dit « je ».

▶ Transformez toutes ces idées et ces exemples en arguments. On comprend qu'il s'agit de définir le rapport que le lecteur entretient avec le personnage.

➜ Ex. :

Le personnage idéal, reflet des désirs du lecteur
- le personnage compagnon, celui qu'on aime fréquenter ;
- le personnage rejeté ;
- le personnage confident.

Le personnage creuset de nouvelles expériences
- le personnage substitut de nos fantasmes, de nos pulsions ;
- pour les types de personnage retenus, vous citerez des exemples pris dans les romans que vous avez lus.

▶▶▶ÉTAPE 2 ÉLABORER LE PLAN DU DÉVELOPPEMENT POUR SOULIGNER LE RAISONNEMENT

➜ Ex. : ***Il s'agira d'abord*** *d'examiner le processus d'identification au personnage : le héros entraîne-t-il le lecteur dans un ailleurs ?* ***Ou*** *défend-t-il, au contraire, des valeurs qui sont familières et primordiales pour ce lecteur ?* ***Si*** *le personnage de roman peut vivre certaines situations qui le rapprochent du lecteur, il peut simultanément en vivre d'autres qui le rendent étranger au lecteur.* ***Ainsi****, si tous ces éléments sont autant de bonnes raisons pour que le lecteur ait envie d'accompagner le héros dans ses aventures, on ne peut* ***cependant*** *pas considérer que ce soit un aspect suffisant.* ***En effet****, il semble impossible de s'identifier simultanément à toutes les situations et tous les types de personnage.*

▶▶▶ÉTAPE 3 RÉDIGER UN PARAGRAPHE ARGUMENTATIF

▶ L'argument doit être clairement identifié par le lecteur ; ici, vous voulez montrer que l'identification n'est pas un élément essentiel :

➜ Ex. : *Un personnage se définit souvent par ses actes. Aussi, il semble difficile pour un lecteur « normal » d'accepter les comportements criminels. Tchen dans la première page de La Condition humaine est un assassin qui ne peut mériter de notre part aucune indulgence ;* ***et pourtant****, à la lecture de ce texte,* ***nous sommes touchés par ce personnage*** *qui, avant de tuer, « les paupières battantes, […] découvrait en lui, jusqu'à la nausée, non le combattant qu'il attendait, mais un sacrificateur. »*

1 FORMULER UN ARGUMENT COHÉRENT

Sujet 1 Les aspects comiques d'une pièce de théâtre ne servent-ils qu'à faire rire ?
Un élève a noté sur son brouillon les idées et les exemples suivants :
– la relation maître/valet ; Marivaux, *Le Jeu de l'amour et du hasard* (1730) (► p. 174)
– la farce dans *Rhinocéros* de Ionesco, Acte I (► p. 206)

a. Quel argument peut être illustré par chacun de ces exemples ? b. Rédigez les deux paragraphes argumentatifs.

Sujet 2 La poésie est-elle vouée, selon vous, à l'expression des sentiments personnels du poète?
Sur le brouillon sont écrits les exemples suivants :
– Cassandre/Ronsard (► p. 266) ; Gala/Eluard ► p. 270) ; Elvire/Lamartine (► p. 255)
– Victor Hugo contre Napoléon III, *Les Châtiments* (►p. 240) ; les guerres de religion, Agrippa d'Aubigné, *Les Tragiques* (1616) ► p. 237)
Rédigez les deux paragraphes argumentatifs.

Sujet 3 Le roman est-il le reflet du monde ou celui de son auteur ?
Sur le brouillon sont écrites les idées suivantes :
– les romans naturalistes, le Réalisme balzacien,
– l'auteur assimilé au personnage
Rédigez les deux paragraphes argumentatifs.

2 ÉLABORER UN PLAN EN ORGANISANT LES IDÉES

Pour les deux sujets suivants :

a. Organisez les idées proposées de façon à élaborer un plan qui réponde au sujet. Vous dégagerez trois axes sous lesquels vous les classerez.

b. Trouvez un exemple pour illustrer chaque idée.

c. Rédigez un paragraphe argumentatif.

Sujet 4 Dans quelle mesure pourrait-on considérer le théâtre comme le lieu de la plus grande liberté ?
- des mises en scène différentes
- des conventions liées au genre
- les contraintes techniques
- l'espace théâtral
- le temps de la représentation
- des interprétations de personnages différentes
- des didascalies inexistantes
- des didascalies contraignantes
- les moyens techniques et informatiques
- un monde imaginaire

Sujet 5 Un personnage médiocre peut-il être héros de roman ?
- des personnages extraordinaires
- des personnages exemplaires pour le lecteur
- des personnages sans envergure
- des personnages dont la vie n'est pas exaltante
- des anti-héros
- des héros malgré eux
- des personnages qui dégagent une morale
- des personnages victimes de leurs conditions
- de fin du personnage

3 AMÉLIORER LA PROGRESSION DE L'ARGUMENTATION

A a. Quelle est la thèse développée dans le sujet 6 ? Que pensez-vous de la façon dont elle est organisée ?

Sujet 6 On dit souvent que le roman est le reflet de la société.

b. Réécrivez le texte suivant en prenant en compte vos remarques.

Un romancier vit dans un monde, dont il rend plus ou moins bien compte de la réalité. En ce sens, ce sont les romans naturalistes qui nous parlent le mieux de la société : ils en sont les observateurs, les expérimentateurs qui se veulent les plus objectifs possible. La vie du peuple est ainsi le sujet de prédilection des auteurs : Maupassant écrit *Une Vie*, Zola décrit le travail à la mine dans *Germinal*.
Dans *les Misérables*, Victor Hugo se veut le témoin de son temps, un témoin qui dénonce le sort des pauvres gens. En nous racontant le destin de Jean Valjean, l'auteur engage ses lecteurs à réagir face aux souffrances, aux injustices.
Dans *Madame Bovary*, Flaubert s'est attaqué à la société provinciale qu'il décrit avec ironie. Le lecteur ne peut que partager les points de vue de son héroïne qui manifestent son rejet en refusant la médiocrité et en se jetant dans l'adultère.

B Lisez le sujet suivant.

Sujet 7 La rébellion contre l'héritage des poètes précédents est-elle indispensable à la création poétique ?

Voici le plan adopté par l'élève :

AXE D'ÉTUDE 1
La révolte est bénéfique car elle garantit l'innovation

a. Révolte contre l'héritage du passé
Ex. : les poètes surréalistes

b. Refus des thèmes et des formes
Ex. : le poème en prose : Arthur Rimbaud, « H », *Illuminations* (1873-1875) (► p. 286)

c. Prise en compte de son temps

Ex. : un langage nouveau : Jacques Prévert « Pater Noster », *Paroles* (1945) (▸ p. 245) et Henri Michaux, « Le grand combat », *Qui je fus* (1927) (▸ p. 296)

AXE D'ÉTUDE 2

Cependant, le passé peut aussi stimuler la création Rédigez un paragraphe de transition entre les axes d'étude 1 et 2

4 INTÉGRER UNE CITATION DANS UN PARAGRAPHE

a. Quelle citation vous semble la mieux adaptée à l'argument suivant : « *le poète nous invite à voir autrement* » ?

b. Rédigez le paragraphe qui réunira cet argument et son exemple.

c. À quel argument pourrait répondre chacune des autres citations ?

1. « Les hommes se servent des mots ; le poète les sert. » (Octavio Paz, *L'Arc et la lyre*, 1956)

2. « J'enrage de n'être pas poète, d'être si lourdement rivé à la prose. Je voudrais pouvoir créer de ces objets étincelants et absurdes, les poèmes, pareils à un navire dans une bouteille et qui sont comme l'éternité d'un instant. » (Jean-Paul Sartre, *Carnets de la drôle de guerre*, 1983)

3. « Nommer un objet, prétend Stéphane Mallarmé, c'est supprimer les trois quarts de la jouissance du poème qui est faite de deviner peu à peu : le "suggérer", voilà le rêve... Il doit y avoir toujours énigme en poésie, et c'est le but de la littérature, – il n'y en a pas d'autres – d' "évoquer" les objets. »

4. « La poésie dévoile dans toute la force du terme. Elle montre nues, sous une lumière qui secoue la torpeur, les choses surprenantes qui nous environnent et que nos sens enregistraient machinalement. » (Jean Cocteau, *Le Secret professionnel*, 1922)

5 EXPLOITER UN EXEMPLE SELON L'ARGUMENT DÉVELOPPÉ

Lisez l'exemple suivant.

Ex. : Le valet de Dom Juan, Sganarelle, dans la pièce de Molière, *Dom Juan*, a tendance à critiquer son maître surtout en son absence. Mais il s'arrête brusquement lorsque Dom Juan le rappelle à l'ordre.

Voici trois idées pouvant exploiter cet exemple.

a. L'opposition maître-valet

b. La relation dans les couples au théâtre

c. Le comique au théâtre

Rédigez les paragraphes argumentatifs correspondant à chaque idée en intégrant l'exemple ci-dessus.

6 RÉDIGER LE DÉVELOPPEMENT D'UNE DISSERTATION

A Lisez ce sujet de dissertation.

Sujet 8 Pour apprécier un roman, un lecteur a-t-il besoin de s'identifier au personnage principal et de partager ses sentiments ? (▸ Corpus BAC p. 145)

Voici le plan proposé pour traiter ce sujet.

1. LE PACTE DE LECTURE AVEC LE PERSONNAGE PASSE PAR L'IDENTIFICATION.

a. Le personnage idéal, reflet des désirs du lecteur.

b. Le personnage creuset de nouvelles expériences, substitut pour le lecteur.

c. Le « moi » du personnage pas nécessairement hostile à cette identification.

2. LE LECTEUR PEUT CEPENDANT RÉSISTER À CETTE TENTATION

a. Aidé par un personnage haïssable,

b. au physique ingrat, au caractère bien marqué.

c. Aidé par le genre, par l'auteur qui refuse ce pacte : il ne fait du personnage qu'un compagnon, celui qu'on peut aimer fréquenter.

3. LE PERSONNAGE QUI S'IMPOSE MALGRÉ TOUT

a. Le personnage substitut de nos fantasmes, de nos pulsions.

b. Le lecteur est embarqué dans le système des personnages.

c. Il a tendance à voir dans le personnage une personne.

a. Proposez un exemple pour chacun des arguments.

b. Rédigez chacun des paragraphes argumentatifs

c. Rédigez le paragraphe de transition entre la partie 1 et 2 et celui entre la partie 2 et 3.

B Lisez le sujet suivant.

Sujet 9 La représentation sur scène d'une pièce de théâtre est-elle indispensable pour l'apprécier totalement ?

a. Cherchez des arguments qui défendent deux points de vue (deux au moins à chaque fois).

b. Illustrez chaque argument d'un exemple que vous développerez pour le rendre explicite.

7 ANNONCER UN PLAN DANS L'INTRODUCTION

Rédigez la dernière partie de l'introduction de ce sujet. Annoncez le plan que vous avez adopté pour le sujet 4 (Cf. exercice 2).

Dans quelles mesures pourrait-on considérer le théâtre comme le lieu de la plus grande liberté ?

8 RÉDIGER UNE INTRODUCTION

A EXEMPLE D'INTRODUCTION

L'artiste, à notre époque, revendique plus que jamais la liberté. Cette liberté est soumise cependant à des contraintes, à des règles que comporte l'art dans lequel il essaie d'exceller et qu'il essaie de dépasser. Le théâtre ne semble pas échapper à cette nécessité et pourtant certains le considèrent comme le lieu de la plus grande liberté.

Cette affirmation peut sembler paradoxale : comment une écriture de convention comme celle du théâtre pourrait-elle être libre ?

En vous inspirant du modèle précédent, rédigez l'introduction de votre dissertation en reprenant le plan que vous avez adopté pour le sujet 5 (Cf. exercice 2) : Un personnage médiocre peut-il être héros de roman ?

B **Après avoir pris connaissance du texte p. 152 et du dossier « Mise en scène » p. 154, rédigez une introduction pour répondre au sujet 10 suivant :** À partir de vos lectures et de votre expérience de spectateur, vous vous demanderez en quoi la mise en scène d'une œuvre théâtrale en constitue une interprétation. Vous devrez proposer un plan que vous annoncerez.

9 REPRENDRE LES AXES DE L'ARGUMENTATION DANS LA CONCLUSION

A **Rédigez la première partie de la conclusion de la dissertation correspondant au sujet 4 (Cf. exercice 2), en reprenant les axes de votre argumentation. Comparez cette rédaction avec celle de l'introduction.**

B **Rédigez la première partie de la conclusion de la dissertation correspondant au sujet 5 (Cf. exercice 2), en reprenant les axes de votre argumentation. Comparez cette rédaction avec celle de l'introduction.**

10 RÉDIGER UNE CONCLUSION

A **Rédigez entièrement la conclusion du sujet 4 (Cf. exercice 2) en dressant un bilan personnel de votre réflexion et en l'élargissant à un problème plus vaste voire plus complexe**

B **Rédigez entièrement la conclusion du sujet 5 (Cf. exercice 2) en dressant un bilan personnel de votre réflexion et en l'élargissant à un problème plus vaste voire plus complexe**

Grille d'auto-évaluation. LA DISSERTATION

Relisez votre brouillon autant de fois que nécessaire, en contrôlant les points suivants :

	CRITÈRES D'ÉVALUATION	NON	OUI MAIS À AMÉLIORER	OUI
INTRODUCTION	Avez-vous fait une amorce (ou entrée en matière) ?			
	Avez-vous rappelé le sujet ?			
	Avez-vous analysé le sujet en donnant la définition des mots importants ?			
	La problématique est-elle formulée clairement ?			
	Avez-vous annoncé le plan ?			
DÉVELOPPEMENT	Le développement est-il structuré dans un plan clair ?			
	Le plan vous semble-t-il pertinent ? Répond-il à la problématique ?			
	Avez-vous au moins deux axes de réflexion, deux idées directrices ?			
	Les parties sont-elles clairement signalées ?			
	Les arguments sont-ils bien reliés aux grandes parties ?			
	Avez-vous trouvé dans le corpus des arguments ?			
	Les arguments sont-ils formulés et développés clairement ?			
	Vos arguments sont-ils illustrés par des exemples du corpus ?			
	Avez-vous utilisé vos lectures personnelles ?			
	Les exemples sont-ils exploités, analysés dans le cadre du sujet ?			
CONCLUSION	Les enjeux du texte sont-ils rappelés ?			
	Avez-vous fait le bilan de votre réflexion ?			
	Y a-t-il une ouverture pertinente ?			
MISE EN PAGE	Y a-til des paragraphes distincts pour chaque argument ?			
	Avez-vous sauté une ligne entre chaque grande partie ?			
LANGUE	Orthographe : avez-vous vérifié les points suivants ? • accords sujet/ verbe • accords des participes passés • homophones (a/à ; quand/quant…) • orthographe lexicale			
	Syntaxe : la construction des phrases est-elle correcte ?			

MÉTHODE

Objectifs
- Analyser le libellé
- Reconnaître les genres littéraires
- Déterminer la situation d'énonciation

Le sujet d'écriture d'**invention** tire son origine de l'***inventio***, la phase de recherche des procédés de persuasion de l'ancienne rhétorique. Le sujet d'invention a donc une **visée argumentative**.
C'est également un exercice de **lecture** puisqu'il s'agit d'être « capable de lire, de comprendre et d'analyser des œuvres de genres variés, et de rendre compte de cette lecture, à l'écrit » et de « connaître les principaux **genres** auxquels les œuvres se rattachent et leurs caractéristiques », en référence à un ou à des **objets d'étude** au programme.
C'est enfin un exercice de **réécriture**. En cohérence avec le **corpus de textes**, l'écriture d'invention impose des cadres à la rédaction d'un texte inscrit le plus souvent dans un **genre**, selon une **visée** et développant fréquemment des **thèmes prescrits**. Enfin le sujet peut proposer d'**imiter** l'écriture d'un auteur, de l'extrait d'une œuvre en particulier.

▸▸▸ÉTAPE 1 ANALYSER LE LIBELLÉ

- Le corpus des textes proposés illustre une partie du programme de français classé en « Objets d'étude » et peut parfois combiner deux objets d'études. Il faut donc repérer ces objets pour mobiliser les savoirs acquis pendant l'année scolaire.
- Le libellé peut faire référence plus précisément à l'un des textes que l'on nommera « texte source ».

▸▸▸ÉTAPE 2 MOBILISER SES CONNAISSANCES SUR LE GENRE DU TEXTE À ÉCRIRE

- L'écrit d'invention peut consister à reprendre un genre étudié tel qu'il est représenté et questionné dans le corpus : un poème, une scène de théâtre, un récit, un portrait, etc.

Mais il peut tout aussi bien s'agir d'un écrit qui appartient au genre assez large de l'écriture de la critique dont on rencontre des exemples dans le manuel : manifeste littéraire, préface, lettre ouverte ou lettre à un auteur, à un éditeur, enfin lettre privée pour évoquer des spectacles, des lectures, etc.

- Parfois également le texte peut s'inscrire dans différents genres : c'est l'effet à produire qui est alors privilégié.

▸▸▸ÉTAPE 3 DÉTERMINER LA SITUATION D'ÉNONCIATION DU TEXTE À ÉCRIRE

- Le texte à écrire est également déterminé par l'auteur qu'on lui prête, le **thème** abordé, la **visée** du discours et son **lecteur** supposé. Ces contraintes d'écriture s'articulent avec celles du **genre** et déterminent des **situations énonciatives** caractérisées par les questions suivantes : Qui parle ? Quel est le destinataire ? Quel est le thème ? Cherche-t-on à convaincre ? À persuader ? Avec quels moyens ?

APPLICATION

Genre du texte à écrire

Enjeu argumentatif/ thème traité/ textes sources

SUJET

Pour une revue de poésie créée avec des camarades, vous devez écrire un article intitulé : « Je n'aime pas les vers : j'aime la poésie ! ». Rédigez cet article en l'illustrant de citations tirées des textes du corpus et en vous aidant de vos lectures de classe ou personnelles. Vous donnerez à votre prose un ton convaincu, sans aucune familiarité.

OBJET D'ÉTUDE Écriture poétique et quête du sens, du XVIe siècle à nos jours

Texte A : Pierre de Marbeuf, « Et la mer et l'amour… », *Recueil de vers* (1628) (▸ p. 250)

Texte B : Alphonse de Lamartine, « Le lac », *Méditations poétiques* (1820) (▸ p. 255)

Texte C : Guillaume Apollinaire, « Il pleut », *Calligrammes* (1918) (▸ p. 290)

Texte D : Paul Valéry, *Cantate du Narcisse* (1941) (▸ p. 258)

▸▸▸ÉTAPE 1 ANALYSER LE LIBELLÉ

- Le texte à écrire est placé dans le contexte de l'objet d'étude « Écriture poétique et quête du sens, du XVIe siècle à nos jours ».
- Le corpus est constitué de poèmes écrits entre le XVIIe et le XXe siècle et les formes représentées sont très variées : sonnet, cantate, calligramme.
- Le genre du texte à écrire, **un article de journal**, est absent du corpus, **ce genre** doit être analysé.

▸▸▸ÉTAPE 2 MOBILISER SES CONNAISSANCES SUR LE GENRE DU TEXTE À ÉCRIRE

- L'article doit être structuré par sa **mise en page** spécifique : recopiez le titre, rédigez une phrase d'ouverture qui interpelle le lecteur : *« Si comme moi vous détestez le ronron de l'alexandrin… »* ; soulignez la **construction du texte et sa progression** par des intertitres, *« À bas la rime »*, *« Contre les règles »*, *« Vive la liberté des formes »*, etc.
- Détachez la **conclusion** qui reprendra les termes de la discussion : « Non ! Décidément rien ne pourrait me convaincre d'écrire des vers mais… ! » et s'achèvera par **une signature** (surtout pas votre propre nom mais un nom adapté au sujet : *« Poète et rebelle »*).

▸▸▸ÉTAPE 3 DÉTERMINER LA SITUATION D'ÉNONCIATION DU TEXTE À ÉCRIRE

- Répondez aux questions suivantes : **Qui parle** ? Un lycéen qui aime la poésie et s'adresse à ses **destinataires**, des lycéens qui souvent ont une représentation limitée de la poésie. **Il s'agit de les persuader** que la poésie, ce n'est pas seulement des vers mais d'autres formes aussi, séduisantes, signifiantes, évocatrices, saisissantes.
- Étayez votre argumentation avec les exemples des poèmes réguliers du corpus et du manuel (Victor Hugo, « Lux », *Les Châtiments*, 1853, ▸ p. 240 ; Victor Hugo, « Elle était déchaussée », *Les Contemplations*, 1856, ▸ p. 268) pour regretter la monotonie du vers régulier, son caractère attendu, puis illustrez par d'autres citations ; (André Breton, « L'union libre », *Clair de terre*, 1923, ▸ p. 274 ; Henri Michaux, « Le grand combat », *Qui je fus*, 1927, ▸ p. 296) la liberté du poème en prose, l'immédiateté du calligramme, la musicalité du vers libre pour un l'éloge d'une poésie ouverte et libérée, novatrice.

EXERCICES

1 ANALYSER LE CORPUS ET LE LIBELLÉ

a. Quel est l'objet d'étude traité dans chacun de ces sujets ? Recherchez à quels genres appartiennent les œuvres composant le corpus. Quel est leur lien avec l'objet d'étude ? Avec le texte à écrire ?

b. Quel est le thème traité dans chacun des sujets ? Quand il est indiqué, quel point de vue doit être défendu ?

c. Pour chacun de ces sujets, faites la liste des arguments que l'un et l'autre des deux interlocuteurs pourraient développer et indiquez le point de vue que vous choisirez de défendre clairement.

Sujet 1

Vous composerez un dialogue argumentatif dans lequel deux interlocuteurs défendent leur conception du bonheur. Vous veillerez à ce que chaque interlocuteur prenne en compte tour à tour les arguments de l'autre.

Objet d'étude : La question de l'Homme dans les genres de l'argumentation, du XVIe siècle à nos jours

Corpus

Texte A : Blaise Pascal, *Pensées* (1670) (► p. 370)
Texte B : Jean de la Bruyère, *Les Caractères* (1688) (► p. 372)
Texte C : Voltaire, *Candide* (1759) (► p. 376)
Texte D : Madame du Châtelet, *Discours sur le bonheur* (1779) (► p. 352)

Sujet 2

Un comédien et son metteur en scène s'opposent sur le choix des costumes à faire porter aujourd'hui aux personnages de Molière : faut-il, pour rester fidèle au théâtre du XVIIe siècle, faire porter aux acteurs des costumes de cette époque ou leur préférer des vêtements plus modernes ? Vous rédigerez leur dialogue.

Objet d'étude : Le texte théâtral et sa représentation, du XVIIe siècle à nos jours

Corpus

Texte A : Molière (1622-1673), *L'Avare*, II, 5 (1668)
Texte B : Samuel Beckett (1906-1989), *En attendant Godot*, I (1953)
Texte C : Eugène Ionesco (1912-1994), *Rhinocéros* (1959)
Annexe : Alain Satgé, « Mises en scène » de *En attendant Godot* (1999)

Sujet 3

Vous avez composé un recueil de poèmes, en prose ou en vers, faisant une large part au rêve et à l'imaginaire, à la manière de Rimbaud. Vous écrivez à un éditeur pour le convaincre de publier cet ouvrage et défendre votre démarche poétique.

Objet d'étude : Écriture poétique et quête du sens, du XVIe siècle à nos jours

Corpus

Texte A : Arthur Rimbaud, « La lettre du voyant », *Illuminations* (1871) (► p. 285)
Texte B : Arthur Rimbaud, « H », *Illuminations* (1873-1875) (► p. 286)
Texte C : Francis Ponge, « L'huître », *Le Parti pris des choses* (1942) (► p. 297)
Texte D : Raymond Queneau, « Si tu t'imagines », *L'Instant Fatal* (1948) (► p. 299)

Sujet 4

À son tour, l'épouse de George Dandin paraît seule sur la scène. Rédigez le monologue qu'elle prononce pour se présenter et expliquer son point de vue sur son mariage et sur son mari.

Objet d'étude : Le texte théâtral et sa représentation, du XVIIIe siècle à nos jours

Corpus

Texte A : Molière, *George Dandin* (1668)
Texte B : Beaumarchais, *Le Mariage de Figaro* (1784)
Texte C : Alfred de Musset, *On ne badine pas avec l'amour* (1834)
Texte D : Jean Tardieu, *La Comédie du langage* (1987)

Sujet 5

Lantier, attendu par Gervaise, revient d'une nuit de festivités qui le conduit à porter un regard sur la ville tout à fait opposé à celui de sa compagne. Décrivez de son point de vue le spectacle de la ville et du mouvement de la foule au petit matin, en vous efforçant d'en faire ressortir le charme et la poésie.
Votre texte sera essentiellement descriptif et mettra en valeur les sensations et les sentiments du personnage, vous conserverez le niveau de langue utilisé par Zola.

Objet d'étude : Le personnage de roman, du XVIIe siècle à nos jours

Corpus

Texte A : Gustave Flaubert, *L'Éducation sentimentale* (1869)
Texte B : Émile Zola, *L'Assommoir* (1877)
Texte C : Céline, *Voyage au bout de la nuit* (1932)
Texte D : Jean-Marie Gustave Le Clézio, *Désert* (1980)

2 ANALYSER LE LIBELLÉ

a. Pour chacun des sujets d'invention suivants, précisez quel est l'objet d'étude concerné, quel est le genre des textes du corpus et celui du texte à écrire. Y-a-t-il concordance entre le genre étudié, les textes à lire et le texte à écrire ?

b. Quand le libellé fait explicitement référence à l'un des textes du corpus, quel rôle ce texte doit-il jouer ?

3 DÉTERMINER LES CARACTÉRISTIQUES ET CONTRAINTES DU TEXTE À ÉCRIRE

Analysez les libellés des sujets 1, 2, 3, 4, 5. Dites quelles contraintes d'écriture portent sur le texte à rédiger, c'est-

à-dire le genre du texte, le ou les point(s) de vue à défendre, le locuteur et son destinataire, la dimension argumentative ou persuasive du discours et le registre que vous pouvez privilégier.**

4 DÉTERMINER LA SITUATION D'ÉNONCIATION DU TEXTE

Lisez le sujet suivant.

Sujet 6

Le fleuve Bétis coule dans un pays fertile et sous un ciel doux, qui est toujours serein. Le pays a pris le nom du fleuve, qui se jette dans le grand Océan, assez près des Colonnes d'Hercule[1] et de cet endroit où la mer furieuse, rompant ses digues, sépara autrefois la terre de Tharsis[2] d'avec la grande Afrique. Ce pays semble avoir conservé les délices de l'âge d'or. Les hivers y sont tièdes, et les rigoureux aquilons[3] n'y soufflent jamais. L'ardeur de l'été y est toujours tempérée par des zéphyrs[4] rafraîchissants, qui viennent adoucir l'air vers le milieu du jour. Ainsi toute l'année n'est qu'un heureux hymen du printemps et de l'automne, qui semblent se donner la main. La terre, dans les vallons et dans les campagnes unies, y porte chaque année une double moisson. Les chemins y sont bordés de lauriers, de grenadiers, de jasmins et d'autres arbres toujours verts et toujours fleuris. Les montagnes sont couvertes de troupeaux, qui fournissent des laines fines recherchées de toutes les nations connues. Il y a plusieurs mines d'or et d'argent dans ce beau pays ; mais les habitants, simples et heureux dans leur simplicité, ne daignent pas seulement compter l'or et l'argent parmi leurs richesses : ils n'estiment que ce qui sert véritablement aux besoins de l'homme. […]

Fénelon, *Les Aventures de Télémaque* (1694-1696)

1. Détroit de Gibraltar.
2. Péninsule ibérique.
3. Vents du nord.
4. Vents d'ouest, doux, tièdes et agréables.

Vous avez séjourné en Bétique. Déçu, vous décidez de partir. Écrivez le discours d'adieu que vous prononcez devant les habitants.

a. Quelle situation d'énonciation impose le texte du sujet 6 ?

b. Écrivez une dizaine de lignes qui constitueront le début du texte à rédiger. Vous intégrerez une apostrophe, une forme emphatique, et enfin un rythme ternaire pour donner à votre texte un registre lyrique.

5 DÉTERMINER LES CODES ET CARACTÉRISTIQUES DU GENRE DE TEXTE À ÉCRIRE

Lisez le sujet suivant.

Sujet 7

« Jamais je n'ai tant pensé, tant existé, tant vécu, tant été moi, si j'ose ainsi dire, que dans ceux (= les voyages) que j'ai faits seul et à pied », écrit Rousseau dans les Confessions. Dans un article pour un journal de lycéens, vous ferez à votre tour l'éloge d'un voyage accompli à pied ou par un autre moyen de déplacement, seul ou en groupe. Vous rédigerez un texte en prose qui rende compte des sensations et des émotions ressenties. Vous ne signerez pas l'article et ne donnerez aucun élément qui permettrait de connaître votre identité.

a. Définissez les règles du genre du texte à écrire, ses contraintes d'écriture et son énonciation.

b. Inventez un titre général et trois intertitres qui montreront comment le propos tenu progresse dans l'article à rédiger.

c. Rédigez le premier paragraphe de cet article : la phrase d'accroche sera une question destinée au lecteur. Vous développerez ensuite les aspects négatifs du voyage à pied que vous avez effectué, en utilisant des hyperboles et le registre ironique. Enfin, vous montrerez, en contraste, la force des émotions ressenties à travers l'évocation du paysage.

6 ÉCRIRE UNE LETTRE OUVERTE INTÉGRANT UNE FABLE ILLUSTRATIVE

Lisez le sujet suivant.

Sujet 8

Dans une lettre ouverte, vous décidez de dénoncer les injustices sociales, et pour cela vous intégrez à votre article et à vos arguments une courte fable pour illustrer votre propos.

Objet d'étude : La question de l'homme dans les genres de l'argumentation, du XVIe siècle à nos jours

Corpus

Texte A : Jean de La Fontaine, « Les Animaux malades de la peste » (1668) (► p. 332)

Texte B : Jean de La Fontaine, « La Cour du Lion » (1668) (► p. 334)

Texte C : Jean de La Fontaine, « La Vieille et les deux Servantes » (1668) (► p. 342)

a. Quelles sont les caractéristiques du genre de la fable et de la lettre ouverte.

b. Quelles circonstances pourraient justifier l'écriture de cette lettre ? Quel récit pourrait illustrer cette situation ?

c. Rédigez cette lettre

MÉTHODE

Objectifs
- Analyser et interpréter les textes et les genres
- Planifier et organiser la rédaction du texte

Amplifier ou **transposer** un texte impose une **analyse très précise** de l'un des **textes du corpus** ou **« texte source »** dont le sens doit être **éclairé**, **souligné**, voire **interprété** à travers le travail d'écriture.

Il faut que le passage amplifié ou transposé soit en totale **cohérence** avec le texte « source » et qu'il constitue également un texte **abouti**.

▸▸▸ÉTAPE 1 FAIRE UNE LECTURE PRÉCISE DU « TEXTE SOURCE » ARTICULÉE À CELLE DU LIBELLÉ

- Dans le cadre de la problématique du corpus (étude des genres, thème et question traités) et du libellé de l'exercice, on doit faire un certain nombre de repérages : le **genre**, le **cadre spatio-temporel du texte**, les **types de personnages** et leurs **caractéristiques**, le **moment de l'action.**
- On examine aussi les **choix d'écriture**, l'**énonciation**, le **niveau de langue** privilégié, et l'orientation générale du texte repérable au choix de **registres**, des **réseaux de connotations**, des **figures de style**.
- Dans le cas de la **transposition**, il faut également faire cette analyse précise et identifier les éléments qui vont être transformés : des propos attribués à d'autres personnages qui ne partagent pas un point de vue, un contexte contemporain pour une œuvre classique, une même situation perçue par un autre personnage, un texte d'un genre transposé dans un autre genre, un autre registre, etc.

▸▸▸ÉTAPE 2 IDENTIFIER LES ENJEUX DE SENS ET D'INTERPRÉTATION DE L'EXPANSION OU DE LA TRANSPOSITION DU « TEXTE SOURCE »

- À ce stade, il faut identifier les enjeux de **sens** du « texte source » que l'on souhaite **souligner** ou **construire**, l'**implicite** que l'on peut **dévoiler** ou le **point de vue** que l'on veut ou doit **opposer** au discours qu'il tient. L'enjeu de la réécriture du « texte source » consiste à illustrer les objets d'étude : comment argumenter en fonction du genre choisi ? Comment faire varier une vision du monde en fonction du point de vue d'un personnage ? etc.

▸▸▸ÉTAPE 3 ÉLABORER UN SYNOPSIS DU TEXTE ET L'ÉCRIRE

- L'écriture d'invention nécessite de faire un réel effort d'écriture et de ne pas se contenter de concentrer en quelques lignes les indices de sens qu'on peut rapidement mobiliser : pour cela il faut prévoir une **progression** du propos, **sélectionner** des **informations** et des **indices** selon le **genre** de l'écrit, le **contexte historique** et **cultuel**. Il faut également prévoir des **étapes**, une **montée** en puissance du conflit ou de l'émotion vers un **dénouement** ou un **effet d'achèvement du texte** très nettement marqués.

APPLICATION

Éléments du texte concernés par l'écriture

Texte source

Scénario à développer

Genre et forme du texte à écrire

Transposer

Dans l'extrait du *Mariage de Figaro* (p. 192), Chérubin tente de faire deviner à la Comtesse l'amour qu'il éprouve pour elle. Rédigez le récit qui pourrait être fait de l'épisode dans un roman en insistant sur les émotions du personnage.

Le récit est écrit à la troisième personne du singulier aux temps du passé. Vous devez intégrer l'ensemble des actions des scènes dans un enchaînement dynamique et léger.

Objet d'étude **Le texte théâtral et sa représentation, du XVIIe siècle à nos jours**

▸▸▸ÉTAPE 1 FAIRE UNE LECTURE PRÉCISE DU « TEXTE SOURCE » ARTICULÉE À CELLE DU LIBELLÉ

▸ Vous devez réécrire cet enchaînement rapide de quatre scènes dans un récit pris en charge, au passé simple et à l'imparfait, par un narrateur extérieur. L'épisode romanesque à rédiger s'achève sur un duo sentimental interrompu par une arrivée intempestive. L'ensemble constitue donc une unité narrative, une scène romanesque de « travestissement » d'un personnage.

▸▸▸ÉTAPE 2 IDENTIFIER LES ENJEUX DE SENS ET D'INTERPRÉTATION DE L'EXPANSION OU DE LA TRANSPOSITION DU « TEXTE SOURCE »

▸ Comment le **roman** peut-il traduire les caractéristiques de **ces scènes** qui donnent lieu à cette situation ? Vous devez souligner le trouble de Chérubin et de la Comtesse dans une scène assez proche d'une scène d'aveu amoureux qui n'aura pas lieu. La légèreté et l'humour du début doivent donc laisser la place au trouble et à l'émotion.

▸ La continuité narrative, sa cohérence, est assurée par le rôle que joue le ruban volé : vous devez souligner ce jeu pour assurer la cohérence de l'épisode et passer du rôle central joué par Suzanne à celui de la Comtesse.

▸▸▸ÉTAPE 3 ÉLABORER UN SYNOPSIS DU TEXTE ET L'ÉCRIRE

▸ Transposez les **procédés du genre théâtral**, les didascalies, les hésitations et pauses dans les échanges de répliques, par des **procédés du roman** : développez les dialogues, insérez quelques descriptions des personnages, la ressemblance de Chérubin avec une jeune fille, les traces de l'émotion des personnages sur leur visage.

▸ Traduisez **la légèreté du ton** en vous appuyant sur la **position du narrateur** sur son récit ; évoquez la rapidité de l'action, son emballement grâce à des procédés d'accumulation et de progression des verbes. Faites apparaître dans le dialogue entre la Comtesse et Chérubin la **progression de leur émotion** qui culmine vers un aveu qui n'aura pas lieu, interrompu par l'arrivée d'un nouveau personnage. Faites de **la surprise finale un ressort dramatique** pour marquer la fin de la scène romanesque.

8. CONSTRUIRE UNE ARGUMENTATION

MÉTHODE

Objectifs
- Identifier la problématique
- Élaborer un argumentaire
- Sélectionner les procédés et outils d'argumentation

L'écriture d'invention doit le plus souvent témoigner de la capacité à **étayer**, **argumenter**, un **point de vue** sur des questions de **littérature** mais de manière moins directe que dans les exercices du commentaire et de la dissertation.
Il faut donc évaluer, en fonction du genre et des formes de discours de l'écrit à produire, les procédés les mieux adaptés, les plus efficaces, pour défendre un point de vue.

▸▸▸ÉTAPE 1 IDENTIFIER LA PROBLÉMATIQUE À TRAITER

- Les **points de vue** à exposer, défendre, confronter ou réfuter, se construisent en fonction du **corpus** et des **textes lus** et **étudiés** dans l'année : il s'agit de faire le point sur la question traitée et de relever les informations et idées développées qui seront utiles pour rédiger le texte. Les textes du corpus offrent des références qu'il faut exploiter.

→ Ex. : Un sujet d'invention sur la poésie qui donne la parole à un jeune poète peut être nourri de citations et de procédés empruntés aux différents textes.

▸▸▸ÉTAPE 2 ÉLABORER UN ARGUMENTAIRE

- L'argumentaire consiste en un r**elevé des idées disponibles** sur la question posée (dans le corpus et les textes étudiés) et qu'il faut organiser pour faire émerger un **point de vue privilégié** vers lequel tout converge. Cet argumentaire s'intègre à des genres de l'argumentation **directe** comme l'article de journal, la préface, la lettre ouverte. Mais il peut aussi être intégré de manière **indirecte** à d'autres genres encore à visée argumentative ou persuasive.
- Le texte narratif peut accueillir des dialogues de personnages **s'opposant** sur telle ou telle question, on peut **dégager des morales** des fables et le dialogue théâtral est souvent le lieu **d'échanges divergents**.

▸▸▸ÉTAPE 3 SÉLECTIONNER LES PROCÉDÉS ET OUTILS D'ARGUMENTATION ADAPTÉS AU GENRE À ÉCRIRE

- Les arguments qui permettent de **convaincre** sont nombreux : syllogismes, démonstrations, exemples, arguments d'autorité, distinguos, oppositions, etc. ; c'est aussi leur variété qui renforce l'efficacité du discours.
- Lorsque les arguments sont intégrés à des **dialogues**, leur progression, leur répartition selon les tours de parole, mais aussi d'autres effets de rythmes comme les stichomythies permettent d'animer, de diversifier les points de vue confrontés et d'orienter les débats.
- La **situation d'énonciation** offre également matière à affirmer un point de vue autorisé, à nouer une relation avec le lecteur que l'on peut interpeller, prendre à témoin, que l'on peut tenter d'émouvoir ou de faire rire. Le choix d'un registre particulier et adapté, ironique, polémique, pathétique ou comique, confortera la **stratégie argumentative**.

APPLICATION

Genre et forme du texte à écrire

Éléments du texte concernés par l'écriture

Texte source

Point de vue à développer

SUJET

Un avocat est chargé de défendre à son procès « L'Homme », le personnage central de « La grasse matinée ». Dans son plaidoyer, il fait part avec émotion de son indignation devant l'injustice sociale qu'illustre le cas de son client et il plaide pour plus de justice sociale.

Vous rédigerez sa plaidoirie.

OBJET D'ÉTUDE **La question de l'homme dans les genres de l'argumentation, du XVIe siècle à nos jours**

CORPUS

Texte A : Jean de La Fontaine, « La Vieille et les deux Servantes », *Fables* (1668) (▸ p. 342)

Texte B : Victor Hugo, *Discours sur la misère* (1849) (▸ p. 344)

Texte C : Jacques Prévert, « La grasse matinée », *Histoires* (1946) (▸ p. 346)

▸▸▸ÉTAPE 1 IDENTIFIER LA PROBLÉMATIQUE À TRAITER

- Le libellé invite à **transposer** un fait divers, l'assassinat d'un homme pour une somme ridicule, raconté sans détails ni circonstances précises, dans un poème.
- Il s'agit, à partir de cet événement, de traiter d'une **question politique**, la lutte contre la misère en l'inscrivant dans un genre oratoire qu'est la **plaidoirie**.
- La transposition conduit à **donner corps** et **circonstances au fait divers** qui illustre l'égarement et la folie provoqués par la faim et à développer un **argumentaire pour dénoncer** la misère et ses effets dans un **autre genre** moins concentré et implicite, avec une esthétique propre : les larges périodes et questions oratoires, les effets de pathétique.

▸▸▸ÉTAPE 2 ÉLABORER UN ARGUMENTAIRE

- Les textes du corpus offrent des arguments pour dénoncer la misère et ses effets : une misère provoquée par l'égoïsme des riches, par l'avarice et la cupidité de « la Vieille » chez **La Fontaine** et qui affame et conduit à des gestes illégaux ou fous chez **Hugo** ou **Prévert**, une misère enfin porteuse de désordre voire de révolution. Vous pourrez trouver aussi dans la littérature d'autres ressources.

▸▸▸ÉTAPE 3 SÉLECTIONNER LES PROCÉDÉS ET OUTILS D'ARGUMENTATION ADAPTÉS AU GENRE À ÉCRIRE

- Le texte de Victor Hugo offre des exemples d'**effets rhétoriques** à réinvestir : l'évocation développée de la misère et de ses victimes dans un **registre pathétique**, des oppositions fortes et structurantes (la civilisation contre le crime, l'ordre matériel opposé à l'ordre spirituel), et de nombreuses gradations. Construisez le texte à rédiger dans l'énonciation propre à la **plaidoirie**, marquée par l'importance du « je » et les nombreuses **adresses aux destinataires**, des hommes qui vont décider de la vie ou la mort d'un autre. Ordonnez les **arguments** selon diverses catégories comme celles de la morale, de la politique, etc., du **particulier** vers le **général** ou encore selon une progression de l'argument **logique** et **raisonnable** vers une parole persuasive pour s'achever sur une **sentence**, un **appel solennel à l'auditoire**.

1 DÉVELOPPER UN ARGUMENTAIRE DANS UN GENRE À VISÉE ARGUMENTATIVE

A L'ARTICLE DE QUOTIDIEN

En réponse à une étude qui dit le peu d'intérêt que les jeunes portent à la littérature et à la lecture dans un article d'un quotidien national, un groupe de lycéens rédige un article titré « Non la littérature n'est pas morte, les jeunes la lisent encore ! »

a. **Déterminez l'énonciation requise par le sujet : proposez plusieurs formulations pour préciser qui parle.**

b. **Faites une liste des œuvres que vous pourriez citer pour étayer l'argumentation sur cette question.**

c. **Construisez l'argumentaire, une liste d'arguments, pour défendre l'idée que les jeunes lisent, et qu'ils lisent de la littérature.**

d. **Rédigez un premier paragraphe d'une dizaine de lignes où vous évoquerez tous les lieux et situations où l'on peut voir des jeunes lire. Utilisez des questions rhétoriques et des énumérations pour appuyer le discours.**

B LA LETTRE À L'ÉDITEUR

a. **Relevez ce qui peut apparaître comme des arguments favorables à la publication du Voyage au bout de la nuit.**

b. **Quelles critiques Céline anticipe-t-il ?**

c. **Comment y répond-il ?**

d. **Rédigez en une vingtaine de lignes la réponse qu'aurait pu envoyer l'éditeur à Céline pour refuser son livre. L'éditeur reprendra les propos et analyses de Céline en lui reprochant un usage de la langue trop vulgaire à l'image de certaines tournures de sa lettre. Il exprimera avec politesse son refus et montrera un évident souci de ne pas blesser l'auteur.**

En fait ce « Voyage au Bout de la nuit » est un récit romancé, dans une forme assez singulière et dont je ne vois pas beaucoup d'exemples dans la littérature en général. Je ne l'ai pas voulu ainsi. C'est ainsi. Il s'agit d'une manière de symphonie littéraire, émotive, plutôt que d'un véritable roman. L'écueil du genre c'est l'ennui. Je ne crois pas que mon machin soit ennuyeux. Au point de vue émotif ce récit est assez voisin de ce qu'on obtient ou devrait obtenir avec de la musique. Cela se tient sans cesse aux confins des émotions et des mots, des représentations précises, sauf aux moments d'accents, eux impitoyablement précis.

D'où quantité de diversions qui entrent peu à peu dans le thème et le font chanter finalement comme en composition musicale. Tout cela demeure fort prétentieux et mieux que ridicule si le travail est raté. À vous d'en juger. Pour moi c'est réussi. C'est ainsi que je sens les gens et les choses. Tant pis pour eux. [...]

L'intrigue est à la fois complexe et simplette. Elle appartient aussi au genre Opéra. (Ce n'est pas une référence !) C'est de la grande fresque, du populisme lyrique, du communisme avec une âme, coquin donc, vivant.

Le récit commence *Place Clichy*, au début de la guerre, et finit quinze ans plus tard à *la fête de Clichy*. 700 pages de voyages à travers le monde, les hommes et la nuit, et l'amour, l'amour surtout que je traque, abîme, et qui ressort de là, pénible, dégonflé, vaincu... Du crime, du délire, du dostoïevskysme, il y a de tout dans mon machin, pour s'instruire et pour s'amuser.

Lettre de L.-F. Céline à Gaston Gallimard accompagnant l'envoi du manuscrit de *Voyage au bout de la nuit* (peu avant le 14 avril 1932),

2 DÉVELOPPER L'ARGUMENTATION DANS LES AUTRES GENRES

a. **Relevez les deux procédés par lesquels la Bruyère énonce et développe son point de vue sur l'éducation des femmes.**

b. **En utilisant ces mêmes procédés rédigez un paragraphe de longueur équivalente qui s'opposera au point de vue de La Bruyère et commencera par la formule : « Pourquoi s'en prendre aux femmes de ce qu'elles ne sont pas savantes ? »**

Pourquoi s'en prendre aux hommes de ce que les femmes ne sont pas savantes ? Par quelles lois, par quels édits, par quels rescrits leur a-t-on défendu d'ouvrir les yeux et de lire, de retenir ce qu'elles ont lu, et d'en rendre compte ou dans leur conversation ou par leurs ouvrages ? Ne se sont-elles pas au contraire établies elles-mêmes dans cet usage de ne rien savoir, ou par la faiblesse de leur complexion, ou par la paresse de leur esprit ou par le soin de leur beauté, ou par une certaine légèreté qui les empêche de suivre une longue étude, ou par le talent et le génie qu'elles ont seulement pour les ouvrages de la main, ou par les distractions que donnent les détails d'un domestique, ou par un éloignement naturel des choses pénibles et sérieuses, ou par une curiosité toute différente de celle qui contente l'esprit, ou par un tout autre goût que celui d'exercer leur mémoire ? [...]

Jean de La Bruyère, « Des Femmes », livre III, 49, *Les Caractères* (1688)

Grille d'auto-évaluation. L'ÉCRITURE D'INVENTION

Relisez votre brouillon autant de fois que nécessaire, en contrôlant les points suivants :

	CRITÈRES D'ÉVALUATION	NON	OUI MAIS À AMÉLIORER	OUI
PERTINENCE : LE TEXTE RESPECTE LES CONTRAINTES DU LIBELLÉ	Le texte appartient au genre ou à la forme de discours demandés			
	Le texte respecte la thématique et/ou le synopsis proposé			
	Le point de vue à exposer et/ou à défendre est respecté			
	Les textes « sources », ressources du corpus sont exploités			
	L'énonciation et les contraintes imposées par le libellé sont respectées			
	Les codes du genre sont respectés, la mise en scène énonciative est adaptée au genre et à la forme de discours			
	Le texte évoque un contexte historique, social et culturel précis et vraisemblable : pas d'anachronismes			
	La visée argumentative du texte, la vision du monde représenté sont développées et clairement lisibles			
	Les outils et procédés d'écriture pour présenter et/ ou défendre un point de vue sont variés, pertinents et nombreux : ils sont bien adaptés au genre et à la forme de discours utilisés.			
	Le texte témoigne de connaissances littéraires et culturelles			
	Le registre choisi est bien adapté au projet de texte			
LISIBILITÉ : LE TEXTE EST LISIBLE, MIS EN PAGE ET LA LANGUE UTILISÉE EST CORRECTE ET ADAPTÉE	La mise en page est adaptée au genre et/ou à la forme de discours du texte			
	Orthographe : avez-vous vérifié les points suivants ? • accords sujet/ verbe • accords des participes passés homophones (a/à ; quand/ quant…) • orthographe lexicale			
	Syntaxe : la construction des phrases est correcte ?			
	Le registre de langue utilisé est adapté au texte à écrire			
	Le vocabulaire est varié, précis et juste.			

9. PRÉPARER L'EXPOSÉ

MÉTHODE

Objectifs
• Gérer et organiser son temps
• Déterminer les enjeux de la question
• Mobiliser ses connaissances
• Organiser et présenter son exposé

Notée sur **10**, la première partie de l'épreuve orale **évalue bien sûr vos connaissances** mais surtout vos compétences face à un texte durant un temps limité : **30 minutes de préparation** pour **10 minutes d'exposé**.
Cela réclame de votre part de la **réflexion** et de l'**organisation** mais aussi une bonne **gestion du temps**.

▸▸▸ÉTAPE 1 L'ORGANISATION MATÉRIELLE DE L'ÉPREUVE

- Les documents que vous devez fournir à l'examinateur, rangés dans un classeur pour les retrouver plus facilement.
- Les documents officiels : convocation, pièce d'identité.
- Les textes en double qu'il convient d'ordonner selon les séquences telles qu'elles apparaissent dans le descriptif.
- Une montre (**les portables sont interdits**).

▸▸▸ÉTAPE 2 SAVOIR EXPLOITER SON TEMPS

▸ **Déterminer les enjeux de la question**
- Bien examiner chacun des termes de la question, ce qu'ils présupposent, afin de répondre de manière pertinente.
- Savoir réagir face au texte en répondant à une question. Ce n'est pas un travail de pure mémoire ; il ne convient pas de plaquer une lecture élaborée en classe en cours d'année.

▸ **Mobiliser ses connaissances**
- Savoir mobiliser des méthodes et des outils d'analyse et pas seulement sa mémoire pour des réponses préalablement établies.
- Orienter la réflexion à partir de l'analyse de la question. Ensuite, au fil du texte, les idées, notamment celles qui ont été retenues lors des révisions, alimenteront l'exposé.
- Prendre appui sur les procédés stylistiques et linguistiques qui donnent à l'extrait son intérêt littéraire.

▸▸▸ÉTAPE 3 ORGANISER SA RÉPONSE

▸ **Organiser son exposé**
- **Adapter le plan** à la question posée ; il doit refléter dans sa progression la démarche suivie et les différentes réponses argumentées à la question.

▸ **Présenter son exposé**

L'exposé (10 minutes maximum) comprend :
- Une **introduction** qui présente et situe le texte, la question posée et le plan.
- La **lecture** complète ou partielle du texte selon la demande de l'examinateur ; première approche du texte, elle témoigne de sa compréhension. Après la lecture, terminer l'introduction et annoncer le plan.
- L'**étude du texte** qui répond à la question posée.
- Une **conclusion** qui reprend les axes de la réflexion et les lie au thème et à la problématique de la séquence.

APPLICATION

Sujet

Voltaire, *Candide* (1759) (▶ p. 376)

Comment Voltaire argumente-t-il pour dégager une conception du bonheur ?

▶▶▶ ÉTAPE 1 L'ORGANISATION MATÉRIELLE DE L'ÉPREUVE

- Présentez **des documents lisibles.** Pas de textes annotés.
- **Numérotez les lignes** des extraits et **placez des marque-pages** pour indiquer les passages étudiés dans l'œuvre intégrale romanesque ou le recueil poétique.
- Quand on vous donne **la question, lisez-la à haute voix.** Si vous ne la comprenez pas, demandez des éclaircissements.
- Les **données du descriptif** dont vous devez garder le double vous seront utiles.
  → Ex. : Ici, les autres textes du XVIIIe permettent de dégager la spécificité de cette argumentation.

▶▶▶ ÉTAPE 2 SAVOIR EXPLOITER SON TEMPS

Déterminer les enjeux de la question

Réfléchissez aux enjeux du texte, à **l'objet d'étude** *(La question de l'Homme dans les genres de l'argumentation, du XVIe siècle à nos jours)*, à **l'intitulé de la séquence** *(Les passions et l'aspiration au bonheur)* et à **la problématique** *(Quels arguments sont apportés par les écrivains et les philosophes pour accéder au bonheur ?)*.

Mobiliser ses connaissances

- **Situez** l'**auteur** dans **son temps** *(XVIIIe siècle)* dans un **mouvement littéraire** *(Les Lumières)*. Tenez compte de la situation du texte et du paratexte *(Candide est un conte philosophique ; ce passage se situe après que les héros ont connu de nombreuses aventures, ce qui suppose qu'une réflexion soit menée au terme de ces péripéties)*.
- **Lisez** le texte en prenant en compte la question posée. Vous choisirez une couleur pour surligner les éléments qui renvoient à la conception du bonheur et une autre couleur pour surligner les éléments qui relèvent d'une stratégie argumentative, notamment l'humour et l'ironie.

▶▶▶ ÉTAPE 3 ORGANISER SA RÉPONSE

- Sur votre brouillon, notez les **idées essentielles** et **classez-les** avec des **références précises** au texte.
- **Ordonnez** votre argumentation pour étayer vos axes d'étude :
  → Ex. : *1. Une argumentation qui s'intègre dans la conclusion d'un conte*
  2. Une réponse philosophique digne des Lumières
  3. Quel bonheur ? La formule finale à la lumière de l'ironie
- **Rédigez** les grandes lignes de votre **introduction**…
  → Ex. : *Candide ou l'Optimisme est un conte philosophique de Voltaire paru à Genève en 1759. Le héros éponyme est à la recherche du bonheur. Après de multiples expériences, etc.* **Puis, annoncez le plan.**
- …et de votre **conclusion.**
  → Ex. : *Voltaire met à profit la conclusion du conte pour argumenter et donner sa conception du bonheur. Il se moque de l'illusion romanesque pour mieux combattre toutes les illusions. Il propose une réponse pragmatique de bourgeois et d'humaniste à travers la formule finale. Mais n'est-ce pas aussi la dernière moquerie d'un provocateur qui nous renvoie à notre propre responsabilité ?*

10. PRÉPARER L'ENTRETIEN

MÉTHODE

Objectifs
- Savoir exploiter les données du descriptif
- Mobiliser ses connaissances
- Mettre en relation les différents textes
- Savoir s'exprimer et communiquer à l'oral
- Savoir argumenter une réponse

La deuxième partie de l'épreuve orale dure, elle aussi, **10 minutes** mais ne bénéficie d'**aucun temps de préparation** le **jour de l'épreuve**. Elle évalue votre **réflexion** et votre **analyse** des textes, vos **connaissances culturelles** dans le cadre de la séquence et de l'objet d'étude auquel appartient le texte support de l'exposé. Ainsi, votre préparation en vue de l'examen doit prendre en compte le **descriptif** et il est nécessaire de bien en saisir les éléments pour ne pas être surpris par les questions qui peuvent en découler. Mais cette épreuve évalue aussi vos **qualités d'expression** et de **communication** dans le cadre d'un échange avec un interlocuteur bienveillant.

▶▶▶ÉTAPE 1 PRENDRE EN COMPTE LES DONNÉES DU DESCRIPTIF

Cela implique une lecture attentive qui porte notamment sur :
- l'intitulé de la séquence, l'objet d'étude
- la problématique (ou axe d'étude) proposée par le professeur
- les textes retenus, les lectures complémentaires, les lectures cursives
- les travaux d'écriture indiqués
- les activités liées à cette séquence : visionnage de film, représentation théâtrale, etc.

▶▶▶ÉTAPE 2 ÉTABLIR UNE TYPOLOGIE DE QUESTIONS D'ENTRETIEN

▶ **Déterminer le champ du questionnement**

• L'examinateur peut être amené à contrôler :
- les **connaissances culturelles** sur les auteurs, les titres de leurs œuvres principales, les mouvements culturels auxquels ils appartiennent, les événements historiques importants qui ont marqué leur époque, les classes sociales et dirigeantes de leur temps ;
- les **savoirs littéraires** sur les œuvres lues intégralement, qu'elles soient cursives ou analytiques, les figures de style, les notions abordées dans les objets d'étude, les registres ;

• Il peut aussi s'enquérir de votre goût et de votre point de vue personnel

▶ **Mobiliser ses connaissances**

Cette partie de l'examen demande :
- **de mettre en relation** les textes de façon cohérente **en répondant à la question** posée par le professeur et éviter ainsi le catalogue ;
- **d'exploiter** de manière pertinente le maximum de textes et de documents.

▶▶▶ÉTAPE 3 S'EXPRIMER DANS UNE SITUATION DE COMMUNICATION PARTICULIÈRE

▶ **Le niveau de langue doit s'adapter au destinataire, ici l'examinateur**

▶ **L'aptitude au dialogue**

• Être à l'écoute de l'examinateur et répondre à ses questions.

Aller plus loin qu'une simple réponse, en mettant en relation les textes et en élargissant la réflexion.

▶ **La qualité de la communication**

Témoigner par l'attitude et le comportement du triple intérêt porté à l'épreuve, à la littérature et aux questions de l'examinateur.

APPLICATION

SUJET
Voltaire, *Candide* (1759) (▸ p. 376) et le groupement de textes de la séquence 4 intitulé « Les passions et l'aspiration au bonheur » (▸ p. 369)

▸▸▸ÉTAPE 1 PRENDRE EN COMPTE LES DONNÉES DU DESCRIPTIF

- Prenez l'habitude **au cours de l'année** de **travailler avec les documents** exploités lors d'une séquence et d'avoir sous la main et en tête les textes auxquels le futur descriptif fait référence.
- Les passions et l'aspiration au bonheur sont ici des termes clés qu'il vous faut préciser. Ils sont à opposer à la raison.
- Inutile de connaître par cœur la biographie des auteurs ; cependant, il faut **absolument** savoir les **situer** dans **le temps** et dans les **mouvements littéraires.** Essentiellement, le Classicisme, les Lumières, et le Romantisme. Par ailleurs, quelques connaissances sur le stoïcisme et l'épicurisme (→ Ex. : Textes de Lucrèce, p. 388 et de Sénèque, p. 390).

▸▸▸ÉTAPE 2 ÉTABLIR UNE TYPOLOGIE DE QUESTIONS D'ENTRETIEN

▸ **Déterminer le champ du questionnement**

- L'examinateur peut s'appuyer sur votre conclusion ou un point de votre étude pour débuter l'entretien.
  → Ex. : Il pourrait ainsi faire référence à la vie de Voltaire, son combat contre l'intolérance. Vous devez connaître les dates clés du XVIIIe siècle.

▸ **Mobiliser ses connaissances**

- Rassemblez vos connaissances sur les **œuvres intégrales**, les **textes complémentaires** (→ Ex. : Textes de Saint-Évremond, p. 380, Lucrèce, p. 390 et Sénèque, p. 388) et les **lectures cursives.** Sachez en formuler le contenu, vous référer aux épisodes essentiels (pensez aux marque-pages), aux situations initiales et finales, citer les personnages principaux et évoquer de manière précise leur fonction dans l'œuvre. Pensez aux lectures d'images (→ Ex. : *La Mort de Sénèque 1684, p. 391*).
- **Consultez le texte** quand vous vous référez à lui, appuyez votre argumentation par la lecture d'un extrait.
- Prenez en compte **tous les documents pour répondre aux questions.**
- Faites état de votre **culture personnelle.**

▸▸▸ÉTAPE 3 S'EXPRIMER DANS UNE SITUATION DE COMMUNICATION PARTICULIÈRE

- Employez un langage clair et correct, bannissez les termes argotiques, familiers.
- Pensez à expliciter les termes qui sont utilisés par l'examinateur. Ainsi définir le stoïcisme, le Libertinage, c'est déjà amorcer une réponse et introduire un exemple.
- Parlez avec conviction, participez activement au dialogue, évitez les silences, les « euh… », finissez vos phrases.

Biographies

Émile Chartier dit Alain (1868-1951)

Doué pour les mathématiques, Émile Chartier se dirige pourtant vers des études de lettres. Après avoir suivi les cours de l'École Normale Supérieure, il passe l'agrégation de philosophie en 1892 et dispense des cours de philosophie qu'il mêle à la littérature. Sous le pseudonyme d'Alain, il signe des chroniques dans divers journaux. Ces articles, regroupés sous le terme de *Propos,* portent sur des sujets tels que le bonheur, l'éducation ou l'esthétique. En 1914, il s'engage dans la guerre, avant d'être démobilisé en 1917. Cette expérience lui inspire le pamphlet *Mars ou la guerre jugée,* qu'il publie en 1921.

Jean Anouilh (1910-1987)

Auteur dramatique français, Jean Anouilh est d'abord secrétaire de Louis Jouvet (acteur, metteur en scène et directeur de théâtre). Dès 1932, il s'engage dans l'écriture théâtrale. Les premières années sont difficiles, mais sa rencontre avec G. Pitoëff et A. Barsacq, grandes figures du théâtre, est décisive. *Le Voyageur sans bagage* (1937), *La Sauvage* (1938) et *Le Bal des voleurs* (1938) sont de grands succès et mettent un terme à ses difficultés matérielles. En 1944, *Antigone* remporte un triomphe. Jean Anouilh n'a cessé d'écrire des pièces, qualifiées de « roses » (*Léocadia,* 1940), « noires » (*Eurydice,* 1942), « brillantes » (*L'Invitation au château,* 1947), « grinçantes » (*Pauvre Bitos,* 1956), ou « costumées » (*l'Alouette,* 1953). Auteur, scénariste et dialoguiste au cinéma à partir de 1959, il met en scène ses propres pièces, comme *Cher Antoine* (1969).

Guillaume Apollinaire (1880-1918)

Abandonné jeune par son père, Guillaume Apollinaire doit subvenir aux besoins de sa famille. Cependant, il étudie, écrit et se lie aux écrivains ainsi qu'aux peintres d'avant-garde tels que Picasso, Derain, le Douanier-Rousseau. Ses rencontres, notamment féminines, rythment sa vie et ses écrits. Il publie en 1913 le recueil *Alcools* ainsi qu'un essai sur la peinture cubiste. En 1914, il s'engage dans la Grande Guerre. De retour à Paris après avoir été blessé en 1916, il poursuit son œuvre dont il exprime l'ambition dans une conférence, *L'Esprit nouveau et les poètes* (1917). Guillaume Apollinaire bouleverse la poésie et son écriture en faisant appel à des images insolites, en inventant de nouvelles formes telles que les « poèmes-conversation » ou les *« Calligrammes »* (cf. p. 290), titre de son dernier recueil paru en 1918.

Théodore Agrippa d'Aubigné (1552-1630)

Fils d'un gentilhomme huguenot, Théodore Agrippa d'Aubigné voit sa vie marquée par les guerres de religion. Dès le début des troubles, il doit partir pour Orléans où il s'engage dans le métier des armes et s'y illustre. Il accompagne le roi de Navarre, le futur Henri IV. Ses poèmes portent la trace de son engagement : ainsi, les *Tragiques,* poème en sept chants paru en 1616, relatent les horreurs de la guerre avec des images empruntées à la Bible. Le recueil lyrique du *Printemps* (1571) porte la trace de ses amours malheureuses avec Diane Salviati. Il rédige, à la fin de sa vie, une *Histoire universelle* dans laquelle il retrace les conflits.

Honoré de Balzac (1799-1850)

Né à Tours, Honoré de Balzac suit des études de droit et devient clerc de notaire. Passionné de littérature, il abandonne cette voie pour se consacrer à l'écriture. Il mène de front son entreprise littéraire, sa vie mondaine et amoureuse mais aussi des affaires qui le ruinent. En quelques années il écrit près de quatre-vingt-dix romans qu'il regroupe sous le titre générique de *La Comédie humaine* en 1842. Cette œuvre aux confluents du Romantisme et du Réalisme – et unifiée par le principe du retour des personnages d'un roman à l'autre – se propose de représenter la société de son temps dans sa totalité. Balzac l'organise en « Études analytiques » – avec par exemple *La Physiologie du mariage* (1829) –, en « Études Philosophiques » – dont *La Peau de chagrin* (1831) est l'une des illustrations – et enfin en « Études de mœurs ». Ces dernières comptent des romans comme *Eugénie Grandet* (1833), *Le Père Goriot* (1835) ou *Le Lys dans la vallée* (1836).

Charles Baudelaire (1821-1867)

Les divers écrits de Charles Baudelaire résonnent de la vie de dandy qu'il mène à Paris, mais aussi des conflits familiaux et des tiraillements moraux qui jalonnent son histoire. Influencé par les Romantiques et par les Parnassiens, il fait scandale avec son recueil de poèmes *Les Fleurs du mal,* publié en 1857, puis en 1861. Il évoque dans ses poèmes ses souvenirs de voyage (il s'est rendu en 1841 à l'île Maurice puis à l'île de La Réunion – « l'île Bourbon » –), les femmes qu'il a aimées (Jeanne Duval, Marie Daubrun et Apollonie Sabatier), et bien d'autres thèmes qui le font condamner pour « outrages à la morale publique et aux bonnes mœurs ». Son œuvre poétique prend ensuite la forme originale des *Petits Poèmes en prose,* publiés en 1869. Journaliste et critique d'art *(Salons de 1845, 1846* et *1859),* Baudelaire a aussi traduit des œuvres d'Allan Poe (notamment les *Histoires extraordinaires* en 1847).

Pierre Augustin CARON DE BEAUMARCHAIS (1732-1799)

Fils d'horloger, il apprend le métier de son père et l'exerce dès ses 21 ans. Présenté à la cour de Louis XV, il multiplie ses activités : financier, agent secret, marchand d'armes, auteur dramatique. Il soutient la Révolution, mais quitte la France durant la Terreur et n'y revient que trois ans avant sa mort. Il écrit une trilogie dramatique *(« Le Roman de la famille Almaviva »)* qui rencontre un vif succès grâce au personnage récurrent de *Figaro*. Ce personnage incarne tour à tour l'auteur dramatique, le barbier, le valet qui exprime les revendications de ceux qu'il juge opprimés. Les deux premières pièces (*Le Barbier de Séville,* 1775 ; *Le Mariage de Figaro,* 1784) sont des comédies ; la troisième (*La Mère coupable,* 1792) est un drame. Cependant, toutes les trois concourent à mettre à mal une société établie sur les privilèges de la naissance.

Simone DE BEAUVOIR (1908-1986)

Simone de Beauvoir est une philosophe et une femme de lettres. Compagne de Jean-Paul Sartre, elle est surtout une ardente féministe : son essai *Le Deuxième sexe* (1949) suscite, par l'audace de ses positions, un immense tollé. Elle milite pour obtenir le droit des femmes à l'avortement. Romancière, elle publie *Les Mandarins* (1954), couronné par le Prix Goncourt. À partir de 1958, elle se consacre à l'écriture autobiographique *(Mémoires d'une jeune fille rangée)*.

Samuel BECKETT (1906-1989)

Écrivain d'origine irlandaise, Samuel Beckett rédige la plupart de ses œuvres en français. Auteur de poèmes, de nouvelles, de romans et d'œuvres dramatiques, il a eu un rôle important dans le renouvellement de l'écriture théâtrale des années 1950. Il développe des thèmes tels que la solitude ou l'absence de communication. Ses œuvres expriment le vide intérieur, le tragique de la vie où tout n'est que répétition. Il montre un monde absurde, cruel et angoissant, mais non dénué d'humour. Dans son œuvre, le langage tend vers le silence tant dans ses romans (*Murphy,* 1938 ; *Molloy,* 1947 ; *Malone meurt,* 1948) que dans ses œuvres théâtrales (*En Attendant Godot,* 1952 ; *Fin de partie,* 1957 ; *Oh ! les beaux jours,* 1961).

Joachim DU BELLAY (1522-1560)

Joachim du Bellay forme avec Pierre de Ronsard le noyau des poètes de La Pléiade. Du Bellay se fait le porte-parole de ce groupe dans son manifeste *Défense et Illustration de la langue française,* publié en 1549. Son premier recueil de poèmes, *L'Olive* (1550), est marqué par l'influence de la poésie amoureuse du grand poète italien Pétrarque. Mais son chef-d'œuvre, le recueil des *Regrets* (1558), lui est inspiré par un voyage décevant qu'il a fait à Rome.

Nicolas BOILEAU (1636-1711)

Né dans la famille d'un juriste parisien, Nicolas Boileau devient avocat après avoir étudié le droit et la théologie. Cependant, il décide de se consacrer à l'écriture. Ses premières œuvres s'orientent vers l'analyse et la critique des mœurs ou de la littérature. Il rédige des *Satires* (1660-1701) et des *Épîtres* (1669-1695). Protégé par le roi, au même titre que le fut La Fontaine, il est d'abord nommé historiographe de Louis XIV en 1677, avant d'être nommé à l'Académie française en 1684. Il s'engage dans « La Querelle des Anciens et des Modernes » et prend le parti des Anciens. Dans *L'Art poétique* (1674), il définit les grands principes de l'esthétique classique.

André BRETON (1896-1966)

À la fois poète et essayiste, André Breton a d'abord entrepris des études de médecine. Il correspond durant la guerre avec Guillaume Apollinaire. Celui-ci lui fait rencontrer Philippe Soupault avec qui il publie en 1919 *Les Champs magnétiques,* première expérimentation de l'écriture automatique. Il devient le chef de file et le théoricien du groupe surréaliste avec ses deux *Manifestes* (1924 ; 1930). *Nadja* (1928) et *L'Amour fou* (1937) sont considérées comme ses œuvres les plus abouties. Exilé aux États-Unis pendant la Seconde Guerre mondiale, il continue de défendre jusqu'à la fin de sa vie un surréalisme intégral.

Michel BUTOR (né en 1926)

Michel Butor est un écrivain français dont les œuvres poétiques (*Le fil à quoi tient notre vie,* 1996), critiques (*Essai sur « les Essais »,* 1967) et romanesques (*Passage de Milan,* 1954 ; *l'Emploi du temps,* 1956 ; *La Modification,* 1957) expérimentent des formes nouvelles (*Mobile : étude pour une représentation des États-Unis,* 1962). Il fait partie des théoriciens du Nouveau Roman. Il est fasciné par différents artistes et notamment des peintres (*Les Mots dans la peinture,* 1969 ; *Illustrations,* 1967-1976) et réalise des études de critique littéraire et artistique.

Albert CAMUS (1913-1960)

Albert Camus est un écrivain français. Son enfance en Algérie lui inspire par exemple les descriptions lyriques de paysages d'Afrique du nord (*Noces,* 1938). Dans ses essais (*le Mythe de Sisyphe,* 1942), ses romans (*l'Étranger,* 1942 ; *la Peste,* 1947 ; *la Chute,* 1956) et son théâtre (*Caligula,* 1944) transparaît le sentiment de l'absurdité du destin humain, éprouvé à la suite du choc de la Seconde Guerre mondiale. On lui décerne le Prix Nobel de Littérature en 1957.

Blaise Cendrars (1887-1961)

Écrivain français d'origine suisse, Blaise Cendrars se définit comme un « bourlingueur » : de son enfance jusqu'à sa mort, sa vie est rythmée par des voyages dans le monde entier. Il s'engage en 1914 dans la Première Guerre mondiale. Blessé, il est amputé du bras droit. Devenu grand reporter, il se consacre aussi à l'écriture poétique qu'il renouvelle tout en célébrant la modernité (*La Prose du Transsibérien et de la petite Jeanne de France,* 1913). Il se consacre ensuite au genre romanesque avec *L'Or* (1925) qui retrace la vie d'un aventurier suisse en Amérique, mais aussi à une œuvre autobiographique en publiant *La Main coupée* (1946) ou *Bourlinguer* (1948).

Jean-Baptiste Chassignet (vers 1570-1635)

Jean-Baptiste Chassignet suit des études de droit et devient conseiller et avocat fiscal en Franche-Comté. Il consacre son temps libre à la poésie, mais aussi à l'écriture de petits ouvrages historiques sur sa région. Il connaît la notoriété littéraire en 1594, avec la publication des 434 sonnets qui composent le recueil baroque *Mépris de la vie et consolation contre la mort,* dans lesquels le poète constate amèrement la dissolution du monde.

Madame du Châtelet (1706-1749)

Par son mariage avec le marquis du Châtelet, Émilie de Breteuil confirme son appartenance à la grande aristocratie française. La liberté que lui laisse son mari lui permet de développer son goût de l'étude et sa passion pour les sciences qui ont été encouragés dès son enfance par ses parents. Elle devient l'une des plus brillantes physiciennes de son temps et entreprend de traduire du latin l'œuvre majeure d'Isaac Newton, *Principia* (1756). Compagne de Voltaire pendant plus de dix ans, elle écrit le *Discours sur le bonheur* après leur rupture en 1746-1747. Elle meurt prématurément, deux ans plus tard, après une grossesse tardive.

Albert Cohen (1895-1981)

Écrivain suisse de langue française, Albert Cohen appartient à l'importante communauté juive de l'île de Corfou. Toute son œuvre manifeste son attachement à ses origines. Après ses études en France, il se partage entre sa carrière de fonctionnaire international à Genève et son activité d'écrivain. Outre des œuvres proprement autobiographiques, comme *Le Livre de ma mère* (1954), il écrit une saga consacrée à une famille juive. Dans une époque où l'antisémitisme progresse, ses héros font face avec courage et optimisme aux coups du destin. *Belle du Seigneur* (1968) est le dernier volume de cette saga, et son chef-d'œuvre incontesté.

Gabrielle Sidonie Colette (1873-1954)

À l'âge de vingt ans, Colette se marie avec Henry Gauthier-Villars, dit « Willy » qui l'encourage à écrire. Elle publie la série des *Claudine* (1900-1903), *dont Claudine à l'école* (1900), sous le surnom de son mari. Après leur divorce en 1906, Colette signe ses œuvres de son nom. Avec son amie et amante « Missy », elle fait une carrière au music-hall de 1906 à 1912. Son œuvre, d'inspiration autobiographique, rappelle ses convictions et son désir de défendre les droits des femmes (*Chéri,* 1920 ; *Le Blé en herbe,* 1923 ; *Sido,* 1929). En 1945, Colette est élue membre de l'Académie Goncourt.

Pierre Corneille (1606-1684)

Pierre Corneille se destine à la carrière d'avocat avant d'embrasser celle d'écrivain suite à sa rencontre avec le comédien Montdory. Ses premières pièces sont des comédies de mœurs enracinées dans la société contemporaine (*La Place Royale,* 1636-1637). *Le Cid* (1637) marque un virage vers la tragédie qui consacre sa gloire. Ses grandes tragédies (*Horace,* 1640 ; *Cinna,* 1641 ; *Polyeucte,* 1642) consacrent un modèle de héros qui sait privilégier dans une situation de choix difficile (le dilemme cornélien) les exigences les plus élevées. Auteur à succès, pensionné par le roi, il est peu à peu éclipsé par le succès de Jean Racine à partir de 1650. Il ne cesse pourtant d'écrire et d'innover jusqu'à sa dernière pièce en 1674, *Suréna,* tragédie galante et politique.

Jean Desmarets de Saint-Sorlin (1595-1676)

Auteur proche de Richelieu avec lequel il crée des pièces de théâtre comme *Mirame* (1641), Jean Desmarets de Saint-Sorlin exerce de hautes fonctions à la cour. Il est conseiller du roi, puis membre de l'Académie française (fondée par son protecteur le Cardinal) de 1634 à 1638. À la mort de ce dernier, il écrit un recueil de vers, *Les Promenades de Richelieu ou les Vertus chrétiennes* (1653), puis le poème héroïque *Clovis ou la France chrétienne* (1657), très critiqué par Boileau. Il s'engage dans la « querelle des Anciens et des Modernes », en prenant le parti des Modernes.

Robert Desnos (1900-1945)

Robert Desnos s'associe très vite aux premières expériences du groupe surréaliste. Il participe notamment aux séances d'hypnose qui permettent de libérer la pensée de la dictée de la raison. Son recueil *Rrose Sélavy* (1922-1923) montre sa fantaisie et son invention poétique. Son entrée dans le monde du journalisme et la radicalisation des positions d'André Breton le conduisent progressivement à prendre ses distances avec le groupe surréaliste. Son intérêt pour la musique et la chanson marquent sa poésie (*Fortunes,* 1942). Pendant l'Occupation, il entre dans la Résistance ; arrêté et déporté, il meurt le 8 juin 1945 dans un camp de concentration.

Denis DIDEROT (1713-1784)

Aîné d'une famille bourgeoise de Langres, Denis Diderot est destiné à la prêtrise par ses parents. Il abandonne les études théologiques qu'il mène à Paris et se tourne vers la littérature. Il entreprend des ouvrages dans des genres très différents. Il révolutionne ainsi le roman (*Jacques le Fataliste,* 1796), s'intéresse à la critique littéraire *(Salons),* rénove le théâtre avec l'invention du drame bourgeois (*Le Neveu de Rameau,* 1777), entretient une riche correspondance *(Lettres à Sophie Volland)* et cherche à faire réfléchir ses lecteurs, comme le montre son utilisation du dialogue dans le *Supplément au Voyage de Bougainville* paru à titre posthume en 1796. Il consacre plus de vingt ans à l'édition de *L'Encyclopédie* (1751-1772) aux côtés de d'Alembert. Il se distingue de ses amis philosophes par l'audace de ses idées matérialistes. Partisan du « despotisme éclairé », il devient le protégé de l'impératrice Catherine II après une année passée en Russie.

David DIOP (1927-1960)

Né d'un père sénégalais et d'une mère camerounaise, David Diop puise son inspiration dans les poèmes d'Aimé Césaire. Il se lance dans la médecine avant d'entamer des études littéraires, sous l'autorité de Léopold Sédar Senghor. Il enseigne à Dakar, puis, en 1958, à Kindia, dans la nouvelle république de Guinée. Poète engagé, il publie plusieurs articles dans la revue « Présence africaine ». Ses poèmes, réunis dans son unique recueil *Coups de pilon* (1956), sont marqués par ses dénonciations du colonialisme. Il meurt dans un accident d'avion, au large de Dakar.

Marguerite DURAS (1914-1996)

Née en Indochine, Marguerite Duras fait ses études au lycée de Saïgon avant de venir en France où elle rejoint la Résistance pendant la Seconde Guerre mondiale et devient membre du Parti Communiste. Les notes prises au cours de cette période dans ses *Cahiers de la Guerre* vont lui servir à publier *La Douleur* en 1985. Mais elle se fait connaître du public avec son roman *Un barrage contre le Pacifique* paru en 1950. Proche des écrivains du Nouveau Roman (*Hiroshima mon amour,* 1960 ; *Le Ravissement de Lol V. Stein,* 1964), passionnée par le cinéma (*India Song,* 1975) et le théâtre (*L'Amante anglaise,* 1970 ; *Des Journées entières dans les arbres,* 1976), elle connaît un grand succès populaire avec *L'Amant* qui obtient le Prix Goncourt en 1984.

Paul ÉLUARD (1895-1952)

S'intéressant dans un premier temps au mouvement Dada, Paul Éluard parvient à trouver dans le surréalisme la libération du langage qu'il recherche. Ses premiers recueils célèbrent son amour pour son épouse Gala (*Capitale de la douleur,* 1926 ; *L'amour la poésie,* 1929). Les années 1930 marquent son engagement politique de plus en plus sensible. Sa poésie approche, dans une simplicité apparente, le mystère et la magie du réel. Durant la Seconde Guerre mondiale, il s'affirme comme poète engagé et rassemble les textes de nombreux poètes résistants sous le titre *L'Honneur des poètes* (1943). Son dernier recueil, *Le Phœnix* (1951), marque le retour au lyrisme amoureux.

ÉRASME (1469-1536)

Auteur hollandais d'expression latine, Érasme est considéré comme l'une des figures majeures de la Renaissance. Étudiant en France, en Italie et en Angleterre, il rencontre de nombreux savants et peut être considéré comme l'incarnation de l'humaniste européen. Son œuvre associe des préoccupations littéraires nouvelles – sur la pédagogie notamment (*De l'éducation des enfants,* 1529) – au souci d'une religion authentique fondée sur le retour au texte. Il est ainsi le premier à publier une édition grecque du *Nouveau Testament* en 1516. Il se caractérise par son esprit indépendant et satirique qu'illustre *L'Éloge de la Folie* (1509). Dans cet ouvrage appartenant au genre oratoire, la Folie parle et tente de libérer la pensée humaine des idées reçues.

Gustave FLAUBERT (1821-1880)

Romancier réaliste du XIXe siècle, Gustave Flaubert est l'auteur d'une œuvre tout à la fois contestée par la Bourgeoisie (comme le démontre la condamnation de *Madame Bovary*) et reconnue par ses pairs pour sa force littéraire. Son souci d'une observation précise des hommes et de la réalité sociale associé à sa volonté de parvenir à un art objectif ouvre une nouvelle voie littéraire. Ses trois romans, *Madame Bovary* (1857), *Salammbô* (1862) et *L'Éducation sentimentale* (1869) ainsi que son recueil de nouvelles, *Trois contes* (1877), reflètent l'exigence stylistique qu'il s'imposait. Il laisse derrière lui une œuvre inachevée, *Bouvard et Pécuchet,* satire de la médiocrité de deux employés de bureau.

Henri-Alban FOURNIER dit ALAIN-FOURNIER (1886-1914)

Alain-Fournier est l'auteur d'un seul roman, *Le Grand Meaulnes* (1913). Après une enfance passée en Sologne, il commence des études de lettres à Paris où il s'intéresse également à la peinture et à la musique. Il rencontre brièvement en 1905 une jeune fille qui lui inspirera le personnage d'Yvonne de Galais dans son roman *Le Grand Meaulnes.* Il la retrouve huit ans plus tard pour apprendre à sa plus grande déception qu'elle est mariée et mère de famille. Il est tué un an après, au cours de la Première Guerre mondiale.

Jean Genet (1910-1986)

Poète, romancier et dramaturge français, Jean Genet est un enfant de l'Assistance Publique. Accusé d'un vol à l'âge de dix ans, il est retiré de sa famille d'accueil et interné dans une colonie pénitentiaire qu'il évoque dans son roman *Le Miracle de la rose* (1947). Jusqu'à sa mort, Genet rejette le conformisme : il exalte dans sa vie comme dans son œuvre les valeurs condamnées par une société bourgeoise. Son poème *Le Condamné à mort* (1942) chante l'homosexualité, sa pièce *Les Nègres* (1958) dénonce le colonialisme. Il s'engage fortement aux côtés de minorités comme les *Black Panthers* (mouvement révolutionnaire afro-américain formé en Californie en 1966) ou les Palestiniens.

Jean Giraudoux (1882-1944)

Romancier et auteur dramatique, Jean Giraudoux occupe également un poste modeste au Ministère des Affaires étrangères. Dans ses écrits, il s'inspire souvent d'une intrigue tirée des légendes ou de l'Histoire et transforme très librement les situations comme le démontrent *Amphitryon 38* (1929), *La Guerre de Troie n'aura pas lieu* (1935) et *Électre* (1937). Son style plein d'allusions, d'ellipses et d'humour, s'adresse à un spectateur lettré. Il considère le théâtre comme une tribune où l'on peut exposer les problèmes, sans endoctriner le spectateur qui est libre de juger (*La Folle de Chaillot,* 1945). Jean Giraudoux a beaucoup écrit pour Louis Jouvet (1887-1951), célèbre acteur et metteur en scène.

Victor Hugo (1802-1885)

Chef de file du mouvement romantique, Victor Hugo est un auteur de poèmes lyriques (*Les Rayons et les ombres,* 1840 ; *Les Contemplations,* 1856) qui sait aussi mettre la poésie au service de son engagement politique (*Les Châtiments,* 1853). Dramaturge (*Hernani,* 1830), il contribue à renouveler le théâtre en fixant les principes du drame romantique dans la Préface de *Cromwell* en 1827. Romancier inclassable, il écrit neuf romans parmi lesquels on compte *Les Misérables* (1862) et *Quatre-vingt-treize* (1874). Son engagement politique n'est pas négligeable. Démocrate puis député pendant la IIe République, il désapprouve la prise de pouvoir personnel de Louis-Napoléon Bonaparte. Il passe ainsi l'essentiel de sa vie en exil avant un retour triomphal en 1870 et une élection en tant que sénateur.

Eugène Ionesco (1909-1994)

Écrivain et auteur dramatique français d'origine roumaine, Eugène Ionesco est le chef de file du théâtre de l'absurde qui s'est opposé au théâtre bourgeois des années 1950. Dans *La Cantatrice chauve* (1950), il ne se passe rien : les personnages parlent par clichés pour montrer « la tragédie du langage » et font « fonctionner à vide le mécanisme théâtral ». Pour Ionesco, le langage est le vecteur de toutes les dominations. Dans *Les Chaises* (1952), non seulement le langage échappe à tout contrôle, mais les objets prolifèrent. L'homme est une marionnette, non pas mue par le destin, mais par les mots et les choses. Opposé à Brecht, il récuse tout réalisme (*L'Impromptu de l'Alma,* 1956). Dans *Rhinocéros* (1958), il stigmatise tous les totalitarismes. Sa réflexion critique et théâtrale est réunie dans *Notes et contre-notes* (1962).

Jean de La Bruyère (1645-1696)

Après des études de droit, Jean de La Bruyère devient précepteur du petit-fils de Condé, ce qui lui permet d'observer les grands de ce monde. Il s'engage dans la « querelle des Anciens et des Modernes » et prend le parti des Anciens. L'œuvre unique qu'il compose, *Les Caractères* (1688), se présente d'abord comme une imitation d'un ouvrage antique, *Les Caractères* de Théophraste. Son livre se présente sous la forme de portraits satiriques de ses contemporains, mêlés à des maximes morales à la manière de La Rochefoucauld. La cour, les femmes, les auteurs de son siècle y sont examinés. Il est élu à l'Académie française en 1693.

Pierre Choderlos de Laclos (1741-1803)

Issu d'une famille de noblesse récente, Laclos, en tant qu'officier de carrière, vit dans les villes de garnison provinciales. Son temps libre est consacré à la lecture ainsi qu'à l'écriture. Son unique roman, *Les Liaisons dangereuses* (1782), obtient immédiatement un succès lié au scandale qu'il provoque. La question de l'émancipation féminine y est posée ; Laclos la reprendra dans différents textes théoriques (*Des femmes et de leur éducation,* 1783).

Madame de La Fayette (1634-1693)

Par son mariage avec le comte de La Fayette, Marie-Madeleine entre dans l'aristocratie. À Paris, où elle tient salon à partir de 1660, elle fréquente des intellectuels et des écrivains comme Gilles Ménage ou Jean de Segrais. Elle noue aussi une amitié durable avec le Duc de La Rochefoucauld. En collaboration avec Ménage, elle écrit d'abord une nouvelle historique, *La Princesse de Montpensier* (1662), mais sa gloire est surtout associée au roman *La Princesse de Clèves* (1678), considéré comme un chef-d'œuvre de la littérature classique et le modèle du roman d'analyse psychologique.

Jean de La Fontaine (1621-1695)

Jean de La Fontaine a marqué l'Histoire littéraire par la publication de ses *Fables* en trois temps. Il publie le Premier Recueil (Livres I à VI) en 1668, le Deuxième Recueil (Livres VII à XI) en 1678-1679 et le Livre XII en 1694. Le fabuliste est un moraliste qui cherche à corriger les défauts des hommes, et certains travers de la société de son temps. Il a pu les observer grâce à sa position privilégiée dans les salons d'époque, ayant pour mécènes de grands personnages d'État comme le surintendant Fouquet ou l'aristocrate Mme de La Sablière. La Fontaine s'inspire d'abord des Anciens, comme le fabuliste grec Ésope, mais il enrichit progressivement son art et ses sources d'inspiration.

Alphonse de Lamartine (1790-1869)

Inspiré par les Romantiques tels que Chateaubriand, Alphonse de Lamartine écrit ses premiers vers à la suite d'un voyage en Italie. La rencontre puis la disparition brutale de Julie Charles, en 1817, suscitent l'écriture de poèmes comme « Le Lac » dans les *Méditations poétiques* (1820). Le recueil *Harmonies poétiques et religieuses* (1830) prolonge cette aventure poétique. Fort du succès littéraire rencontré, il entre à l'Académie française en 1829, puis se lance dans une carrière politique qui le mène à la tête du gouvernement provisoire en 1848. Après cette période heureuse, Lamartine perd la faveur de ses contemporains. Ses dernières œuvres, un peu de théâtre, quelques romans, et surtout des textes autobiographiques rencontrent peu de succès.

Alain-René Lesage (1668-1747)

Alain-René Lesage est un romancier et dramaturge français. Sans fortune, il devient clerc de notaire. Il traduit des pièces espagnoles et écrit ses propres comédies comme *Crispin, rival de son maître* (1707) ou *Turcaret* (1709), satires de la société du temps de la Régence. Ses comédies rappellent celles de Molière et annoncent des thèmes qu'on retrouve dans les comédies du XVIIIe siècle. Son roman picaresque, *L'Histoire de Gil Blas de Santillane* (1715-1735), qui jette un regard critique sur la société, rencontre un large succès.

Stéphane Mallarmé (1842-1898)

Stéphane Mallarmé perd sa mère à l'âge de cinq ans et se voit confié à ses grands-parents puis mis en pension. Après un séjour à Londres où il parfait ses connaissances en anglais, il se marie et devient professeur d'anglais. Parallèlement il se consacre à la poésie et fréquente les milieux Parnassiens et Symbolistes. Verlaine le fait connaître et révèle son talent. Dans *Hommages et Tombeaux* (1877), Mallarmé recherche une langue « suprême » capable de compenser le « défaut des langues ». Le poème « Un coup de dés jamais n'abolira le hasard » (1897), jouant avec l'espace de la page et la typographie, devient l'emblème d'une poésie éclatée.

Pierre de Marbeuf (1596-1645)

Après des études de droit effectuées en compagnie de Descartes, Pierre de Marbeuf devient Maître des Eaux et Forêts. Ce goût pour la nature, caractéristique aussi des écrivains de La Pléiade et particulièrement de Ronsard qu'il admire, se retrouve dans ses poèmes. Son *Recueil de vers* le plus célèbre est composé en 1628. Grâce à ses poèmes à l'esthétique baroque, Marbeuf remporte à plusieurs reprises le concours des *Palinods* de Rouen, pièces composées en l'honneur de l'Immaculée Conception de la Vierge.

Pierre Carlet de Chamblain de Marivaux (1688-1763)

Marivaux, dramaturge et écrivain français, est le fils du directeur de la Monnaie de Riom. Il abandonne ses études de droit pour une carrière littéraire. Il écrit des articles de journaux, des textes satiriques, des comédies et des romans qui lui apportent succès et reconnaissance et lui permettent d'entretenir sa famille après la banqueroute de Law dont il ressort ruiné. Dans ses comédies (*La Double Inconstance,* 1724 ; *Le Jeu de l'amour et du hasard,* 1730), Marivaux explore la naissance de l'amour et son développement, mais analyse aussi le rapport entre les différentes conditions sociales et leur évolution dans ce début du XVIIIe siècle.

François Mauriac (1885-1970)

François Mauriac est un romancier, essayiste, critique littéraire et chroniqueur français né dans une famille bourgeoise, catholique et conservatrice. Après des études de lettres, il se consacre à la littérature et rencontre le succès dès la publication de ses premiers romans. *Le Baiser au lépreux* (1922), *Génitrix* (1923), *Thérèse Desqueyroux* (1927), *Le Nœud de vipères* (1932) proposent une satire de la bourgeoisie bien-pensante de son temps. Au milieu des années 1930, Mauriac s'engage dans le combat politique pour dénoncer la menace fasciste. Il rejoint la Résistance en 1942 et défend l'indépendance de l'Algérie en 1952. Mauriac est élu à l'Académie française en 1933 et obtient le Prix Nobel de Littérature l'année où paraît son roman *Galigaï* (1952).

Henri Michaux (1899-1984)

Après des études chez les jésuites en Belgique, Henri Michaux s'engage dans la marine en tant que matelot. À vingt-cinq ans, il s'installe à Paris et s'intéresse à la peinture et au dessin, parallèlement à l'écriture. Naturalisé français en 1955, il devient poète et peintre. Il parcourt le monde et écrit des carnets de voyages (*Un barbare en Asie,* 1933), des recueils de poèmes en prose ou en vers libres (*Plume,* 1938), mais aussi des récits de ses expériences avec les drogues dans *Connaissance par les gouffres* (1961). S'il est proche des surréalistes, on ne peut le classer dans aucun mouvement. Sa poésie s'efforce d'explorer l'être humain comme le suggère le titre de son recueil *L'Espace du dedans* (1944).

Jean-Baptiste Poquelin dit Molière (1622-1673)

Fils d'un tapissier ordinaire du roi Louis XIV, Jean-Baptiste Poquelin se destine à une carrière d'avocat après avoir suivi des études chez les jésuites. Mais en 1643, sa passion pour le théâtre l'amène à fonder « L'Illustre Théâtre ». Sa faillite le contraint à tourner douze ans en province avec sa troupe. Il en revient avec des protecteurs et ses premières pièces écrites. Le succès des *Précieuses Ridicules* (1659) assure la notoriété de la troupe qui s'installe au Palais-Royal. *L'École des femmes* (1662) inaugure le cycle des grandes comédies, mais suscite aussi des réactions hostiles qui vont se multiplier avec *Tartuffe* (1664) et *Dom Juan* (1665). Par la suite, Molière se consacre à des comédies proches de la farce et à des comédies-ballets. Sa mort survient quelques heures après une représentation du *Malade imaginaire* (1673).

Michel de Montaigne (1533-1592)

Michel de Montaigne est issu d'une famille de riches négociants bordelais. Après avoir siégé pendant cinq ans au Parlement de Bordeaux, où il se lie d'amitié avec La Boétie, puis à celui de Paris, il cède cette charge juridique en 1572 pour se consacrer à l'écriture des *Essais* dont il publie en 1580 une première version. Il est élu en 1581 à la mairie de Bordeaux. Entre les affaires publiques et sa retraite dans sa bibliothèque, il s'emploie à réécrire, amplifier son œuvre. Il y exerce sa réflexion sur le savoir de son temps et celui des historiens et des poètes de l'Antiquité. Écrivain humaniste, il cherche en lui-même les caractères de la condition humaine. C'est trois ans après sa mort, en 1595, qu'est publiée l'édition de référence de son œuvre établie sur « l'exemplaire de Bordeaux », portant ses derniers ajouts et corrections.

Henry de Montherlant (1895-1972)

Auteur dramatique, romancier et essayiste, Henry de Montherlant est descendant d'une famille de noblesse catalane. Il a le goût des études et la passion de la littérature. Mobilisé en 1916, il est gravement blessé en 1918. Ses premiers succès d'écrivain lui permettent de voyager en Espagne, en Italie et en Afrique du Nord. De retour à Paris en 1932, il écrit des romans, *les Célibataires* (1934), *Les Jeunes filles* (1936) et prend position contre Munich. À partir de 1942, il se consacre principalement au théâtre avec *la Reine morte* (1942), *Fils de personne* (1943), *le Maître de Santiago* (1947). Portant un regard lucide et pessimiste sur la vie, il prône néanmoins une conduite noble et digne. En 1960, il est élu à l'Académie française. Perdant quasiment la vue après un accident, il se donne la mort en 1972.

Alfred de Musset (1810-1857)

Né dans une famille aristocratique et cultivée, Alfred de Musset fréquente le Cénacle Romantique, mais reste en marge de la Nouvelle École. Après l'échec de *La Nuit Vénitienne* (1830), Musset renonce à écrire pour la scène et publie son théâtre sous le titre de *Un spectacle dans un fauteuil* (1832). Sa liaison orageuse avec George Sand nourrit sa poésie et en particulier les *Nuits* (1835-1837). Sa gloire est consacrée par son entrée à l'Académie française en 1852. Épuisé par l'alcoolisme, il meurt prématurément, victime d'une maladie du cœur.

Blaise Pascal (1623-1662)

Avant tout brillant scientifique, Blaise Pascal compose des essais scientifiques, dès l'âge de seize ans, *Essai sur les coniques* (1642) et invente la machine arithmétique (ou « Pascaline »), ancêtre de la machine à calculer. Après avoir fréquenté différents salons mondains, marqué par un accident et frappé par une maladie incurable, Pascal se tourne vers la religion et le jansénisme de Port-Royal. Il se consacre à l'écriture de lettres polémiques contre les jésuites, *Les Provinciales,* publiées en 1656 sans autorisation. Il entreprend en même temps d'écrire une *Apologie du Christianisme,* dont les fragments sont regroupés dans les *Pensées,* publiées en 1670, après sa mort.

Francis Ponge (1899-1988)

Né dans une famille bourgeoise et cultivée, Francis Ponge poursuit des études de lettres, puis de droit. En 1931, après son mariage, il se consacre à la poésie pendant ses moments libres. Il fréquente les surréalistes et adhère au Parti Communiste. En 1941, il entre dans la Résistance. Les titres de ses recueils *Le Parti pris des choses* (1942), *Proêmes* (1952) ou *La Rage de l'expression* (1961) suggèrent un intérêt pour le monde quotidien et prosaïque mais aussi sa volonté de s'affranchir d'une versification classique et de trouver une expression apte à retrouver le lien entre les mots et les choses.

Jacques Prévert (1900-1977)

Jacques Prévert commence sa carrière d'écrivain dans le groupe surréaliste : il rencontre André Breton en 1925, mais il rompt avec ce groupe en 1930. Il participe alors à l'écriture de pièces de théâtre pour le groupe « Octobre », troupe engagée. Il rédige le scénario de nombreux films, dont *Quai des brumes* (1938) et *Les Enfants du paradis* (1945) de Marcel Carné, et travaille aux côtés de son frère Pierre, réalisateur. Pendant la Deuxième Guerre mondiale, il fait acte de résistance en écrivant notamment des poèmes engagés. Ses combats se retrouvent dans son recueil, *Paroles* (1945). Certains de ses textes comme « Les Feuilles mortes » ont été mis en musique par Joseph Kosma.

Abbé Prévost (1697-1763)

Ordonné prêtre en 1726, il mène une existence particulièrement mouvementée, partagé entre l'aspiration à la discipline religieuse et le goût de l'aventure qui l'amène à plusieurs reprises à fuguer pour voyager à travers l'Europe. Traducteur de romans anglais, journaliste, romancier fécond, toute son œuvre sombre dans l'oubli à l'exception de *Manon Lescaut* (1728-1731), qui n'est à l'origine qu'un récit inséré dans *Les Mémoires d'un homme de qualité*.

Marcel Proust (1871-1922)

Issu d'une famille cultivée de la bourgeoisie parisienne, Marcel Proust obtient une licence de Lettres en 1892. Il fréquente les salons de la haute bourgeoisie et de la noblesse du Faubourg St Germain et écrit des articles dans les journaux. C'est vers 1907 qu'il conçoit *À la Recherche du temps perdu,* roman en sept parties, dans lequel il peint les milieux et les figures qu'il a fréquentés. Grâce à la mémoire involontaire, il retrouve, intacts, les souvenirs du passé. Malade, cloîtré dans sa chambre, écrivant et corrigeant sans cesse ses manuscrits, il s'éteint à cinquante et un ans, après avoir obtenu le Prix Goncourt en 1919 avec *À L'Ombre des jeunes filles en fleurs,* mais sans avoir mis un point final à son œuvre.

Raymond Queneau (1903-1976)

Raymond Queneau, romancier et poète français rejoint le mouvement surréaliste mais rompt avec André Breton en 1942. Il est l'un des fondateurs de l' « Oulipo ». Toute son œuvre est marquée par le jeu avec le langage, les rapports de l'écrit et de la langue parlée voire argotique mais aussi par sa passion pour les mathématiques et la philosophie. Son roman *Le Chiendent* (1933), ses *Exercices de style* (1947), ses recueils *L'Instant fatal* (1948) ou *Cent mille milliards de poèmes* (1961) allient humour et poésie tant par l'évocation de personnages insolites que par la fantaisie verbale et les contraintes qu'il s'impose pour composer ses œuvres.

François Rabelais (1494 -1553)

Ordonné prêtre en 1520, François Rabelais étudie le grec, mais ses supérieurs confisquent ses livres ; ce qui lui vaut de haïr tout au long de sa vie la Sorbonne, les moines et la règle monastique. Ayant renoncé à ses vœux, il se tourne alors vers la médecine sans renoncer pour autant à l'écriture. *Pantagruel* paraît en 1532, et *Gargantua* en 1534, sous la signature d'Alcofibras Nasier (anagramme de François Rabelais) : le gigantisme des héros est à l'image d'une pensée humaniste qui veut briser les obstacles et les limites de la tradition et présenter, entre autres, un système d'éducation fondé symboliquement sur l'ivresse des connaissances. *Gargantua* s'achève sur la description de l'abbaye de Thélème, couvent utopique et humaniste.

Jean Racine (1639-1699)

Orphelin, Jean Racine est élevé par les jansénistes de Port-Royal qui lui transmettent leur doctrine rigoureuse mais aussi le goût de la langue et de la littérature grecques. Bien que les jansénistes condamnent le théâtre, Racine écrit entre 1667 et 1677 une comédie, *Les Plaideurs* (1668), et sept tragédies dont *Andromaque* (1667), *Bérénice* (1670), *Phèdre* (1677). Ses tragédies donnent une vision tragique d'une humanité gouvernée par ses passions et abandonnée au mal à travers un nouveau langage poétique. Il renonce brutalement au théâtre, devient historiographe du roi et épouse une jeune fille qui lui donne sept enfants. Pour Madame de Maintenon et l'institution de Saint-Cyr qu'elle vient de fonder, il écrit deux tragédies d'inspiration biblique : *Esther* (1689) et *Athalie* (1691).

Arthur Rimbaud (1854-1891)

Génie précoce, Arthur Rimbaud se consacre à la poésie entre quatorze et vingt-deux ans. Très tôt, il affirme sa révolte dans des poèmes comme « Sensation » ou « Le Dormeur du val » recueillis dans *Poésies* (1871). *Une Saison en enfer* (1873) témoigne de sa liaison orageuse avec Verlaine, déterminante pour sa vie et son œuvre. Avant son silence définitif, Rimbaud cherche à atteindre l'ambition de *La lettre du voyant* (1871), celle de « trouver une langue » dans les poèmes en prose et en vers libres d'*Illuminations,* écrits entre 1874 et 1876. Par la suite, il décide de voyager et cherche à faire fortune en Afrique et dans la péninsule arabique. Malade, il est rapatrié en France et meurt à Marseille en 1891.

Alain Robbe-Grillet (1922-2008)

Alain Robbe-Grillet est d'abord ingénieur agronome avant de se lancer dans la littérature. Il publie une série de romans, à partir des *Gommes* (1953), qui bouleversent la tradition romanesque en refusant les analyses psychologiques et le mode de descriptions des romans balzaciens. Ses théories, fondatrices du Nouveau Roman, sont réunies dans un essai, *Pour un nouveau roman* (1963). Après une série d'autres romans dont *La Jalousie* (1957), Robbe-Grillet se rapproche du cinéma et écrit des ciné-romans, dont *L'Année dernière à Marienbad* (1961), filmé par Alain Resnais. En 2004, il est élu à l'Académie française.

Pierre de Ronsard (1524-1585)

Avec Joachim Du Bellay, Pierre de Ronsard est un des poètes fondateurs du groupe de La Pléiade. L'œuvre de Ronsard est immense : il reste surtout célèbre pour ses recueils de sonnets amoureux *Amours de Cassandre* (1552), *Amours de Marie* (1555), *Sonnets pour Hélène* (1578). Mais avec *La Franciade* (1572), il tente de faire revivre en France le genre de l'épopée. Ses *Discours* (1555-1564) marquent, dans le contexte difficile des guerres de religion, ses positions de catholique modéré sensible à la détresse de son pays. Enfin, *Les Hymnes* (1555-1556) illustrent la tentative d'une poésie de méditation philosophique. Poète de cour, Ronsard connaît d'emblée une gloire immense et les faveurs de différents souverains. Il finit sa vie au Prieuré de Saint-Cosme, où, malade, il se retire.

Jean-Jacques ROUSSEAU (1712-1778)

Jean-Jacques Rousseau est un des pères spirituels de la Révolution française. Né dans un milieu modeste d'artisans, c'est un autodidacte qui vient tardivement à l'écriture. L'opposition entre Nature et Société ainsi que la mise en cause de la socialisation de l'homme sont au cœur de la réflexion politique et morale des deux Discours, *Discours sur les Sciences et les Arts* (1749), *Discours sur l'origine et les fondements de l'inégalité parmi les hommes* (1755). *Le Contrat social* (1762) prolonge cette réflexion politique avec l'idée d'un pacte social égalitaire entre gouvernants et gouvernés. Rousseau cherche à réformer l'homme par l'éducation, avec son traité l'*Émile* (1762). Il aborde la fiction avec le roman épistolaire *La Nouvelle Héloïse* (1761). Son œuvre immense est l'objet de nombreuses polémiques en son temps par certains philosophes. Il fuit en exil (en Suisse, puis en Angleterre) et trouve l'apaisement à la fin de sa vie avec *Les Rêveries du promeneur solitaire,* texte inachevé.

Jean-Paul SARTRE (1905-1980)

Après avoir étudié la philosophie, Jean-Paul Sartre enseigne cette discipline de 1931 à 1945, tout en écrivant des romans comme *La nausée* (1938). Incorporé dans l'armée durant la Seconde Guerre mondiale, il est fait prisonnier, puis s'évade. Il entre alors dans la Résistance et crée des pièces de théâtre dans lesquelles il développe ses thèses (*Les Mouches,* 1943 ; *Huis-clos,* 1944). Il prend la voie de l'engagement politique, auprès de sa compagne, Simone de Beauvoir. Fondateur de l'Existentialisme, il refuse le Prix Nobel de Littérature en 1964. La même année, paraît son œuvre autobiographique, *Les Mots.*

Paul SCARRON (1610-1660)

Entré très tôt dans les ordres, Paul Scarron, est atteint, en 1638, d'une maladie qui le laisse paralysé et difforme. Il épouse Françoise d'Aubigné, la future Madame de Maintenon, et réunit autour de lui des esprits libres, des libertins, et des hommes de lettres. Peu engagé en politique, il rédige néanmoins un pamphlet contre Mazarin, en 1651. Ses écrits poétiques burlesques, *Le Virgile travesti* (1648) sont célèbres, mais il est surtout connu pour son roman, *Le Roman comique* (1651-1657) qui met en scène une troupe de comédiens. Ses pièces de théâtre, imitées de nouvelles espagnoles, connaissent un grand succès à son époque.

Maurice SCÈVE (1501-1564)

Maurice Scève est considéré comme un des poètes majeur de l'École Lyonnaise, qui rassemble des écrivains de sensibilités et de styles très divers. Il gagne en 1535 le concours poétique de blasons organisé par Clément Marot. Son chef-d'œuvre, *Délie, objet de la plus haute vertu* (1544), est un long recueil poétique de 449 dizains en décasyllabes. Consacrée à la femme aimée, le style en est hermétique et épuré. On lui doit également une épopée biblique, *Microcosme* (1562).

Madame DE STAËL (1766-1817)

Germaine Necker, fille d'un ministre de Louis XVI, épouse le baron de Staël et mène une vie marquée par l'exil en Suisse dans son château de Coppet, dès 1792, où elle aide de nombreux amis, dont Benjamin Constant. Les régimes successifs ne lui permettent pas de rester en France. Ses voyages lui inspirent un essai, *De l'Allemagne* (1813), et un roman : *Corinne ou l'Italie* (1807). Ses réflexions portent sur la politique, le bonheur, *De l'influence des passions sur le bonheur de l'individu et des nations* (1796), et la littérature *De la littérature* (1800). Ses œuvres annoncent celles des écrivains romantiques.

Henri BEYLE dit STENDHAL (1783-1842)

Henri Beyle embrasse la carrière militaire et suit les campagnes napoléoniennes qui lui permettent de découvrir, entre autres, l'Italie, sa patrie d'adoption, cadre de nombreux romans. Après la chute de Napoléon, il se lance dans l'écriture sous le pseudonyme de Stendhal. Il écrit d'abord des essais, comme *De l'Amour* (1822) ou *Racine et Shakespeare* (1823) qui donnent une définition du romantisme, puis des romans d'analyse : *Le Rouge et le Noir* (1830), *La Chartreuse de Parme* (1839). Ceux-ci mettent en scène des personnages passionnés, recherchant le bonheur, placés dans une société dont l'auteur fait souvent un tableau satirique. Sous Louis-Philippe, il est nommé consul en Italie.

Paul VALERY (1871-1945)

Passionné de mathématiques et de musique, Paul Valéry est un poète influencé essentiellement par Mallarmé, qu'il fréquente, jusqu'à sa mort en 1898. Il se lie d'amitié avec André Gide, et entretient avec lui une correspondance publiée de façon posthume. En 1917, celui-ci l'invite à publier des recueils poétiques, après une longue période de doutes. *La Jeune Parque* (1917), le *Cimetière marin* (1920), *Charmes* (1922) rencontrent un public enthousiaste. Il rédige également des ouvrages critiques sur la littérature ou l'art, *Pièces sur l'art* (1931). Il est élu à l'Académie française en 1925.

Paul Verlaine (1844-1896)

Paul Verlaine se veut l'héritier de Baudelaire et des Parnassiens. Son premier recueil, les *Poèmes saturniens* (1866), reflète ces influences. En 1870, il publie *La Bonne chanson,* comportant des poèmes dédiés à celle qu'il vient d'épouser, Mathilde Mauté. Sa rencontre avec Arthur Rimbaud, en 1871, marque un tournant dans sa vie. Il est condamné et emprisonné en 1873 pour avoir blessé par balle cet ami. Ses conceptions poétiques originales s'affirment dans « Art poétique », écrit en 1874 et publié dans *Jadis et naguère* (1884) ; il y revendique « De la musique avant toute chose ». Il ouvre la voie au Symbolisme et fait connaître ceux que son ouvrage de 1883 appelle les « Poètes maudits » : Corbière, Mallarmé et Rimbaud.

François Villon (vers 1432-après 1463)

François de Montcorbier, dit François Villon, participe à de nombreuses bagarres qui le poussent à fuir Paris pour rejoindre Charles d'Orléans à Blois. Il est conduit en prison à plusieurs reprises, jusqu'à sa condamnation à la pendaison, transformée en bannissement pour dix ans. Ces épisodes l'inspirent pour ses poèmes et ballades, contenus dans le *Lais* (1456), c'est-à-dire « le legs », ou *Le Testament* (1461-1462) : Villon y fait la satire de ses contemporains et les appelle à la clémence avec un poème tel que « La Ballade des pendus ».

François-Marie Arouet dit Voltaire (1694-1778)

Philosophe majeur du siècle des Lumières, Voltaire est l'auteur d'une œuvre littéraire immense et très variée dont ses *Lettres philosophiques* et ses contes *Zadig* (1748), *Candide* (1759) et *L'Ingénu* (1767). Toutes son œuvre philosophique s'inscrit dans son combat contre l'intolérance et le fanatisme religieux. Cependant, il croit avec ferveur au bonheur possible et au progrès matériel et moral de l'homme. En cela, il s'oppose à Rousseau dans quelques textes caustiques. Voltaire s'essaie à tous les genres littéraires, le théâtre tragique (*Œdipe,* 1718), les écrits historiques (*Le siècle de Louis* XIV, 1751), la poésie (« Poème sur le désastre de Lisbonne », 1756). À la fin de sa vie, installé dans sa propriété de Ferney, en Suisse, il est en correspondance avec toute l'Europe éclairée et jouit de son vivant d'une notoriété immense.

Émile Zola (1840-1902)

Avec pour condisciple le peintre Cézanne, Émile Zola fait ses études à Aix-en-Provence. Fondateur du Naturalisme, il est auteur de la série des *Rougon-Macquart (Histoire naturelle et sociale d'une famille sous le Second Empire)* parus en vingt volumes entre 1871 et 1893. Émile Zola construit son œuvre sur l'idée que la création romanesque peut être conduite comme une expérimentation scientifique. Il montre aussi le poids de l'hérédité dans le destin de ses personnages (*Nana,* 1880). Le septième volume de sa série, *L'Assommoir* (1877), fait scandale car il y décrit le monde ouvrier avec sa langue, ses mœurs, sans nier les ravages causés par la misère et l'alcoolisme. *Germinal* (1885), le treizième volume, s'inscrit également dans cette démarche. Zola est un écrivain engagé qui prend position dans l'affaire Dreyfus : son article *J'accuse,* publié dans *L'Aurore* le 13 janvier 1898, reste célèbre. Il meurt asphyxié pendant son sommeil : on a mis en doute le caractère accidentel de ce décès.

Index des auteurs et des œuvres

Cet index renvoie aux auteurs et aux œuvres dont les extraits sont proposés dans le manuel, ainsi qu'aux œuvres faisant l'objet d'une lecture d'image ou d'un dossier histoire des arts.
Les numéros en couleurs renvoient aux parties : Lecture, Étude de la langue, Outils d'analyse, Méthodes.

Achevé d'imprimer en juin 2013 par G. Canale & C. S.p.A. (Italie)
Dépôt légal : Avril 2011 - N° éditeur : 2013-0551

Crédits iconographiques

Couverture : AKG-Images

p. 6 : The Bridgeman Art Library – p. 8 : La Collection/Imagno – p. 9 : Luisa Ricciarini/Leemage © Adagp, Paris 2011 – p. 11 : Immagina/Leemage – p. 13 : Photo Josse/Leemage – p. 14 : Musée d'Art Moderne/Roger-Viollet / © Adagp, Paris 2011 – p. 18 : Luisa Ricciarini/Leemage – p. 20 : akg-images/ Salvador Dalí, Fundació Gala-Salvador Dali / ADAGP, Paris 2011 – p. 21 : Photo Josse/ Leemage – p. 22 : Photo Josse/Leemage – p. 23 : Electa/Leemage – p. 24 : Aisa/leemage – p. 25 : The Bridgeman Art Library – p. 26 : FineArtImages/Leemage – p. 28 : Bianchetti/Leemage – p. 30 : Heritage Images/Leemage – p. 31 : Selva/Leemage – p. 32 : akg-images – p. 33 : Luisa Ricciarini/Leemage – p. 35 : Photo Josse/Leemage – p. 37 : akg-images/©Max Ernst/VG Bild-Kunst/Adagp, Paris 2011 – p. 38 : Studio Lipnitzki/Roger-Viollet – p. 39 : AFP – p. 40-41 : The Bridgeman Art Library – p. 42-43 : The Bridgeman Art Library – p. 43 : Aisa/Leemage ; Wintermann Collection/Bridgeman Giraudon ; Archives Alinari, Florence, Dist. RMN / Georges Tatge ; The Bridgeman Art Library ; Maison de Victor Hugo/Roger-Viollet – p. 44 : Luisa Ricciarini/Leemage – p. 45 : Luisa Ricciarini/Leemage – p. 47 : Aisa/Leemage – p. 49 : akg-images/Jérôme da Cunha – p. 53 : Prod DB © Lorimar-Warner Bros/DR – p. 55 : Photo Josse/ Leemage – p. 57 : Collection Christophel – p. 58 : Estate of Walker Evans The Metropolitan Museum of Art/RMN – p. 59 : DR ; Gusman/Leemage – p. 62 : Prod DB © Dimension Films/DR – p. 65 : The Granger Collection NYC/Rue des Archives ; Rue des Archives/ Tal – p. 66 : Aisa/Leemage – p. 67 : Wintermann Collection/Bridgeman Giraudon – p. 69 : Josse/Leemage – p. 71 : La Collection / Artothek – p. 73 : Photo Josse/Leemage – p. 76 : Photo Josse/Leemage – p. 79 : RMN (Musée d'Orsay)/Michèle Bellot – p. 80 : AISA/ Leemage ; Aisa/Leemage ; AISA/Leemage – p. 81 : Photo RMN/Gérard Blot ; Aisa/Roger-Viollet/© Succession H. Matisse ; The Bridgeman Art Library/© Succession Picasso 2011 – p. 82 SuperStock/Leemage © Adagp, Paris 2011 – p. 84 : Wintermann Collection/ Bridgeman Giraudon – p. 85 : Archives Alinari, Florence, Dist. RMN / Georges Tatge – p. 87 : Marcel Dole/Kipa/Corbis – p. 88 : The Bridgeman Art Library – p. 90 : The Bridgeman Art Library – p. 93 : Aisa/Leemage – p. 95 : RMN/Hervé Lewandowski – p. 97 : MET/ Réunion des Musées Nationaux © Adagp, Paris 2011 – p. 99 : Luisa Ricciarini/Leemage © Adagp, Paris 2011 – p. 100 : TopFoto/ Roger-Viollet ; Aisa/Leemage – p. 101 : RMN/Hervé Lewandowski – p. 103 : BPK, Berlin, Dist. RMN/Jörg P. Anders – p. 105 : The Bridgeman Art Library – p.106 : Collection Kharbine-Tapabor – p. 109 : The Bridgeman Art Library – p. 111 : DeAgostini/Leemage – p. 113 : Musée de l'Ecole de nancy/Gilbert Mangin – p. 114 : The Bridgeman Art Library – p. 117 : Prod DB©Iena/DR – p. 119 : Collection Christophel – p. 120 : Photo Josse/Leemage ; photo12.com/Oronoz – p. 121 : Photo Josse/Leemage ; Photo CNAC/MNAM Dist. RMN-Philippe Migeat © Adagp, Paris 2011 – p. 122-123 : Photo Josse/Leemage – p. 125 : Maisons de Victor Hugo/Roger-Viollet – p. 127 : Prod DB©Lorimar-Warner Bros/DR – p. 128 : Pascal Victor/ArtComArt – p. 130 : Electa/Leemage – p. 132 : Photo Josse/ Leemage – p. 133 : RMN/Musée d'Orsay/Gérard Blot – p. 135 : (C) The Metropolitan Museum of Art, Dist. RMN/image of the MMA © Adagp, Paris 2011 – p. 137 : BPK, Berlin, Dist. RMN/Image BStGS – p. 139 : RMN/Franck Raux – p. 142 : Selva/Leemage – p. 143 : Akg-images – p. 144 : René Saint Paul/Rue des Archives – p. 146-147 : La Collection/Imagno – p. 147 : Photo Josse/Leemage ; Pascal GELY CDDS Enguerand ; Benoite Fanton/WikiSpectacle ; akg-images – p. 148 : La Collection/Interfoto – p. 149 : Photo Josse/Leemage – p. 151 : Photo Josse/Leemage – p. 153 : Marc Enguerand – p. 154 : Boris Lipnitzki/Roger-Viollet ; CDDS Bernand – p. 155 : Marc Enguerand ; Marc Enguerand – p. 157 : Marc Enguerand – p. 159 : Boris Lipnitzki/Roger-Viollet – p. 161 : Bernand CDDS Enguerand – p. 163 : Heritage Images/Leemage – p. 165 : Agence Bernand – p. 167 : Mary Evans/Rue des Archives ; Marc Enguerand – p. 169 : Roger Pic/BnF, Arts du spectacle – p. 170 : Photo Josse/Leemage – p. 171 : Pascal Gely CDDS Enguerand – p. 173 : Pascal Gely CDDS Enguerand – p. 175 : Marc Vanappelghem – p. 176 : Marc Enguerand ; Bernand CDDS Enguerand – p. 177 : Eric Legrand ; Agathe Poupeney / Fedephoto – p. 179 : Ramon Senera Agence Bernand – p. 181 : FineArtImages/Leemage – p. 183 : Pascal Gely CDDS Enguerand – p. 185 : Benjamin Renout Agence Enguerand ; Prod DB © André Paulvé et Georges Legrand/DR ; Prod DB © France 3/ DR – p. 186 : Benjamin Renout Agence Enguerand – p. 188 : Pascal Gely CDDS Enguerand – p. 189 : Benoite Fanton/WikiSpectacle – p. 191 : Pascal Victor/ArtComArt – p. 193 : Pascal Gely Agence Bernand – p. 194 : Marc Enguerand – p. 195 : Brigitte Enguerand ; Marc Enguerand CDDS ; SENERA Ramon/Citenscene – p. 197 : Bruno Amsellem/Signatures – p. 199 : Studio Lipnitzki/Roger-Viollet – p. 201 : Pascal Gely Agence Bernand – p. 203 : The Metropolitan Museum of Art, Dist. RMN/image of the MMA – p. 204 : Benoite Fanton/WikiSpectacle - p. 205 : akg-images – p. 207 : Bernand CDDS Enguerand – p. 209 : Mary Evans/Rue des Archives – p. 211 : Communication Orangetango/photo Jean-François Gratton – p. 213 : Victor Tonelli/ArtComArt – p. 216 : Bernand CDDS Enguerand ; Studio Lipnitzki/Roger-Viollet ; Bernand CDDS Enguerand – p. 217 : Bernand CDDS Enguerand ; Bernand CDDS Enguerand ; Ramon Senera Agence Bernand – p. 219 : Suddeutsche Zeitung/Rue des Archives – p. 221 : Victor Tonelli/ArtComArt – p. 222 : akg-images – p. 223 : collection christophel – p. 224 : Maisons de Victor Hugo/Roger-Viollet – p. 225 : Rene Saint Paul/Rue des Archives – p. 226 : Edouard Boubat/Rapho – p. 228-229 : Luisa Ricciarini/Leemage © Adagp, Paris 2011 – p. 229 : The Bridgeman Art Library ; La Collection / Artothek ; Electa/Leemage – p. 230 : Electa/Leemage – p. 231 : AISA/Leemage – p. 232 : Collection Centre Pompidou, Dist. RMN / Philippe Migeat/©Adagp, Paris 2011 – p. 233 : The Bridgeman Art Library – p. 235 : Aisa/Leemage – p. 238-239 : Luisa Ricciarini/Leemage ; Luisa Ricciarini/Leemage ; Luisa Ricciarini/Leemage – p. 241 : Collection Dixmier/Kharbine-Tapabor – p. 242 : p. Collection Dagli Orti/Picture Desk – p. 244 : Michael Graham-Stewart/ The Bridgeman Art Library – p. 247 : La Collection/Artothek – p. 249 : RMN/Château de Versailles/Gérard Blot – p. 251 : La Collection/Domingie & Rabatti – p. 252 : La Collection/Lois Lammerhuber/Photoagentur Lammerhuber – p. 253 : Archives Alinari, Florence, Dist. RMN/Fratelli Alinari ; La Collection/Imagno – p. 254 : Jemolo/Leemage ; Farabola/Leemage – p. 256 : Alfred East Gallery, Kettering Borough Council/The Bridgeman Art Library – p. 257 : Sotheby's/akg-images – p. 259 : Electa/Leemage – p. 261 : Photo RMN/Bulloz – p. 263 : La Collection/Artothek – p. 264 : Electa/Leemage – p. 267 : The Bridgeman Art Library – p. 271 : Luisa Ricciarini/Leemage – p. 273 : FineArtImages/Leemage/Adagp, Paris 2011 – p. 275 : DACS / Photo © Christie's Images/Bridgeman Giraudon /© Salvador Dalí, Fundació Gala-Salvador Dali/Adagp, Paris 2011 – p. 276 : Collection Centre Pompidou, Dist. RMN / Philippe Migeat/© Adagp, Paris 2011 ; akg-images/Adagp, Paris 2011 – p. 277 : Renaud/Leemage /©Adagp, Paris 2011 ; Archives Werner Spies/DR ; Peter Ertl/©Adagp, Paris 2011 – p. 278 : akg-images/ Denise Bellon/© Adagp, Paris 2011 ; akg-images/Denise Bellon/© adagp, Paris 2011 – p. 279 : Prod DB © DR – p. 280 : Electa/Leemage – p. 281 : Akg-images – p. 283 : Akg-images – p. 284 : Akg-images – p. 286 : Superstock/Leemage – p. 288 Photo Josse/Leemage – p. 289 : Giraudon/Bridgeman Giraudon/© Adagp, Paris 2011 – p. 291 : © Adagp, Banque d'images, Paris 2011 – p. 293 : AKG-Images/© Adagp, Paris 2011 – p. 295 : Selva/Leemage – p. 298 : © Photothèque R. Magritte/Adagp, Paris 2011 – p. 301 : Akg-images – p. 302 : Akg-images – p. 303 : Gusman/Leemage – p. 304 : Gusman/Leemage – p. 306-307 : Immagina/Leemage – p. 307 : Roger-Viollet ; RMN/ René-Gabriel Ojeda ; Photo Josse/Leemage ; The Bridgeman Art Library – p. 309 : Photo Josse/Leemage – p. 311 : Roger-Viollet – p. 313 : Photo Josse/Leemage – p. 315 : BnF – p. 317 : Photo RMN – Gérard Blot – p. 318 : Electa/Leemage – p. 321 : The Bridgeman Art Library – p. 322 : Roger-Viollet – p. 325 : Photo Josse/Leemage – p. 327 : Albert Harlingue /Roger-Viollet – p. 330 : Roger-Viollet – p. 331 : RMN/René-Gabriel Ojéda – p. 333 : RMN/René-Gabriel Ojéda – p. 335 : Coll. Jonas/Kharbine-Tapabor – p. 337 : Costa/Leemage – p. 339 : Ramon SENERA CDDS Enguerand – p. 341 : Coll. Jonas/Kharbine-Tapabor – p. 343 : Collection privée/Roger Perrin/Bridgeman Giraudon – p. 345 : RMN/Musée d'Orsay/Hervé Lewandowski – p. 347 : Archives Alinari, Florence, Dist. RMN/Fratelli Alinari – p. 348 : Pascal Victor/ArtComArt – p. 350 : RMN/ René-Gabriel Ojéda – p. 351 : Photo Josse/Leemage – p. 352 : Electa/Leemage – p. 355 : Photo Josse/Leemage – p. 357 : Luisa/Ricciarini/Leemage – p. 361 : Prod DB©Lorimar-Warner Bros/DR – p. 362 : Aisa/Leemage – p. 364 : Photo Josse/Leemage ; The Art Archive/Château de Breteuil/Dagli Orti – p. 369 : The

Bridgeman Art Library – p. 371 : Raffael/Leemage – p. 373 : Akg-images/Electa – p. 374 : Photo RMN/Jean-Gilles Berizzi – p. 377 : Akg-images/Oronoz – p. 379 : Rue des Archives/BCA – p. 380 : Photo Josse/Leemage – p. 381 : Photo Josse/Leemage – p. 383 : Photo Josse/Leemage – p. 384 : André Buffard/Roger-Viollet – p. 387 : Studio Lipnitzki/Roger-Viollet – p. 389 : Luisa Ricciarini/Leemage – p. 391 : RMN/Stéphane Maréchalle – p. 394 : The Bridgeman Art Library – p. 396 : Selva/Leemage – p. 397 : Photo Josse/Leemage – p. 398 : Louis Monier/Gamma/Eyedea - p. 400-401 : Photo Josse/Leemage – p. 401 : Erich Lessing/AKG-Images ; Coll. Jonas/Kharbine-Tapabor ; Alinari / Bridgeman Giraudon – p. 402 : Luisa Ricciarini/Leemage – p. 403 : Electa/Leemage ; Raffael/Leemage – p. 404 : Electa/Leemage – p. 405 : Erich Lessing/AKG-Images – p. 406 : Mary Evans/Rue des Archives – p. 410-411 : Luisa Ricciarini/Leemage – p. 15 : Raffael/Leemage - p. 419 : Coll. Jonas/Kharbine-Tapabor – p. 421 : Collection Kharbine-Tapabor – p. 422 : Gusman/Leemage – p. 425 : RMN (Domaine de Chantilly) /René-Gabriel Ojéda – p. 426 : afc/Leemage – p. 429 : Costa/Leemage – p. 431 : Photo Josse/Leemage – p. 432 : afc/Leemage – p. 435 : Raffael/Leemage – p. 437 : Photo Josse/Leemage – p. 438 : selva/leemage ; Collection Kharbine-Tapabor – p. 439 : akg-images ; akg-images – p. 441 : Coll. Jonas/Kharbine-Tapabor – p. 442 : Alinari / Bridgeman Giraudon – p. 443 : Photo R.M.N. - Gerard Blot – p. 447 : Rue des Archives/PVDE – p. 449 : The Wallace Collection, Londres, Dist. RMN / The Trustees of the Wallace Collection – p. 450 : Biosphoto/Claude Thouvenin – p. 454 : RMN / Jean Schormans ; Photo Josse/Leemage – p. 458 : Aisa/Leemage – p. 459 : Photo Josse/Leemage – p. 460 : Leemage – p. 462 : Musée d'Art Moderne/Roger-Viollet © Adagp, Paris 2011 – p. 463 : Alinari/Réunion des Musées Nationaux ; Heritage Images/Leemage ; La Collection/Jean-Paul Dumontier – p. 464 : Archives Alinari, Florence, Dist. RMN/Luciano Pedicini – p. 466 : Aisa/Leemage – p. 467 : Brigitte Enguerand – p. 469 : Agence Bernand/CDDS Enguerand – p. 470 : Photo12.com/Archives Armand Israel © Adagp, Paris 2011 – p. 473 : Photo 12/Oronoz ; Photo 12/Oronoz – p. 475 : Vincent Pontet/WikiSpectacle – p. 477 : Agathe Poupeney/Fedephoto – p. 479 : Roland et Sabrina Michaud/akg – p. 481 : Heritage Images/Leemage – p. 483 : J.P. Lozouet/Max ppp – p. 485 : Agnes VARDA Agence Enguerand – p. 487 : Marc Enguerand – p. 489 : Gusman/Leemage – p. 490 : Agathe Poupeney/fedephoto – p. 494 : Prod DB©Blue Dahlia/Tornasol/Road Movies/ DR - p. 497 : La Collection/Jean-Paul Dumontier – p. 499 : Coll. Dagli Orti/Musée du Louvre/Gianni Dagli Orti – p. 501 : Akg-images/ Erich Lessing – p. 503 : SuperStock/Leemage – p. 504 : La Collection/Jean-Paul Dumontier – p. 507 : Akg-images – p. 509 : The Metropolitan Museum of Art, Dist. RMN/Malcom Varon/© Adagp, Paris 2011 – p. 514 : Bianchetti/Leemage – p. 515 : Keystone France – p. 516 : Hervé Bruhat/Rapho/Eyedea – p.518-519 : The Bridgeman Art Library/© Adagp, Paris 2011 – p. 546-547 : Photo Josse/Leemage – p. 575 : La Collection/Imagno ; La Collection/Artothek /© Adagp, Paris, 2011 – p. 576 : Photo Josse/Leemage ; Selva/ Leemage – p 577 : © Collection Centre Pompidou, Dist. RMN/Peter Willi /© Adagp, Paris, 2011 ; La Collection/Artothek – p. 586-587 : Asia/Leemage/© Adagp, Paris 2011 – p. 628 : André Buffard/Roger-Viollet ; Corbis ; Edmond-Marie Poullain/BHVP/ Roger-Viollet ; DeAgostini/Leemage ; Photo Josse/Leemage ; Gusman/Leemage – p. 629 : Photo Josse/Leemage ; AFP ; AFP ; akg-images ; Photo Josse/Leemage ; Studio Lipnitzki/Roger-Viollet ; AFP ; Rene Saint Paul /Rue des Archives – p. 630 : Henri Martinie /Roger-Viollet ; Dagli Orti ; G.K./Roger-Viollet ; Henri Manuel/ Bibliothèque Marguerite Durand/Roger-Viollet ; Photo Josse/Leemage ; La Collection /Jean-Paul Dumontier ; Henri Martinie /Roger-Viollet – p. 631 : Photo Josse/Leemage ; Graziano Arici/Leemage ; L'Humanité/ Keystone-France ; Photo Josse/Leemage ; Rue des Archives/Tal ; Rue des Archives/Tal – p. 632 : Edouard Boubat/Rapho ; akg-images ; Maison de Victor Hugo/Roger-Viollet ; Edouard Boubat/Rapho ; Selva/Leemage ; MI/Leemage ; MP/Leemage ; Aisa/Leemage – p. 633 : Photo Josse/Leemage ; PrismaArchivo/Leemage ; Photo Josse/Leemage ; Photo Josse/Leemage ; Lebrecht Music & Arts Photo Library ; akg-images – p. 634 : Photo Josse/Leemage ; Photo Josse/Leemage ; Rue des Archives/Varma ; Photo Josse/Leemage ; Photo Josse/ Leemage ; Marion Kalter/Opale ; Boris Lipnitzki/Roger-Viollet – p. 635 : akg-images ; Fototeca/Leemage ; Rue des Archives/AGIP ; Photo Josse/Leemage ; AISA/Leemage ; The Granger Collection NYC/Rue des Archives ; AFP ; Photo Josse/Leemage – p. 636 : Photo Josse/Leemage ; James Andanson/Apis/Sygma/Corbis ; photo rmn-Gerard Blot ; akg-images ; MP/Leemage ; Photo Josse/Leemage ; Pierre Choumoff/Roger-Viollet – p. 637 : Photo Josse/Leemage ; Selva/Leemage ; Photo Josse/Leemage ; Selva/Leemage